D1573957

MEHLTRETTER · ELEKTRISCHE TRIEBFAHRZEUGE

J. MICHAEL MEHLTRETTER

ELEKTRISCHE TRIEBFAHRZEUGE

Entwicklungen der Deutschen Bundesbahn seit 1970
und ausländische Lösungen

MOTORBUCH VERLAG STUTTGART

Einband und Schutzumschlaggestaltung: Siegfried Horn, unter Verwendung zweier Dias des Autors

Schutzumschlagvorderseite:
Das Titelbild zeigt den Eilzug E 3684 (Innsbruck-Mittenwald-München) auf der Fahrt von Mittenwald nach Klais, es führt BR 111 024. Im Hintergrund das herrliche Karwendelgebirge (12. 4. 1980, Foto: JMM).

Schutzumschlagrückseite:
Am 4. 7. 1985 wurden erstmals die beiden ICE-Triebköpfe 410 001 und 002 im AW München-Freimann der Presse vorgestellt (Foto: JMM).

ISBN 3-613-01124-7

1. Auflage 1986
Copyright © by Motorbuch Verlag, Postfach 1370, 7000 Stuttgart 1
Eine Abteilung des Buch- und Verlagshauses Paul Pietsch GmbH & Co. KG.
Sämtliche Rechte der Verbreitung – in jeglicher Form und Technik – sind vorbehalten.
Satz und Druck: Studiodruck, 7441 Raidwangen
Bindung: Franz-Spiegel-Buch-GmbH, 7900 Ulm
Printed in Germany.

Inhaltsverzeichnis

Vorwort 7
1. Einleitung 9
2. Die Entwicklung der elektrischen Triebfahrzeuge der Deutschen Bundesbahn seit 1970 13

2.1. Die Schnellfahrlokomotive Baureihe 103.1, von Dr.-Ing. Klaus Huber 13

2.1.1. Die Entwicklung der Serienlokomotive BR 103.1 13
2.1.1.1. Einleitung 13
2.1.1.2. Elektrische Ausrüstung 13
2.1.1.3. Mechanischer Teil 28
2.1.1.4. Ergänzende Informationen 35

2.1.2. Betriebserfahrungen mit den Lokomotiven BR 103.1 39
2.1.2.1. Einleitung 39
2.1.2.2. Betriebseinsatz der Serienlokomotiven BR 103.1 39
2.1.2.3. Bewährung der Serienlokomotiven BR 103.1 40
2.1.2.4. Ausnutzung der Haftreibung 42
2.1.2.5. Verschleiß 43
2.1.2.6. Zusammenfassung 44

2.2 Die Schnellzuglokomotive Baureihe 111, von Dipl.-Ing. Heinz Güthlein 46

2.2.1. Die Entwicklung der Schnellzuglokomotive BR 111 46
2.2.1.1. Einleitung 46
2.2.1.2. Voraussetzungen für die Entwicklung der Lokomotive BR 111 47
2.2.1.3. Die Hauptdaten 49
2.2.1.4. Der mechanische Teil 50
2.2.1.5. Die elektrische Ausrüstung 58
2.2.1.6. Zusammenfassung 64

2.2.2. Betriebserfahrungen mit den Lokomotiven BR 111, von Dipl.-Ing. Werner Schott 65
2.2.2.1. Einleitung 65
2.2.2.2. Neuerung im Bereich der Zugförderung 66
2.2.2.3. Neuerung im Bereich der Unterhaltung 74
2.2.2.4. Neuerung in der Bedienung 78
2.2.2.5. Rückblick und Ausblick 82

2.3. Die Drehstrom- und Universallokomotive Baureihe 120, von Dipl.-Ing. Joachim Körber und Dipl.-Ing. Rolf Gammert 83

2.3.1. Einführung in die Drehstromtechnik 83
2.3.1.1. Der Drehstrom-Motor in der Traktion 83
2.3.1.2. Die Aufbereitung der elektrischen Energie zur Speisung der Drehstrom-Fahrmotoren ... 88
2.3.1.3. Die Komponenten der Drehstromantriebstechnik der Lokomotive BR 120 91
2.3.1.4. Das Lokomotiv-Konzept 97
2.3.1.5. Die Voraussetzungen für den Betrieb – Wartung und Unterhaltung des elektrischen Teils 98
2.3.1.6. Der Stand der Technik 99

2.3.2. Zielsetzung und Entwicklung der elektrischen Lokomotive BR 120 in Drehstromantriebstechnik, von Dipl.-Ing. Manfred Nießen 103
2.3.2.1. Einführung 103
2.3.2.2. Zielsetzung der neuen Lokomotivgeneration BR 120 für die Deutsche Bundesbahn 105
2.3.2.3. Entwicklungsstand der Serien-Lokomotiven BR 120 109
2.3.2.4. Perspektiven 117

2.3.3. Betriebserprobung der Drehstromlokomotive Baureihe 120 – Überlegungen zu einer neuen Lokomotivbaureihe, von Dr.-Ing. Klaus Huber 118
2.3.3.1. Vorversuche 118
2.3.3.2. Zweck der Betriebserprobung 119
2.3.3.3. Erster Betriebseinsatz 120
2.3.3.4. Ergebnisse der Betriebserprobung 125
2.3.3.5. Ausblick 130

2.4. Die schwere elektrische Güterzuglokomotive Baureihe 151, von Dipl.-Ing. Heinz Güthlein 131

2.4.1. Entwicklung und Zielsetzung 131
2.4.1.1. Einleitung 131
2.4.1.2. Zur Entwicklung der Baureihe 151 132
2.4.1.3. Hauptdaten 133
2.4.1.4. Der mechanische Teil 134
2.4.1.5. Die elektrische Ausrüstung 140

2.4.2. Betriebserfahrung mit der elektrischen Lokomotive BR 151, von Dr.-Ing. Klaus Huber 147
2.4.2.1. Einleitung 147
2.4.2.2. Betriebseinsatz 147
2.4.2.3. Bewährung 149
2.4.2.4. Ausnutzung der Haftreibung 151
2.4.2.5. Verschleiß 153

2.5 Die Zweisystemlokomotive Baureihe 181.2, von Dipl.-Ing. Christian Tietze ... 154

2.5.1. Technische Gesichtspunkte für Entwicklung und Einsatz von Mehrsystem-Triebfahrzeugen ... 154
2.5.1.1. Die Bahnstromsysteme ... 154
2.5.1.2. Energieumwandlung auf dem Triebfahrzeug ... 156
2.5.1.3. Ausgeführte Lösungen bei den Vorläufer- und Prototypen ... 157

2.5.2. Zielsetzung und Entwicklung der Zweisystemlokomotiven Baureihe 181.2, von Dipl.-Ing. Klaus-Dieter Pohl ... 160
2.5.2.1. Anforderung an die Serienlokomotive 181 ... 160
2.5.2.2. Technische Fortschritte bei Neubaulokomotiven ... 162
2.5.2.3. Mechanischer Teil ... 164
2.5.2.4. Elektrischer Teil ... 170

2.5.3. Betriebserfahrungen mit der Zweifrequenzlokomotive BR 181.2, von Dipl.-Ing. Klaus-Dieter Pohl ... 176
2.5.2.1. Betrieblicher Einsatz ... 176
2.5.3.2. Grenzüberschreitender Verkehr ... 179
2.5.3.3. Bewährung ... 181
2.5.3.4. Ausblick ... 184

3. Beispiele ausländischer Lösungen ... 185

3.1. Die elektrische Lokomotive Baureihe 1044 der Österreichischen Bundesbahnen, von Hofrat Dipl.-Ing. Walter Breyer ... 185

3.1.1. Einleitung ... 185
3.1.1.1. Vorgeschichte ... 185
3.1.1.2. Die Situation 1970 ... 188
3.1.1.3. Das ASEA-Angebot ... 189
3.1.1.4. Die Situation 1973 ... 191
3.1.1.5. Bestellungen und Preise ... 192
3.1.1.6. Lieferung ... 193

3.1.2. Allgemeines zur Lokreihe 1044 ... 194
3.1.2.1. Hauptdaten, Hauptstromschaltpläne ... 194
3.1.2.2. ZV-Diagramm ... 195
3.1.2.3. BV-Diagramm ... 197

3.1.3. Fahrzeugteil ... 199
3.1.3.1. Drehgestelle ... 200
3.1.3.2. Querkupplung ... 201
3.1.3.3. Adhäsionsausnutzung ... 202
3.1.3.4. Lokomotivkasten, Lüftungskonzept ... 203
3.1.3.5. Führerraum ... 206
3.1.3.6. Maschinenraum ... 207
3.1.3.7. Anstrich ... 207

3.1.4. Maschineller Teil ... 208
3.1.4.1. Druckluftanlage ... 208
3.1.4.2. Mechanische Bremse ... 210
3.1.4.3. Druckluftbremse ... 211
3.1.4.4. Feuerlöscher ... 212
3.1.4.5. Antrieb ... 212

3.1.5. Elektrische Ausrüstung ... 213
3.1.5.1. Dachausrüstung ... 214
3.1.5.2. Transformatoren, Drosseln ... 215
3.1.5.3. Stromrichter, Hauptstromapparate ... 216
3.1.5.4. Fahrmotor, Motorturm ... 217
3.1.5.5. Bremsturm ... 218
3.1.5.6. Hilfsbetriebe, Bordnetze ... 219
3.1.5.7. Steuerung ... 221
3.1.5.8. Messung und Überwachung ... 224

3.1.6. Betriebserfahrung ... 226
3.1.6.1. Betriebserwartung ... 226
3.1.6.2. Meßfahrten ... 227
3.1.6.3. Schäden und Mängel ... 229
3.1.6.4. Erhaltung ... 235

3.2 Die Prototyplokomotiven der Serie Re 4/4[IV] der Schweizerischen Bundesbahnen, von Dipl.-Ing. Martin Gerber

3.2.1. Entwicklung und Zielsetzung ... 236
3.2.1.1. Einleitung ... 236
3.2.1.2. Mechanischer Teil ... 239
3.2.1.3. Pneumatische Einrichtungen ... 245
3.2.1.4. Elektrischer Teil ... 246
3.2.1.5. Disposition ... 258

3.2.2. Betriebserfahrungen ... 259
3.2.2.1. Verfügbarkeit ... 259
3.2.2.2. Ausblick ... 260

4. Zukünftige Entwicklungen und Tendenzen bei elektrischen Triebfahrzeugen, von Dipl.-Ing. Dietmar Lübke ... 261

4.1 Zuwendung zu neuen Lösungen ... 261

4.2 Angebotsstrukturen der künftigen Bahn ... 261

4.2.1. Güterverkehr ... 261

4.2.2. Personenverkehr ... 263
4.2.2.1. Schienenpersonenfernverkehr ... 263
4.2.2.2. Schienenpersonennahverkehr ... 264

4.3. Konsequenzen für zukünftige Triebfahrzeugentwicklungen ... 264

4.3.1. Geschwindigkeitsbereich bis $V = 200$ km/h ... 264

4.3.2. Hochgeschwindigkeitsverkehr mit $V = 250$ km/h ... 266

4.4. Hochgeschwindigkeitstriebzug BR 410/810 Intercity-Experimental ICE 267
- 4.4.1. Gesamtkonzeption 267
- 4.4.2. Technische Ausführung des ICE 268
- 4.4.3. Aerodynamik des Gesamtzuges 269
- 4.4.4. Laufwerke 270
- 4.4.4.1. Triebdrehgestell 277
- 4.4.4.2. Laufdrehgestelle 271
- 4.4.5. Antriebs- und Bremskonzept 273
- 4.4.6. Stromabnehmer 274
- 4.4.7. Signaltechnische Ausstattung 274
- 4.4.8. Fahrgastraumgestaltung 275
- 4.4.9. Fahrgastinformationssystem 276

4.5. Hochgeschwindigkeitszug Intercity-Express (ICE-Serie) 278

4.6. Schnellfrachtsystem 278

4.7. Schlußbemerkung 278

5. Vorgaben zur Beurteilung von schnellen Rad/Schiene-Systemen, von Dr.-Ing. Peter Meinke 279

5.1. Einleitung 279

5.2. Fahrzeuggeschwindigkeit 281

5.3. Taktzeit und Zuggröße 285

5.4. Zugkonfiguration 286

5.5. Einzellaufwerk, Jacobslösung 291

6. Stromversorgung und Energieverbrauch elektrischer Triebfahrzeuge, von Dipl.-Ing. Bernd R. Rockenfelt 298

6.1. Einleitung 298

6.2. Bahnstromversorgung 298
- 6.2.1. System der Bahnstromversorgung 298
- 6.2.2. Energieerzeugung 299
- 6.2.2.1. Wärmekraftwerke 301
- 6.2.2.2. Wasserkraftwerke 302
- 6.2.2.3. Umformerkraftwerke 303
- 6.2.3. Bahnstromleitungsnetz 304
- 6.2.4. Netzbetriebsführung 304
- 6.2.5. Oberleitungsanlagen 305

6.3. Energieverbrauch 306
- 6.3.1. Energieverbrauch von Triebfahrzeugen 307
- 6.3.2. Ermittlung des Energieverbrauchs 308
- 6.3.2.1. Messung des Energieverbrauchs 308
- 6.3.2.2. Berechnung des Energieverbrauchs 309
- 6.3.3. Einflußparameter und deren Auswirkungen 310
- 6.3.4. Einsparung von Traktionsenergie durch wirtschaftliche Fahrweise 311
- 6.3.5. Ausblick 312

7. Anhang
7.1. Technische Daten der aufgeführten elektrischen Lokomotiven 314

7.2. Vorstellung der Autoren 318

7.3. Literaturhinweis 320

Vorwort

Schon immer ist es das Bestreben fähiger, ideenreicher Ingenieure gewesen, im Rahmen der eingrenzenden finanziellen und terminlichen Vorgaben einerseits und auf der Grundlage des jeweiligen Standes der Technik sowie der Gesetze der Physik andererseits bei technischen Neuentwicklungen nach Lösungen zu suchen, die in Leistung, Wirtschaftlichkeit und anderen wichtigen Kriterien vorhandenen Konzepten weit überlegen waren. In der Eisenbahntechnik fiel dieses Bestreben jedoch besonders schwer, da dort sowohl die übliche Nutzungsdauer für Lokomotiven und Wagen einen Mindestzeitraum von 40 bis 50 Jahren einnimmt als auch wegen der umfangreichen, hohen Anforderungen an Wirtschaftlichkeit, Robustheit und Betriebssicherheit die gesteckten Entwicklungsziele oft nur mit recht komplexen Lösungen erreicht werden können.

Überlagernd kamen hierbei noch die landesspezifischen und topographischen Besonderheiten der jeweiligen Staaten hinzu, welche den Einfallsreichtum und die Schaffenskraft der beauftragten Ingenieure ganz besonders forderten.

Je größer im Laufe der rund 150jährigen Geschichte der Eisenbahn die einzelnen Bahnverwaltungen – z.B. durch Zusammenschluß von verschiedenen Länderbahnen zu einer Staats- oder Bundesbahn – wurden, desto mehr traten die Forderungen an Standardisierung und Vereinheitlichung des Rollmaterials als eine der wesentlichsten Voraussetzungen für einen wirtschaftlichen, uneingeschränkten Betrieb in den Vordergrund.

In Deutschland folgten den vielgestaltigen Lokomotiven der einstigen Länderbahnen in den zwanziger Jahren die Einheitslokomotiven der Deutschen Reichsbahn; in den fünfziger Jahren entwickelte und beschaffte die nachfolgende Deutsche Bundesbahn die erste Nachkriegsgeneration von Triebfahrzeugen. Bei der Gruppe der elektrischen Lokomotiven zählen hierzu die Baureihen 110, 139/140, 141, 150 und 181 (einschließlich der verschiedenen Mehrsystemvarianten), wobei deren Anlieferung sich noch weit bis in die siebziger Jahre erstreckte.

Die fortschreitenden Elektrifizierungsvorhaben der Deutschen Bundesbahn, die Ausmusterung von Altbaulokomotiven sowie die endgültige Aufgabe des Dampfbetriebes verlangten Anfang der siebziger Jahre eine umfangreiche Aufstockung des Triebfahrzeugbestandes. Erhöhte Anforderungen an Leistung, Geschwindigkeit und Wirtschaftlichkeit einerseits sowie neue Erkenntnisse auf dem Gebiete der Lauf- und Antriebstechnik von Lokomotiven andererseits ließen eine Neuauflage der ersten Nachkriegslokomotivbaureihen nicht mehr als zweckmäßig erscheinen und führten schließlich zur nächsten und neuesten Lokomotivgeneration der Deutschen Bundesbahn. Dieser ist unser Buch gewidmet!

Hierzu zählen die Serienausführung der Schnellfahrlokomotive Baureihe 103, des Rückgrats des heutigen IC-Verkehrs, das fast überall im Reisezugdienst anzutreffende »Arbeitspferd« BR 111, die in Serienbeschaffung befindliche Drehstromlokomotive BR 120, die schwere Güterzuglokomotive BR 151 sowie die im Grenzverkehr zu den westlichen Nachbarn stehende Zweifrequenzlokomotive BR 181.2.

Über diese fünf elektrischen Triebfahrzeuge liegen bereits einige gute Veröffentlichungen vor. Das Ziel dieses Buches liegt jedoch in der Absicht, genau jene führenden Fachleute von Bundesbahn und Lokomotivindustrie berichten zu lassen, die persönlich für die Entwicklung und Betriebserprobung der fünf Lokomotivbaureihen verantwortlich zeichneten oder diese im wesentlichen mitgetragen haben. Somit wird dieses Buch zum Standardwerk mit Wissen und Technik aus erster Hand! Von Ingenieuren für Ingenieure geschrieben, aber auch für alle anderen Interessenten verständlich gehalten, die sich hauptberuflich oder im Rahmen ihres Steckenpferdes mit der Eisenbahn beschäftigten.

Das vorher Gesagte gilt auch für die beiden Mitautoren aus Bern und Wien, die durch die Darstellung der als Beispiele ausländischer Lösungen aufgeführten Lokomotivbaureihen Re 4/4^{IV} der Schweizerischen und 1044 der Österreichischen Bundesbahnen andere bemerkenswerte Lokomotivkonzepte erläutern und damit einen interessanten Vergleich mit den fünf aufgeführten deutschen Entwicklungen ermöglichen.

Mit der Serienbeschaffung der universell einsetzbaren Drehstromlokomotive BR 120 darf die Entwicklung elektrischer Lokomotiven der zweiten Nachkriegsgeneration als abgeschlossen gelten. Weitere Neuentwicklungen sind bei der Deutschen Bundesbahn in den nächsten Jahren nicht zu erwarten. Um dem Leser somit die Frage nach den zukünftigen Entwicklungstendenzen beantworten zu können, wird in diesem Buche von kompetenter Seite auch auf die bei der Deutschen Bundesbahn laufenden Zukunftsprojekte näher eingegangen. Hier steht der neue Hochgeschwindigkeitszug ICE (Intercity-Expreß) im Vordergrund. In Ergänzung dieses Themas werden auch Bewertungsmöglichkeiten moderner Rad/Schiene-Systeme beschrieben. Nicht zuletzt wird der Energieverbrauch von Triebfahrzeugen, ein wichtiger Parameter der Gesamtwirtschaftlichkeit, sowie Aufbau und Struktur der Bahnstromversorgung einer gründlichen Betrachtung unterzogen.

Von den Autoren, die dieses Buch mitgetragen haben, ist bekannt, daß sie sich weit über das normale Maß für ihre berufliche Tätigkeit und Verantwortung engagieren. Sie zählen zu den profiliertesten Ingenieuren des Fachbereichs Eisenbahntechnik und der zugehörigen Randgebiete. So darf man sie getrost in die Gruppe der eingangs in diesem Vorwort genannten Ingenieure einreihen.

Der Herausgeber und Mitverfasser möchte an dieser Stelle noch einmal allen Autoren dieses Buches danken, daß sie trotz ihrer umfangreichen beruflichen Verpflichtungen sich gerne bereit fanden, an diesem Werke mitzuarbeiten. Dank gebührt auch dem Bundesbahnzentralamt München, den Direktionen München und Nürnberg, vielen anderen Ämtern und Dienststellen der Deutschen Bundesbahn sowie der deutschen Lokomotivindustrie für die uneingeschränkte, vielgestaltige Unterstützung dieses Vorhabens. Auch jenen Freunden der Eisenbahn, die mit der Bereitstellung ihrer gelungenen Aufnahmen ganz wesentlich zur Illustration dieses Buches beigetragen haben, gilt hier ein herzliches Dankeschön.

Abschließend sei hier auch Direktion und Herstellungsleitung des Verlages gedankt, die das Entstehen dieses Buches in der vorliegenden umfangreichen und qualitativen Ausführung erst ermöglicht haben.

Pullach bei München, im Herbst 1985
Der Herausgeber und Mitverfasser

1. Einleitung

Mit der Ausmusterung zahlreicher Altbau- sowie verschiedener Voraus- und Versuchslokomotiven hat die Typenvielfalt bei den elektrischen Triebfahrzeugen der Deutschen Bundesbahn in den vergangenen Jahren erheblich abgenommen. Neben der noch Kriegszeiten entstammenden schweren, sechsachsigen Güterzuglokomotive Baureihe 194, die in den beiden Ausführungen mit 3240 bzw. 4680 kW Stundenleistung noch mit rund 100 Maschinen vertreten ist, befinden sich aus der ersten Nachkriegsgeneration von Einheitslokomotiven heute die folgenden Fahrzeuge im Zugförderungsdienst der Deutschen Bundesbahn:

  410 Lokomotiven BR 110/112
  (davon 379 BR 110, 31 BR 112)
  878 Lokomotiven BR 139/140
  (davon 31 BR 139, 847 BR 140)
  451 Lokomotiven BR 141
  194 Lokomotiven BR 150

In Konstruktion und Aussehen weitgehend einheitlich gehalten, sind diese Maschinen durch selbsttragende Lokomotivkasten, Drehgestelle mit tiefliegenden Drehzapfen, Standardradsätze mit elastischem Gummiringfederantrieb (BR 150 z.T. mit doppelt gefedertem Tatzlagerantrieb), Zapfenradsatzlagergehäuseführung mit Pendelrollenlagern sowie mit Primär- und Sekundärabfederung mit Gummielementen bzw. Schraubenfedern gekennzeichnet.

Auch wenn sie bei Leistung oder Höchstgeschwindigkeit im Vergleich mit manchen zeitgenössischen ausländischen Entwicklungen nicht mit spektakulären Werten aufwarten konnten, so hatten sich die ersten Einheitslokomotiven der Deutschen Bundesbahn im Alltagsbetrieb gut bewährt und stellten im Rahmen der in den sechziger Jahren fortschreitenden Elektrifizierungsmaßnahmen das Rückgrat der Zugförderung schlechthin dar. Mit der Anlieferung der Güterzuglok 140 848 im Herbst 1972 hatte diese Fahrzeuggeneration jedoch ihren Abschluß gefunden.

Das neue betriebliche Leitprogramm der Deutschen Bundesbahn von 1969, welches den Rahmen des Zugförderungsprogramms für die kommenden Jahrzehnte absteckte, sah eine erhebliche Steigerung der Höchstgeschwindigkeiten im Reise- und Güterzugverkehr vor. Im Bereich des elektrischen Betriebs, der zu diesem Zeitpunkt bereits die Hauptlast der Zugförderung abdeckte, wurden für die verschiedenen Zuggattungen folgende Höchstgeschwindigkeiten festgelegt:

TEE/IC-Züge	200 km/h	Containerzüge	140 km/h
D-Züge	160 km/h	Schnellgüterzüge	120 km/h
Eilzüge	140 km/h	Eilgüterzüge	100 km/h
Nahverkehrszüge	120 km/h	Durchgangsgüterzüge	80 km/h

Als zugehörige Zuglasten waren für die TEE/IC-Züge 350 to, für D-Züge 700 to und für Schnellgüterzüge 1200 to vorgesehen. Für die Eilgüterzüge hatte man eine Zuglast von 1500 to, für Durchgangsgüterzüge (Gdg-Gag-Züge) 2700/5400 to festgelegt, wobei für die 5400 to-Gdg-Gag-Züge Doppeltraktion vorgegeben war.

Dieses neue Zugförderungsprogramm konnte durch die bisher vorhandenen Einheitslokomotiven nicht abgedeckt werden. Die Entwicklung neuer Triebfahrzeuge war somit notwendig geworden.

Diese neue Lokomotivgeneration wurde im Jahr 1970 von der Serienversion der Schnellfahrlok BR 103.1 angeführt. Danach folgten die schwere Güterzuglokomotive BR 151, anschließend die Schnellzuglok BR 111 und fast parallel hierzu die Zweifrequenzlok BR 181.2. Mit diesen Neuzugängen an leistungsstarken Triebfahrzeugen konnte das neue, zuvor beschriebene Betriebsprogramm der Deutschen Bundesbahn ohne Einschränkung erfüllt werden.

Mit der am 21.12.1984 erfolgten Ablieferung der 111 222 wurde die Beschaffung dieser vier Lokomotivbaureihen jedoch abgeschlossen. Zur Zeit befinden sich die folgenden Maschinen im Einsatz:

  143 Lokomotiven BR 103.1
  (ursprünglich 145, 2 durch Unfall ausgeschieden)
  226 Lokomotiven BR 111
  (ursprünglich 227, 1 durch Unfall ausgeschieden)
  170 Lokomotiven BR 151
  25 Lokomotiven BR 181.2

Eigeninitiativen der deutschen Lokomotivindustrie, insbesondere bei Brown, Boveri & Cie. AG in Mannheim, führten dazu, daß die Deutsche Bundesbahn bereits Anfang der siebziger Jahre parallel zu den laufenden Lokomotiventwicklungen sich auch intensiv mit der Drehstrom-Antriebstechnik befaßte. Dank der bei BBC geleisteten vorzüglichen Vorarbeiten erfolgten 1973 Bau und Erprobung eines Versuchsträgers, bestehend aus der Versuchslokomotive DE 2500, deren Brennkraftanlage zuvor entfernt worden war, und einem mit den elektrischen und elektronischen Komponenten, wie Transformator, Vierquadrantensteller, Gleichspannungszwischenkreis und Steuerung, bestückten Steuerwagen. Die Drehstromantriebsanlage der DE 2500 wurde in der vorhandenen Form beibehalten.

Erfahrungen und Erfolge mit diesem Versuchsträger, ergänzt durch die im Anschluß mit einer 1400 kW-Wechselrichteranlage durchgeführten Laborversuche, leiteten schließlich Entwicklung und Bau der Drehstromlokomotive Baureihe 120 ein. Die zunächst in fünf Prototyplokomotiven ab 1979 angelieferte Baureihe sollte in ihrer Grundkonzeption folgende Forderungen erfüllen:
– Einsatz vor IC-, Schnell- und Güterzügen (IC zunächst bis 160, später bis 200 km/h)

- Netzfreundliche Auslegung des elektrischen Antriebs bei hohem Leistungsfaktor
- Netzrückspeisung (beim Abbremsen)
- Minimale Beeinflussung von Signal- und Fernmeldeanlagen
- Maximale Haftwertausnutzung (Ersatz einer sechsachsigen durch eine vierachsige Lokomotive)
- Gleisfreundliche Laufwerksauslegung

Das Erreichen dieser Entwicklungsziele wurde durch die Serienreifeerklärung im Jahre 1984 bestätigt. Die heute in Serienbeschaffung stehende Baureihe 120 kann das Betriebsprogramm der ihr vorangegangenen Entwicklungen, der Baureihen 103.1, 111 und 151 voll abdecken. Damit bildet die BR 120 einen Abschluß der Entwicklung elektrischer Lokomotiven bei der Deutschen Bundesbahn. Sie wird in den nächsten Jahren immer mehr das Bild des Betriebsmaschinendienstes bestimmen. Sie darf als wesentlicher Beitrag dafür gesehen werden, daß die Deutsche Bundesbahn ihre Transportaufgaben zukünftig schnell, wirtschaftlich und umweltfreundlich erfüllen kann.

Zwei der Deutschen Bundesbahn benachbarte Eisenbahnverwaltungen, die Schweizerischen und Österreichischen Bundesbahnen, verfügen nicht nur über das gleiche Bahnstromsystem mit 15 kV, 16 2/3 Hz, sondern müssen mit ihren Lokomotiven sowohl im Bereich der Alpen als auch auf ihren sonstigen Strecken z.T. ähnliche betriebliche Forderungen erfüllen wie die Maschinen der DB. Unterschiede liegen nur bei den Höchstgeschwindigkeiten, die zur Zeit in der Schweiz auf 140 km/h und in Österreich auf 160 km/h begrenzt sind. Somit liegt es nahe, von diesen ausländischen Lösungen zwei vergleichbare Beispiele in diese Betrachtung einzubeziehen.

Mit der vierachsigen Re 4/4^{II} und der sechsachsigen Re 6/6 verfügen die Schweizerischen Bundesbahnen über zwei leistungsstarke und bewährte, wenn auch konventionell ausgeführte Lokomotivbaureihen, welche die Anforderungen des Güter- und Reisezugverkehrs, letzterer bis 140 km/h, auch noch in den nächsten Jahrzehnten voll abdecken können.

Die vier Prototyplokomotiven Re 4/4^{IV}, die mit neukonzipiertem Mechan-Teil zur Verbesserung der lauftechnischen Eigenschaften sowie mit Thyristoranschnittechnik und Mischstromfahrmotoren versehen sind, sollten eine neue Lokomotivgeneration einleiten. Das stagnierende Transportaufkommen sowie neue Erkenntnisse auf dem Gebiete der Drehstromantriebstechnik – besonders beeinflußt von der deutschen Baureihe 120 – führten jedoch nicht zu einer Serienfertigung. Trotzdem geben die vier Re 4/4^{IV} das technische Resultat wieder, das man in den siebziger Jahren in einem hochtechnisierten, traditionellen Eisenbahnland für technisch machbar und wirtschaftlich sinnvoll hielt.

Als bei den Österreichischen Bundesbahnen Anfang der siebziger Jahre durch den fortschreitenden Ausbau der Streckenelektrifizierung die Beschaffung neuer Lokomotiven anstand, kam hierfür die vorhandene, konventionell ausgeführte Baureihe 1042 aufgrund der fortgeschrittenen Technik nicht mehr in Frage. Zwar wurde über verschiedene Nachfolgemodelle in Dioden- und Thyristoranschnittechnik diskutiert, die einheimische Lokomotivindustrie konnte sich mit den Österreichischen Bundesbahnen jedoch nicht auf ein Entwicklungs- und Lieferangebot neuer Maschinen einigen. Diese Lücke wurde geschickt von der schwedischen Firma ASEA genützt. Einschließlich der vier zunächst gelieferten Prototypen wurden insgesamt 10 Thyristorlokomotiven Baureihe 1043 aus Schweden importiert. Aufgrund der mit der 1043 gemachten guten Erfahrungen wurde die inländische Industrie endlich aktiv und holte mit der Entwicklung und Lieferung von zwei Prototypen der noch leistungsstärkeren Thyristorlokomotive 1044 das zuvor verlorene Terrain wieder zurück. Neben dem unverkennbaren Einfluß der schwedischen 1043 hatte man bei dieser Baureihe 1044 auch viele jener Kenntnisse übernommen, die in der bewährten Re 4/4 der BLS (Schweizerische Alpenbahn-Gesellschaft Bern-Lötschberg-Simplon) so erfolgreich umgesetzt worden waren. Die 1044 galt bis zur Einführung der Baureihe 120 bei der Deutschen Bundesbahn lange Zeit als leistungsstärkste vierachsige Elektrolok der Welt!

Bei den Österreichischen Bundesbahnen übernimmt die mit über 126 Maschinen vertretene Baureihe 1044 heute den Löwenanteil im Zugförderungsdienst. Sowohl vor Schnell- als auch vor schweren Güterzügen, im Flachland als auch auf den berühmten Alpenrampen, wie Semmering, Tauern und Arlbert etc., versieht sie zufriedenstellend ihren Dienst. Die vielen Schwachstellen, die bei der Einführung dieser Lokomotive aufgetreten waren, wurden nach und nach behoben und sind heute nicht mehr erwähnenswert. Da bei den Österreichischen Bundesbahnen noch keine Schnellfahrstrecken vorhanden sind, wird die Baureihe 1044 auch für die nächsten Jahrzehnte die Aufgaben des Betriebsmaschinendienstes sicher erfüllen können!

Sieht man von den Triebköpfen des ICE ab, deren Ausführung sich weitgehend an den Komponenten der Baureihe 120 orientieren, werden in der Folge dieses Buches Entwicklung und Betriebserfahrung von sieben verschiedenen Lokomotivkonzepten beschrieben. Entwicklung und Beschaffung erstreckten sich über einen Zeitrahmen von rund 15 Jahren. Trotzdem wurden technisch hochwertige Lösungen verwirklicht, deren Produkte sich auch noch in 30 oder 40 Jahren im Dienst berfinden werden. Durch weitere Fortschritte in der Halbleitertechnologie sowie der Anwendung von Mikroprozessoren wird in der Lokomotivtechnik auch in den kommenden Jahren mit weiteren Entwicklungsschüben zu rechnen sein. Bei der langfristigen Investitionspolitik der schienengebundenen Transportunternehmen sowie der geforderten hohen Verfügbarkeit von Lokomotiven werden aber nur dort Neuerungen Eingang finden, wo diese wirtschaftlich vertretbar und aufgrund eines modularen Aufbaus des betreffenden Triebfahrzeuges ohne großen Aufwand tauschbar sein werden.

Durchschlagende, epochemachende Neuentwicklungen dürfen vermutlich aber erst wieder nach der Jahrtausendwende erwartet werden.

2. Die Entwicklung der elektrischen Triebfahrzeuge der Deutschen Bundesbahn seit 1970

2.1 DIE SCHNELLFAHRLOKOMOTIVE BAUREIHE 103.1,
Von Dr. Ing. Klaus Huber

2.1.1. Die Entwicklung der Serienlokomotive BR 103.1

2.1.1.1. Einleitung

Die Lokomotivbaureihe 103 kann man als den krönenden Abschluß der Entwicklung von elektrischen Lokomotiven mit Einphasen-Wechselstrom-Reihenschlußmotoren (Direkt-Motoren) betrachten. Ihre Entwicklung geht auf das zweite Typenprogramm (erstes Typenprogramm der Deutschen Reichsbahn u.a. mit den Lokomotiven der Baureihe 144, 194) mit den bekannten Baureihen 110, 112, 140, 139, 141, 150 zurück. Anfang der 60er Jahre faßte man den Entschluß, dieses zweite Typenprogramm durch eine Lok mit 200 km pro Stunde Höchstgeschwindigkeit zu ergänzen.

Dieser Entschluß der frühen 60er Jahre kann nachträglich, nach fast 25 Jahren, als mutiger, weiser Entschluß für die Zukunft gesehen werden, ohne die Lokbaureihe 103 wäre das IC-System in seiner heutigen Form nicht zu betreiben.

Als 1965 die erste Lok des Prototyps BR 103.0 ausgeliefert wurde, gab es 12,17 Mio. (Quelle: Fischer-Weltalmanach 1967), 1979 bei Beginn des Systems IC 79 gab es 26,2 Mio. (Fischer-Weltalmanach 1981) 1985 mehr als 30 Mio. Kraftfahrzeuge in der Bundesrepublik Deutschland.

Wenn die Eisenbahnen in der Zeit wachsender Autobahnen und neu ausgebauter Flughäfen konkurrenzfähig sein wollen, so müssen sie die Reisezeiten kürzen und ihren Vorteil des ungebrochenen Verkehrs von City zu City ausspielen. Das schnelle Flugzeug landet immer weiter draußen, das bequeme Auto steht immer öfter im Stau auf der Autobahn oder im Stadtverkehr.

Gegen das schnelle Flugzeug und die Bequemlichkeit im eigenen Pkw, ggf. mehr zu warten als zu fahren, können die Eisenbahnen, muß auch die Deutsche Bundesbahn, als Alternative setzen:
– hohe Reisegeschwindigkeit zwischen den Städten,
– ein umfassendes System aus Komfort, Zuverlässigkeit und Schnelligkeit der Dienstleistung Transport und ihrer Peripherie.

Ziel: Doppelt so schnell wie der Pkw, halb so schnell wie das Flugzeug.

Kern dieser Maßnahmen aber ist die Erhöhung der Reisegeschwindigkeit. Mittel hierzu sind Fahrzeuge mit hohen Endgeschwindigkeiten und großen Beschleunigungsvermögen, gerade bei der gegenwärtigen Trassierung des DB-Netzes. Die Leistung eines Triebfahrzeuges muß mit der dritten Potenz der Geschwindigkeit steigen. Da der vorgegebene Raum und das zugelassene Gewicht aber von vornherein festliegen, muß der Konstrukteur versuchen, das spezifische Leistungsgewicht (kg/kW) zu senken.

Durch die Einführung des IC-Systems im Jahre 1971 und die Erweiterung zum Stundentakt und Ausdehnung auf die 2. Wagenklasse zum Sommerfahrplan 1979 und der Neustrukturierung IC'85 traf die DB mit Sicherheit die richtige Entscheidung.

»Die« Lokomotiven für TEE- und IC-Züge sind die Lokomotiven der BR 103 und man kann seit dem Sommer 1979 erst recht feststellen, daß sie sich bewähren.

Unter den o.g. Gesichtspunkten entwickelte das Bundesbahn-Zentralamt München zusammen mit dem Hause Siemens und der Firma Thyssen Rheinstahl (Henschel) die Vorauslokomotiven der Baureihe 103 und später die Serienlokomotiven 103.

In Abb. 002 ist die Serienlokomotive als Maßbild dargestellt; die wichtigsten technischen Daten nennt die im Anhang aufgeführte Tabelle.

Abb. 001: 103 137 durcheilt mit einem IC auf der Fahrt nach Frankfurt Gemünden, im Hintergrund die Ruine Scherenburg (August 1983, Foto: J. Schmidt).

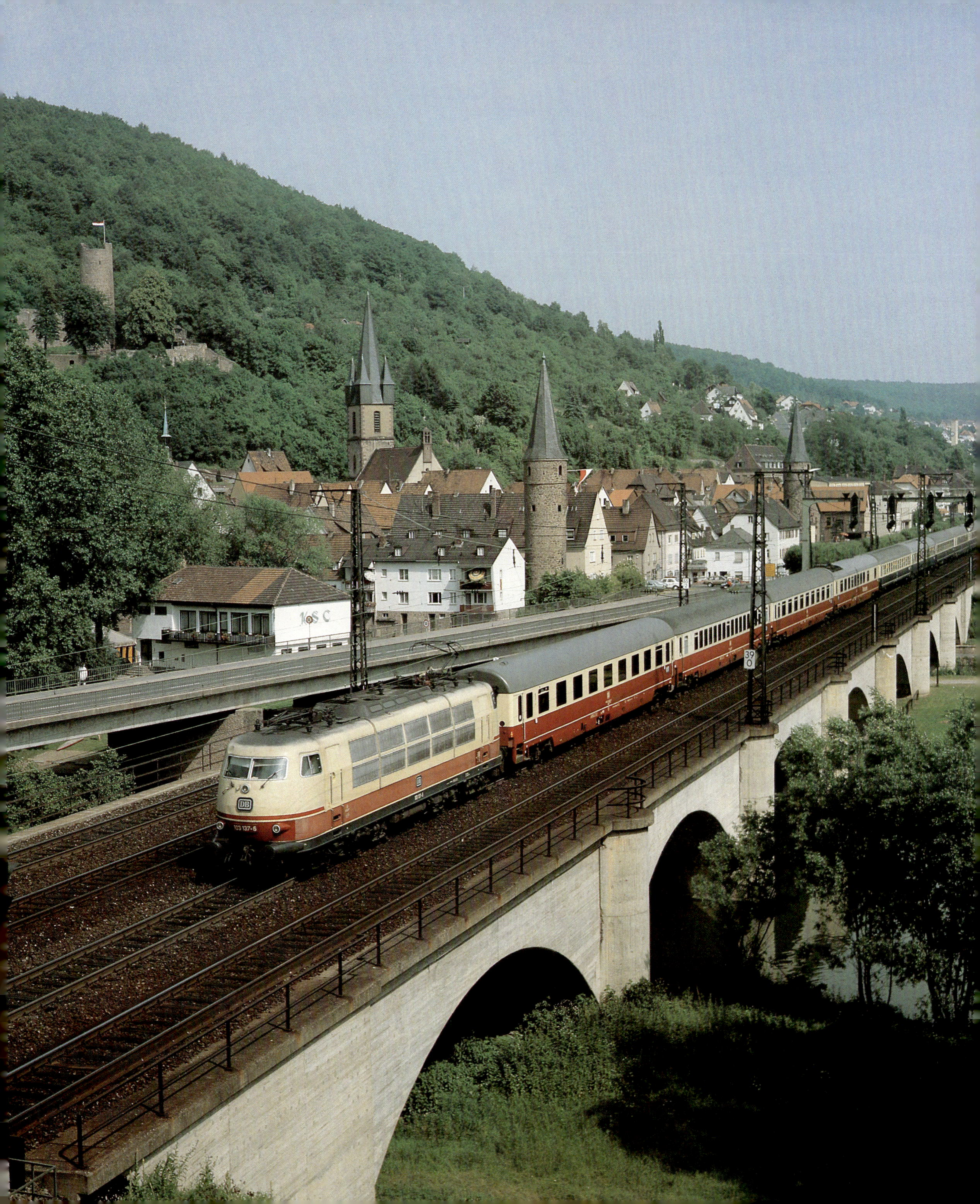

DB
103 137-6

Nachfolgende Zuammenstellung zeigt die wichtigsten unterschiedlichen Kenndaten der Vorauslokomotiven gegenüber den Serienlokomotiven:

	Vorauslok 103 001 … 004	Serienlok 103 101 …
Baujahr	1965	ab 1970
Stundenleistung bei Höchstgeschwindigkeit	6420 kW	7400 kW
Höchstgeschwindigkeit	200 km/h	200 km/h
Dienstgewicht	108 t	117 t
Stundenleistung nach CEI bei 90% der Sekundär-Transformatorspannung	6200 kW	7500 kW
Geschwindigkeit bei Stundenleistung	193 km/h	175 km/h
Zugkraft am Treibradumfang bei Stundenleistung	11800 kp	15700 kp
Dauerleistung nach CEI bei 90% der Sekundär-Transformatorenspannung	5950 kW	7080 kW
Geschwindigkeit bei Dauerleistung	200 km/h	180 km/h
Zugkraft am Treibradumfang bei Dauerleistung	10900 kp	14300 kp
Größte Anfahrzugkraft am Treibradumfang	32000 kp	32000 kp
Dauerleistung des Transformators	4750 kVA	6250 kVA
Dauerleistung der elektrischen Bremse	4800 kW	4800 kW
Kraftübertragung	Siemens-Gummiring-Kardanantrieb bzw. Haneshel Verzweigerantrieb	Siemens-Gummiring-Kardanantrieb

2.1.1.2 Elektrische Ausrüstung

Stromabnehmer

Ursprünglich war die Forderung nach der Möglichkeit von Vorspannfahrten und der Befahrbarkeit der Fahrleitung Re 160 km/h mit 200 km/h gestellt worden. Dafür wurden Varianten des Stromabnehmers DB S 54 entwickelt.

Stromabnehmer elektrischer, schnellfahrender Triebfahrzeuge stellen
– elektrische
– mechanische
– aerodynamische
Probleme.

Die Stromaufnahme durch Kohleschleif-Leisten an der Fahrdrahtunterseite und die Weiterleitung des Stromes an die Dachleitung gelten als gelöst (bis zu Geschwindigkeiten von 200 bis 300 km/h). Kontaktunterbrechungen kommen praktisch – auch bei Regen – nicht vor, allenfalls bei extrem starkem Raureif bzw. Eisregen treten Schwierigkeiten auf.

Mechanisch soll der Stromabnehmer trägheits- und reibungslos den Fahrdrahtabsenkungen z.B. an Brücken folgen, andererseits nicht ungedämpft schwingen können. Da sind einander widersprechende Forderungen. Dazu kommt die Notwendigkeit geführter Beweglichkeit. Die beweglich gelagerte Wippe mit dem Doppelkohlenschleifstück, leichtgängige Gelenke, Federn, Dämpfer mit definierter Charakteristik sind technische Möglichkeiten der Problemlösung.

Beim Scherenstromabnehmer gibt es 10 Gelenke, beim Einholstromabnehmer nur 4, ein Grund, warum mechanisch der Einholstromabnehmer sich durchsetzen konnte.

Aerodynamisch sind zwei andere Gesichtspunkte zu berücksichtigen:
– Bezogen auf die Lokomotive als Einzelfahrzeug verursacht der Stromabnehmer ca. 25% des Luftwiderstandes.
– Statisch-mechanisch läßt sich die Ausrückkraft gut auf ca. 70 N (ca. 7 kg nach früherer Bezeichnung) einstellen. Durch den Auftrieb des sogenannten »Fahrtwindes« erhöht sich aber die Antriebskraft auf 120 N oder mehr, gegebenenfalls in einen unzulässigen Bereich.

Eine neue Stromabnehmerkonstruktion mußte nun hier Lösungen bringen. Versuche mit Windleitblechen am Scherenstromabnehmer bzw. mit speziellen Wippenkonstruktionen erwiesen sich als wenig hilfreich. Als Lösung nach zahlreichen Versuchen fand man den heute (auch bei den Lokomotiven der Baureihe 111 verwendeten) Einholstromabnehmer SBS 65 bzw. 67.

Gelegentlich wird diskutiert, ob der Einholstromabnehmer im Kniegang (Gelenk in Fahrtrichtung) oder Spießgang (Gelenk nach hinten) fahren soll. Aerodynamisch gibt es keinen Unterschied. Untersuchungen von Oberleitungsbeschädigungen im Bereich der Münchner S-Bahn, wo bei den ET 420 aus einem bestimmten Grund die Stromabnehmer gleichmäßig in Knie- und Spießgang laufen, haben gezeigt, daß es keine Signifikanz für durch Spießgang verursachte Oberleitungsschäden gibt.

Ergebnis aller Versuche und Überlegungen war, daß mit dem Einholstromabnehmer SBS 65 bzw. 67 200 km/h beherrscht werden, sogar mit dem vorauslaufenden Stromabnehmer, (auch für Doppeltraktionen bei den Lokomotiven der Baureihe 111).

Transformator mit Schaltwerk

Transformator

Da die Fahrmotoren aus verschiedenen Gründen nicht mit der Fahrdrahtspannung von 15 kV arbeiten können, reduziert ein

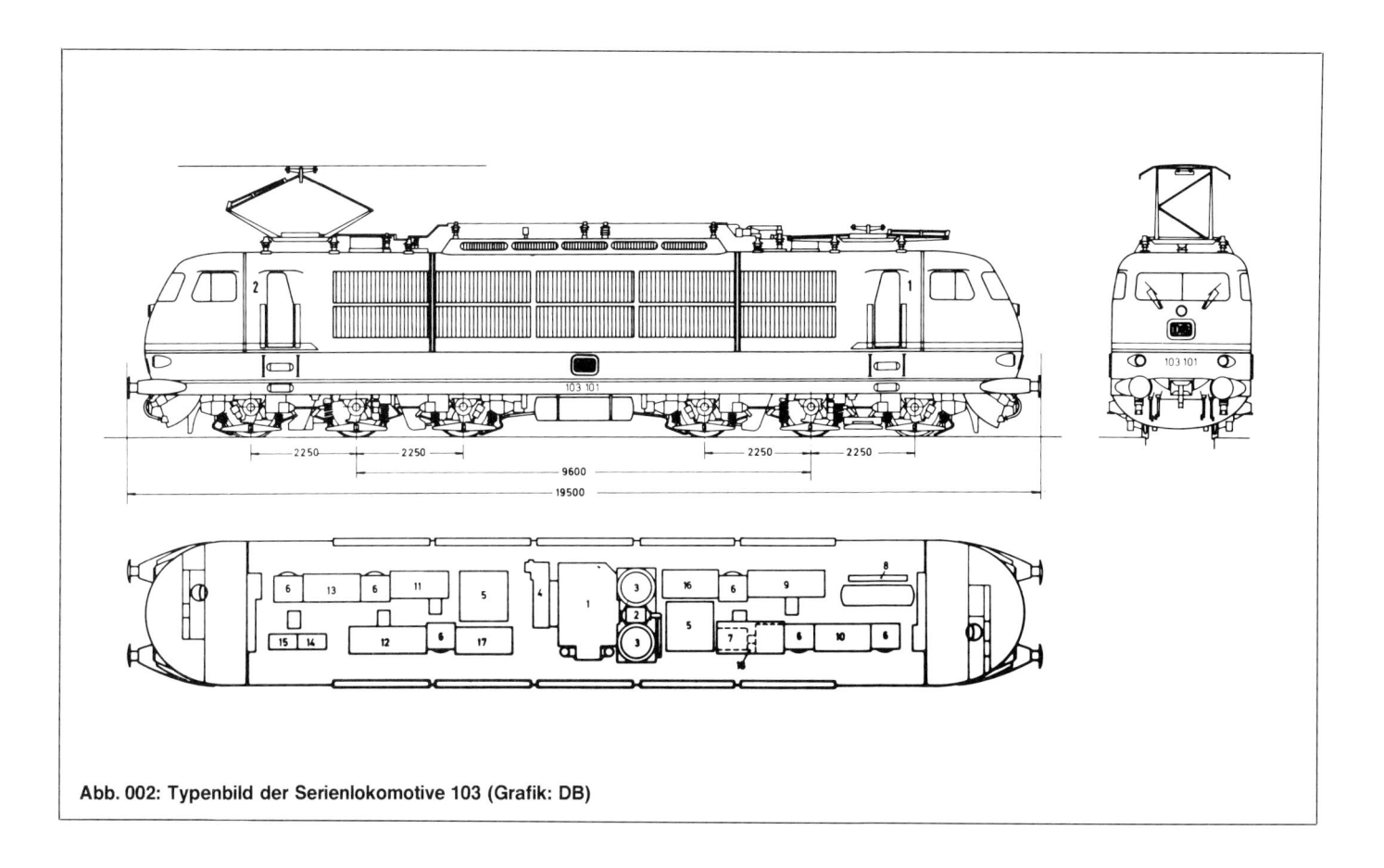

Abb. 002: Typenbild der Serienlokomotive 103 (Grafik: DB)

Transformator die Spannung der Fahrleitung auf die niedrigere Motorspannung. Sieht man von der Möglichkeit der Phasenanschnittsteuerung ab, so erfüllt der Transformator auch die Aufgabe, die Motorspannung in ihrer Höhe regelbar zu machen. Dabei sei auf folgende Zusammenhänge hingewiesen:

Eine Isolation gegen hohe Spannungen ist auch eine Isolation gegen Wärmeabfuhr. Deshalb ist es zweckmäßig, die Motorspannung nicht zu hoch zu wählen. (Die maximale Motorspannung bei den Serienlokomotiven 103 beträgt 645 Volt). Aus der Theorie über elektrische Motoren läßt sich herleiten, daß (in erster Näherung) die Drehzahl und damit die Geschwindigkeit der anstehenden Spannung, das Drehmoment und damit die Zugkraft dem Strom proportional ist. Daraus folgt, daß die höchste Spannung einer hohen Geschwindigkeit entspricht. Erhöht man ab einer bestimmten Geschwindigkeit die Spannung nicht mehr, nimmt die Geschwindigkeit (Drehzahl) trotzdem weiter zu, und der Strom nimmt ab. Es ist eine Frage der Auslegung, bei welcher Geschwindigkeit die maximale Spannung zuerst ansteht.

Für die Lokomotiven BR 103 ergibt sich daraus das Auslegungsproblem, daß bei niedrigen Geschwindigkeiten (kleiner als 140 km/h) die an den Fahrmotoren anstehenden Spannungen ebenfalls geringer sind, andererseits muß dann aber der Strom entsprechend höher sein. Eine Lokomotive wird jedoch für den Betrieb um so wertvoller, je mehr sie unterschiedlichen Anforderungen gerecht werden kann. Wie sich der Transformator zwischen den 4 Vorauslokomotiven und den Serienlokomotiven geändert hat, zeigt die nachstehende Tabelle mit den technischen Daten der Transformatoren der Vorauslokomotiven:

	Vorauslok	Serienlok
Nennleistung	4750 kVA	6250 kVA
zusätzliche Heizleistung	720 kW	720 kW
Hilfsbetriebeleistung	110 kV	120 kVA
Gewicht mit Stufenschalter und Ölkühlanlage	15,6 t	18,6 t

Trafoumschaltung

Den Vorauslokomotiven BR 103.0 sagte man nach, sie seien zu »schwach«, das Zugförderungsprogramm der Lokbaureihe 110 (insbesondere zwischen Stuttgart und Ulm) zu erfüllen. Diese Aussage ist in dieser Form nicht haltbar, man muß nur berücksichtigen, daß die Vorauslokomotiven BR 103 auf der Transformatorsekundärseite den 1,4fachen Strom führen, wenn sie in Zugkraft und Geschwindigkeit wie eine 110 eingesetzt werden. Ähnliches gilt auch, wenn eine Lok BR 110 wie eine Lok BR 140 eingesetzt wird. Der 1,4fache Strom ruft dann aber die doppelte Erwärmung hervor.

Die Meßergebnisse mit der Vorauslokomotive BR 103.0 und diese Überlegungen führten zu einer Neuerung im Transformatorenbau bei elektrischen Lokomotiven der DB: Die Sekundärseite der Leistungswicklung erhielt eine Anzapfung bei etwa 80 Prozent der Maximalspannung. Die Wicklungen bis zu dieser Anzapfung haben einen rund 20 Prozent größeren Querschnitt als die Wicklung ab dieser Anzapfung. Abb. 003 zeigt den Hauptstromschaltplan.

Aus Abb. 003 ist die Transformatorumschaltung gut zu erkennen. Bei 90 Prozent der Transformatorleerlaufspannung und höchster Stufe des Schaltwerkes stehen als höchste Spannung an der Anzapfung M 02 501 V, an der Anzapfung M 01 612 V an. Die zugehörigen Dauerströme über die Anzapfung M 02 betragen 12 500 A beziehungsweise 10 215 A bei der Anzapfung M 01. Aus der Abb. 003 lassen sich auch einige für die Bedienung wichtige Überlegungen darstellen.

Die Spannung 501 V steht einmal an den Motoren bei Transformatorgrundstellung (M 02) und höchster Schaltwerkstufe, zum anderen bei Umschaltstellung (M 01) und etwa 30…32. Stufe des Schaltwerkes an (bei 90 Prozent Transformatorleerspannung und bei einem Haftwert nach Curtius-Kniffler etwa 135 km/h gefahren werden können. Da in der Umschaltstellung aber der gesamte Motorstrom über den Wicklungsteil zwischen M 02 und M 01 fließt, erzeugt dieser Strom im Transformator eine wesentlich größere Wärme.

Bei richtiger Bedienung der Trafo-Umschaltung entsteht im Trafo in etwa die gleiche Erwärmung, d.h., wenn ein leichter Zug rasch auf 200 km/h beschleunigt wird oder wenn ein schwerer Zug während einer langen Zeit auf 140 km/h zu beschleunigen ist oder in einer Rampe fährt.

Deshalb trägt das Schild am Kipptaster Transformatorumschaltung für die Umschaltstellung die Aufschrift »Ab 140 km/h«. Fährt man in der Grundstellung an der Reibungsgrenze an, dann hat der Lokführer bei etwa 135 km/h, in der Umschaltstellung bei 175 km/h, die höchste Schaltwerkstufe geschaltet. Aus der Abb. 003 sieht man auch, daß man in der Umschaltstellung (M 01) die gleichen Motorströme (=Zugkräfte) erreicht wie in der Grundstellung. Nur wird dadurch der Transformator schneller erwärmt und unter Umständen eine unzulässige Erwärmung erreicht. Wollte man ohne die Umschaltbarkeit die gleichen Erwärmungsgrenzen beachten, so müßte der Transformator für eine Dauerleistung von etwa 7600 kVA gebaut werden; er würde dadurch schwerer und größer, so daß das Gewicht der Lokomotive nicht bei 117 t zu halten wäre.

Schaltung und Schaltwerk

Eine weitere Besonderheit des Transformators ist, daß die Einführung der Fahrleitungsspannung bei der Regelwicklung ist, daß auf der Stufe 39 der Regelwicklung bei 15 kV Fahrdrahtspannung 17,5 kV anstehen.

Wie aus Abb. 003 weiter zu ersehen ist, entsprechen die Hilfsbetriebewicklungen und die Heizwicklung der Anordnung bei den Lokomotiven BR 110, 111, 112, 139, 140, 141, 150, ebenso der grundsätzliche Aufbau. Zu beachten ist aber die unterschiedliche Phasenlage der Heizwicklungen bei den einzelnen Lokomotivbaureihen. Der Transformator ist dreischenklig, ein Schenkel trägt die Regelwicklung und die Hilfsbetriebe- und Heizungswicklung, der Mittelschenkel die Primär- und Sekundärwicklung des Leistungsteils. Der zweite Außenschenkel ist unbewickelt und schließt den magnetischen Kreis.

Als Schaltwerk haben die Serienlokomotiven BR 103 einen Kreisbahnwähler, während die meisten elektrischen Lokomotiven BR 110, 112, 139, 140 und 150 einen Flachbahnwähler haben. Statt Lastschalterkontakten haben die Serienlokomotiven 103 Thyristoren, ähnlich wie einige elektrische Lokomotiven BR 110, 112, 140 und 150 und alle Lokomotiven BR 111 und 151.

Eine Gewichts- und Raumersparnis konnte durch den unmittelbaren Anbau der Ölkühleranlage an den Transformatorkessel erzielt werden. Die Ölkühleranlage ist in zwei Ölkühler, die von je einem Ölkühlerlüftermotor betrieben werden, aufgeteilt. Fällt einer der beiden Ölkühlermotoren aus, so kann bei entsprechender Verminderung des Oberstromes und Motorstromes weiter gefahren, mindestens aber der nächste größere Bahnhof erreicht werden.

Fahrmotoren und Antriebe

Fahrmotor

Die BR 103 ist die erste Vollbahnlokomotive der DB, bei der die Fahrmotoren nach den Beanspruchungen des Bremsbetriebes gerechnet wurden. Bei 200 km/h leisten die Fahrmotoren 9800 kW im Bremsbetrieb, 7080 kW im Fahrbetrieb (Nennleistung bei 90 Prozent Transormatorleerlaufspannung und 1525 U/min.).

Bei der Entwicklung des Fahrmotors WBb 368/16 f war man bemüht, die spezifischen Beanspruchungen des Fahmotors WB 372 (Lokomotivbaureihen 110, 111, 112, 139, 140 und 151) zu unterschreiten, der sich in ca. 8000 Exemplaren bei der DB hervorragend bewährt hat. Die Motordaten sind in nachfolgender Tabelle dargestellt.

Stromart	16⅔ Hz	Polzahl	12
Typenbezeichnung	WBb 368/16 f	Isolationsklasse	F
Drehzahl bei 200 km/h und 1210 mm Rad ⌀	1525 1/min	Nennstrom	2100 A
Nennleistung bei 90% Transformatorleerlaufspannung (Sek. Seite) und 1525 U/min.	1180 kW	Typendauerleistung	1240 kW
		Maximale Spannung	645 V
		Größte zu. Anfahrzugkraft	5,3 Mp (52 kN)

Abb. 003: Prinzipschaltbild BR 103 (Grafik: DB)

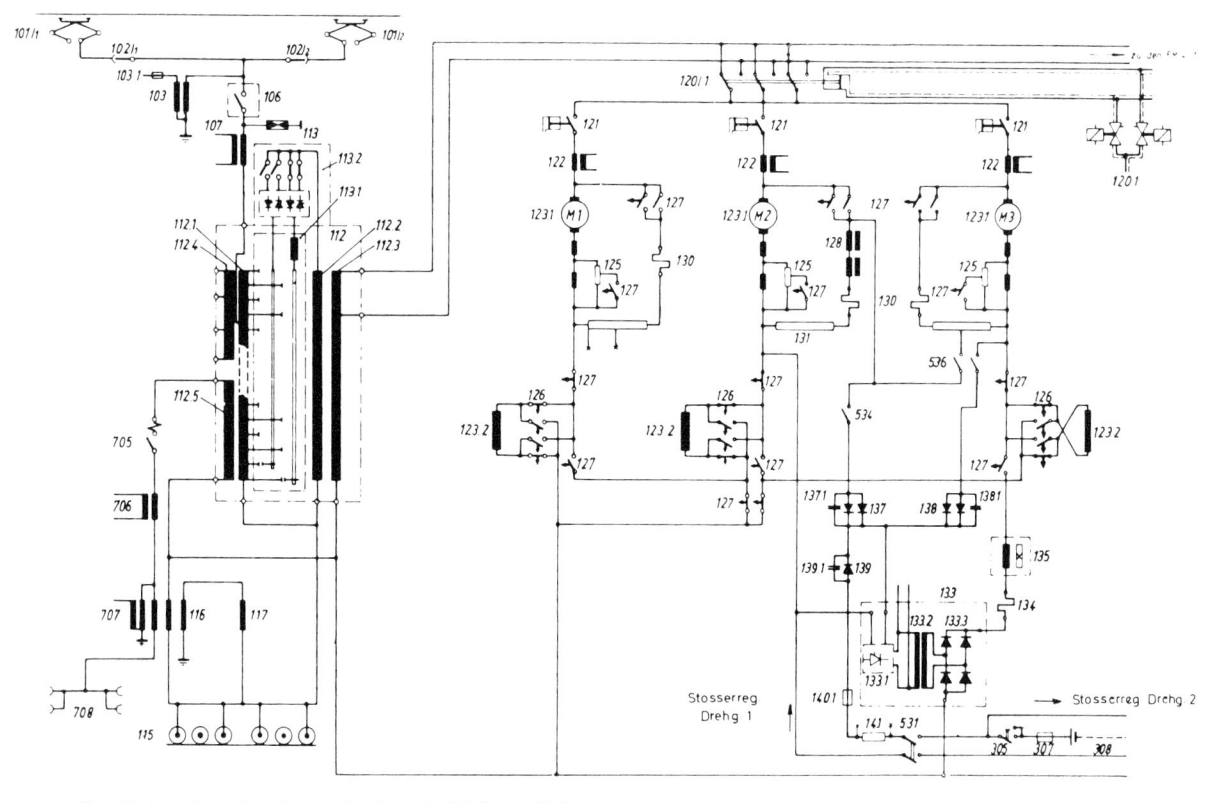

Schaltplan des Hauptstromkreises in Stellung Fahren

120	Umschalter für Niederspannungswicklung des Haupttransformators (FM 1–3)	137	Sperrzelle für Bremserregung	106	Druckluftschnellschalter
120.1	Magnetventil für Trafoumschaltung	137.1	Beschaltungskondensator	107	Durchführungsstromwandler für Oberstrom
121	Trennschütz für Fahrmotor	138	Sperrzelle für Spannungszuschaltung	109	Überspannungsableiter
122	Stromwandler für Fahrmotor	138.1	Beschaltungskondensator	112	Haupttransformator
123.1/2	Fahrmotor-Läufer / Fahrmotor-Erregerfeld	139	Sperrzelle für Stoßerregung	112.1	Stufenwicklung
125	Wendefeldparallelwiderstand für Fahrmotor	139.1	Beschaltungskondensator	112.2	Oberspannungswicklung
126	Richtungswender für Fahrmotor 1, 2, 3	140.1	NH-Sicherung „Stoßerregung"	112.3	Unterspannungswicklung
127	Fahrbremswender FM 1, 2, 3	141	Vorwiderstand für Stoßerregung	112.4	Hilfswicklung
128	Gleichstromwandler im Bremskreis für Drehg. 1/2	305	Batterie-Hauptschalter	112.5	Heizwicklung
130	Nebenwiderstand für Bremsstrom Fahrmotor	307	NH-Sicherung 100 A träg	113	Hochspannungsschaltwerk für 39 Regelstufen
131	Bremswiderstände für Fahrmotor 1-3	308	Batterie 110 V	113.1	Stufenwähler
133	Bremswechselrichterschrank für Drehg. 1/2	531	Schütz für Stoßerregung	113.2	Tyristorlastumschalter
133.1	Wechselrichterteil	544	Schütz für Bremserregung	115	Erdungskontakt
133.2	Transformator	536	Schütz für Spannungszuschaltung	116	Erdstromwandler - kompensiert
133.3	Erregergleichrichter	101/1	Stromabnehmer 1	117	Erdungsdrossel
134	Nebenwiderstand für Bremserregerstrom	101/2	Stromabnehmer 2	705	Heizschütz
135	Istwertbildner für Bremsmoment (Regelung)	102/1	Trennschalter für Dachleitung 1	706	Heizstromwandler
		102/2	Trennschalter für Dachleitung 2	707	Heizspannungswandler
		103	Oberspannungswandler	708	Heizkupplungsdose
		103.1	Schmelzeinsatz		

Um die spezifischen Werte des Motors WB 372/22 zu unterschreiten und der höheren Geschwindigkeit gerecht zu werden, ging man zwei Wege:
– Mit Rücksicht auf die hohe Fahrgeschwindigkeit war es wichtig, die ungefederten Massen des Drehgestells zu verringern.
– Der Einbauraum für den Motor ist mit dem Platz zwischen den beiden Rädern eines Radsatzes vorgegeben.

Die beiden Überlegungen führten zu einer guten Lösung: Da die Leistungsanforderungen steigen, der axiale Raum aber beschränkt ist, bleibt nur die radiale Ausdehnungsrichtung. Damit wird der Fahrmotor im Durchmesser größer; es bietet sich an, ihn in das Drehgestell zu stellen (eine ähnliche Lösung hatte die BR 118) statt zu hängen (wie bei den Tatzlagermotoren oder diesen verwandten Bauarten).

Mit der Lokomotive 100 300, die diese Lösung der Motoraufhängung in den Gummiringkardanantrieb vorwegnahm, sammelte die DB in dieser Hinsicht gute Erfahrungen, so daß die Entscheidung für die Serienlokomotive BR 103 darauf abgestützt werden konnte. Abb. 004 zeigte den Fahrmotor mit Antrieb.

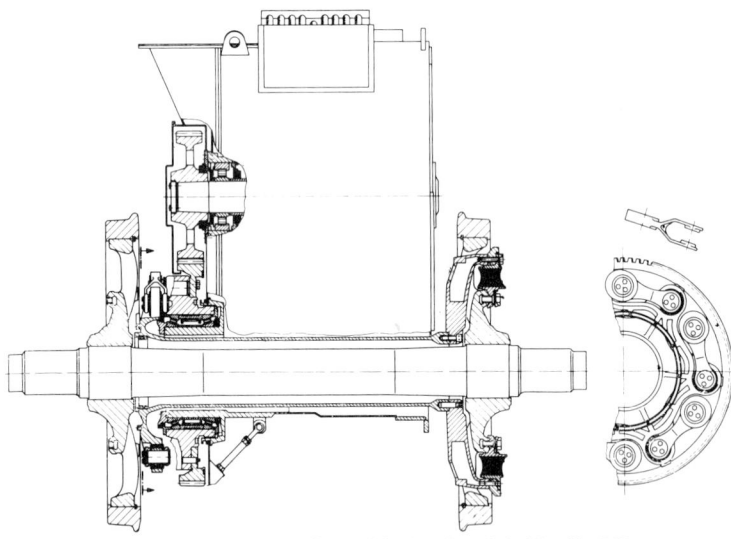

Abb. 004: Fahrmotor mit Gummiringkardantrieb (Grafik: DB)

Gelegentlich treten Oberleitungsspannungen bis 17,5 kV (selten, aber doch erkennbar auch über 17,5 kV) auf. In der Umschaltstellung und auf Fahrschalterstufen über 35 kann es dann zu Motorspannungen über 612 (645) Volt kommen, ggf. führt dies zu sogenannten Fahrmotorüberschlägen, deshalb hat man neuerdings die Fahrmotorspannung auf 570 Volt begrenzt. Viele Fahrmotorüberschläge finden aber nicht (oder allenfalls auch) im Fahrmotorraum statt, stattdessen aber oft an den Schaltgeräten für den Fahrmotor. Da Überschläge auch im Stillstand der Lokomotive beim sogenannten Durchschalten auftreten, also ohne Strom und bei Drehzahl 0, kann man annehmen, daß es Überschlagswege an den peripheren Schaltgeräten gibt.

Hier stellt sich die Frage, warum diese »Überschlagsbrücken« vorhanden sind, bzw. entstehen. Bis einschließlich zum Bau der Lokomotiven der Baureihe 103 galt als anerkannt die Auffassung vom Maschinenraum als »Staubberuhigungskammer«. Der Kühlluftstrom nimmt seinen Weg von außen über die Lüftungsgitter in den Maschinenraum und von dort in die Fahrmotorlüfterschächte.

Bei dieser Konstruktion lag die Überlegung zugrunde, in Fahrmotoren nur – wenigstens grob – gereinigte Luft einzublasen (saugen). Nachteil dieser Luftführung ist die Verschmutzung des Maschinenraumes.

Als die Lokomotiven der Baureihe 141 in der Mitte der 50er Jahre verstärkt im Wendezugbetrieb fuhren, zeigte sich gerade beim Schieben, daß in den Maschinenraum viel Staub, insbesondere Bremsstaub eingesogen wurde und der Maschinenraum stark verschmutzte. Erst bei den Lokomotiven der Baureihe 111 änderte man die Luftführung, die Kühlluft wird dem Fahrmotor unmittelbar zugeführt, es zeigen sich bisher keine Probleme.

Bei den Lokomotiven der Baureihe 103 mit dem hohen Kühlluftbedarf zeigen sich nun die Verschmutzungsprobleme sehr deutlich. Bei den Vorauslokomotiven der Baureihe 103 mit einer Lüftungsgitterreihe und entsprechend hoher Lufteinzugsgeschwindigkeit wurde Regenwasser und Schnee eingesogen, bei der Serienlok mit Doppellüftungsreihe wird zwar kein Wasser mehr eingesogen, aber entsprechend der Luftmenge viel Staub.

Da der Maschinenraum der Lokomotive Baureihe 103 sehr eng und mit vielen Aggregaten besetzt ist, lagert sich an vielen, unzugänglichen aber ggf. spannungsführenden Stellen Bremsstaub usw. ab, so daß es zu den schon beschriebenen Überschlägen im Maschinenraum kommen kann.

Als 1977 der fahrplangemäße Betrieb mit 200 km/h wieder eingeführt wurde, gab es häufig bei ca. 180 km/h sogenannte Motorüberschläge, mit Abschalten der vollen Leistung und Schäden an den Trennschützen. Abhilfe dagegen war die Maßnahme, die Fahrmotoren erdfrei zu schalten. Man vermutete bei 180 km/h elektrische Resonanzerscheinungen.

Beim 200 km/h-Betrieb ist die Linienzugbeeinflussung (LZB) notwendige Vorraussetzung. Die Zuverlässigkeit der LZB läßt noch Wünsche offen, d.h., da die LZB sicher ist, reagiert sie bei jeder Störung, bei jeder Unregelmäßigkeit durch eine Zwangsbremse, auch dann, wenn die Geschwindigkeit kleiner als 160 km/h ist oder auch auf Strecken ohne LZB-Streckenausrüstung. Diese Zwangsbremsen bewirken das augenblickliche Abschalten der Leistung über die Fahrmotortrennschütze, die damit qualitativ (Stromstärke) überlastet werden und Beanspruchungen zeigen, die ggf. einen Überschlag begünstigen.

Antrieb

Der Antrieb hatt 2 Hauptfunktionen zu erfüllen:
– er soll vertikal federn
– er soll Drehelastizität bringen

Die erste Funktion kann man sich an Antrieben vergegenwärtigen, die nicht federn z.B. den Tatzlagerantrieb. Jeder Stoß des Rades geht auf den Motor. Anders dagegen der Gummiringfederantrieb, bei dem ein Teil des Motorgewichtes gegenüber dem Radsatz über die Gummisegmente gefedert ist.

Die Drehelastizität ist wegen des Kommutators gefordert; unter den Kohlebürsten sollen dieselben Lamellen nicht stehenbleiben, der Läufer soll sich (wenigsten geringfügig) drehen können.

Mit den Lokomotiven BR 110 299 und 110 300 wurden 1963 und 1964 umfangreiche Versuche mit 2 Antriebsvarianten gefahren. Diese Antriebsvarianten finden sich auch noch bei den Vorauslokomotiven BR 103.

Der Verzweigerantrieb hat sich auch wegen seines um rd. 330 kg größeren Gewichtes gegenüber dem Gummi-Kardanantrieb nicht durchgesetzt, die Serienlokomotiven BR 103 erhielten deshalb den Gummi-Kardanantrieb.

Die wichtigsten Unterscheidungsmerkmale der beiden Antriebe sind folgende:

	Verzweigerantrieb	Kardanantrieb
Zahnschrägung	21°	4°
Drehzahlelastizität	1°/15 kN	1°/9 kN
Achsenentlastung beim Durchfedern	Vorhanden, aber durch Gummifedern gedämpft	keine
Gewicht	1760 kg	1430 kg

Beim Kardanantrieb verbinden zwei elastische Elemente das Großrad des Antriebes mit dem Radsatz. Einmal verbinden Lenker, die in Spherlikastiklagern ruhen, das Großrad mit der Kardanwelle. Die Hohlwelle überträgt dann das Drehmoment auf die andere Treibachsseite. Auf dieser Seite leiten dann die vom Gummiringfederantrieb her bekannten Segmente die Kraft auf das Treibrad.

In der Geschichte der Lokomotiven BR 103 gibt es auch einige Episoden, eine davon ist die mit dem Zwischengetriebe.

Als der Regelbetrieb mit 200 km/h keine konkrete Realisierungschance hatte, das Wagenzuggewicht aber wegen der Übersetzung für 200 km/h nicht erhöht werden konnte, setzte man durch ein Getriebe Höchstgeschwindigkeit auf 160 km/h herab. Ein Getriebe war notwendig, weil die Einbauverhältnisse ein Großrad mit größerem Durchmesser nicht zulassen.

Es zeigte sich schnell, daß die mögliche Erhöhung der Anhängelast in keinem Verhältnis zum Aufwand stand. Das Getriebe zeigte schnell so starke Verschleißerscheinungen, daß es rasch wieder ausgebaut wurde, der Einbau eines Getriebes in die Lokomotiven 103 244, 245, 246 blieb also eine Episode für die BR 103, damit aber auch für den Bau elektrischer Lokomotiven in Deutschland.

Elektrische Bremse

Allgemeines

Bei Fahrzeugen für hohe Geschwindigkeiten muß man den Bremsen besondere Beachtung schenken. Die Bremse setzt die im Fahrzeug steckende kinetische Energie in Wärme um; diese Energie nimmt quadratisch in Abhängigkeit von der Geschwindigkeit zu. Der Geschwindigkeitssteigerung von 160 auf 200 km/h (25 Prozent) entspricht eine Zunahme der kinetischen Energie um 56 Prozent. Die mechanische Bremse (Klotzbremse) kann die Abbremsung aus 200 km/h innerhalb eines erträglich langen Bremsweges (etwa 2500 m) nicht mehr leisten. Aus diesen Überlegungen folgte, daß die Lokomotive 103 eine hochwirksame elektrische Bremse erhalten mußte.

Beim elektrischen Bremsen werden die Fahrmotoren als Generatoren geschaltet. Diese erzeugen elektrische Energie, die aus der kinetischen Energie des Zuges gewonnen wird. Bremswiderstände setzen dann die elektrische Energie wieder in Wärme um. Diese Wärme wiederum nimmt die Kühlluft auf und führt sie ab.

Abb. 005 zeigt nun den Verlauf der Bremskraft in Abhängigkeit von der Geschwindigkeit. Man kann erkennen, daß die Bremskraft mit 80 kN im Bereich ab 100 km/h (bis 200 km/h) nicht höher ist als die Dauerzugkraft der Fahrmotoren von 14,3 MP.

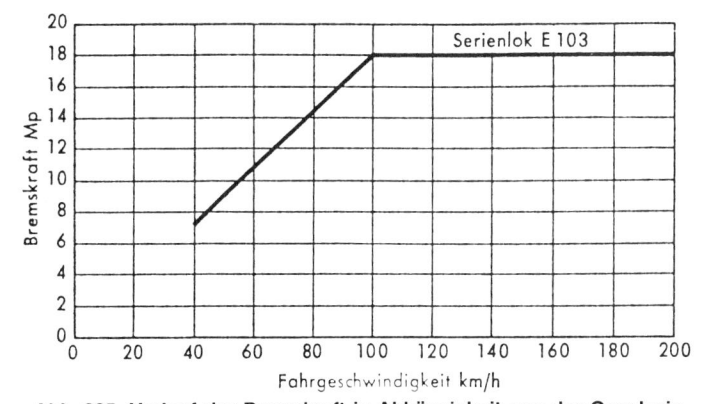

Abb. 005: Verlauf der Bremskraft in Abhängigkeit von der Geschwindigkeit (Grafik: DB)

Bremswiderstände

Für die Lokomotive 103 waren nun besondere Bremswiderstände zu entwickeln, da eine einfache Vergrößerung (entsprechend der Leistung) der Bremswiderstände der 110 aus Raum- und Gewichtsgründen ausschied. Da als Kühlmittel nur Luft zur Verfügung steht, mußte man eine Lösung suchen, die Wäremabgabe je Flächeneinheit deutlich zu vergrößern. Durch andere Gestaltung der mäanderförmig gewundenen Bremswiderstandsbänder, die kiemenartige Öffnungen erhalten haben, ist es gelungen, statt ursprünglich 57 W Bremsleistung jetzt 160 W je m² abzuführen.

Bereits bei den BR 110 und 112, 139 und 150 ist die Temperaturüberwachung des Bremswiderstandes bekannt. Die BR 103 hat ebenfalls eine Temperaturüberwachung des Bremswiderstandes, dessen maximale Temperatur 650° C betragen darf. Eine Meßanlage mißt die Temperatur und gibt bei 650° C ein Signal an die Regelung, die dann die Bremsleistung auf etwa die Hälfte (4800 kW) zurücknimmt. Bei einer Bremsung mit voller Leistung tritt dies nach etwa 20 Sekunden ein.

Die technischen Daten eines Bremswiderstandes nennt die nachstehende Tabelle.

Dauerlast	2400 kW (3 x 800 kW)
Überlast	4800 kW für 21 Sekunden
Luftmenge	10 m³/sec
Widerstandswert	3 x 0,165
Motorengeschwindigkeit der Kühlluft	11 m/sec 30 sec
Abmessungen	Breite 1000 m Tiefe 1000 mm Höhe 650 mm
Gewicht ohne Lüfter	575 kg

Bremse

Für Fahrten mit hoher Geschwindigkeit (mehr als 140 km/h) sind elektrische Bremsen unabdingbare Voraussetzung. Die Erkenntnisse der letzten Jahre regen an, die Grenze für mechanisches Bremsen auf 140 km/h festzulegen.

Als die Vorauslokomotive entwickelt wurde, sah man in der Fahrdrahtunabhängigkeit eine unabdingbare Voraussetzung. Die Zuverlässigkeit der Spannungserregung aus der Oberleitungung ist aber so hoch, daß man mittlerweile die Frage der Fahrdrahtunabhängigkeit auch an der Zuverlässigkeit der anderen Bauteile orientiert mit dem Ergebnis, daß derzeit die Fahrdrahtunabhängigkeit kein Thema ist. Bei der Entwicklung der BR 103 hatte die Fahrdrahtunabhängigkeit einen hohen Stellenwert.

Für eine bereits wirkende Bremse ist die Fahrdrahtunabhängigkeit ohne besondere Mittel erreichbar, da die Erregung der (generatorisch arbeitenden) Fahrmotoren und die zum Betrieb der Hilfsbetriebe erforderliche Energie zur Verfügung steht.

Allerdings müssen die Hilfsbetriebsmotoren so ausgelegt werden, daß sie Energieform (Wechsel und/oder Gleichspannung) bei Bremsbetrieb und Fahrdrahtbetrieb aufnehmen können.

Besondere Maßnahmen sind zu treffen bei der Ersterregung aus einer fahrdrahtunabhängigen Ernergiequelle. Aus Abb.2, dem Hauptstromschaltbild, ist zu erkennen, wie dieses Problem gelöst wurde:

Über das sogenannte Stoßerregerschütz wird die Batterie der Lokomotive auf den »Bremswechselrichter« geschaltet. Der »Bremswechselrichter« ist ein Gleichstromumrichter, der zunächst den Gleichstrom in rechteckigen Wechselstrom zerhackt. Dieser Wechselstrom wird in einem Transformator auf kleinere Spannungen (20 bis 30 Volt) und höheren Strom transformiert. Ein nachgeschalteter Gleichrichter erzeugt aus diesem Wechselstrom wieder Gleichstrom, der dann in die durch den Fahrbremswender in Reihe geschalteten Erregerwicklungen der drei Fahrmotoren eines Drehgestells fließt. Die so generatorisch erregten Motoren erzeugen dann ihrerseits eine Ankerspannung. Jeder Motor hat nun seinen eigenen Bremswiderstand, an dem die Ankerspannung abfällt, und der vom (generatorisch arbeitenden) Motor erzeugte Energie in Wärme umsetzt. Wenn die am Bremswiderstand 2 beziehungsweise 5 abfallende Spannung groß genug ist, übernimmt sie die Versorgung des »Bremswechselrichters«, das Stoßerregerschütz fällt ab und trennt die Batterie vom Bremswechselrichter. Nach maximal 10 Sekunden tritt diese Trennung ein, um zu verhindern, daß die Batterien durch zu langes Arbeiten auf den Bremswechselrichter erschöpft wird.

Der Wechselrichterteil ist aus Thyristoren aufgebaut, deren Schutz flinke Sicherungen übernehmen.

Bei etwa 75 km/h müßte die Bremskraft nennenswert abfallen, weil nicht mehr genügend Erregerstrom zur Verfügung steht. Um dies zu verhindern, wird bei dieser Geschwindigkeit die Zuschaltung der halben am Bremswiderstand 3 beziehungsweise 4 abfallenden Spannungen auf den Bremswechselrichter wirksam. An einem – mehr oder weniger spürbaren – Ruck kann man das feststellen.

Ausfall der elektrischen Bremse

Elektrische und pneumatische Bremse ergänzen sich. Da die Klotzbremse die Radreifen in einer besonderen Weise beansprucht, dürfen die Lok der BR 103 allein – also Lz – ohne funktionstüchtige E-Bremse nur mit 130 km/h fahren, da die pneumatische Bremse allein die Lok nur aus dieser Geschwindigkeit abbremsen kann (bei 1000 m Vorsignalabstand).

Bei Ausfall der E-Bremse könnte ein Zug mit Lok der BR 103 als Zuglok in vielen Fällen mit seiner fahrplanmäßigen Höchstgeschwindigkeit weiterfahren, da längere Wagenzüge in der Regel einen entsprechenden Überschuß an Bremsprozenten haben (Bremsart R + Mg), mit Rücksicht auf die Radlaufflächen wird die Geschwindigkeit auf 140 (150) km/h begrenzt.

Abb. 006 und 007: Das Altmühltal zählt zu den landschaftlich reizvollsten Abschnitten der IC-Verbindung München-Nürnberg im Streckenbereich zwischen Ingolstadt und Treuchtlingen. Im Bild oben sehen wir 103 212 mit einem IC bei Pappenheim, im Vordergrund die Altmühl. Auf der unteren Aufnahme durcheilt 103 232 die gleiche Strecke bei Hagenacker (August 1983, Fotos: F. Lüdecke).

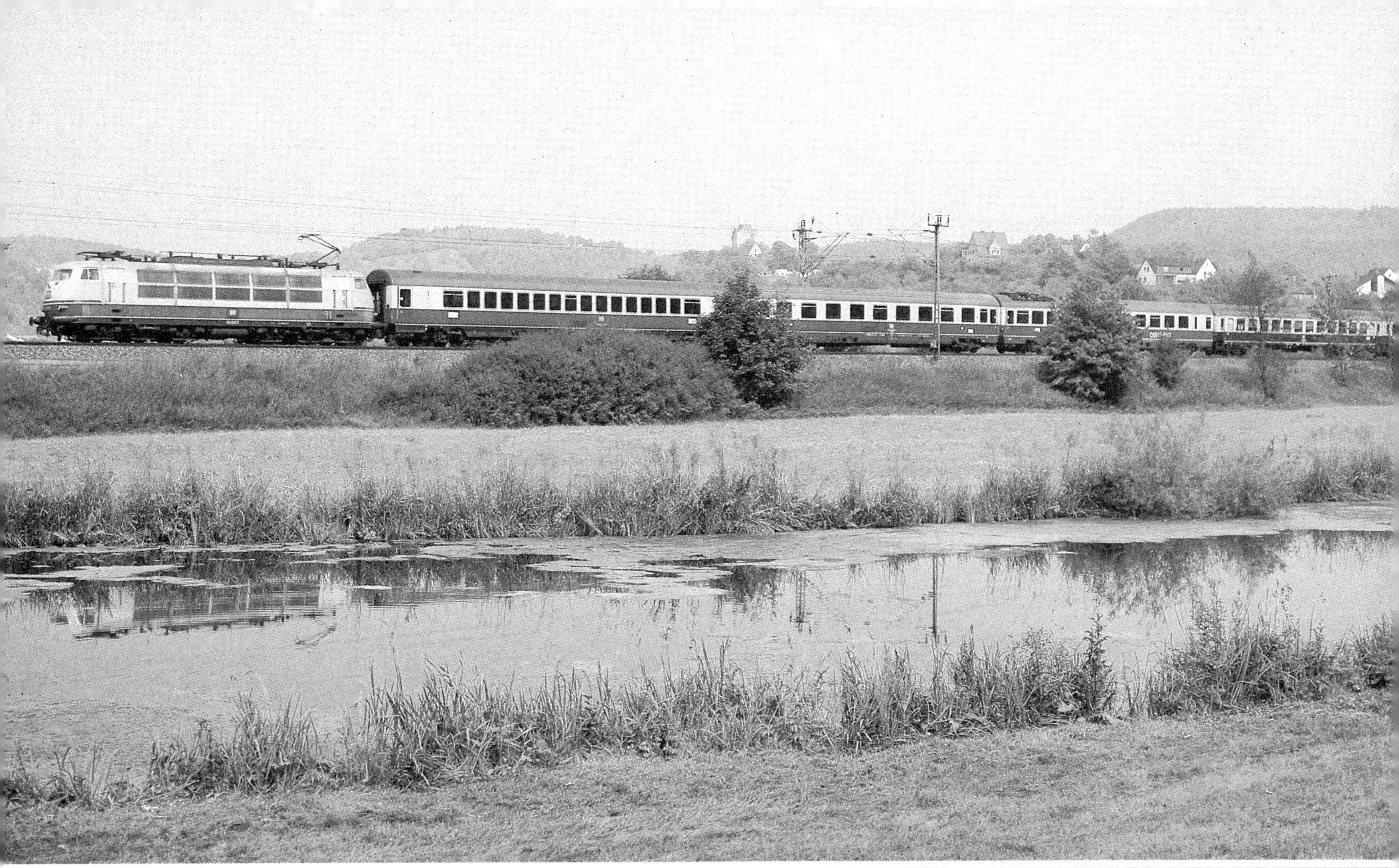

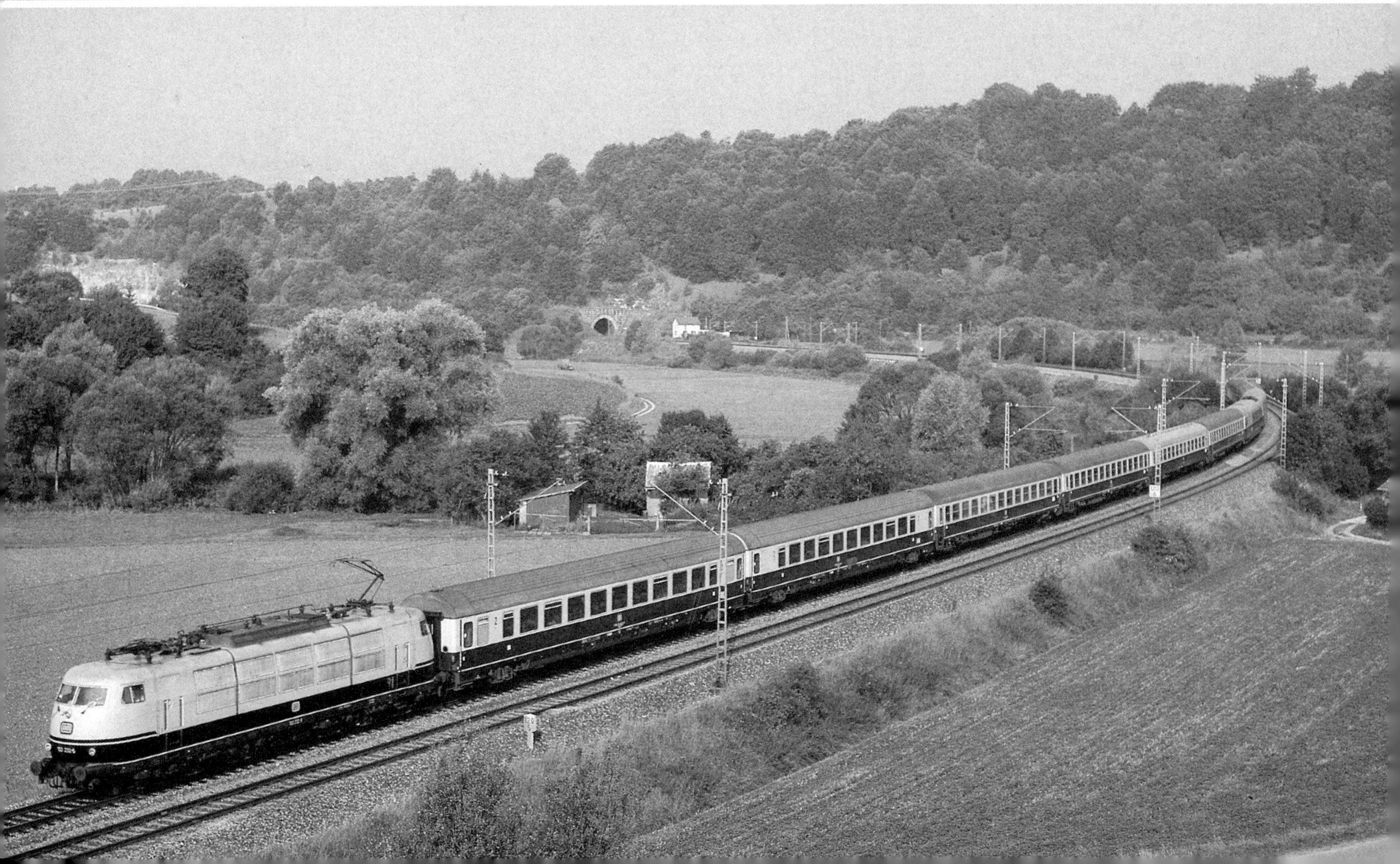

Hilfsbetriebe

Allgemeines

Hilfsbetriebe sind Anlagen einer elektrischen Lokomotive, die nicht unmittelbar zur Traktions- oder Stromversorgungsfunktion der Lokomotive beitragen, aber notwendig sind dafür, daß Großbauteile ihre Funktion erfüllen können. Als Hilfsbetriebe sind hier zu nennen:

1. Batterie und Batterieladegerät
2. 6 Fahrmotorlüfter
3. 2 Bremswiderstandslüfter
4. 2 Bremswechselrichter
5. 2 Ölkühlerlüfter
6. 1 Öltauchpumpe
7. 1 Luftpresser
8. El. Zugheizung

und die dafür notwendigen Energieversorgungsanlagen.

Bei der Schilderung der elektrischen Bremse wurde erwähnt, welche Überlegungen zur Fahrdrahtunabhängigkeit der elektrischen Bremse führten. Die Fahrdrahtunabhängigkeit der elektrischen Bremse fordert aber auch die Fahrdrahtunabhängigkeit bestimmter Hilfsbetriebe, für den Bremsbetrieb. Dazu gehören:

6 Fahrmotorlüfter
2 Bremswiderstandslüfter
2 Bremswechselrichterlüfter

Bremshilfsbetriebe

Beim Bremsbetrieb steht Gleichstrom zur Verfügung, das heißt, die oben genannten Hilfsbetriebe müssen (auch) mit Gleichstrom arbeiten können.

Die beiden Bremswechselrichterlüfter laufen nur bei dessen Betrieb, sie entnehmen ihre Energie dem Bremswechselrichter. Über einen eigenen Kleinselbstschalter (KS) wird die Energie wieder einem Gleichrichter zugeführt, an den der Lüftermotor angeschlossen ist.

Vergleichsweise einfach ist die Versorgung der beiden Bremswiderstandslüfter. Vom Bremswiderstand 3 beziehungsweise 4 kommt die Energie zum Betrieb der Lüftermotoren. Im Stromkreis des Motors liegen lediglich (für jede Fahrmotorgruppe gesondert) ein Prüfumschalter (Gerüst 1 und 5) und je zwei träge 160-A-Sicherungen. In Abb. 008 ist der Hilfsbetriebe-, Betriebs- und Steuerstrom dargestellt.

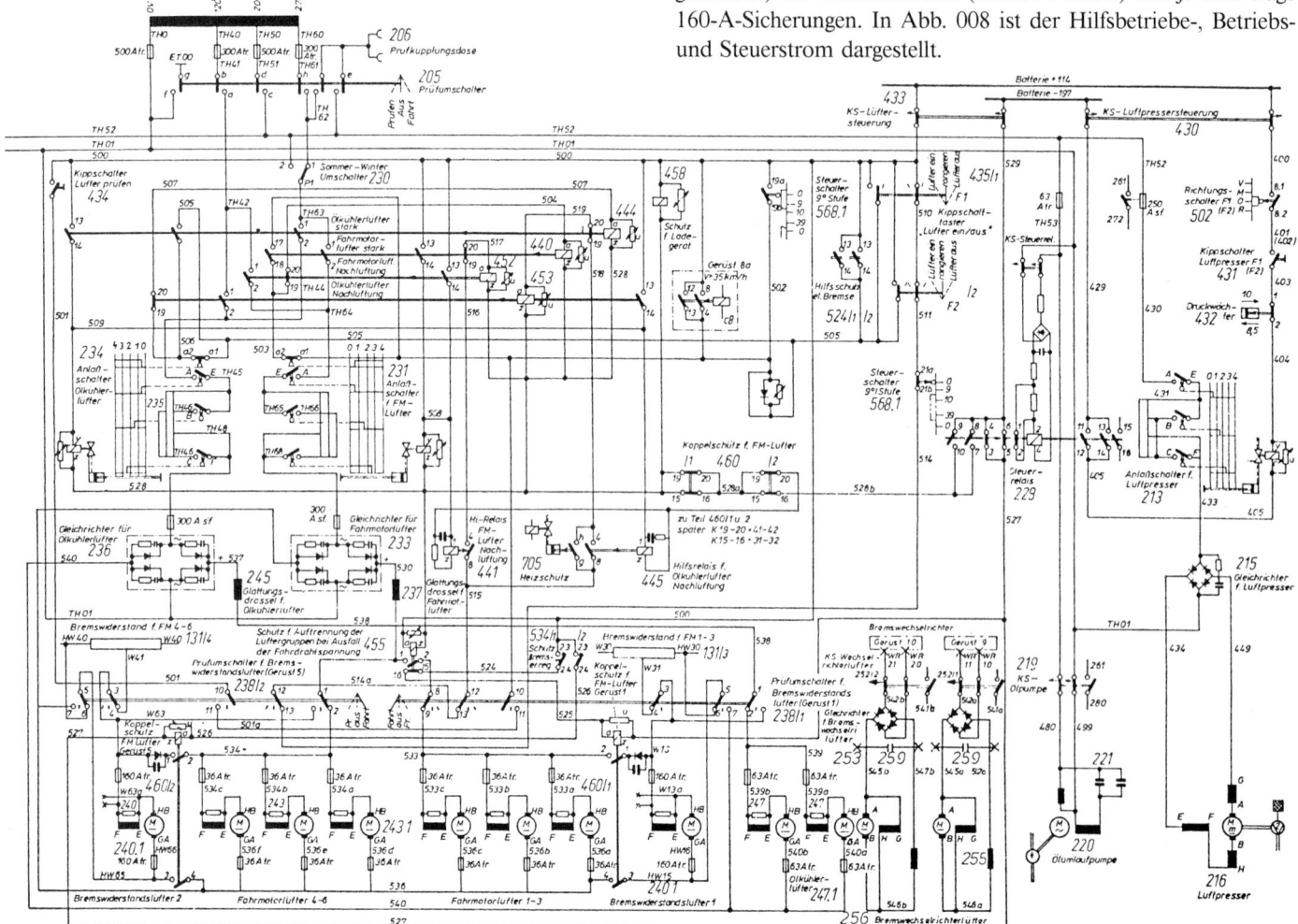

Abb. 008: Darstellung der Hilfsbetriebe-, Betriebs- und Steuerstrom (Grafik: DB)

Fahrhilfsbetriebe

Die Fahrmotorlüftermotoren müssen nun für Betrieb mit Fahrdrahtspannung und Spannung des Bremswiderstandes geeignet sein. Aus diesem Zwang ergab sich die Lösung, Mischstrommotoren zu verwenden. Bei Fahrdrahtbetrieb fließt die Energie aus dem Trafo über die Gleichrichter für Fahrmotorlüfter auf eine Sammelschiene, an der alle sechs Fahrmotorlüfter hängen.

Der Gleichrichter für die Fahrmotorlüfter und der Gleichrichter für die Ölkühlerlüfter haben eigene Sicherungen. Zunächst wirken die vier Zweigsicherungen je Gleichrichter einer Strangsicherung, die in das Gerüst 1 verlegt wurde. Alle Sicherungen der Hilfsbetriebsstromkreise sind im Gerüst 1 zentralisiert und gut zugänglich.

Die in jedem Stromkreis liegenden Sicherungen haben auch die Aufgabe des Selektivschutzes, daß heißt, das Ansprechen einer Sicherung ist auch ein Hinweis darauf, wo die Störung auftritt.

Bei Ausfall der Fahrdrahtspannung trennt ein »Schütz für die Auftrennung der Lüftergruppen bei Ausfall der Fahrdrahtspannung« diese Sammelschiene auf, anderseits legt das Koppelschütz (je eines für jede Fahrmotorgruppe) je drei Fahrmotorlüftermotoren parallel zum Bremswiderstandslüftermotor an die Spannung des Bremswiderstandes. Mit dieser Schaltung ist sichergestellt, daß bei Fahrdrahtspeisung oder bei fahrdrahtunabhängigem Bremsbetrieb die Fahrmotorlüfter ihre Funktion erfüllen.

Nur war zu überlegen, ob die beiden Ölkühlerlüftermotoren als reine 16 2/3 Hz-Motoren gebaut werden sollten. Hier kam nun die Überlegung nach dem Gewicht der Motoren hinzu. Außerdem war es aus Vereinheitlichungsgründen nicht zweckmäßig, eine zweite Hilfsbetriebeversorgung vorzusehen. Auf Abweichungen zu den Lokomotiven BR E 110, 111… soll noch näher eingegangen werden: Gegenüber den Lokomotiven 110, 111… gibt es bei der Serienlokomotive 103 drei verschiedene Spannungen für die Hilfsbetriebe:

1. 120 V für Stand- und Nachlüftung der Fahrmotoren und der Ölkühlerlüfter. Diese Spannung wird an der Schiene TH 40 der Hilfsbetriebewicklung abgenommen.
2. 200 V für »Winterbetrieb« dieser Hilfsbetriebe und für die Führerraumheizung, Batterieladegerät, Luftpresser, Ölpumpe und das Steuerrelais (Schiene TH 50).
3. 270 V für »Sommerbetrieb« der Fahrmotor- und Ölkühlerlüfter (Schiene TH 60).

Wie die Serienlokomotiven BR 110, 111… haben die Lokomotiven BR 103 einen Prüfumschalter mit der gleichen Funktion. Neu ist, daß die Lokomotiven 103 – wie schon erwähnt – zwei Prüfumschalter für die beiden Bremswiderstandslüfter haben. Damit kann die Spannung des Fahrmotorlüftergleichrichters an den Bremswiderstandslüfter gelegt werden. (Die Zeitbeschränkung bei Betrieb mit 270 V ist zu beachten.) Wie die Lokomotiven BR 110, 111… haben die Serienlokomotiven 103 für die Fahrmotorlüftermotoren und die Ölkühlerlüftermotoren einen dreistufigen Anlaßschalter, den ein Magnetventil steuert.

Der Luftpressermotor ist ebenfalls ein Mischstrommotor, den ein Gleichrichter versorgt, und der ebenfalls durch eine Sicherung abgesichert ist.

2.1.1.3 Mechanische Ausrüstung

Drehgestell

Drehgestellrahmen

Die Drehstellkonstruktionen selbst sind einfach gestaltet. Ein geschweißter rechteckiger Kasten bildet mit zwei Quertraversen den Rahmen. In ihm befinden sich dann die Konsolen, um die Fahrmotoren aufzunehmen. Damit stehen die Fahrmotoren vollständig im Drehgestell und werden voll abgefedert. Dadurch verringert diese Konstruktion das Gewicht der unabgefederten Massen. Der Drehgestellängsträger hat auf jeder Seite vier Zapfen für die Flexicolifeder, im Drehgestellrahmen hängt die Schweißkonstruktion zur Aufnahme der Zugstangen.

Die dreiachsigen Drehgestelle der Lok Baureihe 150 und 194 haben aus statischen Gründen Ausgleichshebel, bei der Zugstangenkonstruktion bringen sie keine Vorteile, sie wurden auch aus Gewichtsgründen weggelassen.

Seit Aufnahme des Schnellverkehrs (Geschwindigkeit größer als 160 km/h seit Sommer 1977) bekamen die Drehgestelle der Lok sog. »Stoßdämpfer«, die eigentlich Drehhemmer sind. Nur Lok mit diesen zusätzlichen Bauteilen dürfen mit Geschwindigkeiten von mehr als 160 km/h fahren. Lokführer im Raum München fragen gelegentlich, warum dies notwendig sei, schließlich seien die Lok bis etwa 1971 auch ohne diese Ausrüstung mit 200 km/h gefahren.

Neuere Forschungen der Spurführungestechnik über das Verhalten von Rad und Schiene ergaben Erkenntnisse über das Verschleißverhalten der Radlaufflächen. Früher wurden Radreifen nach dem HEUMANN-LOTTER-Profil (1 : 20; 1 : 40) leicht konisch abgedreht. So abgedrehte Radsätze zentrieren sich beim Lauf im Gleis selbst. Allerdings verlieren Radsätze nach ca. 50000 km dieses Profil, es stellt sich das Verschleißprofil ein. Dieses Profil walzen viele Wagenräder (bei Güterzügen mit meist 20 t Achslast) neuen Schienen auf, die es wiederum den gelegentlich darüber rollenden neuen Radreifen einprägen. Um die teure Umrißbearbeitung zu sparen, schlug man vor, gleich das Verschleißprofil aufzudrehen. Damit entfällt aber die Selbstzentrierwirkung der konischen Laufflächen.

Damit schlingert das Drehgestell und würde diese Bewegungen auch auf den Lokkasten übertragen. Um dies zu verhindern, erhielten alle Lok »Stoßdämpfer«, die eben die Aufgabe haben, das Drehgestell ruhig zu halten. Dies ist in gleicher Weise bei den 200 km/h-lauffähigen Reisezugwagen notwendig. Fehlt also diese Einrichtung, so kann das Fahrzeug höchstens 160 km/h schnell

Abb. 009: Montage des E-Teiles der 5. Bauserie 103 bei Henschel-Thyssen (Foto: Siemens)

fahren. (Im täglichen Betrieb gilt dies ausnahmslos, bei Versuchsfahrzeugen gibt es gelegentlich noch konisch abgedrehte Radreifen, dort fehlen dann die »Stoßdämpfer«).

Zugkraftübertragung

Das Drehgestell einer sechsachsigen Lokomotive soll mehreren Anforderungen optimal genügen. Es soll
– symmetrisch sein und den Fahrmotoren Raum bieten,
– möglichst kurzen Achsstand haben,
– die Druckluftbremse aufnehmen,
– die Radsätze möglichst exakt führen,
– die Zugkräfte gut aufnehmen und übertragen sowie
– möglichst leicht sein.

Das sind an sich selbstverständliche Forderungen, nur wirft ihre Verwirklichung, insbesondere die Frage des Gewichtes, viele Probleme auf.

Ein Drehgestell mit Drehzapfen, etwa wie bei den Lokomotiven BR 150, schied von vornherein aus, da bei einem dreiachsigen Triebdrehgestell mit Raum für die elektrischen Fahrmotoren ein Drehzapfen Unsymmetrie in das Drehgestell bringt.

Für die Funktionen des Drehzapfens, Zugkraftübertragung und Führen, suchte man andere Konstruktionen. Die Zugkraftübertragung übernehmen die beiden Zugstangen, deren Anordnung aus Abb. 010 gut zu erkennen ist. Am günstigsten wäre die Anordnung der Zugstangen dann, wenn der theoretische Kraftangriffspunkt nach dem Parallelogramm auf Höhe der Schienenoberkante (SOK) zu liegen käme. Wie man aus der Zeichnung (Abb. 010) sehen kann, scheitert diese Lösung an den Raumverhältnissen.

Es ist aber immerhin gelungen, den theoretischen Kraftangriffspunkt auf nur 100 mm über SOK zu legen, um damit die Achsentlastungen beim Anfahren soweit als möglich zu vermeiden. Immerhin liegt der Drehzapfen der elektrischen Lokomotiven BR 110, 112, 139 und 140 540 mm über SOK und der Drehzapfen der LOK BR 150 527 mm hoch über SOK.

Die gewählte Konstruktion bringt nennenswerte Vorteile, beträgt doch die Achsenentlastung der ersten Treibachse bei Baureihe 110 14,8%, bei einer Zugstangenkonstruktion nur 8,9%. Bei einer Drehzapfenkonstruktion für die Lok der Baureihe 103 gäbe es Achslaständerungen von –18,2%, –7,2% und +12,85%. Wegen des theoretischen Kraftangriffspunktes 100 mm über SOK ergeben sich Werte von –8,90%, –7,4% und –5,1%.

Im übrigen ist die Zugstangenkonstruktion gegenüber anderen möglichen Konstruktionen die leichteste. Andere Möglichkeiten hätten die Lok auch verlängert. Dies sollte verhindert werden, da man wegen der hohen Geschwindigkeit eine möglichst kompakte Lok haben wollte.

Die Zugstangen sind im Drehgestell gelenkig und im Brückenrahmen über Federtöpfe gelagert. Dies ist notwendig, um
– die Relativbewegungen der Drehgestelle zuzulassen,
– Schwingungen der Drehgestelle nicht auf den Lokkasten und damit auf die ersten Wagen des Zuges zu übertragen.

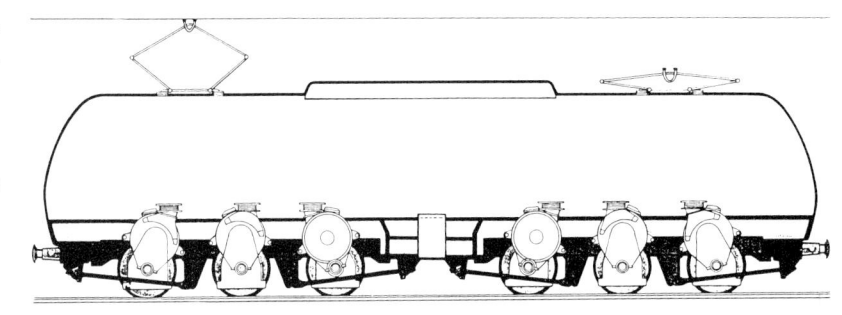

Abb. 010: Zug- und Bremskraftübertragung bei der BR 103 (Grafik: DB)

Brückenabstützung

Die von den Lokomotiven 110, 112 (teilweise), 139, 140, 141, 150... her bekannte Kastenabstützung wurde verlassen. Die Lok der BR 103 haben, abgesehen von Versuchen bei anderen elektrischen Lokomotiven, erstmals serienmäßig die Flexicoilabstützung. Sie ist eine gleitstücklose Kastenabstützung. Schraubenfedern übernehmen es, zu ihrer Aufgabe der Federung, auch Rückstellkräfte bei Auslenkung zwischen Kasten und Drehgestell in Querrichtung und in Ausdrehrichtung aufzubringen. Entsprechend eingestellte Dämpfer lassen die angeregten Schwingungen (quer und elastisch) rasch abklingen.

Der Vorteil dieser Abstützung liegt einmal in der Einsparung an Gewicht und Wartung; beim Lauf in der Geraden und bei Einlauf in den Bogen verringert die Flexicoilabstützung die Anlaufkräfte, bei der Fahrt im Bogen vergrößern sich die Anlaufkräfte geringfügig.

Je Drehgestell stützt sich der Brückenträger über je 4 Schraubenfedern auf den Drehgestellrahmen; diese 8 Schraubenfedern übernehmen die oben beschriebenen Rückstell- und Ausdrehkräfte.

Bei dieser Konstruktion müssen aber die Dämpfer die Schwingungen begrenzen. Es ist beeindruckend, wie ein Mann den Lokkasten zum Schwingen bringen kann, so lange die 2 Reibungsdämpfer (waagerecht-quer) und die 4 hydraulischen Dämpfer (vertikal) nicht eingebaut sind. Im Betrieb sind die hydraulischen Dämpfer weniger beliebt, weil sie verschleißen und dadurch die Laufruhe der Lok im Laufe der Zeit nachläßt. Die Dämpfer müssen deshalb von Zeit zu Zeit getauscht werden.

Achslager

Bei den elektrischen Lokomotiven der BR 110, 112, 139, 140, 141, 150... führen Säulen die Achslager. Bei den Lok der BR 103 ist diese Achslagerführung verlassen worden. Hier führen zwei elastisch gelagerte Lenker das Achslager nach der Kurve der Lemniskate, die Lagerung ist in Quer- und Längsrichtung. Die Dämpfung liegt in Silentblocs. Mit dieser Achslagerführung haben sich bisher gute Laufeigenschaften erzielen lassen.

Die Federung besorgen zwei Achslagerfedern (Schraubenfedern), die ein Ausgleichshebel untereinander verbindet und deren Schwingungen besondere Dämpfer abklingen lassen.

Vorteil der doppelseitigen Lenkeranordnung ist, daß das Rad bei Vertikalbewegungen keine gleitende Bewegung auf der Schiene über einseitiger Anlenkung ausführt. Damit wird einem »Schleudern« des Radsatzes entgegengewirkt. Trotzdem kann man von Lokführern hören, daß die Radsätze der Lok der Baureihe 103 unter gleichen Randbedingungen eher zum Schleudern neigen als bei den Lokomotiven der Serienlokomotivbaureihen 110, 112 usw.

Eine Ursache dafür dürfte die Querverschieblichkeit dieser Radsätze sein, die bei den Lok Baureihe 110, 112, 139, 140, 141 und 150) durch die Säulenachsführung nicht gegeben ist. Waagrechtquer ist das Drehgestell, sind die Radsätze wegen ihrer Querverschieblichkeit »weicher« als bei den Lok der vorgenannten Baureihen. Hier muß ein optimaler Kompromiß zwischen den Anforderungen des Oberbaus und der Ausnutzung des Reibwertes (Anfahrgrenzlast) gefunden werden. Zu berücksichtigen sind dabei die hohen Kosten für die Unterhaltung der Gleisanlagen, aber auch Forderungen zur Sicherheit müssen berücksichtigt werden.

Neuere Messungen ergaben, daß dreiachsige Drehgestelle sehr hohe Y-Kräfte (also Kräfte waagerecht – quer) auf den Oberbau ausüben. Dazu ein wenig zur Spurführung:

Wenn sich die Radsätze immer radial einstellen könnten, würden sie mit den geringsten Anlaufkräften durch Gleisbogen rollen. Da dies aber nicht bzw. sehr begrenzt möglich ist (Lenkachse) entsteht ein Winkel zwischen der Ebene des Rades und dem Gleisbogen, der sogenannte Anlaufwinkel. Dieser Anlaufwinkel hängt vom Bogenradius und dem Drehgestellachsstand ab. Die Kräfte, die das Rad auf die Außenschiene ausübt, hängen wiederum vom Anlaufwinkel und der Radsatzführung ab. Wenn nun der anlaufende Radsatz auf die Schiene trifft, entsteht eine Kraft, die mit dem Reibungskoeffizienten zwischen Spurkranz und Schiene muliplizert eine nach oben gerichtete Reaktionskraft ergibt, der beim treibenden Rad die Antriebskraft entgegenwirkt. (Es ist eine alte Erfahrung der Lokführer, daß treibende Räder besser als nur rollende, diese besser als bremsende durch Gleisbogen fahren).

Wenn nun der Radsatz querverschieblich ist, wird die Anlaufkraft reduziert, wird scheinbar der Radstand der Endradsätze eines Drehgestells reduziert mit dem Erfolg, daß die Kräfte auf den Oberbau verringert werden. Bei den Lokomotiven der Baureihe 103 der 5. Bauserie hat man aus diesen Gründen die Endradsätze auch querverschieblich gemacht.

Das Kollektiv von neuer Brückenabstützung, Zugstangen, neuer Achslagerführung und quer verschieblichen (8 mm) Mittel- und Endradsätzen führt zu niedrigeren Belastungswerten für die Unterhaltung des Oberbaues. So ergeben sich unter gleichen Voraussetzungen für die dreiachsigen Drehgestelle der Lok der Baureihe 103 etwa die gleichen Richtkräfte wie für die zweiachsigen Drehgestelle der Lokomotiven der Baureihe 110.

Kopfform

Die Vorauslokomotive fuhr zur Internationalen Verkehrsausstellung 1965 in München vielbeachtete Sonderzüge mit 200 km/h. Seit dieser Zeit hat die Kopfform der BR 103 die DB-Werbung bis heute stark geprägt. Die Kopfform wird als schön, ästherisch, rasant, imposant usw. empfunden, sie ziert viele Werbeplakate, Fahrscheinhefte usw. und sie hat doch eine so ausschließlich technische Entwicklungsgeschichte.

Die Kopfform entstand in Windkanalversuchen der Technischen Hochschule Hannover und sollte folgenden Anforderungen genügen:

– Luftwiderstand so gering wie möglich, da aber bei der elektischen Traktion die Leistungsdarbietung praktisch unbegrenzt ist, war dies ein Optimierungs- und kein Minimierungsproblem.
– Druckwelle mit keinen (oder nur vernachlässigbar geringen) Auswirkungen auf begednende Züge bzw. auf Personen an Bahnsteigen oder im Nachbargleis oder in Tunneln bei bis zu 3,8 m Gleisabstand.
– Möglichst enger Anschluß an den ersten Wagen, ohne aber den »Berner Raum« für den Kuppler einzuengen.
– Kein Abreißen der Strömung an den Seitenwänden, daher möglichst keine herausragenden Teile.
– Verteilung der Druckwelle, d.h. Ablenkung der Druckwelle auch über Dach, ohne dabei die aerodynamischen Verhältnisse des (in der Regel angelegten) hinteren Stromabnehmers zu stören.

Es gab viele Versuche auf der Strecke Forchheim – Bamberg mit den Lokomotiven 110 299 und 110 300 zur Erprobung und dann mit den Vorauslokomotiven zur Messung dieser Erscheinungen. Ergebis der Voruntersuchungen war die Parabelform im Grundriß und im Profil, im Scheitel mit kreisförmigen Elementen und einem allmählichen Übergang in die Geraden der Dach- und Seitenflächen.

Dem genauen Betrachter ist sicher aufgefallen, daß seit etwa 1982 die Schürzen unter den Puffern fehlen. Die parabelförmige Kopfform in der Seitenansicht ist unter der Pufferebene abgebrochen.

Nach Aufnahme des Betriebes mit 200 km/h in größerem Umfang auf den langen Strecken der norddeutschen Tiefebene gab es bei starkem Schneefall und Frost vereinzelt Aufwirbelungen von Schotter. Zunächst rätselte man, wie die Erscheinung zustande kommen könnte.

Die Versa Minden (Westf.) stellte dann in Versuchen fest, daß bestimmte Umstände zusammentreffen können, um Schotter hochzuwirbeln. Ein Umstand ist das Vorhandensein von Schotter auf den Schwellen, als Abhilfemaßnahme wird er weggekehrt. Ein

Abb. 011 und 012: 103 225 bei ihrer Abnahme im AW München-Freimann (Foto: JMM). Im Bild unten führt 103 111 den Schnellzug D 500 über die Oberrheinstrecke Freiburg-Offenburg, hier aufgenommen bei Kollmarsreute (April 1974, Foto: G. Greß).

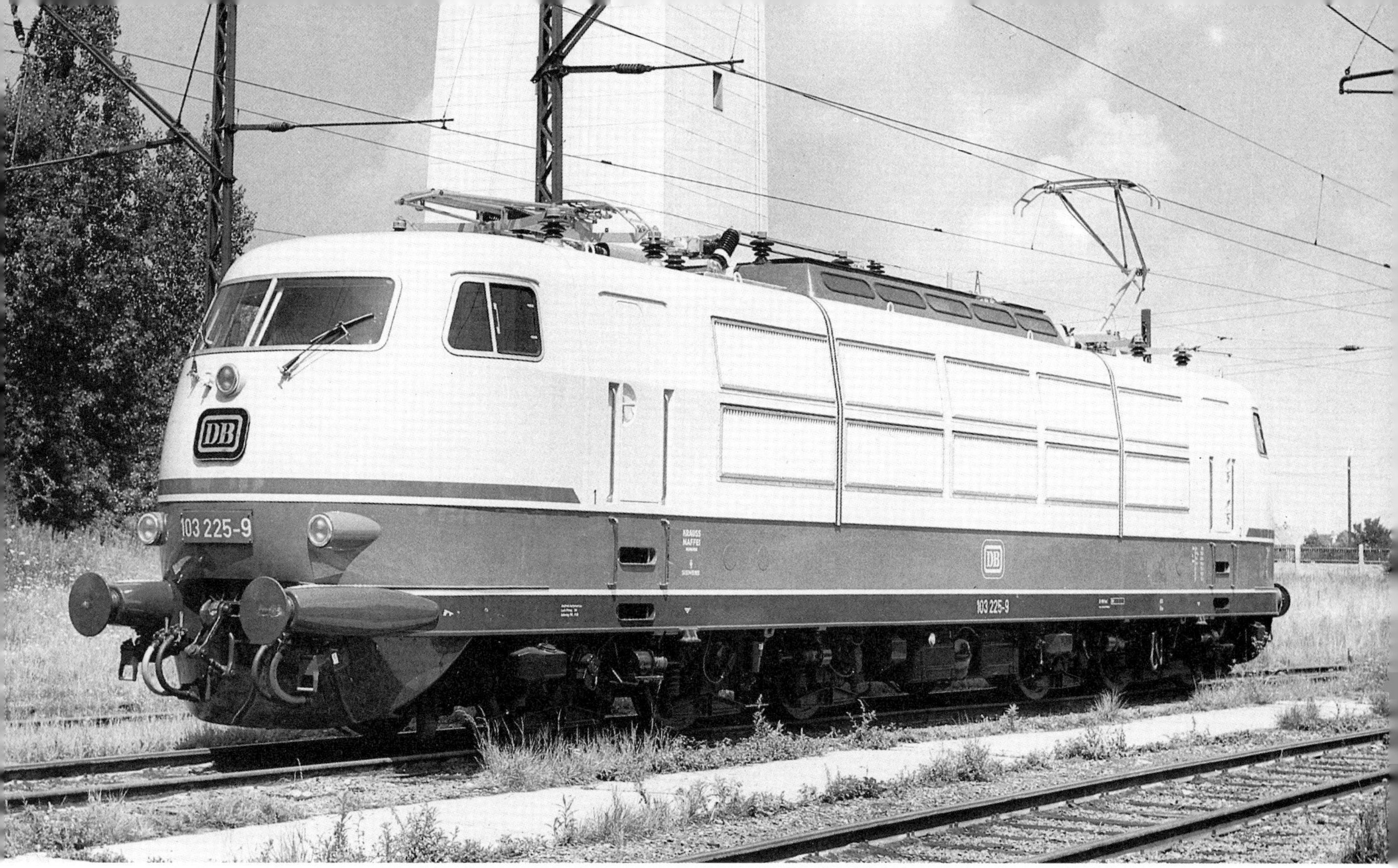
103 225-9
DB
103 225-9

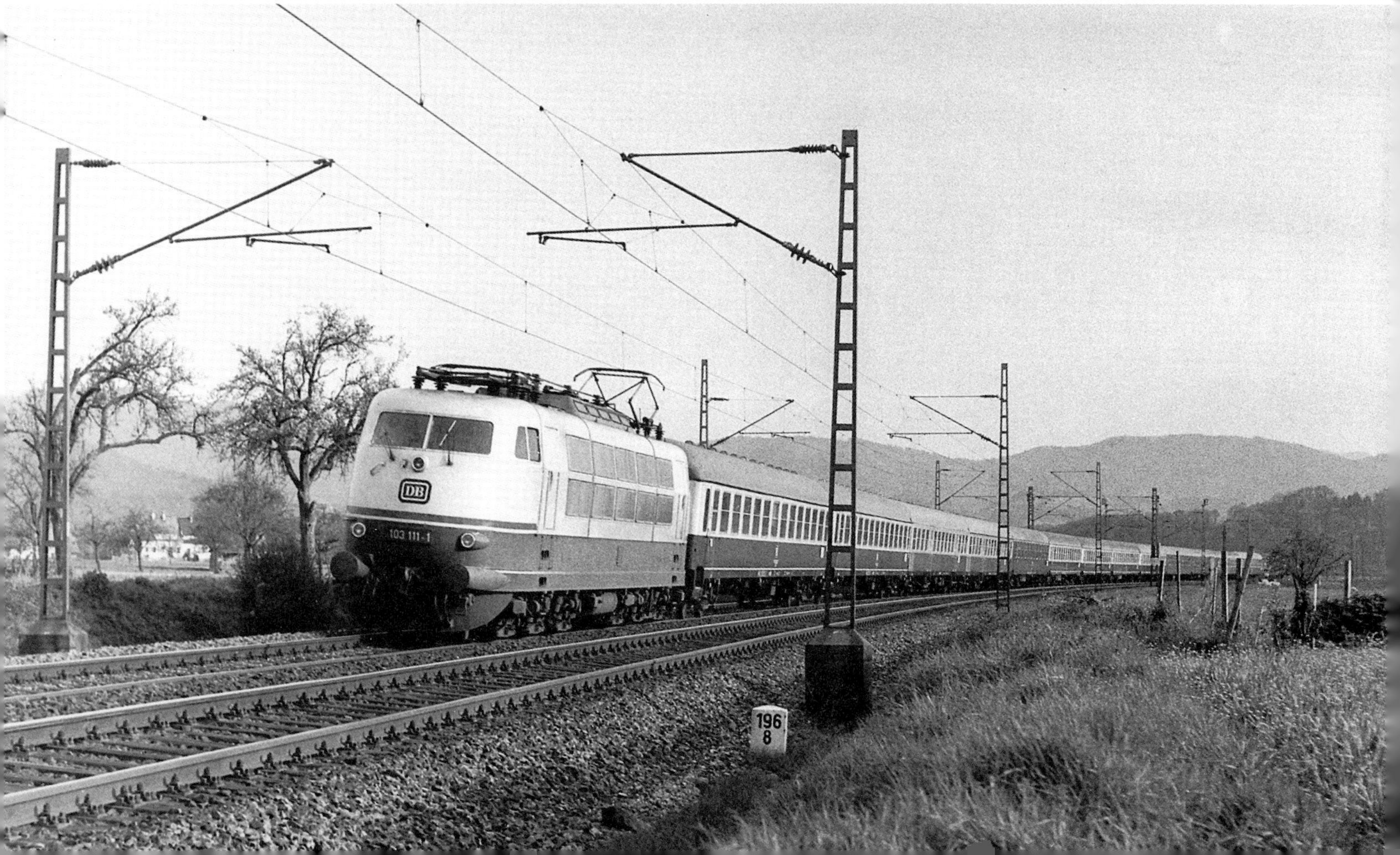
DB
103 111-1
196
8

anderer Umstand ist das Herabfallen von massiven Schnee- und Eisbrocken, sogenannten Schneebrettern von den Wagen (z.B. hinter den Batteriekästen) aber auch von den Lokomotiven. Die jeweils in Fahrtrichtung hinten befindliche Schürze fing natürlich viel Schnee auf, der dann verdichtet und verfestigt irgendwann eben doch herunterfiel. Der Abbau der Schürzen war die Konsequenz dieser Erkenntnis.

Brücke und Aufbau

Leichtbau war und ist immer Gebot. Möglichst viel Raum und Gewicht für die elektrisch aktiven, möglichst wenig für die mechanischen Teile. Die Konstrukteure der Lok Baureihe 103 hatten folgende Ausgangslage:

– Das Metergewicht der Lokbaureihen 110, 112 usw. der Aufbauten mit Dach, Fenstern, Türen, Führertischen und Innenverkleidung beträgt ca. 310 bis 420 kg/m, d.h. der Aufbau der Lok Baureihe 103 würde in gleicher Konstruktion ca. 6000 kg betragen.
– Extremer Stahlleichtbau bedingt komplizierte Sonderkonstruktionen, wie z.B. komplizierte Hohlprofile und verwendet Blechstärken, bei denen die üblichen Korrosionserscheinungen teure Unterhaltungsarbeiten notwendig machen.

(Nachträglich kann man diese Entscheidung mit Genugtuung zur Kenntnis nehmen, weil man mittlerweile die Erfahrung mit Fahrzeugen des Extremleichtbaues hat. In schlimmen Fällen müssen diese Fahrzeuge nach ca. 25 Jahren ausgemustert werden, weil die Blecharbeiten derzeit nicht mehr bezahlbar sind.)

Der selbsttragende, geschweißte Brückenrahmen besteht aus den beiden außenliegenden Längsträgern (890 mm hoch, 8 mm Stegdicke, L-förmiger Untergurt mit 25 mm Stärke) und den notwendigen Querträgern (Pufferträger, Querträger bei der Abstützung auf die Drehgestelle, Tragkonstruktion für den Transformator in Lokmitte).

Der Brückenrahmen trägt an der Oberseite ein 5 mm starkes Deckblech, das in die Festigkeit einbezogen ist und die notwendigen Öffnungen freiläßt (6 Fahrmotorlüfter-, 2 Ölkühlerlüfterschächte, Trafobett). Der Brückenrahmen wiegt 11,3 t. Beim Aufbau auf den Rahmen hat man ebenfalls die Konstruktion der 110, 112 verlassen. Bei diesen Lokomotiven sind die Seitenwände des Kastens tragendes Element und bilden mit dem Rahmen einen selbsttragenden Kasten. Aus Gewichtsgründen setzte sich dieses Prinzip für die 103 nicht durch. Einzig tragendes Element ist der Rahmen, auf den die Leichtmetallhauben lediglich aufgesetzt sind. Wegen des anderen Werkstoffs ergibt sich eine nennenswerte Gewichtseinsparung.

Die einzelnen Hauben sind so am Rahmen befestigt, daß sie von einem Punkt aus zentriert werden können. Eine gegenüber den Vorauslokomotiven verbesserte Dichtung zwischen den Hauben soll das Eindringen von Wasser verhindern und den anstoßenden Hauben Relativbewegungen zueinander gestatten.

Führerraum

Ein schwieriger Entwicklungsweg war bei der Bemessung der Führerräume zu begehen. Als man die Vorauslokomotiven in den 60er Jahren entwickelte, galt es als unumstößliche Tatsache, daß die »überhängenden« Massen so gering wie möglich sein sollten.

Als »überhängend« wurden die Abmessungen zwischen ideellem Drehgestelldrehpunkt und Puffer bezeichnet. Es war das Bestreben, die Lok so kurz wie möglich zu bauen, deshalb stößt die Führerraumrückwand an den Motor des Fahrmotors 1 bzw. 6 an. An der Rückseite des Führerraums am Boden findet man eine Abschrägung des sonst üblichen rechten Winkels.

Der Führerraum geriet unter diesen Gesichtspunkten sehr kurz, der Lokführer findet sich in drangvoller Enge.

Heute würde man Längenvariationen in Simulationsrechnern untersuchen, damals war man bei jedem »überhängenden« Zentimeter ängstlich.

Die damaligen Lokführer nahmen auch die Enge bereitwilliger hin als heute, damals galt es als Ehre, Lokführer auf der Lokomotive BR 103 zu sein. Trotzdem kam es zu Beschwerden des Personals, denen dann durch Vergrößerung des Führerraums von 350 mm Rechnung getragen wurde. Da bei der Entscheidung für den größeren Führerraum bereits das Vormaterial auch für die noch nicht gelieferten Lok der ersten 4 Bauserien vollständig bestellt bzw. vorhanden war, erreichte die Entscheidung nur noch die 30 Lokomotiven der 5. Bauserie. Da sich kein Einfluß auf die Laufeigenschaften ergab, hätte man sicher von Anfang an den Führerraum größer konstruiert, wenn man damals Simulationsrechner gehabt hätte.

Bereits von außen kann man die Serienlokomotiven BR 103 von den Vorauslokomotiven BR 103 unterscheiden. Die Serienlokomotive 103 hat in der Seitenwand zwei Lüftungsgitterreihen, die Vorauslokomotive nur eine Reihe. Umfangreiche Messungen und Untersuchungen an den Vorauslokomotiven haben ergeben, daß eine Lufteintrittsgeschwindigkeit von 5 m/sec nicht überschritten werden darf, wenn der Einzug von Regen, Schnee und Staub verhindert werden soll.

Bei hoher Geschwindigkeit wird den Wasser- beziehungsweise Schmutzteilchen eine so hohe kinetische Energie vermittelt, daß sie durch das Labyrinth der Doppeldüsenlüftungsgitter durchgerissen werden. Dieses Gitter verringert den effektiven Lufteintrittsquerschnitt auf 20 Prozent der Gitterfläche; bei der Auslegung der Gitter ist dies zu berücksichtigen.

2.1.1.4 Ergänzende Informationen

Kosten

Betrachtet man Kosten, muß man vorab einiges klären. Vielfach werden die Begriffpaare Kosten/Leistung, Einnahmen/Ausgaben und Aufwand/Ertrag verwechselt. Hier soll ausschließlich über die

Abb. 013: Blick auf den Führerstand der 103 107 vor IC 181 »Karwendel« auf der Fahrt von Augsburg nach München. Der Geschwindigkeitsmesser zeigt 160 km/h an (25. 2. 1981, Foto: JMM).

Kosten, denen die Leistungen gegenüber stehen, berichtet werden. Aber bereits der Begriff Leistungen wird betriebswirtschaftlich anders verstanden als physikalisch oder im Zugförderungdienst. Im Zugförderungsdienst spricht man von Leistungen, wenn man physikalisch exakter von »Arbeit« sprechen würde, weil die von einer Lokomotive erbrachte Zugförderungsarbeit gemeint ist.

Ferner muß man differenzieren zwischen den absoluten und spezifischen Werten. Bei den vorgenannten Begriffpaaren können absolute Werte im Vergleich zwischen verschiedenen Baureihen zu falschen Schlüssen führen. Deshalb werden die absoluten Werte auf die Zugförderungsarbeit bezogen.

Indirekt entstehen auch Kosten dadurch, daß eine Hilfslokomotive zu stellen ist, weil das Stellen einer Hilfslokomotive immer mit betrieblichen Schwierigkeiten, Anschlußverspätungen, Ersatzzügen usw. verbunden ist. Insofern erscheint es gerechtfertigt, bei den Kosten auch die Hilfslokgestellungen zu berücksichtigen und diese wiederum auf die Zugförderungsarbeit zu beziehen, da es sicher nicht Zweck einer Lokomotive ist, allein (ohne Zug) zu fahren.

Schließlich muß man Randbedingungen berücksichtigen, so sind z. B. Kosten pro Fertigungsstunde in einem hochrationalisierten Wert mit modernsten (und auch teuersten) Maschinen deswegen sehr hoch, weil nur wenige Mitarbeiter benötigt werden, viele und teure Maschinen zu bedienen. Aus diesem Grunde ist die Angabe von Fertigungsstunden nicht zweckmäßig. Aus den vorgenannten Gründen werden daher die Werte auf die Zugförderungsarbeit bezogen. Darunter ist das Produkt als Laufleistung und Anhängelast zu verstehen, also auch das betriebswirtschaftliche »Produkt« einer Lokomotive.

Die nachstehende Tabelle zeigt den Vergleich der E-Lok-Baureihen 103, 110, 111 und 112 einige absolute und auf die Zugförderungsarbeit bezogene Werte. Im prozentualen Vergleich sind die Werte der andreen Lokomotivbaureihen auf die Werte der Baureihe 103 (=100%) bezogen.

Man erkennt, daß die Lokomotivenbaureihe 103 pro Tag zwei- bis dreimal mehr Zugförderungsarbeit leisten, die anderen Baureihen aber 30–80% mehr Hilfslokgestellungen erfordern, bzw. um 30–45% teurer sind. Mit anderen Worten, die Lokomotiven der Baureihe 103 erzeugen zu den günstigsten »Kosten« ihre Zugförderungsarbeit.

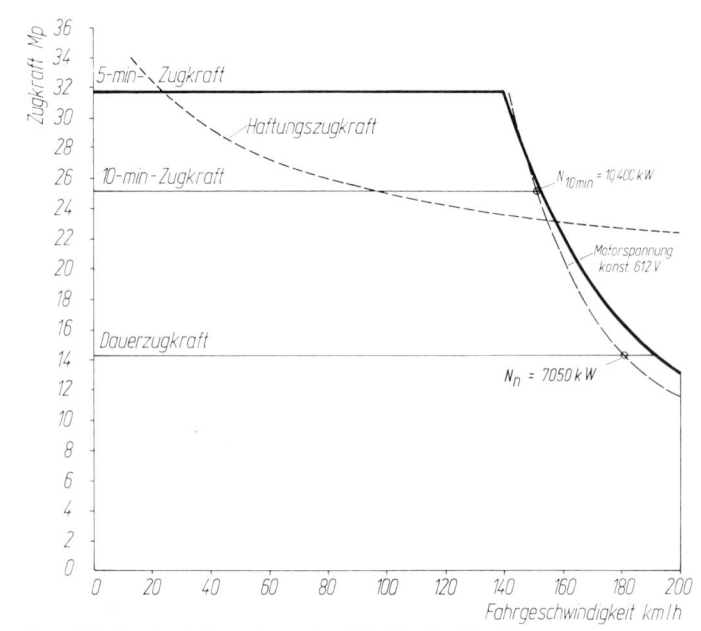

Abb. 016: Zugkraft-Kennlinien der BR 103 (Grafik: DB)

Vergleich spezifischer Werte der E-Lok der BR 103, 110, 111, 112

	103	%	110	%	111	%	112	%
Anzahl der Tfz	147		379		226		31	
Laufleistung je Betriebstag (km)	1058	100	619	58,5	566	53,4	736	169,5
mittlere Anhängelast (t)	476	100	300	63	271	56,9	320	67,2
Hilfslok je Mio. km	2,6	100	2,2	84,5	2,6	100	3,2	123
Zugförderungsarbeit (1000 tkm/Betriebstag)	503,6	100	185,7	36,8	153,4	30,4	235,5	46,6
Hilfslok je Mrd. tkm	5,4	100	7,3	135	9,6	177	10	185
Bw-Kosten DM/je Mrd. tkm	607	100	880	145	870	143	790	130

Abb. 014 und 015: Aus den Zeiten, als die Luxuszüge der DB nur die 1. Klasse führten, stammen diese beiden Aufnahmen. Oben sehen wir 103 113 vor TEE 96 »Prinz Eugen« mit nur zwei Wagen im Hauptbahnhof Linz/Donau (Juli 1975, Foto: H. Gerstner), auf dem unteren Bild verläßt 103 149 mit TEE 6 »Rheingold« den Münchener Hauptbahnhof (4. 11. 1971, Foto: A. Janikowski).

103 113-7

103 149-1

Bestandsentwicklung

In der rund 15jährigen Geschichte der Serienlokomotiven 103, der rund 20jährigen Geschichte, wenn man die Vorauslokomotiven berücksichtigt, gab es zwei schwere Unfälle, die zum Totalverlust von zwei Lokomotiven 103 führten.

Am 21.07.1971 um 13.19 h entgleiste mit D 370 Rheinweiler die Lokomotive 103 106. Bei rund 120 (oder mehr) km/h kletterte sie in einer für 70 km/h zugelassenen Kurve auf, schoß förmlich tangential aus der Kurve, zerstörte ein Wohnhaus völlig und blieb in einem Garten mit den Rädern nach oben liegen.

Am 6. März 1981 kam es in Tauberfeld (zwischen Ingolstadt und Treuchtlingen) zum Zusammenstoß zwischen dem Eilzug E 3238 und dem Dg 78124. Der Lokführer des Dg hatte das für den Eilzug Hp 1 zeigende Ausfahrsignal auf sich bezogen und war angefahren. Die Lok 103 125 des Eilzugs fuhr der Lok 150 108 des Güterzugs in die Flanke und stürzte einen 15 m hohen Damm hinunter.

Bei beiden Unfällen waren Tote und Verletzte zu beklagen. Der Leser möge verstehen, daß hier nicht der Orst ist, alle Unfallfolgen eingehend darzustellen. Hier werden diese Unfälle erwähnt, weil die Zerstörung der beiden Lokomotiven BR 103 (103 106 und 103 125) eine Wiederaufarbeitung nicht rechtfertigen und die Lok somit fehlen.

Zusammenfassung

Betrachtet man 15 (oder 20) Jahre Einsatz der Lokomotiven BR 103, so kann man feststellen:
- Das technische Konzept der Lokomotiven 103 hat sich bewährt.
- Da die Lokomotiven bei ihrem tatsächlichen Einsatz um 20 bis 40% (bezogen auf das Wagenzuggewicht und damit auch bezogen auf die Dauerleistung) überlastet werden, zeigen die Lokomotiven auch Beanspruchungen aus dem maschinen-technischen Betrieb, die noch erhöht werden durch Belastungen aus dem nicht mit üblicher Zuverlässigkeit arbeitenden LZB-Betrieb. Diese Beanspruchungen würden einen entsprechend erhöhten Instandhaltungsaufwand oder konzeptionsgerechten Einsatz bedingen.

Die von der DB 1971, 1979 und 1985 eingeführten IC-Systeme wären ohne die Lokomotiven der Baureihe 103 nicht realisierbar und durchführbar gewesen. Im IC-System zeigen und beweisen die Lokomotiven der BR 103 täglich ihre Qualität, die Richtigkeit ihrer Konzeption und ihre Bewährung.

2.1.2. Betriebserfahrungen mit den Lokomotiven BR 103

2.1.2.1. Einleitung

Im betrieblichen Leitprogramm der DB der 60er Jahre sollten die Lokomotiven der BR 103 den Schnellverkehr mit F/TEE-Zügen mit 400 t Wagenzuggewicht und Geschwindigkeiten bis 200 km/h übernehmen.

1965 verkehrten für die IVA (Internationale Verkehrsausstellung) von München nach Augsburg erstmalig Züge mit einer Geschwindigkeit von 200 km/h. 1985 führen Lokomotiven der BR 103 TEE/IC-Züge mit 160 km/h auf dem ca. 3300 km großen TEE/IC-Netz der DB und auf ca. 20% dieser Strecken (im norddeutschen IC-Dreieck Dortmund – Hannover – Hamburg – Dortmund und zwischen Donauwörth und München auf längeren Streckenabschnitten) mit 200 km/h.

Die IC-Züge der Linie 1 (Hamburg – Köln – Frankfurt bzw. der Linie 2 Hannover – Ruhr – Stuttgart – München) haben dabei oft 13–14 Wagen mit ca. 600–650 t Wagenzuggewicht. Trotz dieser zu hohen Belastung erreichen die Lokomotiven noch eine störungsfreie Laufleistung von ca. 350000 km.

2.1.2.2. Betriebseinsatz der Serienlokomotive BR 103.1

Bestimmungsgemäß befördern die 144 Serienlokomotiven der BR 103 (2 Lok hatten so schwere Unfälle, daß eine Aufarbeitung nicht lohnte) fast alle IC-Züge, Abbildung 1 zeigt einen Ausschnitt aus dem Laufplan.

Dabei erreichen die Lok bei den IC-Zügen der Linie 1 zwischen Stuttgart und Hamburg bzw. bei sog. Trassentausch (z.B. IC 106) zwischen Basel und Hamburg (über Köln) 870 km bzw. ca. 1000 km. (Bis Winterfahrplan 84/85)

Die durchschnittliche Anhängelast der Lokomotiven beträgt ca. 480 t und die durchschnittliche Laufleistung ca. 1100 km je Kalendertag, d.h. die Stillstandstage für Ausbesserungen in AW und Fristarbeiten in Bw sind berücksichtigt. Diese Laufleistungen sind aber nur möglich, weil die Lokomotiven der BR 103 nachts langläufige Schnellzüge (Hamburg – München als Beispiel) führen und am Morgen – aus »Stillager« des Schnellverkehrs – auch noch Nahverkehrszüge führen.

Abb. 017 und 018: Während im oberen Bild 103 226 mit dem Schnellzug D 443 Porta Westfalica in Richtung Löhne durcheilt (10. 11. 1984, Foto: J. Schmidt), befindet sich bei der unteren Aufnahme 103 221 im Bw Nürnberg 1 in ganz besonderer Gesellschaft. Mit der Schnellfahrdampflokomotive 05 001 aus den 30er und der für 200 km/h zugelassenen 120 001 aus den 80er Jahren verkörpern diese Maschinen drei Generationen von Schnellfahrlokomotiven (Oktober 1983, Foto: JMM). ▶

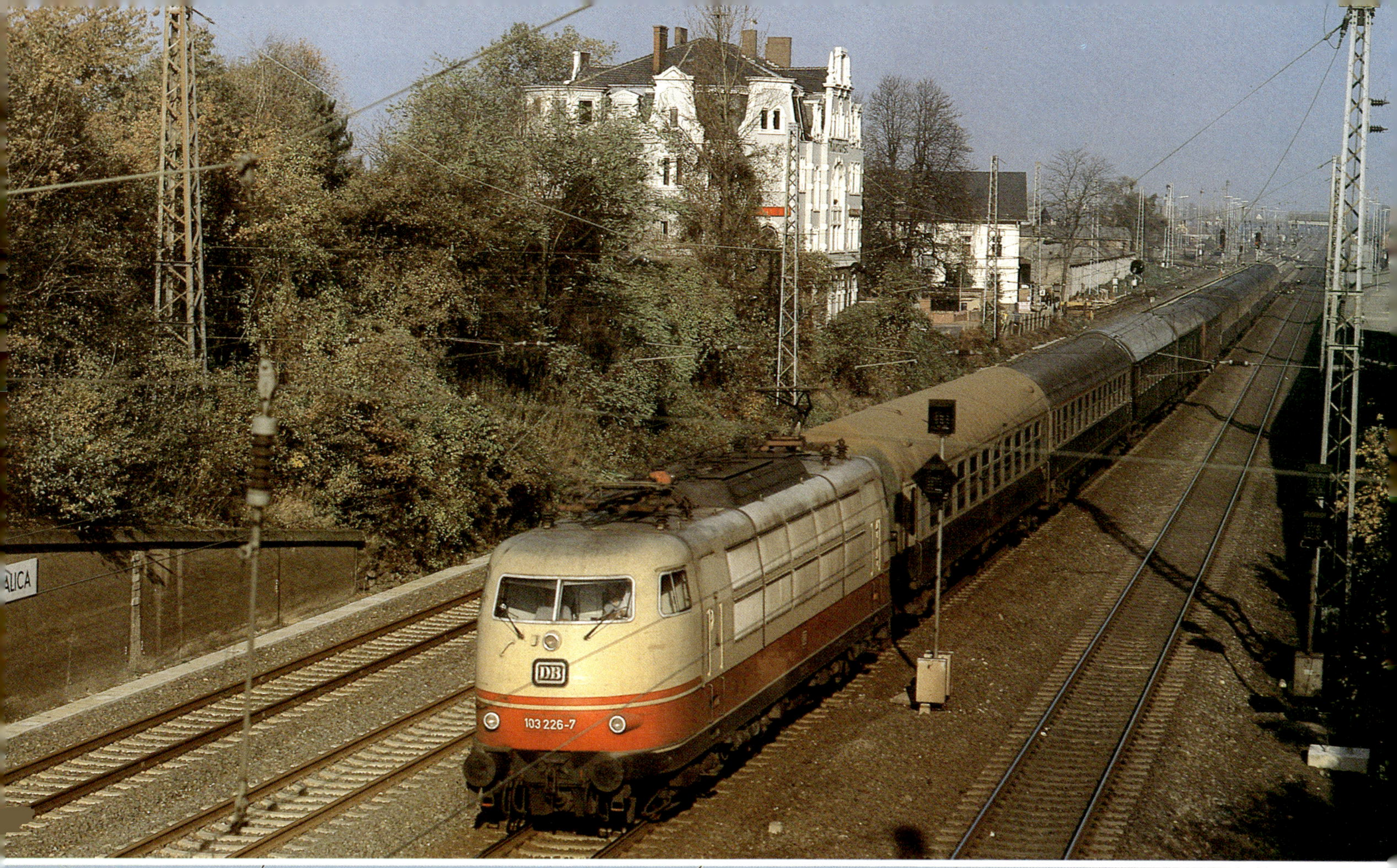
DB
103 226-7

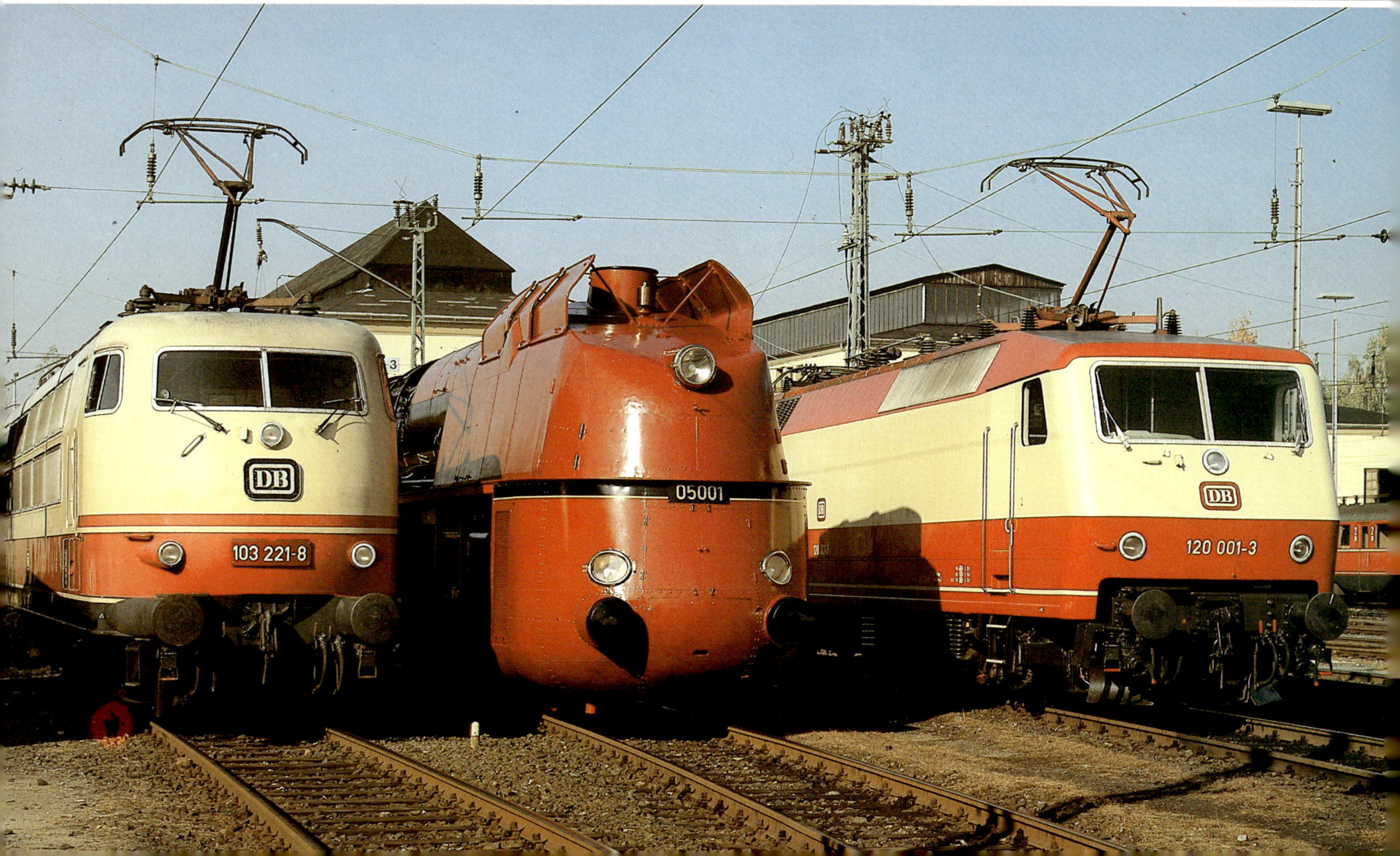
DB
103 221-8
05001
DB
120 001-3

Eine genauere Betrachtung des Betriebseinsatzes liefert auch Aufschlüsse über mögliche Folgewirkungen:

Die durchschnittliche Last von 480 t bei knapp 1100 km Laufleistung je Tag zeigt, daß es Züge geben muß, die unter, aber auch deutlich über 480 t liegen und daß es Tage gibt mit einer Laufleistung von mehr als 1100 km. Man kann auch die Frage stellen, (ob und) wann die Lokomotiven der BR 103 im Betrieb noch gewartet werden. Man kann aber auch fragen, ob es sinnvoll ist, mit Lokomotiven der BR 103 am Morgen im Vorfeld der Ballungsräume Nahverkehrszüge zu fahren. Zwischen Ankunft aus einem Nachtschnellzug und Abfahrt mit einem IC wird noch eben mal (50 km hin und her) ein Nahverkehrszug mit ca. 20 Anfahrten gefahren, soviele, wie es sonst (vielleicht) tagsüber im TEE/IC-Einsatz gibt!

Einige Besonderheiten des Betriebseinsatzes sind zu nennen: Die Lokomotiven der BR 103 befördern auch schwere Autoreisezüge (Dk 9620/21 Christophorusexpreß) mit zum Teil 160 km/h Höchstgeschwindigkeit. Da zumindest die im Oberdeck stehenden PKW viel Windangriffsfläche bieten, benötigen die Lokomotiven der BR 103 bei diesen Zügen durchschnittlich mehr Zugkraft als bei einem gleichschweren Reisezug aus Wagen mit glattem Dach und glatter Außenfläche.

Als das IC-System 1971 (zunächst nur Züge 1. Klasse und im 2-Stunden-Takt) eingeführt wurde, fuhr mit dem TEE/IC Prinz Eugen auch eine Lokomotive der BR 103 von Bremen nach Wien (ca. 1100 km).

2.1.2.3 Bewährung der Serienlokomotive BR 103.1

Bewährung kann man die ständige Erfüllung von bedienungsgemäßen Anforderungen ohne Störungen, Schäden oder ungeplante Unterbrechungen nennen. Wenn man die Laufleistungen einzelner oder aller Lokomotiven der BR 103 betrachtet und mit den entsprechenden Werten anderer elektrischer Lokomotivbaureihen vergleicht, stellt man fest, daß die Lok der BR 103 in 15 Jahren soviel Laufleistungskilometer erreicht haben, wie andere Lokomotiven vielleicht in 30 Jahren. Wenn dies erreicht werden konnte, hat sich die Lok bewährt.

Wenn man dazu die schon genannten Randbedingungen berücksichtigt (z.B. häufige Überlast) kommt man zum selben Ergebnis.

Kann man dies auch bei 300–350000 km störungsfreier Laufleistung sagen? Kann man dies auch bei auftretenden Störungen im Steuerstromkreis, bei der elektrischen Bremse und bei Fahrmotorüberschlägen sagen?

Wegen des Profils der schweizer Normalspurbahnen ist der Einbauraum für die elektrischen Schaltapparate sehr begrenzt. Es war eine Forderung bei der Konstruktion der Lokomotivbaureihe 103, daß sie dem Profil der schweizer Normalspurbahnen entspricht.

Der Platzmangel zwang nun dazu, Schaltgeräte und andere Hauptbauteile eng aneinander zu bauen, zum anderen auch die Abstände z.B. zwischen spannungsführenden und geerdeten Teilen geringer zu halten. Die Abstände erfüllen dabei immer noch die vorgeschriebenen Maße. Wären die Abstände aber wesentlich größer, wären mögliche Überschlagswege länger, gäbe es nach Wahrscheinlichkeit weniger Überschläge. Hinzu kommt, daß bei den Lokomotiven der BR 103 Spannungen höher gewählt wurden als sonst üblich (z.B. Motorspannung) und/oder elektromagnetische Bauteile mehr Energie speichern, die im Falle plötzlichen Abschaltens freigesetzt wird. Dann wandelt sich magnetische Energie in elektrische um, es entstehen Überspannungen, die dann wieder zu Überschlägen führen, die ihrerseits keine langen Wege finden (vergleiche die Situation bei den Fahr-Motoren).

Die Regelung der elektrischen Bremse (Konstruktionsstand ca. 1960-1965) entspricht nicht mehr heutigen Erkenntnissen und Möglichkeiten elektronischer Regelung.

Die Wechselstrom- ist von der Drehstromtechnologie überholt worden und selbst wenn man (wenn überhaupt) eine Lokomotivbaureihe in der Wechselstromtechnik bauen würde: Es wäre kein zeichnungsgleicher Nachbau der Lokomotiven-BR 103 denkbar.

Man kann den Lokomotiven die Bewährung – vielleicht mit Einschränkungen – bestätigen; die Einschränkung ist, daß die Lokomotiven der BR 103 sich praktisch nicht bzw. kaum in dem für sie vorgesehenen Einsatzbereich bewähren konnten, sondern in einem Bereich eingesetzt wurden, der deutlich über dem geplanten Anforderungsprofil liegt.

Die Bewährung ist auch zu prüfen mit der Frage, ob die einzelnen Teilsysteme und deren Zusammenarbeiten den Anforderungen genügt.

Die Drehgestelle halfen die Querkräfte auf den Oberbau herabzusetzen (verglichen mit anderen dreiachsigen Drehgestellen). Ihre Konstruktionsprinzipien fanden Eingang bei den Drehgestellen der Lokomotivbaureihe 151, 111 und 120, d.h. das System dieser Drehgestelle hat sich durchgesetzt.

Der Transformator mit seiner Umschaltung zeigte trotz des stark beanspruchenden Einsatzes keine Schwierigkeiten. Die Fahrmotoren lassen erkennen, daß hier Grenzen (transformatorische EMK, Drehzahl, Kommutatorumfangsgeschwindigkeit) erreicht sind.

Die Fahrmotoren der Lokomitiven der BR 103 (Typ WBM 368 f) kann man als Motoren sehen, die – zumindest in der Wechselstromtechnik – Grenzen erreicht haben. Im Aufsatz über die Konstruktion sind die technischen Daten genannt.

Im Betriebseinsatz werden diese Motoren stark belastet. Wie bei der DB üblich, liegt das Optimum der Kommutierung bei 70% der Höchstgeschwindigkeit, d.h. bei ca. 140 km/h. Im IC-Dienst mit 200 km/h Höchstgeschwindigkeit werden diese Motoren aber relativ mehr belastet als z.B. der Fahrmotor WBM 372 der Lokomotive der Baureihe BR 110 bei 140 km/h, da deren Optimum bei 105 km/h liegt. Der Motor WBM 372 fährt also im

Abb. 19: Nicht nur im hochwertigen Schnellzugdienst, auch im Nahverkehr ist die Baureihe 103 im Einsatz: Mit nur 3 »Silberlingen« verläßt 103 202 Iserlohn in Richtung Hagen (August 1982, Foto: J. Schmidt).

D-Zug-Einsatz 35 km/h (= 33%), der WBM 368 im IC-Einsatz 60 km/h (= 43%) über der optimalen Kommutierungsgeschwindigkeit. Der WBM 372 kann aber auch in eine Lokomotive Baureihe 140 eingebaut werden, diese fährt einen Güterzug mit 80 km/h ca. 10 km/h (= 14%) über den Bereich günstigster Kommutierung.

Gelegentlich treten sogenannte Fahrmotorüberschläge auf. Auch hier muß man genau fragen. Es gibt Überschläge im Kommutatorraum zwischen spannungsführenden Teilen am Bürstenring und dem Motorgehäuse. Ionisationen und plötzliche Leistungsabschaltungen können die Ursache für Überschläge, also kurzschlußartige Verbindungen sein. Beim plötzlichen Abschalten hoher Ströme, also großer magnetischer Energien, werden diese in elektrische Energien umgesetzt, d.h. es entstehen hohe Spannungen, die zu Überschlägen führen können.

Gelegentlich treten die »Motorüberschläge« aber nicht im Motorraum sondern an der Schaltausrüstung der Motoren (Trennschütze, Bandnockenschalter etc.) im Maschinenraum der Lokomotive auf. Hier kann als eine Ursache die enge Bauweise, das Belüftungssystem und das Vorhandensein von (Brems-)Staub sein. Durch verschiedene Maßnahmen (Erdfreischaltung der Fahrmotoren, bessere Reinigung) ist es bzw. kann es gelingen, die Zahl der Überschläge zu verringern.

Eine Ursache für Fahrmotorüberschläge ist auf einem Wirkungsumweg die Linienzugbeeinflussung. Kommt es zu einer LZB-Störung, gibt es in der Regel eine Zwangsbremsung. Dies bedeutet wiederum, daß ggf. auch die Leistung abgeschaltet wird. Tritt der Fall gerade dann ein, wenn die Lokomotive voll aufgeschaltet beschleunigt, müssen die Trennschütze die Motorleistung (ggf. im zulässigen Überlastbereich) ausschalten, die oben genannten Reaktionen treten ein. D.h. je störungsärmer die Linienzubeeinflussung ist, umso störungsärmer laufen die Fahrmotoren, man könnte aber auch bei LZB-Störungen abschalten, d.h. das Schaltwerk ablaufen lassen, anstatt über die Trennschütze die Leistung schlagartig auszuschalten.

Die bei den Lokomotiven der BR 103 neu eingeführte elektrische Hochleistungsbremse hat alle Anforderungen erfüllt, man wünschte den Lok der BR 120 eine solche elektrische Bremse im Bereich hoher Geschwindigkeiten.

Nachlaufsteuerung (Schaltwerk mit 39 Stufen) kann man als gelungen bezeichnen. Faßt man unter dem Aspekt »Teilsysteme und ihre Zusammenarbeit« zusammen, kann man die Bewährung abermals bestätigen, wiederum mit der Einschränkung des ausgeweiteten Einsatzbereiches und dessen Rückwirkung auf die Fahrmotoren.

2.1.2.4. Ausnutzung der Haftreibung

Den Lokomotiven der BR 103 sagt man nach, daß sie leicht schleudern. Untersucht man diese Aussage genauer, so stellt man fest:

– Im Vergleich mit den Lokomotiven der BR 110/112/139/140/150 schleudern die Lokomotiven der BR 103 schon in Augenblicken, von denen man glaubt, daß die Lok der anderen vorgenannten Baureihen nicht schleudern.

Zunächst einmal ist die niedere Achslast (18–19 t im Vergleich zu 21,5 t) zu berücksichtigen. Dieser geringe Unterschied (ca. 10%) kommt aber als alleinige Ursache nicht in Betracht. Was ist überhaupt Schleudern?

Zunächst der Zustand, daß die tatsächliche Drehzahl der Räder größer ist als sie wäre, wenn man die Längsgeschwindigkeit des Fahrzeugs in die Drehzahl der Räder umrechnen. Dabei ist aber der Einsatzpunkt des Schleuderns entscheidend. Wenn die Räderdrehzahl genau der Geschwindigkeit entspricht, also das Fahrzeug exakt rollt, wird keine Zug- oder Bremskraft übertragen. Dies ist eine Parallele zum Asynchronmotor. Ohne Schlupf wird kein Moment übertragen.

Schlupf ist definiert als der Unterschied zwischen tatsächlicher Drehzahl und – es darf verkürzt so genannt werden – »reiner« Rolldrehzahl. Solange der Schlupf gering ist (ca. < 2%) wird Zug/Bremskraft übertragen, erst wenn das sog. Mikroschlupf zum Makroschlupf wird (ca. 2% bis 3–4 × 100%, d.h. das Fahrzeug rollt mit 20 km/h, der Tacho zeigt 60–80 km/h) spricht man vom Schleudern, beim Bremsen von Gleiten.

Dagegen gibt es Hilfsmittel (Sanden, Schleuderschutzbremse, besser: schnell reagierende Schaltmittel zur Reduzierung des Drehmoments usw.). Die Ursachen für das Schleudern sind mannigfaltig, einige sollen genannt werden.

a) Der Antrieb

Bei den Lokomotiven der BR 110/112/139/140/150 gibt es den relativ »harten« Gummiringfederantrieb (die Gummiringfeder hat eine Federsteifigkeit von ca. 9 kNm je Winkelgrad). Die Lokomotiven der BR 103 haben den »weichen« einseitigen Gummiringkardantrieb. Dieser speichert zunächst Energie und gibt sie dann schlagartig ab, was Anlaß zum Schleudern sein kann. Man kann diesen Vorgang bisweilen hören, es entsteht ein polterndes und rupfendes Geräusch.

b) Das System der Radsatzführung

Radsätze, die in Längsrichtung starrgeführt sind (Säulenführung der Lokomotiven der BR 110/112/139/140/150/) können quer (Y-Richtung) nicht ausweichen. Die Radsätze im Drehgestell der Lokomotiven der BR 103 können dies, wiederum vereinfacht und verkürzt darf man sagen: Was an Reibwert quer benötigt wird, fehlt an Reibwert in Längsrichtung.

Eine ähnliche Erscheinung wie bei der Lokomotiven der BR 103 gegenüber den Lokomotiven der BR 110/112/139/140/150 kann man sehr viel deutlicher beim Vergleich der Lokomotiven der BR 111 mit den Lokomotiven der BR 110 bzw. zwischen den Lokomotiven der BR 151 und denen der BR 150 feststellen.

Abb. 021: 103 105 durcheilt mit einem IC auf der linken Rheinstrecke den historischen Ort Oberwesel (November 1984, Foto: J. Schmidt).

Berücksichtigt man diese – hier nur kurz angedeuteten Zusammenhänge – kann man erkennen, warum die Lok der BR 103 mit maximal ca. 320 kN Anfahrzugkraft (ca. 53 kN je Radsatz) die gleiche Anfahrgrenzlast auf der Geislinger Steige für Reisezüge hat (620/630 t) wie die Lokomotiven der BR 110, die maximal 280 kN Anfahrzugkraft aufbringen.

Naturgemäß unterliegen die Radreifen – besser die Radlaufflächen – einem hohen Verschleiß. Die positiven Erfahrungen mit den Vollrädern (Monoblocrädern) bei den Prototyplokomotiven der BR 120 haben die DB bewogen, die Lokomotiven der BR 103 auf Monoblocräder umzurüsten.

Ohne nun wissenschaftlich stützende Gründe nennen zu können, darf hier die Erfahrung angefügt werden, daß Lokomotiven der BR 103 mit Monoblocrädern weniger zum Schleudern neigen als Lokomotiven der BR 103 mit bereiften Rädern.

Verschleiß

Moderne Lokomotiven bzw. Fahrzeuge haben kaum Verschleißteile, es ist geradezu ein Grad von Modernität, wie wenig Verschleißteile ein modern konzipiertes Fahrzeug hat.

Wesentliche Verschleißteile bei fahrdrahtgespeisten elektrischen Lokomotiven sind:

- Stromabnehmerschleifleisten
- Kontakte von Schaltern
- Kohlen der Motoren
- Radreifen
- Reibelemente der Bremsen

Die Kontaktstücke von Schaltern scheiden als Verschleißteile allmählich aus, da elektronische Steuerungen oder/und elektronische Schalter (Thyristoren) mechanische Kontakte verschleißarm schalten lassen oder deren Funktion übernehmen.

Der Verschleiß der Stromabnehmerschleifleisten und der Reibelemente der Bremsen ist qualitativ ein baureihenneutrales Problem.

Beeinflußbar ist der Verschleiß der Radreifen (Radlaufflächen) und Fahrmotorkohlen. (Bei sogenannten Monoblocrädern verbietet es die Logik von Radreifen zu sprechen, es sei aber erlaubt, hier aus Gründen der besseren Darstellung auch im Zusammenhang von Monoblocrädern sinngemäß von »Radreifen« zu sprechen, wenn die Radlauffläche solcher Räder gemeint ist.)

Bei den Radreifen ist das Vorhandensein einer elektrischen Bremse und die Bremssteuerung entscheiden. Dazu kommt der Einsatz der Lokomotiven (Nahverkehr, Fernverkehr, Güterzug-Reisezugdienst usw.). Beim Radreifenverschleiß ist ein entscheidender Faktor das Schleuderverhalten der Lokomotive. Das kann man so erklären: Wenn bei einer Lokomotive im angestrengten Einsatz die Räder durch Schleudern 20% mehr umdrehen als es nur für die Kilometer der Strecke notwendig wäre, so müßte man den Verbrauch an Radreifenmaterial nicht nur auf den zurückgelegten Weg der Lokomotive sondern auf die tatsächlichen Radumdrehungen beziehen. Dazu die nachstehende Zahlentabelle, die folgendes Bild gibt.

BR	Laufleistung bis zur Neubereifung (tkm)	spez. Verschleiß (tkm je mm) »Radreifen«	Laufleistung (tkm) zwischen zwei UFD-Behandlungen
103	512	17,2	161,6
110	627	17,9	176,6
111	627	17,9	171,1
140	681	19,4	230,4

Gleitvorgänge sind ebenfalls verschleißerhöhend. Die Zahlenwerte geben im Vergleich der elektrischen Lokomotiven mit und ohne elektrischer Bremse einen Hinweis darauf, daß das elektrische Bremsen auch ein Faktor sein kann, der zum Radreifenverschleiß beiträgt, obwohl andererseits die elektrische Bremse wiederum hilft den Radreifenverschleiß zu vermindern, weil die druckluftbetätigte Klotzbremse entsprechend weniger zum Einsatz kommt.

Der Verschleiß bei den Fahrmotorkohlen ist für die Werkstatt ein wesentliches Indiz für den Zustand des Motors. Ein hoher oder ein sich rasch erhöhender Verschleiß deutet auf einen elektrischen Schaden hin. Untersucht man Zahlenwerte genau, stellt man eher Unterschiede in Abhängigkeit der Lieferfirma als in Abhängigkeit der Baureihen fest, so daß hier allgemein der Verschleiß von 0,15–0,25 mm je 1000 km angegeben werden kann, wobei die Streuung (zumindestens auch) lieferantenabhängig ist.

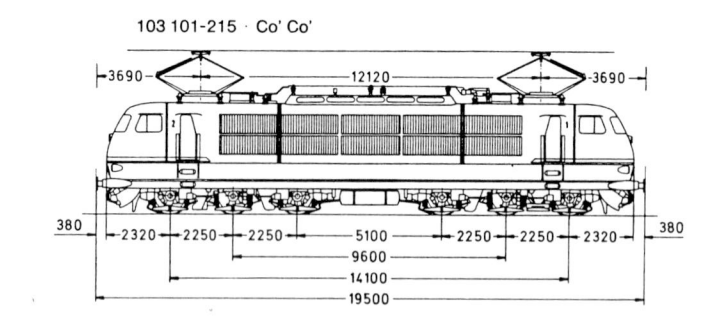

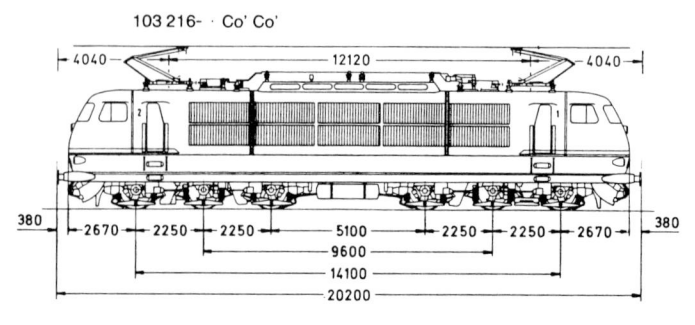

Abb. 022: Hauptabmessungen der beiden Serienausführungen BR 103 (Grafik: DB)

Abb. 020: 103 124 wartet mit dem »Tauern-Expreß« im nächtlichen Münchener Hauptbahnhof auf das Abfahrsignal (29. 12. 1982, Foto: F. Lüdecke).

Zusammenfassung

Betrachtet man den Zeitraum von 1971–1984, so haben ca. 145 Lokomotiven der Baureihe 103 rund 600 Millionen km zurückgelegt, ca. 140 Milliarden tkm geleistet. Zahlen, die vielleicht so griffiger werden:

Die Entfernung der Erde von der Sonne beträgt ca. 150 Millionen km, d.h. alle Lokomotiven der Baureihe 103 zusammen haben diesen Weg hin und zurück zweimal geschafft und dabei einen 10 Wagenzug (ca. 400 t) mitgenommen. Man kann auch noch eine andere Zahl angeben: Jede Lokomotive der Baureihe 103 hat in den vergangenen 13 Jahren rund 4 Millionen km zurückgelegt. Als in jüngster Zeit eine Reihe von sogenannten Altbaulokomotiven (z.B. Baureihe 118) ausgemustert wurden, wurde gelegentlich betont, daß diese Lokomotiven bis zu ihrer Ausmusterung in etwa 40 oder fast 50 Einsatzjahren etwa 3–4 Millionen km zurückgelegt haben. Vergleicht man diese Laufleistungen mit den Laufleistungen der Lokomotiven der Baureihe 103, so kann man in etwa feststellen, daß die Lokomotiven der Baureihe 103 in ca. 13 Jahren so viele km geleistet haben wie andere elektrische Lokomotiven innerhalb von 40–50 Jahren. Da der Verschleiß und die Störanfälligkeit einer Lokomotive sicherlich von den gefahrenen km und nur unbedeutend von ihrem Alter abhängt, kann man auch daraus erkennen, daß die Lokomotive Baureihe 103 hoch beansprucht sind.

Die Lokomotiven Baureihe 103 bilden das Rückgrat des weltweit anerkannten IC-System der BD, das 1985 seine dritte Neuauflage erlebt (wenn man diesen Begriff aus der Verlegerbranche einmal verwenden darf). Man kann feststellen, daß sich unter den vorbeschriebenen Bedingungen diese Lokomotivbaureihe hervorragend bewährt hat.

2.2. DIE SCHNELLZUGLOKOMOTIVE BAUREIHE 111

2.2.1. Die Entwicklung der Schnellzuglokomotive BR 111,
von Dipl.-Ing. Heinz Güthlein

2.2.1.1. Einleitung

Die Deutsche Bundesbahn hat für ihre großen Elektrifizierungsvorhaben des südwest- und norddeutschen Streckennetzes schon in den Jahren 1952 bis 1954 neue Typenreihen elektrischer Lokomotiven entwickelt, welche das damalige Betriebsprogramm erfüllen konnten und auch in ihren Konstruktionsmerkmalen, dem Stand der Technik entsprechend, als sehr fortschrittlich zu bezeichnen waren. Mit vier neuen Lokomotivtypen, 110, 140, 141 und 150, konnten die damaligen betrieblichen Anforderungen hinsichtlich Zugkraft und Höchstgeschwindigkeit erfüllt werden.

Im Jahre 1956 wurden die ersten Lokomotiven dieser Baureihe in Dienst gestellt. Zur Zeit sind

    409 Lokomotiven der Baureihe 110/112,
    879 Lokomotiven der Baureihe 139/140,
    451 Lokomotiven der Baureihe 141,
    194 Lokomotiven der Baureihe 150

im Einsatz. Die Lokomotivbaureihen 110/112 und 139/140 sind in ihrer Konstruktion gleich und unterscheiden sich nur in der Getriebeübersetzung und damit in der Höchstgeschwindigkeit.

Insgesamt waren zu Beginn des Jahres 1976 bei der DB 2641 elektrische Lokomotiven in Betrieb. Außer den obengenannten Serienlokomotiven sind dies neben 321 Lokomotiven der neuen Baureihen (103, 151, 181, 184) noch 387 Altbaulokomotiven, die zur Erfüllung der täglichen Betriebsaufgaben zur Verfügung standen.

2.2.1.2 Voraussetzungen für die Entwicklung der Lokomotive 111

Die ersten Untersuchungen und Überlegungen für die Beschaffung einer neuen Serie elektrischer BoBo-Schnellzuglokomotiven wurden schon im Jahre 1971 angestellt. Zunächst war an einen Nachbau der Serienlokomotive Baureihe 110 gedacht, um die große Zahl gleichartiger Bauelemente der vorhandenen 1288 Lokomotiven 110/112 und 139/140 in Unterhaltung und Betrieb rationell nutzen zu können. Allein über 6000 Fahrmotoren WB 372-22 mit den zugehörigen Gummiringfederantrieben, 7600 Lüftermotoren EKS 200 sowie Schalt- und Steuergeräte sind in gleicher Bauart vorhanden und können dadurch wirtschaftlich gewartet und unterhalten werden.

Neuere Erkenntnisse über die lauftechnischen Eigenschaften der Lokomotive 110 hatten jedoch deutlich werden lassen, daß die zwischen Rad und Schiene auftretenden Querkräfte ΣY, welche die Lagesicherheit des Gleises gefährden können, erheblich zu reduzieren waren. Von unterhaltungstechnischer Seite wurde gefordert, den Umfang von Wartung und Unterhaltung herabzusetzen, sowie die Fristabschnitte zwischen diesen Arbeiten zu verlängern.

Ebenso sollten die Arbeitsbedingungen des Triebfahrzeugpersonals verbessert und dem neueren ergonomischen Wissensstand angepaßt werden.

Für die lauftechnischen Belange mußten alle bekannten Konstruktionen im Hinblick auf geringe Beanspruchung des Fahrweges als auch auf stabilen Lauf des Fahrzeuges bei allen Geschwindigkeiten und Radprofilen geprüft werden. Die daraus resultierenden Bauteile hatten den Forderungen von Betriebstüchtigkeit und Wartungsfreiheit zu genügen. Die lauftechnischen Kriterien zur Minderung der Kräfte zwischen Rad und Schiene sind unter anderem:

Möglichst geringe unabgefederte Massen, d.h. nur die Radsatzmasse selbst läuft unabgefedert auf der Schiene. Kurzer Radsatzstand im Drehgestell mit Fahrmotorenmassen in Drehgestellmitte zur Minderung der Trägheitsmomente und der quasistatischen Bogenlaufkräfte.

Seitengefederte Radsätze, um bei fehlerhafter Gleisanlage oder Weicheneinfahrten die dynamischen Kräfte zu begrenzen.

Minimale Querkopplung zwischen Drehgestell und Lokomotivkasten. Niedrige Eigenschwingfrequenzen für überkritischen Lauf. Stabiler Lauf bei Verwendung de Radreifenprofils DB II.

Die vorstehenden Überlegungen führten dahin, daß eine vollständige Neuentwicklung einer elektrischen BoBo-Schnellzuglokomotive wegen der vorhandenen großen Stückzahl betriebstüchtiger Fahrzeuge mit gleichen Konstruktionsteilen und der demgegenüber noch zu planenden geringen Anzahl von Neubeschaffungen von Triebfahrzeugen mit Einphasenwechselstrom-Kommutatorreihenschlußfahrmotoren nicht verantwortet werden konnten.

Aufbauend auf die Konstruktion der Lokomotiven 110/112 und E 139/140 wurde die Lokomotive 111 so entwickelt, daß die Hauptbauteile wie Fahrmotoren mit Gummiringteilerantrieben, Radsätze, Transformator mit Schaltwerk, elektrische Bremse, Schaltgeräte usw., unverändert oder nur mit geringen Bauartänderungen, welche die Tauschbarkeit nicht beeinträchtigen, übernommen werden konnten.

Abb. 023 und 024: Im oberen Bild wartet 111 005 mit dem Nahverkehrszug 4636 im Bahnhof Garmisch-Partenkirchen auf das Abfahrsignal für den Weg nach Tutzing, im Hintergrund das herrliche Karwendelgebirge (12. 4. 1980). Die untere Aufnahme zeigt den Eilzug E 3689 am 8. Februar 1976 auf der Karwendelstrecke zwischen Klais und Mittenwald. Zur Zuglok 111 002 hat sich aus Versuchsgründen 111 003 als Vorspannlok gesellt. Beide Maschinen verfügen über AFB (Automatische Fahr- und Bremssteuerung) (Fotos: JMM).

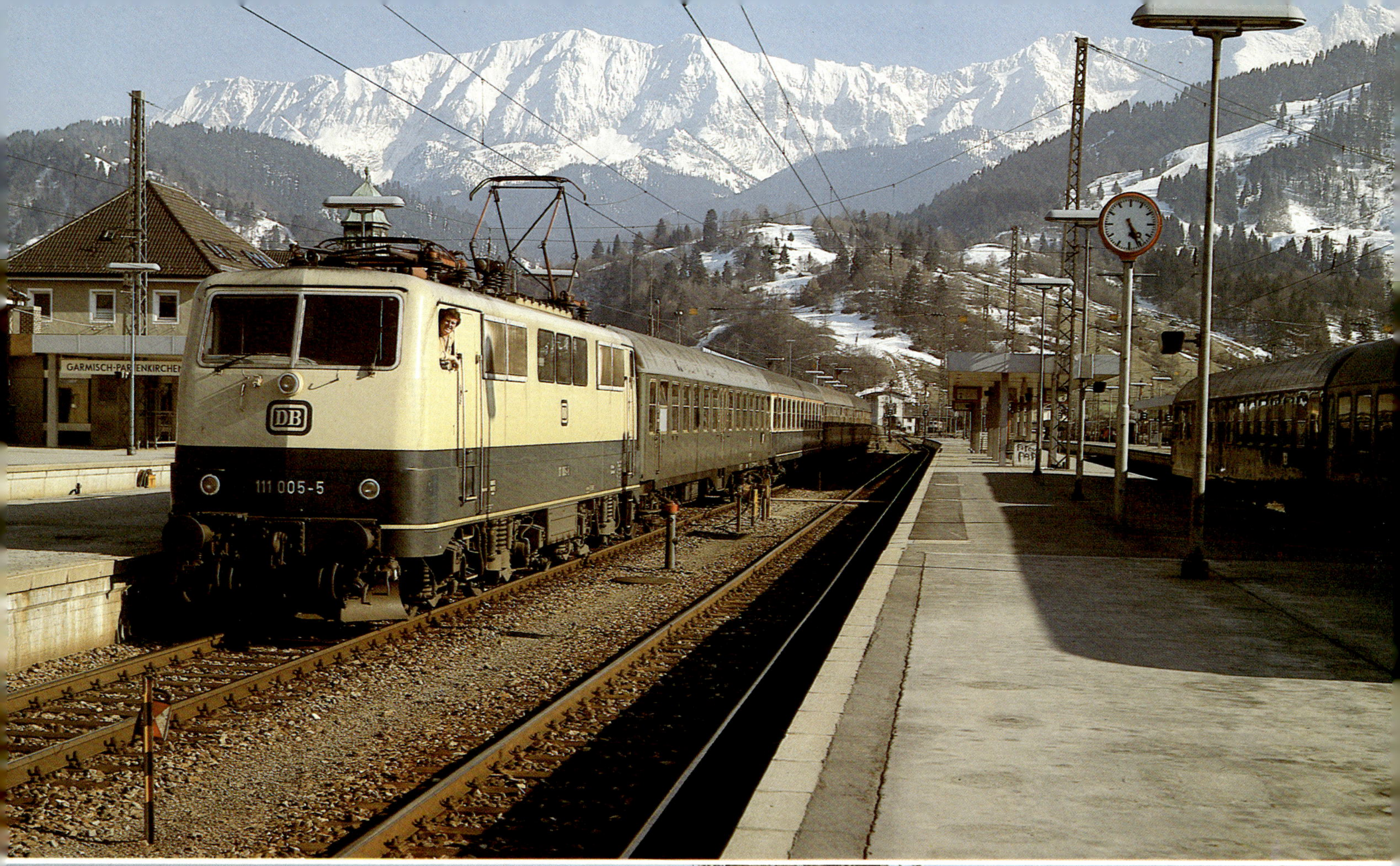
DB
111 005-5

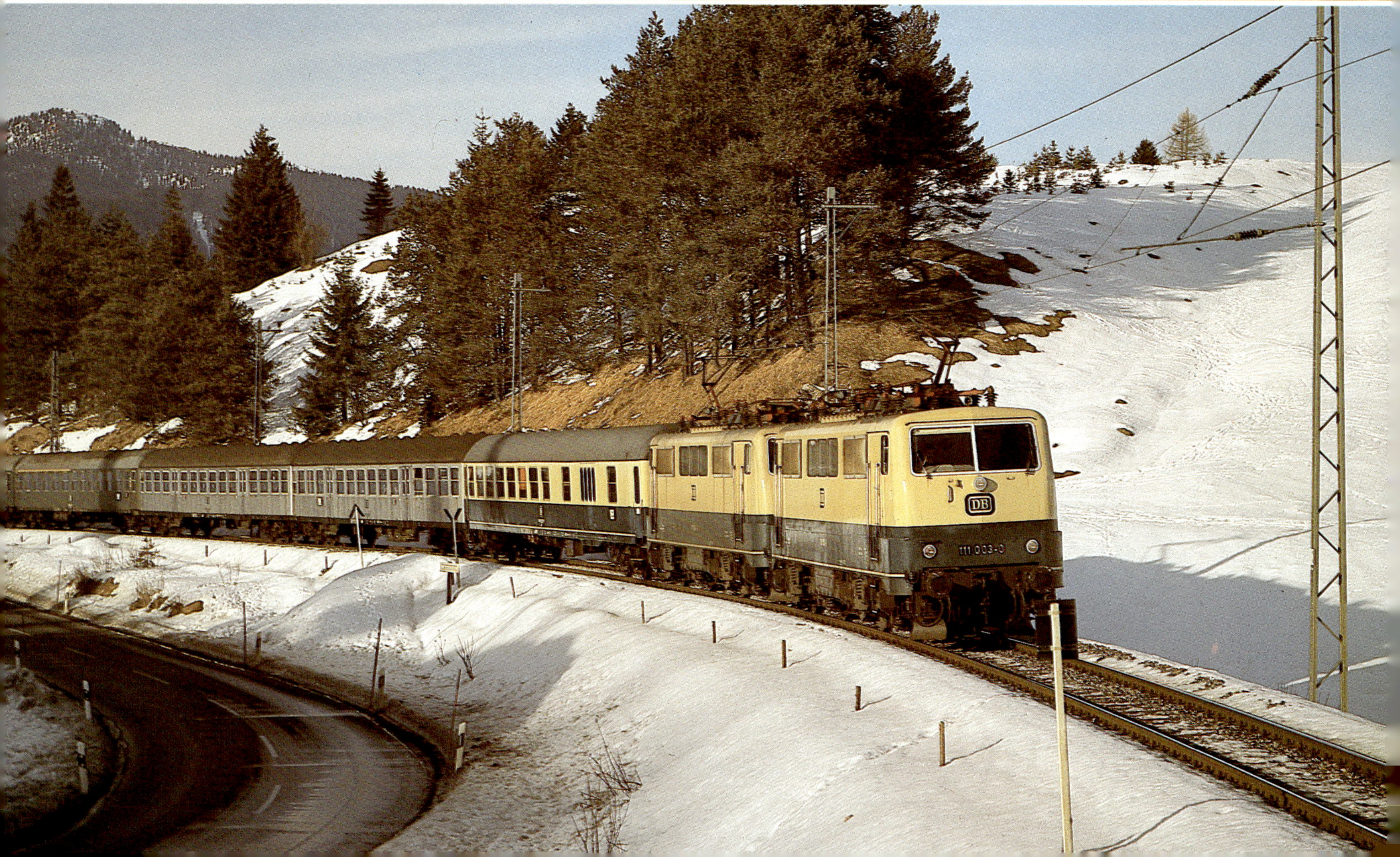
DB

Neu entwickelt wurde der Führerraum, eine direkte Kühlluftansaugung zu den Fahrmotoren, mit der eine neue Geräteanordnung im Maschinenraum verbunden war, sowie das Drehgestell mit einer Anbindung an den Lokkasten für die Übertragung der Zug- und Bremskräfte.

Die Entwicklung der BoBo-Schnellzuglokomotive der Baureihe 111 hat die Deutsche Bundesbahn bei den Firmen Siemens (elektrische Ausrüstung) und Krauss-Maffei (Fahrzeugteil) in Auftrag gegeben. Von dieser Serienlokomotive 111 wurde die erste Anfang Dezember 1974 der DB übergeben (Abb 025).

Die Entwicklung und der Bau der Lokomotive 111 einschließlich umfangreicher lauftechnischer Untersuchungen an drei Drehgestellvarianten nahm nur einen Zeitraum von dreieinhalb Jahren in Anspruch.

Abb. 025: Die erste Lokomotive der Baureihe 111 (Foto: KM)

2.2.1.3. Die Hauptdaten

Die Hauptabmessungen und der Aufbau der Lokomotive 111 gehen aus Abb. 026 hervor. Die technischen Daten sind im Anhang zusammengefaßt. Der Fahrmotor WB 372-22 ist in den vorhandenen Lokomotiven 110/140 in Isolationsklasse B eingebaut. Im Interesse einer freizügigen Tauschbarkeit wurden die Leistungsdaten der neuen Lok auf diesen Fahrmotor festgelegt. Der neue Fahrmotor WB 372-22 fc ist in Isolationsklasse F ausgeführt und hat eine um 6 % höhere Höchstdrehzahl. Die Leistungswerte für diesen Fahrmotor sind in Klammer angegeben.

Die Lokomotive 111 ist für Schnell- und Eilzugdienst auf Hauptbahnen bestimmt. Sie ist für Wendezug- und Doppeltraktionsbetrieb geeignet und kann daher für die Beförderung schwerer Nahverkehrszüge in Ballungsräumen und, in Doppeltraktion, für schwere und schnellfahrende Güterzüge (TEEM) eingesetzt werden. (Für den Nahverkehrseinsatz wäre wegen der niederen Höchstgeschwindigkeiten eine Getriebeübersetzung für v_{max} = 110 (120) km/h – gleich der Lok 140 – zu empfehlen.)

Die Grundausrüstung für späteres Nachrüsten der Automatischen Fahr- und Bremssteuerung und der Linienzugbeeinflussung (LZB) ist eingebaut.

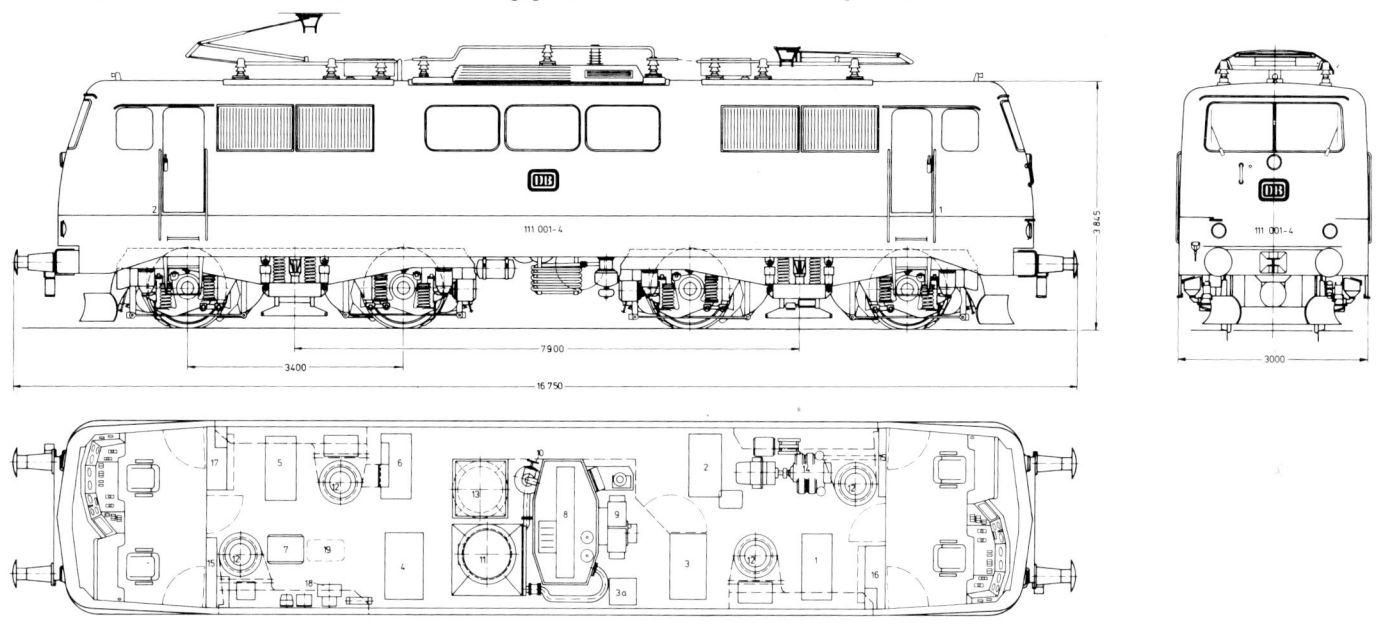

Abb. 026: Typenbild und Geräteanordnung der BR 111 (Grafik: DB)

Abb. 027 zeigt das F/V-Diagramm für die thermisch mögliche Belastung der vier Fahrmotoren. Die elektrische Beanspruchung des Kommutators kann daraus nicht abgeleitet werden. Einen Anhalt über diese Kommutatorbeanspruchung ergibt die eingezeichnete Kurve des funkenfreien Kommutierungsbereiches eines neuen Kommutators. Wird ein Fahrmotor weit außerhalb dieses Bereiches gefahren, so kann es wegen der nicht mehr funkenfreien Kommutierung zu Motorüberschlägen kommen, wobei natürlich auch der Oberflächenbeschaffenheit des Kommutators eine entscheidende Rolle zukommt.

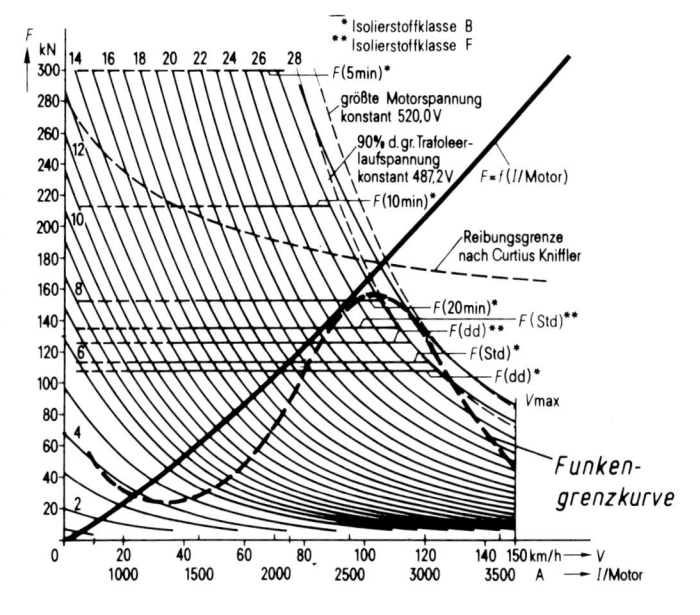

Abb. 027: Zugkraft/Geschwindigkeitsdiagramm der BR 111 ▶ (Grafik: DB)

2.2.1.4 Der mechanische Teil

Der mechanische Aufbau der Lok wurde neu durchdacht und entsprechend umgestaltet. Die Forderungen, welche dabei zu beachten waren, lassen sich wie folgt zusammenfassen:
– Verbesserung der lauftechnischen Eigenschaften,
– Minderung des Wartungs- und Unterhaltungsaufwandes,
– Verbesserung der Arbeitsplatzbedingungen für das Triebfahrzeugpersonal,
– Verwendung betriebstüchtiger Hauptbauteile der 110.

Drehgestelle

Lauftechnische Untersuchungen

Das lauftechnische Verhalten spurgebundener Fahrzeuge wird sowohl von der Konstruktion des Laufwerkes dieser Fahrzeuge als auch in besonderem Maße von den Bedingungen geprägt, die ihm von seiner Spurbindung, dem Gleis, aufgezwungen werden. Die Kräfte, die durch die Wechselwirkung zwischen Laufwerk und Gleis hervorgerufen werden, sind maßgebend für Laufsicherheit und Laufgüte des Fahrzeuges einerseits, aber ebenso für die Beanspruchung und Lagesicherheit des Fahrweges.

Auf Grund der neuen Erkenntnisse über die Beanspruchung des Oberbaus durch die Laufwerke von Triebfahrzeugen wurden eingehende lauftechnische Untersuchungen mit drei unterschiedlichen Laufwerkskonstruktionen von der 110-Entwicklungsfirma Krauss-Maffei in Zusammenarbeit mit dem BZA München durchgeführt.

Bei den verschiedenen konstruktiven Änderungen war unbedingt zu beachten, daß der Fahrmotor, die Art des Antriebes (Tatzlagerantrieb mit elastischer Anlenkung an den Radsatz über eine Hohlwelle mit Gummiringfederelementen) und die Zugkraftübertragung durch Drehzapfen an die Lokbrücke erhalten blieben. Diese Bedingungen stellten sich aus unterhaltungstechnischen Überlegungen, da, wie bereits erwähnt, etwa 6000 Fahrmotoren dieser Bauart und rd. 7000 Gummiringfederantriebe seit Jahrzehnten bei der DB betriebstüchtig eingesetzt waren.

Im einzelnen wurden Versuche mit folgenden Laufwerksvarianten durchgeführt:

Variante I, Serienbauart 110/140
Radstand im Drehgestell 3,4 m Raderitzlagergehäuse durch oben und unten angeordnete Säulenführung längs und quer starr an das Drehgestell angelenkt. Radsatzfeder mit Gummifederelementen (c = 0,062 mm/kN Vorlauf und 0,0375 mm/kN Rücklauf), seitliche Brückenabstützung über Schraubenfedern (C = 0,138 mm/kN), die in einem topfartigen Gehäuse geführt wurden, welches über ölgeschmierte Gleitstücke an der Lockbrücke beweglich ist. Hydraulisch vertikale Schwingungsdämpfung.

Die Anlenkung des Drehgestells erfolgte mit einem Drehzapfen über eine Ringgummifeder.

Federwerte pro Drehzapfenlager:
Zugrichtung   82 kN bei   8 mm Federweg
Querrichtung   260 kN bei 18 mm Federweg
Vertikal   15 kN bei 20 mm Federweg.
Die prozentuale Lokfederung beträgt:
Radsatzfederung 31 % bzw. 21 % für Rücklauf (Gummifeder)
Brückenfederung 69 % bzw. 79 % für Rücklauf (Reibflächen).

Variante II, Flexicoil-Kastenabstützung
Seriendrehgestell mit Radsatzführung und Federung wie Variante I. Die Abstützung des Lokkastens erfolgte hier über Flexicoil-Schraubenfedern (c = 0,165 mm/kN reibungs- und verschleißfrei. Hydraulische Schwingungsdämpfung vertikal und quer.

Die Zugkraftanlenkung wurde durch einen Drehzapfen über eine Gummiringfeder mit Lemniskatenanlenkung im Drehgestell vorgenommen (Abb. 028 und 029). In Querrichtung und in senkrechter Richtung war damit das Drehgestell mit nur sehr geringen Kräften an die Lokbrücke angekoppelt.

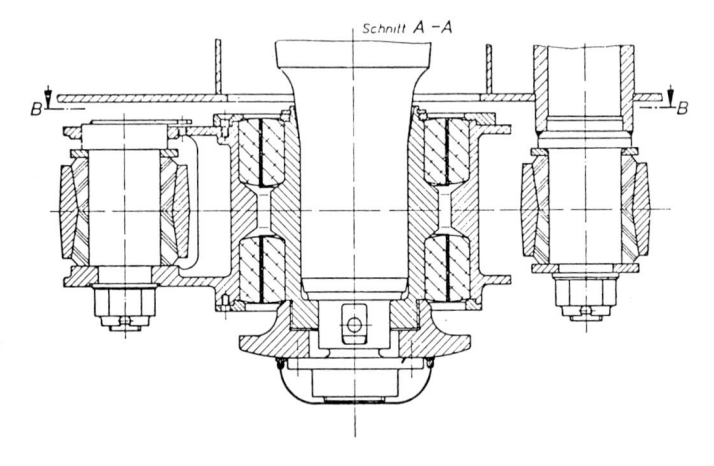

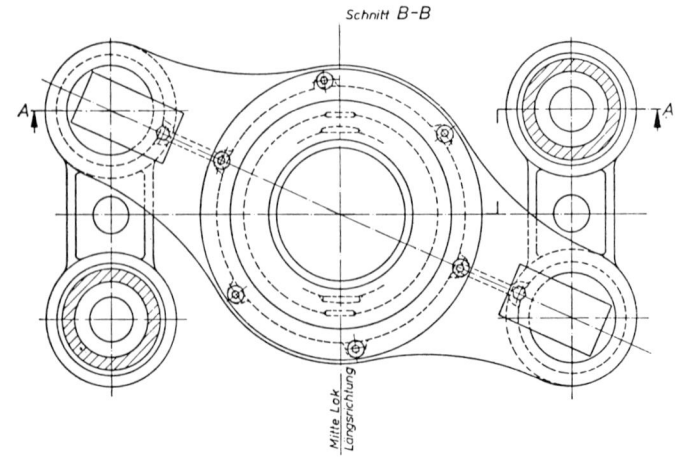

Abb. 028: Drehzapfenlager mit Lenkerführung (Grafik: DB)

Federwerte pro Drehzapfenlager:
Zugrichtung   60 kN bei   5 mm Federweg
Querrichtung   22 kN bei 18 mm Federweg
Vertikal   15 kN bei 20 mm Federweg.
Prozentuale Federung:
Radsatzfederung 27,5 % bzw. 18,5 % für Rücklauf (Gummifeder)
Brückenfederung 72,5 % bzw. 81,5 % für Rücklauf (Flexicoilfeder).

Variante III, Drehgestell 111
Die Radsatzanlenkung erfolgte hier über je zwei am Radsatzlagergehäuse in Gummigelenken elastisch gelagerte Lenker. Diese Lemniskatenanlenkung gab dem Radsatz gegenüber dem Drehgestell eine begrenzte querelastische Verschiebbarkeit mit maximal 6 mm Querfederweg bei rd. 60 kN Querkraft.

Für die Federung des Radsatzes waren Schraubenfedern eingebaut (c = 0,085 mm/kN). Hydraulische Schwingungsdämpfer des Radsatzes waren nunmehr notwendig. Die Brückenabstützung und Zugkraftlenkung waren wie bei Variante II ausgeführt.
Prozentuale Federung:
Radsatzfederung 34 % (Schraubenfeder)
Brückenfederung 66 % (Flexicoilfeder).

Bei den lauftechnischen Untersuchungen wurden die Spurführungskräfte, die Gleisverschiebekräfte ΣY und die senkrechten Radlastschwankungen mittels Dehnungsmeßstreifen am Speichenradkörper bzw. an der Radsatzlagerabstützung gemessen, telemetrisch übertragen, auf Magnetband aufgezeichnet und mittels Rechner ausgewertet.

Die Auswertung ergab, daß bei der Laufwerksvariante III sowohl die senkrechten Radlastschwankungen als auch die Kräfte ΣY quer zum Gleis bis zu 25 % niedrigere Werte auswiesen.

Abb. 029: Drehzapfenanlenkung im Drehgestell mit Lemniskatenlenkern (Foto: DB)

Ein charakteristisches Histogramm dieser Meßreihe in einer bogenreichen Strecke (Geislinger Steige) zeigt Abb. 030. Hier sind die Spitzenkräfte ΣY des ersten Radsatzes vergleichend einander gegenübergestellt.

Die Unterschiede der Spurführungskraft des führenden Rades 2 bei der alten rel. starren Drehgestellkonstruktion der Variante I und bei der weich angelenkten Drehgestellvariante III gibt Abb. 031 wieder. In Abb. 032 sind die maximalen Gleisquerkräfte ΣY aufgetragen, die an Radsatz 2 auf einer geraden Strecke bei Geschwindigkeiten bis 175 km/h aufgetreten sind. Die Drehgestelle waren dabei ohne Drehdämpfer gegen diese Schlingerkräfte an den Lokkasten angelenkt. Mit dem Radprofil DB II (Verschleißprofil) konnte damit ein stabiler Fahrzeuglauf nachgewiesen werden. Die Spitzenkräfte liegen bei 160 km/h weit unter der

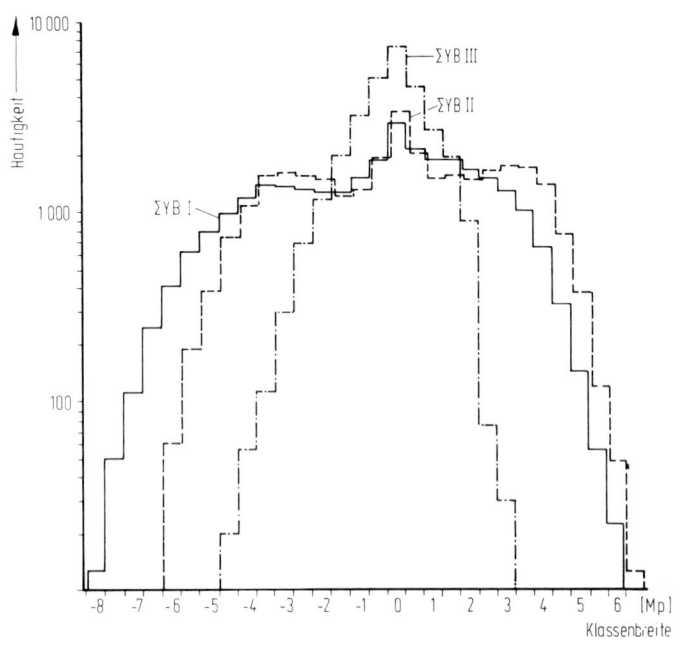

Abb. 030: Gleisquerkräfte ΣY auf der Geislinger Steige, Gegenüberstellung der Drehgestellvarianten I, II und III bei v = 70 km/h (Grafik: DB).

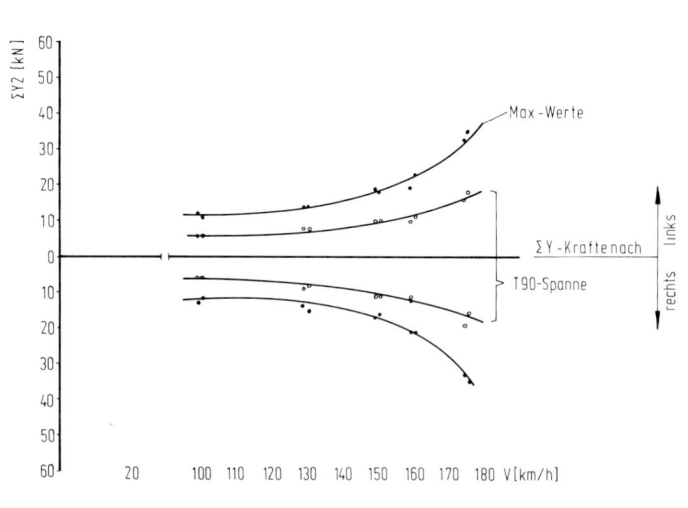

Abb. 032: Gleisquerkräfte ΣY am Radsatz 2 der BR 111 002 (Grafik: DB)

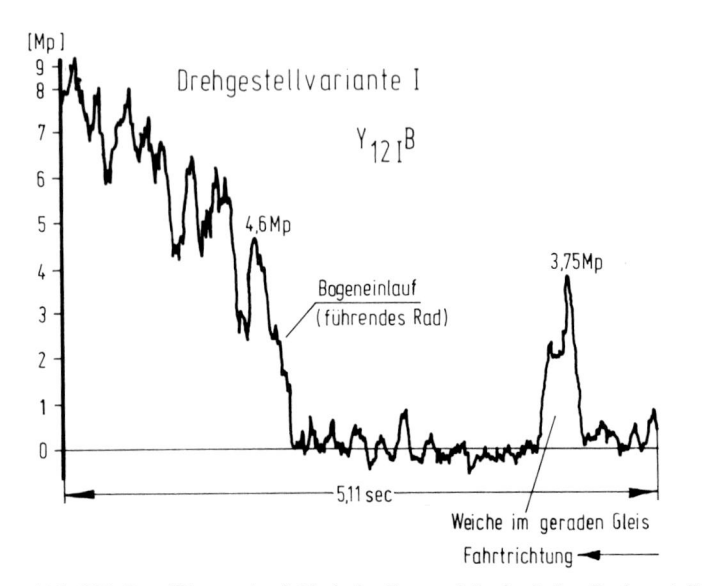

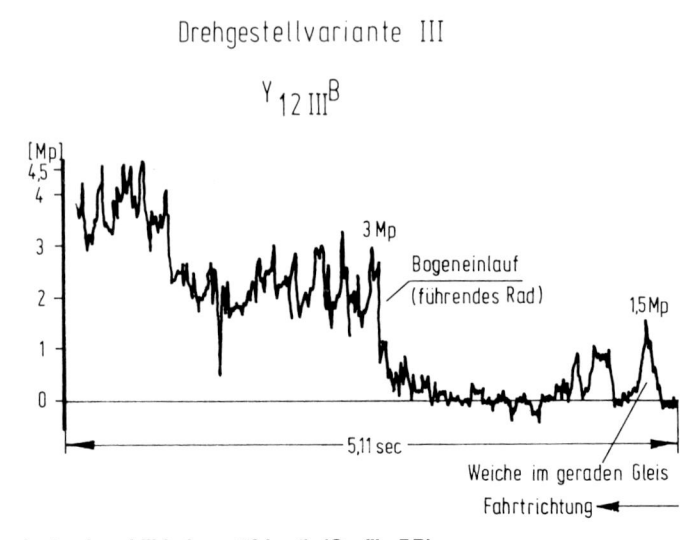

Abb. 031: Spurführungskraft Y_{12} beim Bogeneinlauf mit den Drehgestellvarianten I und III bei v = 70 km/h (Grafik: DB).

zulässigen Grenze der Sicherheit gegen Verschieben des Gleisrostes (ΣY zul. = 0,85 (10 + $\Sigma Q3$) = 67,4 kN). Die statische Radsatzlast ΣQ beträgt bei dieser Lok 20,8 t (208 kN).

Der Kurvenverlauf in Bild 7 zeigt aber auch, daß bei Geschwindigkeiten über 160 km/h die Kräfte ΣY zwischen Radsatz und Gleis stark ansteigen, so daß ein stabiler Fahrzeuglauf hier nur mit einer Drehhemmung (Schlingerdämpfer) zwischen Drehgestell und Lokkasten erreichbar ist. Der Einbau von Drehdämpfern für diese Stabilisierung des Loklaufes ist vorbereitet. Gegebenenfalls kann damit auch der Wellenlauf des Radsatzes bzw. Drehgestells gestreckt werden und der Verschleiß des Spurkranzes (Σ_R-Maß) vermindert werden.

Die Zugkraftanlenkung Drehgestell – Lokbrücke ist aus Gründen der Tauschbarkeit wie bei den Serienlok 110/140 ausgeführt. Im Drehgestell wurde eine Lemniskatenanlenkung eingebaut, um das Drehgestell an die Lokbrücke quer zur Fahrtrichtung möglichst weich anzulenken. Durch die ausgeprägte Tiefanlenkung Drehgestell – Lokbrücke (530 mm über SO) wird die Radsatzentlastung des vorauslaufenden Radsatzes einschließlich der Drehgestellentlastung durch das Zughakenmoment bei 280 kN Anfahrzugkraft auf ca. 15 % der statischen Radsatzfahrmasse begrenzt.

Konstruktion der Drehgestelle

Für die Konstruktion der Drehgestelle waren sowohl die eingangs erwähnten lauftechnischen als auch die folgenden unterhaltungs- und wartungstechnischen Belange zu beachten:
a) Betriebssichere und möglichst verschleiß- und wartungsfreie Konstruktionselemente, die ihre Eisenbahnbewährung schon über Jahre sicher nachweisen konnten.
b) Ein Unterhaltungsabschnitt von mindestens 900 000 km soll einwandfrei vom Großteil der verwendeten Bauteile ohne jede Aufarbeitung durchstanden werden.
c) Ein Verschleißprofil des Radreifens, hier DB II-Profil, muß angewendet werden, um möglichst wenig Profilberichtigungsarbeiten durchführen zu müssen.

Diese Forderungen führten zu einer Drehgestellkonstruktion (Abb. 033) mit einem Radsatzstand von 3,4 m, querelastischer Führung der Radsatzlager durch Lemniskatenlenker, Kastenabstützung über Flexicoilfedern und Anlenkung der Drehzapfenlager über waagerecht liegend angeordnete Lemniskatenlenker (Bild 4 und Bild 5).

Um gute Laufeigenschaften zu erreichen, sind zur Dämpfung und Verminderung von Schwingungen der Drehgestell- und Kastenmassen hydraulische Dämpfer eingebaut:
an den Radsatzlagern senkrecht wirkende Dämpfer gegen Nickschwingungen der Drehgestelle,
an den Kastenabstützungen senkrecht und waagerecht wirkende Dämpfer gegen Wank-, Quer- und Vertikalschwingungen des Kastens.

Weiter wurde eine Anbaumöglichkeit für Dämpfer zwischen Kasten und Drehgestellen zur Dämpfung von Schlingerbewegungen der Drehgestelle vorgesehen. Alle Dämpfer sind so angeordnet, daß sie leicht an- und abgebaut werden können.

Die Drehgestellrahmen bestehen aus zwei Lang- und drei Querträgern, die in Kastenform aus Stahlblechen geschweißt sind. Diese Hohlträger besitzen bei niedrigem Gewicht hohe Widerstandsmomente gegen Biegung und Verwindung.

Alle Anlenkungen und Verbindungen – auch der Dämpfer – sind durch Anwendung von Silentbloc- und Ringfederlagerungen, sowie Flexicoilfedern verschleiß- und wartungsfrei ausgeführt.

Die Flexicoil-Schraubenfedern (c = 0,165 mm/kN) der Kastenabstützung liegen außen am Drehgestellrahmen in Federkörben mit großer Stützbreite. Diese Anordnung erhöht die Stabilität gegen Wankbewegungen des Kastens.

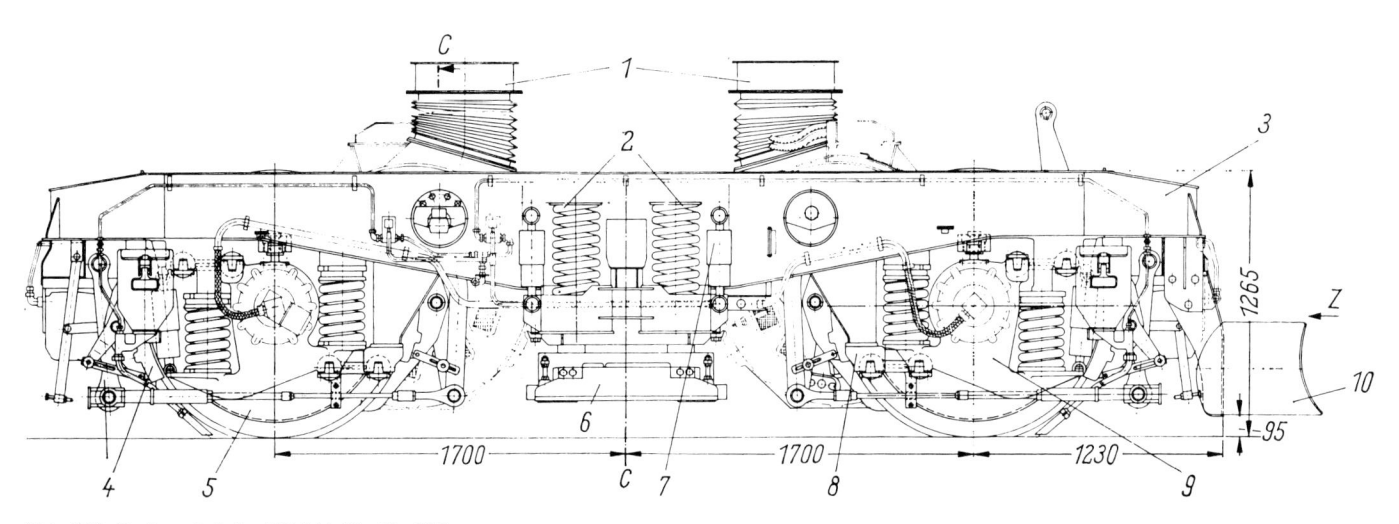

Abb. 033: Drehgestell der BR 111 (Grafik: DB)

Die Schraubenfedern der Radsatzabstützung liegen unmittelbar auf angegossenen Konsolen der Lagergehäuse. Beim Durchfedern treten durch die Lemniskatenanlenkung geringfügige Unterschiede (ca. 1 kN) in den Federlasten (50 kN) beider Radlagerfedern auf. Die Radsatzlager sind mit zweireihigen Zylinderrollenlagern ausgerüstet, welche auch alle Lagerquerkräfte übertragen können (Abb. 034).

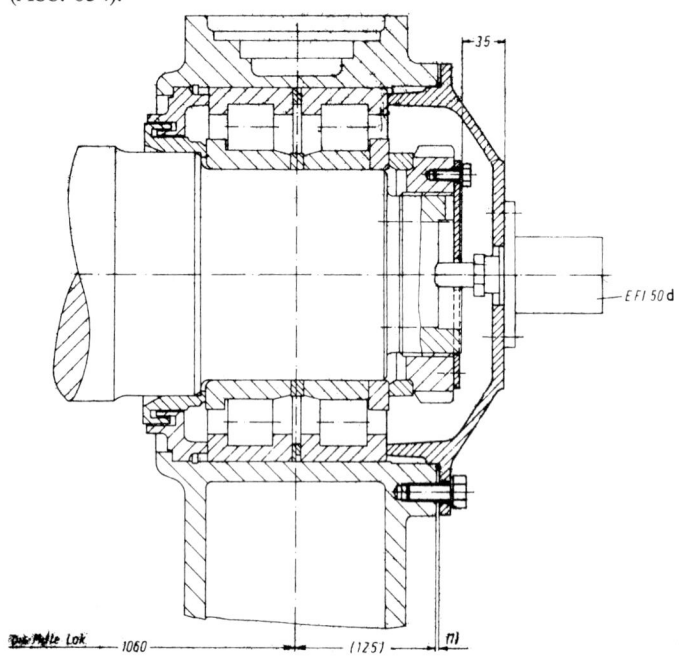

Abb. 034: Radsatzlager der BR 111 (Grafik: DB)

Die Kraftübertragung vom Fahrmotor zum Treibradsatz übernimmt ein zweiseitiger Gummiringfederantrieb, der bereits mit über 7000 Stück bei der DB Verwendung gefunden hat. Die Fahrmotoren, die mit Antrieb und Radsatz nach unten ausbaubar sind, sind einerseits über Gummischubfedern im Drehgestellrahmen aufgehängt und stützen sich andererseits mit dem Hohlwellengehäuse über die Hohlwellenlager auf die Hohlwelle ab. Die Hohlwelle umgibt mit allseitigem Spiel die Radsatzwelle und trägt an beiden Enden die Großradkörper schrägverzahnter Stirnradgetriebe mit angeschraubten Zahnradkränzen. Die zugehörigen Motorritzel treiben die Hohlwelle über die Großräder an. Je sechs Ausleger an jedem Großradkörper greifen zwischen den Speichen hindurch auf die Außenseiten der Treibräder und sind über die ringförmig angeordneten Gummisegmente mit einem an den Radkörpern angegossenen Ring verbunden. Die Ausleger mit Gummiringfeder übertragen einerseits das Motordrehmoment auf die Radkörper und zentrieren andererseits die Hohlwelle federnd um die Radsatzwelle. Das Fahrmotorgewicht ruht abgefedert über der Gummischubfeder auf dem Drehgestell und über den Gummiringfedern auf dem Radsatz.

Abb. 035 zeigt das komplette Drehgestell.

Der Lokomotivkasten

Neben dem lauftechnischen Verbesserungen im Drehgestell war besonders der Neugestaltung des Lokkastens viel Sorgfalt zu widmen. Hier galt es, besonders den Unterhaltungs-, Wartungs- und Bedienauflagen Rechnung zu tragen.

Zusätzliche Forderungen, wie verstärkte elektrische Bremse, Bremsgestängesteller, Pufferbohlen mit Stoßenergieverzehreigenschaften, Lemniskatenanlenkungen, Automatische Mittelpufferkupplung, Schallschutz und vieles mehr, hatten ein rechnerisches Mehrgewicht von 3 t gegenüber der E 110 zur Folge. Das Gewichtslimit war jedoch mit 84 t vorgegeben, um eine Radsatzlast von 21 t sicher einzuhalten. Das Gewicht der zuletzt gelieferten Lokomotiven der Baureihe E 110 betrug bereits 86 t. Am Mechanteil, hauptsächlich am Brücken- und Drehgestellrahmen, mußten daher 5 t Gewicht eingespart werden. Z. B. durch Verwendung von Leichtmetall für die abnehmbaren Dachhauben, Gerätegerüste und Führerraumeinbauten.

Das Untergestell (Abb. 036) ist eine Schweißkonstruktion aus Längs- und Querblechen mit kastenartigen Kopf- und Drehzapfenträgern und ebenem Deckblech (Maschinenraumboden). Es trägt an den Kopfträgern die Kupplungsträger mit Stoßpuffern der Regelausführung und die Zugeinrichtung. Die Kupplungsträger (Abb. 037) sind für den zukünftigen Einbau der selbsttätigen Kupplung eingerichtet und enthalten bereits die dazugehörigen Federwerke. Vorerst sind diese mit einer Übergangsausführung der Zughaken und Zughakenführung ausgestattet. Die in der Pufferbohle mögliche Formänderungsarbeit beträgt 3200 mkp bei 16 mm Pufferbohlenverformungsweg und ab 175 t Pufferdruck.

Der Kastenaufbau ist aus Abkantprofilen hergestellt, die in Verbindung mit den Bekleidungsblechen geschlossene Träger bilden.

Kastenaufbau und Untergestell sind miteinander verschweißt und bilden eine selbsttragende Konstruktion, die mit guter Materialausnutzung ein geringes Baugewicht ermöglicht.

Der Kastenaufbau enthält den Maschinenraum, und durch die Zwischenwände getrennt, die beiden gleichgestalteten Führerräume.

Der Kühlluftbedarf für Fahrmotoren, teilweise auch für Ölkühler und Bremswiderstände und andere elektrische Einrichtungen wurde bisher über Doppeldüsenlüftungsgitter durch den Maschinenraum angesaugt. Der Maschinenraum wirkte dabei als Luftberuhigungskammer und war besonders der Verschmutzung ausgesetzt. Erhöhte Reinigungs und Wartungsaufwendungen waren die besonderen Nachteile dieser Konzeption.

Eine Abhilfe wird bei der 111 durch die direkte Ansaugung der Kühlluft für die elektrischen Geräte über geeignete Luftkanäle erreicht. Die Kühlluft wird möglichst hoch angesaugt, wo aufgewirbelter Bodenschmutz oder Flugschnee kaum auftreten. Es konnte daher auf eine großvolumige Beruhigungskammer unbedenklich verzichtet werden. Eine Staubablagerung in den elektrischen Geräten selbst ist wegen der dort aus Wärmeübertragungsgründen vorhandenen hohen Luftgeschwindigkeiten nicht mög-

Abb. 035: Drehgestell der BR 111 (Foto: KM)

lich. Das neue Belüftungskonzept wurde in aufwendigen Versuchsreihen mit vollständigem Originalaufbau und Fahrtwindsimulation festgelegt. Der Wasser- und Schneeeinzug wurde simuliert und so Größe und Abmessungen von Lüftungsgittern und Ansaugkanälen ermittelt (Abb. 038).

Bei einem Luftbedarf von 2,6 m³/sec je Fahrmotor erwiesen sich zwei Doppeldüsengitter mit einer Durchtrittsfläche von 1,44 m² als ausreichend. Die spezifische Gitterbelastung ist dabei 1,8 m³/m² sec.

Wasserabweisleisten in den Ansaugkanälen können zudem geringe Restwassermengen, welche bei wolkenbruchartigem Regen durch die Doppeldüsengitter treten, ableiten. Fein verteilte Wassertröpfchen, die je nach Regenart und Querwindrichtung (Zugvorbeifahren) in die Ansaugkanäle gelangen, werden durch die zweistufigen Axiallüfter soweit in Gasform überführt, daß sie sogar zur intensiveren Kühlung der Fahrmotoren beitragen können. Kühlluft mit geringem Staubanteil ist für die Betriebstüchtigkeit der Fahrmotoren nicht nachteilig. Es kann festgestellt werden, daß die gewählte Fahrmotorenbelüftung (Abb. 039) nur mit einer Grobstaubfilterung durch die Doppeldüsenlüftungsgitter die in sie gesetzte Erwartung der Betriebstüchtigkeit und Wartungsfreiheit erfüllt hat.

Zur Abführung der Verlustwärme der elektrischen Anlagen im Maschinenraum, wie Wendepolwiderstände, Bremsgleichrichteranlage, Ladegerät, Wechselrichter sowie der Strahlungswärme des Transformators werden aus einem Bypass der Fahrmotorenlüftergehäuse und des Ölkühlerlüfters Teilluftströme von insgesamt etwa 0,5 m³/sec rechtwinklig entnommen. Infolge der starken Luftumlenkung erfolgt eine weitere Grobstaubfilterung. Diese Luftmenge wird über eine Entlüftung in der Dachhaube abgeführt. Der Maschinenraum steht damit immer unter einem geringen Überdruck.

Die Luftführung für den Ölkühler erfolgt vom Lokdach nach unten, die des Bremswiderstandes von unten nach oben zum Lokdach (Abb. 040). Eine thermische Beeinflussung war hier meßtechnisch nicht nachweibar.

Abb. 036: Lokomotivuntergestell und Lokkastenaufbau der BR 111 (Foto: KM)

Die für die Direktbelüftung der Fahrmotoren seitlich angeordneten Ansaugkanäle ließen die bisher üblichen seitlichen Bedienungsgänge nicht mehr zu. Es ergab sich ein Bedienungsgang in abgewinkelter Form teils in der Mitte, teils seitlich im Maschinenraum, aber mit einer Breite zwischen 600 und 700 mm und einer Höhe von mindestens 2000 mm (Abb. 041). Dieser Mittelgang bietet auch für die schnelle Flucht ausreichend Platz. Insbesondere ist die in der Mitte der Führerraumrückwand angeordnete breite Tür bei festgeschraubten Führerstühlen für einen günstigen und schnellen Fluchtweg von Vorteil.

Die Anordnung der Gerüste, Anlagenteile und Lüfter im Maschinenraum konnte günstig gestaltet werden, so daß für kleinere Wartungsarbeiten ein ausreichend bequemer Zugang auch von den Rückseiten aus möglich ist. Der Austausch ganzer Geräte und Anlagen ist über die abnehmbaren Dachhauben, die aus Leichtmetall gefertigt sind, einfach und rasch möglich (Abb. 042).

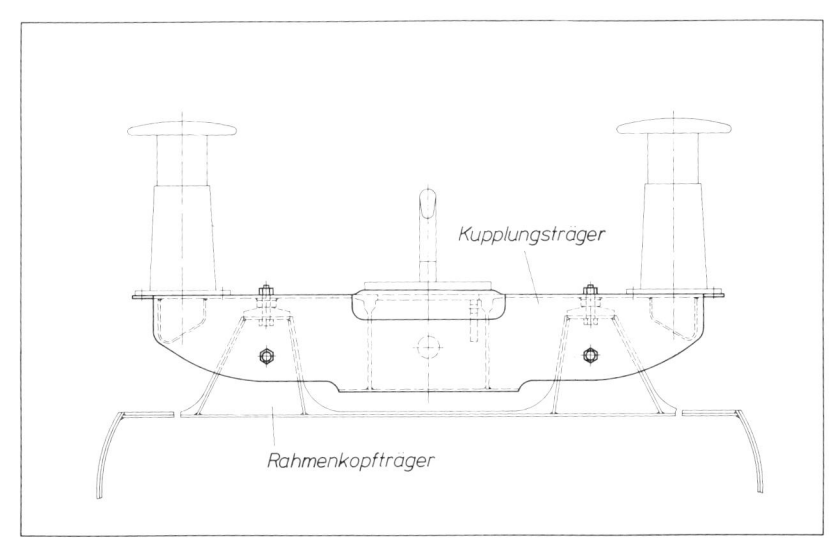

Abb. 037: Pufferbohle der BR 111 (Grafik: DB)

Abb. 038: Lüftungsgitterversuche bei Krauss-Maffei (Foto: KM)

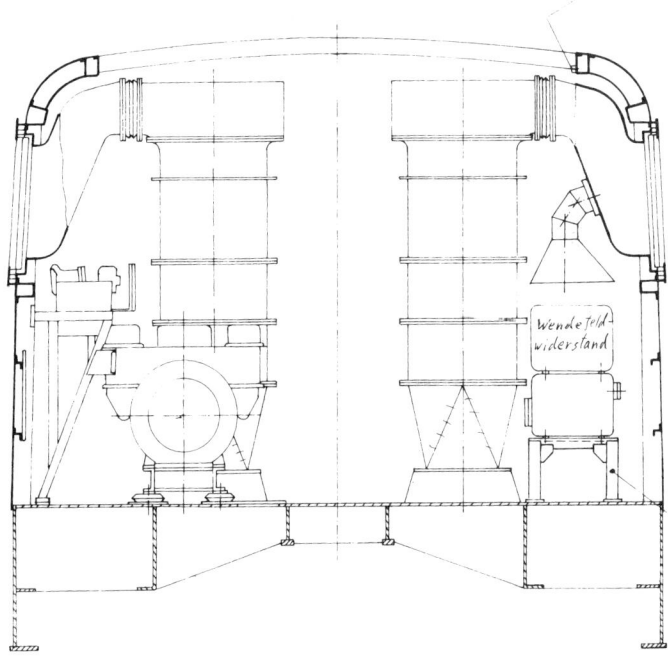

Abb. 039: Kühlluftführung für den Fahrmotor der BR 111 (Grafik: DB)

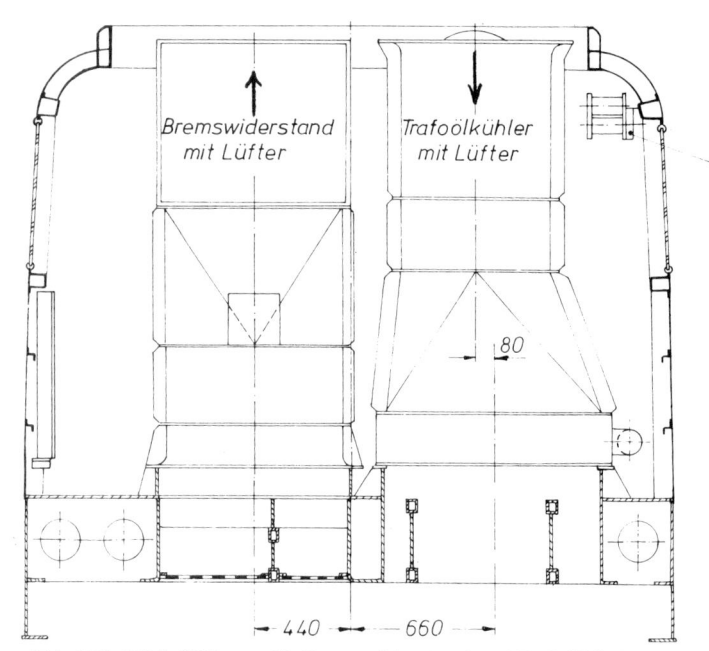

Abb. 040: Kühlluftführung für Bremswiderstand und Trafoölkühler (Grafik: DB)

Abb. 041: Bedienungsgang mit Fahrmotorlüfter und Kompressoraggregat (Foto: DB)

Die Druckluftbremse

Die Lokomotive ist mit einer automatischen, mehrlösigen Einkammer-Druckluftbremse KE-GPR-EmZ, Bauart Knorr, ausgerüstet. Eine unmittelbar wirkende Druckluftzusatzbremse ergänzt die mehrlösige automatische Bremsanlage.

Die Bremsanlage besteht aus dem mehrlösigen Steuerventil KELa V 5, dem Führerbremsventil FGD1-P mit elektrischem Bremssteller und einer Einrichtung für geschwindigkeitsabhängige Bremsdruckregelung. Der Bremszylinderdruck wird dabei über einen am Radsatzlager angebauten Bremsdruckregler geschwindigkeitsabhängig geregelt. Bei Geschwindigkeiten über 60 km/h wird mit einem hohen Bremszylinderdruck von 8 bar, unter 60 km/h mit 3,8 bar gebremst, um wegen des geschwindigkeitsabhängigen Haftreibungskoeffizienten der Bremsklotzsohlen ein Festbremsen der Radsätze zu vermeiden.

Die Bedienung der Bremse geschieht über Führerbremsventile mit elektrischem Bremssteller. Diese Ventile steuern das im Druckluftgerüst untergebrachte Relaisventil, das die eigentliche Bremsfunktion über Steuerventil und Druckluftübersetzer in den Bremszylinder auslöst.

Die sehr leistungsfähig elektrische Widerstandsbremse wird mit der Druckluftbremse kombiniert eingesetzt. Hierbei bremst die Lokomotive je nach Bremsanforderung (Betriebs-, Schnell- oder Notbremse) und Stellung des G-P-R-Bremsstellers rein elektrisch, kombiniert E-Bremse und Druckluftbremse oder nur mit der Druckluftbremse. Am Zuge wirkt in jedem Falle die Druckluftbremse. Die gemeinsame Bedienung beider Bremsarten wird mit dem Führerbremsventil mit angebautem elektrischen Bremssteller vorgenommen.

Abb. 042: Lokomotivkasten mit abgenommener Dachhaube (Foto: DB)

Abb. 043: Zur fünften und zweitletzten Bauserie der BR 111 gehört 111 200, aufgenommen im Heimat-Bw München 1 (März 1983, Foto: JMM).

Jeder Radsatz hat ein eigenes Gestängesystem, das von einem im Kopfträger der Drehgestelle angebrachten Bremszylinder betätigt wird. Eine in jedem Führerraum eingebaute Handbremse wirkt im darunterliegenden Drehgestell auf einen Radsatz. Das Bremsgestänge wird durch einen automatischen SAB-Bremsgestängesteller, Bauart RL, nachgestellt. Die Wartungsarbeiten für das Nachstellen des Bremsgestänges zur Einhaltung des zulässigen Bremskolbenhubes erübrigen sich damit. Die Bremsanschriften an den Lokomotiven der Baureihe 111 lauten:

$$R + E = 160 \text{ t} \quad (R + E_{160} = 173 \text{ t})$$
$$R + E = 140 \text{ t} \quad G = 56 \text{ t}$$
$$R = 120 \text{ t} \quad \text{Handbremse } 10 \text{ t}$$
$$P = 83 \text{ t}$$

Die Bremskraft R + E ist für eine Geschwinidigkeit von 160 km/h ausreichend.

Der Führerraum

Bei der konstruktiven Ausbildung des Führerraumes wurde versucht, trotz der sehr kurzen Bauzeit der Lokomotive die während der letzten Jahre gewonnenen Erkenntnisse der Ergonomie und der Arbeitsmedizin soweit wie möglich zu realisieren. Das Bestreben, die anstrengende und verantwortungsvolle Arbeit des Lokomotivführers zu erleichtern, war richtungsweisend für die konstruktive Entwicklung des großräumigen Führerraumes.

Während der Konstruktionszeit der Lokomotive wurde bei der mit der Entwicklung des Mechanteiles betrauten Firma Krauss-Maffei ein Modellführerraum aufgebaut. Sämtliche Detailuntersuchungen wurden an diesem Modell im Maßstab 1 : 1 vorgenommen und die daraus resultierenden Konstruktionsvorgaben wurden damit erarbeitet. In diesem neuen Führerraum sollten die grundsätzlichen Anforderungen und Erkenntnisse soweit schon realisiert werden, daß er als Einheitsführerraum für alle Triebfahrzeuge und Steuerwagen neuer Fahrzeuggenerationen anwendbar ist.

Eine Leitlinie bei der Gestaltung des Führerraumes war, der Triebfahrzeugführer darf nicht mit Infomationen belastet werden, die nicht unmittelbar zum Führen der Zugfahrt gehören. Auf dem Führerpult haben demnach nur diejenigen Bedienungs- und Informationsorgane ihre Berechtigung, die direkt die Zugfahrt beeinflussen. Eine gute Anpassung des Führerpultes an einen ergonomisch richtig und damit aufwendig gestalteten Führersitz sowie eine angenehme Raumklimatisierung waren grundlegende Konstruktionsvorgaben.

Folgende Vorgaben waren Ansatzpunkte der Konstruktion:
– Anpassung des Führertisches und des Führerraumes an den arbeitenden Menschen. Insbesonders die Sitz- und Stehposition des Triebfahrzeugführers sollte nicht vor, sondern am Führertisch sein. Diese Forderungen bestimmten die Abmessungen des Führertisches, Sitz- und Stehhöhe, die Fenster- und Türgrößen, die Gestaltung der Fußnische sowie die Ausdrehmöglichkeiten des feststehenden Führersitzes, insbesondere im Hinblick auf einen geeigneten Fluchtweg.
– Aufteilung des Führertisches in ein Informations- und Aktionsfeld mit möglichst senkrechtem Blick auf die Anzeigeinstrumente.
– Verwendung von gut ablesbaren blend- und spiegelfreien Rundinstrumenten, Verwendung von Zentralinstrumenten, z. B. eines kombinierten Zug- und Bremskraftmessers, der den maximalen Motorstrom und den minimalen Motorstrom zur eindeutigen Erkennung von Schleuder- und Gleitvorgängen anzeigt.
– Entfall des traditionellen Fahrschalterhandrades zur Schaffung günstiger Platzverhältnisse für die Unterbringung der Fahrplanunterlagen, Anbringung eines um eine horizontale Drehachse beweglichen Fahrschalters für eine Auf-Ab-Steuerung des Schaltwerkes mit einem zusätzlichen Bereich diskreter Zugkraftvorgaben mit Einführung einer Automatik zur Konstanthaltung dieser Zugkraftvorgabe.
– Möglichkeit zur Unterbringung eines Geschwindigkeitssollwertgebers, mit dem die gewünschte Fahrgeschwindigkeit vorgegeben werden kann. Dieser Sollwertgeber ist nur in einer Lokomotive eingebaut, welche mit einer automatischen Fahr- und Bremssteuerung (AFB) ausgerüstet ist.
– Beibehaltung der herkömmlichen Bedienungsweise von Druckluft- und elektrischer Bremse, jedoch mit einer funktionsgerechteren und sicheren Bedienung durch eine horizontale Anordnung der Drehachsen.
– Verlegung aller nicht betriebswichtigen Leuchtmelder in ein Sammeltableu in der Dachwölbung über dem Frontfenster.
– Gute Bedienbarkeit der Führertischanlage auch beim Stehen des Triebfahrzeugführers. Dabei ist eine Längsverschieblichkeit des Führersitzes um 250 mm erforderlich.

Abb. 044 zeigt die Gesamtanordnung des Führertisches.

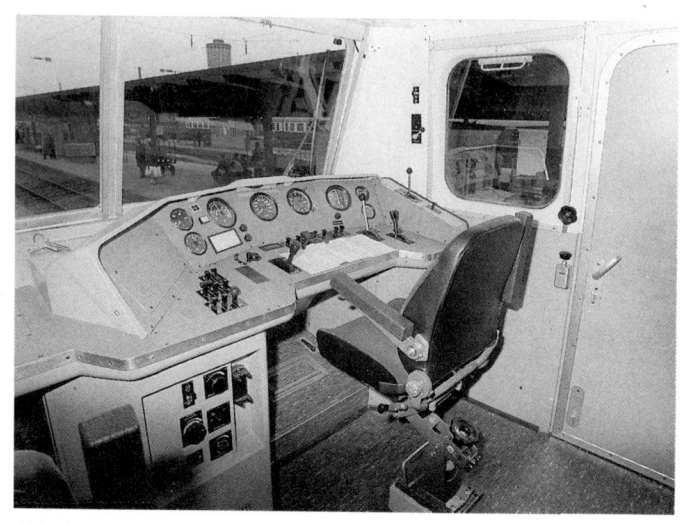

Abb. 044: Gesamtordnung des Führertisches (Foto: DB)

Die Schall- und Wärmeisolierung des »Arbeitsplatz Lokomotivführer« wurde besonders sorgfältig ausgeführt, galt es doch, den Schallpegel weit unter 80 dB A zu senken und geringe Wärmeverluste zu gewährleisten. Decke, Seiten- und Rückwand sowie Fußboden sind mit Polyurethanschaum ausgespritzt oder mit Schalldämmatten belegt. Abb. 045 zeigt den Schichtaufbau des Fußbodens mit der hier eingebauten elektrischen Fußbodenheizung, die eine Heizleistung von 0,8 kW pro 4 m² Fußboden aufweist. Die Seiten- und Rückwände sowie die Decke sind ebenfalls sehr sorgfältig in dieser Technik gegen Wärmeverlust und Schalleinstrahlung isoliert worden. Mit diesen Maßnahmen konnte ein maximaler Schallpegel von etwa 75 dB A bis zu einer Geschwindigkeit von 150 km/h eingehalten werden. In Abb. 046 ist der Geräuschpegel des Führerraumes der 111 und der alten Serienlok 110 dargestellt. Wegen der relativ großen Fensterflächen ist eine weitergehende Geräuschminderung sehr schwierig zu verwirklichen.

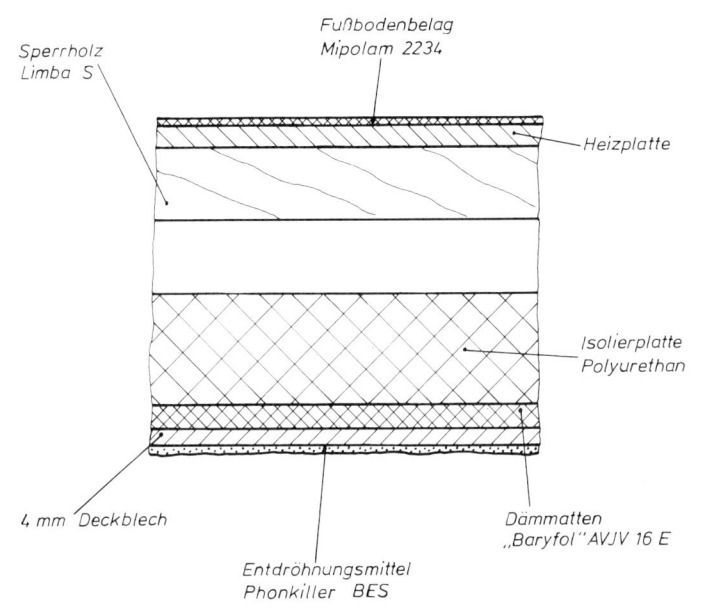

Abb. 045: Schichtaufbau des Führerraumfußbodens bei der BR 111 (Grafik: DB)

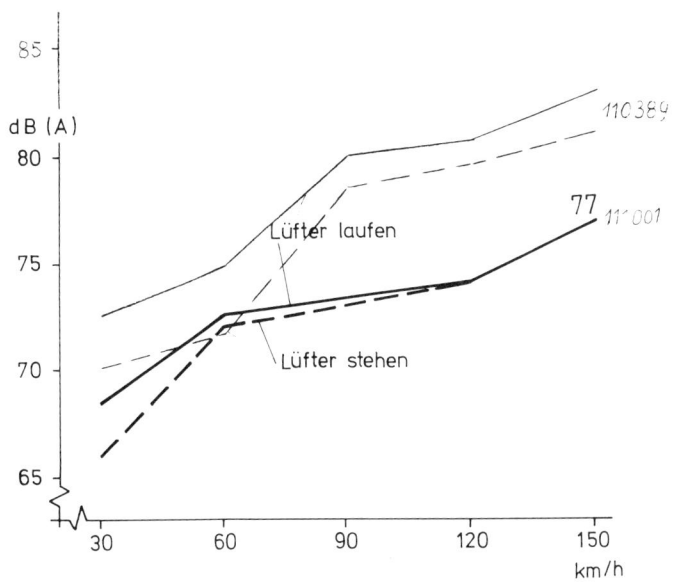

Abb. 046: Geräuschpegel im Führerraum der BR 111 (Grafik: DB)

Der Führerraum ist mit einer Warmluftheizung, ergänzt durch eine Fußbodenheizung, ausgestattet. Über die Luftheizanlage von 5 kW Leistung wird im Umluftbetrieb der Führerraum beheizt. Die Frischluft wird von außen angesaugt. Eine der Frischluftzufuhr entsprechende Menge Abluft wird unterhalb des Führerpultes über ein Rohr durch den nächstgelegenen Fahrmotorlüfter abgesaugt. Die Umluftansaugflächen wurden längs der Führerpultunterseite angeordnet, so daß die Luft gleichmäßig und mit geringer Geschwindigkeit umgewälzt wird. Im Sommer kann die Anlage zur intensiven Belüftung des Führerraumes verwendet werden. Das Heizgerät kann durch einen Kälteteil für die Raumklimatisierung erweitert werden.

Die großen Stirnfenster sind vollflächig elektrisch beheizt und mit pneumatisch angetriebenen Scheibenwischern und Scheibenwaschanlagen ausgerüstet. Die Scheibenheizung erfolgt über Widerstandsdrähte, die einen geringeren Lichtverlust als Folienheizflächen aufweisen. Die Heizleistung von 400 W je Stirnfensterscheibe ergibt eine spezifische Heizleistung 7 W/dm². Kurzzeitig kann über einen Tastschalter die vierfache Heizleistung für schnelles Abtauen eingeschaltet werden.

Für die Scheiben wurde ein Mehrschichtglas aus zwei Glasschichten mit 12 mm Gesamtdicke und ausreichender Schlagfestigkeit verwendet.

Als Sicherheitseinrichtungen zur Überwachung des Triebfahrzeugführers selbst und seiner Signalaufnahme wurden ein zweikanaliges Sifagerät und ein Indusigerät I 60 eingebaut.

2.2.1.5 Die elektrische Ausrüstung

Wie schon eingangs erwähnt, mußte die Entwicklung der Lokomotive 111 in strenger Anlehnung an die elektrischen Hauptbauteile der Lokomotiven 110/112 und 140/139 erfolgen. Einmal sollte hier eine Neubaulokomotive geschaffen werden, deren funktionale Bedienung und Betriebsverhalten dem Triebfahrzeugführer vertraut ist, zum anderen war für Wartung und Unterhaltung anzustreben, keine neuen Bauteile für die elektrische Ausrüstung zu verwenden, die sowohl in der Vorratshaltung als auch in ihrem Betriebsverhalten zu erheblichen Aufwendungen führen könnten. Diese Randbedingungen schlossen aber eine sinnvolle Weiterentwicklung bzw. Neuentwicklung von Bauteilen nicht aus, deren betriebliche Funktionstüchtigkeit gut beurteilt werden konnte und somit das finanzielle Anwendungsrisiko unbedeutend werden ließ.

Das Leistungsprogramm ist dasselbe wie für die Lokbaureihe 110. Durch geringfügige Ergänzungen am Fahrmotor, die dessen Tauschbarkeit keinesfalls beeinträchtigen, konnte auch das Leistungsprogramm der Baureihe 112 (v_{max} = 160 km/h) eingeschlossen werden. Die neuen Leistungswerte, die über denen der Baureihe 110 liegen, sind in Tabelle 1 in Klammern genannt.

Die Leistungsfähigkeit der fahrdrahtabhängigen Widerstandsbremse wurde beträchtlich verbessert, ebenso ihr regeltechnisches Verhalten.

Dachausrüstung

Über zwei Stromabnehmer SBS 65, von denen nur jeweils der in Fahrtrichtung nachlaufende, an den Fahrdraht angelegt ist, wird die elektrische Energie dem Fahrleitungsnetz entnommen. Abb. 047 zeigt diesen Stromabnehmer SBS 65 mit einer aus Tauschgründen notwendigen Vierpunktauflagerung, die leider wegen Verspannungsgefahr millimetergenau an die Dachauflage angepaßt werden muß. Eine Dreipunktauflage wäre hier von Vorteil.

Abb. 047: Stromabnehmer SBS 65 (Foto: Siemens)

Der Stromabnehmer SBS 65 selbst zeigt z.Z. die besten Laufeigenschaften und damit auch sehr günstige Stromübertragungseigenschaften, die besonders bei Vorspannfahrten mit einer Geschwindigkeit von 160 km/h deutlich werden. Die Einholmausführung hat vermutlich in der dachnahen Luftturbulenzzone die geringste Rüttelkraftangriffsfläche durch die abreißende Luftströmung. Neuere Messungen zeigen jedoch auch am Schleifstück Schwingungen in der ungedämpften Eigenresonanz, die durch entsprechende konstruktive Maßnahmen behoben wurden.

Eine kurze Dachleitung ohne Trennschalter verbindet die Stromabnehmer und führt die elektr. Energie über den Einheitshauptschalter DB TF 20 i 200 dem Loktransformator zu. Von einer Verwendung eines Überspannungsableiters wurde abgesehen, da bei der großen Zahl der Serienlokomotiven bisher keine Überspannungsschäden aus dem Fahrleitungsnetz feststellbar waren. Der Unterhaltungsaufwand eines Überspannungsableiters ist zudem nicht unbedeutend. Erschwerend kommt hinzu, den Überspannungsableiter so einzubauen, daß sein mögliches Zerplatzen zu keinem Personenschaden (Reisende auf Bahnsteigen) führt.

Hauptstromkreis

Einen Überblick über die wichtigsten Stromkreise gibt der Schaltplan im in der Abb. 048. Die Ausführung entspricht den bisherigen klassischen Stromkreisen für Triebfahrzeuge mit Einphasen-Reihenschlußkommutatormotoren. Die Fahrmotorenstromkreise sind einseitig über den Erdstromwandler am Fahrzeugkörper geerdet. Überschläge an den Kommutatoren der Fahrmotoren führen damit oftmals zu Erdschlüssen mit hohen Kurzschlußströmen.

Der Haupttransformator mit Schaltwerk

Der Haupttransformator entspricht in seinen Aktivteilen der Ausführung des Trafos für die Lokomotive E 110–140. Aus Gewichtsgründen wurde der Regeltransformator mit Hilfsbetriebewicklungen und der mit einem festen Übersetzungsverhältnis ausgeführte Transformator für die Fahrmotorenspeisung in einem dreischenkeligen Kern vereinigt. Die Oberspannungs-, die Regel- und die Hilfsbetriebewicklungen erhielten eine verbesserte Isolierung mit erhöhter Lebensdauer. Die Wicklung für die Zugheizung wurde mit einer temperaturfesten Normexisolierung (bis 230 °C) versehen, um sie für die kurzzeitigen Heizstromspitzen dauerfest zu machen.

Die Trafokesselkonstruktion wurde wegen der Gangbreite der neuen Maschinenraumkonzeption geändert und um 300 kg leichter gebaut. Zur frühzeitigen Erkennung von Isolationsschäden erhielt der Transformator einen zweistufigen Buchholzschutz (Warnung oder Hauptschalterauslösung je nach Gasbildung oder Ölschwall).

Die Ölrückkühlanlage, bestehend aus einer Ölumlaufkreiselpumpe mit Einphasen-Induktionsmotorantrieb und einem Ölkühler mit Ölkühlerlüfter wurde mit einem neuen Ölkühler ausgerüstet, der bei 6,50 m³/sec Luftdurchsatz 134 000 kcal Verlustleistung bei 50 °C Differenztemperatur zwischen Öl und Kühlluft abführen kann.

Bei 75° Öltemperatur kann der Transformator die nachstehenden Dauerleistungen abgeben:
4040 kVA Fahrmotorenleistung (J = 8300 A)
 108 kVA Hilfsbetriebeleistung
dazu noch
 700 kVA Heizleistung bei + 11 °C Außenlufttemperatur
bzw.
 900 kVA Heizleistung bei - 12 °C Außenlufttemperatur
Das Gesamtgewicht des Transformators beträgt 11,24 Mp.

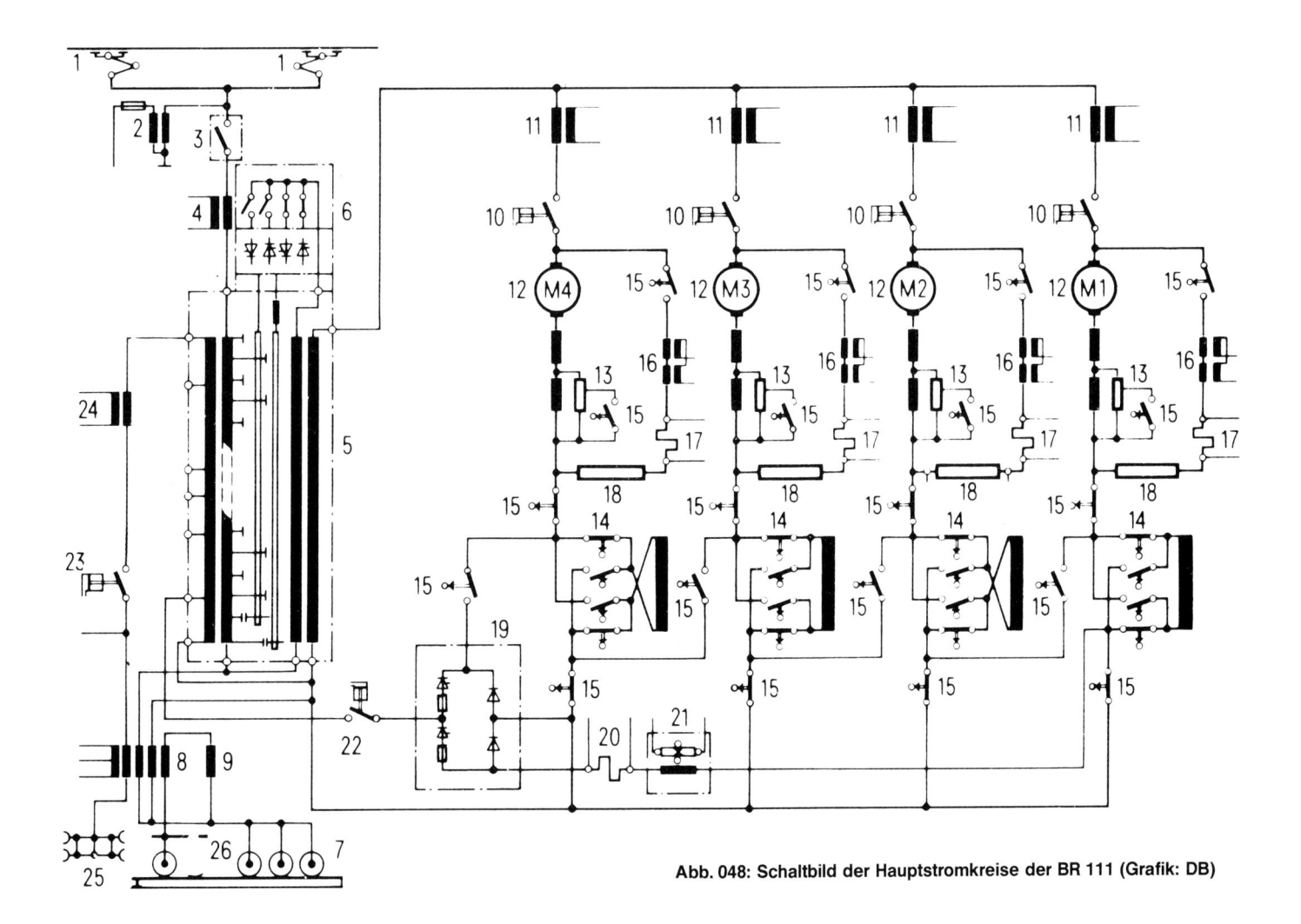

Abb. 048: Schaltbild der Hauptstromkreise der BR 111 (Grafik: DB)

Aus einem Bypaß am Ölkühlerlüfterturm wird zur Maschinenraumkühlung 0,4 m³/sec Kühlluft entnommen.

An den Transformator ist ein 28-stufiges Hochspannungsschaltwerk mit Thyristorlastschalter angebaut, das eine lichtbogenfreie Lastumschaltung während des Spannungsnulldurchganges ermöglicht. Es konnte die Ausführung der Serienlokomotiven E 110/140/150 ohne Änderung beibehalten werden. Abb. 049 zeigt den Transformator mit Ölumlaufpumpe und dem Thyristorlastschalter mit Stufenschaltwerk.

Fahrmotor WB 372-22 fc

Die Fahrmotoren stellen in bezug auf ihre Leistungsfähigkeit, Betriebstüchtigkeit und Unterhaltungsanfälligkeit einen wesentlichen Faktor für den betrieblichen Erfolg eines Triebfahrzeuges dar. Es wurde mit Rücksicht auf Unterhaltung und Ersatzteilvorrat auf den mit über 6000 Stück vorhandenen Fahrmotor WB 372-22 der Lokomotive 111/140 zurückgegriffen. Die thermische Belastungsfähigkeit oder bei Nichtinanspruchnahme der zulässigen Höchsttemperaturen die Verlängerung der Wicklungsisolationslebensdauer wurde durch Verwendung von Isoliermaterial der Klasse F verbessert, ohne daß Leiterabmessungen und Isolationsstärke verändert wurden. Kommutator und Läuferbandagen wurden für eine um 10 % höhere Maximaldrehzahl (1525 U/min) gefertigt. Eine Erhöhung der z.Z. festgesetzten Höchstgeschwindigkeit von 150 km/h auf 160 km/h ist damit zulässig. In Tabelle 3 sind die Motordaten ausgewiesen.

Die Motordaten wurden im Prüffeld für die zulässige Wicklungs-Übertemperatur 155 °C bzw. 140 °C für die Ankerwicklung in Isolationsklasse F bzw. 130 °C bzw. 120 °C für die Ankerwicklung in Isolationsklasse B ermittelt.

Die Kommutatorbelastung des Bahnmotors WB 372-22 wurde schon beim Erstentwurf mit Rücksicht auf die damals geforderte Kurzzeitüberbeanspruchung entsprechend niedrig gewählt (e_{Kmax} = 3,45 V und i_B = 20,8 A/cm²). Seine Bewährung ist zum Großteil

Tabelle 3

Maßeinheit		Grenz-daten	Dauerleistung Isolierstoffklasse B	Dauerleistung Isolierstoffklasse F		Stundenleistung B	F
			N	N	T	N	H
Spannung	V	585	487	487	585	487	487
Strom	A	3600	2020	2250	2250	2080	2330
Drehzahl	U/min	1525	1137	1000	1230	1110	950
Leistung	kW	–	905	950	1170	925	985
Geschwindigkeit	km/h	–	123	108,5	133	120	103
Zugkraft der Lok	kN	–	196	130	130	111	138

T = Typenleistung des Motors bei U_{max}
N = Leistung bei 90 % der größten Trafoleerlaufspannung

nach VDE 0535

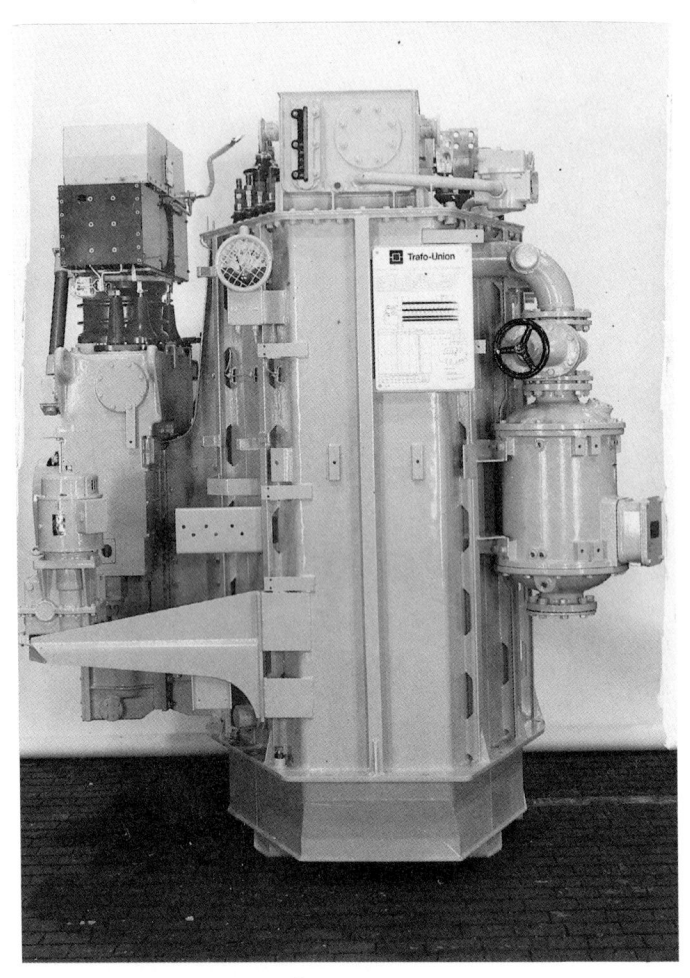

Abb. 049: Transformator mit Ölumlaufpumpe und Thyristorlastschalter mit Stufenschaltwerk (Foto: Trafo-Union)

auf diese gut getroffene Entscheidung für die Kommmutatorbelastung zurückzuführen. Die Kommutatorlaufleistungen, welche noch zur Zeit die hauptsächlichen Ausbauursachen für den Fahrmotor sind, erreichen bei den Lokomotiven 110 Werte um 600 000 km, für die Güterzuglokomotiven 139 und 140 steigen diese Laufleistungen infolge der höheren Getriebeübersetzung auf 1,2 bis 1,8 Millionen Kilometer an. Der Reibwert zwischen Rad und Schiene wird bei letztgenannten Lokomotiven mit niedrigeren Motorströmen erreicht, und die spezifische Kommutatorbelastung verkleinert sich damit nochmals. Dies gilt besonders für schwere Anfahrten mit hohen Strömen an der Reibungsgrenze. Die Beanspruchung durch den Anfahrstrom unter den Voraussetzung einer gleichen Haftwertausnutzung von $/u_{mittel} = 0,33$ beträgt für die

$$\begin{array}{ccc} & 111\,(110) & 139/140 \\ \text{Anfahrstrom} \quad J_A = & 3680\,\text{A} & 2950\,\text{A}. \end{array}$$

Über die wirkliche Haftwertausnutzung, die je Radsatz wegen der Radsatzentlastung in Anspruch genommen werden muß, ist dabei nichts ausgesagt.

Die im F/V-Diagramm, Abb. 027, eingetragene Kommutierungsgrenzkurve, welche die Stromgrenze des beginnenden Perlfeuers an den Bürstenkanten darstellt, liegt günstig zu den geforderten Dauerbetriebspunkten.

Der Motor WB 372-22 fc hat 14 Pole, je Bürstenhalter 5 Zwillingskohlen vom Querschnitt 40 × 12,5 mm mit einer Stromdichte bei Nennleistung von etwa 13 A/mm². Bei einer maximalen Betriebsspannung von 585 V bietet die mittlere Stegspannung von 16 V ausreichende Sicherheit gegen Rundfeuer auf dem Kommutator, es sei denn, der Fahrmotor wird dauernd mit sehr großen Strömen außerhalb der Kommutierungsgrenzkurve mit bereits entsprechender unrunder Oberfläche des Kommutators betrieben.

Für die Übertragung der mechanischen Leistung vom Fahrmotor auf den Radsatz wird der Gummiringfederantrieb verwendet. Dieser betriebstüchtige Antrieb ist in mehr als 7200 Stück bei elektrischen Lokomotiven im Einsatz. Durch diesen Antrieb werden die Stoßbeanspruchungen zwischen Rad und Schiene zum Teil aufgefangen und gemildert. Die Drehelastizität der Gummielemente entkoppelt zwar die Drehmomentpulsationen zwischen Motor und Radsatz, führt aber andererseits unter Mitwirkung der Radsatzfederung zu Rüttelschwingungen bei schweren Anfahrten, die dann zum Radsatzschleudern führen. Diese Schwingneigung kann nur durch Anlegen der Schleuderschutzbremse gedämpft werden.

Abb. 050 zeigt den Radsatz mit Fahrmotor und Gummiringfederantrieb.

Abb. 050: Radsatz mit Fahrmotor und Gummiringfederantrieb (Foto: KM)

Die elektrische Bremse

Die elektrische Bremse der Lokomotive 111 ist eine netzabhängige fremderregte Widerstandsbremse, bei der jedem Fahrmotor ein eigener Bremswiderstand zugeordnet ist. Diese Schaltung begünstigt das selbsttätige Abfangen eines beim elektrischen Bremsen gleitenden Radsatzes. Die Bremskraft eines Motors wird bei Drehzahlabfall durch den Gleitvorgang vermindert, die Läufer-EMK und damit auch der Bremsstrom sinken drehzahlproportional ab. Der gleitende Radsatz wird damit wieder stabilisiert.

Voraussetzung hierfür ist, daß der Bremskraftabfall eines zufällig gleitenden Radsatzes nicht zu einem Hochregeln des Erreger-

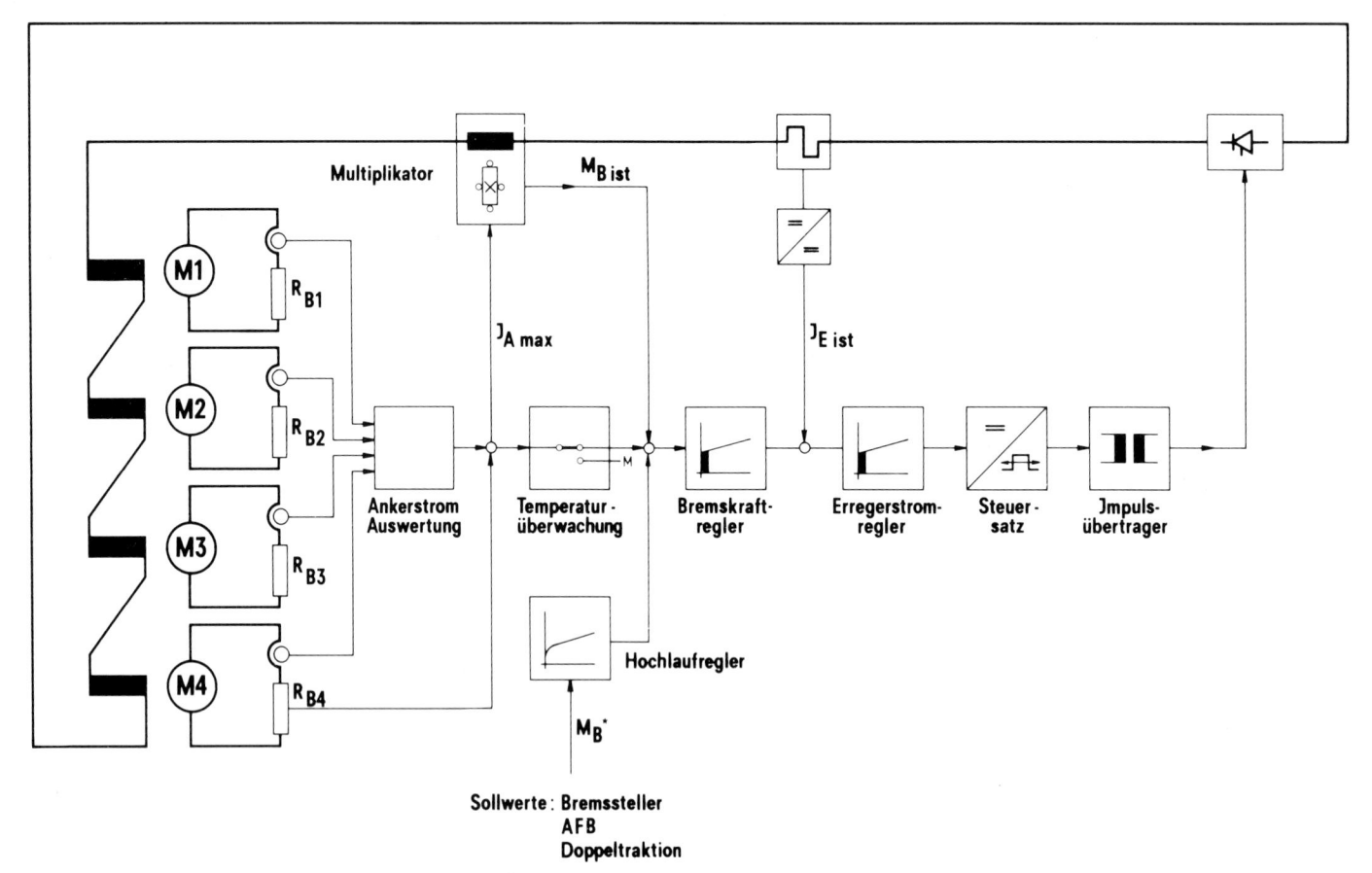

Abb. 051: Blockschaltbild der Bremskraftregelung (Grafik: DB)

stromes führt. Dies wird durch getrennte Erfassung der vier Bremsmomente und Auswahld es jeweiligen Größtwertes zur Führung der Bremskraftregelung erreicht. In Abb. 051 ist das Regelblockschaltbild der Bremskraftregelung dargestellt.

Durch den Übergang auf Hochleistungswiderstände (Abb. 052) in ähnlicher Bauform wie bei den Lokomotiven 103/151/181, konnte deren Dauerleistung auf 4 × 500 kW bei der 111 gesteigert werden. Die Widerstandsbänder werden in Mäanderform mit kiemenartigen Durchzügen ausgeführt, ein optimaler Wärmeaustausch wird damit erreicht. Der Bremswiderstandslüfter wird mit der Spannung eines Bremswiderstandes gespeist. Die Nennluftmenge des Lüfters beträgt 10 m³/sec bei 1950 U/min. Der Bremswiderstandslüfter saugt – nur während jeder elektrischen Bremsung – die Luft über einen Durchbruch im Brückenträger zwischen den Drehgestellen an und bläst sie über den Bremswiderstand durch eine Dachöffnung ins Freie.

In Abb. 053 ist das Bremskraftdiagramm dargestellt. Die maximale Kurzzeitbremsleistung beträgt bei 150 km/h 3700 kW. Erreicht der Bremswiderstand die zulässige Grenztemperatur von

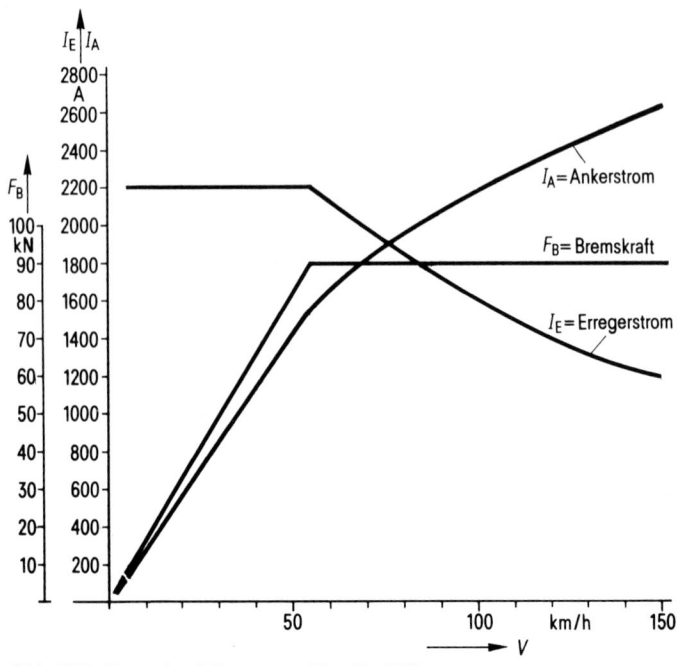

Abb. 053: Bremskraftdiagramm (Grafik: DB)

Abb. 052: Bremslüfterturm (Foto: Siemens)

Abb. 054: Bremserregerstromrichter mit Reglereinschüben (Foto: Siemens)

500 °C, so wird der Bremsstrom auf die Dauerleistung der Bremswiderstände abgeregelt.

Die Erregerleistung für die vier Fahrmotoren wird einer gesonderten Erregerwicklung des Transformators (40,5 V, 16 2/3 Hz) entnommen. Der Bremserregerstromrichter (Abb. 054), dessen max. Dauerleistung 80 kW (36,5 V 2200 A) bei 50° Umgebungstemperatur beträgt, liefert entsprechend dem Bremskraftdiagramm den Erregerstrom für die vier in Reihe geschalteten Erregerwicklungen der Fahrmotoren. Die Belüftung erfolgt mit Umluft im Maschinenraum.

Hilfsbetriebe

Für die Kühlluftförderung für Haupttransformator, Fahrmotoren und Bremswiderstände werden die Einheitslüfter aus den Lokomotiven 110 und 140 verwendet, welche mit 16 2/3 Hz Reihenschlußmotoren angetrieben werden. Der Kühlluftbedarf je Fahrmotor ist etwa 2,7 m³/s. Diese Förderleistung wird durch einen zweistufigen Einheitslüfter gegen einen Gegendruck von 133 mm WS am Lufteintrittsstutzen des Fahrmotors aufgebracht. Die Kühlluft für einen Fahrmotor wird direkt über Ansaugkanäle und zwei Doppeldüsenlüftungsgitter angesaugt. Für einen guten

Wirkungs- und Funktionsgrad der Lüftungsgitter wurden diese etwa 3 cm aus der Seitenwandfläche herausgesetzt, um aus der Flächenunstetigkeitsstörung wegzukommen und in den direkten Luftstrom einzugreifen.

Der dreistufige Einheitskompressor für die Bremslufterzeugung wird mit einem Mischstrommotor von 29,7 kW Leistung angetrieben. Ein Hilfswechselrichter mit 3,0 kVA Leistung erzeugt eine Wechselspannung 220 V 50 Hz. Er wird aus der 110-V-Gleichstrombatteriesammelschiene gespeist. Mit dieser 220-V-50-Hz-Energie werden Indusianlage, Bremsregelung, Zugbahnfunk, Thermofach, Luwagerät und weitere Kleinverbraucher versorgt.

Die Fahrzeugbatterie 110 V 40 Ah wird von einem transduktorgeregelten Ladegerät (3,5 kW) versorgt, welches zugleich auch die Gleichstromversorgung übernimmt.

Die mit Halogenlampen bestückten Signalleuchten werden über Transistorvorschaltgeräte 110 V =/11 V aus dem Gleichstromnetz betrieben.

Für die Belüftung des Maschinenraumes sorgen Bypässe an den Fahrmotorlüftern (4 × 0,12 m^3/sec) und am Ölkühlerlüfter (0,4 m^3/sec). Die erwärmte Maschinenraumluft kann über zwei Dachöffnungen über dem Trafo entweichen. Um eine möglichst niedrige Maschinenraumtemperatur zu erreichen, wird die Verlustenergie der Wendefeldparallelwiderstände über Abzugshauben von den Fahrmotorlüftern 2 und 3 abgesaugt.

Steuerung

Die neue Führertischgestaltung forderte eine Anpassung der elektrischen Steuerung an die Gegebenheiten der Bedienelemente. Die bei den elektrischen Serienlokomotiven bisher verwendete Nachlaufsteuerung mit dem weit ausladenden Handrad wurde durch einen nur kurze Wegstrecken ermöglichenden Hebel ersetzt. Es war daher nur noch möglich, die Regulierung von Zugkraft und Geschwindigkeit nach dem Prinzip der Auf-Ab-Steuerung des Hochspannungsschaltwerkes vorzunehmen. Zur Vereinfachung der Auf-Ab-Steuerung kann durch Betätigen dieses Fahrhebels über die Aufstellung hinaus jede gewünschte Zugkraft eingesteuert werden. Der vorhandene Zugkraftbereich beträgt etwa 40° (Abb. 055). Das im Fahrschalter eingebaute Feldplattenpotentiometer gibt hier einen Sollwert in das Anfahrüberwachungsgerät, der ein Maß für die gewünschte Zugkraft darstellt. Das sogenannte Anfahrüberwachungsgerät (Abb. 056) bewirkt hierbei ein Auf- oder Ablaufen des Schaltwerkes im Rahmen eingestellter Grenzwerte für Motorstrom, Oberstrom und Motorspannung, bis die gewünschte Zugkraft erreicht ist, die dann der übertragbaren Reibwertkurve nach Curtius-Kniffler angepaßt wird.

Dieses Anfahrüberwachungsgerät übernimmt auch die Auswertung und die Überwachung der maximalen Fahrmotorströme, der Fahrmotorspannung und des Fahrleitungsstromes und begrenzt diese elektrischen Werte auf den eingestellten Grenzwert. Es bildet auch die Meßwerte für die Anzeige des maximalen Motorstromes und der Differenz zwischen größtem und kleinstem Motorstrom

Abb. 055: Fahrschalter für Auf-Ab-Steuerung und Zugkraftvorgabe (Foto: DB)

auf dem Zentralinstrument im Führerpult. Bei der Auswertung der Motorstromdifferenzwerte wird selbsttätig nach Erreichen eines einstellbaren Differenzwertes die pneumatische Schleuderschutzbremse angelegt.

Sämtliche Lokomotiven 111 sind für den Einbau einer automatischen Fahr- und Bremssteuerung (AFB) vorbereitet, die den Lokführer weitgehend von der routinemäßigen Bedienung des Fahrzeuges entlastet und ihm die Möglichkeit zur noch genaueren Strecken- und Signalbeobachtung gibt. Im Vorgriff darauf erhielt bereits eine Lokomotive eine AFB, die im wesentlichen aus einer Geschwindigkeitsregeleinrichtung besteht, mit der der Zug nach einem vorgewählten Geschwindigkeitssollwert geführt wird und die einen ruckfreien Übergang von Beschleunigungs- bzw. Verzögerungsphasen in den Beharrungszustand sowie ein weiches Anhalten zum Stillstand ermöglicht. Die AFB ist das Verbindungsglied der Lokomotivsteuerung zur Linienbeeinflussung (LZB) für einen später möglichen vollautomatischen rechnerge-

Abb. 056: Anfahrüberwachungsgerät (Foto: BBC)

steuerten Zugbetrieb. Abb. 057 zeigt den Elektronikschrank in staubdichter Kapselung mit Wärmetauscher in der Rückwand, in dem alle elektronischen Baugruppen, hauptsächlich die AFB-Steuerung, untergebracht sind.

Der Aufbau der Elektronik erfolgte im neuen von der DB eingeführten 19"-System mit wire-wrap-Verdrahtung.

Die Lokomotiven E 111 werden mit einer Doppeltraktion- und Wendezugsteuereinrichtung ausgerüstet.

Abb. 057: Elektronikschrank (Foto: Siemens)

2.2.1.6 Zusammenfassung

In gemeinsamer Entwicklung der Firmen Krauss-Maffei und Siemens unter Mitwirkung der Deutschen Bundesbahn wurde eine elektrische Lokomotive geschaffen, die in mancher Hinsicht die überkommenen konstruktiven Traditionen durchbrochen hat und neue Wege der Gestaltung einer elektrischen Lokomotive aufgezeigt hat.

Die vorgegebenen Ziele besserer Lauftechnik, Führerraumgestaltung, Kühlluftführung und Maschinenraumaufteilung haben erreicht, daß der Wartungs- und Unterhaltungsaufwand geringer wurde und dem Triebfahrzeugpersonal günstigere Arbeitsplatzbedingungen geboten werden.

Die erste Lokomotive E 111 wurde Dezember 1974 ausgeliefert. Inzwischen sind 227 Lokomotiven E 111 in Dienst gestellt, wobei eine Maschine einem Unfall zum Opfer fiel und somit nur 226 Lokomotiven vorhanden sind.

2.2.2. Betriebserfahrungen mit der Lokomotive BR 111,
von Dipl.-Ing. Werner Schott

2.2.2.1. Einleitung

Die Lok BR 111 ist eine Weiterentwicklung der bewährten Lok BR 110, die seit 1956 in einer Stückzahl von 378 Fahrzeugen gebaut worden war und neben der Lok der BR 103 das Rückgrat der Zugförderung im schnellfahrenden Reisezugverkehr bildete. Die Gründe und Zielsetzungen, die zur Entwicklung der BR 111 führten, werden an anderer Stelle erläutert, so daß hier ausschließlich auf die betriebliche Bewährung und auf die Erfahrungen mit diesem Fahrzeug eingegangen werden soll. Da die 111 in vielen wesentlichen Bauteilen der 110 entspricht, über deren Bewährung eine Vielzahl von Veröffentlichungen vorliegen, wird ebenso nur auf die einzelnen Neuerungen eingegangen werden.

Seit der ersten Lieferung am 10.12.1974 wurden an die BD München in monatlichen Stückzahlen von 1 bis 7, 110 Maschine der ersten und zweiten Bauserie ausgeliefert, am 20.10.1978 wurde mit der 111 097 die letzte Lok der zweiten Bauserie in Dienst gestellt. Nach einer Pause von etwa 3½ Jahren, in der 68 Lok für den Schnellverkehr Rhein-Ruhr an das Bw Düsseldorf geliefert wurden, begann am 02.04.82 die Auslieferung von weiteren 22 Lok der 5. Serie, die letzte Lok mit der Betriebsnummer 111 210 ist am 14.11.1983 beim Bw München 1 in Dienst gestellt worden.

In diesem Zeitraum hatten diese Münchner Lok inzwischen rund 163 Mio. Kilometer unter den verschiedensten Einsatzbedingungen zurückgelegt, es waren bereits etwa 190 Untersuchungen durchgeführt und auch von schweren Unfällen ist die Lok nicht verschont geblieben, so daß sich ein zutreffendes Bild der BR 111 im Betrieb zeichnen läßt.

Die entscheidenden Neuerungen sind in drei Hauptgebieten zu verzeichnen; nämlich im Bereich der Zugförderung, im Bereich der Unterhaltung und besonders im Bereich der Bedienung.

Folgende wesentliche Neuerungen sind gegenüber der BR 110 zu erwähnen:
Aus zugförderungstechnischer Sicht
1) Erhöhung der Höchstgeschwindigkeit auf 160 km/h
2) Einbau der Einrichtungen für Wendezugbetrieb und Doppeltraktion
3) Erhöhte Bremskraft
4) Einrichtung für S-Bahnbetrieb
Aus der Sicht der Unterhaltung
1) Einbau von Bremsgestängestellern
2) Neue Maschinenraumanordnung einschl. Luftführung
3) Erdfreischaltung der Fahrmotoren
4) Neues Drehgestell und unterhaltungsfreundliche Konstruktion

Aus der Sicht des Bedieners
1) Neugestalteter Führerstand
2) Neue Schaltwerks-Steuerung mit Überwachung
3) Neue Bremsanlage

In der vorstehenden Reihenfolge sollen die Neuerungen erläutert und über ihre Bewährung im Betrieb berichtet werden:

2.2.2.2. Neuerungen im Bereich der Zugförderung

Erhöhung der Höchstgeschwindigkeit

Wie bekannt, ist die zulässige Höchstgeschwindigkeit für die BR 110 mit 150 km/h festgelegt. Welche Überlegungen für die Festlegung dieses Wertes maßgebend waren, läßt sich heute nicht mehr eindeutig festlegen. Zu vermuten ist jedoch, daß man dabei mit einer Marge von 10 km/h für weitere Entwicklungen über der damals nach der Eisenbahn-Bau- und Betriebsordnung (EBO) zulässigen Höchstgeschwindigkeit bleiben wollte. Da die BR 111 zunächst nicht für den Einsatz im IC- und schnellaufenden Fernverkehr eingesetzt werden sollte, hatte man diesen Wert beibehalten, obwohl inzwischen die nach EBO zulässige Höchstgeschwindigkeit für Reisezüge auf 160 km/h angehoben worden war. Im Zuge der Verbesserung des Angebots hatte die Zahl der IC und der Reisezüge mit Hg = 160 km/h deutlich zugenommen und es schien die Überlegung angezeigt, an eine Steigerung der zulässigen Höchstgeschwindigkeit der BR 111 zu denken, um für die BR 103 und 112 zunächst nur für den Störungsfall, aber auch für den Plandienst ein Ausweichfahrzeug zur Verfügung zu haben. Dabei ging man sehr vorsichtig zu Werke, indem man nach umfangreichen Versuchs- und Meßfahrten im Jahre 1977 einen Großversuch mit den Loknummern 111 001–030 anordnete, dann im Jahr 1979 bei den Lok der 2. Bauserie (111 071–110) die neue Höchstgeschwindigkeit festsetzte und im gleichen Jahr als Großversuch alle Fahrzeuge der BR 111 mit 160 km/h verkehren ließ. Am 29.05.80 wurde dann mit Anordnung der HVB die Höchstgeschwindigkeit aller 111 mit 160 km/h endgültig festgeschrieben.

Aus technischer Sicht ist dazu zu bemerken:

Die Laufeigenschaften waren aufgrund der verbesserten Drehgestellkonstruktion auch bei der erhöhten Geschwindigkeit noch besser als bei der BR 110 bei 150 km/h, so daß aus dieser Sicht keine Bedenken bestanden.

Die nächste Frage war, ob den Läufern der Fahrmotoren die erhöhte Drehzahl zugemutet werden konnte. Auch hier waren keine Probleme erkennbar; hatte der Fahrmotor der 110 noch

Abb. 058 und 059: Lokomotivparade im Heimat-Bw München: 111 200, 111 074, 111 015 und als Gast 1044.07 von der ÖBB (März 1983, Foto: JMM). Die untere Aufnahme zeigt 111 200 und 111 197 vor dem IC »Wetterstein« auf der Rampe bei Laufach, links die als Schiebelok eingesetzte 194 584 (Juli 1983, Foto: J. Schmidt).

DB
111 200-2
DB
111 074-1
DB
111 015-4
1044.07
3
4

194 584-9
DB
111 200-2

eine zulässige Drehzahl von 1385 U/min, so konnte der Fahrmotor der BR 111 mit max. 1525 U/min betrieben werden. Anzumerken ist hier, daß zwar die Fahrmotoren der BR 110 und 111 tauschbar sind, letztere aber wegen der Isolationsklasse F und der verbesserten Läuferkonstruktion im Gegensatz zu den alten Fahrmotoren dieser höheren Beanspruchung standhalten. Es haben sich auch bis heute keine Beanstandungen ergeben.

Auch das Problem der Abbremsung konnte gelöst werden. Aus einer Geschwindigkeit von 160 km/h fordern die Bremstafeln der Fahrdienstvorschrift bei einer maßgeblichen Neigung von 5‰ 208 Mindestbremsprozente. Dieser Wert ist beim Wagenzug nur mit Magnetschienenbremse zu erreichen und die Lok darf, da vom Wagenzug nur etwa 210 bis 220% je nach Zusammensetzung aufgebracht werden kann, nicht wesentlich unter diesem Wert liegen. Das Bremsgewicht in Stellung R + E ist bei beiden Lok 160 t, somit verfügt die BR 110 mit 86 t Gewicht über 186 Bremsprozente und die BR 111 mit 83 t Gewicht über 193 Bremsprozente. Dieser Wert liegt unter den erforderlichen Prozenten, der Rest müßte somit vom Wagenzug mit aufgebracht werden, was wie eben erläutert Schwierigkeiten macht, besonders wenn der Zug aus wenigen Wagen besteht. Messungen mit Bremsungen aus 160 km/h (die Messungen für R + E wurden aus 140 km/h durchgeführt) ergaben jedoch ein Bremsgewicht von 173 t, so daß damit mit 208 Bremsprozenten ein ausreichender Wert erreicht war. Dies erklärt auch die doppelte Bremsgewichtsanschrift R + E, bzw. R + E 160 an der 111, wobei R + E 160 nur bei Zügen angewendet werden darf, die mit 160 km/h verkehren. Die physikalische Erklärung ist, daß das Bremsgewicht sich aus der Bremskraft der Klotzbremse und der elektrodynamischen Bremse zusammensetzt und im hohen Geschwindigkeitsbereich der Anteil der E-Bremse wegen des abfallenden Reibwertes der Klötze und der mit 60 KN gleichbleibenden E-Bremskraft weitaus stärker zu Buch schlägt.

Sonstige Maßnahmen zur Erhöhung der Geschwindigkeit waren nicht nötig. Die Heraufsetzung der zul. Höchstgeschwindigkeit wurde von Betrieb und Zugförderung mit Befriedigung registriert, ergab sich doch damit die Möglichkeit der Bespannung von schnellaufenden Zügen mit der billigeren Lok 111; selbst schwere IC-Züge konnten bei Bespannung mit 2 Lok 111 in Doppeltraktion (s. dort) fahrplanmäßig befördert werden, da die mit 200 km/h befahrbaren Abschnitte im Verhältnis zum Gesamtlaufweg des Zuges noch nicht stark zu Buch schlagen. Die BD München macht von dieser Möglichkeit zwischen München und Stuttgart Gebrauch, wenn an der planmäßigen 103 Reparaturen nötig sind. Aber auch planmäßige IC sind mit 111 bespannt, so daß Lok 103 für andere Aufgaben frei wurden. Dies sind im Winterfahrplan 1983/84 die Züge IC 681, 688 und 689 von und nach Bremen allerdings mit 400 t Buchfahrplanlast zu sonst 500 t im übrigen IC-Netz; aber mit 160 km/h Höchstgeschwindigkeit. Dieser Entscheidung ging im Jahre 1978 ein längerer Versuchsbetrieb voraus, wo IC-Züge von der BR M mit Hg 160 km/h befördert wurden und in einem gesonderten Bordbuch alle Schwierigkeiten zu vermerken waren. Nach Auswertung ergaben sich keine Gründe, die dem Übergang zum Regelbetrieb entgegengestanden wären. Nachteilige Folgen sind bis heute nicht bekannt geworden.

Einrichtungen für Wendezug- und Doppeltraktionsbetrieb

Eine weitere Neuerung gegenüber der BR 110 stellt der Einbau der Einrichtungen für den Wendezugbetrieb und für das Fahren in Doppeltraktion dar. Für den Wendezugbetrieb war technisch kein besonderer Aufwand nötig, da die für den Wendezugbetrieb mit der BR 140 und 141 vorhandenen Steuerwagen und die 36-polige Steuerleistung alle notwendigen Befehle und Meldungen übertragen werden konnten, wie sie z.B. auch für den Betrieb der BR 141 im Wendezugbetrieb nötig waren.

Allerdings war noch sicherzustellen, daß bei Eintritt einer Notbremsung über die Entlüftung der Hauptluftleitung nicht nur die Leistung der Lok abgeschaltet wird, sondern auch die E-Bremse angesteuert wird. Dies erfolgt über einen Druckwächter mit Hilfsrelais, welcher zusätzlich nachgerüstet wurde.

An sich hätte die Bremskraft der Druckluftbremse ausgereicht, man wollte jedoch zur Schonung der Radreifen und zur Verbesserung des Bremsverhaltens auch im Notbremsfall auf die E-Bremse nicht verzichten.

Ähnlich geartet waren auch die Probleme beim Betrieb mit älteren Steuerwagen, die nicht mit einem Bremssteller für die elektrodynamische Bremse ausgerüstet waren. Es war zwar möglich, damit mit der BR 111 im Wendezugverkehr zu fahren, aber dabei wurden die Radreifen der Lok erheblich belastet und es waren lose und verdrehte Radreifen zu verzeichnen. Das Fahren der Lok in Bremsstellung P anstatt R brachte zwar eine gewisse Verbesserung, bedeutete aber gleichzeitig eine Minderung des Bremsvermögens des Zuges, was nicht unumstritten war. Inzwischen laufen die Lok in der Regel mit den entsprechenden Steuerwagen und der Betrieb ohne E-Bremse beschränkt sich auf Ausnahmefälle.

Schwierigkeiten verursachte auch die Übertragung der Anzeige der Zug- und Bremskräfte der Lok, da die Anzeige der BR 111 von der der BR 141 abweichend ist. Während bei der BR 141 auf dem Führerpult die Zugkräfte der 4 Fahrmotoren auf je einem Zugkraftmesser angezeigt werden und auf dem Steuerwagen nur die Zugkraft der in Fahrtrichtung vorauslaufenden Achse angezeigt wird, wird bei der BR 111 auf dem einen vorhandenen Doppelinstrument, das die Zug- und Bremskraft anzeigt, nur der

Abb. 060 und 061: 111 110 und 111 093 führen im Dezember 1978 ▶ versuchsweise den IC »Roland«, aufgenommen nahe Freiburg i. Brsg., beim Überqueren der Elzach auf der Fahrt nach Norden. Im unteren Bild werfen wir einen Blick in das Bw Stuttgart Hbf, wo am 5. 4. 1983 auch die Münchner 111 045 und 111 006 eine Rast einlegen (Fotos: G. Greß).

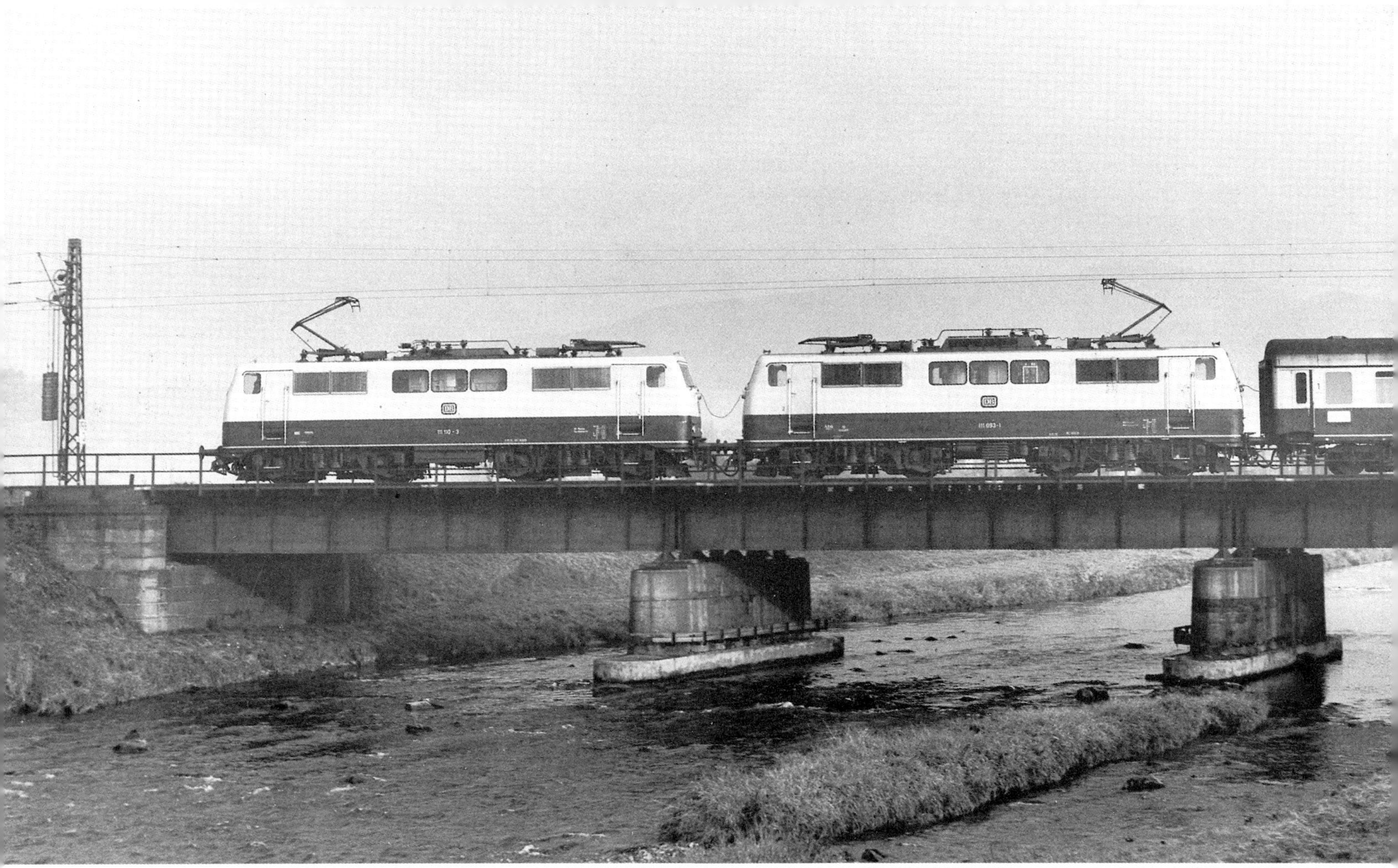

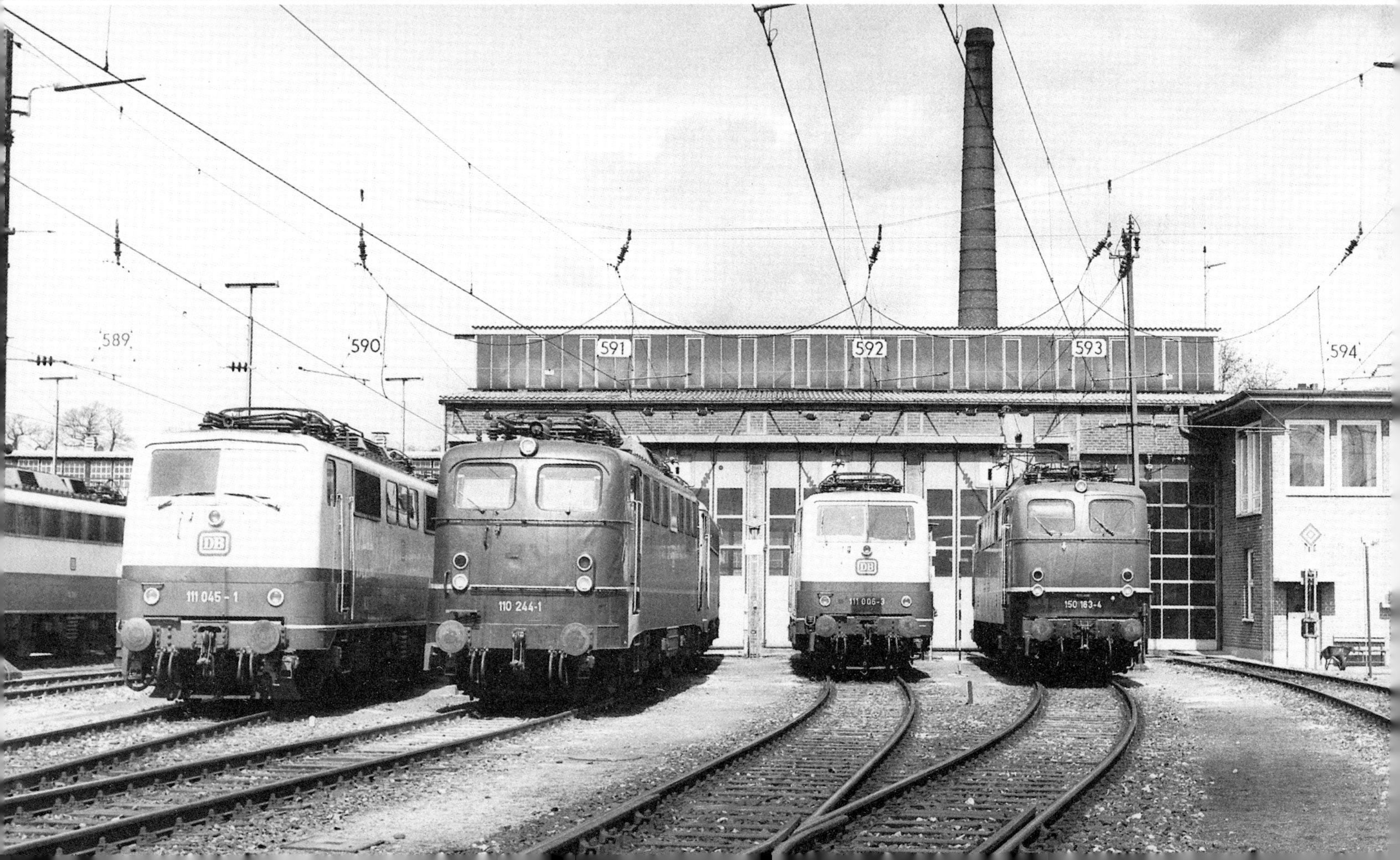
589
590
591
592
593
594
DB
111 045 - 1
110 244-1
111 006-3
150 163-4

Größtwert aus den 4 Einzelwerten der Fahrmotoren ausgewiesen. Diese elektr. Meßgröße schwankt zwischen 0 und 10 Volt Gleichspannung, während die Anzeige bei der BR 141 direkt vom Stromwandler der Motorstrommessung kommt und zwischen 0 und 6 Ampere Wechselstrom 16 2/3 Hz liegt. Damit die Lok 111 mit allen neueren Steuerwagen zusammen eingesetzt werden kann, wurde sie mit einem eigenen Meßwertumformer ausgerüstet, der die o.a. Meßwerte entsprechend umsetzt. Dadurch ergab sich wegen der verschiedenen Kennlinien der Geber und Instrumente auf dem Steuerwagen voneinander abweichende Anzeigen für die einzelnen Loktypen und man mußte dem Tf eine Tabelle an die Hand geben, die ihm erlaubte, aus der Anzeige des Instruments im Steuerwagen und der Loktype Rückschlüsse auf die jeweils aufgeschaltete Fahrmotorenzugkraft zu ziehen. Dies erschien am Anfang etwas problematisch, hat sich jedoch inzwischen gut bewährt. Die Anzeige der Bremskraft der E-Bremse erfolgt genauso. Abb. 062 zeigt eine dieser im Steuerwagen angebrachten Tabellen.

Für den Motorstrommesser gelten – ausnahmlich Steuerwagen Bxf 796 – folgende Vergleichswerte:

Zugkraft der Lok kN/FM	Ensprechende Motorstromanzeige am Steuerwagen für die einzelnen Lok-BR			
	kA/FM BR 151	kA/FM BR 111	kA/FM BR 139/140	kA/FM BR 141
40	2,3	2,5	2,1	2,0
35	2,1	2,3	2,0	1,8
30	1,9	2,1	1,8	1,6
10	1,1	1,2	1,1	0,9

Der Steuerwagen Bxf 796 hat die gleichen Motorstrom- und E-Bremskraftanzeigen wie die Lok BR 111.

Abb. 062: Tabelle der Zugkräfte für die einzelnen Baureihen in Abhängigkeit vom aufgezeigten Motorstrom (Grafik: DB)

Von besonderer Bedeutung war, daß mit der BR 111 eine E-Lok zur Verfügung stand, mit der im Wendezugbetrieb schneller als 120 km/h gefahren werden konnte. (Der Ordnung halber sei erwähnt, daß dies auch mit 181.2 möglich wäre, dort aber nicht praktiziert wird.) Um eine weitere Verbesserung der Reisezeiten und dadurch eine Steigerung der Attraktivität des Reisezugverkehrs auch im Bezirksverkehr zu erreichen, wurden 1977 auf der Strecke München-Ingolstadt versuchsweise Wendezüge mit einer Höchstgeschwindigkeit von 140 km/h gefahren. Die Züge bestanden aus Steuerwagen BDnrzf 740.2, Bnrz 725 und einem ABnr 704, wobei der Steuerwagen in Richtung Ingolstadt an der Spitze gelaufen ist. Die Fahrten wurden von Aufsichtskräften überwacht und verliefen ohne Schwierigkeiten, die endgültige Genehmigung zur Fahrt mit Wendezügen mit dem Steuerwagen an der Spitze mit 140 km/h wurde mit Verf. der HVB am 28.11.80 erteilt.

Für das Fahren in Doppeltraktion konnte auf die Erfahrungen zurückgegriffen werden, die mit den Lok der BR 140 und 151 bereits vorlagen. Lediglich die Frage der Schaltwerksteuerung, die ja schon immer eines der Hauptprobleme beim Fahren mehrerer Anlagen von einem Führerstand aus war, mußte nochmals überdacht werden. War bei allen Lok bis jetzt Stufen vorgegeben oder mit »Auf« bzw. »Ab«-Kommandos für das Schaltwerk gearbeitet worden, wird bei der 111 auch eine bestimmte Zugkraft im Fahrschalter vorgegeben. Dieser Sollwert wird jedoch nicht über die 36-polige Steuerleitung geleitet, sondern nur dem Anfahrüberwachungsgerät der führenden Lok zugeführt und dort in »Auf« bzw. »Ab«-Kommandos umgesetzt und damit das Schaltwerk der Lok gesteuert. Die gleichen Kommandos gehen an die zweite Lok. Damit jedoch die Toleranzen der Stellmotoren ausgeglichen werden, werden zusätzlich die Fahrmotorspannungen beider Lok verglichen; bei größerer Abweichung wird dem höhergelaufenen Schaltwerk ein Ab-Auftrag erteilt, bis die Zugkraft beider Lok ungefähr gleich ist.

Wesentlich war auch die Überwachung der Wirksamkeit der E-Bremse der zweiten Lok, besonders im Bereich von 140 km/h bis 160 km/h. Inzwischen ist auch dieses Problem gelöst.

Für das Fahren mit Doppeltraktion und 160 km/h mußten die Lok der BR 111 mit dem Stromabnehmer SBS 65 ausgerüstet werden, da bei zwei hintereinander laufenden DBS 54 bei Geschwindigkeiten über 140 km/h die Stromabnahme nicht mehr befriedigend ist. Zur Zeit sind die Lok 111 001 bis 070 mit DBS 54 ausgerüstet, der Rest besitzt den SBS 65 und darf mit Hg 160 km/h in Doppeltraktion gefahren werden. Wenn auch im planmäßigen Betrieb die Lok der BR 111 nicht in Doppeltraktion eingesetzt sind, so ist im Sonderdienst diese Möglichkeit von großem Wert, besonders wenn es sich um den Einsatz der BR 103 im Störungsfall oder um schwere Sonderzüge handelt. Für die Strecke München–Stuttgart und zurück sollen einmal die Fahrzeiten verglichen werden. Die folgende Tabelle zeigt die einzelnen Werte, wobei die Aufteilung in 3 Teilstrecken wegen der jeweiligen Besonderheiten besonders instruktiv ist.

Abschnitt	km	Fahrzeit (min.) 103 + 500 t	111+111+500 t	111 + 500 t	Bemerkungen
Mü–Au	62	25,6*/26,1	28,0/28,3	28,9/29,4	Hg f. 103 200 km/h
Au–Ulm	86	40,1/40,2	38,9/39,5	40,5/41,2	normales Streckenprofil
Ulm-Stgt.	94	55,1/52,8	54,4/52,5	56,7/54,4	Albaufstieg
Summe	242	120,8/119,1	121,3/120,3	126,1/125,0	

* Erste Zahl Richtung Mü–Stgt.

Die 3 Teilabschnitte unterscheiden sich in folgenden Punkten:

Die Strecke München–Augsburg liegt im Flachland und kann mit 200 km/h befahren werden, der Abschnitt Augsburg–Ulm ist zwar ohne größere Steigungen, aber kurvenreich mit Geschwindigkeitsbeschränkungen und vielen Geschwindigkeitswechseln und der Abschnitt Ulm–Stuttgart enthält den Albaufstieg und

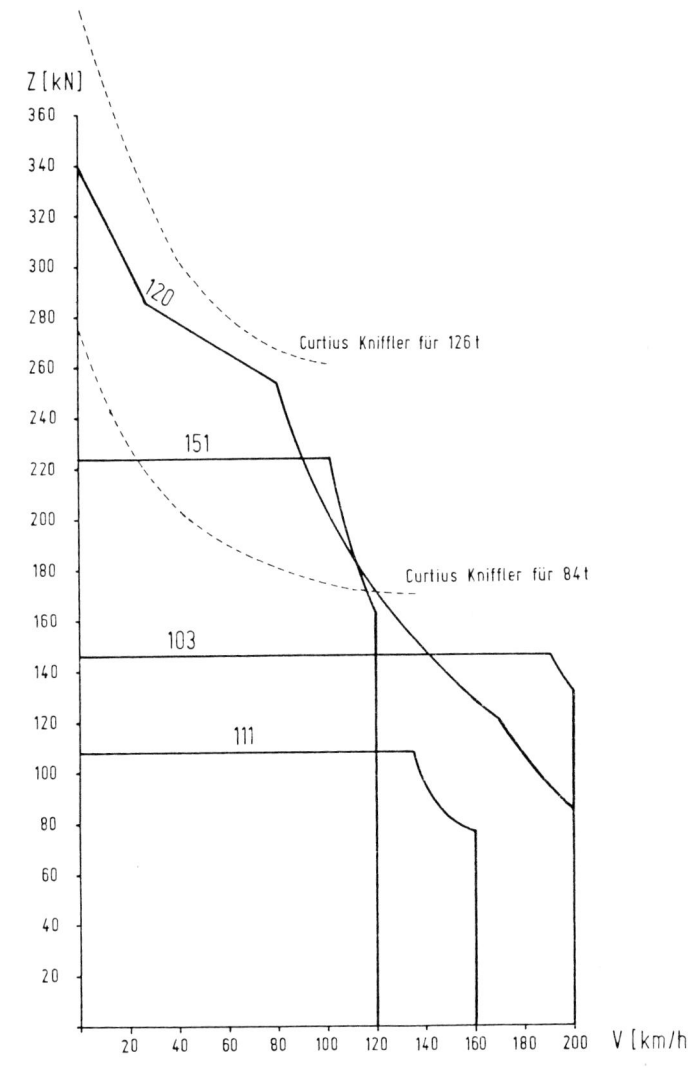

Abb. 063: Zugkraft/Geschwindigkeitsdiagramme für Loknennleistungen der Baureihen 103, 111, 120 und 151 (Grafik: DB)

keine längeren Streckenabschnitte, die mit Geschwindigkeiten größer als 140 km/h befahren werden können. Vergleicht man die Fahrzeitwerte der BR 103 mit denen der BR 111 allein und in Doppeltraktion bei jeweils 500 t Last, so zeigt sich im Gesamtergebnis, daß die BR 111 trotz ihrer auf 160 km/h beschränkten Höchstgeschwindigkeit, in Doppeltraktion die BR 103 voll ersetzen kann, solange es sich um Strecken handelt, die nicht nur im Flachland verlaufen und auf längeren Abschnitten mit 200 km/h befahren werden können. Ein Fahrzeitunterschied von rd. 1 Minute bei 2 Stunden Fahrzeit ist durchaus zu tolerieren. Beim Einsatz der BR 111 in Einzeltraktion zeigt sich bereits eine Fahrzeitverlängerung von 6 Minuten. Strecken mit ähnlichen Verhältnissen sind die Strecken München–Frankfurt über Nürnberg oder Ansbach, München–Kassel, Köln–Frankfurt, München–Bremen, Stuttgart–Ruhrgebiet.

Aus diesen Werten läßt sich die Überlegung ableiten, daß in Zukunft evtl. auch mit dem Einsatz der 111 im IC-Verkehr auf den jetzigen Strecken gerechnet werden kann. Es wird sich allerdings wohl nur um eine Übergangszeit handeln, wenn die ersten Neubaustrecken in Betrieb sind und mehr BR 103 an sich ziehen, andererseits die Auslieferung einer größeren Stückzahl von BR 120 noch nicht erfolgt ist. Von den techn. Möglichkeiten der BR 111 steht dem nichts entgegen.

Im Betrieb ergeben sich keine Schwierigkeiten beim Fahren in Doppeltraktion, es muß vom Lokführer nur darauf geachtet werden, daß der Oberstrom pro Lok 300 A nicht übersteigt und die Zugkraft pro Motor nicht über 50 KN liegt.

Der Grund ist im ersten Fall der Grenzwert von 600 A für eine punktweise Entnahme aus dem Fahrdraht, im zweiten Fall die höchstzulässige Belastung der Schraubenkupplungen des Zuges. Aus der Tatsache, daß bei Überführung einer zweiten Lok im Zug, diese in aller Regel nicht als Wagen mitläuft, sondern vom Tf zum Fahren in Doppeltraktion benützt wird, kann man schließen, wie problemlos das Fahren in Doppeltraktion ist.

Erhöhte Bremskraft

Die elektrische Widerstandsbremse der BR 111 stellt eine deutliche Weiterentwicklung dar. Während bei der BR 110 die maximale Bremskraft etwa 70 KN je nach Lokserie beträgt und bei Erreichen der Grenztemperatur des Bremswiderstandes auf 30 ÷ 35 KN abfällt, erbringt die BR 111 Werte von 90 KN, die Dauerbremskraft beim Eingreifen der Temperaturüberwachung ist 60 KN. Das bedeutet einmal, daß in Gefällestrecken um 40 ÷ 50% höhere Zuglasten in der Beharrungsgeschwindigkeit gehalten werden können und daß zur Ausregelung von kleineren Geschwindigkeitsänderungen im Streckenverlauf für die nur die elektr. Bremse benützt wird, größere Zuglasten oder kürzere Bremswege gewählt werden können.

Beides wirkt sich vorteilhaft auf den Bremsklotz-, bzw. Belagverschleiß des Zuges aus. Auch das Bremsverhalten in niedrigen Geschwindigkeitsbereichen hat sich erheblich verbessert. Während bei der BR 110 die E-Bremse je nach Bauart und Bremskraft zwischen 40 und 20 km/h bereits abfällt und dafür die Druckluftbremse eintritt, bleibt die E-Bremse der BR 111 fast bis zum Stand wirksam, so daß bei ordnungsgemäßer Fahrweise (Beginn des Lösevorgangs durch den Tf deutlich vor dem Stillstand) beim Abfallen der E-Bremse überhaupt kein Druck im Bremszylinder der Lok aufgebaut wird. Damit wird der Fahrkomfort verbessert und der Bremsklotzverbrauch der Lok deutlich vermindert. Er liegt 12–15% unter den Werten der BR 110. Auch die Bedienung wurde verbessert, indem Auf- und Abbau der Bremskraft weicher erfolgt und sichergestellt ist, daß die Bremskraft nicht schlagartig abgebaut werden kann. Dies war (z.T.) bei der BR 110 möglich und hat bei nicht ordnungsgemäßer Bedienung zu unangenehmen Zerrungen im Zug geführt. Bei der BR 111 ist durch die Überwachung des Bremsstromes sichergestellt, daß erst bei einem Bremsstrom unter 200 A entsprechend einer Bremskraft von rd. 10 KN die E-Bremse abfallen und nach »Fahren« umgesteuert werden kann. Auch das Umstellen der Fahrbremswender erfolgt verzögert, so daß zwischen Abfall der elektrischen Bremskraft und Auflaufen des Schaltwerks etwa 2 Sekunden vergehen. Dies wurde zunächst vom Triebfahrzeugpersonal kritisiert; nachdem jedoch besonders lange Umstellzeiten bei einigen Lok bereinigt waren und die Verbesserung des Fahrkomfort herausgestellt wurde, von den Tf akzeptiert.

Einrichtungen für den S-Bahnverkehr

Da die DB im S-Bahn- und Personennahverkehr in der Fläche bestrebt ist, alle Möglichkeiten zur Kostensenkung auszuschöpfen, ist auch die Einsparung der Zugbegleiter anzustreben. Das bedeutet, daß in diesen Zügen nur der Lokführer am Zug ist und die betrieblichen Aufgaben des Zugbegleitdienstes übernehmen muß.

Diese sind im wesentlichen das Schließen der Türen, das Feststellen der Abfahrbereitschaft des Zuges und die Stationsansage. Die Aufgaben des Zugführers haben die Tf in vielen Fällen bereits vorher übernommen, dafür waren jedoch keine techn. Vorkehrungen nötig, verkehrliche Aufgaben nimmt der Lokführer in der Regel nicht wahr, hier gelten örtliche Sonderregelungen.

Der Tf muß von der Lok aus folgende Aufgaben erledigen können:
– Schließen der Türen unter Beobachtung des Zuges
– Überwachung des ordnungsgemäßen Türschließens
– Beobachten des Zuges bei der Abfahrt
– Ansage der nächsten Station
– Freigabe der Türen beim Halt.

Dazu erhielten die dem Bw Düsseldorf zugeteilten Lok der BR 111 über die Serienausstattung hinaus folgende Einrichtungen:

Auf beiden Seiten des Führerraums neben dem Fenster sind Handmikrophone eingebaut, die im Griff 3 Taster für »Mikrophon« (Sprechtaste für Außenlautsprecher), »Türenschließen« und »Türen freigeben« enthalten.

Zur Überwachung der Türen blinken oberhalb der Stirnfenster zwei orange Leuchtmelder solange, bis alle Türen geschlossen sind und die Meldung über die einzelnen Türüberwachungskontakte eingegangen ist. Ein zusätzlicher weißer Leuchtmelder befindet sich im Führerpult.

Damit die Beobachtung der Vorgänge am Zug während der Abfahrt erfolgen kann, ist ebenfalls neben dem Seitenfenster auf beiden Seiten je ein Hilfsfahrschalter eingebaut, der erlaubt, sowohl das Schaltwerk mit »Auf«- und »Ab«-Impulsen zu steuern, als auch eine Schnellbremse auszulösen. Der normale Fahrschalter ist allerdings bevorrechtigt, der Seitenfahrschalter muß auf Knopfdruck aktiviert werden. Die Aktivierung fällt automatisch an den Hauptfahrschalter zurück, falls dieser bedient wird.

Da auch in Neigungen der Zug abgefertigt werden muß, ist es erforderlich, daß die Zusatzbremse der Lok, bzw. des Steuerwagens vom linken Seitenfenster gelöst werden kann. Dies geschieht automatisch beim Aktivieren des Seitenfahrschalters. Abb. 066 zeigt einen Blick auf den Führerstand, links vom Seitenfenster sieht man den Hilfsfahrschalter.

Für die Ansage der nächsten Station steht dem Tf ein Schwanenhalsmikrophon zur Verfügung.

Die Türen bleiben nach dem Schließen mit dem Schließdruck beaufschlagt, es ist daher nur mit Gewalt möglich, die Türen während der Fahrt zu öffnen. Mit einem eigenen Wahlschalter kann die Freigabe der bahnsteigseitigen Türen vorgewählt werden, die endgültige Freigabe erfolgt kurz vor dem Stillstand geschwindigkeitsabhängig automatisch. Eine Freigabe von Hand ist jederzeit möglich. Über die Notwendigkeit dieser Einrichtung kann man geteilter Meinung sein, für den S-Bahnverkehr mit vielen Fahrgästen erscheint sie zweckmäßig, zumal sich der Mehraufwand in Grenzen hält. Im Verkehr in der Fläche kann man in der Regel darauf verzichten; die Tatsache, daß alle modernen Nahverkehrswagen mit der autarken Türverriegelung ausgerüstet sind

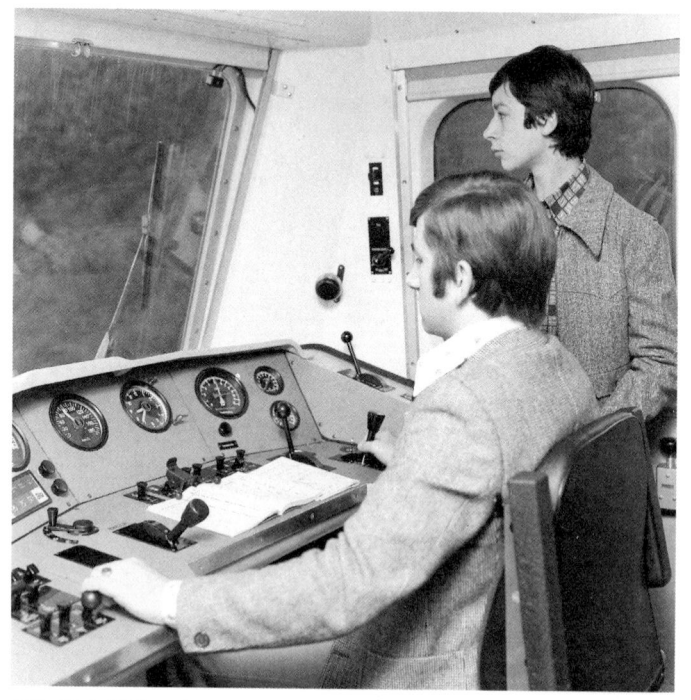

Abb. 066: Blick auf den Führerstand der BR 111 024, links vom Seitenfenster erkennt man den Seitenfahrschalter (Foto: JMM).

Abb. 064 und 065: Während im oberen Bild 111 062 mit einem Nahverkehrszug in Farchant einen Halt einlegt (12. 5. 1983, Foto: G. Greß), zeigt die untere Aufnahme die 111 072 auf Versuchsfahrt in Kitzbühel (28. 11. 1978, Foto: A. Zronek).

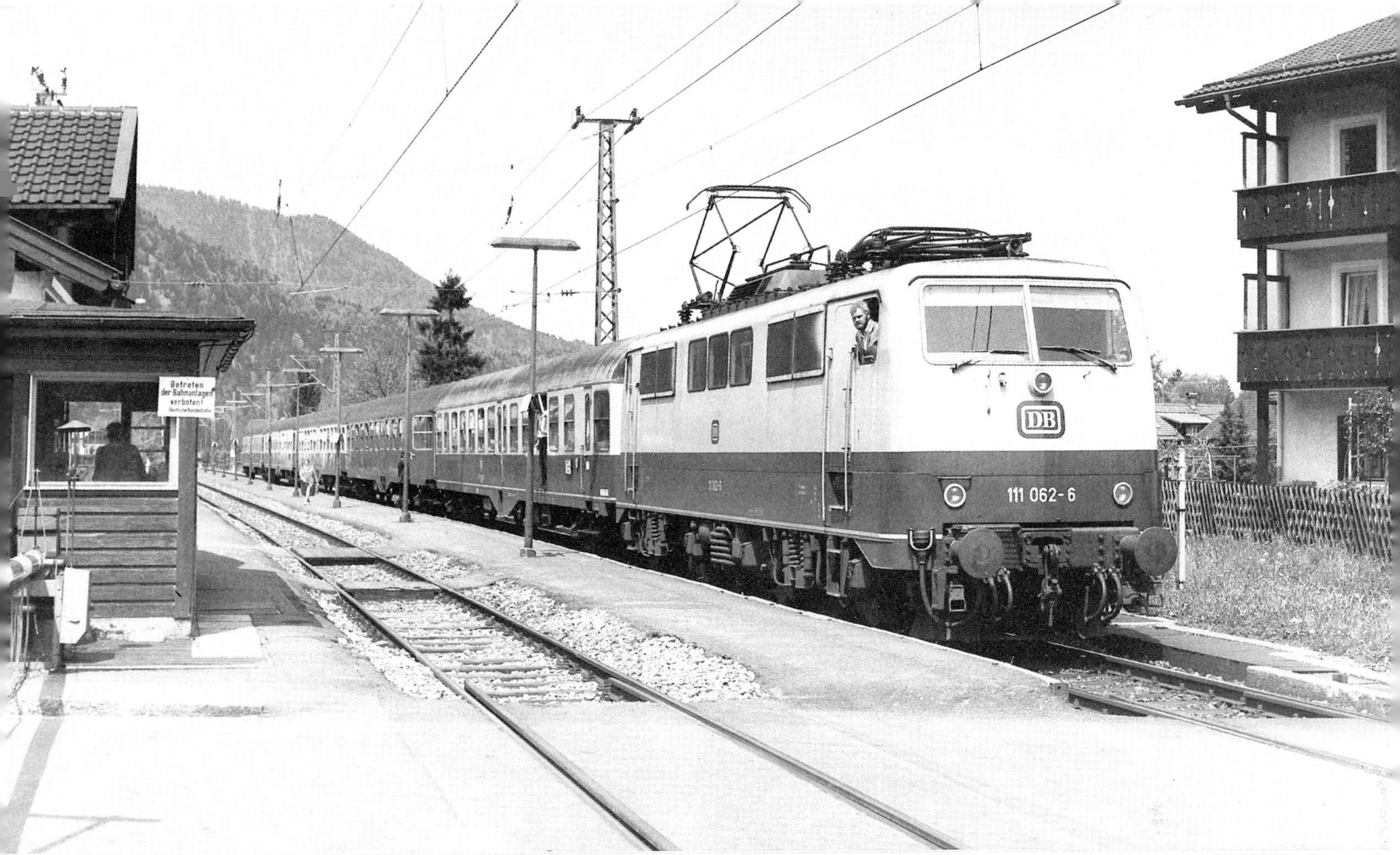
Betreten
der Bahnanlagen
verboten!
DB
111 062-6

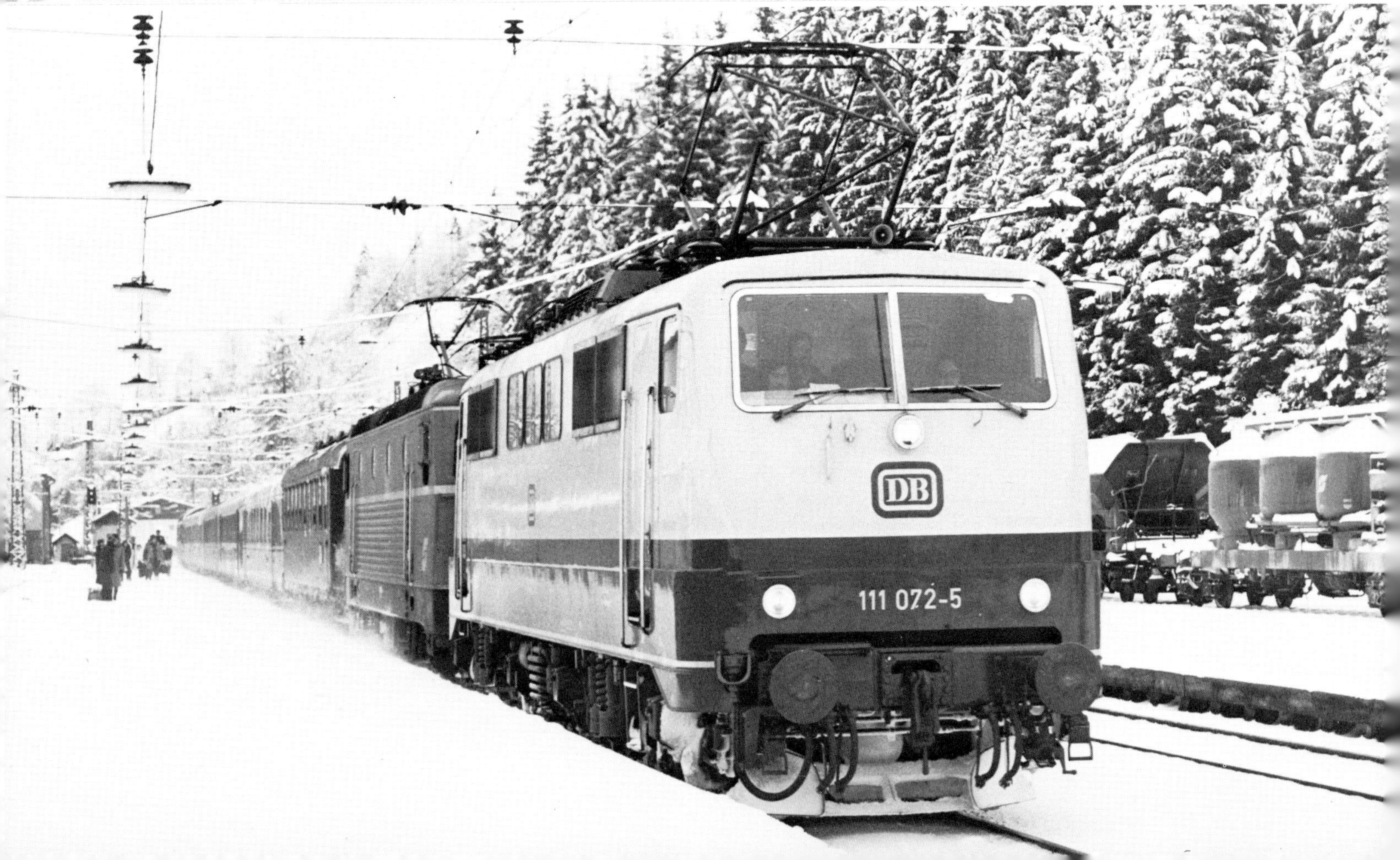
DB
111 072-5

und das seitenrichtige Freigeben der Türen auch jetzt nicht gefordert wird und bei schwachem Verkehr nicht nötig scheint, spricht für diese Überlegung.

Bei der BD München verkehrt auf der Strecke Tutzing–Kochel ein Versuchszug, der zwar mit einer 111 des Bw Düsseldorf bespannt ist, aber in den Nahverkehrswagen eine einfachere Einrichtung als der Wendezug der S-Bahn Rhein-Ruhr aufweist. Hier soll erprobt werden, wie der Betrieb ohne Zugbegleiter außerhalb von großen S-Bahnräumen gestaltet werden kann.

Für die technische Realisierung dieser Aufgabe sind die für den S-Bahn-Verkehr eingesetzten, im Bw Düsseldorf beheimateten Lokomotiven BR 111 111–188 neben der herkömmlichen Wendezugsteuerung mit der »Zeitmultiplexen Wendezugsteuerung (ZWS)« ausgerüstet. Diese Anlage ermöglicht es, einen Wendezugbetrieb über nur 2 Adern des UIC-Lautsprecherkabels anstelle des bisherigen 36-adrigen Steuerkabels zu betreiben. Dadurch konnte bei den neuen Wendezugwagen für den S-Bahn-Verkehr das 36-adrige Steuerkabel entfallen.

Das Zeitmultiplexsystem bildet im Steuerwagen aus den parallel anstehenden Befehlen und Meldungen ein serielles Telegramm, das über zwei Adern des UIC-Kabels zur Lok übertragen und dort wieder in parallele Informationen umgewandelt und an die Loksteuerung ausgegeben wird.

Um den gleichen Automationsgrad wie beim Triebzug BR 420 zu erreichen, wurde eine Zusatzanlage (Zusatz-ZWS) für Lokomotiven, Wagen und Steuerwagen entwickelt, mit der über die 2 ZWS-Adern des UIC-Kabels zusätzlich die Befehle »Türen schließen und verriegeln«, »Türen freigeben rechts/links«, »Zugbeleuchtung ein/aus« und die Meldungen »Türe offen«, »Luftfelder« übertragen werden können.

Diese Zusatz-ZWS ist auch bei dem seit 24.09.83 mit der BR 111 115 laufenden Versuchsbetrieb auf der Strecke Tutzing–Kochel eingesetzt. Wegen der Bauart der Wagen (autarke Türblockierung) wurde auf das Prinzip der seitenselektiven Türfreigabe verzichtet. Für die Wendezugsteuerung wird auch nicht die ZWS, sondern wegen fehlendem und hier auch nicht benötigtem Ausrüstungsstand des Steuerwagens das 36-polige Steuerkabel verwendet.

Für den S-Bahn-Verkehr an Rhein und Ruhr begann 1979 eine sorgfältige Betriebserprobung mit den Prototyplokomotiven BR 111 111–115 und den Prototypwagen Bxf 796 (Steuerwagen), Bx 794 (Sitzwagen 2. Klasse) und ABx 791 (Sitzwagen 1. und 2. Klasse). Von der ZWS wurde das Betriebsprogramm nach anfänglich nötigen Abstimmungsarbeiten in der Elektronik voll erfüllt. Das Bw Düsseldorf konnte Erfahrungen in der Diagnose und in der Reparatur der ZWS sammeln und für die Instandhaltung der inzwischen gelieferten Serienlokomotiven berücksichtigen.

Bei den S-Bahn-Zügen an Rhein und Ruhr hat sich die ZWS bewährt, auch im Versuchsbetrieb mit dem Zusatz ZWS auf der Strecke Tutzing–Kochel sind keine Schwierigkeiten aufgetreten.

2.2.2.3. Neuerungen im Bereich der Unterhaltung

Wenn auch eine große Zahl von bewährten Bauteilen zur Übernahme von der 110 vorgegeben war, war trotzdem eine erhebliche Entwicklungsarbeit zu leisten, um mit den neuen oder verbesserten Bauteilen noch günstigere Unterhaltungswerte zu erzielen. Ziel war, den Fristenabstand zu vergrößern, bei den Fristen einen möglichst niedrigen Fertigungsstundenverbrauch zu erreichen und zwischen den Fristen möglichst keine zusätzlichen planmäßigen Arbeiten ausführen zu müssen. Dabei ist zu berücksichtigen, daß sich diese Überlegungen nicht nur auf die Unterhaltung in den Betriebswerken sondern auch auf die Unterhaltung im Ausbesserungswerk erstreckt haben. Dadurch ist eine große Anzahl von Neuerungen zu verzeichnen, die sich zum Teil deutlich sichtbar darstellen, zum Teil aber auch nur kleine Detailänderungen umfassen. Um aber den Rahmen nicht zu sprengen, soll nur über die wesentlichsten Änderungen berichtet werden.

Einbau von Bremsgestängestellern

Die Lok der BR 111 sind erstmalig von Anfang an mit Bremsgestängestellern ausgerüstet. Bei der Serienausführung der BR 111 wird für jedes Rad ein einfachwirkender Gestängesteller der Fa. SAB verwendet. Dieser hat eine Nachstellkapazität von 350 mm, so daß er die volle Bremsklotzabnutzung so ausgleichen kann, daß der Kolbenhub des Bremszylinders mit 80 mm konstant gehalten werden kann.

Es verwundert zunächst, daß dies ausgerechnet bei einer Lok, die mit einer besonders wirksamen und bis in den Bereich geringer Geschwindigkeiten arbeitenden elektrodynamischen Bremse erfolgt, da ja gerade hier der Bremsklotzverschleiß geringer als bei allen anderen Lok ist. Die Lok der BR 111 hat eine Bremsklotzstandzeit von 60 ÷ 70 TKm, damit etwa 10000 km mehr als die 110 und kann damit in der Regel über eine volle Frist von 64000 TKm laufen. Entscheidend jedoch ist, daß durch den Gestängesteller das Nachstellen des Bremsgestänges und damit des kürzest möglichen Bremskolbenhubs bei der Nachschau entfallen kann. Wenn man bedenkt, daß für diese Arbeit eine Fertigungsstunde angesetzt werden muß und weiter in einem Fristintervall je nach Ausfahrgrad 12 ÷ 15 Nachschauen anfallen, so ist bei einer Jahresleistung von rd. 200 TKm eine Einsparung von etwa 40 Fh pro Jahr ein durchaus realistischer Wert. Zwar traten am Anfang noch einige Kinderkrankheiten auf, die beseitigt werden konnten, inzwischen hat sich der Bremsgestängesteller voll bewährt und amortisiert. Abb. 067 zeigt einen Bremsgestängesteller.

Abb. 068 und 069: Leistungsmeßfahrt bei Ingolstadt mit BR 111 084, ▶ die versuchsweise mit einem kontinuierlichen Thyristorlastschalter ausgerüstet war (25. 7. 1978, Foto: Siemens). Auf dem unteren Bild werfen wir einen Blick in die Lokomotivmontagehalle von Krauss-Maffei, im Vordergrund zwei Lokomotivkasten der Baureihe 111, im Hintergrund einer von der BR 120 (Foto: KM).

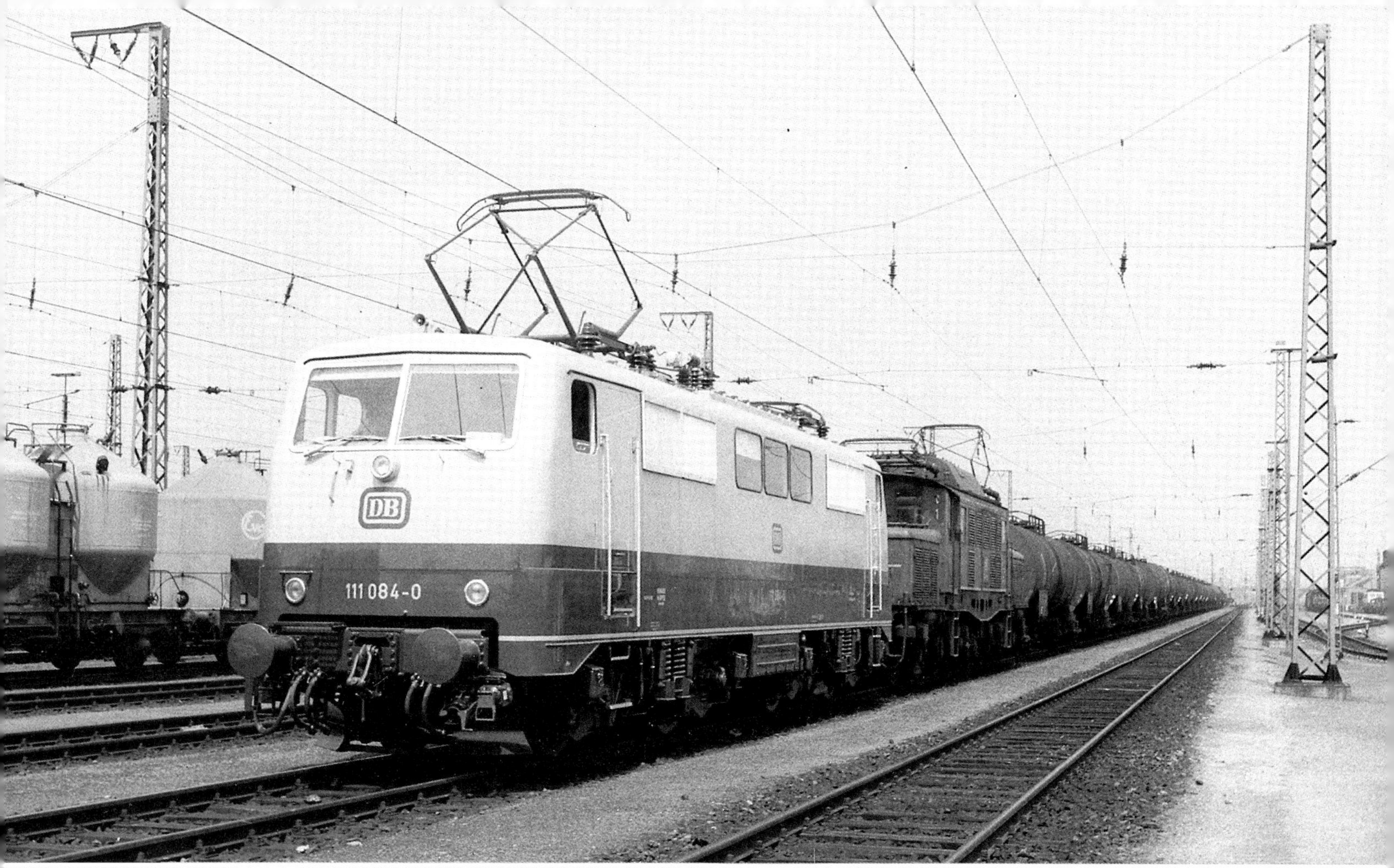
DB
111 084-0

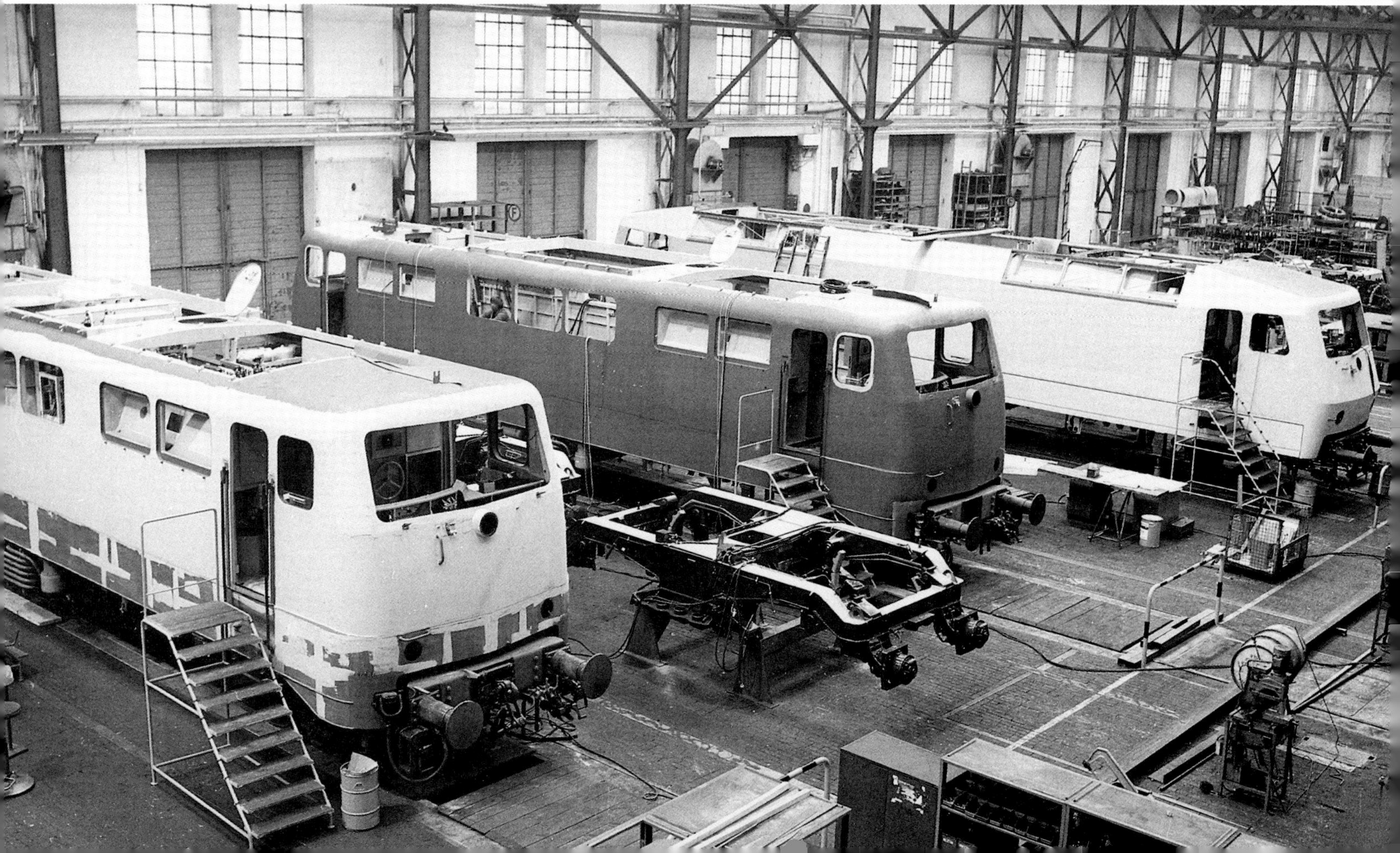

Abb. 067: Bremsgestängesteller am Radsatz der BR 111 (Foto: JMM)

Neuordnung des Maschinenraums

Sehr gut bewährt hat sich der neu geordnete Maschinenraum, insbesonders die geänderte Luftführung für die Kühlung von Trafo, Ölkühler, Bremswiderstand und Fahrmotoren. Wurde bisher die Kühlluft aus dem Maschinenraum entnommen, wohin sie über Lüftungsgitter mit Einrichtungen zum Abscheiden von Staub und Nässe von außen her nachströmte, so wird sie nunmehr unter Ausschalten des Maschinenraumes direkt den Bedarfsstellen zugeleitet. Dies erforderte zwar den Verzicht auf die beiden Seitengänge, da die Zuluft für die Fahrmotoren von den seitlichen Lüftergittern abgenommen wird, inzwischen hat sich jedoch der als Folge entstandene Mittelgang, der nur kurz im Bereich des Trafos an der Seitenwand liegt, gut eingebürgert und die Tf schätzen sogar den Mittelgang als angenehm, da alle Bedien- und Schaltelemente in einem Gang erreicht werden können. Auch als Fluchtweg wird der Mittelgang den beiden Seitengängen vorgezogen.

Eine gewisse Skepsis, daß der Verzicht auf den Beruhigungs- und Absetzraum »Maschinenraum« den Fahrmotoren schaden würde, hat sich als nicht berechtigt erwiesen. Was sich an Feuchtigkeit und Staub, die die Filtergitter nicht zurückgehalten haben, im Maschinenraum abgelagert hat, wird zwar jetzt den Motoren zugeführt, aber dort klaglos vertragen. Die gegenüber der BR 110 häufigeren Fahrmotorenüberschläge, auf die noch einzugehen sein wird, sind jedenfalls nicht darauf zurückzuführen. Gewonnen hat auf jeden Fall der Maschinenraum und die dort untergebrachten Bauteile, ein Vergleich beider Räume läßt sich im Bild nicht so eindringlich darstellen, aber für Bedienung und Unterhaltung sind die Vorteile mehr als deutlich. Einen Nachteil hat man sich jedoch eingehandelt: Zwar wird vom Ölkühlerlüfter im Bypass eine gewisse Luftmenge zur Belüftung des Maschinenraumes abgezweigt, doch ist diese an heißen Tagen nicht ausreichend, um für angemessene Temperaturen im Maschinenraum zu sorgen. Es wurden an extremen Tagen bis 70 °C gemessen, das Auswechseln der Indusikassette, die Betätigung des Bügelwahlventils oder des Sifaabsperrhahns wird dann doch sehr unangenehm. Wenn auch bis jetzt keine Störungen der Steuerelektronik aus diesem Grund bekannt geworden sind, sollte dieses Problem, auch im Interesse der Lokführer, nicht vernachlässigt werden.

Besonders vorteilhaft ist das Luftgerüst, in dem alle steuernden Teile der Bremse und die dazugehörigen Umstell- und Absperreinrichtungen zusammengefaßt sind. Sowohl beim technischen Vorbereitungsdienst durch den Tf als auch für die Durchführung von Fristarbeiten durch die Werkstatt, konnte dadurch der Zeitaufwand gesenkt und die Bedienung verbessert werden. Auch bei evtl. Störungen ist deren Beseitigung durch die übersichtliche Zusammenfassung einfacher und schneller möglich.

Erdfreie Fahrmotoren

Probleme traten in der ersten Zeit des Einsatzes an den Fahrmotoren auf, an denen sich überproportional viele Überschläge ereigneten, wobei bis heute noch nicht feststeht, worauf diese eigentlich zurückzuführen waren. Sie ereigneten sich überwiegend im Geschwindigkeitsbereich von 100 bis 130 km/h und bei hohen Zugkräften, also in der Hauptsache beim Beschleunigungsvorgang. Die Schäden waren im wesentlichen im Kommutatorraum zu verzeichnen, wobei die Überschläge vorwiegend vom Bürstenhalter (Tasche-Ring) nach Masse (Trenn-Kontakte) erfolgten. Folgende Maßnahmen sollten dieses Problem beseitigen:

Vorbeugender Tausch von Bürstenhaltern, Einbau von Versuchsbürstenhaltern mit konstruktiven Änderungen, versuchsweise Verwendung einer anderen Kohlesorte und schließlich bei einer Lok die Beschaltung der Fahrmotoren mit Varistoren, um vermutete Spannungsspitzen zu dämpfen.

Auch die Zugkraft wurde, wenigstens im Bereich der Zugkraftvorwahl auf 45 KN pro Fahrmotor beschränkt. Dabei wurde im

Abb. 070 und 071: 111 023 wartet im Bahnhof Mittenwald auf die Rückfahrt nach München. Die Lok verfügt mit den Typen SBS 65 und DBS 54 über zwei unterschiedliche Dachstromabnehmer. Der Grund liegt darin, daß 40 Fahrzeuge der ersten Baureihe ihre lieferseitig vorhandenen Einholm-Dachstromabnehmer vom Typ SBS 65 im Ringtausch nach und nach Lokomotiven der Baureihe 103 abgaben und hierbei deren Stromabnehmer vom Typ DBS 54 erhielten (April 1978, Foto: JMM). Auf dem unteren Bild führt 111 074 einen Reisezug über die Brennerstrecke, aufgenommen am 31. 11. 1979 bei Falkenstein (Foto: A. Zronek).

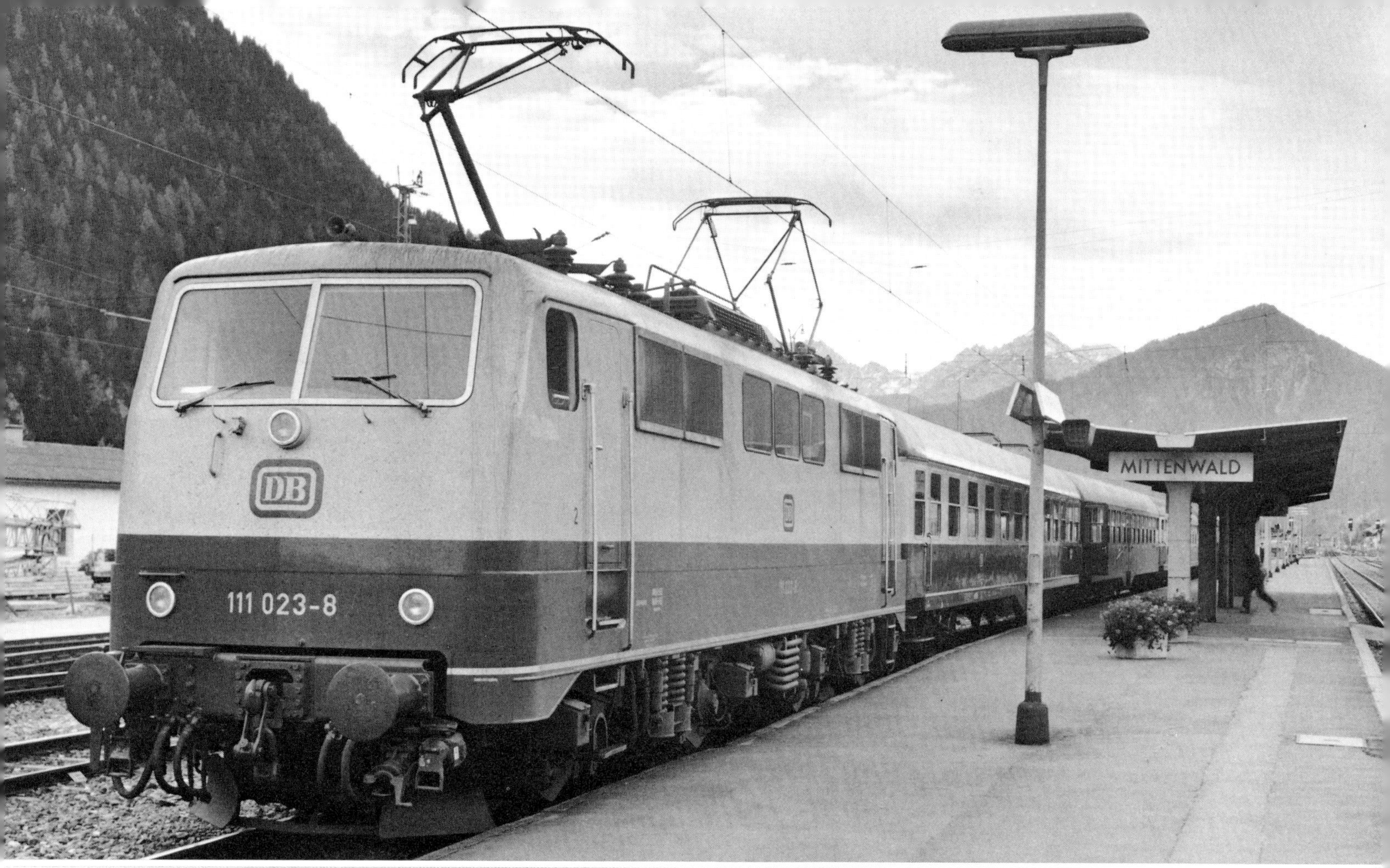
MITTENWALD
DB
111 023-8

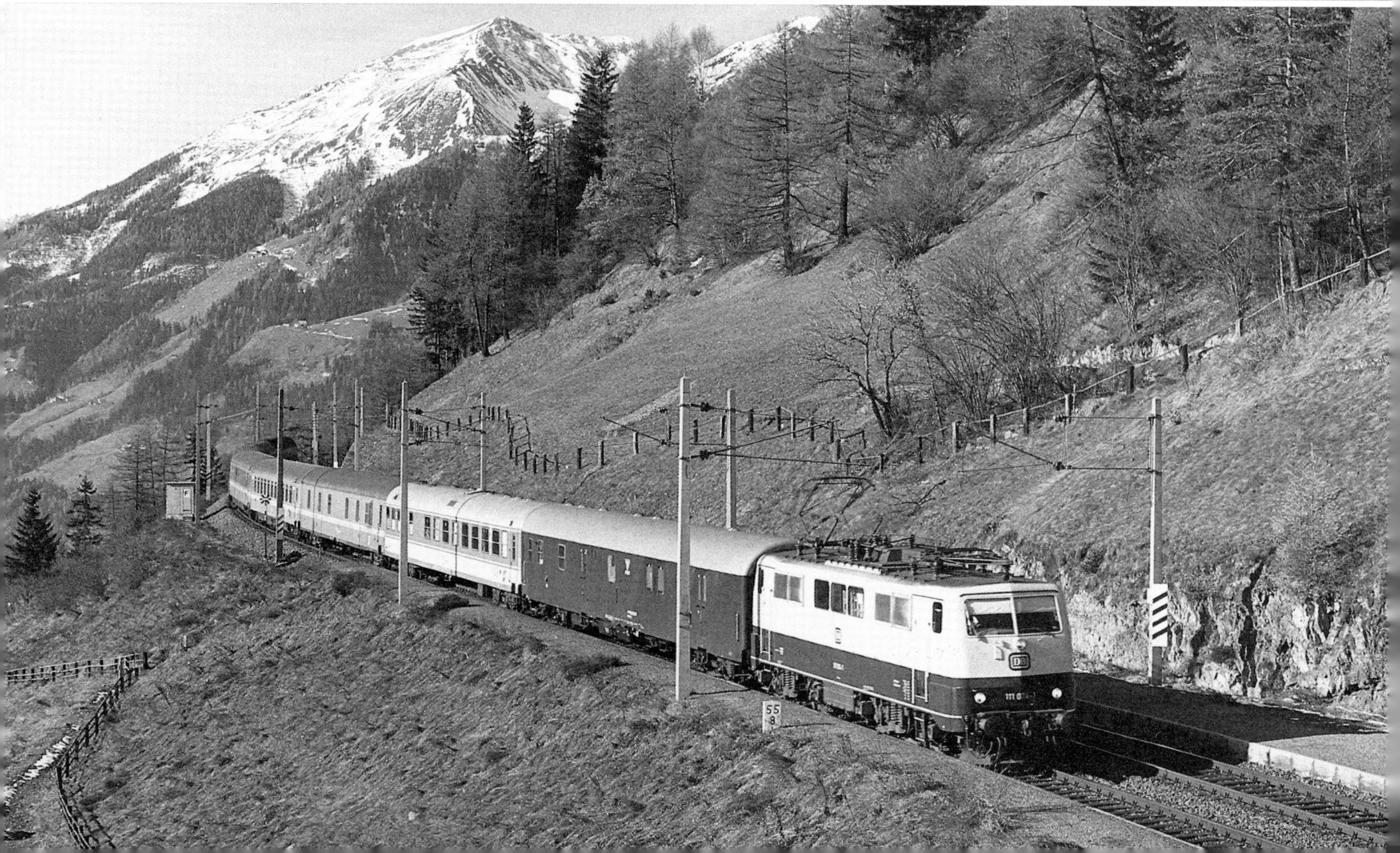

Bereich der »Auf-Ab«-Steuerung auf diese Begrenzung verzichtet, um für das Einfahren von Verspätungen und beim Fahren im Grenzbereich noch die volle Leistung zur Verfügung zu haben. Alle diese Maßnahmen brachten keine deutliche Besserung, so daß man sich dafür entschied, die Motoren erdfrei zu schalten. Bei dieser »Erdfreischaltung« handelt es sich jedoch nur um eine Trennung des Fahrmotorgehäuses von der Fahrzeugmasse, während der Fahrmotorstrom nicht an eine eigene Wicklung im Trafo zurückgeführt wird, sondern die O-Sammelschiene mit der Fahrzeugmasse in Verbindung bleibt. Diese Schaltungsänderung führte zum Erfolg, im Bw München 1 wurden deutlich weniger Fahrmotorüberschläge registriert. Allerdings hat man sich damit einen anderen Nachteil eingehandelt:

Während sich früher Wicklungsschäden als Erdschlüsse über die relativ feinfühlige Erdschlußüberwachung bemerkbar machten, ist dies mit der neuen Schaltung nicht mehr möglich. Das bedeutet, daß der Motor nurmehr über das Motorüberstromrelais geschützt ist, das aber einen Auslösestrom von 4,2 KA hat. Bis dieser Wert jedoch bei Wicklungsschlüssen oder Kurzschlüssen (A-B Schlüssen) im Fahrmotor auftritt, sind die Schäden im Motor bereits so groß, daß in fast allen Fällen eine Vollaufarbeitung von Läufer und Ständer notwendig wird.

An diesem Problem wird noch gearbeitet, die mögliche „echte" Erdfreischaltung wie z.B. bei den Lok der BR Re 6/6 der SBB ist im Nachhinein sehr aufwendig, nur als »Ultimo ratio« zu sehen, aber nach dem Stand der Dinge in die Überlegungen einzubeziehen. Eine Kompromißlösung, bei der Erdschlüsse im Fahrmotor angezeigt werden und dann von der Werkstatt weiter verfolgt werden, ist in der ersten Erprobung. Die Entscheidung über eine endgültige Lösung steht noch aus, es ist die Zahl der »kleinen« Überschläge und der dabei entstandenen Schäden der Schadenshöhe gegenüberzustellen, die bei den »großen« Schäden auftritt, auch die betrieblichen Auswirkungen müssen dabei berücksichtigt werden.

Neues Drehgestell und unterhaltungsfreundliche Konstruktion

Zwar war der Hauptgrund für die Entwicklung eines neuen Drehgestells die Forderung nach geringeren Querkräften und günstigerem Laufverhalten, doch wurden dabei auch die Verschleißstellen Achslagerführung und Drehzapfen durch verschleißfreie Konstruktionen ersetzt. Das Laufverhalten der BR 111 ist dadurch deutlich verbessert worden, und der Unterhaltungsaufwand ist gesunken.

Für die Beurteilung einer Lok im Bezug auf ihre Unterhaltungsfreundlichkeit bieten im wesentlichen 3 Kriterien eine anschauliche Aussage:

Zuerst die störungsfreie Laufleistung, dann der spezifische Fertigungsaufwand pro 1000 Kilometer und die spezifische Kosten pro 1000 Kilometer, wobei störungsfreie Laufleistung und Aufwand eng zusammenhängen. Weniger Aufwand in der Unterhaltung kann sich neben anderem nachteilig auf die störungsfreie Laufleistung auswirken und der Wunsch nach möglichst hoher störungsfreier Laufleistung wird die Kosten der Unterhaltung in die Höhe treiben. Dieser Zielkonflikt muß gelöst werden, er ist bei der BR 111 zufriedenstellend bewältigt worden. Im Abb. 072 ist aufgezeigt, wie sich die störungsfreie Laufleistung für die Lok 110 und 111 entwickelt hat, wobei dieser Wert als Quotient aus der gesamten jährlichen Laufleistung der Lokbaureihe durch die Zahl der Hilfslokgestellungen im gleichen Zeitraum definiert ist. Allerdings sind in der Zahl der Hilfslok auch Fälle enthalten, die auf Bedienungsfehler zurückzuführen sind und der Unterhaltung nicht anzulasten wären. Sie dürften jedoch für beide Lok anteilig gleich

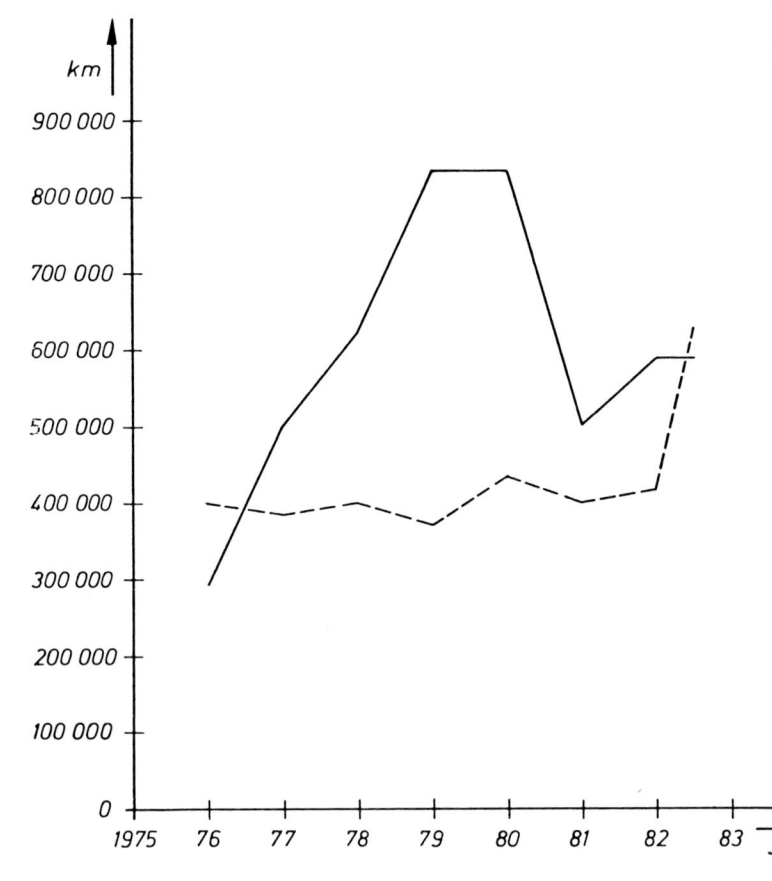

Laufleistung ohne Hilfstriebfahrzeuggestellung in Abhängigkeit von der Zeit
− − − BR 110 (DB)
——— BR 111 (Bw München 1)

Abb. 072: Störungsfreie Laufleistung der Baureihen 110 und 111 (Grafik: DB)

Abb. 073: 111 187 hilft einer 1044 auf der Brennerbahn als Vorspann- ▶
lok, aufgenommen im Sommer 1982 bei Matrei (Foto: A. Zronek).

Sill
Brücke 26 m lang

111 189-7
DB

sein und beeinflußen daher das Ergebnis in der Tendenz nicht wesentlich. Es zeigt sich, daß die Lok 111 längere Zeit deutlich über der BR 110 lag und im Jahre 1981 und 1982 auf einen Wert zurückging, der etwa 100000 km über der 110 angesiedelt war. Nicht eindeutig erklärbar ist der Wert der BR 110 für das 1. Halbjahr 1983, der völlig aus dem jahrelangen Rahmen fällt; sollte er zutreffen, wäre es erfreulich. Zu vermuten ist jedoch ein Fehler in der Erstellung der Werte, der nicht ermittelt werden konnte; die Entwicklung im 2. Halbjahr 1983 wird dazu wesentliche Hinweise geben.

Eine Analyse der Störungen zeigt, daß die Schwerpunkte dem Bereich des Schaltwerks mit etwa 40%, den Überwachungseinrichtungen des Schaltwerks mit etwa 18% und den Fahrmotoren mit etwa 10% zuzuordnen sind. Die Schäden im Bereich des Schaltwerks sind auf Schwierigkeiten in der Steuerung des Tyristorschaltwerks zurückzuführen. Spricht eine Leistungssicherung im Schaltwerk zweimal hintereinander an, so darf sie der Tf nicht mehr ersetzen, die Weiterfahrt ist nicht mehr möglich und die Lok muß der Werkstatt zugeführt werden. Der Grund der Auslösung ist oft nicht zu ermitteln und es ist bis jetzt noch nicht gelungen, sichere Gegenmaßnahmen zu finden; manche Lok zeigen diese Störung ganz selten, bei anderen tritt sie bis zu sechsmal im Jahr auf. Damit im Zusammenhang ist auch die externe Steuerung des Schaltwerks zu sehen; beide Bereiche stehen in Wechselwirkung zueinander und wenn die Bemühungen, diesen Fragen auf den Grund zu kommen, erfolgreich sind, kann die störungsfreie Laufleistung erheblich gesteigert werden. Wenn dann noch die Fahrmotorenüberschläge beherrscht werden, ist die BR 111 als nahezu störungsunanfällig zu bezeichnen.

Auch der Unterhaltungsaufwand zeigt, wie in Abb. 074 u. 075 dargestellt, eine erfreuliche Tendenz. Die Darstellung in Fertigungsstunden pro 1000 km wurde gewählt, weil dabei die Tendenz der Menge der auszuführenden Arbeiten erkennbar ist, während die an sich interessantere Darstellung der gesamten Selbstkosten (Fertigungs- + Stoffkosten) die Steigerung der Löhne und der Ersatzteilpreise mit einschließt und dadurch die Entwicklung des Unterhaltungsaufwands und speziell die der auszuführenden Arbeiten nicht so deutlich aufscheinen läßt. Wenn man die gleichen Überlegungen wie bei der störungsfreien Laufleistung anstellt, so sind die 3 Problemschwerpunkte Schaltwerk, Schaltwerküberwachung und Fahrmotor noch am stärksten am nicht planbaren Unterhaltungsaufwand beteiligt. Mit den Verbesserungen, die hier noch zu erwarten sind, kann die BR 111 noch mehr als bisher mit 10–15% unter die Kosten der BR 110 kommen und damit ein sehr wirtschaftliches Fahrzeug werden.

Bei allen Werten muß berücksichtigt werden, daß jeweils die Werte DB-Durchschnitt der BR 110 mit den Durchschnittswerten der Münchner 111 verglichen wurden. Dies war notwendig, da die BR 111 der Bw Düsseldorf überwiegend im S-Bahn-Verkehr eingesetzt sind, der von der Betriebsweise und dadurch Beanspruchung der Lok so weit vom übrigen Einsatz der BR 110 entfernt ist, daß ein echter Vergleich unmöglich ist. Festzuhalten ist, daß die Lok der BR 111 in Betriebstüchtigkeit und Unterhaltungsfreudigkeit gegenüber der BR 110 bereits jetzt deutliche Vorteile zeigt und daß mit einer weiteren deutlichen Verbesserung gerechnet werden kann.

Bw-Stunden je 10^3 km Laufleistung in Abhängigkeit von der Zeit
--- BR 110 (DB) —— BR 111 (Bw München 1)

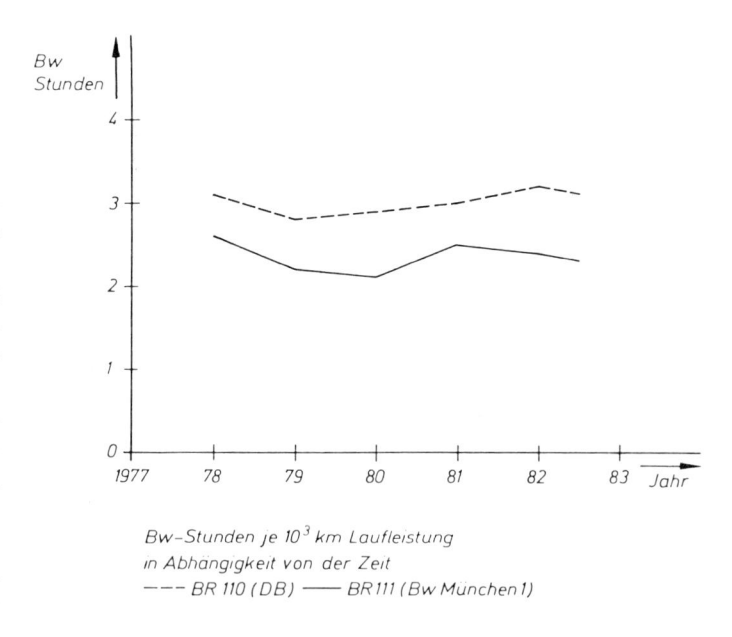

Abb. 074: Entwicklung der Fertigungsstunden/1000 km im Bahnbetriebswerk Grafik: DB)

Bw-Selbstkosten je 10^3 km Laufleistung bezogen auf den Maximalwert BR 110 (1982) in Abhängigkeit von der Zeit
--- BR 110 (DB) —— BR 111 (Bw München 1)

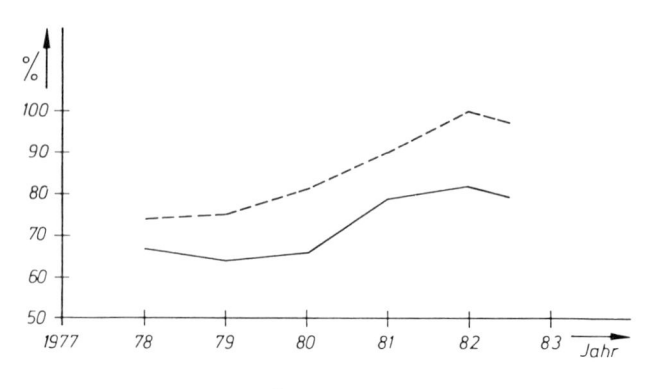

Abb. 075: Entwicklung der Selbstkosten/1000 km im Bahnbetriebswerk (Grafik: DB)

2.2.2.4. Neuerungen in der Bedienung

Neugestalteter Führerstand

Die wohl bemerkenswertesten Unterschiede zur BR 110 liegen jedoch in der Bedienung der Lok. Hierfür wurde ein neuer Arbeitsplatz für den Lokführer geschaffen, bei dem alle Erkenntnisse der Ergonometrie und die Wünsche des Fahrpersonals berücksichtigt werden konnten. Um dies zu ermöglichen, waren drei Gesichtspunkte zu beachten:
a) die allgemeine Anordnung der Bedien- und Kontrolleinrichtungen
b) aus a) folgend eine neue Art der Bremsbedienung
c) ebenfalls aus a) folgend eine neue Art der Schaltwerkssteuerung

Die Anordnung der Bedien- und Kontrolleinrichtungen wurde unter den Vorgaben der klaren Gliederung so aufgebaut, daß die jeweiligen Einrichtungen entsprechend der Häufigkeit ihrer Bedienung und der Notwendigkeit des Informationsaustausches im Griff- bzw. Blickbereich des Lokführers angebracht wurden. Dabei kann man in etwa 3 Bereiche zusammenfassen:
a) Bereich der direkten Bedienhandlungen während der Fahrt und die dazu nötigen Informationen. Er umfaßt im wesentlichen die Hebel für die pneumatische Bremse, die elektrische Bremse und die Steuerung der Zugkraft sowie die Taster Sanden, Schleuderschutz, Bremse lösen, Beleuchtung und Abblenden sowie Heizung. Der Information dienen der Geschwindigkeitsmesser, die kombinierte Zug- u. Bremskraftanzeige, Hauptluftleitungs- und Behälterdruck und die Uhr. Noch dazuzurechnen sind die Stufenanzeige und der Sammelleuchtmelder für Störung. Eine zweite Bedienmöglichkeit der Sifa ist in den Zugkrafthebel integriert; die Hauptbedienung liegt im Fußpedal, dem das Trittventil für das Makrofon benachbart angeordnet ist.
b) Zum Bereich der sekundären, also weniger häufig benötigten Bedien- und Informationseinrichtungen, die nicht mehr in enger Nähe zum Tf liegen, zählen der Hebel der Zusatzbremse, Richtungsschalter und die Schalter bzw. Taster für Indusi, Hauptschalter, Stromabnehmer Lüfter und Luftpresser. Informationen liefern noch die Manometer für die Bremszylinderdrücke und den Zeitbehälter, die Anzeigen für Fahrdrahtspannung und Oberstrom sowie das Leuchtmelderfeld für die Indusi und einige wichtige Anzeigen, die nicht über den Störungsleuchtmelder laufen, da sie keine Störung, sondern Betriebszustände anzeigen.
c) Zum dritten Bereich zählen dann alle anderen Einrichtungen, die während der Fahrt von untergeordneter Bedeutung sind, wobei man beim Zugbahnfunk in der Zuordnung geteilter Meinung sein kann. Dazu gehören auch die Tableaus für die jeweiligen Einzelstörungen in der Dachwölbung, die zusammen mit dem Sammelleuchtmelder im Störungsfall aufleuchten und die Lokalisierung der Störung auf bestimmte Teilbereiche gestattet. Ebenfalls darunter fällt die Bedienung der Heizungsanlage und der Scheibenwischanlage in der Vorderwand des Führertisches.

Wie die Abb. 044 u. 066 bereits gezeigt haben, ist diese Anordnung sehr gut gelungen und man kann die Vorgaben als erfüllt betrachten. Die Lokführer empfinden die gesamte Anordnung als zweckmäßig und arbeiten gerne damit. Lediglich bei den Bedienelementen der Indusi wäre es angenehmer, wenn sie näher an den Fahrschalter herangerückt wären. Dieser Vorschlag wird besonders deshalb gemacht, da der Platz für den vorgesehenen Vsoll-Geber noch frei ist.

Da jedoch dieser Platz für die Zukunft nicht verbaut werden sollte und die einheitliche Gestaltung des Führertisches bewahrt werden soll, ist diese Lösung als durchaus annehmbarer Kompromiß zu betrachten. Vom Fahrpersonal sehr begrüßt wurde auch der Gedanke, alle Störungen auf einen Sammelleuchtmelder zu schalten, der zunächst als Anzeige im Führertisch eine aufgetretene Störung mit Blinklicht meldet. Danach kann der Lokführer diese Meldung mit Druck auf den Sammelleuchtmelder quittieren und den enger eingegrenzten Bereich am Störungstableau ablesen. Das Blinken des Sammelmelders geht dann in Dauerlicht über.

Oberstrom	Erdstrom	Zugheizung
Unterspannung	Ölüberdruckschutz	Buchholzrelais
Thyristor-Lastschalter-schutz		Bremsprobe

Batterie Ladegerät	Wechselrichter 3000 VA	Sicherung Luftpresser
KS Ölpumpe	Lüfter FM	
Trafööltemperatur	Motorüberstrom	Anfahrüberwachung

Hilfsschütz Richtungswalze (Richtungssch.)	Sicherung Bremserregung	Übertemperatur Bremserregerschrank
Übertemperatur Elektronikschrank	KS-Bremssteuerung	
AFB Überwachung	Lüfter-Bremswiderstand	KS El. Bremse

Hauptschalter Lok 2	Lüfter FM/ Ladegerät Lok 2	Schaltwerk Lok 2
	Motorüberstrom Lok 2	El Bremse Lok 2 (nur bis Lok 111-070)
Trafoschutz Lok 2		Zugkraft Lok 2

Abb. 076: Anordnung der Einzelleuchtmelder im Störungstableau (Grafik: DB)

Während bei der Lok 110 auf dem Führerpult 3 Leuchtmelder für Störungsanzeige zur Verfügung standen, die über Blink- und Dauerlicht insgesamt 5 verschiedene Anzeigen lieferten, stehen bei der Lok 111 insgesamt 36 verschiedene Störanzeigen zur Verfügung (Abb. 076), wovon noch 5 für zusätzliche Aufgaben frei sind. Selbst wenn man die 7 Felder für das Fahren mit Doppeltraktion abzieht, da die BR 110 dafür nicht eingerichtet ist, ist mit 24 gegenüber 5 möglichen Anzeigen die wesentlich verbesserte Information des Tf deutlich erkennbar, was sich im Störungsfall in geringeren Verspätungen und weniger Belastung der Lokführer niederschlägt.

Da das platzraubende Handrad zur Steuerung des Schaltwerks entfallen sollte, war auch dafür ein neues Konzept zu entwickeln. Dabei war naheliegend, analog zum ET 420, einen Fahrbremshebel vorzusehen, der die Zugkraftsteuerung und Bremse in einer Funktion vereinigt hätte. Diese Überlegung wurde jedoch wieder verworfen, da die Steuerung des Schaltwerks, der elektrischen und der indirekten Luftbremse mit der Möglichkeit der Alleinbedienung der elektr. Bremse mit vernünftigem Aufwand nicht realisierbar war. Schließlich hat der ET 420 auch eine ganz andere Konzeption mit der elektr. Bremse als Hauptbremse, mit automatisch gesteuerter Luftbremse als Ergänzung im abnehmenden E-Bremsbereich und der völlig getrennt zu bedienenden indirekten Druckluftbremse, so daß eine Übertragung nicht sinnvoll war. Man entwickelte daher eine Steuerung mit einem Fahrschalter, dessen Drehachse quer zur Fahrtrichtung lag, mit den Stellungen 0 – Ab – Fahrt – Auf – sowie einem Zugkraftbereich. Dabei brachte die Bedienrichtung nach vorne mehr Leistung, nach rückwärts weniger Leistung bzw. Leistung ab.

Diese Bedienrichtung stimmt mit der inneren Einstellung der Lokführer
Weg vom Körper – Beschleunigen/Lösen der Bremse
Hin zum Körper – Leistung abregeln/Bremsen
überein, so daß der Tf im Gefahrfall instinktiv richtig reagiert. Das Gleiche gilt für die Anordnung der Bremshebel für Druckluft- u. E-Bremse. Zu beiden Bereichen sollen nun weitere Ausführungen folgen.

Neue Schaltwerksteuerung mit Überwachung

Da, wie schon erwähnt, von der in den Einheitslok eingebauten Nachlaufsteuerung mit dem platzraubenden Handrad abgegangen werden sollte, wurde zunächst eine »Auf-Ab«-Steuerung angedacht, die in ähnlicher Weise z.B. bei den Lok der BR 118 sehr zufriedenstellend gearbeitet hat und auch im Wendezugsteuerwagen verwendet wird. Wenn man dazu noch den Fahrschalterhebel in die richtige Bedienebene gelegt hätte, wäre die einfachste Form der Schaltwerkssteuerung erreicht gewesen. Da aber der Einbau der AFB erwogen wurde und auch dem Lokführer die Arbeit erleichtert werden sollte, wurde die Steuerung wenigstens teilweise zu einer Regelung ausgebaut, indem zum einen durch den Einbau des Anfahrüberwachungsgeräts sichergestellt wurde, daß ein Überschalten der Lok wie bei der BR 110 mit Ansprechen der Motorrelais oder des Hauptschalters nicht mehr möglich war und zum anderen der Lokführer eine genaue definierte Zugkraft vorgeben konnte, wie dies auch die AFB hätte tun sollen. Das Anfahrüberwachungsgerät berücksichtigt den höchstzulässigen Oberstrom, und die höchstzulässige Fahrmotorspannung, gleichzeitig verknüpft es die jeweilige Geschwindigkeit mit der ein geregelten Zugkraft so, daß die Lok nicht über ihre zulässige Beanspruchung hinaus beansprucht werden kann und die Zugkräfte angenähert der Reibungskraftkurve nach Curtius-Kniffler folgten. Durch das Anfahrüberwachungsgerät wird jedoch nicht die Erwärmung der Fahrmotoren berücksichtigt, d.h., der Lokführer ist nach wie vor dafür verantwortlich, daß er die zulässigen Werte für die 2 Min-/15 Min- und Dauerzugkraft einhält; auf eine Ausweitung der Aufgaben des Anfahrüberwachungsgerätes bis in diesen Bereich wurde verzichtet. Zusätzlich wurde jedoch die Schleudererfassung integriert. Dabei werden die Motorströme der 4 Fahrmotoren verglichen und bei Schleudern einer, meist der führenden Achse, folgende Maßnahmen ausgelöst:

Bei geringfügigem Schleudern, entsprechend einer Motorstromdifferenz von 220 A–430 A je nach Motorspannung wird das Hochlaufen des Schaltwerks gestoppt und die Schleuderschutzbremse mit ca. 1,25 bar angelegt; wird der Grenzwert um 220 A überschritten, läuft das Schaltwerk zusätzlich zurück. Gleichzeitig wird im Zug-Bremskraft-Instrument zusätzlich das Schleudern angezeigt. Die Anzeige meldet übrigens auch das Gleiten bei E-Bremsbetrieb, es erfolgt jedoch kein Eingriff in die Regelung. Nach Beendigung des Schleuderns wird die Bremse gelöst und das Schaltwerk kann wieder auflaufen. Das gleichzeitige Schleudern aller 4 Achsen (»Synchronschleudern«) kann damit jedoch nicht erfaßt werden. Zusätzlich zu den Stellungen »Auf« und »Ab« ist es dem Lokführer möglich, im zweiten Bereich des Fahrschalters eine bestimmte Zugkraft vorzugeben, die dann über das Anfahrüberwachungsgerät solange gehalten wird, bis die der größtzulässigen Motorspannung entsprechende Zugkrafthyperbel erreicht wird. Dabei lassen sich die Werte größer 15–20 KN gut einstellen, die Vorwahl kleinerer Zugkräfte ist relativ ungenau. Diese Art der Zugkraftregelung bzw. Steuerung gibt dem Lokführer alle Möglichkeiten zur von ihm als optimal erkannten Fahrweise und er kann sich entsprechend frei entscheiden. Am Anfang gingen zunächst die Meinungen weit auseinander, sie reichten vom ausschließlichen Fahren mit »Auf-Ab«-Steuerung bis zum Fahren nur im Zugkraftbereich, wobei sogar das Fahren im höchsten Zugkraftbereich bis zum Anschlag bei Anfahrt und Beschleunigung propagiert wurde. Inzwischen haben sich die Extreme in etwa angeglichen und es wird im wesentlichen wie folgt verfahren:

Abb. 077 und 078: Oben führt 111 149 einen Nahverkehrszug, aufgenommen im Dezember 1982 bei der Einfahrt von Letmathe. Im unteren Bild sehen wir 111 146 im Wendezugverkehr auf der Ruhrtalstrecke (Fotos: J. Schmidt).

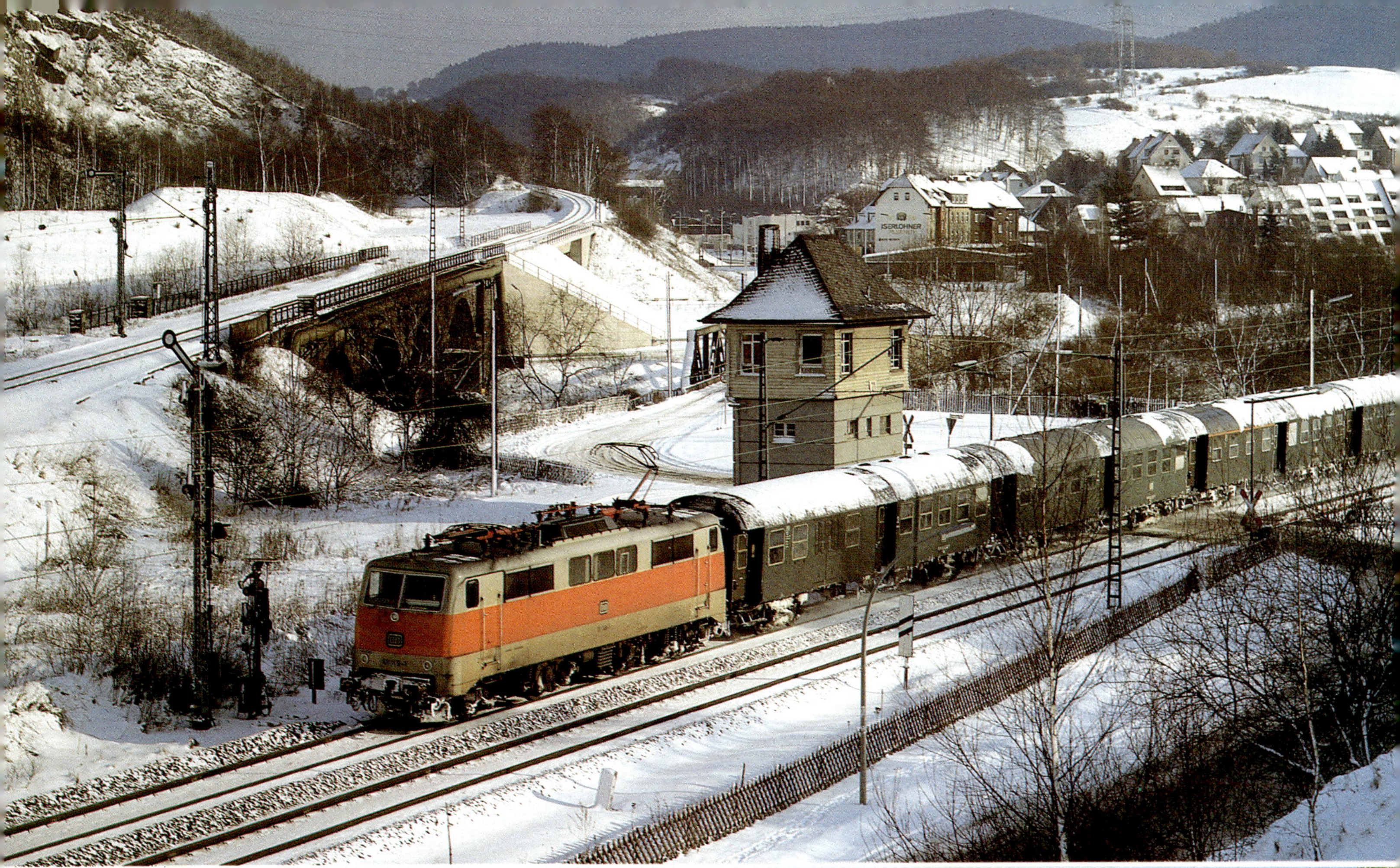

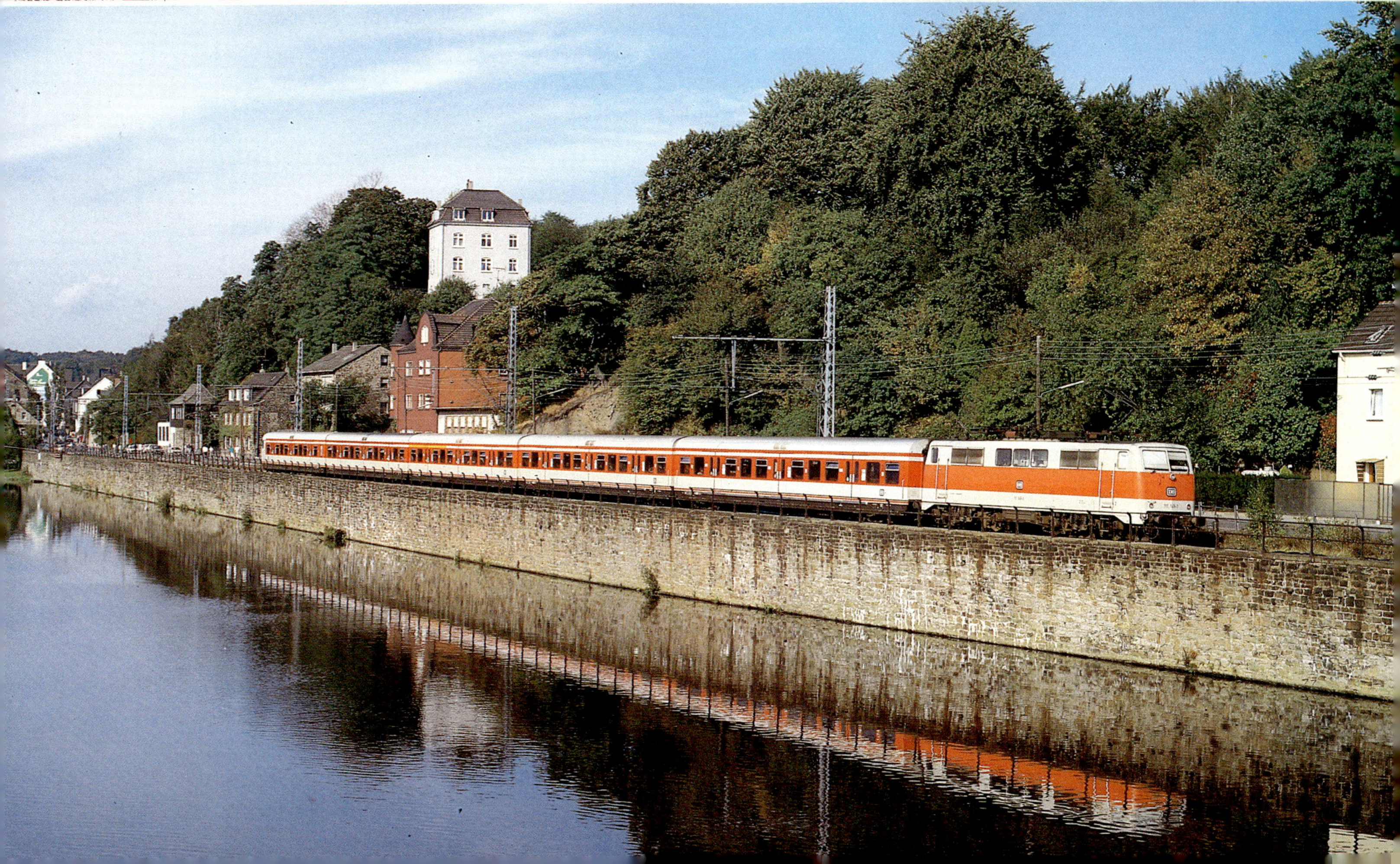

Anfahrt mit der 3. und 4. Stufe über die Aufsteuerung bis zum Rollen des Zuges, dann Vorwahl einer den Reibungsverhältnissen angepaßten Zugkraft, die im höheren Geschwindigkeitsbereich entsprechend reduziert wird und bei Erreichen des Beharrungszustands Festhalten einer passenden Fahrstufe über den »Auf-Ab«-Bereich. Diese Fahrweise wird im Bereich der BD München allgemein angewendet und hat folgende Vorteile:

Die Anfahrt mit Stufe 3 und 4 gewährleistet, daß alle Bremsen gelöst sind und eine weiche, komfortable Anfahrt, die anschließende Fahrt im Zugkraftbereich erleichtert dem Tf die Arbeit, da er nicht ständig auf die Zugkraft achten muß und sich auf andere Aufgaben konzentrieren kann. Dabei kann er die Zugkraft abhängig von den Wetterverhältnissen und der Gleislage so vorgeben, daß eine optimale Anfahrt erreicht wird. Die Fahrt in der Beharrung im »Auf-Ab«-Bereich ist deswegen von Vorteil, da das Schaltwerk im Bemühen um eine gleichbleibende Zugkraft häufiger schaltet. Dazu kommt, daß das Einstellen kleiner Zugkräfte ungenau ist. Beim Festhalten der Fahrstufe wird dies vermieden, kleine Geschwindigkeitsschwankungen spielen keine Rolle. Messungen haben ergeben, daß bei Fahrten überwiegend mit der Z-Steuerung vom Schaltwerk etwa 15% mehr Schaltungen ausgeführt worden sind als beim Fahren überwiegend im »Auf-Ab«-Bereich. Beim Lokpersonal hat sich diese Steuerung sehr gut bewährt, sie ist entlastend und bedarf weit weniger Aufmerksamkeit als die unüberwachte Nachlaufsteuerung der BR 110. Auch die etwas höhere Schleuderneigung der 111 konnte dadurch weitgehend kompensiert werden. Lediglich das »Synchronschleudern« muß vom Lokführer erkannt und ausgeregelt werden.

Neue Bremsanlage

Mit der Entwicklung der neuen Führerraumkonzeption mußte auch die Bedienung der Bremse neu überdacht werden. Das zur Verfügung stehende Führerbremsventil D 2 mit dem parallel geschalteten E-Bremssteller kam für den Einbau in den neuen Führerstand nicht in Frage, da einmal nicht genügend Einbauraum zur Verfügung stand, zum anderen aber auch eine Bedienung in Bewegungsrichtung analog zum Fahrschalterhebel nicht ohne größere Umkonstruktionen möglich war. Das BZA München entwickelte daher ein neues Bremskonzept, indem die Bremssteuerung in Pilot- und Relaisventil aufgeteilt wurde. Dabei befindet sich das Relaisventil im Maschinenraum und steuert dort den Druck in der Hauptluftleitung, es erhält seine Steuerbefehle von dem jeweils eingeschalteten Pilotventil auf dem Führerstand. Die gegenseitige Verriegelung der beiden Ventile erfolgt über Schlüsselventile, d.h., der Tf hat wie bei den anderen Lok auch nur einen Schlüssel, mit dem er das Führerbremsventil entsperren kann; allerdings erfolgt hier die Sperrung der Ventile pneumatisch, während vorher das jeweilige FBV mechanisch in der Mittelstellung verriegelt war. Zwar entstand dieses neue Bremskonzept zunächst aus Gründen der Führerstandsgestaltung, gleichzeitig war aber auch eine Verbesserung des Brems- und Löseverhaltens

Abb. 079: Versuchsbetrieb mit 111 115 bei der BD München, aufgenommen im März 1984 im Bahnhof Kochel (Foto: H. Reinhold)

erreicht. Durch die Anbringung des Relaisventils im Maschinenraum direkt in der Nähe der Hauptluftleitung und der Hauptluftbehälterleitung und seine neue Konstruktion ergab sich, daß das neue Bremssystem deutlich raschere Reaktionen des Hauptluftleitungsdruckes ermöglichte, was sich besonders beim Lösevorgang als sehr vorteilhaft erwiesen hat. Allerdings trat eine Erscheinung auf, die bisher unbekannt war und zunächst eine gewisse Verwirrung auslöste. Bedingt durch das erfreulich gute Nachspeise- und Lösevermögen auf Grund der großen Querschnitte im Relaisventil (entsprechend UIC-Vereinbarung) wurden Druckabfälle in der Hauptluftleitung sehr rasch ausgeglichen, was natürlich auch bei einer Notbremsung im Zug erfolgte, zumindestens aber von der Anlage versucht wurde. Die Folge war, daß sich eine im letzten Wagen eines langen Zuges ausgelöste Notbremsung auf der Lok nicht so deutlich bemerkbar machte wie bei den alten Bremsventilen und der Lokführer die eingetretene Bremsung gemäß der Anordnung der Bremsvorschriften erst mit einiger Verzögerung unterstützte.

Die damals veranlaßten Messungen ergaben jedoch, daß die Bedingungen der UIC-Vereinbarungen eingehalten waren, so daß nur die Tf von dieser neuartigen Reaktion der BR 111 unterrichtet wurden, mit der Maßgabe, daß bei auch nur vermuteten Druckabsenkungen diese mit einer Schnellbremsung zu unterstützen seien. Dabei wurde zugelassen, daß zur Klärung von Zweifelsfällen vor

Abb. 080 und 081: Oben durchfährt 111 047 mit einem Schnellzug ▶ nach Linz das »Felsentor« auf der Strecke Nürnberg-Regensburg (Foto: A. Ritz). Im unteren Bild sehen wir 111 200 auf der Strecke Salzburg-Bischofshofen am Paß Lueg (6. 10. 1984, Foto: C. Asmus).

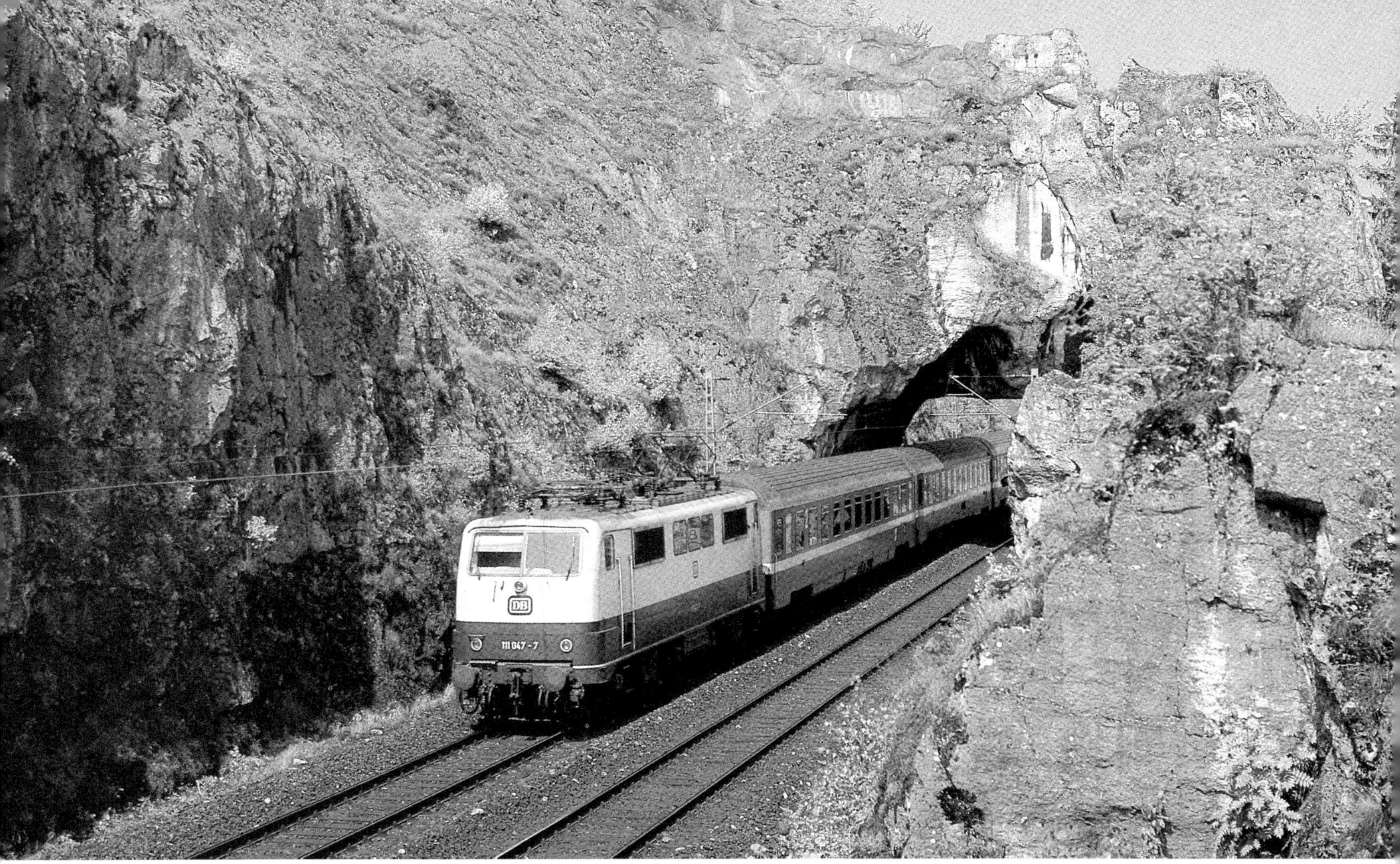
DB
111 047 - 7

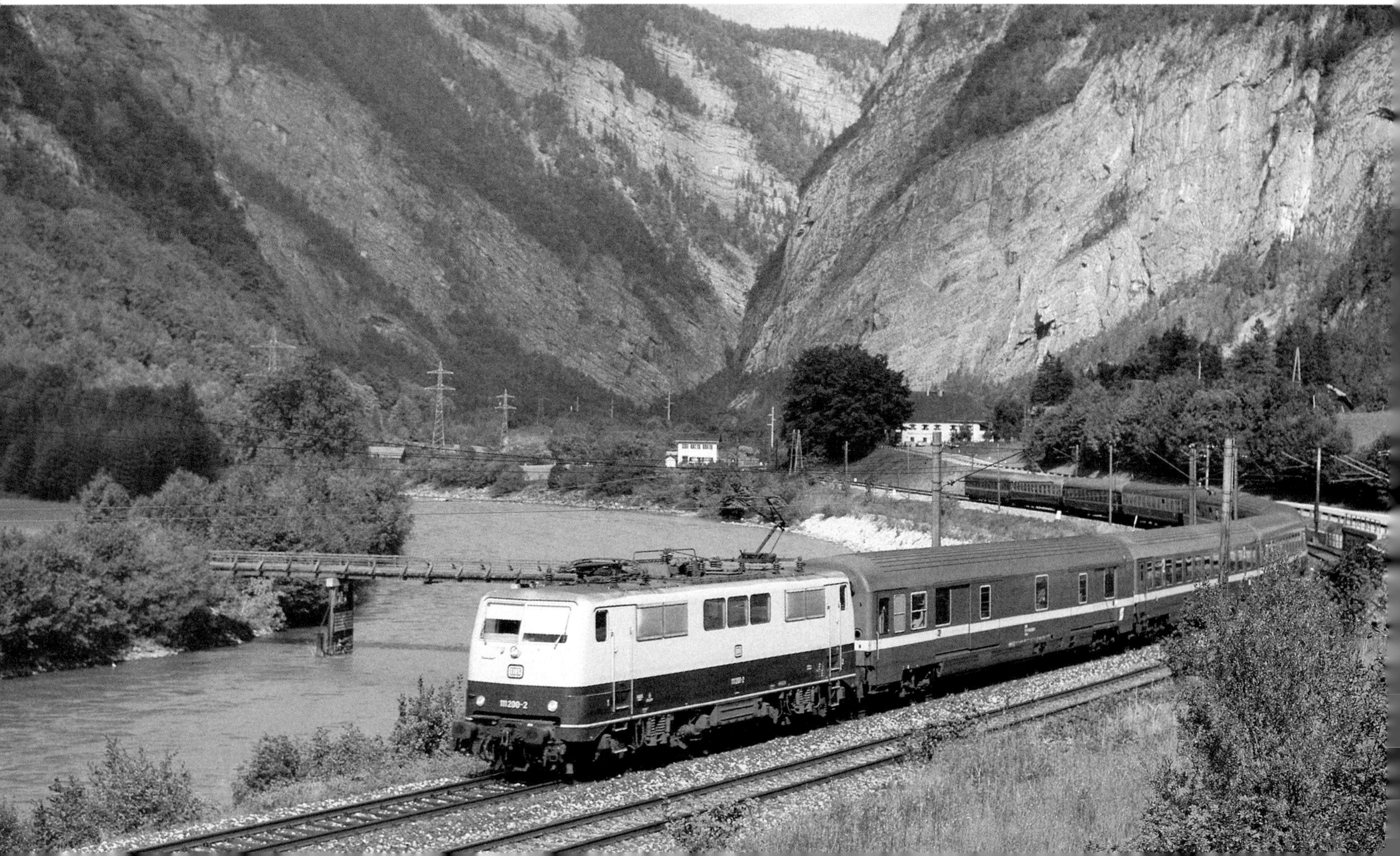
111 200-2

Abb. 084: 111 099 mit Nahverkehrszug 4609 München-Mittenwald, aufgenommen am 12. 4. 1980 kurz vor Mittenwald (Foto: JMM).

Einleitung der Schnellbremsung das Führerbremsventil 10 sec in Absperrstellung gebracht werden darf. Bei Notbremsungen, die von Sifa und Indusi ausgelöst werden, wird über ein elektrisches Absperrventil die Nachspeisung sofort unterbrochen.

Die FGD-Anlage wird vom Fahrpersonal gut angenommen und wegen ihrer guten Bedienbarkeit sehr geschätzt, auch die geänderte Bedienrichtung wird als sehr angenehm empfunden. Von der Wartung her ist das Ventil als voll befriedigend anzusehen; gewisse Schwierigkeiten im Gleichlauf mit dem E-Bremssteller sind erkannt und behoben.

2.2.2.5. Rückblick und Ausblick

Zusammenfassend ist aus der Sicht des Betreibers die Lok der BR 111 sehr positiv zu beurteilen. Sie zeigt, welche erfreuliche und kostengünstige Ergebnisse die sorgfältige Weiterentwicklung von bereits bewährten Fahrzeugen bringen kann. Die BR 111 ist eine Maschine, die von Betrieb und Unterhaltung als zweckmäßiges und wirtschaftliches Fahrzeug anerkannt ist und vom Fahrpersonal geschätzt und als echter Fortschritt betrachtet wird. Die im Bericht erwähnten noch offenen Probleme sind sicher im Laufe der nächsten Zeit zu beherrschen, so daß dann keine Wünsche mehr offen bleiben.

Selbst wenn in den kommenden Jahren bei der Deutschen Bundesbahn neue Fahrzeugtechniken zur Anwendung kommen werden, so wird doch der BR 111 noch lange ein weites Betätigungsfeld verbleiben, wo ihre Daseinsberechtigung, ja sogar ihre Notwendigkeit unumstritten sein wird.

Abb. 082 und 083: Während im oberen Bild 111 178 auf der Strecke Hagen-Siegen den Ort Nachrodt-Wiblingwerde durcheilt (Mai 1983, Foto: J. Schmidt), wartet unten 111 204 im AW München-Freimann auf ihre Abnahme (29. 10. 1982, Foto: F. Lüdecke).

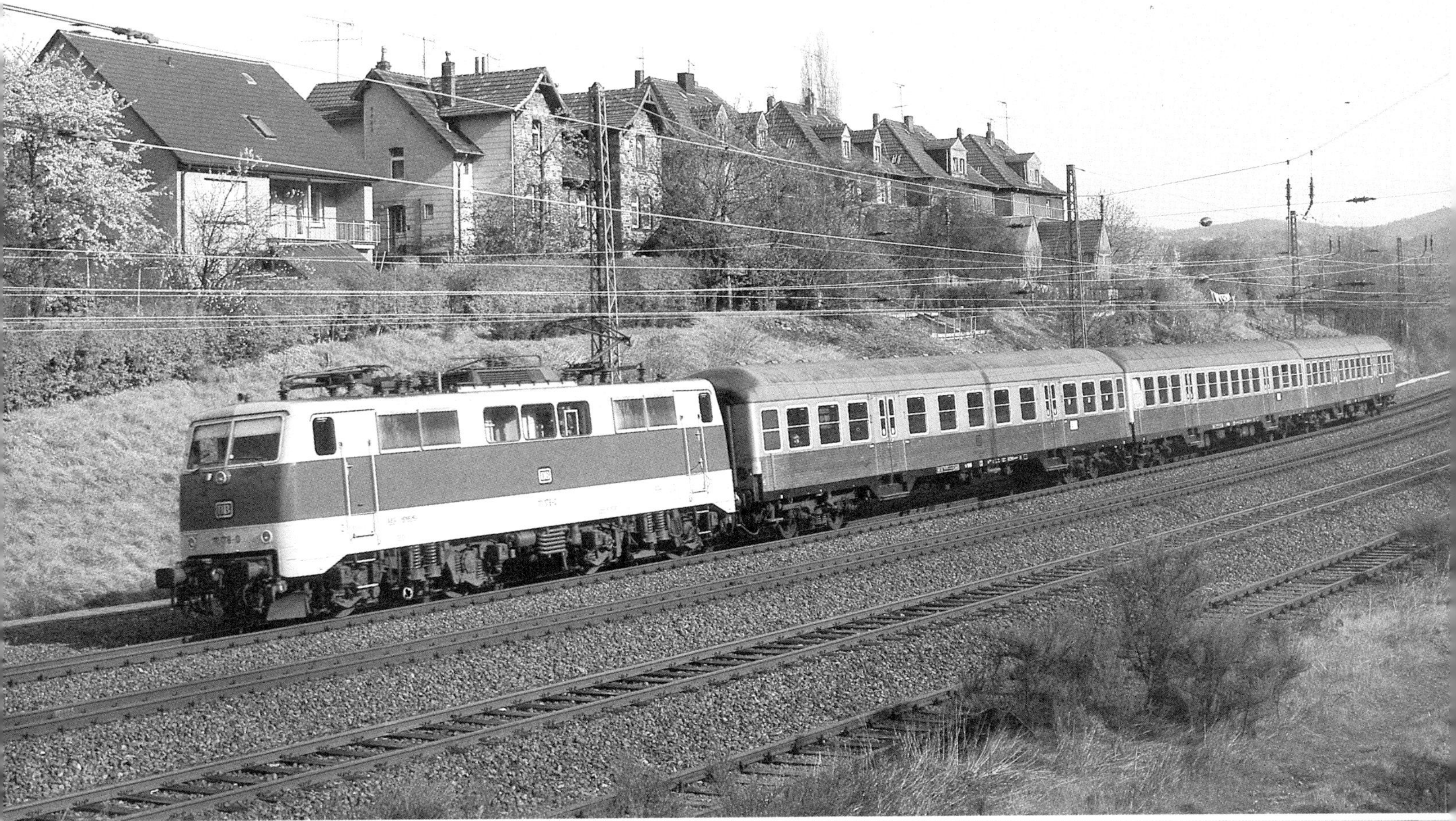

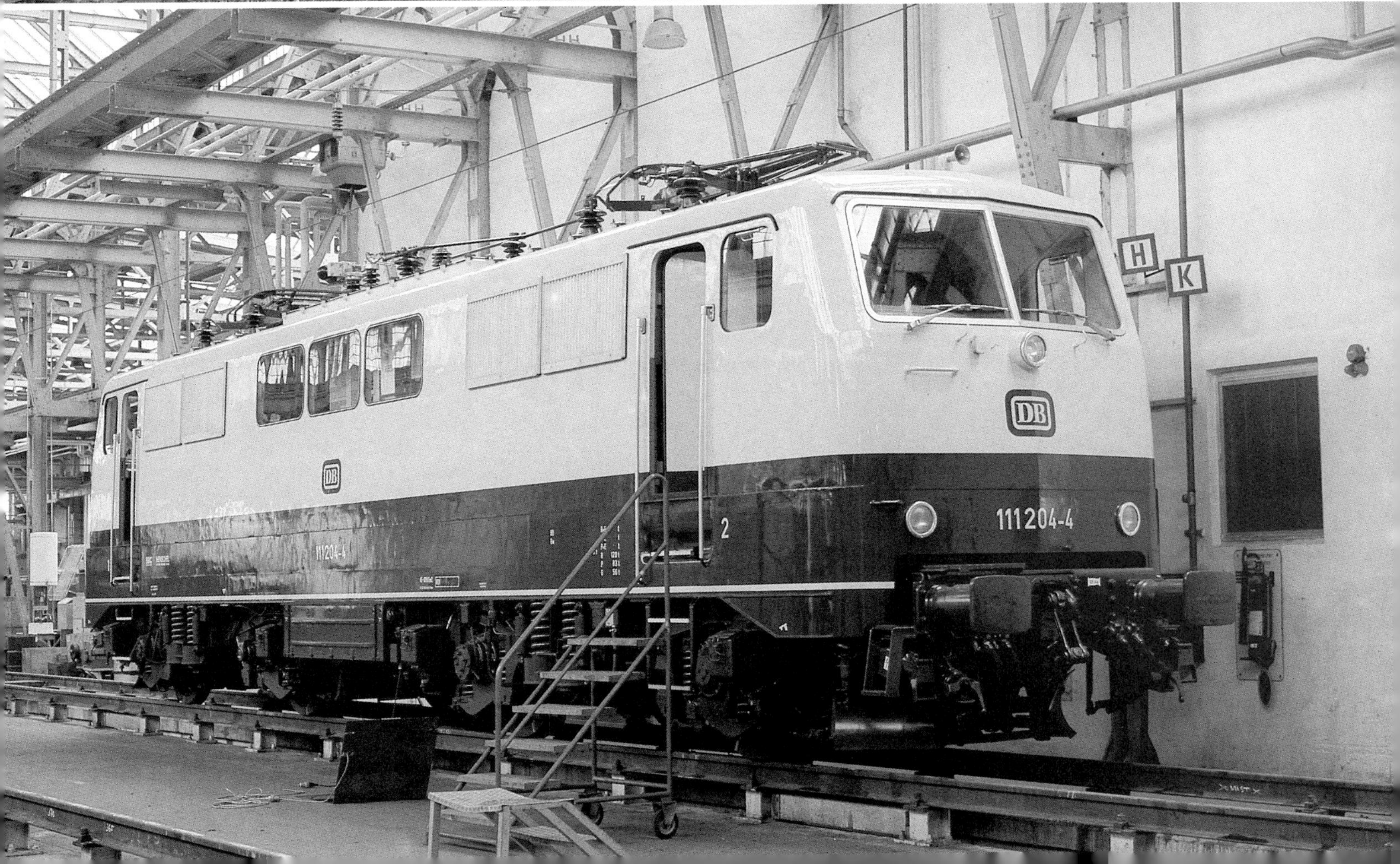
H
K
DB
111 204-4
2

2.3. DIE DREHSTROM- UND UNIVERSALLOKOMOTIVE BAUREIHE 120

2.3.1. Einführung in die Drehstromtechnik,
von Dipl.-Ing. Joachim Körber
und Dipl.-Ing. Rolf Gammert

2.3.1.1. Der Drehstrom-Motor in der Traktion

Historischer Rückblick

1879 gilt als Geburtsjahr der elektrischen Eisenbahn. Mit seiner kleinen Grubenlokomotive bei der Gewerbeausstellung in Berlin hatte Werner v. Siemens die erste elektrische Lokomotive, die ihre Antriebsenergie über eine Zuleitung von einer elektrischen Kraftstation abseits vom Gleis bezog, der Öffentlichkeit vorgestellt.

In den achtziger Jahren des letzten Jahrhunderts setzte eine rasante Verbreitung der elektrischen Straßenbahnen ein. Wegen der verwendeten Gleichspannung von nur einigen hundert Volt, die in dampfmaschinenbetriebenen Dynamomaschinen erzeugt wurde, war eine Bahnelektrifizierung über größere Entfernungen noch nicht möglich.

1891 gelang die Übertragung elektrischer Energie von Lauffen nach Frankfurt mit Hilfe von hochgespanntem Drehstrom. Damit war die Voraussetzung geschaffen, auch Fernbahnen zu elektrifizieren, wenn man zum Antrieb der Lokomotiven den um 1890 entwickelten Drehstrom-Induktionsmotor verwendete.

Schon kurz darauf begannen erste Versuche bei Siemens und Halske und bereits 1896 nahm in Lugano die von Brown Boveri ausgerüstete Drehstrom-Tram ihren Betrieb auf.

Auch bei Ganz in Budapest wurde ein Versuchsfahrzeug gebaut.

Als Beispiel für die ersten Drehstrombahnen sollen hier erwähnt werden

> die erste Vollbahnanwendung bei der Burgdorf-Thun-Bahn 1899,
> die Schnellfahrversuche Marienfelde-Zossen 1903
> und die Elektrifizierung der Veltlin-Bahn ab 1902.

Mit diesen Pionier-Elektrifizierungen wurde nachgewiesen, daß auch Fernbahnen elektrisch betrieben werden konnten. Die Transformation auf höhere Spannungen ermöglichte den Energietransport über größere Entfernungen. Zwei- oder dreipolige Fahrleitung und feste Geschwindigkeit bzw. Geschwindigkeitsstufen mußten jedoch in Kauf genommen werden, was außer in Italien eine breitere Anwendung verhinderte.

Abb. 85: Drehstromtriebwagen BC⁴ der Burgdorf-Thun-Bahn (BTB) (Foto: BBC)

Schon wenige Jahre später gelang die Realisierung eines brauchbaren Einphasen-Reihenschlußmotors. Das gewünschte Traktionsverhalten der Gleichstromreihenschlußmaschine in Verbindung mit der Übertragbarkeit der Wechselstromenergie mit Hilfe von Transformatoren waren die Voraussetzungen für die rasch einsetzende Vollbahnelektrifizierung in Mitteleuropa, Norwegen und Schweden, allerdings mit der Frequenz von nur 16⅔ Hz. Mit dieser Entwicklung und der in den zwanziger Jahren beginnenden Gleichstromelektrifizierung – nachdem Quecksilberdampfgleich-

Abb. 086: Siemens-Schnellfahrtriebwagen, mit dem 1903 die Schnellfahrversuche zwischen Marienfelde und Zossen durchgeführt wurden (Foto: Siemens)

Abb. 087: Drehstromlokomotive De 2/2 der Burgdorf-Thun-Bahn (BTB), gebaut von SLM und BBC (Foto: BBC)

richter und Schaltgeräte für höhere Spannungen zur Verfügung standen – war die klassische Drehstromlokomotive bereits wieder überholt. Die früh mit Drehstrom begonnene Elektrifizierung in Norditalien wurde jedoch noch bis in die dreißiger Jahre erweitert und hielt sich bis 1976.

Bevor Gleichrichter für den Einsatz auf Triebfahrzeugen zur Verfügung standen, kam es noch zur Anwendung von Drehstrom-Antriebsmotoren, die bei Speisung aus der Fahrleitung mit Einphasenspannung von 50 Hz über Umformer betrieben wurden. Zu erwähnen sind hier vor allem die Phasenumformerlokomotiven der ungarischen Staatsbahn, an deren Entwicklung K. v. Kandó maßgeblichen Anteil hatte und die anfangs der fünfziger Jahre von der MFO für die SNCF gebauten Co'Co'-Lokomotiven der Reihe 14000. Bei diesen Loks wurde mit großem Maschinenaufwand erstmals die Speisung der Asynchronfahrmotoren mit variabler Spannung und Frequenz ermöglicht.

Erst in jüngster Zeit gelang mit der raschen Weiterentwicklung der Leistungshalbleiter die statische Umformung der aus der Fahrleitung bezogenen Energie auf der Lokomotive zur Speisung von Drehfeld-Antriebsmaschinen. Diese Wiedergeburt der Drehstrommotoren auf Lokomotiven ermöglicht nun, die Vorteile des einfachen Fahrmotors zu nutzen, ohne die Nachteile bei Fahrleitung und Traktionseigenschaften in Kauf nehmen zu müssen.

Gegenüberstellung zu anderen Traktionsmotoren

Werner von Siemens hatte bereits 1879 die wesentliche Eigenschaft des Gleichstrom-Reihenschlußmotors erkannt: »Einen großen Vorzug hat die elektrische Kraftübertragung dadurch, daß sie die Lösung eines noch ungelösten mechanischen Problems von selber bringt. Es ist dies eine Konstruktion, welche bewirkt, daß Maschinen sowohl bei langsamer wie bei schneller Bewegung immer mit voller Kraft arbeiten...« (aus einem Vortrag).

In einer Veröffentlichung von Huber (MFO) aus dem Jahr 1899 wird zur Frage »Soll man elektrische Bahnen mit Gleichstrom oder Drehstrom betreiben?« festgestellt, daß der Gleichstrommotor das Bestreben hat, eine konstante Arbeit zu verrichten, der Drehstrommotor, eine konstante Geschwindigkeit zu erhalten. Daher sei die Drehstrombahn nur bei gleichmäßigen und bedeutenden Steigungen vernünftig einsetzbar.

Der klassische Drehstromantrieb hat sich tatsächlich auch nur bei den Bergbahnen auf den Gornergrat und zum Jungfraujoch auf Dauer gehalten.

Die Vorteile des Drehstrommotors gegenüber dem Gleichstrommotor
– höhere Drehzahl
– höhere Spannung
– größere aktive Eisenlänge
– somit größere einbaubare Leistung bei gleichem Gewicht und Volumen

sind alle dadurch bedingt, daß kein Kollektor benötigt wird.

Hinzuzuzählen sind noch die Vorteile durch Entfall von Verschleiß und Wartung.

Noch deutlicher fallen diese Vorteile gegenüber dem Einphasenreihenschlußmotor aus, bei dem noch ein enger Drehzahlbereich zu berücksichtigen ist, in dem einwandfreie Kommutierung gewährleistet ist.

In einer aktuellen Gegenüberstellung ist zu berücksichtigen, daß der über Stromrichter mit variabler Frequenz gespeiste Drehstrommotor mit dem ebenfalls über Stromrichter gespeisten Gleich- bzw. Mischstrommotor zu vergleichen ist (Abb. 089).

Praktische Anwendung

Die Entwicklungsgeschichte der elektrischen Eisenbahn ist ein typisches Beispiel dafür, wie technisch recht unterschiedliche Entwicklunglinien entstanden und in der praktischen Anwendung verbessert wurden, obwohl sie z.T. nicht mehr dem neuesten Stand entsprachen.

Die nacheinander im jeweiligen Zeitabschnitt der ersten Realisierungsmöglichkeit entstandenen elektrischen Übertragungs- und Antriebskonzepte für Vollbahnen sollen nochmals kurz gekennzeichnet werden.

Motortyp:	WB 372	UZ 116 64	QD 646
Loktyp	110, 111, 140, 151	181.2	120
Motorbauart	Wechselstrom-Kommutator	Mischstrom	Drehstrom
U_{max}	585V	1050 V	2200 $V_{verk.}$
I_{dd}	2250A	830 A	360 A/Phase
P_{dd}	0,95MW	0,8 MW	1,4 MW_{dd}
P_{max}	ca. 1,4 MW_{5min}	1,4 MW_{5min}	1,4 MW_{dd}
n_{max}	1525 U/min	2210 U/min	3600 U/min
Durchmesser	1164 mm	950 mm	930 mm
Gewicht	3,9 Mp	3,1 Mp	2,4 Mp

Abb. 089: Vergleich der Hauptdaten von Wechselstrom-Kommutator- Mischstrom- und Drehstromfahrmotoren (Grafik: BBC)

Abb. 088a und b: Die aus den 50er Jahren stammende Baureihe CC-14001 der SNCF gehört zu jenen Drehstromlokomotiven, die anstelle von Gleichrichtern noch mit Umformern ausgerüstet wurden. Auf dem unteren Bild sind die Hauben abgenommen und die Umformer sichtbar (Fotos: Oerlikon).

Drehstrom (Italien)	3000 V/3600 V, 15 Hz/16⅔ Hz, getriebelose Antriebe, Loks ohne Trafo
Einphasenwechselstrom	15 kV; 16⅔ Hz Lok mit gestuftem Trafo und Einphasen-Reihenschlußmotoren; später z.T. Gleichrichter und Mischstrommotoren
Gleichstrom	1500 V (Später 3000 V); Gleichstromreihenschlußmotoren; Anfahr-Widerstände; später Gleichstromsteller.
Einphasenwechselstrom	25 kV; 50 Hz Umformer und Drehstrommotoren bzw. vereinzelt Gleichstrom-Motoren; später Gleichrichter und Mischstrommotoren.
Alle zweipoligen Einspeisungen	Drehstromantrieb

Die »klassische« Drehstromlokomotive erreichte früh eine erstaunliche Blüte, trotz der genannten Nachteile. Die ebenfalls klassischen Fahrzeuge mit 16⅔ Hz-Einphasenmotoren sind noch heute in den betreffenden Ländern zahlenmäßig weitaus am meisten vertreten und werden z.Zt. z.B. in der Schweiz immer noch gebaut, obwohl seit Jahren Thyristorgleichrichter und Mischstrommotoren einsetzbar sind. Fahrzeuge mit über Stromrichter gespeisten Drehstrommotoren wurden in betriebsfähiger Form erstmalig von Brown, Boveri (BBC) Mannheim und Henschel in Kassel (jetzt zum Thyssen-Konzern gehörig) auf eigene Initiative als dieselelektrische Lokomotiven DE 2500 gebaut.

Aus der 1971 in Betrieb genommenen ersten Lok entstand in Zusammenarbeit mit der Deutschen Bundesbahn (DB) 1974 ein aus dem 16⅔ Hz-Fahrdraht gespeistes Versuchsfahrzeug.

Pulswechselrichter und Asynchronfahrmotoren wurden erstmalig über einen gepulsten Eingangsstromrichter – den Vierquadrantensteller (4q-S) – gespeist, der in Bezug auf Netzrückwirkungen, Leistungsfaktor und Netzbremsvermögen neue Maßstäbe setzte.

Diese Entwicklung war die Basis für die Lokomotiven BR 120 der DB, El 17 der Norwegischen Staatsbahn (NSB) und der EA 3000 der Dänischen Staatsbahn (DSB), die ihre Hauptstrecken z.Zt. mit 50 Hz elektrifiziert.

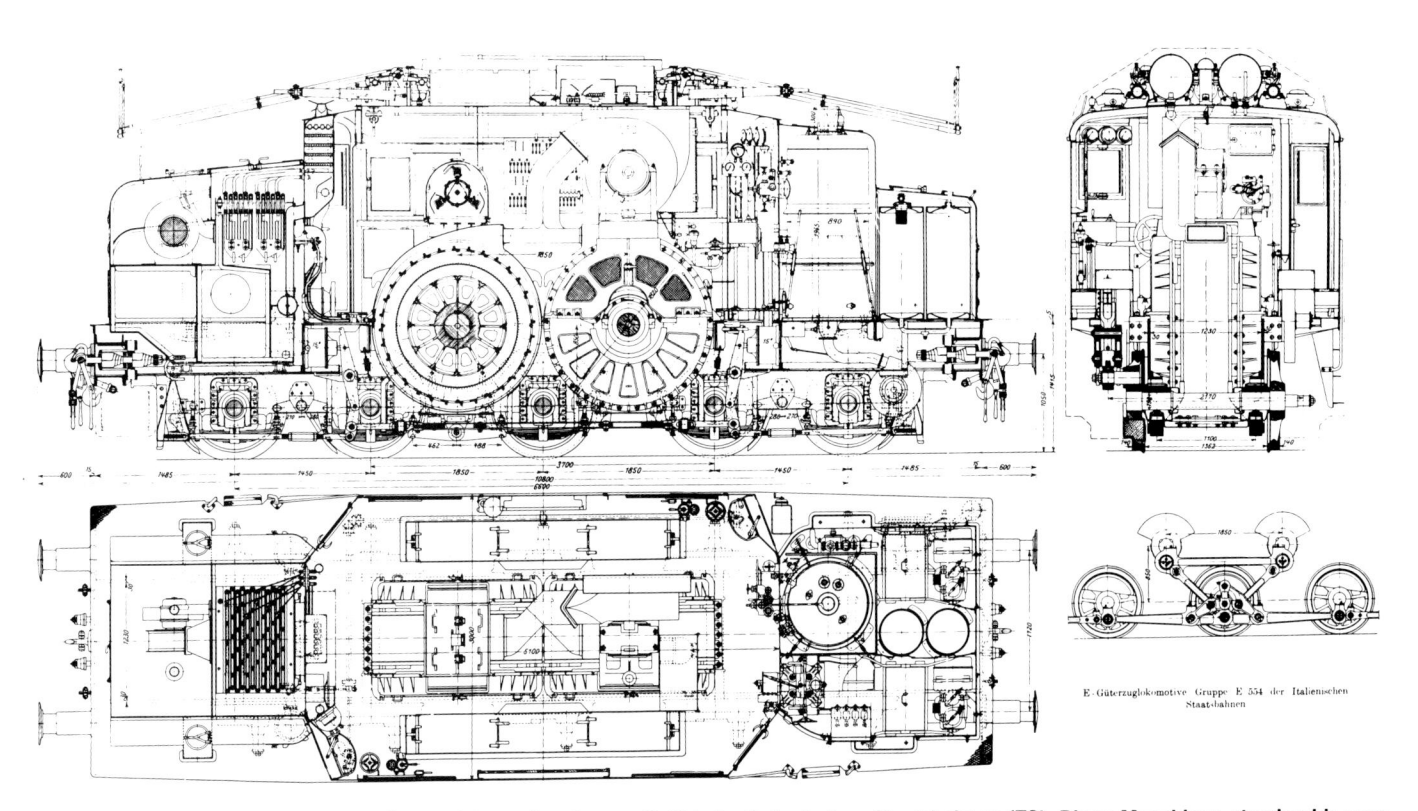

Abb. 090: Schnittbild der Drehstromgüterzuglokomotive Gruppe E 554 der Italienischen Staatsbahnen (FS). Diese Maschinen standen bis zum Jahre 1976 noch in den Diensten der FS (Grafik: FS).

Abb. 091: DE 2500 mit Steuerwagen als Versuchsfahrzeug für die Erprobung des Drehstromantriebs (Foto: BBC)

Rückwirkung zwischen Energieeinspeisung und Traktionsverhalten

Entscheidend bei der Betrachtung stromrichtergespeister Maschinen ist, daß das Traktionsverhalten, das früher ohne Steuer- bzw. Regeleingriff durch Stufung der Speisespannung und Motorkennlinien bestimmt war, nun durch Steuereingriffe über die Stromrichterstellglieder stufenlos und verzögerungsfrei beeinflußt werden kann, so daß »natürliche« Kennlinien ihre Bedeutung praktisch verloren haben.

Dies gilt für Gleichstrom- bzw. Mischstrommaschinen mit Anker- und Feldstromrichtern ebenso wie für Drehstrommotoren. Am Beispiel der Asynchronmaschine soll dies erläutert werden:

Der »klassische« Drehstrombahnmotor konnte nur mit fester Frequenz betrieben werden und hatte für seine durch Kaskadenschaltung bzw. Polumschaltung ermöglichten z. B. vier Dauerbetriebsbereiche aufgrund der steilen Motorkennlinien quasi feste Geschwindigkeitsstufen. In diesen Stufen konnte allerdings ein Schleudern nicht auftreten.

Der stufenlos mit variabler Frequenz gespeiste Asynchronmotor liefert im Anfahrbereich durch entsprechende Schlupfvorgabe konstantes Drehmoment, womit er die ideale Traktionseigenschaft aufweist. Bei Schleuderneigung ist allerdings ein »Umschwenken« auf eine steile Kennlinie erforderlich, d.h. die Frequenz muß in diesem Fall im weiteren Anstieg sofort begrenzt werden.

Diese steuerungstechnisch nicht einfach zu lösende Aufgabe wird bei Gruppenantrieben erleichtert durch Energieaustausch unter den Motoren. Einzelne Achsen können, vor allem bei Frequenzführung durch die stabilste Achse nicht schleudern, sondern zeigen ein Verhalten wie bei Festfrequenzbetrieb.

Gruppenantriebe mit nur zwei Motoren kommen in ihrer dynamischen Beherrschbarkeit an der Reibwertgrenze dem einzeln gesteuerten Achsantrieb sehr nahe, der vor allem bei starken Achsentlastungen theoretisch die beste Adhäsionsausnutzung erbringt. In der Praxis müssen mögliche Vorteile jedoch gegen den Mehraufwand bei Stromrichter und Steuerung abgewogen werden.

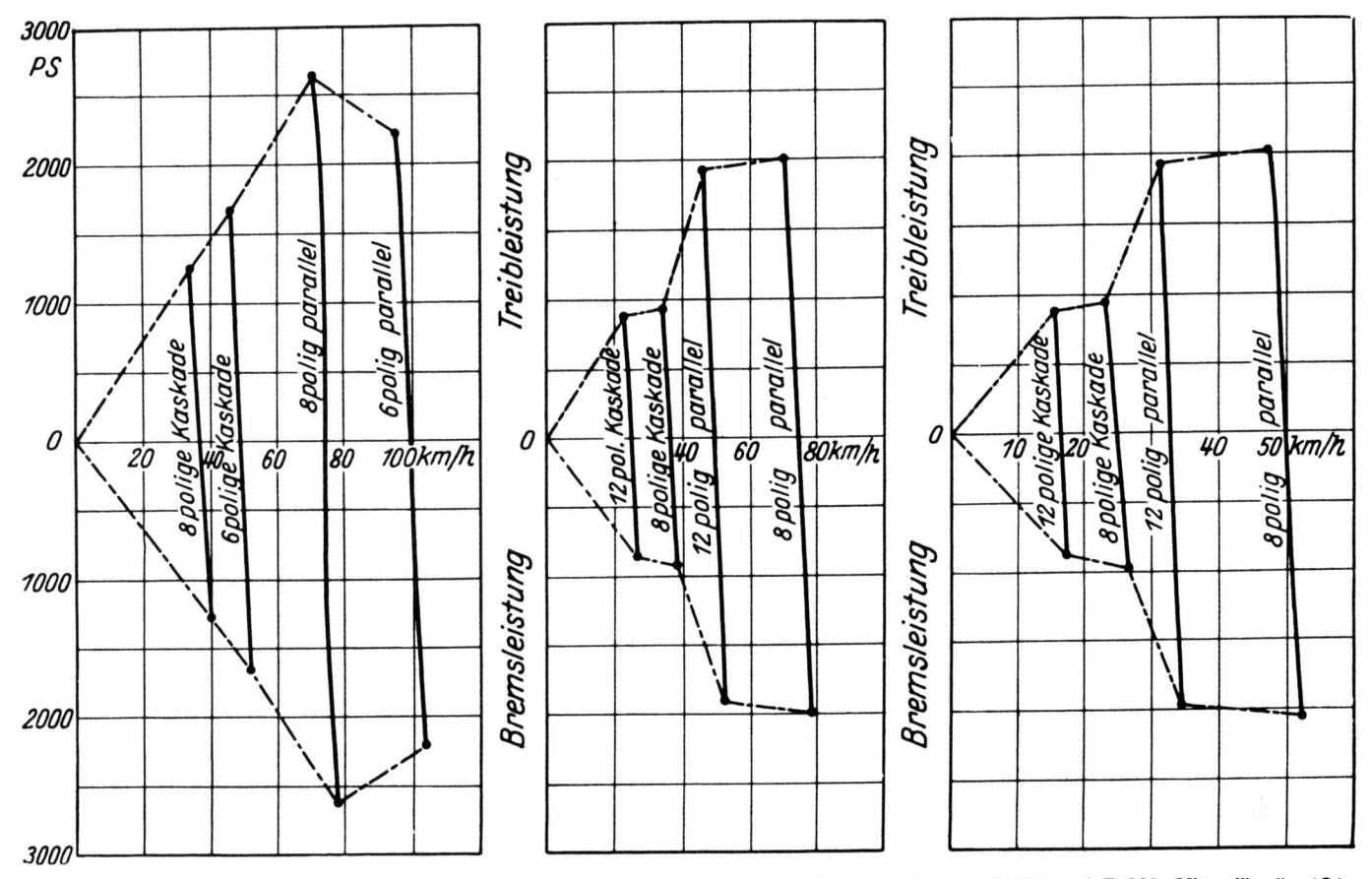

Abb. 092: Leistungsgrenzen von Drehstromlokomotiven; links für 2C2-Schnellzuglokomotive Gruppe E 331 und E 332, Mitte für die 1C1-Personenzuglokomotive Gruppe E 333 und rechts für die E-Güterzuglokomotive Gruppe E 552 (Grafik: FS)

2.3.1.2. Die Aufbereitung der elektrischen Energie zur Speisung der Drehstrom-Fahrmotoren

Randbedingungen für die Energieversorgung elektrischer Triebfahrzeuge

Die einpoligen Fahrleitungen der Bahnen (bei U-Bahnen Stromschienen) werden mit Wechsel- oder Gleichspannung über Unterstationen versorgt. Die Rückleitung übernimmt die Schiene. Neben einem guten Wirkungsgrad der Triebfahrzeuge, der bei Anwendung von Gleichstromstellern statt Anfahrwiderständen heute auch bei Gleichstromfahrzeugen vorauszusetzen ist, ist bei Wechselstromfahrzeugen der Leistungsfaktor entscheidend für die Dimensionierung der Stromversorgung.

Die Phasenverschiebung zwischen angebotener Spannung und aus der Fahrleitung entnommenem Strom muß möglichst gering sein, um nicht Blindströme erzeugen, transportieren und transformieren zu müssen.

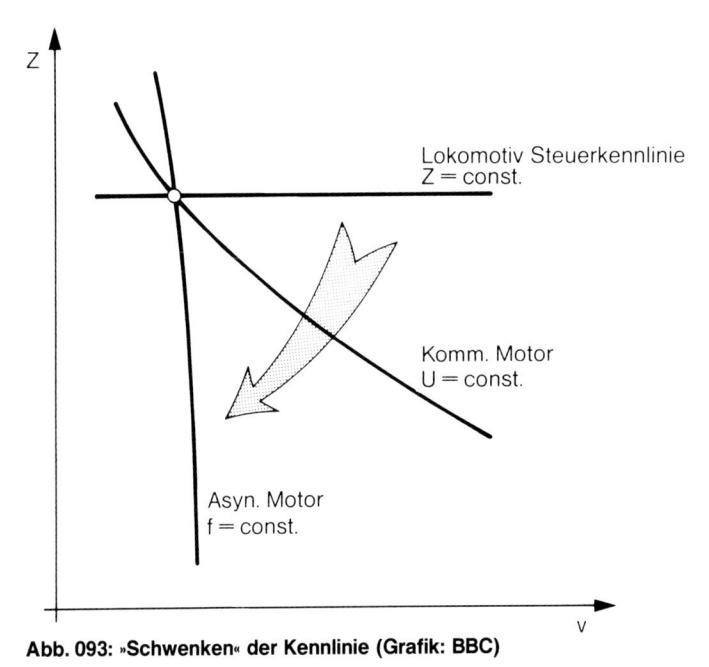

Abb. 093: »Schwenken« der Kennlinie (Grafik: BBC)

Zusätzlich ist ein möglichst sinusförmiger Strom zu fordern, weil Oberschwingungen im Gleisrückstrom Fernmeldeanlagen beeinflussen können und ggf. störend auf Gleisstromkreise der Signaltechnik wirken können. Die Beeinflussungsproblematik stellt sich auch bei Gleichstrombahnen, deren Gleisrückstrom keine störenden Wechselstromanteile enthalten darf. Nach der ersten breiteren Anwendung von Stromrichtern auf Bahnfahrzeugen mußten, vor allem nachdem teure nachträgliche Kompensationsanlagen und Maßnahmen an Gleisstromsystemen und Fernmeldekabeln erforderlich wurden, die Anforderungen an Leistungsfaktor und Störstrompegel verschärft bzw. neu formuliert werden. Bei Serien-Einführung stromrichtergespeister Drehstromantriebe auf Triebfahrzeugen lagen diese Forderungen im wesentlichen vor und konnten berücksichtigt werden.

Aufgabenstellung für die elektronischen Stell- und Steuerglieder

Die primäre Aufgabe für den die Maschine speisenden Stromrichter besteht darin, sie mit variabler Frequenz und Spannung bzw. Strom zu versorgen, damit sie das traktionstechnisch gewünschte Drehmoment erzeugen kann. Bei schlechten Adhäsionsverhältnissen muß das Drehmoment mit hoher Dynamik auf ein übertragbares Maß reduziert werden können.

Von der Netzseite her gesehen besteht für die Stromrichter die Aufgabe, die Energie für die am Rad gewünschte Zugkraft möglichst verzögerungsfrei zur Verfügung zu stellen, ohne das Netz mit Blindstrom und Oberschwingungen zu belasten und ohne Rückwirkungen auf Signal- und Fernmeldeanlagen zu verursachen. Für den Fall der Energie-Rückspeisung in die Fahrleitung gelten diese Forderungen in gleicher Weise.

Die Steuerung ist das zum Stromrichterstellglied gehörige Hilfsmittel, das unter Ausnutzung der Dynamik des Gesamtsystems für ein Optimum von Traktionsverhalten und Netzbelastung zu sorgen hat.

Stell- und Steuerglieder sollen verschleiß- und wartungsfrei und mit geringstmöglichem Aufwand realisiert werden. Für den Fall einer Störung sind einfach zu handhabende Prüfmöglichkeiten vorzusehen.

Konzeptionelle Lösung und Funktionsweise verschiedener »Drehstrom-Systeme«

Als Ende der sechziger Jahre der Stand der Halbleiterentwicklung eine Realisierung vom Umrichtern für Drehstromfahrzeugantriebe zuließ, wurden zunächst Pulswechselrichter mit konstanter Eingangsgleichspannung entwickelt.

Ein stromeinprägender Phasenfolge-Wechselrichter kam erstmals 1975 auf einem Straßenbahnfahrzeug zum Einsatz. Der Wechselrichter mit Synchronmaschine gewann für Traktionsanwendungen nach frühen Versuchen in der UdSSR erst in jüngster Zeit durch die Versuchslok 10004 der SNCF und der daraus abgeleiteten Planung für Serienfahrzeuge an Bedeutung.

Abb. 094: Kompensationsanlage in Pasing (Foto: BBC)

Jedes der Wechselrichtersysteme wird unabhängig von der Art der Fahrdrahteinspeisung von einem Eingangsstromrichter versorgt. Pulswechselrichter, die direkt am Gleichspannungsfahrdraht bzw. an der Stromschiene betrieben werden, stellen im allgemeinen aufgrund der zu beherrschenden Spannungsschwankungen keine wirtschaftliche Lösung dar.

Die verschiedenen Umrichtertypen sollen hier kurz beschrieben werden:

Beim Zwischenkreisumrichter mit eingeprägter Zwischenkreisspannung (U-Umrichter) wird aus der kondensatorgestützten Gleichspannung des Zwischenkreises durch Puls-Breitensteuerung ein in Amplitude und Frequenz variierbares dreiphasiges Spannungssystem erzeugt, so daß sich die zu gewünschter Drehzahl und Drehmoment erforderlichen Motorströme einstellen können.

Die Motorströme sind mit den gelieferten Spannungen nicht in Phase. Deshalb müssen die Haupt-Thyristorzweige mit antiparallelen Dioden versehen werden. Die Zwangslöschung über mit Hilfsthyristoren geschaltete Schwingkreise »lebt« aus der konstanten Zwischenkreisspannung.

Beim Zwischenkreisumrichter mit eingeprägtem Zwischenkreisstrom (I-Umrichter) wird der Drehstrommotor direkt mit dem Drehstromsystem versorgt, das dem gewünschten Betriebspunkt entspricht. Dem maschinenseitigen Wechselrichter wird vom Eingangsstromrichter, der die Leistungsverstellung übernimmt, der gewünschte Strom über die Zwischenkreisdrossel eingeprägt. Der Wechselrichter übernimmt lediglich die Frequenzverstellung. Daher ist ein zusätzliches Stellglied erforderlich. Die Schaltelemente des Wechselrichters brauchen nur für eine Stromrichtung ausgelegt werden. Da jedoch die sich einstellende Maschinenspannung mit den Motorströmen nicht in Phase ist, müssen die Elemente dieses Wechselrichters Spannungen in beiden Richtungen aufnehmen können.

I-Umrichter können Asynchron- oder Synchronmaschinen speisen. Da die Synchronmaschine über eine vom Wechselrichter getrennte Erregereinrichtung verfügt, kann der Wechselrichter ab einer bestimmten Drehzahl maschinengeführt betrieben werden. Da im Anfahrbereich die zur Fequenzverstellung benötigten Umschaltungen im Wechselrichter mit Hilfe des Eingangsstromrichters durchgeführt werden, benötigt der Wechselrichter keine Löscheinrichtungen, d.h. es können einfache Drehstrombrückenschaltungen eingesetzt werden. Dagegen verfügt der Wechselrichter zur Einspeisung einer Asynchronmaschine grundsätzlich über eine Löscheinrichtung, da die Maschine über den Wechselrichter magnetisiert wird. Abb. 095 zeigt die Prinzipschaltbilder der Wechselrichter.

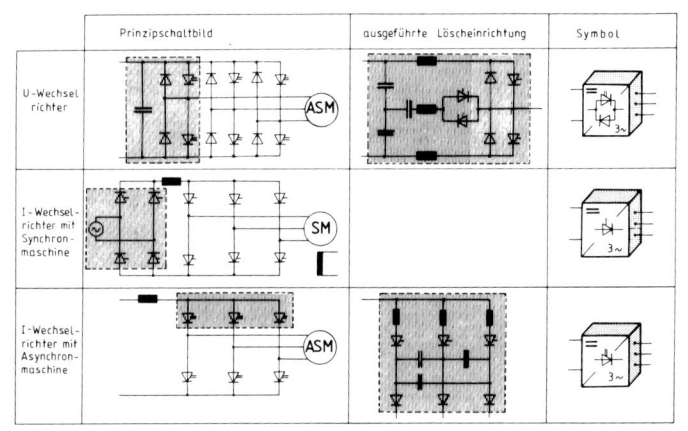

Abb. 095: Prinzipschaltbilder der Wechselrichter (Grafik: BBC)

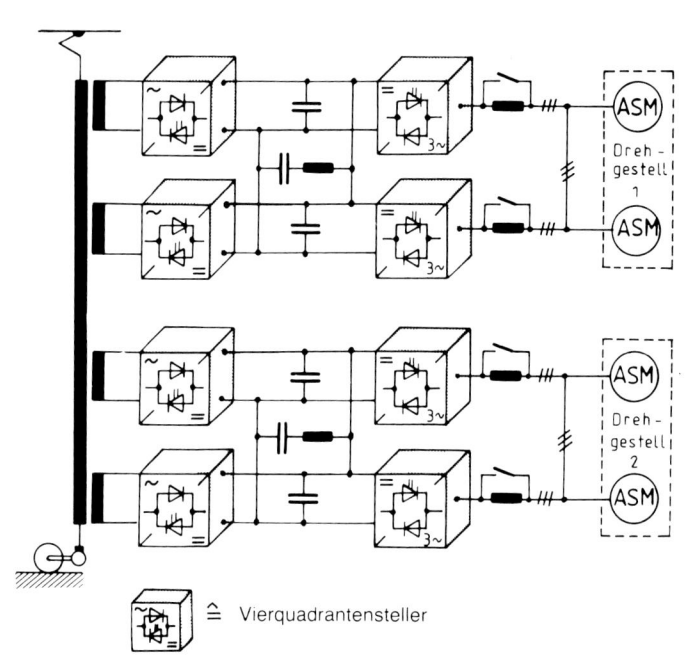

Abb. 096: Blockschaltbild der Gesamtanlage (Grafik: BBC)

Detaillösungen am Beispiel des »U-Systems«

Der Umrichter mit eingeprägter Zwischenkreisspannung wurde nach ersten Anwendungen für stationäre Industrie-Antriebe zunächst auch auf Fahrzeugen (Diesellokomotiven) über ungesteuerte Gleichrichter aus einem in der Spannung praktisch konstant gehaltenen Drehstromnetz gespeist.

Bei der Weiterentwicklung zu einem Umrichter für einphasige 16⅔ Hz-Einspeisung und für eine Fahrmotorleistung von 1,4 MW mußten etliche Randparameter berücksichtigt werden. Die Grundforderung nach kleinstem Volumen und Gewicht brachte mit sich, daß trotz scharfer Begrenzung der Stützung der Zwischenkreisspannung, d.h. der Zahl der Kondensatoren, Wege gefunden werden mußten, dynamische Vorgänge zwischen Rad und Schiene ohne Überdimensionierung des Wechselrichters sicher zu beherrschen. Die zweite Grundforderung war, einen deutlich besseren Leistungsfaktor als bei den üblichen Anschnittsteuerungen (z.B. DB-Triebzug 420) sicherzustellen. Dazu kam der Wunsch nach einer Netzbremse. Diesen Forderungen konnte nur eine gepulste Eingangsstromrichterschaltung gerecht werden. Der hierfür entwickelte Vierquadrantensteller (4q-S) wurde zudem in derselben Schaltung und konstruktiv einheitlich wie ein zweiphasiger netzseitiger Wechselrichter aufgebaut. Asynchronmotor und Transformator müssen beim Betrieb mit Pulsumrichtern mit einer Mindestinduktivität zur Begrenzung der Stromanstiege bei Anlegen von Spannungsblöcken versehen werden.

Während sich ein Transformator mit ausreichender Streuinduktivität wirtschaftlich realisieren läßt, wurde bei der Auslegung von Wechselrichter und Fahrmotor ein Optimum durch eine

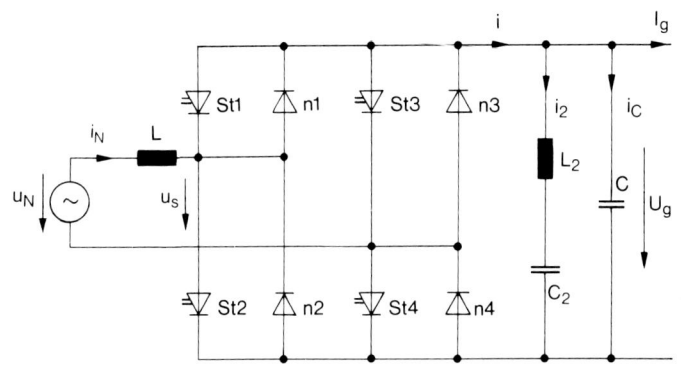

Abb. 097: Prinzip-Darstellung des Vierquadrantenstellers (4q-S) (Grafik: BBC)

dazwischengeschaltete Motorvordrossel gefunden, die durch Reduzierung der Oberschwingungen hohe Dauerströme im Stromrichter und Motor auch im niedrigen Geschwindigkeitsbereich zuläßt.

Zur Erzielung hoher Endzugkräfte bei großen Geschwindigkeiten wird sie mit einem dreipoligen Schütz überbrückt. Der »zweiphasige« 4q-S, der an einer Transformatorsekundärwicklung betrieben wird, erzeugt bei wirtschaftlicher Pulsfrequenz Transformatorströme mit Oberschwingungen, die alleine zu hohe psophometrisch bewertete Störströme verursachen, d.h. ggf. Fernmeldeanlagen beeinflussen könnten. Die bei einer Lokomotive auf mehrere Einheiten zu verteilende installierte Stromrichterleistung ermöglicht ohne Mehraufwand eine Aufteilung der 4q-S auf mehrere Transformator-Sekundärwicklungen. Bei versetzter Taktung der einzelnen 4q-S ist eine Reduzierung der Oberschwingungen auf zulässige Werte problemlos erreichbar.

2.3.1.3 Die Komponenten der Drehstromantriebstechnik der Lokomotive E 120

In der in mehreren Stufen von BBC Mannheim und der DB gemeinsam entwickelten Drehstrom-Systemtechnik der Lokomotive BR 120 ist als Antriebssystem das hier konzeptionell bereits beschriebene U-System mit Asynchronmotoren und 4q-S als Eingangsstromrichter verwirklicht worden.

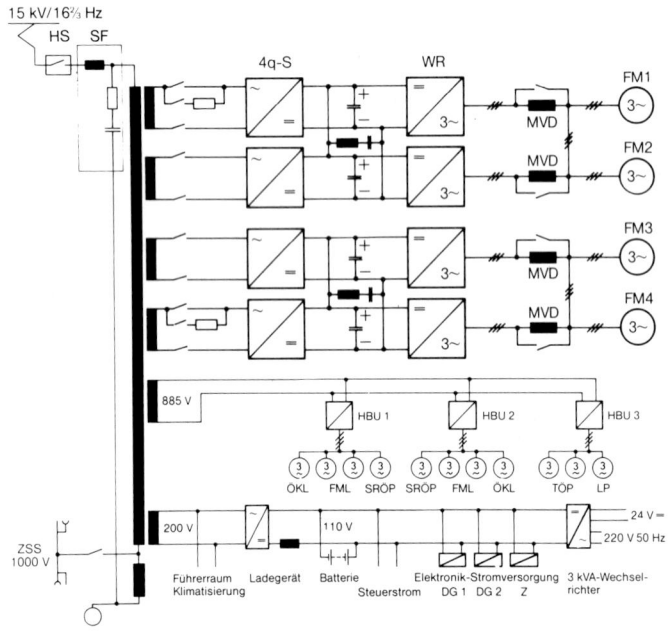

Abb. 098: Im Vergleich zu Abb. 096 verfeinertes Blockschaltbild der BR 120 (Grafik: BBC)

Der Übersichtsplan (Abb. 098) zeigt, daß die Motoren eines Drehgestells parallel geschaltet sind und von gleichspannungsseitig ebenfalls parallel geschalteten Wechselrichtern (WR) gespeist werden. Die beiden zugehörigen 4q-S, die den Zwischenkreis dieser Drehgestell-Anlage versorgen, haben ihre getrennten Transformator-Sekundärwicklungen, um die versetzte Taktung zu ermöglichen. Zwischen Transformator und 4q-S sitzt je Drehgestell-Anlage ein vierpoliges Schaltgerät, welches Potentialtrennung ermöglicht, aber nicht für das Schalten von Strom bemessen sein muß. Eine über Widerstände im Strom begrenzte Aufladeschaltung sorgt vor Freigabe der Stromrichter-Taktung für Aufladung der Zwischenkreis-Kondensatoren, damit WR und 4q-S kommutierungsfähig sind.

Motor und Antrieb

Bei der Entwicklung der neuen Lokomotive BR 120 war u.a. darauf zu achten, daß bewährte Konstruktionsprinzipien und Komponenten, die noch über Jahrzehnte in großen Stückzahlen bei anderen Baureihen im Einsatz sein werden, aus Gründen der Einheitlichkeit möglichst übernommen werden sollen.

Der Antrieb – so wird bei Lokomotiven üblicherweise die Kupplung zwischen Fahrmotorwelle und Radsatz bezeichnet – ist eine Komponente, die beim Übergang auf den umrichtergespeisten Asynchronmotor weitgehend übernommen werden konnte. Der bewährte Gummiring-Kardan-Antrieb der DB-Lokomotiven BR 103 und 181.2 ist bei fest im Drehgestell aufgehängtem Motor und Getriebe einfach aufgebaut – er besteht aus Hohlwelle, getriebeseitigen Lenkern und radsatzseitiger Gummi-Segmentfeder – und überträgt das Drehmoment winkelecht.

Die Antriebshohlwelle der BR 120 ist auch auf der Radsatzseite über Lenker mit Spherilasticlagern angekoppelt. Eine Torsionselastizität ist bei der vernachlässigbaren Drehmomentwelligkeit des Motors oder zum Schutz des Kollektors nicht erforderlich. Die Lenker sind auf beiden Seiten gegensinnig angeordnet, was die freie Querbewegung der Hohlwelle reduziert. Das Getriebe besteht aus jeweils zwei Großradkranz- und Ritzelhälften, die zu einer Pfeilverzahnung kombiniert sind. Der Schutzkasten ist aus Aluminium gefertigt und mit einer Feinstspalt-Labyrinth-Dichtung abgedichtet.

Bedingt durch Spurweite und Antriebskonstruktion ergibt sich für den Fahrmotor ein Einbauraum von 880 mm Länge und 880 mm Durchmesser. Es wurde eine vierpolige Ausführung gewählt. Für den Pulswechselrichter bedeutet dies eine maximale Taktfrequenz von 200 Hz. Eine hohe Nutenzahl ergibt geringe Oberschwingungen im Luftspaltfeld und eine gute Wärmeabgabe der Ständerwicklung. Der für eine Asynchron-Maschine große Luftspalt von 2,5 mm wird dem Bahnbetrieb gerecht. Der Ständer ist als Einschubständer in Micadur-Compact-Isolation ausgeführt. Nach Einlegen der glas- und glimmerisolierten Formspulen wird der komplette Aktivteil des Ständers in Vakuum mit Epoxidharz entsprechend Isolationsklasse F getränkt. Die Wicklung wird

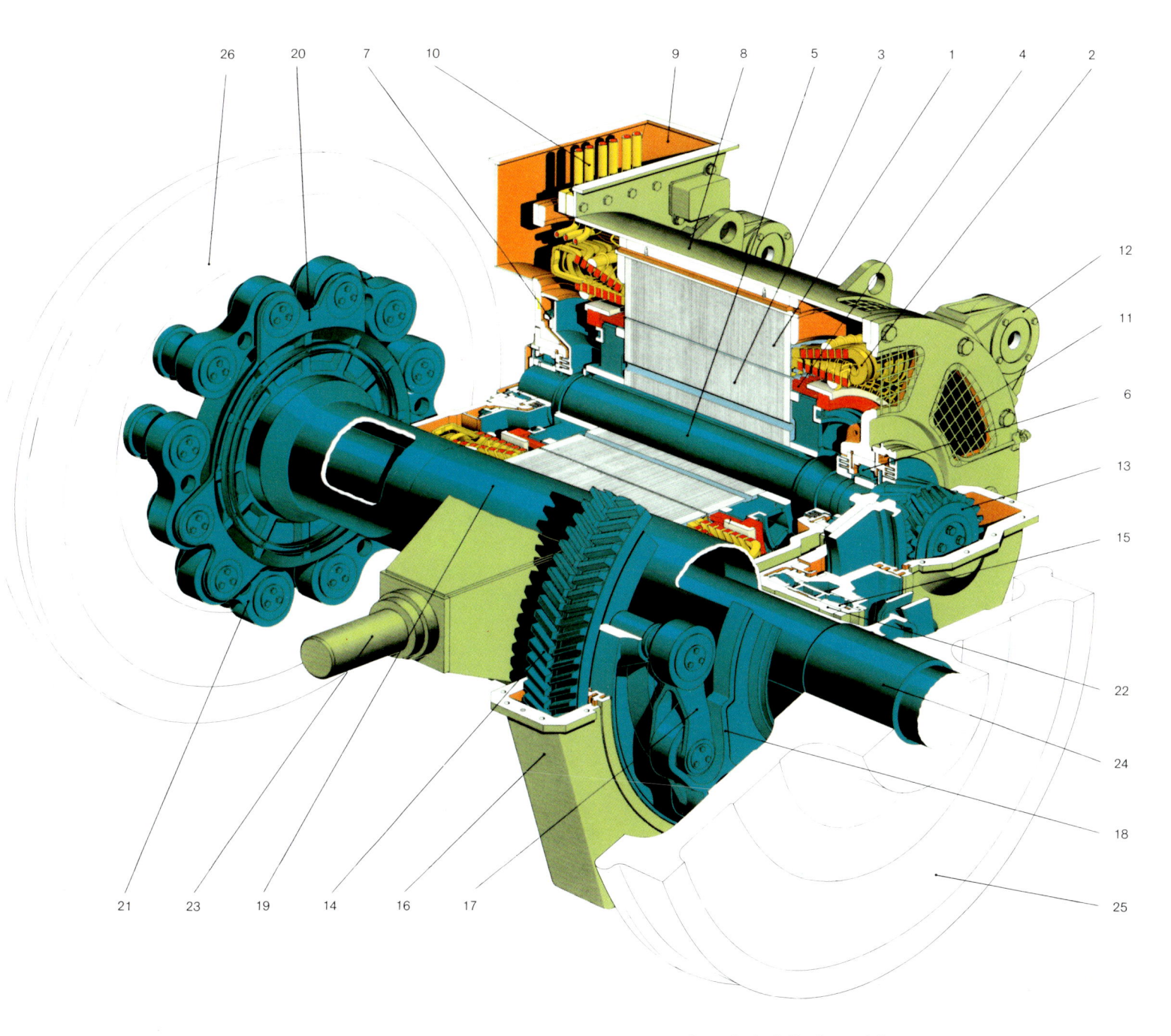

Fahrmotor

1 Ständerblechpaket
2 Ständerwicklung
3 Läuferblechpaket
4 Kurzschlußwicklung
5 Welle
6 Zylinderrollenlager
7 Impulszahnscheibe
8 Gehäuse
9 Lufteintrittsöffnung
10 Anschlußkabel
11 Luftaustrittsöffnungen
12 Befestigungsaugen

Getriebe

13 Ritzel
14 Großrad
15 Großradlager
16 Radschutzkasten

Gummigelenk-Kardanantrieb

17 Gelenkhebelkupplung
18 Hohlwellenstern
19 Hohlwelle
20 Gabelstern
21 Gelenkhebelkupplung
22 Hohlwellengehäuse
23 Tragarm

Radsatz

24 Radsatzwelle
25 Scheibenrad
26 Scheibenrad mit Antriebsbolzen

Abb. 099: Fahrmotor, Getriebe und Antrieb mit Radsatz der Drehstromlokomotive BR 120 (Grafik: BBC)

Abb. 100: Fahrmotor QD 646 der BR 120 (Foto: BBC)

Abb. 101: Einschub-Ständer des Fahrmotors der BR 120 (Foto: BBC)

durch einen Keil in der tiefen Nut gehalten. Zum Luftspalt hin wird die Nut durch einen zweiten magnetischen Keil verschlossen. Die tiefe Nut vergrößert die Streuung, was für den Pulsumrichterbetrieb erforderlich ist. Durch die Vornut zwischen den Keilen strömt Kühlluft. Bei der Ausführung der Wickelköpfe wurde ein Kompromiß zwischen kleiner Ausladung wegen der begrenzten Gesamtlänge und guter Kühlung gefunden. Die Spulen im Wickelkopf sind mit Glaskordeln verbunden, die nach dem Tränken feste freitragende Ringe bilden, die Stöße und Stromkräfte aufnehmen können ohne die Wärmeausdehnung der Wicklung einzuschränken.

Die Kurzschlußwicklung des Läufers besteht aus Kupferrechteckstäben, die mit den Kurzschlußringen hart verlötet sind. Zur Aufnahme der Fliehkräfte werden die Kurzschlußringe mit unmagnetischen Schrumpfringen versehen.

Der Motor ist fremdbelüftet. Die Kühlluft strömt in axialer Richtung durch Kühllöcher im Läufer, durch den Luftspalt, die Ständervornut und durch den Zwischenraum zwischen Einschubständer und Gehäuse.

Hohe Drehzahl und große Drehmomente erforderten einen Kompromiß bei der Auslegung des getriebeseitigen Lagers. Es wurde zudem zunächst Fettschmierung wie bei den bisherigen DB-Serienlokomotiven gewählt.

Die Betriebserprobung zeigte, daß Korrosionserscheinungen im Lagersitz zu Wellenanrissen führten. Es kam dadurch auch zu Wellenbrüchen. Eine verbesserte Lagersitzausbildung verbunden mit Übergang auf Ölschmierung, die aufgrund der Erhöhung der Geschwindigkeit auf 200 km/h ohnehin erforderlich wurde, brachte Abhilfe. Zugleich konnte die Wellendurchbiegung reduziert werden, weil das Lager schmierungsbedingt zum Getriebe hin verschoben wurde.

Abb. 102: Rotor des Fahrmotors der BR 120 (Foto: BBC)

Wechselrichter, Vierquadrantensteller und Zwischenkreis.

Die Umrichter der Lok BR 120 wurden für die Leistung je eines Fahrmotors dimensioniert. Dies führte bei den verfügbaren Thyristoren zu einer Reihenschaltung von zunächst vier Elementen bei einer Zwischenkreisspannung von 2800 V. Schaltung und konstruktiver Aufbau für den dreiphasigen Wechselrichter (WR) und den »zweiphasigen« Vierquadrantensteller sind identisch. Bei Pulsumrichtern muß bei der Konstruktion wegen der schnellen Schaltvorgänge besonders auf gleiche Leitungslängen für jede Phase geachtet werden. Bei gemeinsamem Zwischenkreiskondensator führte dies zu einer untermischten Anordnung von 4q-S- und WR-Phasen.

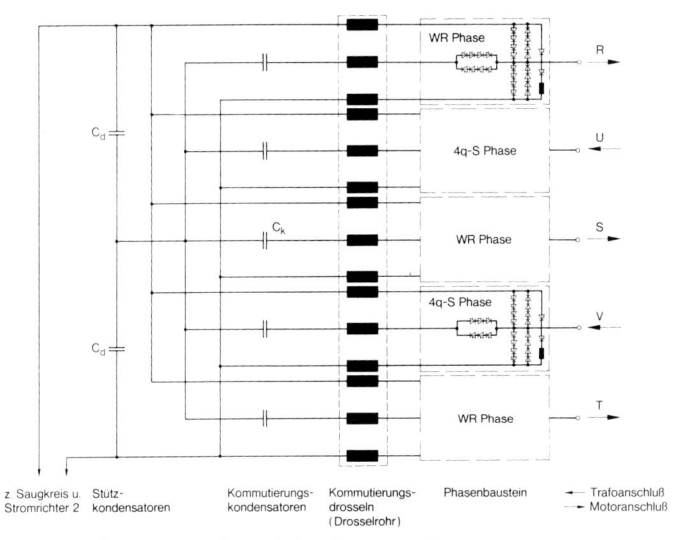

Abb. 103: Stromrichter-Schaltbild (Grafik: BBC)

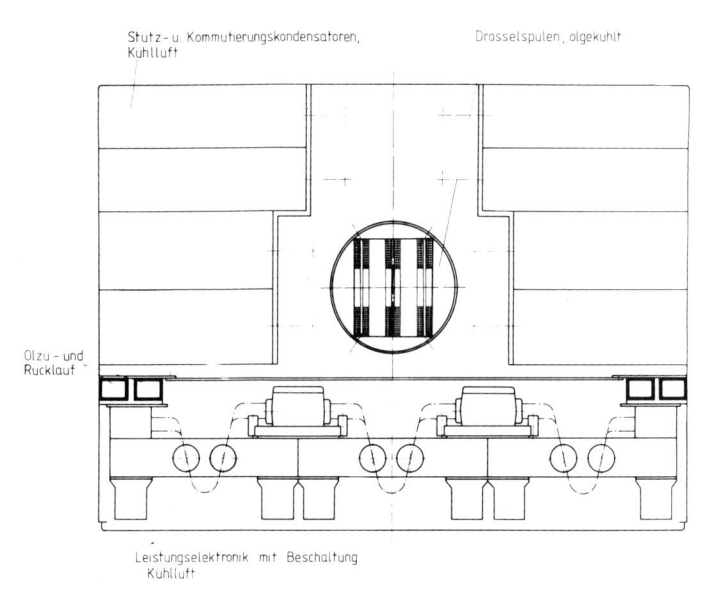

Abb. 104: Schnittbild des Stromrichters (Grafik: BBC)

Der erste in diese Art aufgebaute Umrichter für einen 1,4 MW-Motor wurde in einem Komponenten-Großversuch 1975 erprobt. Es zeigte sich, daß für eine luftgekühlte Konstruktion der Aufwand vom Volumen her nicht zu vertreten war. Die Kühlung der wesentlichen Verlustwärmeerzeuger des Stromrichters mit Öl ermöglicht die einfache Luftführung durch einen unempfindlichen Ölkühler und vermeidet die Probleme der Feuchtigkeit, Verschmutzung und Reinigung im Stromrichter.

Das Schnittbild des Stromrichters (Abb. 104) zeigt die Aufteilung in den vorderen Bereich mit Halbleitern, Beschaltung und Impulsübertragern. Der hintere Bereich mit Kommutierungskondensatoren und -drosseln sowie Stützkondensatoren ist durch eine Zwischenwand abgetrennt. Die Leistungshalbleiter, ihre Beschaltungswiderstände und die Kommutierungsdrosseln sind ölgekühlt. Die Kondensatoren sind in abgeschottete Schächte eingebaut und werden mit zwei Zusatzventilatoren belüftet.

Der WR- bzw. 4q-S-Phasenbaustein besteht aus den drei Teileinheiten Plus-, Minus- und Kommutierungszweig der bekannten sperrspannungsfreien Schaltung. Die 2 × 4 Scheibenzellen jedes Zweiges sind zu Doppelsäulen mit dazwischenliegenden öldurchströmten Kupferkühldosen aufgeschichtet. Ein Tausch der Leistungshalbleiter ist in eingebautem Zustand möglich.

Während der Betriebserprobung der Lok 120 zeigte sich die Möglichkeit einer Vereinfachung der Phasenbausteine. Die zusätzlichen Schutzthyristoren, die zunächst zur Entlastung der Hauptventile bei Schutzabschaltungen, d.h. Schnellentladung des Zwischenkreises, vorgesehen waren, konnten ausgebaut werden.

Außer den im Stromrichtergerüst untergebrachten Stützkondensatoren gehört zum Gleichspannungszwischenkreis noch ein Saugkreis, der die bei Einphasengleichrichtung grundsätzlich –

Abb. 105: 4q-S-Phasenbaustein (Foto: BBC)

auch bei gepulstem Eingangsstromrichter – entstehende zweite Oberschwingung übernimmt. Die Kondensatoren des 33⅓ Hz-Saugkreises sind in Gerüsten neben den Stromrichtern, die Drosseln im Transformatorkessel untergebracht.

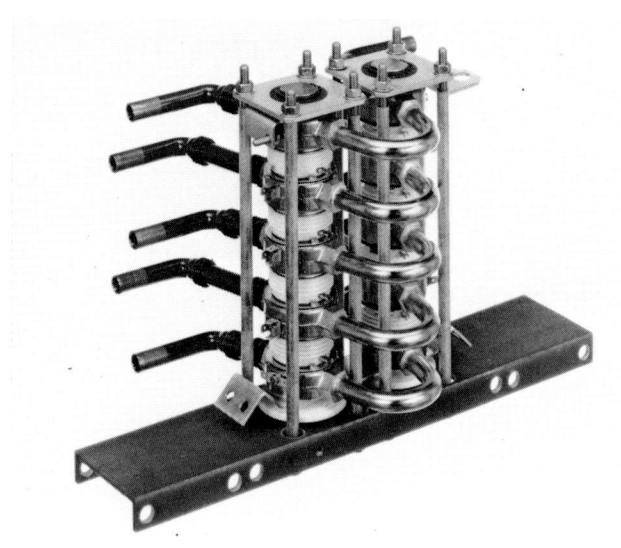

Abb. 106: Doppelsäule des 4q-S-Phasenbausteines (Foto: BBC)

Transformator

Der unter dem Lokomotivkasten angeordnete Transformator ist in seiner Konstruktion durch das gewählte Schaltungssystem bestimmt. Bei vorgegebenem Gewicht und Volumen war zudem maximale Leistung zu installieren, um die Traktionsleistung der Fahrmotoren und Stromrichter von 5,6 MW möglichst dauernd zur Verfügung stellen zu können.

Diese Forderungen waren nur bei hoher Eisen- und Kupferausnutzung, forcierter Ölkühlung und Verwendung eines Aluminiumkessels erfüllbar.

Der Aktivteil ist zweigeteilt, so daß vier getrennte Sekundärwicklungen und konzentrisch darüber vier parallelgeschaltete Hochspannungswicklungen symmetrisch angeordnet sind. Jeder 4q-S entnimmt seiner zugehörigen Sekundärwicklung einen Strom, der bezogen auf die Primärseite in Phase mit der Spannung ist. Die Sekundärwicklungen haben eine relative Kurzschlußspannung von 30 % gegen die Primärwicklungen. Wegen des Oberschwingungsgehalts der einzelnen 4q-S-Ströme haben die Sekundärwicklungen verroebelte Einzelleiter. Alle Wicklungen, auch die außen angebrachten Heiz- und Hilfsbetriebewicklungen, sind mit Nomex isoliert.

An den einseitig verlängerten Jochendblechen sind die beiden Saugkreisdrosseln aufgehängt und im Kesselboden gegengelagert.

Sämtliche Ölpumpen der Lok sind seitlich am Transformator angebaut.

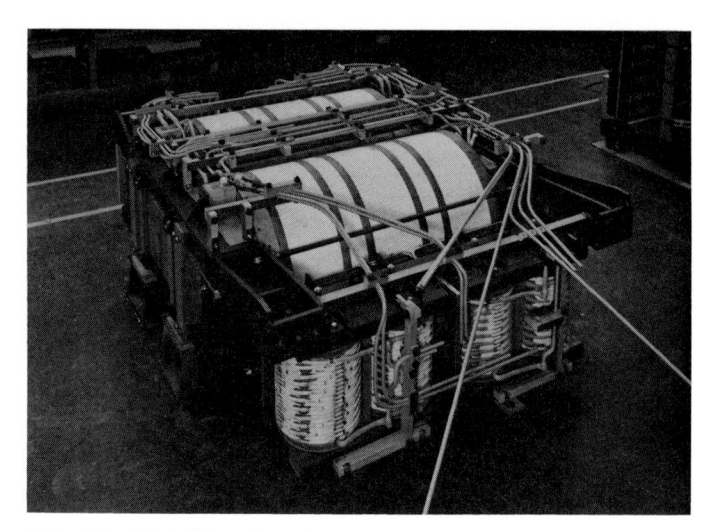

Abb. 107: Aktivteil des Transformators (Foto: BBC)

Steuerungselektronik

Die primäre Aufgabe der elektronischen Steuerung und Regelung ist es, Befehle des Lokführers umzusetzen in Ansteuerung von Schaltgeräten und Stromrichtern zur Erzeugung von Zug- und Bremskräften im Fahrmotor bzw. Radsatz.

Der Betriebszustand wird durch Meldeeinrichtungen angezeigt. Die Arbeitsweise der elektrischen Einrichtungen wird überwacht, um im Störungsfall durch gezielte Eingriffe Folgeschäden zu verhindern.

Da die elektrische Einrichtung der Lok BR 120 auf zwei unabhängige Drehgestell-Anlagen aufgeteilt ist, ist auch die elektronische Steuerung außer der zentralen Fahr- und Bremsbefehlbildung in zwei identische Drehgestellsteuerungen aufgeteilt, die aus aufgabenorientierten Funktionsgruppen bestehen.

Für die BR 120 wird die speziell für Fahrzeuganwendungen entwickelte BBC-Verkehrselektronik eingesetzt, weitgehend noch in verdrahtungsprogrammierter Technik. Im Zuge der Betriebser-

Abb. 108: Außenansicht des Transformators (Foto: BBC)

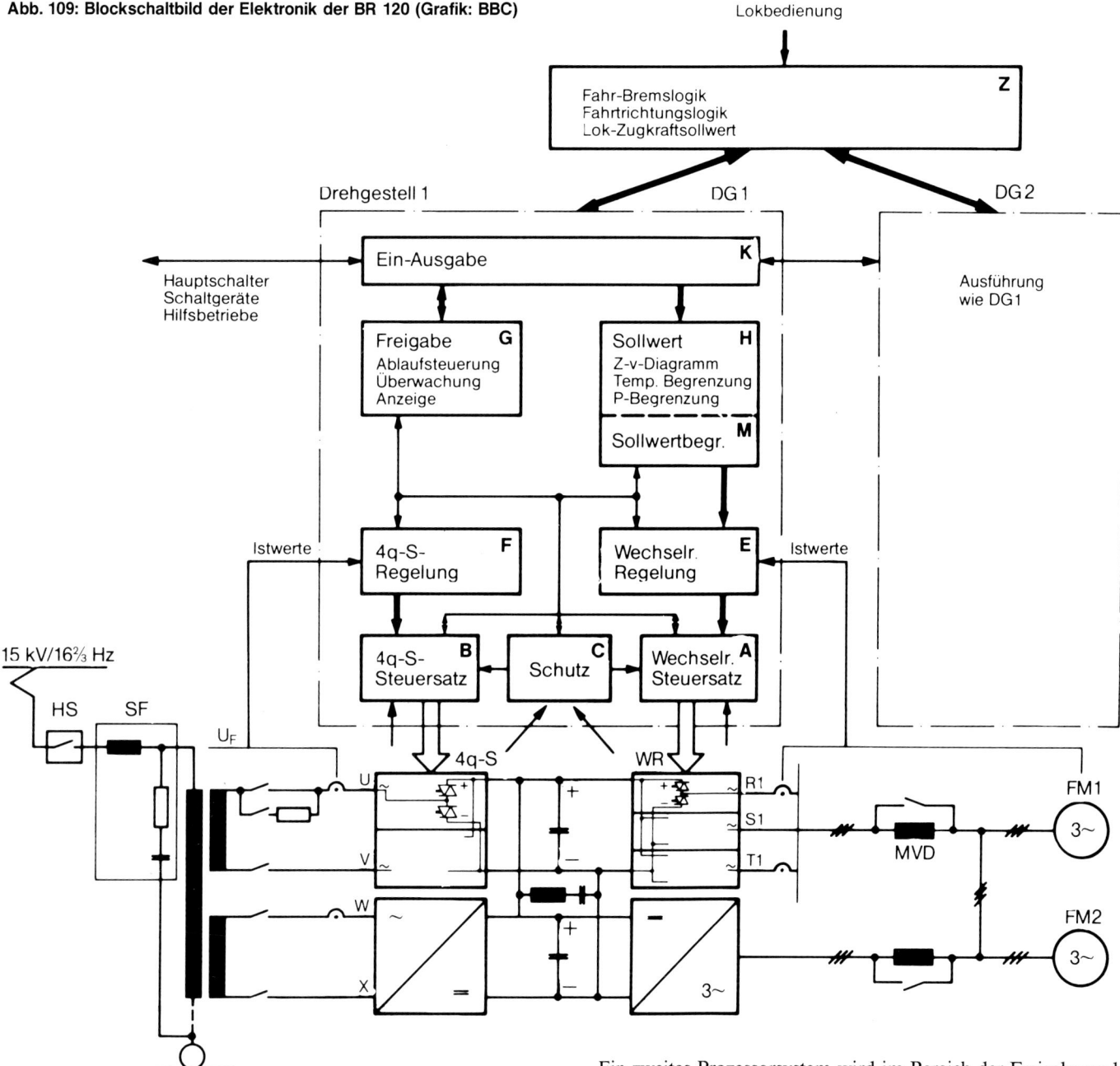

Abb. 109: Blockschaltbild der Elektronik der BR 120 (Grafik: BBC)

probung und der Optimierung des Zugkraftverhaltens der Lok kam im Bereich der Sollwertbeeinflussung zum selbsttätigen Ertasten der Reibwertgrenze ein dem heutigen Stand der Technik entsprechendes Mikroprozessorsystem zum Einsatz. Auf diese Weise ließe sich heute auch ein Großteil der übrigen Steuerungsaufgaben lösen. Durch die modulare Bauweise der Elektronik kann dieser Entwicklungsschritt auch stufenweise vollzogen werden.

Ein zweites Prozessorsystem wird im Bereich der Freigabe und Sollwertverarbeitung zum Einsatz kommen. Es wird mit der zusätzlichen Eigenschaft der Störungsregistrierung ausgestattet. In fünf Jahren harter Betriebserprobung hat sich gezeigt, daß dauernd anstehende Störungen sehr schnell zu lokalisieren und zu beheben sind. Die prozessorgesteuerte Störungsregistrierung ist erforderlich für das Aufspüren sporadisch auftretender Fehler, die auch bei hohem Qualitätsstandard der Fertigung von Bauelementen, Steckplatten, Steckern, Verdrahtung usw. nie ganz auszuschließen sind.

Hilfsbetriebe

Statische Umrichter zur Speisung von Drehstromhilfsbetriebemotoren haben sich auf verschiedenen Triebfahrzeugen schon seit etlichen Jahren bewährt. Unter der Voraussetzung, daß auf spezielle Transformatoren verzichtet werden kann, ist außer dem Vorteil des praktisch wartungsfreien Bordnetzes auch optimales Leistungsgewicht erreichbar.

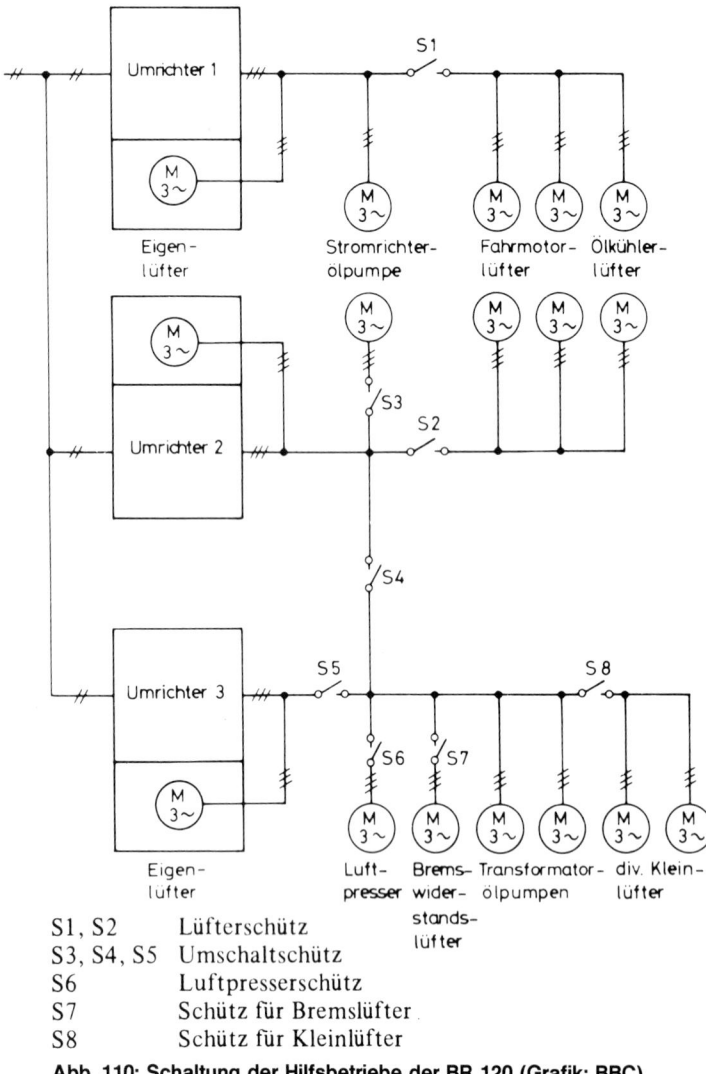

S1, S2	Lüfterschütz
S3, S4, S5	Umschaltschütz
S6	Luftpresserschütz
S7	Schütz für Bremslüfter
S8	Schütz für Kleinlüfter

Abb. 110: Schaltung der Hilfsbetriebe der BR 120 (Grafik: BBC)

Bei der Hilfsbetriebeversorgung der Lok E 120 wurde die Spannung der Transformator-Hilfsbetriebewicklung mit 885 V so gewählt, daß über den Zwischenkreis-Umrichter am Drehstromausgang direkt 440 V, 60 Hz zur Versorgung der Lüfter- und Pumpenmotoren erzeugt werden können. Die Spannungsschwankungen der Fahrleitung werden über den anschnittgesteuerten Eingangsgleichrichter des Umrichters ausgeregelt. Die Frequenzverstellung übernimmt ein aus dem Gleichspannungszwischenkreis betriebener Pulswechselrichter.

Abb. 111: Wechselrichter mit GTO-Löschung (Foto: BBC)

Die Hilfsbetriebe einer Drehgestell-Antriebsanlage werden von je einem eigenen Umrichter mit variabler Frequenz versorgt. Ein dritter Umrichter speist den Luftpresser, die Transformatorölpumpen und Zusatzlüfter mit Maximalfrequenz. Die von AEG entwickelten Umrichter wurden zunächst mit einer Transistor-Summenlöschung im Wechselrichter ausgerüstet. Nach anfänglichen Schwierigkeiten wurden im Verlauf der Lokomotiverprobung Löscheinrichtungen mit über das Gate abschaltbaren Thyristoren (GTO-Thyristoren) eingesetzt, um den Schwierigkeiten abzuhelfen und zugleich die Tauglichkeit im Hinblick auf die Serie zu testen.

2.3.1.4 Das Lokomotiv-Konzept

Einbauplanung; Belüftung

Die Anordnung des Transformators unter dem Lokkasten zwischen den Drehgestellen ermöglicht im Maschinenraum erstmals einen geraden durchgehenden Mittelgang. Von den stirnseitigen Durchführungen des Trafos werden die Stromrichter über die Gerüste 15 und 16, in denen sich Schaltgeräte und Saugkreiskondensatoren befinden, angeschlossen. Die Stromrichter 121/1 und 2 sind den Fahrmotoren des Drehgestells 1 zugeordnet.

Der Energiefluß für Drehgestell 2 verläuft spiegelsymmetrisch. Die Motorvordrosseln sind im Bereich der Fahrmotorluftkanäle angeordnet, durch die auch die Motorkabel geführt werden. Die zugehörigen Überbrückungsschütze befinden sich in den Gerüsten 17/1 und 2.

Diese dem Energiefluß entsprechende Anordnung der Hauptstromgeräte gestattet kurze Leitungslängen. Durch die Anordnung der Ölkühler neben den Stromrichtern ergeben sich auch kurze Rohrleitungen. Die Kühler für Transformatoröl und Stromrichteröl sind übereinander und belüftungsmäßig in Reihe angeordnet. Die Hilfsbetriebe-Versorgungseinrichtungen, Druckluftausrüstung, Störstromfilter und Steuerstromgerüst füllen den verbleibenden Raum. Die elektronische Steuerung ist in Schränken in der Führerraumrückwand untergebracht.

Die Gesamtanordnung bedingt eine Konzentration der nur schwach mit Maschinenraumluft belüfteten Stromrichter und Saugkreiskondensatoren über dem Transformator. Die Anordnung der Ölkühler und ursprünglich auch des Bremswiderstands, an dessen Stelle später Störstromfilter und LZB eingebaut wurden, mußte so erfolgen, daß die Zu- bzw. Abluftführung zwischen den Drehgestellen und dem Transformator möglich ist. Die großen Luftverbraucher – die Lüfter für Ölkühler, Fahrmotoren und Hilfsbetriebeumrichter – erhalten die Kühlluft über Lüftungsgitter und Kanäle direkt von außen. So bleibt der Maschinenraum sauber. Von dem Luftstrom für Fahrmotoren und Motorvordrosseln wird ein Teil in den Maschinenraum abgeleitet zur Kühlluftversorgung für die Leistungskondensatoren des Zwischenkreises.

Wartungsvoraussetzungen

Die Gerüste lassen sich als komplette Einheiten in kurzer Zeit ein- und ausbauen. Eine vollständige Prüfung wird vor dem Einbau durchgeführt. Der Anschluß in der Lok erfolgt über Klemmenstellen, die generell im Fußbodenbereich liegen. Alle Kabel werden vor Einbau der Gerüste anschlußfertig in der Lok verlegt.

Bei den Stromrichtern lassen sich komplette Phasenbausteine (nach Absenken des Ölspiegels) in der Lok austauschen. Thyristortausch ist – wie beschrieben – ohne Öffnen des Ölkreislaufs möglich. Die Zugänglichkeit zu den Geräten der Hilfsbetriebe- und Steuerstromkreise ist dadurch gegeben, daß im vorderen Bereich Drehrahmen als erste Einbauebene vorgesehen sind; der hintere Bereich ist nach Öffnen der Drehrahmen zugänglich; z.T. sind Gerüste begehbar ausgeführt.

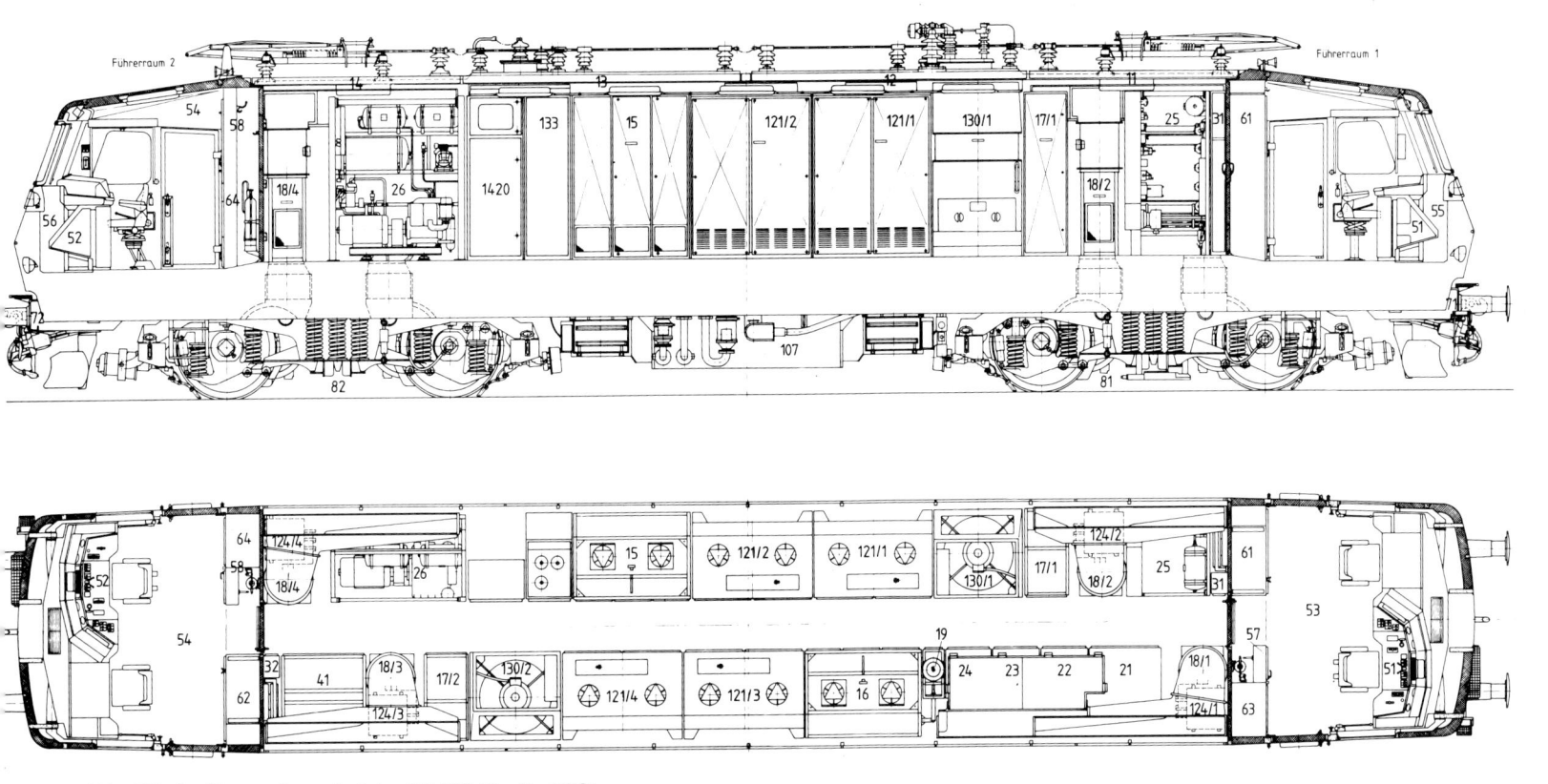

Abb. 112: Geräteanordnung bei der BR 120 (Grafik: BBC)

2.3.1.5 Die Voraussetzungen für den Betrieb – Wartung und Unterhaltung des elektrischen Teils

Die statischen Umrichter und Asynchron-Kurzschlußläufermotoren in den Haupt- und Hilfsstromkreisen sind im wesentlichen wartungsfrei. Lediglich die Motorlager müssen nach 2 Mio. Laufkilometern – dies ist die Zielsetzung – im Rahmen einer großen Revision der Lok getauscht werden.

Der Schwerpunkt der Wartung beim elektrischen Teil hat sich von der planmäßigen Unterhaltung verschleißbehafteter Komponenten (bei bisherigen Lokomotiven) zu Wartungsarbeiten bzw. zur Störungsbehebung verschoben, die lediglich im Bedarfsfall vorgenommen werden.

Deshalb müssen für das Suchen von möglichen Fehlerursachen und zur Behebung von Störungen genügend Melde- und Prüfeinrichtungen vorhanden sein. Wie schon bei bisherigen DB-Lokomotiven befinden sich über die Anzeigeninstrumente und Summenleuchtmelder die wichtigsten Informationen im direkten Blickfeld des Lokführers auf dem Führertisch. Zur weiteren Erläuterung einer möglichen Störung dienen Einzelleuchtmelder, die in einer Ebene über den Stirnfenstern zusammengefaßt sind. Diese Leuchtmelder zeigen bei einer Störung, z.B. bei Hauptschalterauslösung oder Ausfall einer Drehgestellanlage ein „Ursachengebiet" an, das dem Lokführer Informationen gibt, ob z.B. weiterer Betrieb mit einer Drehgestellanlage möglich ist.

Der Werkstatt ermöglichen diese übergeordneten Informationen den »Einstieg« in den richtigen Bereich, dessen Betriebszustand über zahlreiche Einzelmeldungen im Elektronikschrank und in den Hilfsbetriebeumrichtern angezeigt wird.

Für dauernd anstehende Störungen hat sich dieses gestufte Informationssystem bewährt. Für die Erfassung sporadisch auftretender Störungen erfährt die Lok 120, wie bereits erwähnt, eine Ergänzung in Form einer Registriereinrichtung, die auch bei nur kurzfristigem Auftreten einer Störung die wichtigsten Meldungen aus dem Leuchtmelder- und Einzelinformationsbereich speichert.

2.3.1.6 Der Stand der Technik

Erfahrungen mit System und Konstruktionselementen der Drehstromantriebstechnik bei anderen Bahnverwaltungen

Diesel- und Industrielokomotiven

Die ersten Lokomotiven mit umrichtergespeistem Drehstromantrieb waren die dieselelektrischen Lokomotiven DE 2500. Mit den Komponenten dieser Lok wurden bereits ab 1975 auch fahrdrahtgespeiste Industrielokomotiven ausgerüstet. Aufgrund der kleineren Leistung konnte hier der Gleichspannungszwischenkreis über Anschnitt-Gleichrichter und Glättungsdrosseln eingespeist wer-

Abb. 113: Blick auf den Führerstand der BR 120, oben im Bild das Fehlermeldetableau (Foto: BBC)

den. Auf optimales Netzverhalten und Rückspeisung beim Bremsen wurde verzichtet.

Mit denselben luftgekühlten Wechselrichtern und Fahrmotoren wurden in der Folgezeit Zweikraftloks mit Gleichstromeinspeisung und Dieselantrieb, sowie schwere sechsachsige Diesellokomotiven für die Norwegische und Dänische Staatsbahn geliefert. Ein weiteres Anwendungsgebiet sind Industrielokomotiven der 500 kW-Klasse, von denen inzwischen eine größere Anzahl in Betrieb genommen wurde. Die seit über zehn Jahren im Prinzip unveränderte, im Detail stets weiterentwickelte Technik zum Antrieb von Diesel- und Industrielokomotiven hat sich in bisher über 200 ausgeführten Anlagen bewährt und ist heute bereits zur Standard-Ausrüstung solcher Fahrzeuge geworden.

Aus den Industrielokomotiven abgeleitet wurden auch elektrische Verschiebelokomotiven für die Österreichischen Bundesbahnen, die zusätzlich im Nebenbahnbetrieb eingesetzt werden.

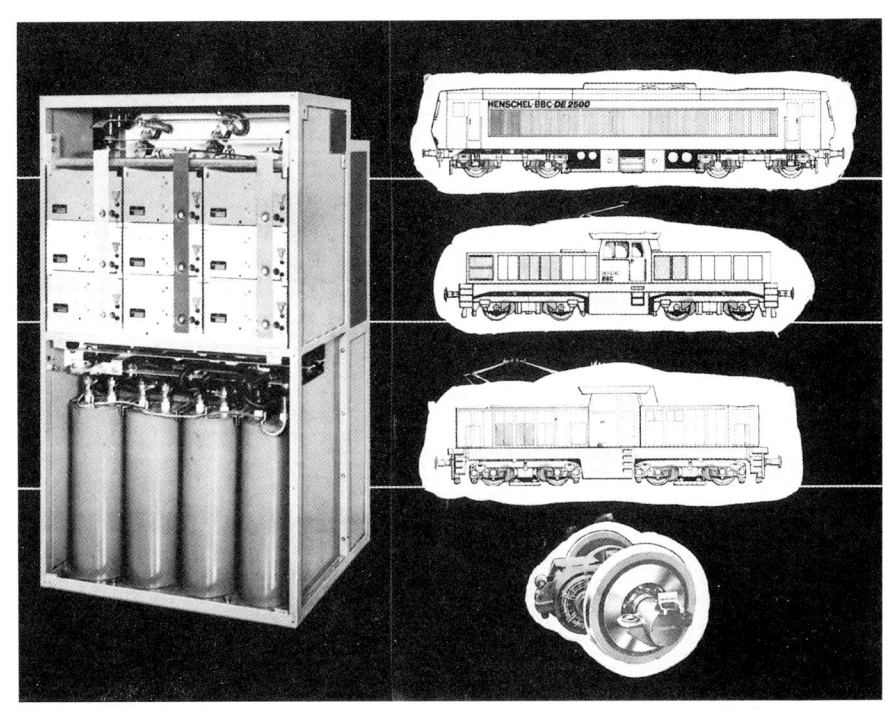

Abb. 114: Komponenten für Brennkraft- und Industrielokomotiven (Grafik: BBC)

Elektrische Lokomotiven

Hier sind in erster Linie die aus der BR 120 abgeleiteten Lokomotiven El 17 der Norwegischen Staatsbahn (NSB) und EA 3000 der Dänischen Staatsbahn (DSB) zu nennen.

Die Schaltung und die Ausführung der Stromrichter können als weitgehend identisch mit der Lok 120 bezeichnet werden.

Transformator, Fahrmotoren und periphere Geräte mußten für die geringere Leistung bzw. die 50 Hz-Speisung bei der DSB dimensioniert werden.

In beiden Anwendungsfällen werden nach ersten Prototyp-Lokomotiven jetzt Serienfahrzeuge gebaut bzw. vorbereitet.

Nicht unerwähnt bleiben sollte eine Anwendung des U-Umrichters auf einem Versuchsfahrzeug für die Niederländischen Eisenbahnen (1977/78), das mit Original-Stromrichter und Fahrmotor aus dem kurz zuvor abgeschlossenen Komponenten-Großversuch für die Lok 120 ausgerüstet war. Die Vierquadrantensteller wurde zu einem »Einquadrantensteller« umgebaut, der im »step up«-Verfahren aus 1500 V Fahrdrahtgleichspannung 2800 V Zwischenkreisspannung erzeugte. Einwandfreie Funktion und Einhaltung der geforderten Störstromwerte konnte nachgewiesen werden.

Nahverkehr

Seit der Erprobung des ersten I-Umrichters in einem Nürnberger Straßenbahnwagen durch Siemens nahm seit Ende der siebziger Jahre die Anwendung dieses Systems im Hinblick auf seine Eignung für den Nahverkehr kräftig zu. Z.Zt. kommen sowohl Gleichstromsteller (Chopper) mit Kommutatormotoren als auch I-wechselrichtergespeiste Asynchronmotoren bei neuen Nahverkehrsfahrzeugen zum Einsatz.

2.3.2. Zielsetzung und Entwicklung der elektrischen Lokomotiven Baureihe (BR) 120 in Drehstromantriebstechnik,
von Dipl.-Ing. Manfred Nießen

2.3.2.1 – Einführung

Den Verkehrsmarkt der Bundesrepublik Deutschland teilen sich verschiedene konkurrierende Verkehrsträger. Mit einem Anteil von ca. 30% im Güter- und ca. 7% im Personenverkehr trägt die Deutsche Bundesbahn (DB) maßgeblich zu den Verkehrsleistungen in der Bundesrepublik Deutschland bei. Dabei produziert die DB ihre Leistungen hauptsächlich auf der Schiene. Dazu steht ihr ein Streckennetz von rd. 28 000 km zur Verfügung. Mehr als 40% davon ist elektrifiziert, auf dem etwa 85% aller Transportleistungen in Bruttotonnenkilometern erbracht werden. Dieses Zahlenspiel unterstreicht eindrucksvoll die Bedeutung der elektrischen Zugförderung im Produktionsapparat der DB.

Abgesehen von elektrischen Triebzügen für den Nahverkehr in den Ballungszentren tragen heute etwa 2500 elektrische Lokomotiven die Hauptlast der elektrischen Zugförderung. Zum weitaus größten Teil wurden die Lokomotiven insbesondere im Zuge der Streckenelektrifizierung gebaut, im nennenswerten Umfang beginnend Anfang der 50er Jahre. Unter Berücksichtigung einer wirtschaftlichen Nutzungsdauer von 40 Jahren läßt sich aus den jährlichen Beschaffungsraten der Ersatzbedarf auszumusternder elektrischer Lokomotiven feststellen. Abb. 116 zeigt ab 1985 für einen Betrachtungszeitraum von 40 Jahren den Ablauf der wirtschaftlichen Nutzungszeit elektrischer Lokomotiven der DB. Dieses Bild gibt gleichzeitig den notwendigen Ersatzbedarf wieder, wenn von einem weitgehend unveränderten Produktionsprogramm ausgegangen wird. Der Kurvenverlauf in Abb. 116 ist zwangsläufig bestimmt durch die z.T. sehr unterschiedlichen jährlichen Elektrifizierungsraten seit 1945. Nachdem die Elektrifizierung des Streckennetzes der DB aus heutiger Sicht weitgehend ihren Abschluß gefunden hat, muß die DB im Hinblick auf eine preisgünstige Neubeschaffung einen ausgewogenen Ersatzbedarf elektrischer Lokomotiven anstreben. Im Zusammenhang mit dem Steuerungsinstrument der Ausmusterung von Triebfahrzeugen läßt sich erreichen, daß langfristig mit einer Beschaffungsrate von jährlich etwa 60 Lokomotiven der Bedarf gedeckt werden kann.

Auf die Deckung dieses Bedarfes hatte sich die DB rechtzeitig einzustellen. Dabei war es selbstverständlich, den produktionstechnisch wichtigen Teilbereich »Elektrische Triebfahrzeuge« in seiner Leistungsfähigkeit zumindest zu erhalten und insbesondere in bezug auf seine Wirtschaftlichkeit zu verbessern. Dies gelang durch die Anwendung neuzeitlicher Technik.

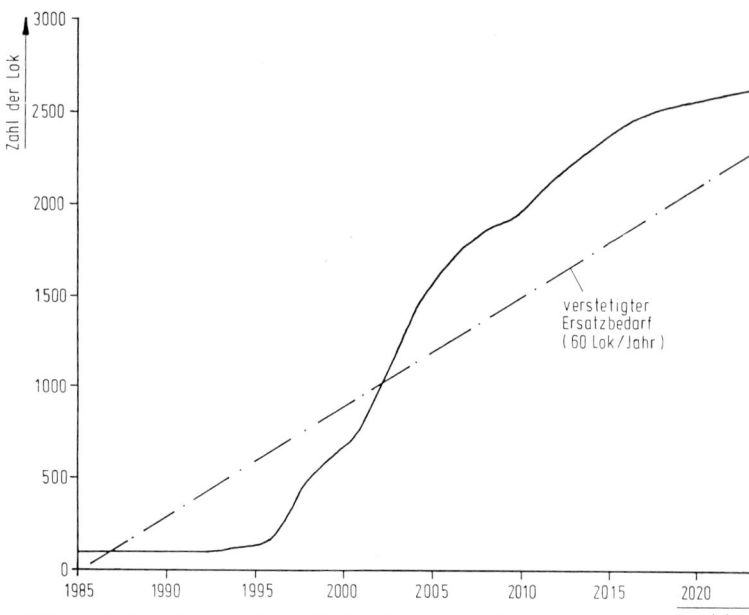

Abb. 116: Ablauf der wirtschaftlichen Nutzungszeit elektrischer Lokomotiven der DB (Grafik: DB)

In den 70er Jahren waren bereits Halbleiter verfügbar, die eine Verwendung des Drehstromantriebes für Schienenfahrzeuge hoher Leistungsfähigkeit möglich erscheinen ließen. So hat die deutsche Industrie in einem ersten Schritt dazu 3 dieselelektrische Lokomotiven des Typs DE 2500 mit Drehstromasynchronfahrmotoren gebaut und in Zusammenarbeit mit der DB auf deren Schienennetz seit 1971 erprobt. Nach der Entwicklung eines geeigneten Pulsstromrichters war dann die Voraussetzung gegeben, das in den Lokomotiven realisierte Drehstromantriebssystem unter den Betriebsbedingungen einer 15 kV/16⅔ Hz-Oberleitung zu betreiben. Die dabei gewonnen Erfahrungen ermutigten, die Komponenten des Drehstromantriebes unter Labor-Bedingungen so auszuloten, daß danach an den Entwurf leistungsfähiger Prototyplokomotiven gedacht werden konnte. Mit dem Ziel, eine neue Triebfahrzeuggeneration zu entwickeln, wurde 1975 ein mit allen Fachdiensten der DB abgestimmter Anforderungskatalog entworfen und davon abgeleitet 1976 ein Lastenheft für die Prototyplokomotiven BR 120 erstellt. Die danach gebauten Lokomotiven hat die DB seit 1980 intensiv im Betrieb und deren technische Leistungsfähigkeit in umfangreichen Versuchsreihen erprobt. Nach Verwirklichung notwendiger Ertüchtigungsmaßnahmen sowie zweckmäßig erscheinender Verbesserungen konnte Ende des Jahres 1983 die technische Serienreife der Lokomotiven BR 120 ausgesprochen werden. Darüber hinaus gelang es, aufgrund der gegenüber konventionellen Lokomotiven gegebenen Vorteile die Wirtschaftlichkeit der neuen Lokomotiven nachzuweisen. Damit war der Weg frei für deren Serienfertigung. Im November 1984 wurden die Verträge über den Bau und die Lieferung von

Abb. 115: 120 004 in ihrem Heimat-Bw Nürnberg 2 (27. 3. 1981, Foto: JMM)

zunächst 60 Lokomotiven der BR 120 abgeschlossen. Mit der Auslieferung der ersten Lokomotiven ist Anfang 1987 zu rechnen.

Im nachfolgenden Beitrag wird die Zielsetzung der neuen Lokomotivgeneration BR 120 in Drehstromantriebstechnik aufgezeigt und über die Entwicklung der Lokomotiven berichtet.

2.3.2.2. – Zielsetzung der neuen Lokomotivgeneration BR 120 für die DB

Die Bezugsgröße für die Weiterentwicklung einer bestehenden oder die Einführung einer neuen Lokomotivgeneration bildet stets das vorhandene Leistungsvermögen des Lokomotivparkes. Dabei wird unter dem Leistungsvermögen nicht das allein im engeren Sinne betriebliche verstanden, sondern hierzu zählen vielmehr alle die Wirtschaftlichkeit insgesamt bestimmenden Faktoren. Die Weiterentwicklung einer Lokomotivgeneration lohnt sich nur dann, wenn technisch gesehen genügend Entwicklungspotential für einen Innovationsschub vorhanden ist. Dies trifft jedoch heute für den bei der DB vorhandenen Lokomotivpark nicht zu. Die überwiegende Zahl aller elektrischen Lokomotiven ist mit dem aus den Anfängen des elektrischen Zugbetriebes bekannten Einphasenreihenschluß-Kommutatormotor ausgerüstet, der in Amplitudensteuerung über ein Stufenschaltwerk betrieben wird. Abb. 117a zeigt das Wirkungsprinzip dieses Antriebes. Im Verlauf seiner jahrzehntelangen Anwendung wurde dieses Antriebsprinzip hinsichtlich seines Leistungsvermögens und im technischen Detail soweit weiterentwickelt, daß heute größere Verbesserungen nicht mehr zu erwarten sind. Kennzeichen dieser Entwicklung waren bei der DB die Verwirklichung elektrischer Lokomotiven der sog. »Einheitsbaureihen«. Sie wurden nach denselben Gesichtspunkten unter weitgehender Vereinheitlichung von Bauelementen – wie z. B. der Fahrmotoren – auch bereits in modularer Bauweise nach instandhaltungsminimierenden Gesichtspunkten gebaut. Wegen der bekannten Kommutierungseigenschaften des Einphasenreihenschlußmotors war es unumgänglich, artspezifische Lokbaureihen speziell für einen bestimmten Einsatzbereich – schneller Reisezugverkehr einerseits, schwerer Güterzugverkehr andererseits – zu entwickeln. Abb. 118 gibt einen Überblick über das derzeitige Betriebsprogramm der DB und läßt erkennen, wie die verschiedenen Lokbaureihen zur Erfüllung dieses Betriebsprogrammes eingesetzt werden.

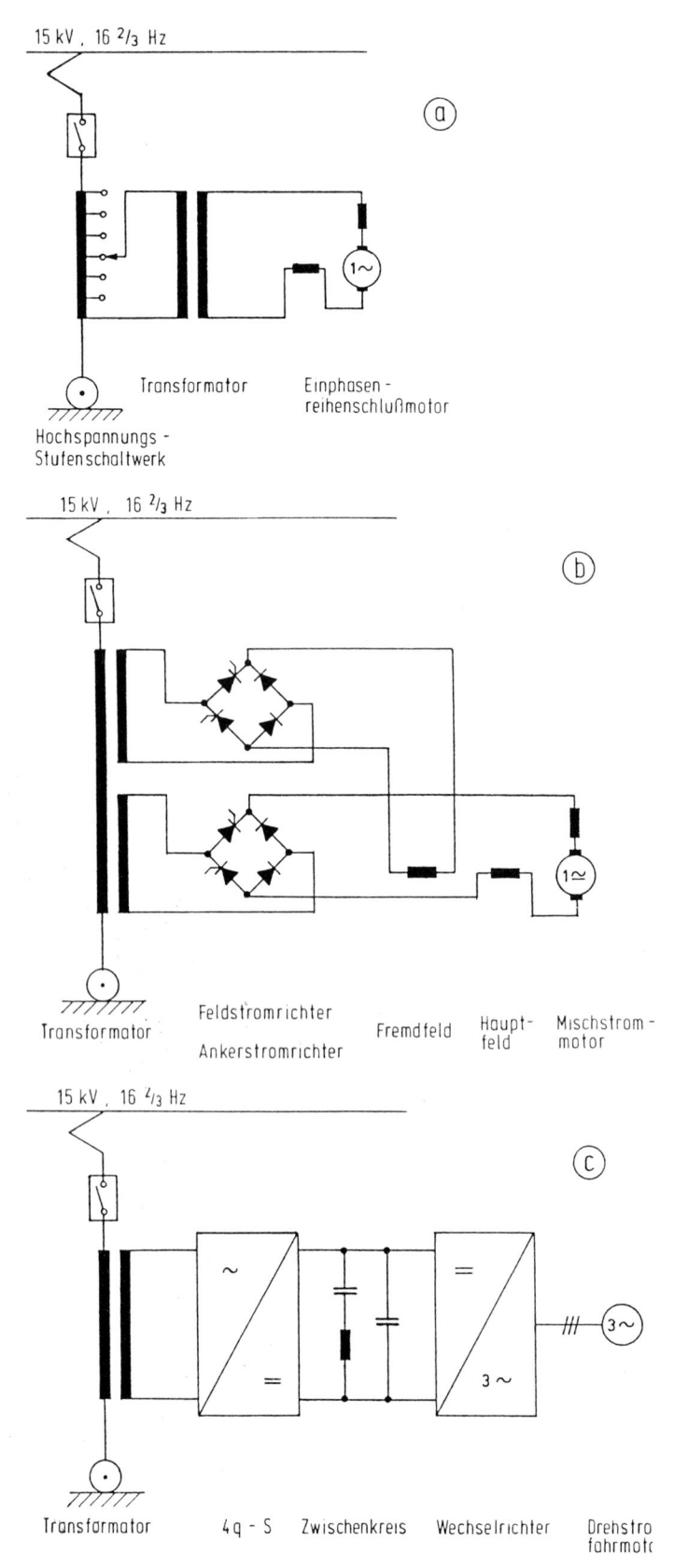

Abb. 117: Wirkprinzip verschiedener Antriebe für Schienentriebfahrzeuge:
a) **Amplitudensteuerung mit Stufenschaltwerk und Einphasenreinschlußmotor**
b) **Stufenlos arbeitende Thyristor-Anschnittsteuerung und Einphasen-Mischstrommotor**
c) **Drehstromantrieb mit statischen Umrichtern und Asynchronfahrmotoren**
(Grafik: DB)

	Personenzüge			Güterzüge			
	D	IC	SPNV	Ng	Dg	Gag	Sg/TEEM
Höchstgeschwindigkeit des Zuges (km/h)	140	160	200	120 (140)	80	80	80	100
Wagenzuggewicht (t)	700	700	500	150	1500	2200	2700	1500
Baureihe 103	▨	▨						
110	▨		▨					
111	▨		▨					
140					▨	▨	▨	
141				▨				
151					▨	▨	▨	
120	▩	▩	▩	▩	▩	▩	▩	▩

Abb. 118: Betriebsprogramm der DB (Grafik: DB)

Das Vordringen der Leistungselektronik befruchtete auch die Weiterentwicklung der Antriebstechnik für Schienentriebfahrzeuge. Insbesondere in Schweden, später dann auch u.a. in Österreich und der Schweiz fand die Thyristor-Anschnittsteuerung in Verbindung mit Mischstromkommutatormotoren Verwendung (Abb. 117b). Damit war eine weitere Erhöhung der spezifischen Leistungsfähigkeit elektrischer Triebfahrzeuge verbunden, die typischen Nachteile des Kommutatormotors konnten aber auch hier nicht beseitigt werden. Darüber hinaus lassen sich mit dieser Antriebstechnik Leistungsfaktoren λ zwischen 0,6 und 0,8 erzielen, was sich schlechter darstellt als die bis dahin übliche Antriebstechnik mit Amplitudensteuerung und dann zu entsprechenden Aufwendungen bei ortsfesten Anlagen der elektrischen Zugförderung führt. Diese Antriebstechnik hat sich bei der DB nicht auf breiter Basis durchsetzen können. Abgesehen von den S-Bahn-Triebzügen ET 420, sind nur 25 elektrische Zweisystemlokomotiven der BR 181.2 mit Thyristoranschnittsteuerung für den grenzüberschreitenden Verkehr mit Frankreich und Luxemburg ausgestattet.

Bereits Anfang der 80er Jahre galt das Interesse der DB verstärkt den Entwicklungstendenzen, den einfach aufgebauten und robusten Drehstromasynchronmotor mit Einspeisung über statische Umrichter für Schienentriebfahrzeuge zu nutzen. Abb. 117c zeigt das Prinzip dieser Antriebsart, wie es auch schließlich für die Lokomotiven BR 120 verwendet wurde: Aus dem 15 kV/-16 2/3 Hz-Oberleitungsnetz wird Energie entnommen und über Vierquadrantensteller nach Gleichrichtung einem spannungsgeführten Zwischenkreis zugeleitet. Daraus bezieht der nach dem Unterschwingungsverfahren arbeitende Pulsstromrichter Gleichstrom zur Umrichtung in Drehstrom für den Betrieb der asynchronen Drehstromfahrmotoren.

Dieses Antriebsprinzip war bislang neu für die DB. Nach den ermutigenden Erfolgen aber mit dieser Antriebsart in den dieselelektrischen Lokomotiven DE 2500, der daraus abgeleiteten Lokomotiv-Steuerwagenkombination sowie den Laborversuchen zur Abschätzung der in einem Lokomotivantrieb mit 21 t Radsatzlast installierbaren elektrischen Leistung konnte die Zielsetzung leistungsfähiger elektrischer Lokomotiven in Drehstromantriebstechnik beschrieben werden. Grundlage der Zielbeschreibung bildete eine vierachsige Lokomotive mit einem Reibungsgewicht von 84 t und einer installierten Dauerleistung von 5600 kW. Zur Absicherung der sicherlich nicht geringen Erwartungen in diese neue Antriebstechnik hat die DB 5 Prototyplokomotiven beschafft. Die Zielsetzung für diese Lokomotiven wird nachstehend zusammengefaßt.

Betriebliche Merkmale

Die betrieblichen Merkmale werden weitgehend durch die Eigenschaften des über statische Umrichter gespeisten Drehstromasynchronfahrmotors bestimmt. Dieser Motor ist wegen der nicht mehr dort vorhandenen Kommutierungseinrichtung sehr einfach aufgebaut und kann aufgrund der dadurch möglichen hohen Drehzahlen auch erheblich leichter und kleiner als vergleichbare 16 2/3-Hz-Fahrmotoren gebaut werden. Bei entsprechend konstruktiver Auslegung eines zweiachsigen Drehgestells resultieren daraus außerordentlich günstige lauftechnische Eigenschaften des Fahrzeuges, u.a. durch Realisierung geringer unabgefederter Massen in den Laufwerken. Weiter ist es möglich, den asynchronen Fahrmotor bei Speisung mit varibaler Spannung und Frequenz in seinem gesamten Drehzahlbereich ohne Einschränkung zu nutzen. Durch eine entsprechende Auslegung des Drehmoment-/Drehzahlverhaltens gelingt es, mit einem solchen Antrieb hohe Zugkräfte bei hoher Kraftschlußbeiwertausnutzung sowohl bereits im Stillstand als auch beim Anfahren hinreichend lange aufzubringen. Somit wird es möglich, Triebfahrzeuge mit Drehstromantriebstechnik freizügig und ohne Einschränkung in ihrem gesamten Geschwindigkeitsbereich so zu betreiben, daß sowohl schwere Güterzüge als auch schnelle Reisezüge gleichermaßen gut gefahren werden können. Damit gelingt es, die noch bestehende Typenvielfalt herkömmlicher Lokomotiven auf nur eine Lokomotiv-Baureihe zu reduzieren. Daraus ergibt sich ein bemerkenswerter Rationalisierungseffekt hinsichtlich

- Reduzierung der Anzahl der Lokomotiven durch eine verbesserte Disposition
- Verminderter Ausbildungs- und Einsatzaufwand für das Triebfahrzeugpersonal und
- Verminderter Vorhaltungsaufwand durch vereinfachte Ersatzteilvorhaltung.

Abb. 119: Erste »interne« Vorstellung der neuen DB-Baureihe 120: 120 001 vor dem Werkgelände von Krauss-Maffei in München-Allach am 14. 5. 1979 (Foto: JMM)

Betriebliches Leistungsvermögen

Die Vorteile dieser Antriebstechnik müssen ihren Niederschlag finden in dem betrieblichen Leistungsvermögen. Als Zielwerte gelten die derzeitigen Betriebsprogramme der DB, wie sie von den schweren 6-achsigen herkömmlichen Lokomotiven der BR 103 im Reisezugverkehr und der BR 151 im Güterzugverkehr (s. auch Abb. 118) realisiert werden:
– Reisezüge bis zu 650 t Anhängelast mit v = 200 km/h
– Güterzüge bis zu 2700 t Anhängelast mit v = 80 km/h und
– Güterzüge bis zu 1500 t Anhängelast mit v = 100 km/h.

Nach Ablauf der rd. vierjährigen Erprobungszeit war nachgewiesen, daß die Lokomotiven BR 120 insbesondere in Verbindung mit einer stufenlos arbeitenden und auf max. Zugkraftausnutzung ausgerichteten Steuerung und Regelung bei einem Reibungsgewicht von 84 t in der Lage sind, dieses Betriebsprogramm ohne Einschränkung zu erfüllen. Damit gelingt es, die Lokomotiven herkömmlicher Bauart ohne Abstriche zu ersetzen; diese Situation trägt wesentlich zur Wirtschaftlichkeit der Lokomotiven BR 120 bei. Abb. 120 symbolisiert anschaulich die universelle Einsatzmöglichkeit dieser Lokomotiven vor Reise- und Güterzügen.

Technische Merkmale

Die gewählte technische Konzeption des statischen Umrichters für den Drehstromantrieb mit Vierquadrantensteller, Gleichspannungszwischenkreis und Pulswechselrichter erlaubt ohne weiteren technischen Aufwand auch die Rückspeisung der beim Bremsen von Zügen rückgewinnbaren Energie in das Oberleitungsnetz. Weiter gelingt es, durch eine geregelt versetzte Taktung des Vierquadrantenstellers Eingangsstrom und Eingangsspannung in Phase bzw. in Gegenphase so zu betreiben, daß sich nach außen diese Lokomotiven mit einem äußerst günstigen Leistungsfaktor $\lambda \approx 1$

Abb. 120a und b: Universelle Verwendung der Lokomotiven BR 120 vor Reise- und Güterzügen (Fotos: DB)

darstellen. Beide Merkmale, Netzbremsfähigkeit und hervorragender Leistungsfaktor, verbessern durch Rückgewinnung von Bremsenergie und weitgehender Vermeidung von Blindleistung im vorgeschalteten Bahnstromnetz die Wirtschaftlichkeit der neuen Lokomotivbaureihe.

Wegen der im Antriebssystem der Lokomotiven BR 120 ablaufenden nichtlinearen Vorgänge werden, verteilt über ein weites Frequenzband, Spannungen und Ströme unterschiedlicher Intensität erzeugt, die in bestimmten Frequenzlagen zu unerwünschten Beeinflussungen von Signal- bzw. Fernmeldeanlagen führen können. Ziel muß es daher sein, durch technische Einrichtungen Beeinflussungen ortsfester Anlagen zu vermeiden. Im Rahmen der Betriebserprobung der Prototyplok wurde dieser Problembereich untersucht und dabei geeignete Lösungen wie
– Geregelt versetzte Taktung der Vierquadrantensteller zur Vermeidung von 100 Hz-Beeinflussungen und
– Einsatz eines Störstromfilters im Primärkreis der Lokomotive zum Abbau der Beeinflussung von Tonfrequenz- und Fernmeldeanlagen
gefunden und realisiert.

Instandhaltungsmerkmale

Die Anwendung des Drehstromantriebskonzeptes mit Speisung über statische Umrichter ermöglicht den Übergang von verschleißbehafteter zu weitgehend verschleißloser Bauweise durch Verwendung elektronischer Bau- bzw. Schaltelemente. Dies revolutioniert in gewisser Weise das gesamte Instandhaltungswesen: Die heute noch praktizierte vorbeugende Instandhaltung zur möglichst störungsfreien Überbrückung bis zum nächstfolgenden Instandhaltungszeitpunkt wird bei Einführung der Drehstromantriebstechnik abgelöst durch eine bedarfsorientierte Instandhaltung. Das hat Auswirkungen bis zur Neuorientierung der Instandhaltungsstruktur. Ziel der Instandhaltung sind die Verwirklichung folgender Grenzwerte:
– 100 000 km als kürzester Fristabstand im Betriebswerk
– 1 000 000 km als Laufkilometer-Grenzwert für Drehgestelle und
– 2 000 000 km als Laufkilometer-Grenzwert für den Fahrzeugaufbau.

Wirtschaftlichkeit

Erstmals bei der DB war mit der Einführung einer neuen Lokomotivbaureihe der detaillierte Nachweis der Wirtschaftlichkeit verbunden. In eine derartige Wirtschaftlichkeitsbetrachung haben alle maßgebenden Faktoren einzufließen. Diese müssen in ihrer Gesamtheit erfaßt und sorgfältig quantifiziert werden. Für den Nachweis der Wirtschaftlichkeit ist die DB von der Zielvorstellung ausgegangen, im Verlauf einer 40-jährigen Nutzungszeit alle dort anfallenden Ersatzbeschaffungen durch die neuen elektrischen Lokomotiven BR 120 zu decken. Die Bewertung der dadurch anfallenden Investitionsraten, eingeschlossen aller die Wirtschaftlichkeit maßgebenden Parameter, fand nach der bekannten Vorgehensweise der Kapitalwertmethode statt. Die dabei zunächst abgeschätzten Randbedingungen bzw. Einflußfaktoren wurden durch eine zweckgebundene Betriebserprobung der Prototyplokomotiven BR 120 bestätigt. So darf davon ausgegangen werden, daß das rechnerische und für die Lokomotiv-BR 120 positive betriebswirtschaftliche Ergebnis hinreichend abgesichert ist.

Zusammen mit dem Nachweis der Wirtschaftlichkeit und dem positiven Endergebnissen aus der Betriebserprobung der Prototyplokomotiven war die Voraussetzung gegeben, diese Lokomotivbaureihe in Serie zu beschaffen. Nachfolgend wird der Entwicklungsstand dieser Serienlokomotiven beschrieben.

2.3.2.3 – Entwicklungsstand der Serienlokomotiven BR 120

Technik der Lokomotiven

Konzeption des elektrischen Teiles

Die im voranstehenden Abschnitt dargestellten Zielvorstellungen sind 1976 in ein Lastenheft für die Lokomotiv-BR 120 umgesetzt worden. Das Lastenheft enthält die detaillierte technische Beschreibung des Fahrzeuges aus der Sicht des Anwenders. Danach wurde die Konzeption der Lokomotive festgelegt. Abb. 123 läßt die wesentlichen Komponenten der Drehstromantriebstechnik für die Lokomotiv-BR 120 erkennen.

Danach gibt es zwei voneinander unabhängige, drehgestellbezogene Hauptstromkreise. Je Drehgestell sind jeweils 2 Stromrichter vorhanden (Abb. 124). Diese bestehen aus Vierquadrantensteller, Gleichspannungszwischenkreis und Wechselrichter, die eingangsseitig über einen einfach aufgebauten Transformator gespeist werden. Für die erste konzeptionelle Realisierungsphase hat die DB akzeptiert, daß die Antriebe eines Drehgestelles wegen der angespannten Gewichtssituation und des beschränkten Einbauvolumens des elektrischen Teils zunächst im Zwischenkreis mit einem gemeinsamen Saugkreis und auf der Ausgangsseite der Stromrichter mit einer Drehstromsammelschiene gekoppelt werden. Diese Anordnung erfordert zunächst gewisse Zugeständnisse des gekoppelten Antriebes in einem Drehgestell hinsichtlich der Zugkraftausnutzung. Die bisherigen Betriebserfahrungen zeigen, daß zur bestmöglichen Ausnutzung der Zugkraftübertragung der einzeln gesteuerte und geregelte Antrieb vorteilhafter sein wird.

Auf der Primärseite des Transformators ist zur Reduktion von Störströmen im Tonfrequenzbereich, zur Vermeidung von elektrischen Resonanzen im Oberleitungsnetz sowie zur weiteren Verminderung des psophometrisch bewerteten Störstromes ein Hochspannungsfilter angeordnet.

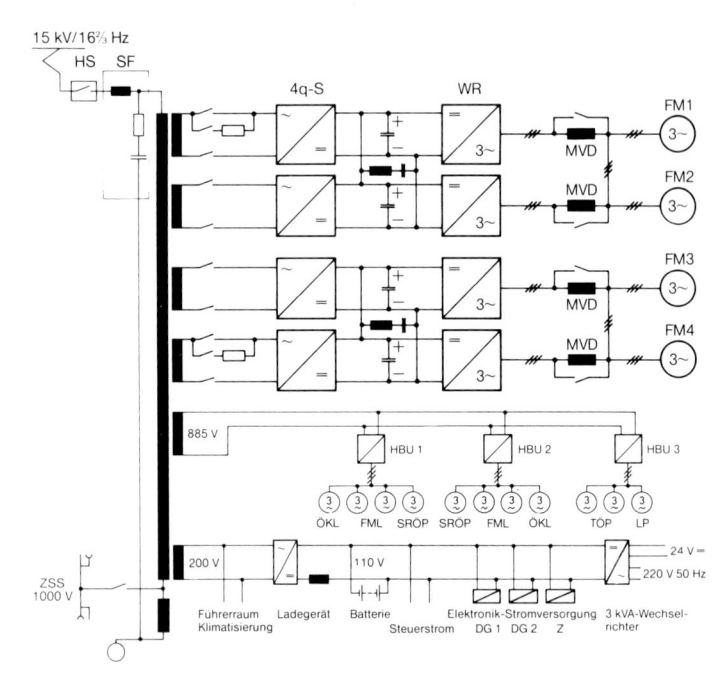

Abb. 123: Komponenten der Drehstromantriebstechnik bei der Lokomotive BR 120 (Grafik: BBC)

Zur Einhaltung der Gewichtsbilanz wurde das gewichtssparende Drehstrombordnetz mit Speisung über statische Umrichter zur Versorgung der Hilfsbetriebe, wie Lüftermotoren, Ölpumpen usw. gewählt. Abb. 123 zeigt, daß jeweils zwei baugleiche Hilfsbetriebeumrichter (HBU) drehgestellbezogen die entsprechenden Hilfsbetriebe mit spannungs- und frequenzvariabler Energie versorgen. Dies hat den Vorteil, daß die Drehzahlen der angeschlossenen Hilfsbetriebe je nach Bedarf gestellt werden. Ein dritter HBU übernimmt die Versorgung der weitgehend drehzahlunabhängig arbeitenden Transformatorölpumpen und des Luftpressers. Mit einer automatisch arbeitenden Auswahlschaltung wird dafür gesorgt, daß bei Ausfall eines HBU die Hilfsbetriebe wenigstens noch eines Drehgestelles einschließlich der Luftversorgung der Lokomotive aktiv bleiben und die Zugfahrt mit einem arbeitenden Drehgestell fortgesetzt werden kann.

Die statischen Umrichter (Abb. 125) arbeiten nach dem System des spannungsgeführten Zwischenkreises. Sie waren zunächst mit transistorgelöschten Wechselrichtern ausgerüstet. Mit Nutzung der technischen Neuerungen erhalten die Hilfsbetriebeumrichter

Abb. 121 und 122: 120 004 zusammen mit einer Lok BR 140 auf ▶ Versuchsfahrt zwischen Erlangen und Nürnberg bei Eltersdorf (27. 3. 1981, Foto: JMM). Auf dem unteren, im Bahnbetriebswerk Nürnberg 1 aufgenommenen Bild demonstriert 120 001 mit der Dampfschnellfahrlok 05 001 aus dem Jahre 1934 fast 50 Jahre Lokomotivgeschichte (Oktober 1983, Foto: JMM).

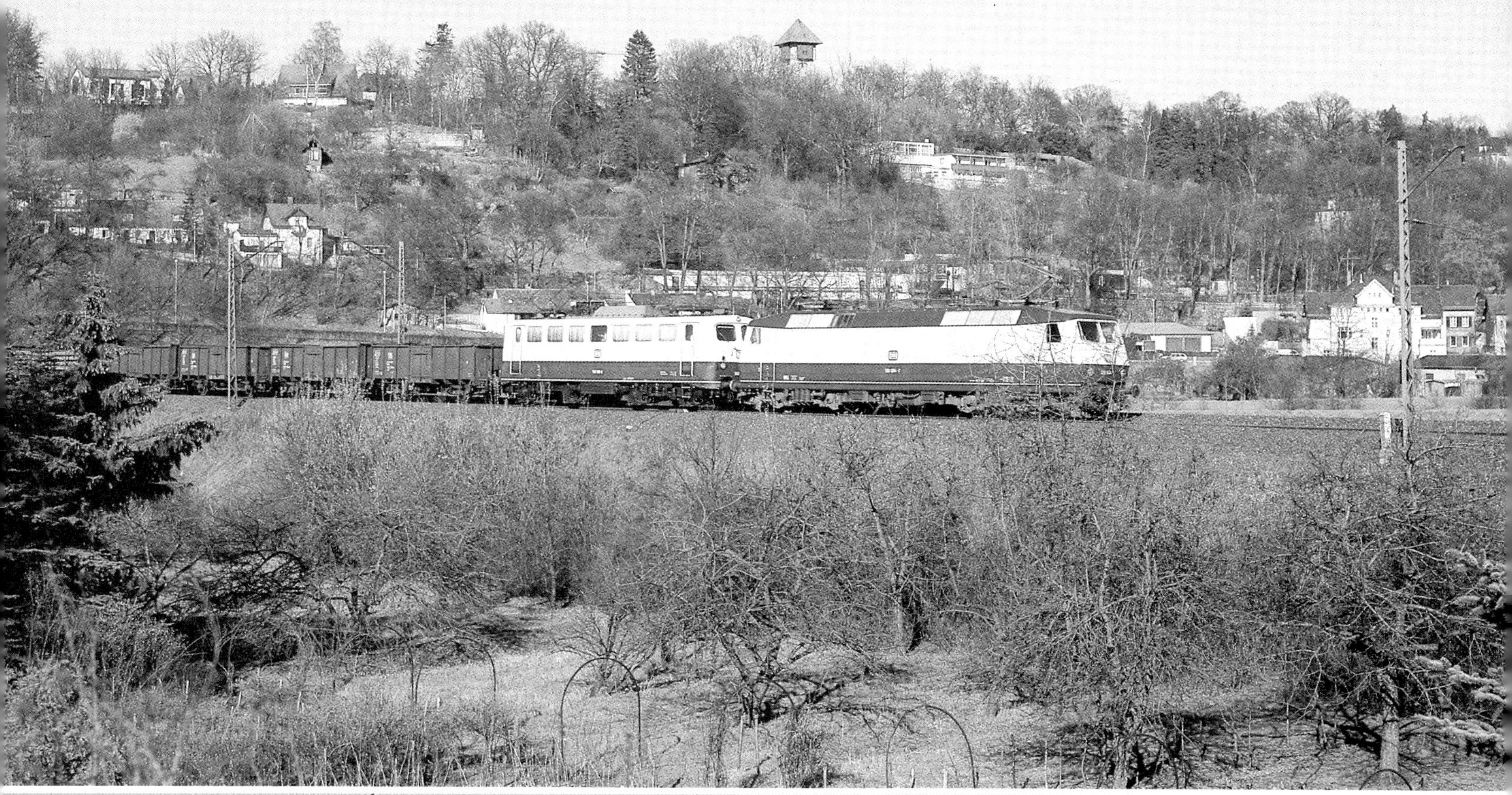

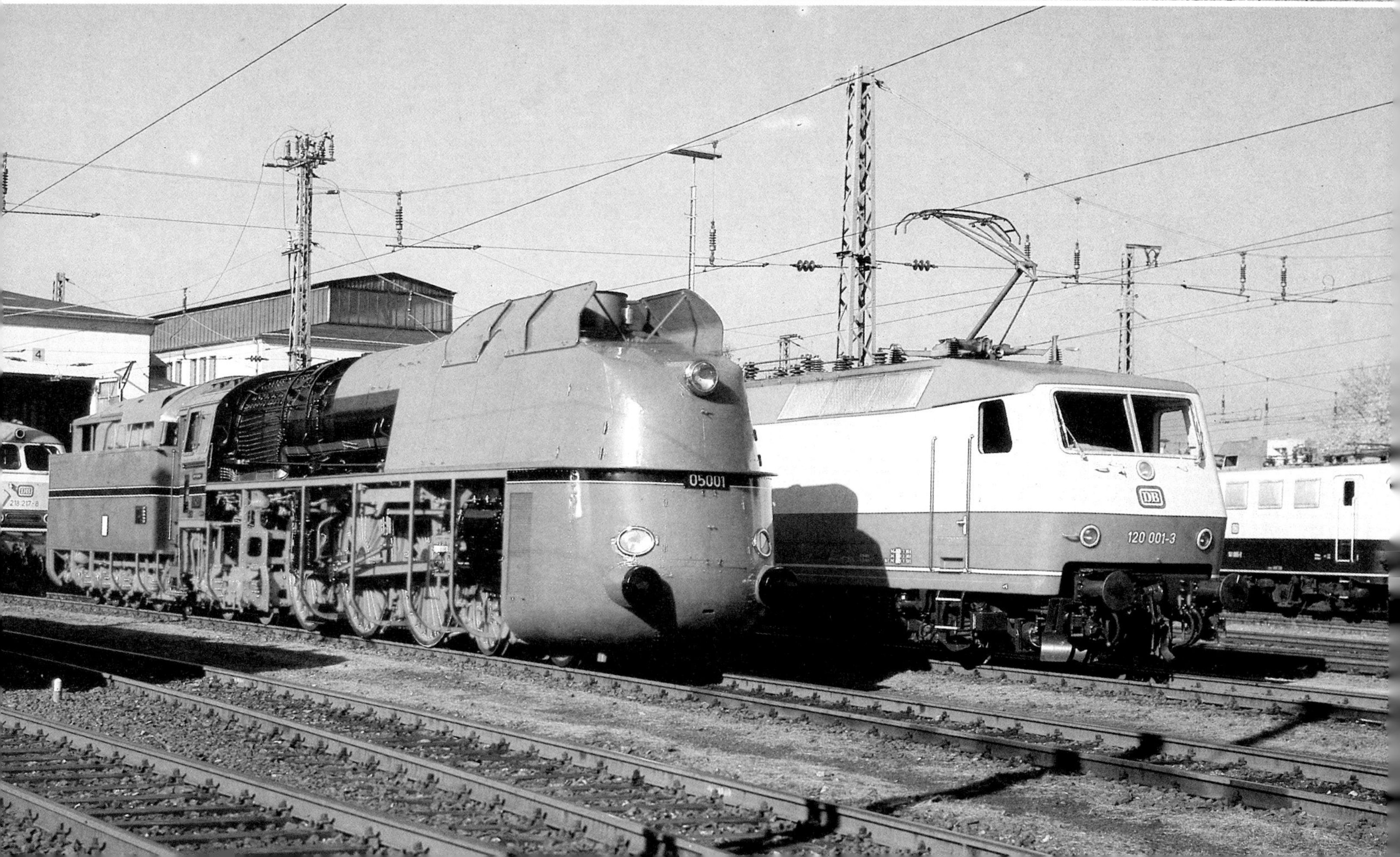
05001
DB
120 001-3

der Serienlokomotiven eine Löscheinrichtung mit Gate-Turn-Off-Thyristoren (GTO). Neben den Vorteilen des geringeren Gewichtes und einfacheren Aufbaues wurden insbesondere bessere Auslegungsreserven gegenüber den transistorgelöschten Umrichtern erzielt.

Abb. 124: Ansicht eines Stromrichters (Foto: DB)

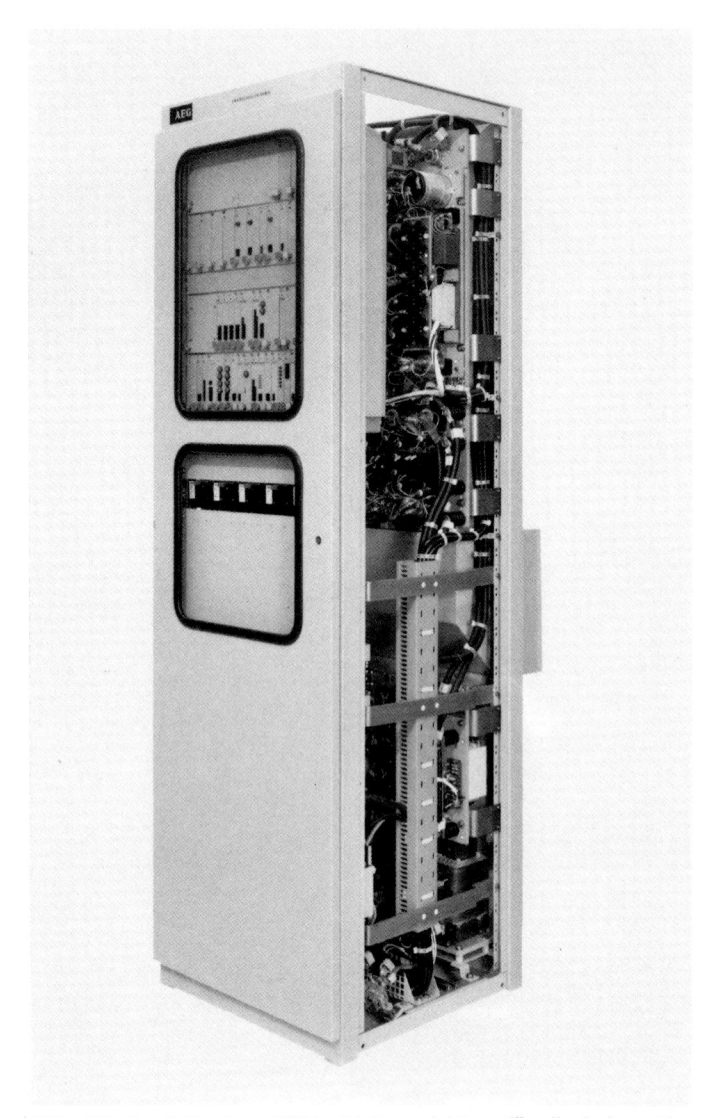

Abb. 125: Ansicht eines Hilfsbetriebeumrichters für die Lokomotive BR 120 (Foto: AEG)

Systemanordnung

Aus Abb. 126 geht die Anordunung der Teilsysteme der Lokomotiven BR 120 hervor. Gleichzeitig sind dort die wichtigsten Abmessungen angegeben. Aus Platzgründen wurde der Lokomotivtransformator – erstmals bei der DB – als Unterflurtransformator ausgeführt und in der Mitte unter dem Lokkasten aufgehängt. Dadurch war es möglich, die elektronischen Teilsysteme links und rechts eines gerade verlaufenden Mittelganges im Maschinenraum anzuordnen.

Die ursprünglich eingebaute Widerstandsbremse konnte nach dem Nachweis hoher Verfügbarkeit und Zuverlässigkeit der elektrischen Netzbremse und des speisenden Oberleitungsnetzes ausgebaut werden; auf sie wird auch in den kommenden Serienlokomotiven verzichtet. Wegen der damit verbundenen Gewichtsreduzierung und des Gewinnes an Einbauvolumen war es möglich, an dieser Stelle den Platz für eine Linienzugbeeinflussungs-Einrichtung zu schaffen und darüber hinaus den Einbau einer Lufttrocknungsanlage sowie an verschiedenen Stellen den Übergang von kostenintensiven Leichtmetallausrüstungsteilen auf Ausrüstungsteile in Stahl (u.a. Stromabnehmer und Pufferbohlen) vorzusehen.

Konzeption des mechanischen Teiles und technische Daten der Lokomotive BR 120

Das Gewicht der elektrischen Ausrüstung der Lokomotiven BR 120 beträgt rd. 47 t. Bei einem zulässigen Gesamtgewicht der Lokomotive von 84 t verbleiben für die Realisierung des mechanischen Teiles nur etwa 37 t. Diese Gewichtssituation erforderte

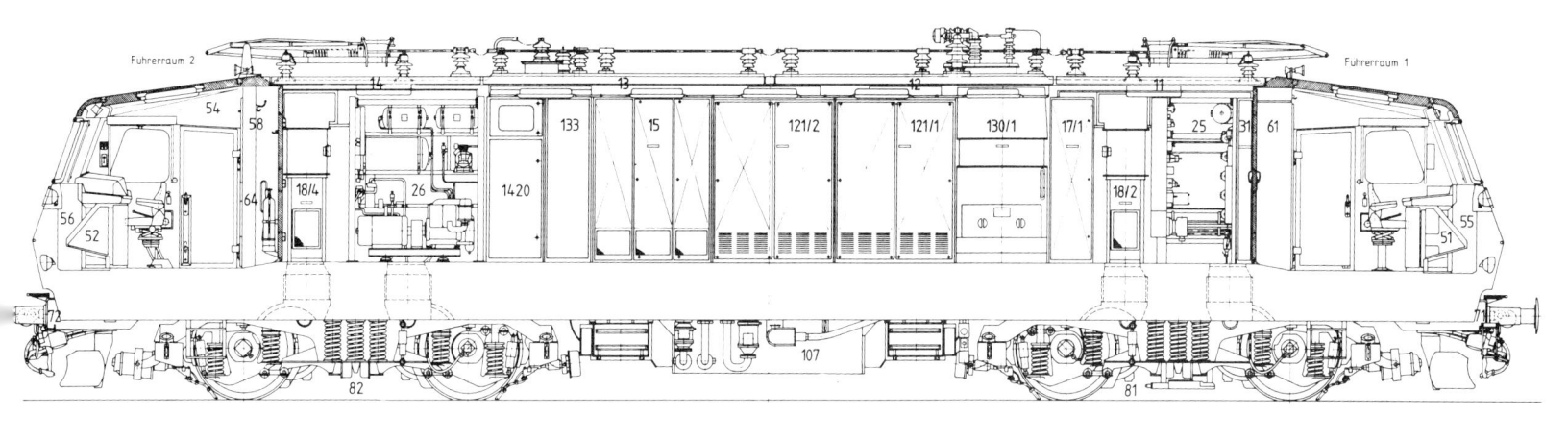

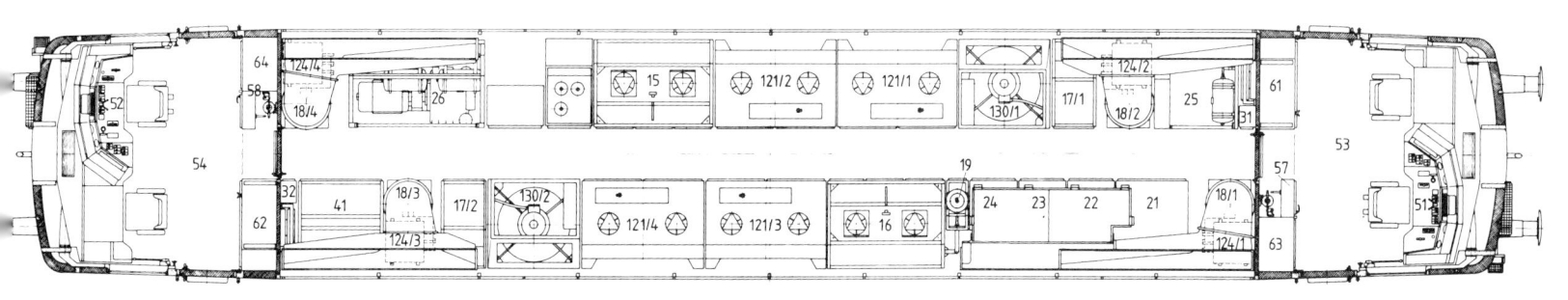

Abb. 126: Abmessungen und Anordnungen der Teilsysteme der Lokomotive BR 120 (Grafik: DB)

erhebliche Anstrengungen, um durch konstruktiven Leichtbau mit sorgfältiger Dimensionierung der Maschinenelemente eine Lokomotive mit nahezu 20 m Länge bauen zu können. Dabei waren jedoch auch die besonderen Anforderungen nach kostengünstiger Instandhaltung nicht außer Acht zu lassen. Einen Einblick in den angewandten Leichtbau vermittelt Abb. 127, das den Maschinenraum der Lokomotive im Rohbau zeigt. Zu erkennen sind die tragenden Seitenwände in sandwichähnlicher Plattentragstruktur, die bei geringem Gewicht eine hohe Biege- und Beulsteifigkeit bei wirtschaftlichen Fertigungs- und Montagemethoden ergeben. Unter dem Laufblech des Mittelganges liegen reparaturfreundlich die Leitungen für die Druckluftaggregate der Lokomotive sowie elektrische Leitungen und Kabel. Das Maschinenraumdach – in Abb. 127 offen – besteht aus vier nach oben abnehmbaren Teilen aus Leichtmetall. Durch die so entstehenden großflächigen Dachöffnungen wird der Ausbau der Gerüste in der Werkstatt außerordentlich erleichtert.

Bei der zugleich übersichtlichen Anordnung der elektrotechnischen Systeme rechts und links des gerade verlaufenden Mittelganges werden die lüftungsintensiven Verbraucher direkt mit Kühlluft versorgt; darüber hinaus steht der Maschinenraum mit

Abb. 127: Maschinenraum der Lokomotive BR 120 im Rohbau (Foto: KM)

dem Ziel geringerer Verschmutzung unter leichtem Überdruck. Die Kühlung der Steuerungs- und Regelelektronik ist nach dem Lastenheft »Elektronische Einrichtungen auf Schienenfahrzeugen der Deutschen Bundesbahn« (LES-DB) dimensioniert. Danach ist es ausreichend, die Elektronik unter Verzicht auf besondere Klimaanlagen ausschließlich über Wärmetauscher innerhalb zulässiger Temperaturgrenzen zu halten. Die Kühlungsleistung für die Stromrichter und die Fahrmotoren ist so ausgelegt, daß auch bei sommerlich hohen Temperaturen mit 40° C Außenluft die Traktionsleistung der Lokomotive dauernd zur Verfügung steht.

Die beiden Führerräume sind klimatisiert. Sie entsprechen in ihrer Größe sowie der Anordnung der Bedienungseinrichtungen dem bei der DB eingeführten »integrierten Führerraum«, wie er in größerer Anzahl in den Lokomotiven der BR 111 eingebaut ist.

Die Lokomotive ist mit einer selbsttätigen, mehrlösigen, zweistufigen Druckluftbremse Bauart KE-GPR ausgestattet. Jedes Rad wird mit zwei Einzelbremszylindern abgebremst, damit entfällt unter Gewichtseinsparung das bisher übliche Bremsgestänge. Als Feststellbremse dient eine pneumatisch zu betätigende Federspeicherbremse, deren vier Feststelleinheiten jeweils auf die vier äußeren Bremsvorrichtungen der Endradsätze wirken. Bei einer Betriebsbremse kommt lediglich die elektrische Netzbremse zum Einsatz, die Druckluftbremse bleibt vorgesteuert. Erst bei Ausfall der elektrischen Bremse bzw. bei einer Schnellbremsung wird die Druckluftbremse eingesetzt.

Abweichend von der bisher üblichen Ausführung eines Druckluftgerüstes bei konventionellen Lokomotiven wurde in die Lokomotiven BR 120 eine platz- und gewichtssparende Bremsgerätetafel eingebaut. An diese Tafel werden instandhaltungsfreundlich die inzwischen genormten Druckluftgeräte angeflanscht.

Aufgrund der guten Erfahrungen mit dem Drehgestell der Lokomotiven BR 111 wurden bewährte Elemente von dort in das Drehgestell der Lokomotive BR 120 übernommen. Hierzu zählen die Radsatzführung mittels in Silentblocs gelagerten Lemniskatenlenkern, die Kastenabstützung über Flexicoilfedern sowie die Anlenkung der Drehzapfen über Lemniskatenlenker. Für die Drehgestellkonstruktion war maßgebend, bei niedrigem Gewicht und kleinen unabgefederten Massen gute Laufeigenschaften zu erreichen bei gleichzeitiger Berücksichtigung einer betriebssicheren und instandhaltungsarmen Ausführung. Es ist bemerkenswert, daß die unabgefederten Massen bei der Lokomotive BR 111 auch insbesondere wegen des sich einseitig auf die Radsätze abstützenden Fahrmotors noch 5,6 t betragen. Der voll abgefederte und kleinere Drehstromfahrmotor sowie die Verwendung von gegenüber bereiften Rädern leichteren Vollscheibenrädern tragen dazu bei, die ungefederten Massen je Radsatz auf 2,6 t bei der Lokomotive BR 120 zu reduzieren. Meßfahrten haben gezeigt, daß das in seinen maßgebenden Parametern für eine Geschwindigkeit von 200 km/h ausgelegte Drehgestell auch für Versuchsfahrten bis gegen 300 km/h genutzt werden kann, ohne daß die maßgebenden lauftechnischen Grenzwerte überschritten werden. Abb. 128 zeigt

Abb. 128: Drehgestell der Lokomotive BR 120 (Foto: KM)

die Ansicht der Drehgestelle der Lokomotive BR 120. Deutlich sind die Einbaulage der Fahrmotoren mit der am Kopfträger des Drehgestelles befestigten Drehmomentenstütze sowie die außenliegenden Federspeicherbremszylinder zu erkennen.

Tabelle 1 ergänzt die Ausführungen zur Technik der Lokomotiven durch eine Zusammenstellung wesentlicher technischer Daten.

Betriebliche Leistungsfähigkeit

Die Lokomotiven BR 120 wurden so dimensioniert, daß das in ihrem Lastenheft vorgegebene Betriebsprogramm
– 700 t Reisezüge mit v = 160 km/h
– 1500 t Schnellgüterzüge mit v = 100 km/h
– 2200 t Frachtenzüge mit v = 80 km/h und
– 2700 t Ganzgüterzüge mit v = 80 km/h
sowie
– 5400 t Ganzgüterzüge in Doppeltraktion mit v = 80 km/h
erfüllt werden kann. Die größte von den Lokomotiven aufzubringende transiente Anfahrzugkraft wurde auf 340 kN festgesetzt. Darüber hinaus war nach Anfahrt der Züge eine Zugkraft von 290 kN bei v = 20 km/h dauernd sicherzustellen. Das Anfahren und Beschleunigen der Züge mußte ohne thermische Überlastung beliebig oft wiederholt werden können.

Der gezielte und erfolgreich verlaufende Betriebsversuch mit einer der Prototyplokomotiven hat gezeigt, daß ohne technische Änderungen die zunächst projektierte größte zulässige Geschwindigkeit der Lokomotiven von 160 km/h auf nunmehr 200 km/h angehoben werden kann. Somit konnte das oben angegebene Betriebsprogramm erweitert werden um das Fahren von 200 km/h schnellen IC-Zügen.

Abb. 129: Blick auf den Führerstand der 120 005, der Geschwindigkeitsmesser zeigt knapp 200 km/h an. Neben dem Lokführer der Autor dieses Kapitels, Manfred Nießen (Foto: JMM).

Das für die Serienlokomotive realisierte Zugkraft-Geschwindigkeitsverhalten ist in Abb. 130 wiedergegeben. Zusätzlich enthält das dort abgebildete Diagramm die Fahrwiderstandskennlinien der im Lastenheft definierter Züge mit Berücksichtigung eines Zugkraftüberschusses von 5%. Daraus ist ersichtlich, daß die Zugkräfte der Lokomotive BR 120 ausreichen, solche Züge zu befördern.

Mit der gegebenen thermischen Auslegung ihres Antriebes kann die Lokomotive BR 120 eine transiente Anfahrzugkraft von 340 kN hinreichend lange aufbringen. Diese Eigenschaft verleiht ihr gegenüber konventionellen Lokomotiven mit Stufenschaltwerk beachtenswerte Vorteile im Anfahrvorgang: So können schwere Züge mit den Grenzlasten der 6-achsigen Lokomotiven BR 151 mit höherer Zuverlässigkeit angefahren werden als bisher. Aus betrieblicher Sicht ist damit das Räumen der Strecken in fast allen Fällen auch unter ungünstigen Reibwertverhältnissen möglich.

Abb. 131 zeigt ausschnittsweise den am Zughaken gemessenen Zugkraftverlauf sowohl bei einer Lokomotive BR 151 als auch bei einer Lokomotive BR 120 für einen Anfahrvorgang eines rd. 790 t schweren Güterzuges, – Grenzlast der BR 151 – auf einer zugförderungstechnisch anspruchsvollen Strecke mit einem Streckenwiderstand von rd. 23‰ unter den Bedingungen bewässerter und gesandeter Schienen. Daraus ist zu erkennen, daß die Lokomotive BR 120 mit der optimierten, automatisch und stufenlos arbeitenden Zugkraftregelung im Mittel beim Anfahren höhere Zugkräfte aufbringen kann als die mit Stufenschaltwerk gesteuerte rd. 118 t schwere 6-achsige Güterzuglokomotive BR 151. Allerdings ist dann die Lokomotive BR 151 wegen der kurzzeitig möglichen Überlastfähigkeit ihres Antriebes in der Lage, mit zunehmender Geschwindigkeit etwas höhere Zugkräfte und damit höhere Beschleunigungen als die Lokomotive BR 120 zu erzielen. Es wird jedoch heute schon angestrebt, die sich so und ausschließlich nur im Beschleunigungsvorgang darstellende Einschränkung bei der Lokbaureihe 120 durch Anhebung ihres Zugkraftniveaus im zugkraftgesteuerten Bereich bis etwa 70 km/h aufzuheben. Dies kann erreicht werden durch eine angepaßte Auslegung der Stromrichter, so daß zumindest kurzzeitig deutlich höhere Zugkräfte für Anfahrvorgänge zur Verfügung stehen.

Mit den bei der Lokomotive BR 120 derzeit gegebenen Auslegungsparametern des Antriebes wie Motordrehzahl, Getriebeübersetzung und Radscheibendurchmesser können bei 5600 kW Dauerleistung der Lokomotive auch noch Zugkräfte dargestellt werden, die die Förderung von IC-Zügen bis 200 km/h erlauben. Bild 11 veranschaulicht die Fahrwiderstandskennlinie für einen IC-Zug mit 550 t Zuggewicht und einem Zugkraftüberschuß von 2,5%.

Die im Zugkraft-Geschwindigkeitsdiagramm dargestellten Zugkräfte sind entsprechend der Auslegung der elektrischen Komponenten der Lokomotive dauernd nutzbar. Damit braucht bei dieser Lokomotive in schwierigen betrieblichen Situationen nicht

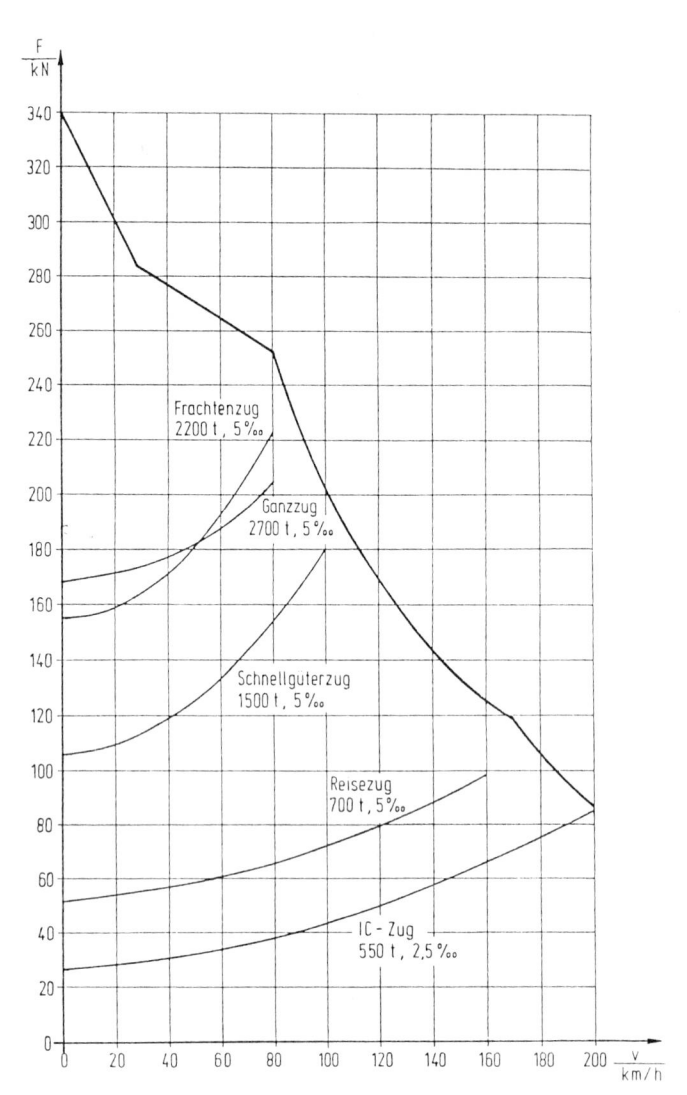

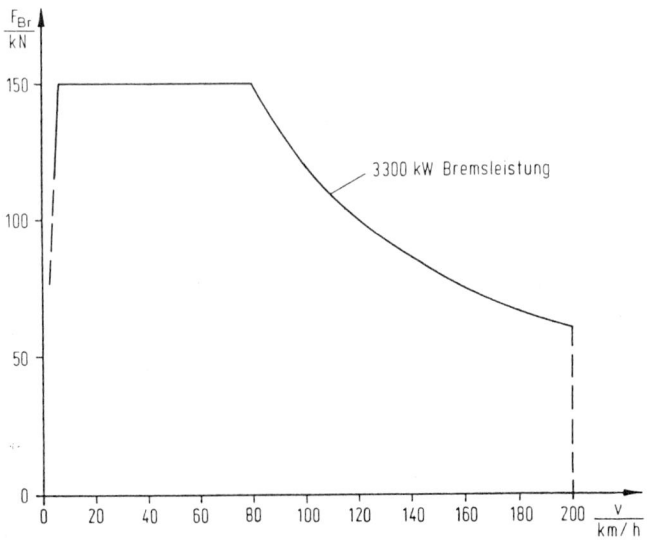

Abb. 130: Zugkraft-Geschwindigkeitsverhalten der Lokomotive BR 120 mit Fahrwiderstandskennlinien verschiedener Züge (Grafik: DB)

Strecken - Profil

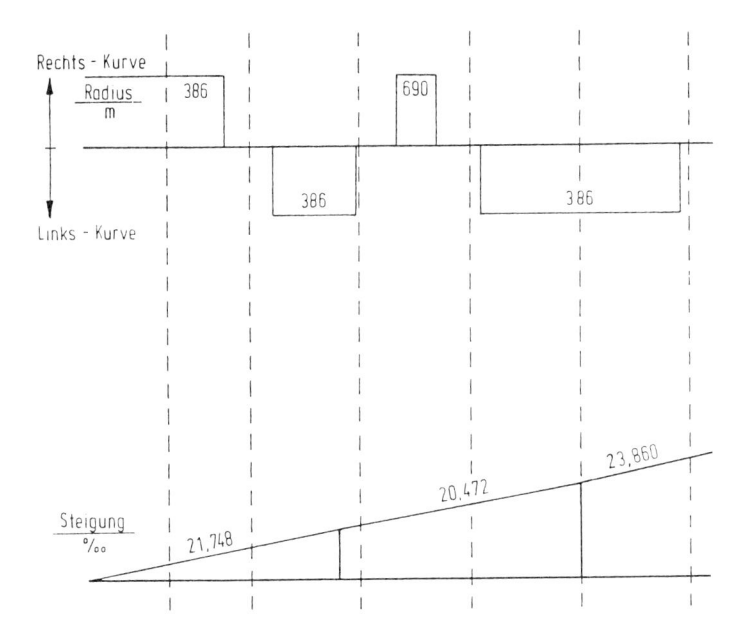

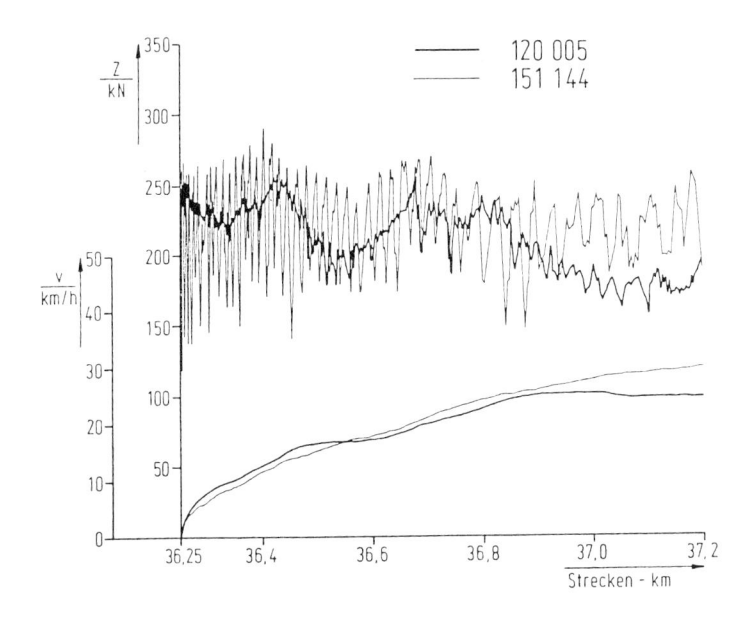

Abb. 131: Zugkraftverlauf der Lokomotiven BR 120 und BR 151 bei einer Anfahrt mit einem rund 790 t schweren Güterzug und einem Streckenwiderstand von rund 23 ‰ (Grafik: DB)

mehr auf die bei konventionellen Lokomotiven gegebenen Einschränkungen aus zeitlich begrenzt darstellbaren Kurzzeitzugkräften Rücksicht genommen werden. Wie bei anderen Triebfahrzeugen auch, richten sich die aus zugförderungstechnischer Sicht ausnutzbaren Zugkräfte u.a. nach den jeweiligen Kraftschlußverhältnissen zwischen Rad und Schiene sowie nach den vorliegenden Gleisparametern. Der im zugkraftgesteuerten Bereich bis 80 km/h gegebene Zugkraftverlauf resultiert aus der derzeitigen Auslegung der Stromrichter, ab 80 km/h kommt der leistungsgesteuerte und damit von der Speisespannung unabhängige hyperbolische Zugkraftverlauf zum Tragen.

Die betriebliche Leistungsfähigkeit der Lokomotive BR 120 zeigt, daß es bei dieser Lokentwicklung erstmals gelungen ist, mit nur einer Lokomotivbaureihe alle derzeit vorhandenen Zugförderungsprogramme bei der DB abzudecken. Die freizügige Einsetzbarkeit stellt gerade im Hinblick auf die Wirtschaftlichkeit eines solchen Fahrzeuges deutliche Vorteile gegenüber konventionellen Triebfahrzeugen heraus.

Technische Merkmale

Laufverhalten

Im Zuge der für die Lokomotive BR 120 angestrebten Erhöhung der größten zulässigen Geschwindigkeit von 160 km/h auf 200 km/h wurden die maßgebenden lauftechnischen Parameter neu optimiert. Die zunächst rechnerisch durchgeführte Optimierung gab Hinweise auf die Anpassung der Kennwerte folgender Elemente
– Drehzapfenanlenkung
– Flexicoilfeder-Kastenabstützung
– Radsatzanlenkung und Dämpfer für die Drehhemmung der Drehgestelle.

Im Rahmen des bei der DB üblichen lauftechnischen Zulassungsverfahrens wurde bestätigt, daß die neu gewählte Auslegung den Anforderungen des 200 km/h-Betriebes voll genügt.

Die lauftechnischen Auslegungsreserven dieses Drehgestelles wurden anläßlich von Versuchsfahrten über 200 km/h mit der im Getriebe geänderten Lokomotive 120 001 aufgezeigt. Ohne weitere technische Änderungen ist dieses Drehgestell in der Lage, den zulässigen lauftechnischen Grenzwerten bei Versuchsfahrten bezüglich des Grenzwertes für die Querverschieblichkeit des Gleisrostes sowie der dynamischen Radsatzlast bis zu Geschwindigkeiten von nahezu 300 km/h zu genügen. In Abb. 134 sind die gemessenen 2 m-bezogenen Summen der Radquerkräfte $\sum y_{2m}$ sowie die dynamischen Radlasten Q in Abhängigkeit der Geschwindigkeit oberhalb 200 km/h dargestellt. Diese Darstellung zeigt, daß die Grenzwerte gegen die Verschieblichkeit des Gleisrostes und der dynamischen Radsatzlasten längst nicht ausgeschöpft werden.

Abb. 132 und 133: 120 005 vor dem 790 t schweren Versuchsgüterzug, im Hintergrund die zum Vergleich angetretene Güterzuglokomotive BR 151 144 im Bahnhof Pressig-Rothenkirchen (Bild oben). Die untere Aufnahme zeigt den Zug auf der Versuchsstrecke, die einen Streckenwiderstand von ca. 23 ‰ aufweist, nach geglückter Anfahrt (18. 10. 1984, Fotos: JMM).

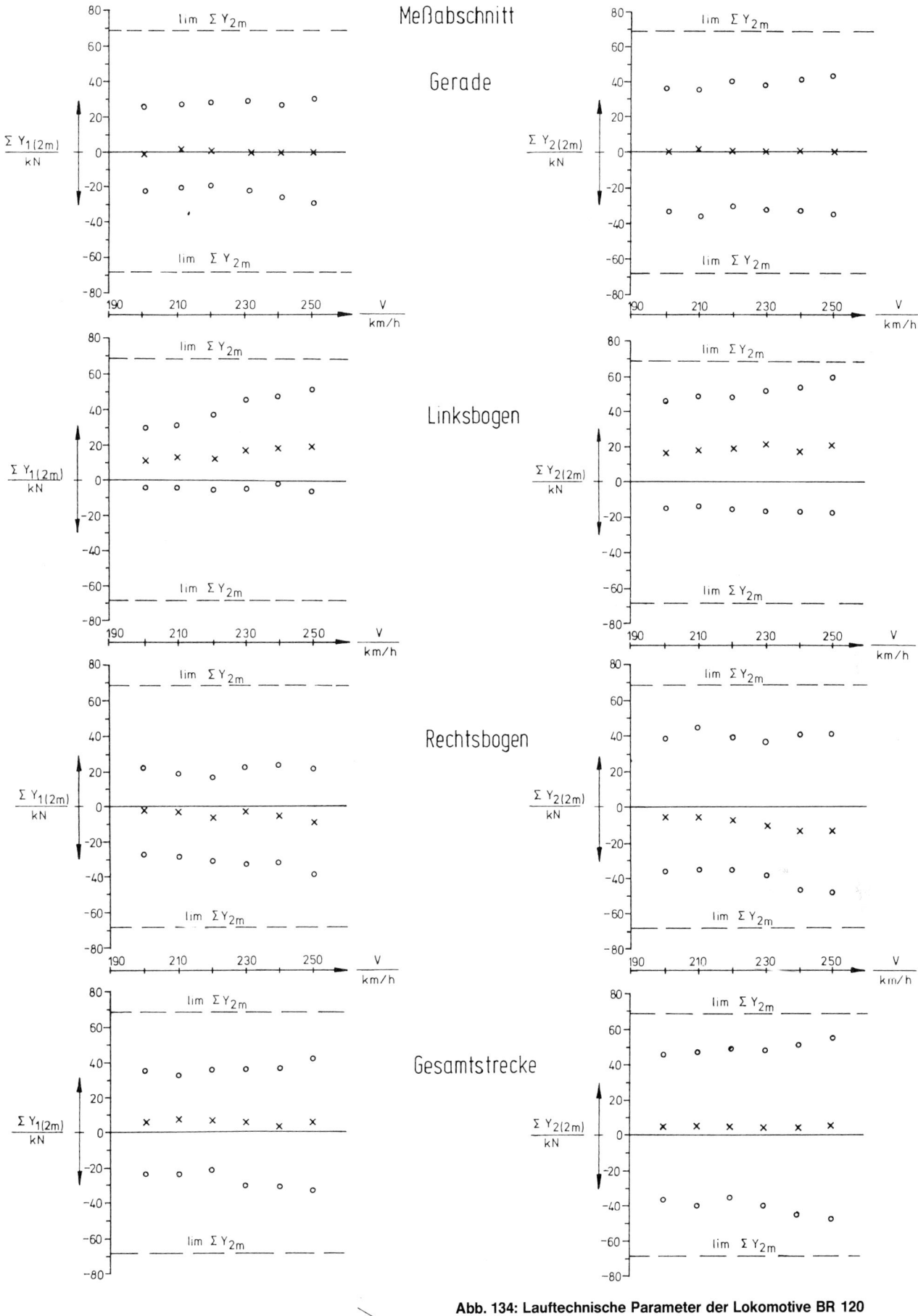

Abb. 134: Lauftechnische Parameter der Lokomotive BR 120 im Geschwindigkeitsbereich von 200 – 250 km/h (Grafik: DB)

Leistungsfaktor

Die geregeltversetzte Taktung der Vierquadrantensteller im Eingangskreis erlaubt sowohl im Fahr- als auch im Bremsbetrieb nahezu sinusförmige und in Phase bzw. Gegenphase liegende Eingangsspannungen und -ströme. Damit wird ein im weiten Betriebsbereich der Lokomotive BR 120 nahe 1 liegender Leistungsfaktor erreicht, so daß die Lokomotive fast ausschließlich nur Wirkleistung aufnimmt. Abb. 137 zeigt für maximale Zug- und Bremskräfte den gemessenen Verlauf des Leistungsfaktors über der Geschwindigkeit. Aus der Verminderung des Blindleistungsanteils der Lokomotive BR 120 gegenüber konventionellen Lokomotiven sind Einsparungen von Energie im Bahnstromnetz und auf lange Sicht von Kraftwerksleistung zu erwarten. Diese Faktoren mögen auf den ersten Blick nicht genügend bedeutsam erscheinen, sie gewinnen aber mit wachsender Zahl solcher Triebfahrzeuge mit Auswirkung auf Betriebskosten zunehmend an Gewicht. Wesentlich ist, daß hinsichtlich des Leistungsfaktors im Netzverhalten der BR 120 ein Bestpunkt erreicht ist, der physikalisch praktisch nicht mehr übertroffen werden kann.

Energierückspeisung

Die Einsparung von Ausgaben durch die systembedingte und ohne weiteren technischen Aufwand gegebene Möglichkeit der beim Bremsen von Zügen rückgewinnbaren Energie durch eine Netzbremse wird für die freizügig und für alle Betriebsprogramme verwendbare Lokomotive BR 120 besonders interessant. Die Dauerbremsleistung der Netzbremse der Lokomotive BR 120 beträgt derzeit 3300 kW, wobei maximale Bremskräfte bis 150 kN aufgebracht werden können. Der Bremskraft-/Geschwindigkeitsverlauf dieser Netzbremse geht aus Abb. 130 hervor.

Die folgende Tabelle enthält eine Zusammenstellung von Energierückgewinnungsgraden für charakteristische Züge.

Bemerkenswert ist die Abschätzung eines oberen Grenzwertes durch die Versuchsfahrten bei der Bern-Lötschberg-Simplon-Bahn (BLS). Unter der Vorgabe, gerade soviel Zugförderungsenergie aufzubringen, wie es zur Überwindung der Höhenenergie bei Bergfahrt notwendig ist, wurde bei einem ausschließlich elektrisch gebremsten Zug bei Talfahrt ein Energierückgewinn von ca. 40% erreicht. Fahrten auf der Strecke Nürnberg – Regensburg mit Mittelgebirgscharakter ergaben beispielsweise für Schnellgüterzüge

Betriebsart	Energierückgewinnung in % der Traktionsenergie
1. Oberer Grenzwert bei Versuchsfahrten mit Traktionsenergie zur Überwindung des Höhenunterschiedes und ausschließlicher Verwendung der Netzbremse bei Talfahrt	40
2. Nahverkehr: Streckenlänge 30 km, Haltestellenabstand 2 km, Anhängelast 180 t	> 20
3. Fahrten mit Güterzug v = 100 km/h, Last 1 500 t, Strecke Nürnberg - Regensburg, 3 Zwischenhalte	~ 20
4. IC-Verkehr	3 - 6

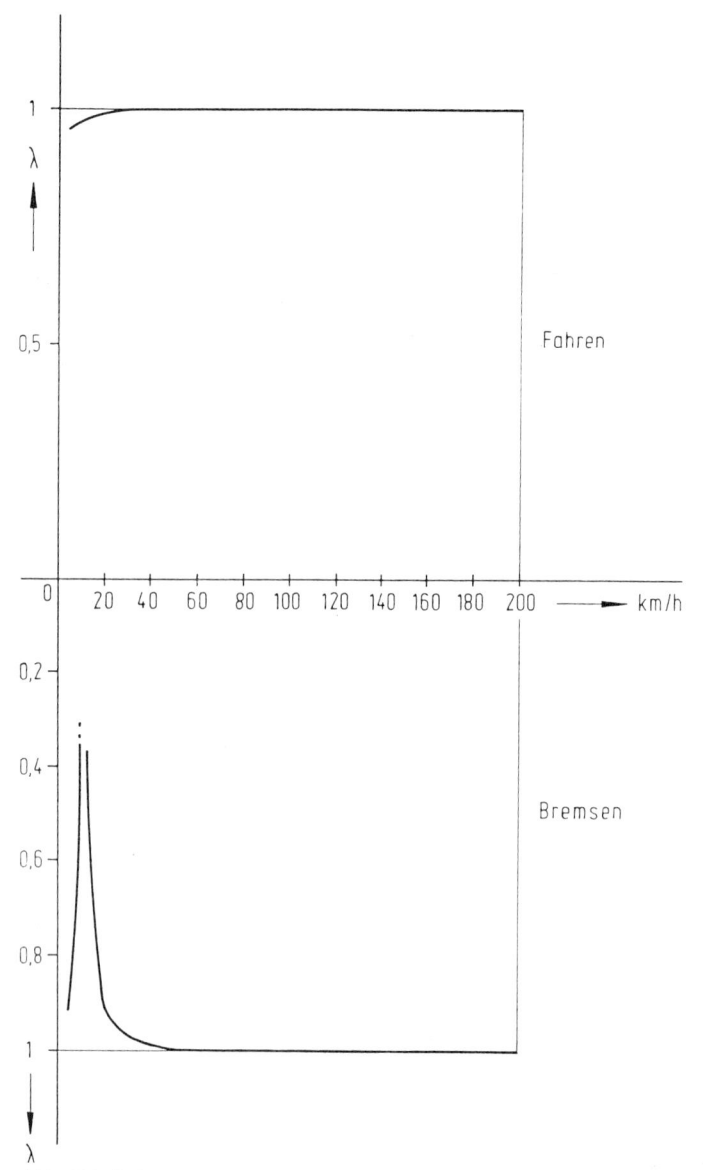

Abb. 137: Leistungsfaktor λ für den Fahr- und Bremsbetrieb bei maximaler Zug/Bremskraft (Grafik: DB)

Abb. 135 und 136: Im Mai 1985 liefen 120 002 und 120 005 versuchsweise auch einige Tage bei der schwedischen Staatsbahn, um einen Vergleich mit der schwedischen Thyristorlokomotive der SJ-Reihe Rc zu ermöglichen. Auf dem oberen Bild überfährt der Meßzug die Brücke bei Långsele; die untere Aufnahme zeigt die beiden Drehstromloks vor einem 1800 t-Güterzug bei Bråcke (22. 5. 1985, Fotos: C.M. Peters).

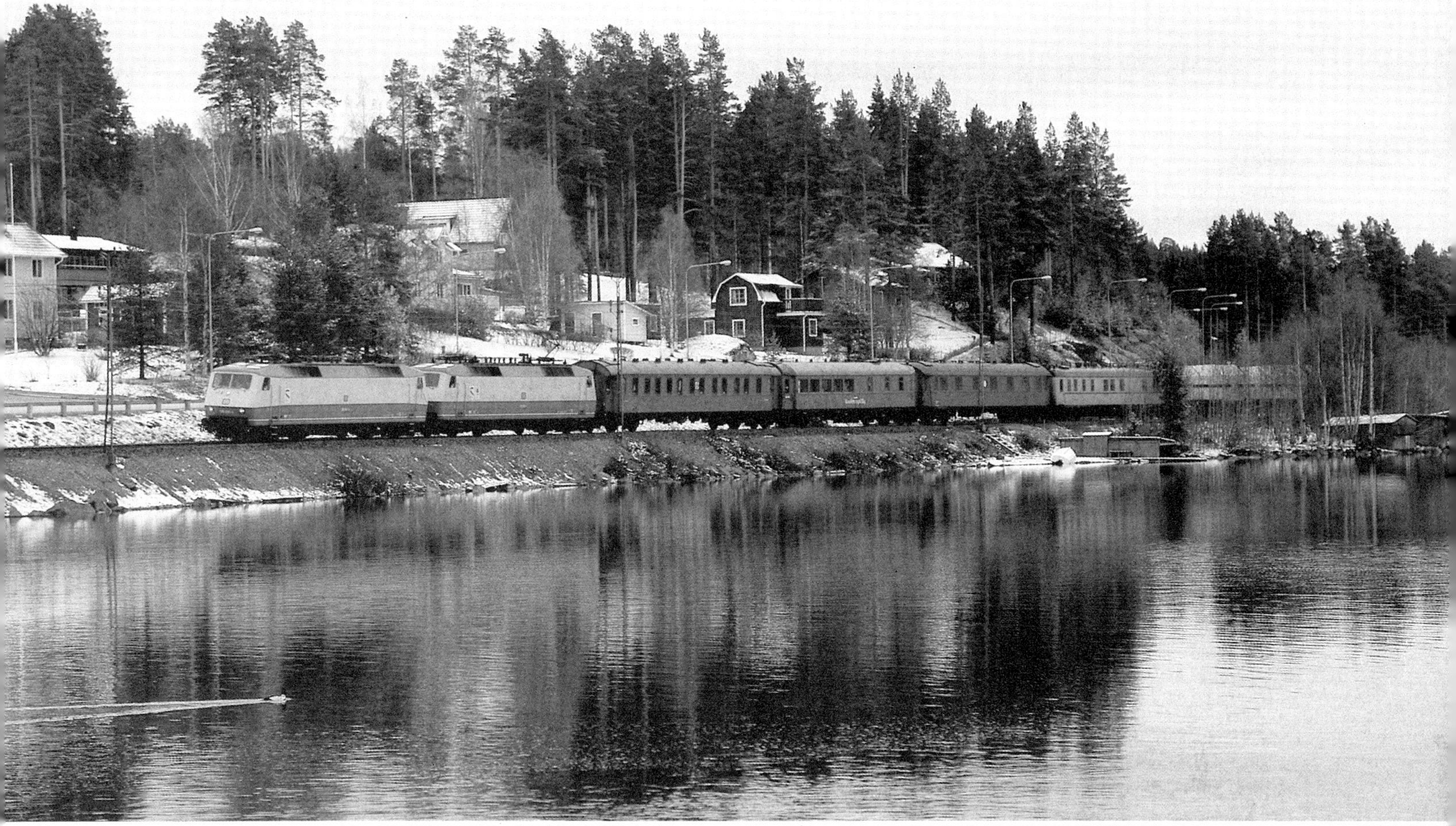

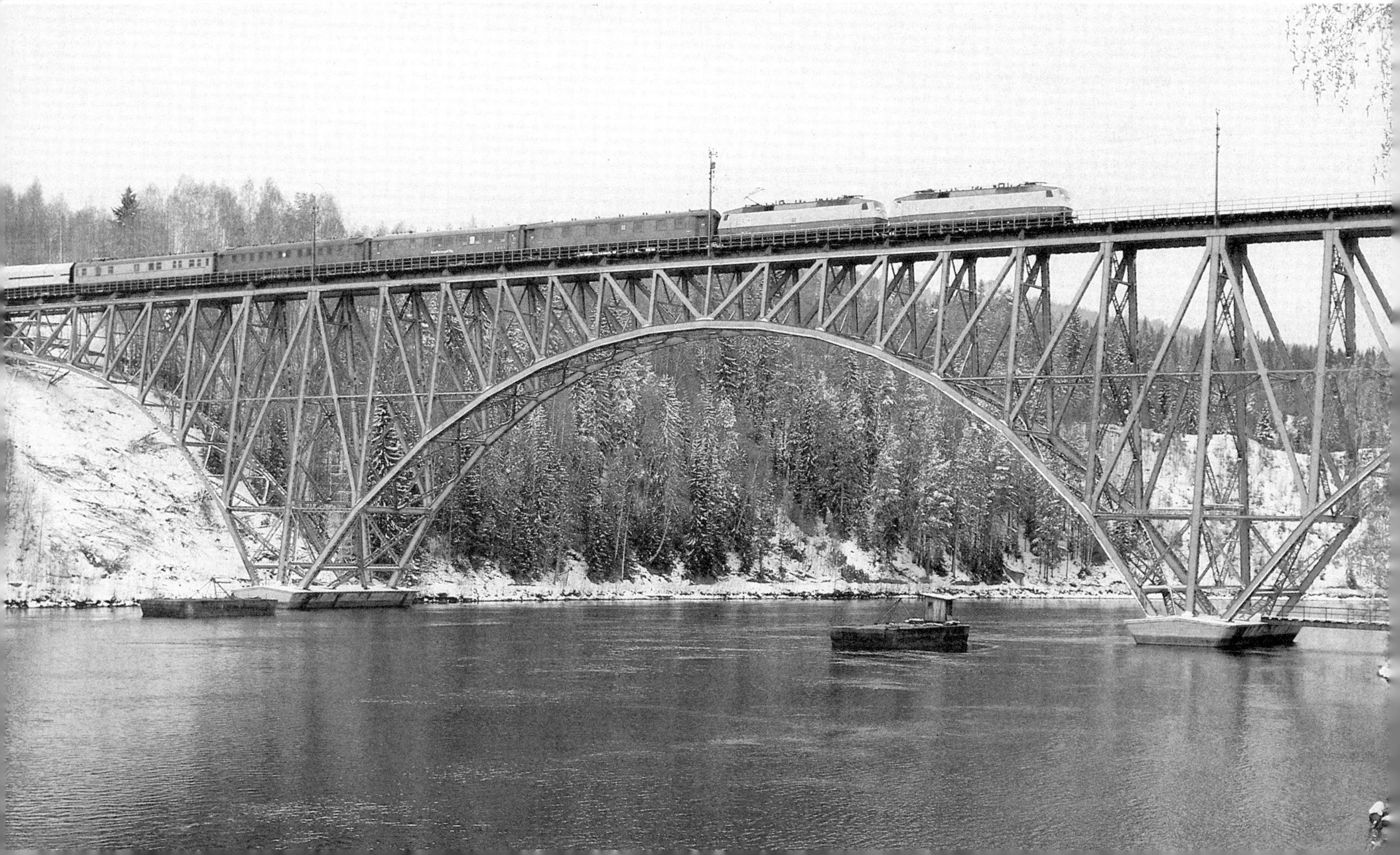

mit 100 km/h und 1500 t Last Energierückgewinnungen bis zu 20%. Für den Bereich des Nahverkehrs zeigte sich anläßlich einer Versuchsfahrt bei der BLS, daß mit einem 250 t schweren und mit einer Lokomotive BR 120 bespannten Zug auf einer 30 km langen Strecke und 15 Stationshalten ein Energierückgewinn von 23% erzielt wurde. Für eine gute Ausnutzung der Bremskräfte sorgt ein auf die elektrische Netzbremse wirkender Gleitschutz.

Beeinflussung signal- und nachrichtentechnischer Anlagen

Die Beeinflussung signal- und nachrichtentechnischer Einrichtungen kann ausgeschlossen werden, sofern die zulässigen Grenzwerte in den Bereichen

— 100-Hz-Signalanlagen
  Zulässiger Grenzwert 2 A bei einer Beeinflussungsdauer von t = 0,5 s
— 9,5 bis 14,5 kHz Tonfrequenzanlagen (Gleisstromkreise, Bahnübergangssicherungen)
  Zulässiger Grenzwert 20 mA
— Psophometrisch bewerteter Störstrom (Beeinflussung von Fernmeldeanlagen)
  Zulässiger Grenzwert 3,5 A

eingehalten werden.

Nach Realisierung einer geregelt zeitversetzten Taktung der Vierquadrantensteller zur Minimierung der 100 Hz Störströme sowie dem Einsatz eines Primärfilters für die Reduktion der Störströme im Tonfrequenzbereich und des psophometrisch bewerteten Störstromes bezüglich der Beeinflussung nachrichtentechnischer Einrichtungen zeigt der im Abb. 138 dargestellte Verlauf der gemessenen Störströme, daß die zulässigen Grenzwerte zuverlässig in jeder Betriebssituation eingehalten werden.

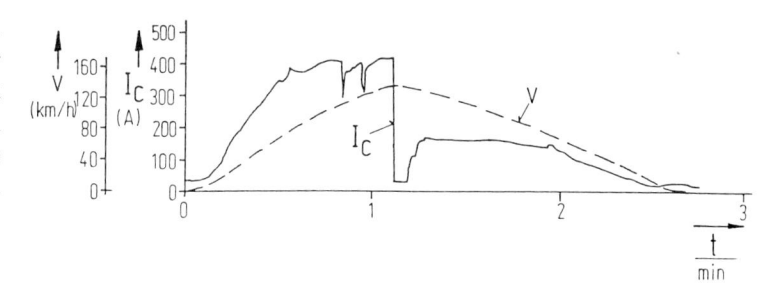

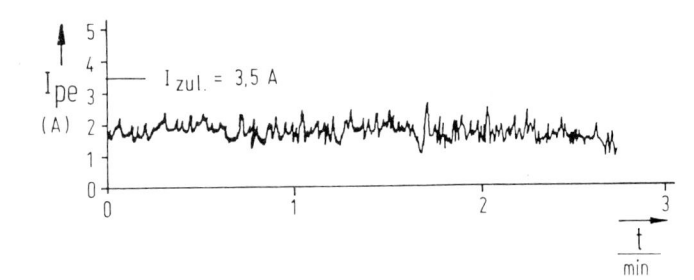

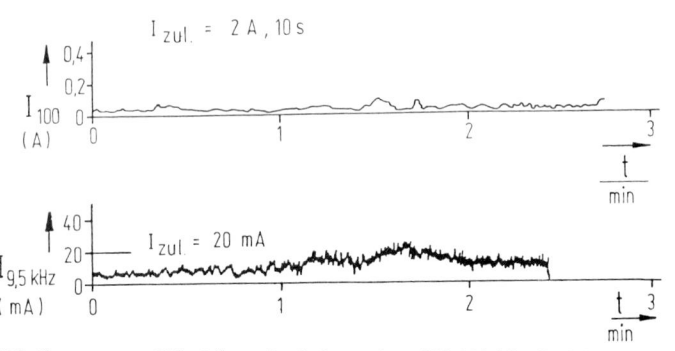

Abb. 138: Gemessene Störströme der Lokomotiven BR 120 (Grafik: DB)

Instandhaltung

Im Verlaufe der Betriebserprobung der fünf Prototyplokomotiven war es notwendig, verschiedene Ertüchtigungs- und Verbesserungsmaßnahmen durchzuführen. Diese Aktivitäten haben den tatsächlich erforderlichen Aufwand für die Instandhaltung der Lokomotiven zusätzlich erhöht. Ohne Bereinigung dieses zusätzlichen Aufwandes und auf der sehr schmalen Basis von nur fünf Lokomotiven wird dennoch der Versuch unternommen, eine vergleichende Wertung des Instandhaltungsaufwandes verschiedener Lokomotivbaureihen vorzunehmen.

In Abb. 139 ist der Zeitaufwand für die Instandhaltung in den Betriebswerken der Lokomotiv-BR 111, 103 und 151 dem der Lokomotive BR 120, bezogen auf 1000 km, gegenübergestellt. Danach werden mit der Lokomotive BR 120 schon heute Instandhaltungswerte erzielt, die in der Größenordnung der bisher bei der DB instandhaltungsgünstigsten Lokomotiv-BR 111 liegen. Ein noch günstigeres Bild für die Lokomotive BR 120 zeigt die Gegenüberstellung der spezifischen Kosten, bezogen auf 1000 km Laufleistung (Abb. 140). Die Aussage dieses Bildes darf zunächst nur als Trend gewertet werden. Es ist damit zu rechnen, daß nach Abschluß von Verbesserungsmaßnahmen, nach Realisierung einer durch größere Stückzahlen gestützten industriellen Lokfertigung und auf der Grundlage einer größeren Anzahl der Fahrzeuge im Betrieb sich noch günstigere Instandhaltungswerte einstellen. Damit wird auch in diesem Bereich die Zielsetzung dieser für die DB neuen Lokomotivbaureihe erfüllt.

2.3.2.4 – Perspektiven

Mit den Prototyplokomotiven BR 120 ist die Drehstromantriebstechnik mit spannungsgeführtem Zwischenkreis und Asynchrondrehstromfahrmotoren zur Serienreife entwickelt worden. In einer nahezu vierjährigen Betriebserprobung wurde nachgewiesen, daß die hohen Erwartungen an die Drehstromantriebstechnik erfüllt werden und die Zielsetzung auch insbesondere in bezug auf die Wirtschaftlichkeit der Lokomotiven erreicht ist. Somit steht fest,

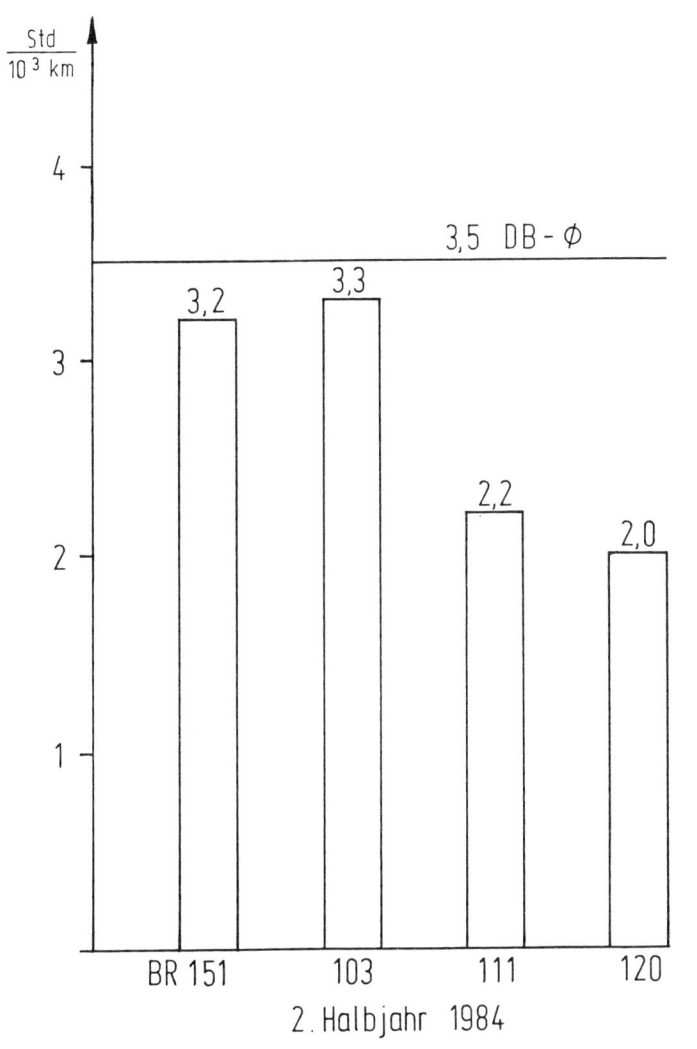

Abb. 139: Gegenüberstellung von Instandhaltungskennwerten verschiedener Lokomotivbaureihen im Bahnbetriebswerk (Grafik: DB)

daß die DB mit der Beschaffung der ersten Serie dieser Lokomotivtype eine neue Triebfahrzeuggeneration einführt. Im Gegensatz zur konventionellen Antriebstechnik bietet die Drehstromantriebstechnik genügend Entwicklungspotential, um künftig solche Fahrzeuge technisch noch leistungsfähiger und wirtschaftlicher einzusetzen.

Die Flexibilität und Anpassungsfähigkeit der Drehstromantriebstechnik zeigt sich darin, daß mit der nur im Getriebe angepaßten Prototyplokomotive 120 001 am 17. Oktober 1984 anläßlich der Präsentation dieser Lokbaureihe vor dem interessierten Fach- und Pressepublikum mit einem Zug mühelos eine Geschwindigkeit von 265 km/h erreicht wurde. Gezielte Zugkraftuntersuchungen und Vergleichsfahrten haben gezeigt, daß das Zugkraftniveau der Lokomotive 120 001 mit einer weiter verbesser-

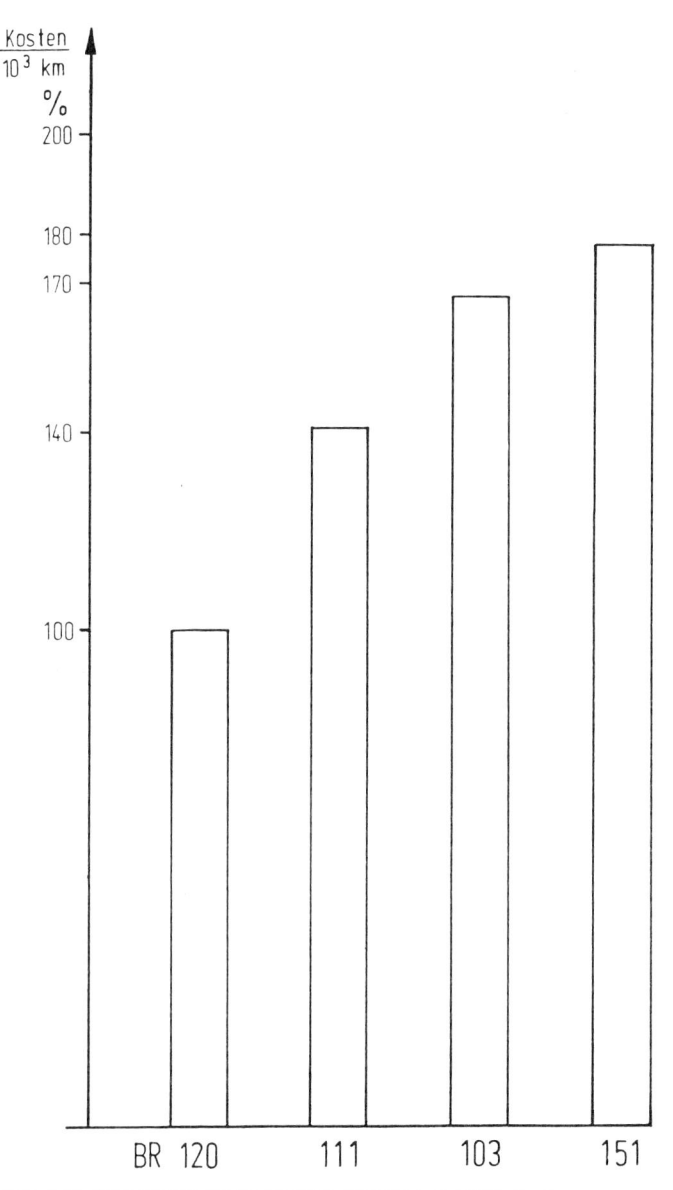

Abb. 140: Spezifische Instandhaltungskosten verschiedener Lokomotivbaureihen im Bahnbetriebswerk (Grafik: DB)

ten Zugkraftregelung ausreichend ist, um ebenso zuverlässig wie die anderen Prototyplokomotiven Grenzlastzüge der Lokomotiven BR 151 anzufahren und zu befördern. In Abb. 143 ist das Zugkraft-/Bremskraft-Geschwindigkeitsverhalten der Lokomotive 120 001 dargestellt. Im Sommer 1985 diente diese Lokomotive im Geschwindigkeitsbereich bis 280 km/h der Komponentenerprobung für den ab 1990 zu erwartenden Schnellverkehr auf Neubaustrecken. Somit zeigt die 120 001 einen außerordentlich großen Einsatzbereich auf; solche Leistungen sind bei Lokomotiven in konventioneller Antriebstechnik nie erreicht worden.

123

Abb. 141: 120 001 als Zuglock der Sonderfahrt zur Komponentenerprobung am 17. 10. 1984 abfahrbereit im Hauptbahnhof München, links ein Teil des BZA München (Foto: JMM)

Abb. 142: Zuglaufschild der Sonderfahrt vom 17./18. 10. 1984 (Foto: JMM)

Abb. 143: Zug-/Bremskraft-Geschwindigkeitsdiagramm der Lokomotive 120 001 (Grafik: DB)

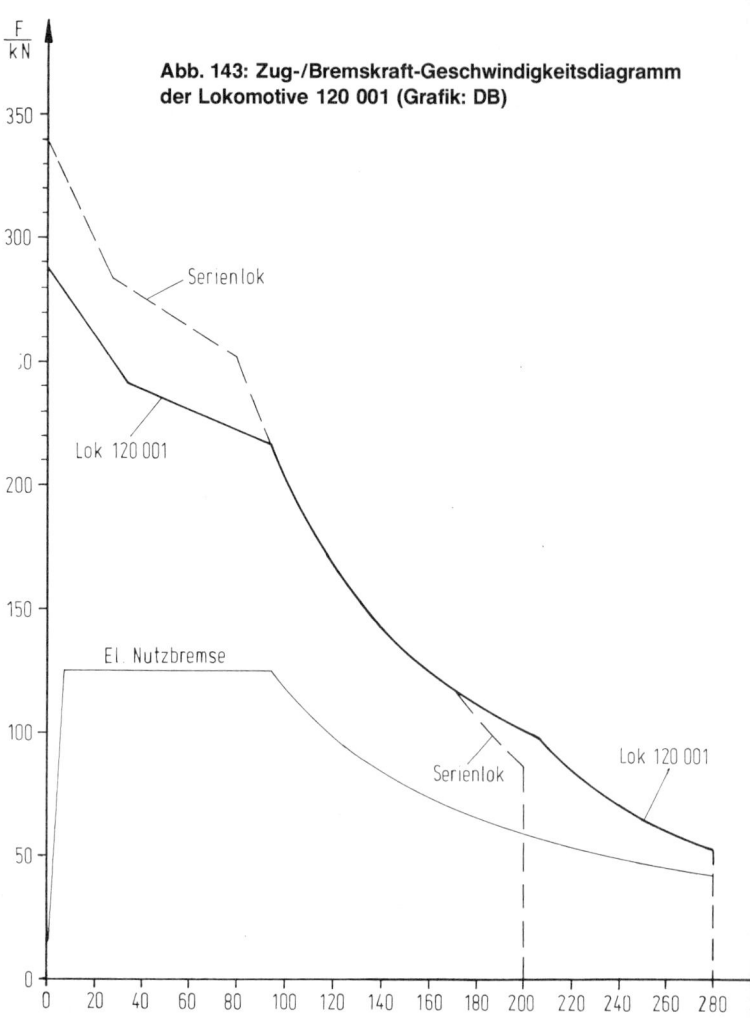

Bereits heute ist erkennbar, daß die Weiterentwicklung der Leistungselektronik und die zunehmend stärkere Einbeziehung der Mikroelektronik in fast allen Anwendungsgebieten maßgebende Impulse für die Weiterentwicklung der Lokomotive BR 120 geben wird. Dabei ist nicht an die Veränderung des heute realisierten Systems gedacht; dieses hat sich hervorragend bewährt. Vielmehr wird es gelingen, mit der Umstellung der Steuerung und Regelung der Lokomotive auf Mikroelektronik zu einer Reduzierung des Bauteilaufwandes zu kommen. Danach ist zu erwarten, daß sich insbesondere unter Einbeziehung wirtschaftlicher Diagnoseverfahren die Verfügbarkeit und Zuverlässigkeit des Fahrzeuges weiter steigern läßt. Ebenfalls zur Minderung des heute noch erforderlichen Bauteilaufwandes trägt der Einsatz von GTO-Thyristoren bei. Darüber hinaus ist die Möglichkeit gegeben, durch eine höhere Ausnutzung bzw. Auslegung elektrischer Komponenten im Anfahrbereich der Lokomotive gleichbleibend hohe Anfahrzugkräfte zu entwickeln und bei hohen Geschwindigkeiten noch höhere Zugkräfte darzustellen.

Daran wird heute bereits intensiv gearbeitet.

Abb. 144: Erst vor einem 790 t-schweren Güterzug über eine 23 % -Rampe, anschließend vor einem 200 km/h-schnellen IC! 120 005 nach gelungener Präsentation im Bahnhof Pressig-Rothenkirchen kurz vor der Rückfahrt nach München (18. 10. 1984, Foto: JMM).

2.3.3. Betriebserprobung der Lok Baureihe 120 Überlegungen zu einer neuen Lokomotivbaureihe
von Dr.-Ing. Klaus Huber

Im Mai 1879 stellte Werner von Siemens auf der Berliner Landes-Gewerbeausstellung die erste elektrische Lokomotive vor. 24 Jahre später fuhr auf der Militärbahn von Berlin-Marienfelde nach Zossen ein elektrischer Triebwagen (ET) mit der für damalige Zeiten unvorstellbaren Geschwindigkeit von 210 km/h. Dieser ET hatte Drehstromasynchronmotoren und wurde aus einer dreiphasigen Oberleitung mit Drehstrom versorgt.

1905 fuhr zwischen Murnau und Oberammergau die erste elektrische Bahn mit zuerst 15, später 16⅔ Hz Wechselstrom. Man kann die Frage stellen, warum dieses System seinen Siegeszug in Mittel- und Nordeuropa angetreten hat und warum die schon so hoch entwickelte Drehstromtechnik erst 80 Jahre später wieder zu den Bahnen zurückfand.

Man kann die Frage aber auch so stellen: Warum war es über 80 Jahre lang das nicht aus den Augen gelassene Ziel, Drehstromtechnik bei den Bahnen einzuführen.

Diese Frage findet der Leser im Abschnitt 2.3.1. beantwortet und er kann feststellen, daß ein optimales elektrisches Prinzip erst an den Bahnbetrieb angepaßt werden muß.

Die Drehstromentwicklung der Jahrhundertwende stieß rasch an zwei Grenzen. Die eine Grenze war die Gestaltung der dreiphasigen Oberleitung. Man stelle sich nur unsere großen Kopfbahnhöfe in der Mitte einer »City« mit einer dreiphasigen Oberleitung vor. Die zweite Grenze war die Regelbarkeit der Fahrmotoren. Die früheren Drehstrombahnen z.B. von Burgdorf nach Thun oder in Norditalien (Brennerbahn) kämpften jahrelang mit diesem Problem.

Als es gelang, auf dem Fahrzeug Drehstrom aus Einphasenwechselstrom zu erzeugen, war das Problem der Energiezuführung, damit im Zusammenhang das Steuer- und Regelproblem, gelöst. Es war wie mit den sprichwörtlichen Fliegen und der einen Klappe...

2.3.3.1. Vorversuche

In den Jahren ab 1971 fuhren auf dem Netz der DB dieselelektrische Lokomotiven der Baureihe (BR) 202 (Firmenbezeichnung DE 2500). BBC und Henschel hatten diese Lokomotiven entwickelt. Der Gedanke an den Export dieser Lok in neuer Technik stand im Hintergrund.

Um die Drehstromanlagen dieser Lok auch am DB-Oberleitungsnetz erproben zu können, baute man (1974/75) einen Steuerwagen um. Er erhielt Stromabnehmer, Hauptschalter, den Vierquadrantensteller (4q-S) und Gleichrichter, um den gleichen Strom zu erzeugen, den der Dieselgeneratorsatz lieferte. Die Leistung des Versuchsfahrzeuges lag bei 1,5 MW (Fahrmotorleistung 120 : 1,4 MW).

Die Versuchsfahrten mit der so umgerüsteten Lok waren sehr erfolgreich. Anschließend fanden auf dem Prüffeld intensive Erprobungen des Motors statt, die ebenfalls erfolgversprechend verliefen. Vor dem Bau der 5 Prototyplokomotiven der BR 120 waren die Anlagen zur Erzeugung der Zugkräfte, also die Bauteile des Hauptstromkreises vielen intensiven Prüfungen unterzogen worden.

Die wichtigsten Phasen der Betriebs-Erprobung der Lokomotiven BR E 120 sollen nun kurz beschrieben werden.

2.3.3.2. Zweck der Betriebserprobung

Gelegentlich wird gefragt, warum man denn eine neue Lokomotive einer Betriebserprobung unterziehen müsse, nachdem doch seit mehr als 100 Jahren elektrische Lokomotiven gebaut würden. Auch wird gelegentlich der Automobilbau als »Vorbild« hingestellt, d.h. man kann gelegentlich hören, daß man Pkw oder Lkw als Kunde kaufen kann, ohne sie dann erst in einem Betriebseinsatz erproben zu müssen. Warum muß also die DB ein Fahrzeug, eine Lokomotive, erst betriebserproben?

Wenn eine Automobilfirma einen neuen Typ entwickelt, testet sie ihre »Erlkönige« ausführlich, oft jahrelang unter allen Klimabedingungen und oft in exotischen Ländern. Die Lokomotiv- oder schlechthin die Schienenfahrzeugindustrie, kann ihre Produkte vor dem Verkauf in dieser Weise nicht testen, dies kann bei diesen Fahrzeugen nur der Kunde, also hier die Bahn, im speziellen Fall die DB, da nur sie den Fahrweg und die notwendigen Testbedingungen zur Verfügung stellen kann.

Da die Drehstromlokomotive BR 120 nach einem völlig neuen elektrophysikalischen System arbeitet und in vielen Komponenten von den Ellok herkömmlicher Bauart abweicht, war auch deshalb eine umfangreiche Erprobung notwendig. Im Vergleich dazu war z.B. für die Ellok BR 111 keine umfangreiche Betriebserprobung notwendig, weil nur elektrische Bauteile (Fahrmotoren, Trafo, Schaltwerk, Hilfsbetriebe) verwendet wurden, die in anderen Baureihen z.T. bereits jahrelang eingesetzt waren. Die Erprobungszeit bei der BR 120 verlängerte sich dann aber auch dadurch, daß Systemumbauten und Komponentenveränderungen notwendig waren mit der Folge, daß für die geänderten Systeme und Komponenten die Erprobung praktisch wieder von vorne beginnen mußte.

Nicht zuletzt waren die Lokomotiven der Baureihe 120 auch für das beteiligte Lokführer- und Werkstattpersonal neu und das »Handling« der Lokomotiven mußte erst gelernt werden.

2.3.3.3. Erster Betriebseinsatz

Nachdem die erste Lok (120 001) am 19. 02. 80 im Bw Nürnberg Rbf (heute Bw Nürnberg 2) übergeben worden war, fingen die ersten Ausbildungen der Lokführer an. Es war von Anfang an festgelegt worden, daß es keine besondere Personalauswahl (keine »Speziallokführer«) geben sollte.

Abb. 145: 120 005 verläßt mit IC 624 »Meistersinger« den Münchner Hauptbahnhof in Richtung Augsburg und Nürnberg (Juli 1983, Foto: JMM)

Wegen der weitgehenden Ähnlichkeit der Führerräume der Lok BR 120 und 111 war deren Kenntnis Ausbildungsvoraussetzung; dies aber auch aus betrieblichen Gründen, weil im Raum Nürnberg – München die Lok Baureihe 111 die Reisezuglokomotive für regionale Züge ist. Nach 4½-jähriger Erprobungszeit konnte man feststellen, daß sich diese Überlegung auch aus betrieblichen Gründen als sehr zweckmäßig erwiesen hat.

Gleich zu Beginn der ersten Fahrten stellte man fest, daß die Lok der BR 120 Emissionen der 6. Oberwelle der Netzfrequenz (100 Hz) lieferte. Genauere Untersuchungen der Versuchsanstalt des Bundesbahn-Zentralamtes München zeigten dann auch Resonanzen im tonfrequenten Bereich der Gleisstromkreise. Diese ersten Meßergebnisse machten ein ausführlicheres Meß- und Versuchsprogramm notwendig.

Die Schwingungen mit 100 Hz treten auch bei Wechselstromlokomotiven (beim Bügelspringen) oder bei Störungen (unsymetrischer Betrieb der Brückenschaltung) bei anschnittgesteuerten Triebfahrzeugen (BR 181, 184, ET 420) auf. Während aber bei amplituden- und anschnittgesteuerten Triebfahrzeugen ein ungewöhnlicher Zustand oder eine Störung die 100 Hz-Immissionen auslöst, sind es bei den Drehstromlok BR 120 Regelbetriebszustände.

Als Abhilfe wurde die Schaltung der Transformatoren geändert und in die Steuerelektronik so eingegriffen, daß die 100 Hz-Ströme zur Regelung verwendet wurden. Damit war das Problem praktisch behoben. Wie bei den Triebzügen ET 420 gibt es beim Auftreten unzulässig hoher Amplituden der 100 Hz-Frequenz Hauptschalterauslösungen, die aber mittlerweile so selten sind, daß sie den Betrieb nicht behindern (sie treten relativ am häufigsten bei Rauhreif an länger nicht befahrener Oberleitung auf).

Schwieriger war die Eliminierung der tonfrequenten Emissionsströme bei Frequenzen von 9,5 bis 15 kHz. Um die Betriebserprobung weiterführen zu können, wurden Beschränkungsmaßnahmen getroffen. So durften die Lok BR 120 in Bahnhöfen mit mehreren tonfrequenten Gleisstromkreisen nur »nicht arbeitend« (d.h. nur geschleppt) fahren. Bei einzelnen tonfrequenten Gleisstromkreisen wurde durch Messungen festgestellt, ob es zu Signalbeeinflussungen kommen könnte. So wurden zunächst Strecken festgelegt, auf denen die Lok BR 120 fahren konnten.

Umfangreiche Messungen der Versuchsanstalt brachten dann das Ergebnis, daß ein Reihenresonanzfilter vor dem Hochspannungseingang des Trafos anzuordnen ist. Dieser Filter wurde zunächst provisorisch eingebaut, als die Entscheidung gegen die Widerstandsbremse gefallen war, machte der Bremswiderstand dem Störstromfilter Platz.

In dieser Zeit (April bis ca. Oktober 1980) fuhren die Lokomotiven im Reisezugdienst entweder Vorspann zwischen Würzburg und Passau (u.a. D 426, D 225, D 720, D 721) oder im Wendezugeinsatz zwischen Nürnberg Hbf und Ansbach.

Im Sommer/Herbst 1980 fanden auch versuchsweise Fahrten mit 2700 t schweren Zügen (die Hälfte eines lasterhöhten Zuges) (Gdg-Gag) statt. Bei günstigen Schienenverhältnissen beförderten die Lok BR 120 diese Züge ohne Schwierigkeiten.

Um den Transformator stark zu belasten, wurden an 4 Sonntagen im »Bayerischen Ring« (München – Nürnberg Hbf – Nürnberg Rbf – München) 800 t schwere IC-Züge (1½ Regelgarnituren mit 2 Speisewagen) befördert. In den Speisewagen waren alle Verbraucher eingeschaltet (Kühlschränke, Herde), ebenso in den anderen Wagen, um den Transformator größtmöglich zu belasten.

Bei all diesen Fahrten zeigte sich die Überlegenheit der Drehstromtechnik und die Belastbarkeit der elektrischen Ausrüstung.

1. Versuchszug

Im Laufplan der Lok BR 194 fuhren die Lok Baureihe 120 im Vorspannbetrieb ebenfalls zwischen Nürnberg und Passau.

Es zeigte sich rasch, daß Regelgüterzüge ungeeignet waren, weil

– ihre Auslastung wegen des drastischen Verkehrsrückgangs völlig ungenügend für eine starke Belastung der Lok BR 120 war,
– die langen plangemäßen Stillstands- bzw. Übergangszeiten zu geringen Laufleistungen führten.

Abhilfe brachte ein Versuchsgüterzug aus mit Schrott, Altschotter und ähnlichem beladenen Wagen, dieser Zug hieß dann bald bei den damit befaßten Eisenbahnern »Schrottzug«.

Aus betrieblichen Gründen verkehrte er zwischen Ochsenfurt und Plattling.

Der Sommer 1980 war sehr regenreich. Auf häufig nassen Schienen zeigten sich Schwierigkeiten beim Anfahren, es kam zu Schleudervorgängen, zu Rattererscheinungen und Gleitvorgängen beim elektrischen Bremsen. Diese Erscheinungen traten überraschend bei gelegentlichen Anfahrten auf. Um die Vorgänge genauer zu studieren, erhielt der Versuchsgüterzug ab 12.01.81 einen neuen Fahrplan mit zusätzlichen Anfahrten in:
Strecke Würzburg – Ansbach – Nürnberg – Regensburg
1) Sbk 46 bei Marktbreit, km 110,0, Steigung 10,8 ‰
2) Sbk 32 bei Oberdachstetten, km 75,5, Steigung 10,6 ‰
3) Sbk 90 bei Sachsen, km 39,9, Steigung 7,1 ‰ (später wieder aufgelassen)
4) Sbk 76 bei Mimberg, km 81,8, Steigung 10,6 ‰
Strecke Regensburg – Nürnberg – Ansbach – Würzburg
1) Einfahrsignal Etterzhausen, km 8,9, Steigung 10,3 ‰
2) Einfahrsignal Undorf, km 11,8, Steigung 10,3 ‰
3) Sbk 1 bei Oberasbach, km 9,8, Steigung 7,0 ‰ (später wieder aufgegeben)
4) Sbk 37 bei Steinach, km 86,5, Steigung 10,4 ‰

Bei Sbk 37 bei Steinach kam als Besonderheit folgendes hinzu: In der Nähe dieser Anfahrstelle liegt ein Steinbruch. Bei den gelegentlich durchgeführten Sprengarbeiten kam feiner Steinbruchstaub auf die Schienen, der in Verbindung mit Nässe einen besonders ungünstigen Schienenzustand hervorrief.

Diese Anfahrten sollten den Fall nachbilden, daß ein Zug an einem haltzeigenden Signal zum Stehen kommt und wieder anfahren muß.

Zweite Lok im Zug

Der Verbrauchsgüterzug hatte zunächst variable Anhängelasten (bis ca. 1800 t), weil durch die Versuchsanfahrten auch festgestellt werden sollte, welche Anfahrgrenzlast gerade noch angefahren werden kann. Da – wie erwähnt – anfangs Schleudervorgänge auftraten, kam es auch vor, daß eine Anfahrt mißglückte.

Um in solchen Fällen nicht die Strecke sperren und ein Hilfstriebfahrzeug zuführen zu müssen, war eine zweite Lok im Zug. Diese Lok gehörte zum »Wagenzuggewicht« am Zughaken der Lokomotiven der BR 120.

Zwischen beiden Lok bestand für die Lokführer Sprechverbindung über das UIC-Kabel (Zugbahnfunkverbindung). Der Lokführer der Lok BR 120 konnte also im Bedarfsfall seinen Kollegen auf der Lok BR 151 (seltener BR 140) sofort auffordern, aufzuschalten.

Bei den gelegentlich – wenn auch selten – auftretenden Störungen oder Bauteilausfällen, die zu Hilfslokgestellungen geführt hätten, hat sich das Verfahren ausgezeichnet bewährt. Die Zugbildung mit zwei Lok war für die praktische Betriebsführung günstig, der Zug konnte immer die Strecke räumen und auf Aufforderung durch die Zugüberwachung erkennbar die kürzeste Fahrzeit anstreben.

Erster IC-Umlauf

Die Konstruktionsgeschwindigkeit der Lokomotiven der BR 120 beträgt 160 km/h. Es zeigte sich rasch, daß das deutlich leichtere Drehgestell der Lok BR 120 (Lok BR 111 : 23 t, Lok BR 120 : 17 t) mit den geringeren unabgefederten Massen (Motorgewicht 3,9 t bzw. 2,3 t) auch bei Geschwindigkeiten über 160 km/h gute Laufeigenschaften aufwies. Versuchsfahrten ergaben die Tauglichkeit des Drehgestells der Lok BR 120 für eine Geschwindigkeit von 200 km/h. Eine Lok der BR 120 (120 005) wurde daher für Fahrten mit 200 km/h mit einer Linienzugbeeinflussung ausgerüstet. Ab Dezember 1980 fuhr die 120 005 in einem eintägigen IC-Umlauf (IC 522 – IC 563 (E 2563) – IC 624 – IC 521 und Fülleistungen).

Zwei Versuchszüge

Wie im Abschnitt 4 noch dargelegt werden wird, waren Änderungen im Steuerungs- und Regelungsteil notwendig. Diese Arbeiten waren im April 1983 abgeschlossen.

Um das Anfahrverhalten und schlechthin das Betriebsverhalten eingehend zu untersuchen, gab es nun zwei eintägige Umläufe mit den Versuchsgüterzügen.

Schnell bildeten sich bei den beteiligten Eisenbahnern neue Schlagworte heraus: »Kleiner und großer Umlauf« oder »Spessartexpreß«. Gemeint war folgendes:

Ein Versuchszug fuhr zwischen Ochsenfurt und Passau mit ca. 1750 t und Anfahrten an den bekannten Stellen.

Der zweite Versuchszug fuhr folgenden Rundkurs, die jeweils eingeteilte Lok war praktisch ununterbrochen im Einsatz:
Passau – Regensburg – Nürnberg – Ansbach – Würzburg – Jossa – Elm – Schlüchtern – Hanau – Aschaffenburg – Würzburg – Ansbach – Nürnberg Rbf – Nürnberg Hbf

Von Nürnberg Hbf fuhr der Zug dann noch einmal über Ansbach – Würzburg und die Spessartschleife nach Nürnberg zurück und weiter nach Passau. Im Güterbahnhof Passau war mittlerwei-

Abb. 146 und 147: Im oberen Bild führt 120 002 den IC 181 »Karwendel« ▶ Bremen-Innsbruck (August 1984, Foto: J. Schmidt). Unten sehen wir 120 001 vor IC 563 »Hans Sachs« Nürnberg-München im Einschnitt bei Möhren (30. 8. 1983, Foto: F. Lüdecke).

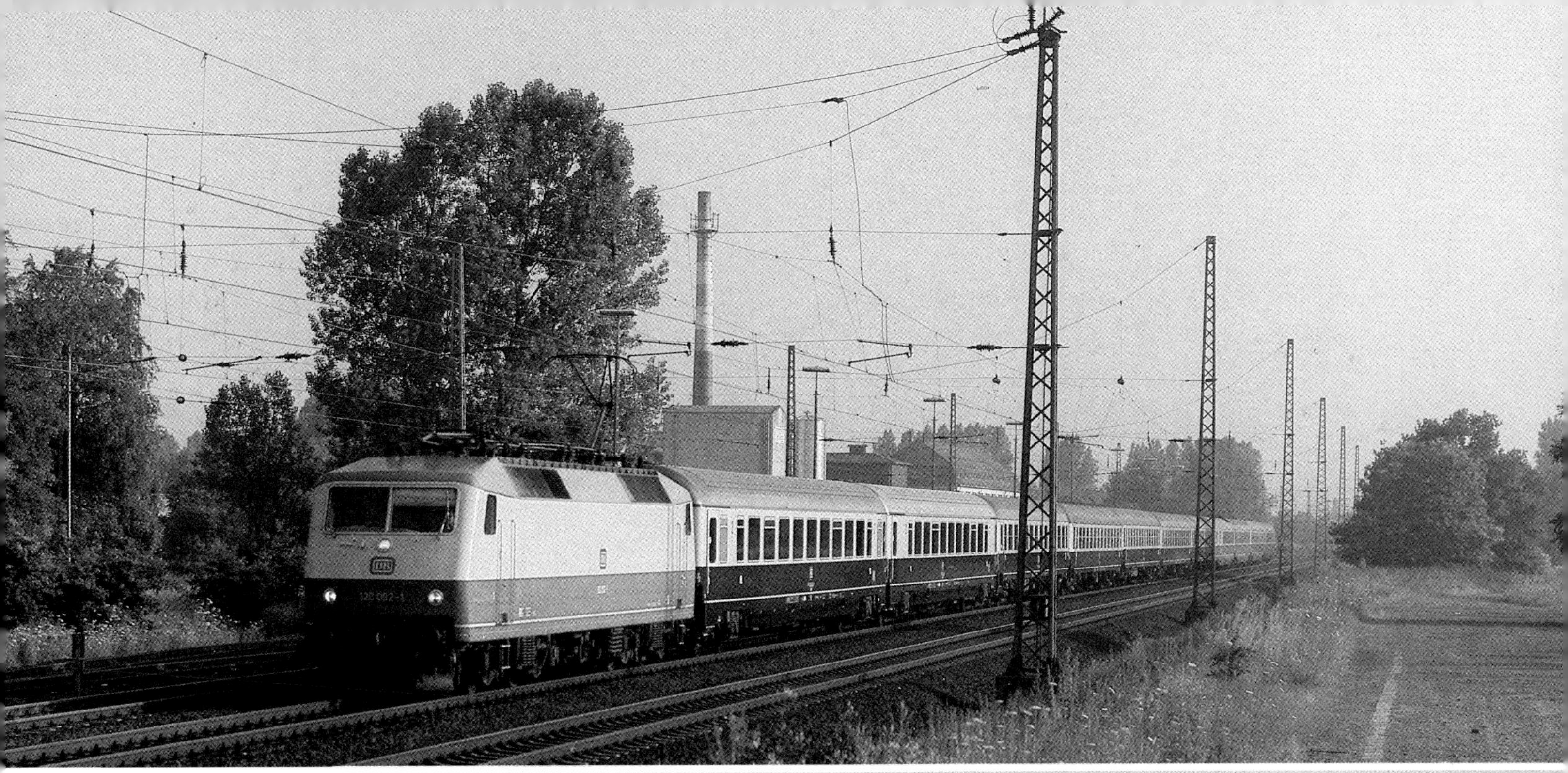

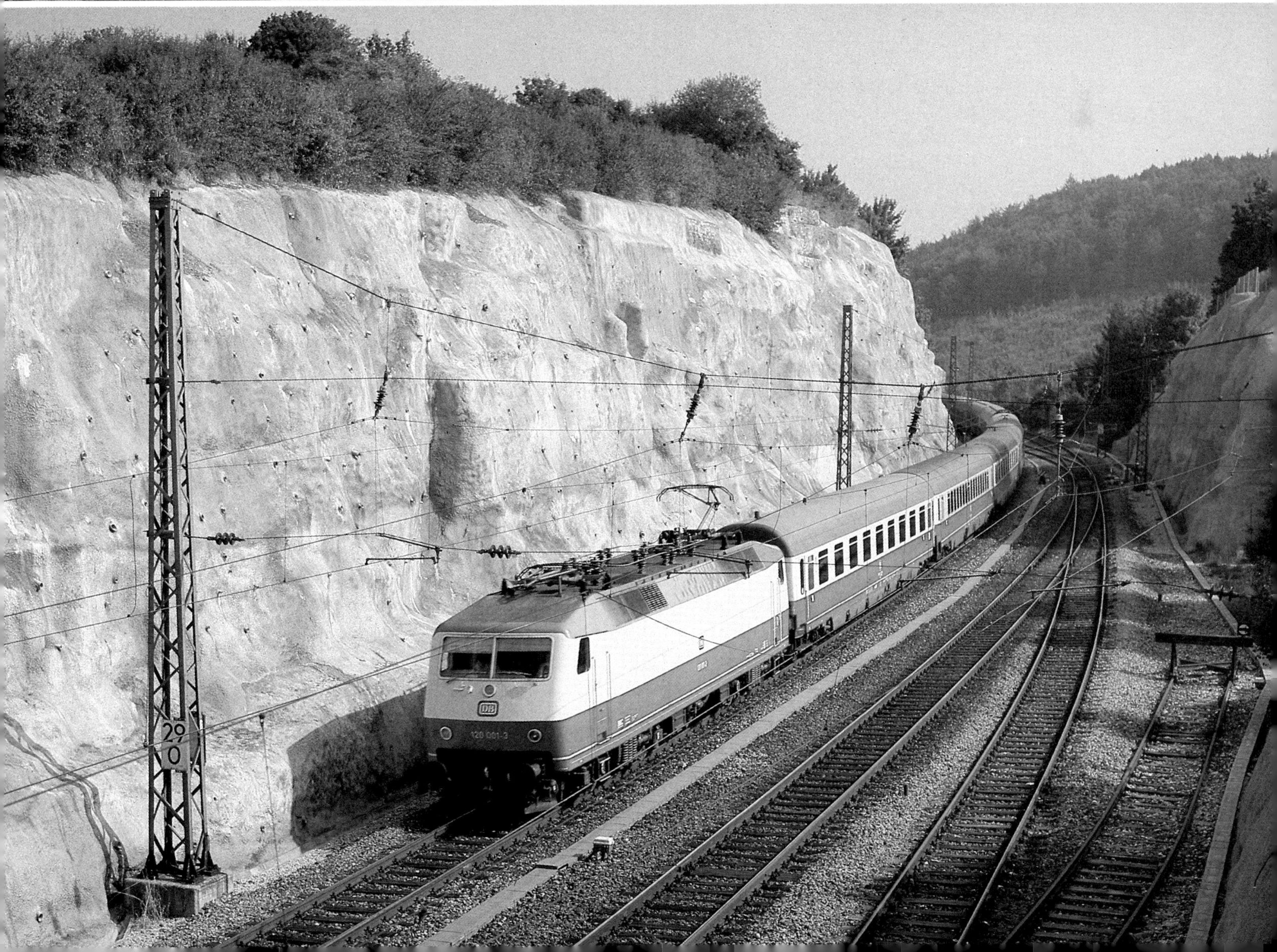

le eine weitere Versuchsgarnitur wagen- und bremstechnisch fertiggestellt. Die ankommende Lok übernahm diesen Wagenzug und der Umlauf wiederholte sich. Beide Züge fuhren rund um die Uhr. Da auch die Wagengarnitur im »Kleinen Umlauf« täglich ausgetauscht wurde und für Fahrten der Versuchsanstalten Belastungswagen zur Verfügung stehen mußten, gab es zeitweise vier Versuchszüge von zusammen ca. 6000 t Gewicht.

Weiterer IC-Einsatz

Ab Winterfahrplan 1982/83 gab es einen zweitägigen IC-Umlauf für Fahrten zwischen München und Nürnberg am Tage und Ergänzungsleistungen von München nach Würzburg, Frankfurt und zurück nach Nürnberg bei Nacht. Abbildung 4 zeigt diesen Umlauf.

Ab München und ab Nürnberg fuhren alle 3 Stunden IC-Züge (oder Züge im IC-Takt) nach Nürnberg bzw. nach München. Zwischen Donauwörth und Augsburg (zwischen Mertingen und Meitingen) begegneten sich dann die 120-geführten Züge.

Die von den Lok der BR 120 geführten Züge kamen pünktlich an, ein Hinweis darauf, daß die Lokomotiven der BR 120 in den Plänen der Lokomotiven der BR 103 fahren konnten.

Um dies auch auf anderen Strecken zu verifizieren, führte die Lok 120 003 vom 09.10. bis 14.10.83 die IC 614/613 im Streckenabschnitt Stuttgart — Hamburg und die 120 001 am 06. — 08.09.83 im Streckenabschnitt München — Stuttgart auf der IC-Linie 1. Immer zeigte sich, daß die Lok der BR 120 die Fahrplanzeiten der Lok BR 103 einhielten.

Bei genauer Betrachtung wäre aber zu untersuchen, ob die Fahrzeiten der Lok BR 103 eingehalten wurden, da der Fahrplan Zuschläge für geringfügigere Unregelmäßigkeiten (z.B. Langsamfahrstellen) enthält. Ein genau pünktlicher Zug hat dann ggf. diese Zuschläge alle aufgebraucht, entweder weil die betriebliche Situation es erforderte, oder bei ungehinderter Betriebsführung, die Leistungsfähigkeit der Lok nicht ausreiche.

Weiterer Einsatz

Nach formalem Abschluß der Betriebserprobung im Dezember 1983 wurden die Versuchszüge eingestellt und nur noch die beiden IC-Umläufe gefahren. Die Lok waren wiederholt bei den Versuchsanstalten bzw. zum Umbau im AW, so daß im ersten Halbjahr 1984 oft nur zwei Lokomotiven zur Verfügung standen.

Im Rahmen von Umbaumaßnahmen erhielt die 120 004 die neue Linienzugbeeinflussung LZB 80. Damit war festgelegt, daß diese Lok weiterhin im IC-Umlauf eingesetzt wird.

Zum Sommerfahrplan 1984 führte die DB das neue ICG-System ein. Im Nachtsprung verbinden 88 ICG-Züge 11 Wirtschaftszentren innerhalb der Bundesrepublik Deutschland. Im ICG-System werden nun zwei Lok BR 120 und eine Lok BR 151 (151 170) neben anderen Lok der BR 140 und 151 eingesetzt. Es gibt also einen speziellen Umlauf für zwei Lok BR 120 und eine Lok BR 151, in dem die Zuverlässigkeit und die Betriebskosten dieser Lok untereinander verglichen werden sollen.

Steht eine 4. Lok BR 120 zur Verfügung, so läuft sie als zweite Maschine im IC-Umlauf, die 5. Lok wird dann ad hoc eingesetzt, gelegentlich vor Wendezügen zwischen Nürnberg und Ansbach. Der Wendezugeinsatz mit seinen oft wechselnden Belastungen hat sich als stark beanspruchend gezeigt.

2.3.3.4 Ergebnisse der Betriebserprobung

Traktionsverhalten

Im Sommer 1980 gab es häufig Regen, folglich nasse Schienen. Bei den Fahrten von Reise- und Güterzügen zeigten sich beim Anfahren und Beschleunigen unerwartete Erscheinungen.

a) Die Räder drehten um ca. ¼ bis ½ Radumdrehungen mit hoher Umfangsgeschwindigkeit durch und kamen wieder zum Stillstand. Dieser Vorgang wiederholte sich oft und in rascher Folge, es kam zu ratternden Geräuschen. Diese Erscheinungen wurden bei den Anfahrten (siehe Abschnitt 3.1) reproduziert, um sie genau zu studieren und Abhilfemaßnahmen anzudenken. Es zeigte sich u.a. auch, daß sich die 5 Lokomotiven unterschiedlich verhielten.

b) Es gab Schleudern, wie es bei der Drehstromtechnik nicht erwartet wurde. In sehr seltenen Fällen – aber immerhin reproduzier- und beobachtbar – schleuderte ein einzelner Radsatz. Häufiger gab es das sogenannte Synchronschleudern, d.h., alle Radsätze beschleunigten schnell auf eine Umfangsgeschwindigkeit, die weit über der Rollgeschwindigkeit der Lokomotive lag.

c) Das bei b) beschriebene Synchronschleudern trat auch in der Weise auf, daß die Radsätze langsam beschleunigten, ohne daß die Rollgeschwindigkeit zunahm. Die Tachonadel kletterte langsam auf hohe Werte. Bei Ausschalten des Hauptschalters kehrte sie schlagartig auf den Wert der Rollgeschwindigkeit zurück.

d) Beim elektrischen Bremsen trat gelegentlich Rädergleiten, in sehr seltenen Fällen Räderstillstand (allerdings bei schmierigen Schienen) auf.

e) Bei Anfahrvergleichen konnten die Lokomotiven der BR 120 die Anfahrgrenzlasten der Lokomotiven der BR 150, 151 und 194 nicht und die der Lokomotiven BR 140 nur mit Mühe anfahren.

Abb. 148 und 149: Während auf der oberen Abbildung 120 005 mit ▶ einem IC bei Otting-Weilheim auf der Fahrt nach München zu sehen ist (Foto: A. Ritz), bringt unten 120 003 einen IC nach Norden, aufgenommen am 12.6.1984 bei Friedland (Foto: C.M. Peters).

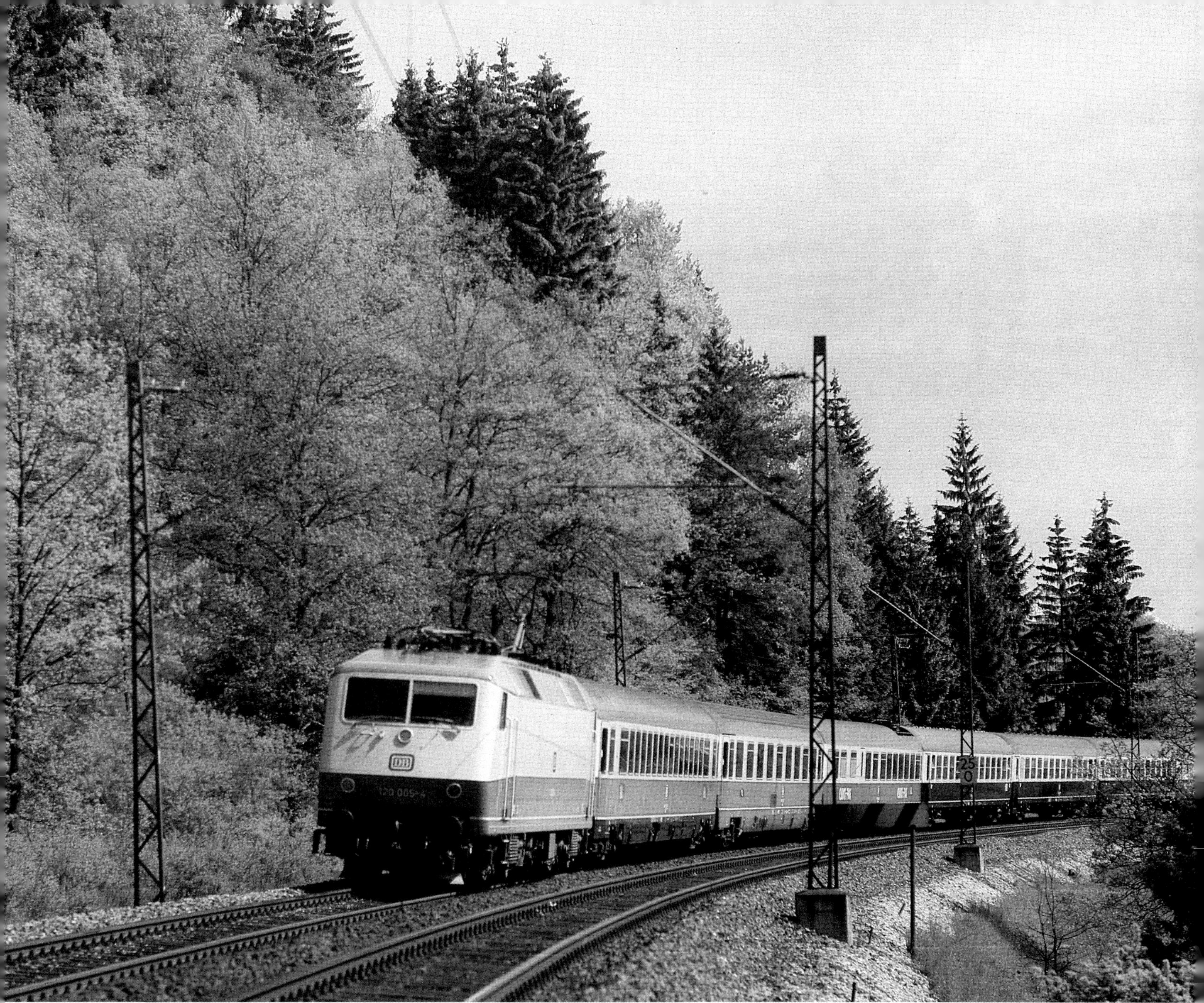
120 005-4

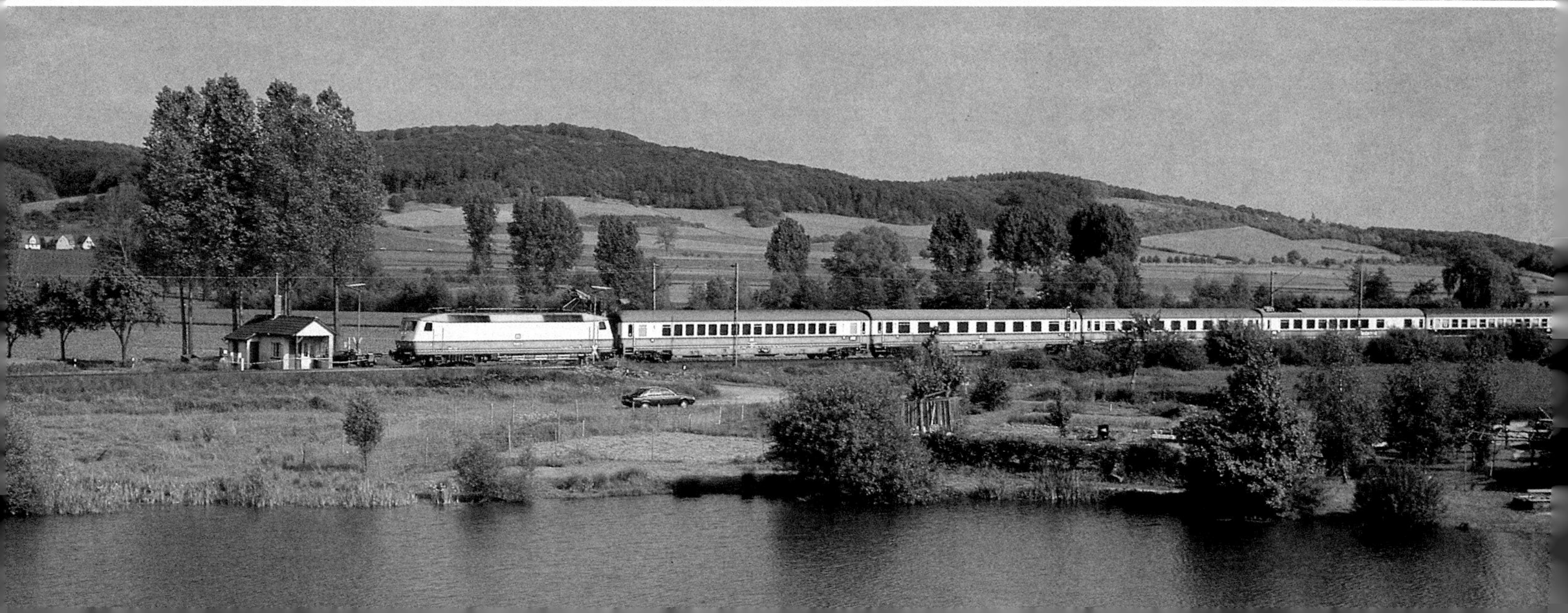

Ausgedehnte Versuche der Versuchsanstalt und der Lieferfirmen erforschten das vorstehend beschriebene Verhalten. Eine wesentliche Ursache war, daß die Drehstromkennlinien des Asynchronmotors (es sei gestattet es so zu formulieren) sich nicht gegen die Reihenschlußcharakteristik der Regelung durchsetzten. An der 120 004 wurden dann entsprechende Versuche und Änderungen vorgenommen, die Einstellung der Kennlinien wurde in einem langwierigen Abstimmungsverfahren optimiert. Der bei der 120 004 gefundene Zustand wurde dann auf die anderen Lokomotiven übertragen. Die Maßnahme hatte einen vollen Erfolg, die bei a) und b) geschilderten Erscheinungen treten überhaupt nicht mehr, die bei c) und d) geschilderten Erscheinungen nur noch sehr selten – für den praktischen Betrieb belanglos – auf.

Beim Anfahren in Steigungen und auf nasser bzw. besandeter Schiene werden im Mittel höhere Zugkräfte aufgebracht als bei den herkömmlichen stufengesteuerten Lok.

Bei diesen kann die beim Übergang von einer zur nächsthöheren Schaltstufe (Motorspannung) im ersten Augenblick erreichte Zugkraft höchstens so groß sein wie es die augenblicklichen Reibungsverhältnisse zulassen. Dann muß man die Zugkraft auf dieser Stufe soweit abklingen lassen, daß auch der nächste Zugkraftsprung nicht zum Schleudern führt.

Dagegen fährt die 120 ständig an der gerade herrschenden Reibungsgrenze ohne irgendeinen Zugkrafteinbruch. Die Regelung ist sogar in der Lage, den optimalen Punkt zu suchen und zu finden und die Zugkraft immer auf diesen optimalen Punkt einzustellen. Deswegen können die Lokomotiven der BR 120 unter bestimmten Umständen (nasse Schienen, besandet) bis zu 50 % mehr Wagenzuggewicht als Lok der BR 140 anfahren. Der weitere Betriebseinsatz wird zeigen, ob dies auch bei einem Schienenzustand mit frischem Schnee, Laub und Nieselregen oder Rauhreif gelingt.

Hauptbauteile

Bei den Hauptbauteilen für die Energieumsetzung (4-Quadranten-Steller, Wechselrichtern, Trafo) traten im Betrieb keine Erscheinungen auf, die die Tauglichkeit in Frage gestellt hätten, sie haben sich hervorragend bewährt. Mit den Wellen der Fahrmotoren der 120 003 gab es Probleme, die vielleicht daraus zu erklären sind, daß die im vorigen Abschnitt bei a) und b) geschilderten Erscheinungen fast ausschließlich an dieser Lok studiert wurden. Die Hauptbauteile im Drehstromkreis zur Versorgung der Fahrmotoren zeigten eine hohe Zuverlässigkeit und sind für den Eisenbahnbetrieb sehr geeignet.

Hilfsbetriebe

Das neue Loksystem braucht auch ein neues System der Hilfsbetriebe. Um auch die Hilfsbetriebe mit Drehstrommotoren ausrüsten zu können, erhielt die BR 120 ein eigenes Drehstromhilfsbetriebenetz. Je ein Hilfsbetriebumrichter (HBU) versorgt die Hilfsbetriebe für ein Drehgestell und eine HBU die drehgestellübergreifenden Hilfsbetriebe.

Diese HBU zeigten häufig Ausfälle mit dem Ergebnis, daß die Lok nur mit einem arbeitenden Drehgestell weiterfuhr, in seltenen Fällen, bei Ausfall von 2 oder 3 HBU war eine Hilfslok notwendig. Die Lieferfirma mußte die HBU nachhaltig verbessern.

Ein Problem bei den HBU ist ihre leistungsabhängige Regelung. Bei hohem Kühlbedarf werden die Lüftermotoren auf höhere Drehzahl geregelt, d.h. bei hohem Leistungsbedarf und/oder hoher Temperatur. Im Sommer entstanden allein bei nach Sonneneinstrahlung in der stehenden Lok Temperaturen von ca. 60°C. Bei diesen hohen Temperaturen regelte die elektronische Steuerung ihrerseits nicht immer zufriedenstellend.

Das Problem der Be- und Entlüftung befriedigte nicht, was sich insbesondere im Sommer 1983 deutlich zeigte. Bei stehender und elektrisch abgeschalteter Lok ist die natürliche Be- bzw. Entlüftung nicht ausreichend.

Erstmals bei den Lok der BR 120 gibt es Hilfsbetriebe 2. Ordnung. Das darf so definiert werden:

Hilfsbetriebe tragen zwar nicht zur Zugkrafterzeugung einer elektrischen Lokomotive bei, sind aber notwendig, damit die zugkrafterzeugenden Maschinen bestimmungsgemäß arbeiten können (Hilfsbetriebe 1. Ordnung).

Wenn nun diese Hilfsbetriebe (1. Ordnung) ihrerseits Aggregate brauchen, um ihrer bestimmungsgemäßen Funktion zu genügen, so seien diese Aggregate Hilfsbetriebe 2. Ordnung (»Hilfsbetriebe der Hilfsbetriebe«).

In die Lok der BR 120 ist eine große Zahl (32) sogenannter Kleinlüfter an z.T. schlecht zugänglichen Stellen eingebaut. Es zeigte sich nun bei der Betriebserprobung, daß diese Kleinlüfter dem Eisenbahnbetrieb nicht immer genügten und gelegentlich nach Schäden getauscht werden mußten.

Nach den Erfahrungen des heißen Sommers 1983 wurden wesentliche, z.T. konzeptionelle Änderungen im Hilfsbetriebebereich durchgeführt. Die Zuverlässigkeit der Lok hat sich seither erkennbar gesteigert, eine sommerliche Bewährungszeit steht noch aus.

Werkstattbehandlung

Ein wesentlicher Vorteil der Drehstromtechnik ist ihre Wartungsarmut. Da dies oft plakativ hingestellt wird, soll es etwas näher erläutert werden.

Herkömmliche Wechselstromlok unterliegen einem Fristensystem der Instandhaltungsarbeiten. Dabei sind insbesondere mechanisch bewegte Kontakte des Schaltwerkes und die Bürstenkohlen der Kommutatormotoren zu behandeln. Gerade diese arbeitsintensiven Bauteile gibt es bei Drehstromlok nicht, d.h., von daher müss(t)en Drehstromlok bei der Instandhaltung kostengünstiger sein.

Abb. 150 und 151: Zwei Generationen von Schnellfahrlokomotiven demonstriert diese am 4. 7. 1981 im Hauptbahnhof Nürnberg aufgenommene Szene (Foto: R. Kuchenbrandt). Die darunter abgebildete Grafik veranschaulicht die Zug- und Bremsdiagramme der Regelausführung (links) und der 120 001 mit geänderter Getriebeübersetzung für 250 km/h Höchstgeschwindigkeit (Grafik: BBC)

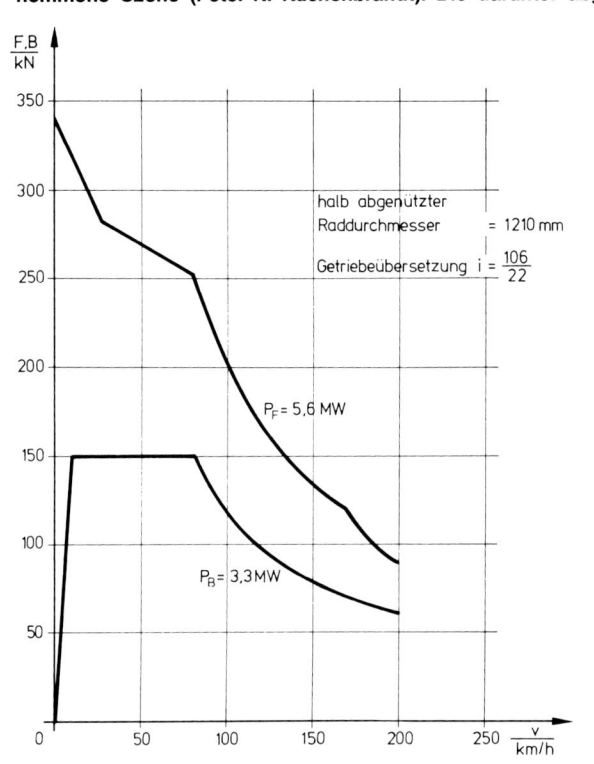

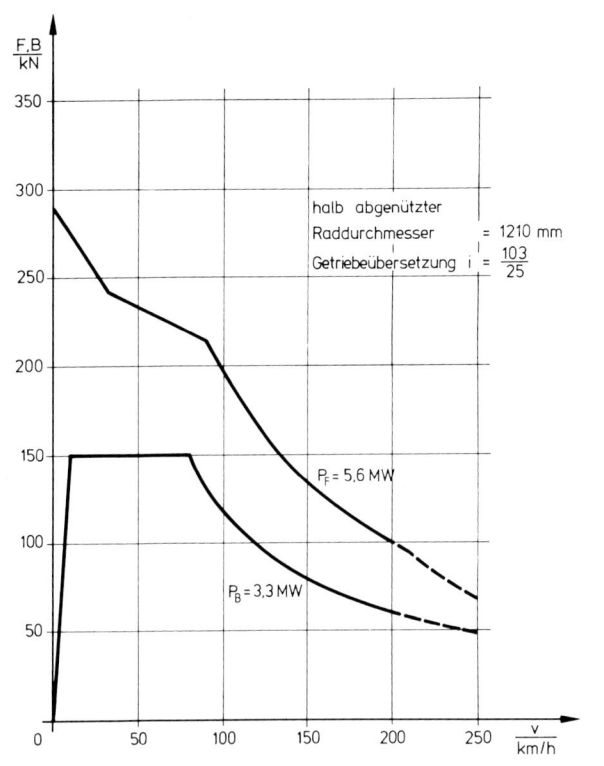

halb abgenützter Raddurchmesser = 1210 mm
Getriebeübersetzung $i = \frac{106}{22}$

$P_F = 5{,}6$ MW
$P_B = 3{,}3$ MW

halb abgenützter Raddurchmesser = 1210 mm
Getriebeübersetzung $i = \frac{103}{25}$

$P_F = 5{,}6$ MW
$P_B = 3{,}3$ MW

Die Lok der BR 151 brauchen einen Instandhaltungsaufwand von 3,7, Lok der BR 103 von 3,5 und die Lok der BR 111 von 2,5 Fertigungsstunden pro 1000 km Laufleistung (Fh/Tkm). Berücksichtigt man Einsatz, Radsatzzahl und durchschnittliches Alter der vorgenannten Lokomotivbaureihen, so kann man daraus in etwa den Aufwand an Fertigungsstunden erklären. Die Lok der BR 120 brauchten 1983 3,2 Fh/Tkm, d.h. zunächst eigentlich relativ viele Fertigungsstunden/1000 km. Diese Zahl von 3,2 kann aber nicht isoliert von den Randbedingungen gesehen werden. An 5 Lok, die noch dazu nicht immer im Betriebseinsatz waren, kann man nicht so rationell arbeiten wie an 75 oder 150 Lokomotiven. Wenn z.B. an mehreren Lokomotiven derselben Baureihe gleichzeitig Fristarbeiten stattfinden, läßt sich der Einsatz der Werkstättenarbeiter wirtschaftlicher gestalten, als wenn nur an einer Lok einer BR ihre Fristarbeiten stattfinden.

Das – »Gewußt-Wie« –, der Arbeitsablauf, die Erfahrung und ähnliche »soft-ware« Hilfsmittel bilden sich erst nach einiger Zeit und bei vielen Lokomotiven einer BR heraus.

Die andere Art der Störungs- und Fehlersuche bei den Drehstromlok ist ein weiterer Umstand, der zu einem höheren Stundenaufwand geführt hat.

Geht man nun von einer ausgereiften Drehstromlok aus mit – statistisch gesehen – ähnlich viel Störungen und Unregelmäßigkeiten wie bei herkömmlichen Lokomotiven, so kann man die Prognose wagen, daß solche Lokomotiven ca. 2,0 Fh/Tkm Instandhaltungsaufwand brauchen. Vielleicht läßt sich der Aufwand bei grundsätzlichen Verfahrensänderungen noch senken. Erreicht man 2,0 Fh/Tkm, wäre dies bereits ein großer Erfolg. Bei 30 000 km/Monat (103-Umlauf) heißt dies, daß ein Werkstättenarbeiter etwa 3 Lokomotiven betreut oder: eine Lok bindet ca. ⅓ Arbeitsplatz. Berücksichtigt man nur etwa 20 000 km/Monat (ca. 600 km/Tag), so bindet eine Lok nur ¼ Arbeitsplatz.

Wenn man also einen Blick in die Zukunft bezüglich des Instandhaltungsaufwandes in Betriebswerken wagen darf, so kommt man mit Vorbehalt und aller Vorsicht zu der Erkenntnis, daß

- die Drehstromlokomotiven erkennbar weniger Arbeitsplätze binden als die herkömmlichen Wechselstromlokomotiven,
- sich der Instandhaltungsaufwand bezogen auf neuere Wechselstromlokomotiven um rd. 30 % senken läßt. Damit wird der Anteil der Werkstattarbeiten an den Zugförderungskosten erkennbar gesenkt.

Elektrische Bremse

Die Lokomotiven der BR 120 waren ursprünglich ausgelegt für eine Netz- und eine Widerstandsbremse. Aus verschiedenen technischen und konstruktiven Gründen wurde die Widerstandsbremse nicht realisiert. Diese Entscheidung wird auch dadurch wesentlich gestützt, daß statistische Untersuchungen und Aufzeichnungen ergaben, daß die Zuverlässigkeit und Verfügbarkeit der Spannungsversorgung durch die Oberleitung, Unterwerke usw. ausreichend ist.

Berücksichtigt man im System einer elektrischen Bremse bei der Betrachtung der Zuverlässigkeit auch die Wahrscheinlichkeit des Ausfalls von Steuerschaltern oder anderen Steuerhilfsmitteln und vergleicht diese Ausfallwahrscheinlichkeit mit der des Oberleitungsnetzes bei Netzbremsen, so kommt man rasch zu der Erkenntnis, daß die Zuverlässigkeit der Spannungsversorgung aus dem Oberleitungsnetz so hoch ist, daß ein Netzbremsbetrieb vertretbar erscheint.

Die elektrische Netzbremse der Lokomotiven der BR 120 hat sich in der Praxis als sehr zuverlässig erwiesen.

Die Energierückgewinnung bei der Netzbremse erscheint zunächst als ein großer Vorteil, sie kann aber nur dann gerechtfertigt werden, wenn unter Berücksichtigung **aller** wirtschaftlichen Daten **im Endergebnis** ein wirtschaftlicher Vorteil zu verzeichnen ist. Oft wird bei der Wirtschaftlichkeitsbetrachtung des elektrischen (Nutz-)Bremsens nur der Rückgewinn an elektrischer Energie betrachtet, d.h. betrachtet wieviel weniger Energie bezogen und bezahlt werden muß, aber es wird nicht berücksichtigt, daß durch die Vorhaltung bestimmter Schaltapparate usw. investive Kosten und ggf. Unterhaltungsarbeiten entstehen.

Messungen auf Rampenstrecken haben ergeben, daß durch die Lok der BR 120 bis zu 40 % Energie zurückgewonnen werden kann, wenn man das Fahrspiel Berg- und Talfahrt berücksichtigt. Im Nahverkehr bei ca. 2 – 3 km Haltestellenabstand und einer relativ hohen Höchstgeschwindigkeit zwischen den beiden Halten, werden immer noch rd. 20 – 25 % Energie zurückgewonnen, im Fernverkehr liegt die Rate der zurückgewonnenen Energie bei ca. 5 % und ist dort selbstverständlich abhängig vom Profil der Strecken, d.h. auf ausgesprochenen Flachlandstrecken ist die Rate niedriger als auf Strecken mit längeren Neigungsabschnitten.

Betrieblich ist bei der Netzbremse zu berücksichtigen, daß sie eine Bremse konstanter Leistung ist, weil maximal soviel elektrische Leistung beim Bremsvorgang zurückgespeist werden kann, wie beim Anfahrvorgang aus dem Oberleitungsnetz entnommen wird. Wenn aus schaltungstechnischen Gründen die Bremsleistung niedriger ist als die Traktionsleistung, ändert das an der nachfolgenden Überlegung vom Grundsatz her nichts, es verschiebt die Überlegungen nur graduell.

Bei Widerstandsbremsen wird der Bremswiderstand so ausgelegt, daß eine bestimmte Bremskraft, die einem bestimmten Bremsstrom entspricht, für eine gewisse Zeit konstant aufgebracht

Abb. 152 und 153: Von C.M. Peters (oben) und J. Schmidt (unten) ▶ wurden diese beiden gelungenen Szenen aus dem Betriebsalltag der Baureihe 120 eingefangen. Auf der oberen Aufnahme führt 120 002 den IC 180 »Karwendel« bei Friedland (30. 7. 1984), das untere Bild zeigt 120 001 im Durchbruch bei Möhren (31. 6. 1984).

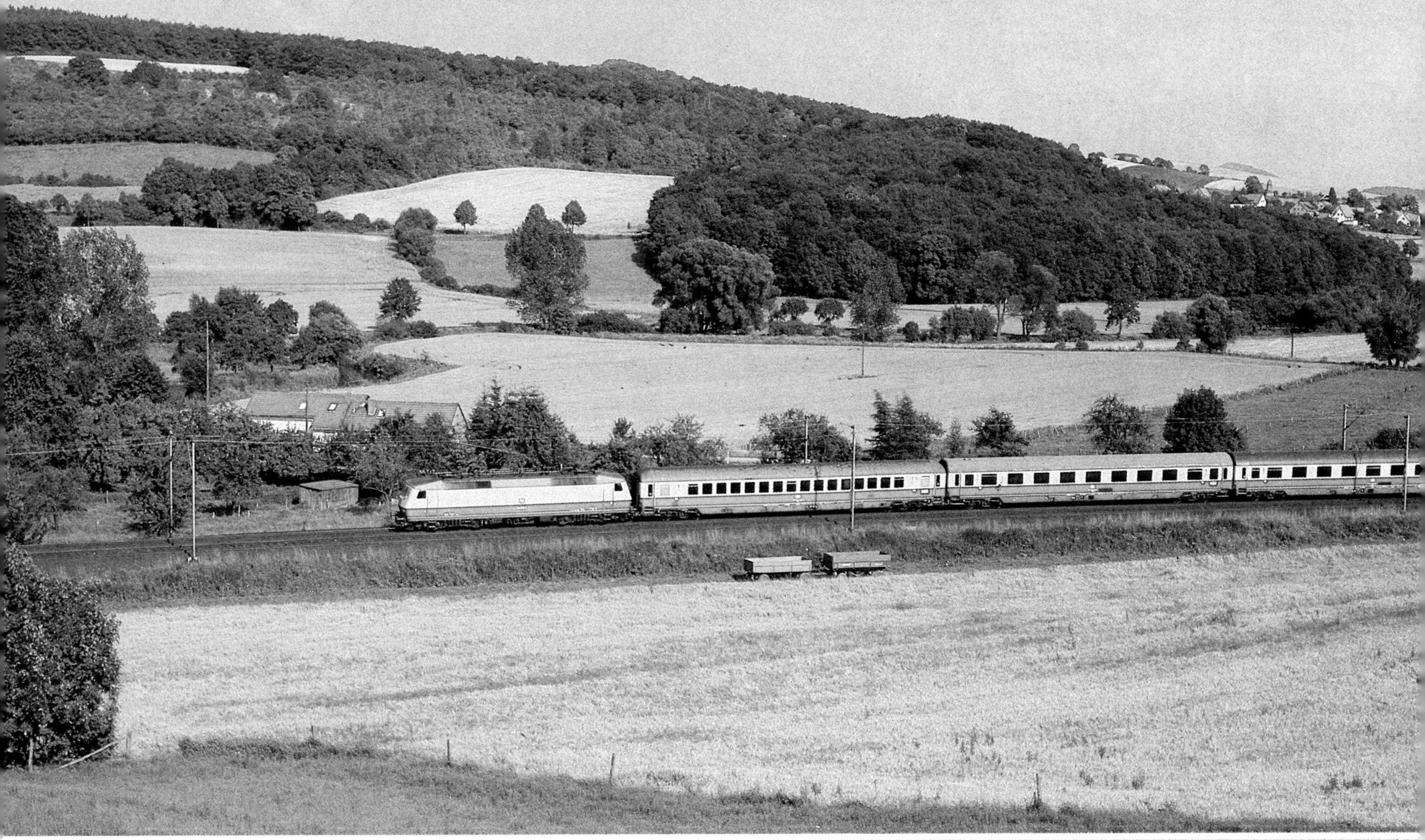

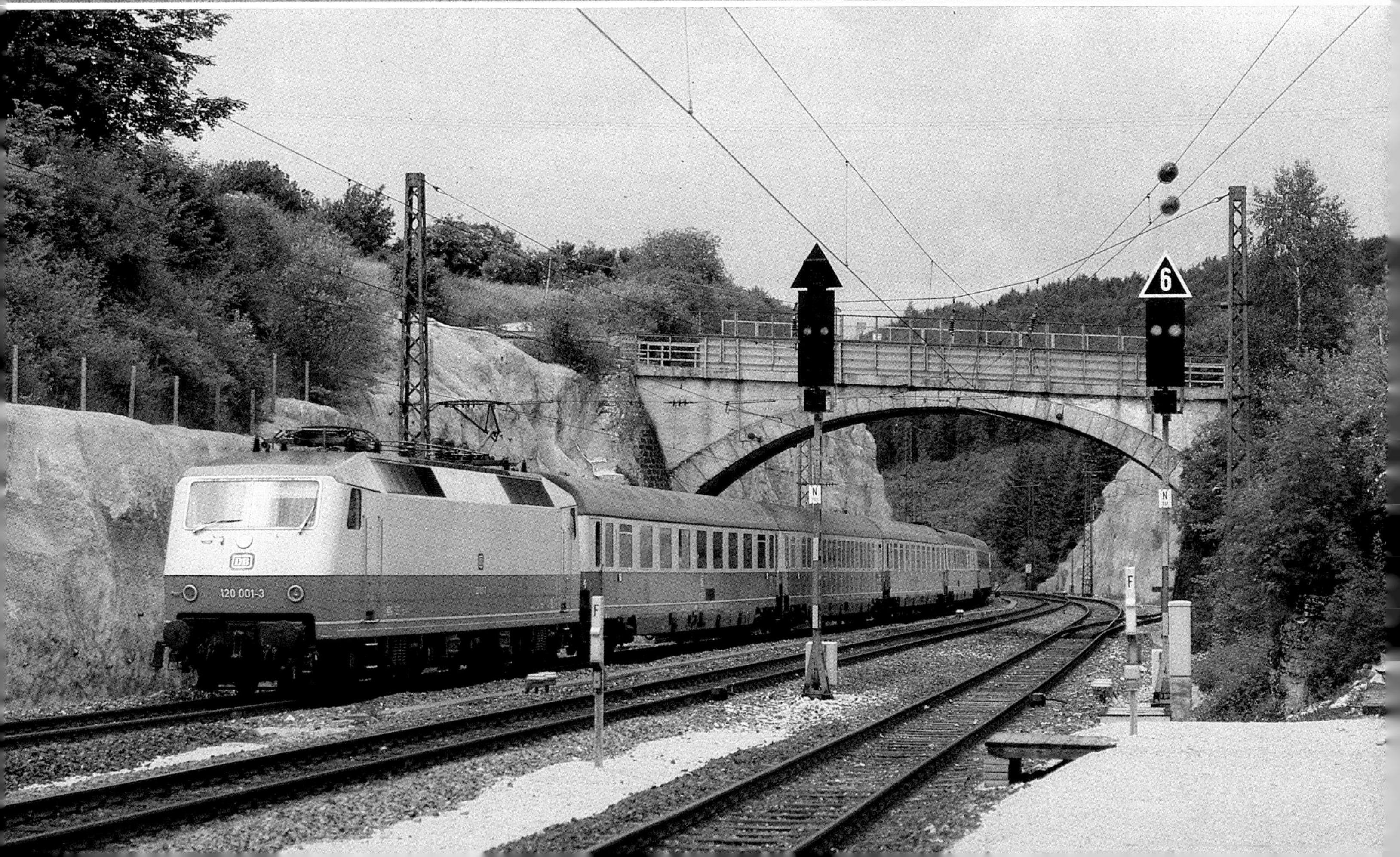
6
DB
120 001-3

werden kann. So können die Lokomotiven der BR 103 etwa 20 Sekunden lang mit der maximalen Bremskraft von 180 kN bremsen. Erst dann fällt die Bremskraft gemäß der thermischen Belastbarkeit der Bremswiderstände ab. Im Bremsbetrieb ist dies günstig, weil bei hoher Geschwindigkeit eine hohe Bremskraft zur Verfügung steht und demzufolge eine hohe Verzögerung bewirkt.

Bremsen mit konstanter Leistung erzeugen aus physikalischen Gründen bei einer hohen Bremsausgangsgeschwindigkeit naturgemäß eine geringere Bremskraft, und erst mit abnehmender Geschwindigkeit nimmt die Bremskraft zu. Da aber im oberen Geschwindigkeitsbereich die hohen Bremskräfte für eine hohe Verzögerung benötigt werden, muß dann ggf. die Druckluftbremse als Druckluftergänzungsbremse geschaltet werden. Im einzelnen muß dann geprüft werden, unter welchen Randbedingungen die Netzbremse betrieben wird, weil die Zuschaltung der Druckluftbremse wieder die bekannten Probleme der Radsatzbelastung bringt.

Aus den vorstehenden Überlegungen ergibt sich, daß bei sehr hohen Geschwindigkeiten eine Ergänzungsbremse notwendig wird in der Weise, daß die nicht zurückspeisbare Leistung im oberen Geschwindigkeitsbereich über Bremswiderstände in Wärme umgewandelt wird, um den Bremsweg entsprechend zu verkürzen.

Alternativ wäre auch daran zu denken, ähnlich wie bei den französischen Drehstrom-Synchron-Lokomotiven, den Bremswiderstand als Sicherheitsreserve vorzuhalten, d.h., wird im Bedarfsfalle die hohe Bremsleistung gefordert, wird über den Bremswiderstand gebremst, um einen kurzen oder den kürzest möglichen Bremsweg zu erreichen. Bei Betriebsbremsungen, deren Bremsweg vorherbestimmt werden kann, wird dagegen über die Netzbremse gebremst.

2.3.3.5 Ausblick

Faßt man die Erfahrungen aus mehr als 4 Jahren Betriebseinsatz zusammen, so kann man folgendes feststellen:
- Die Drehstromtechnik mit Asynchronmotoren hat sich als neues Prinzip für die elektrische Traktion hervorragend bewährt. Diese Technik bringt erhebliche Vorteile.
- Die elektrischen Bauteile zur Versorgung der Fahrmotoren zeigten hohe Zuverlässigkeit.
- Die Steuerung und Regelung wurde erkennbar verbessert, die Zuverlässigkeit ihrer Bauteile befriedigte.
- Im Bereich des Systems der Hilfsbetriebe und bei Lüftern und Lüftung waren Verbesserungen dringend notwendig, der weitere Betriebseinsatz wird den Erfolg getroffener oder den Bedarf weiterer Maßnahmen zeigen.

Derzeit hängt der Fortschritt der elektrischen Zugförderung und damit eines bestimmten Teils des Schienenverkehrs vom Fortschritt der Drehstromfahrzeugtechnik ab. Die Erfahrungen mit 5 Prototyplokomotiven der BR 120 ermutigen zum Bau weiterer Lok in dieser Technik, wenn man die Lok der BR 120 nicht in allen Einzelheiten zeichnungsgleich nachbaut, sondern die Erkenntnisse der Betriebserprobung und der Versuchsfahrten zur notwendigen Optimierung berücksichtigt.

Seite 137:
Abb. 154 und 155: Auf der oberen Abbildung durcheilt 120 002 mit IC 180 »Karwendel« den Bahnhof Friedland (29. 7. 1984, Foto: C.M. Peters). Unten führt 120 003 die anläßlich der Feiern zum 150jährigen Jubiläum der Deutschen Eisenbahn in Nürnberg abgehaltenen Lokomotiv- und Fahrzeugparaden an (21. 9. 1985, Foto: JMM).

Seite 138:
Abb. 156 und 157: Während auf dem oberen Bild 120 005 mit dem IC 583 »Präsident« Schwabach-Umbach auf der Fahrt nach München passiert (27. 3. 1981), demonstriert die gleiche Lokomotive auf der unteren Aufnahme zusammen mit einem ebenfalls »edlen Renner« aus Stuttgart-Zuffenhausen die bestehende aktuelle Konkurrenz zwischen Bahn und Automobil! (Fotos: JMM)

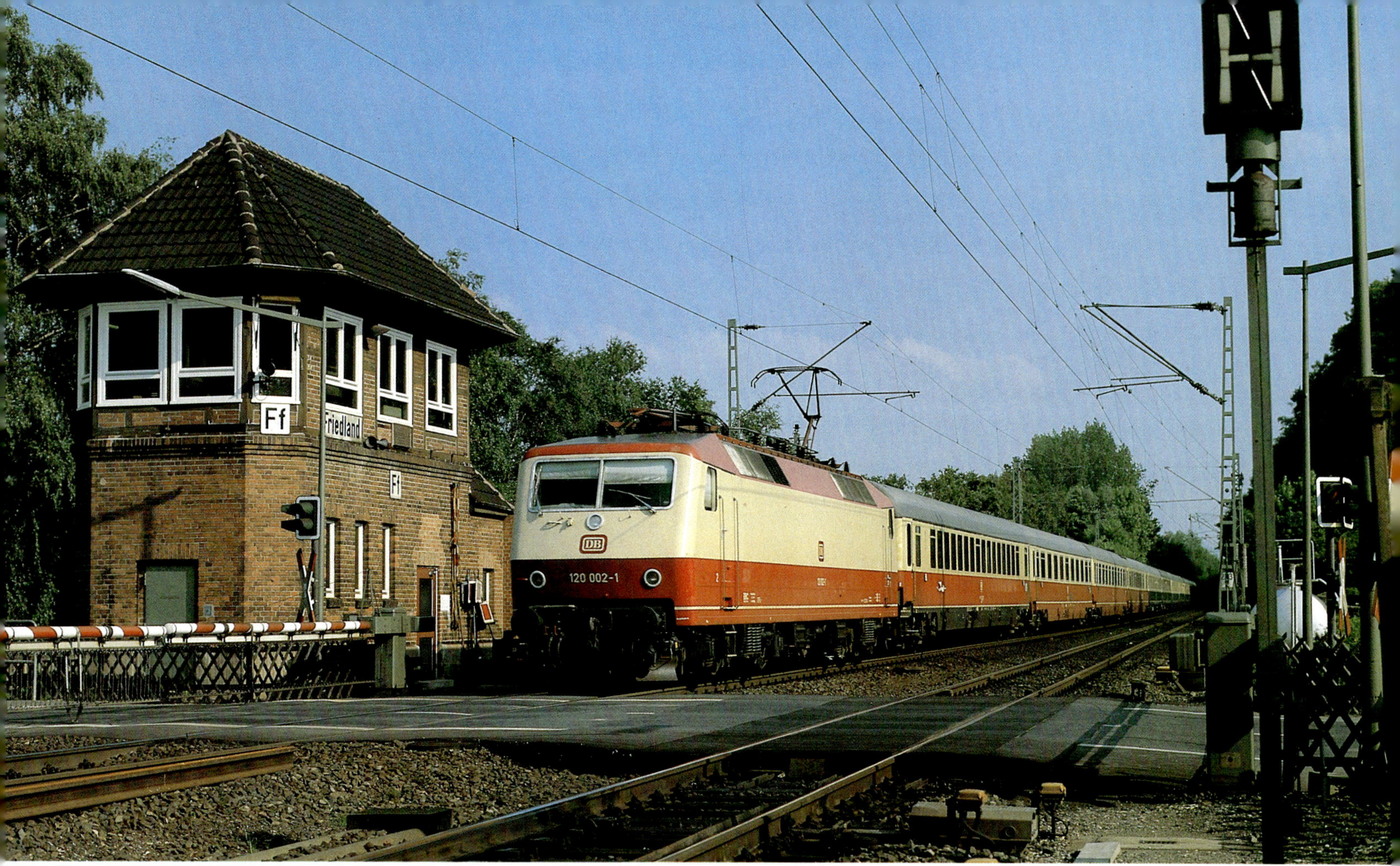
Ff
Friedland
DB
120 002-1

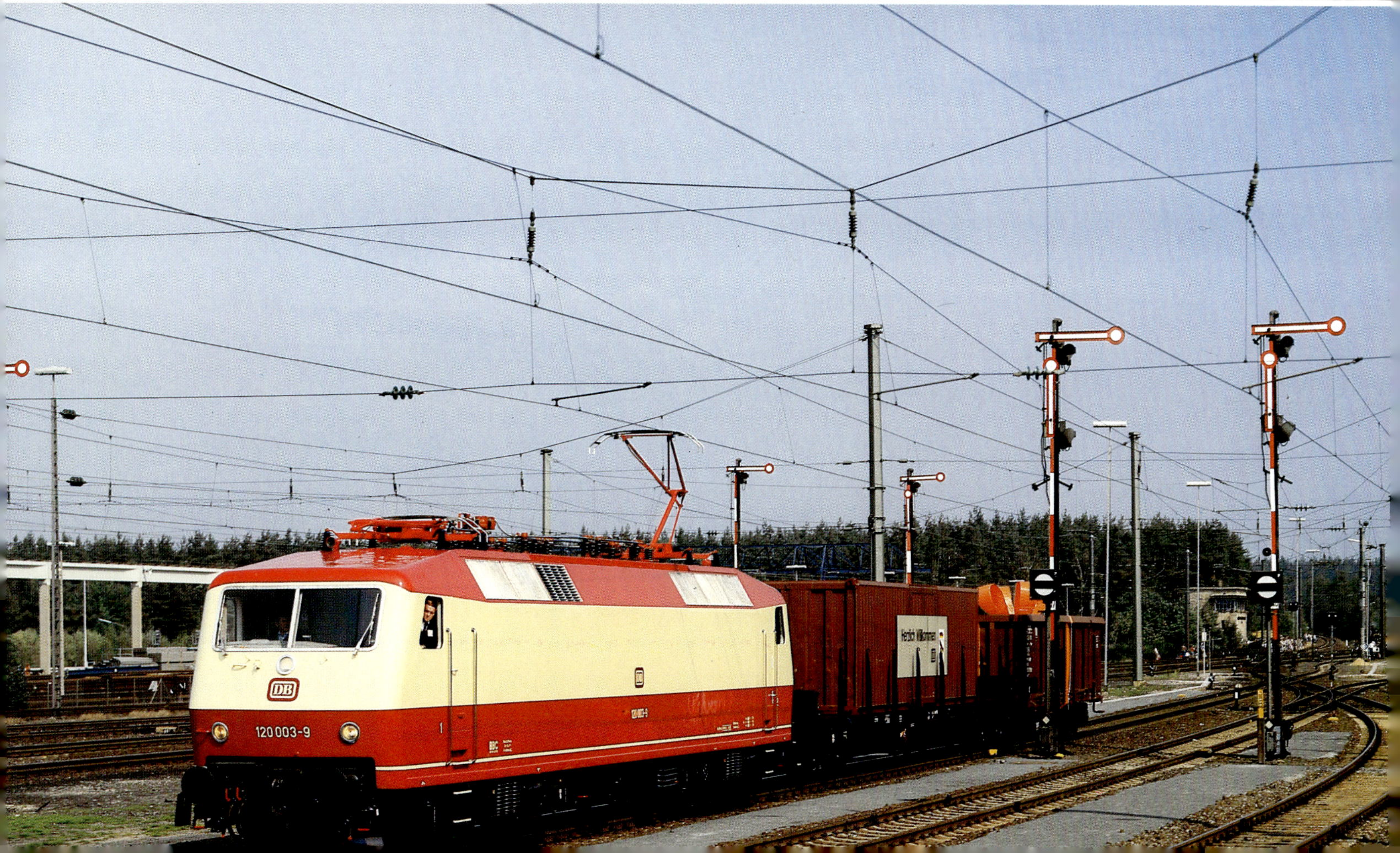
DB
120 003-9

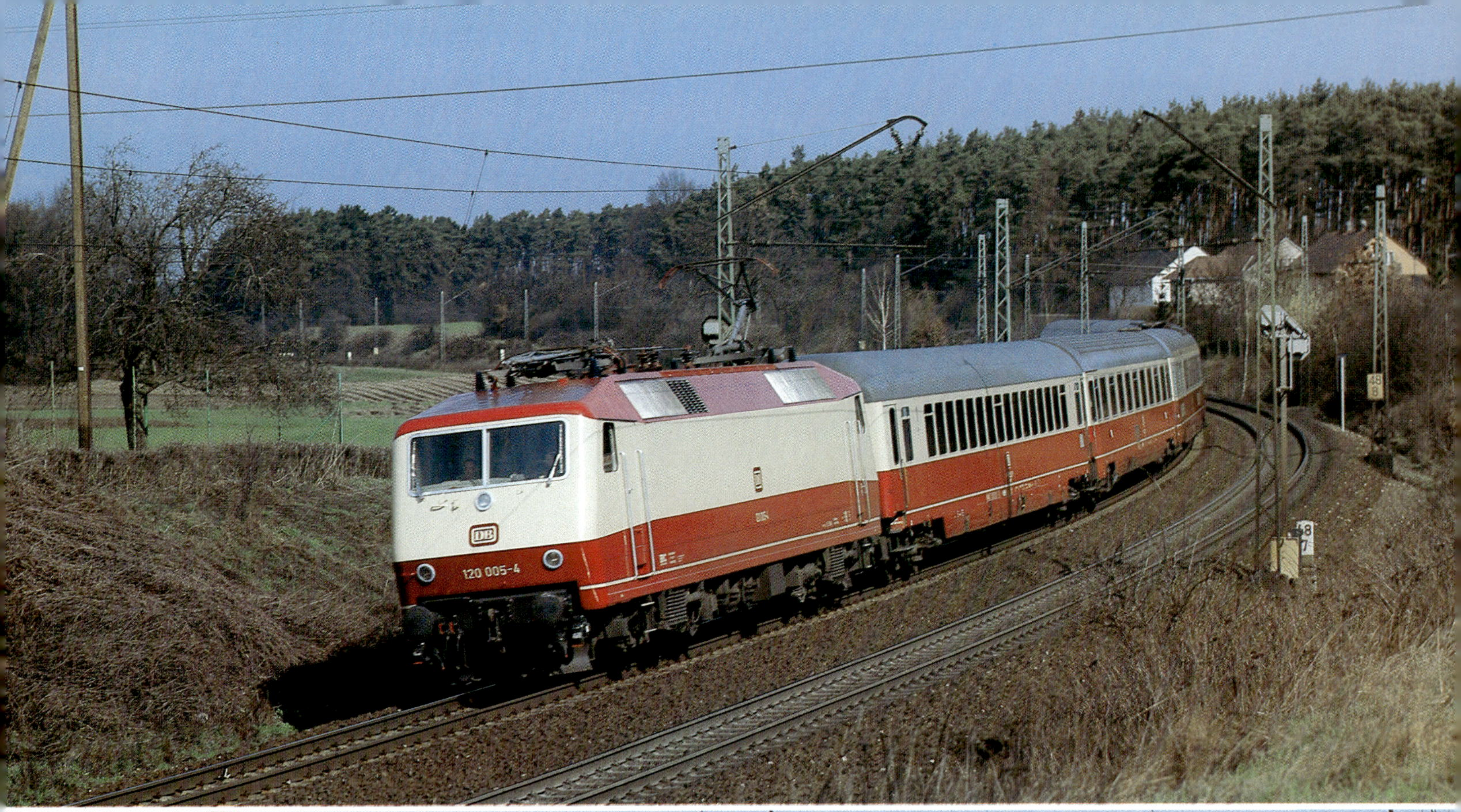
DB
120 005-4

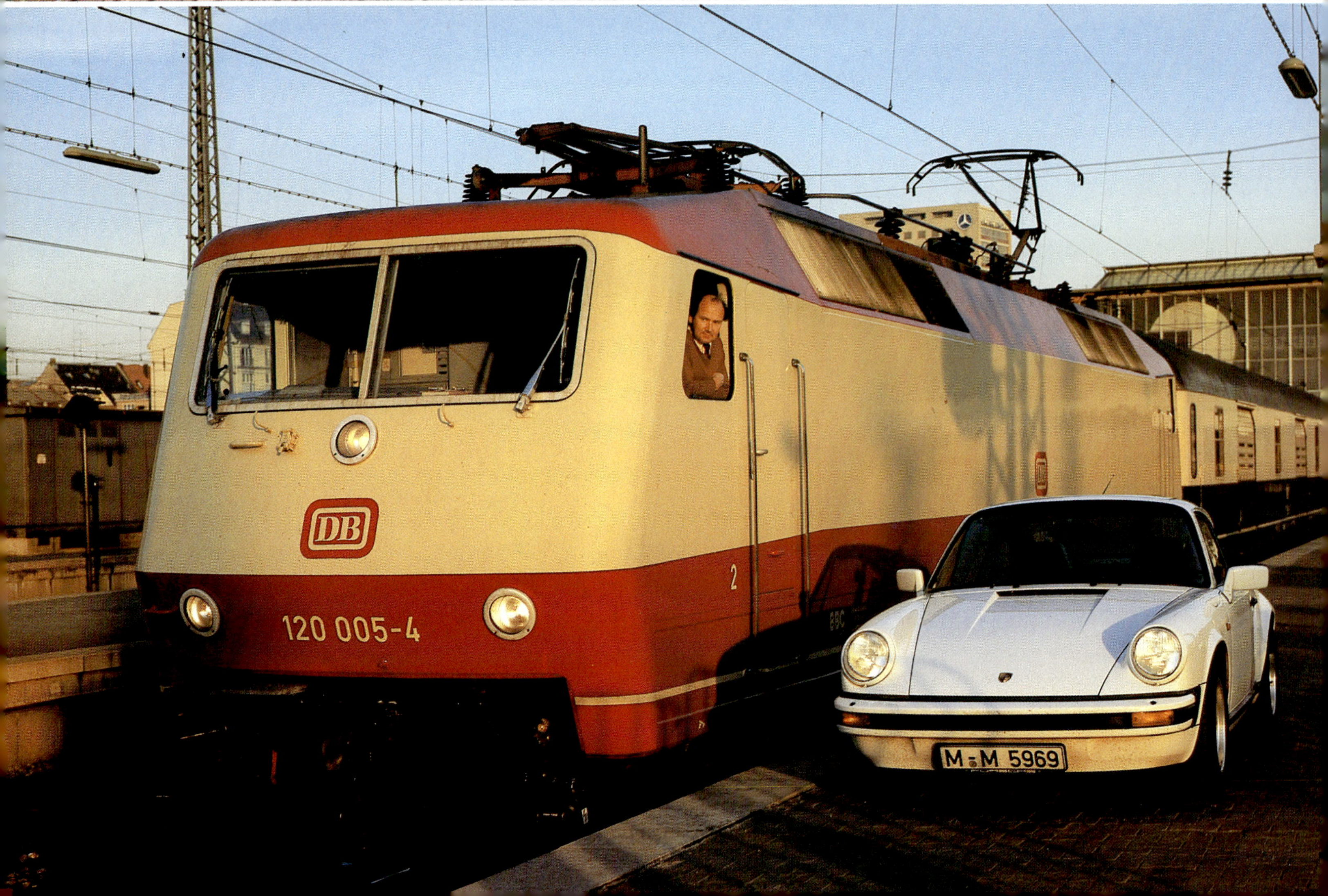
DB
120 005-4
2
M M 5969

2.4. DIE SCHWERE ELEKTRISCHE GÜTERZUG-LOKOMOTIVE BAUREIHE 151

2.4.1. Entwicklung und Zielsetzung,
von Dipl.-Ing. Heinz Güthlein

2.4.1.1. Einleitung

Der wirtschaftliche Aufschwung der Bundesrepublik in den Jahren 1967 bis 1971 hat der Deutschen Bundesbahn einen nicht unerheblichen Zuwachs im Güterverkehr gebracht. Das Bemühen der DB, dieser Transportanforderung gerecht zu werden, führte zu der Forderung, die Attraktivität des Gütertransportes, das heißt, die sichere und pünktliche Verkehrsbedienung mit kurzen Beförderungszeiten weiter zu verbessern.

Kürzere Fahrzeiten werden durch Anheben der Höchstgeschwindigkeit sowie des Beschleunigungs- und Bremsvermögens der Züge erreicht. Größere Anhängelasten verbessern auf vorhandenen Betriebsanlagen die Leistungsfähigkeit des Verkehrsunternehmens.

Ein neues betriebliches Leitprogramm trägt den genannten Zielen Rechnung. Für den künftigen Güterzugdienst werden bei 5% Steigung folgende Anhängelasten und Fahrgeschwindigkeiten festgelegt:

Schnellgüterzüge	1000 t	120 km/h
Eilgüterzüge	1200 t	100 km/h
Durchgangsgüterzüge	2000 t	80 km/h

Damit können die der vorgegebenen Geschwindigkeit entsprechenden Zugkräfte und Lokomotivleistungen ermittelt werden:

Schnellgüterzüge	$Z = 16{,}0$ Mp	(157,5 kN)	$N = 5250$ kW
Eilgüterzüge	$Z = 16{,}1$ Mp	(158,2 kN)	$N = 4420$ kW
Durchgangsgüterzüge	$Z = 23{,}4$ Mp	(230 kN)	$N = 5100$ kW

Für den schweren Güterzugdienst waren 1973 bei der DB 180 Lokomotiven BR 150 im Einsatz. Daneben waren noch über 120 Lokomotiven der in den Jahren 1938/39 entwickelten Bauart 194 in Betrieb. Die Dauerleistung der BR 150 beträgt 4410 kW, die Höchstgeschwindigkeit 100 km/h. Die elektrische Güterzuglokomotive der Baureihe BR 194 entwickelt eine Dauerleistung von 3100 kW und erreicht eine Höchstgeschwindigkeit von 90 km/h.

Die beiden Lokomotivbaureihen BR 150 und 194, sechsachsige Co'Co'-Güterzuglokomotiven, waren bisher das Rückgrat des schweren Güterzugdienstes. Die im neuen Leitprogramm des Güterzugdienstes geforderten Geschwindigkeiten und Leistungen können sie nicht mehr erfüllen.

Es war daher notwendig, eine neue Güterzuglokomotive zu entwickeln, welche das vorgegebene Leistungsprogramm voll und ganz erfüllen kann.

Die vollständige Neuentwicklung einer schweren sechsachsigen Güterzuglokomotive, die alle Erkenntnisse der Lauftechnik und alle Fortschritte der Entwicklung der elektrischen Ausrüstung verwirklicht, konnte nicht realisiert werden, da der dringende Bedarf an Güterzuglokomotiven die mehrjährige Planungs-, Entwicklungs- und Erprobungszeit für eine solche Lokomotive nicht zuließ. Die Konstruktion der geplanten Lokomotive mußte sich daher auf bekannte Bauteile, vor allem bei der elektrischen Ausrüstung, abstützen, die sich seit Jahren in elektrischen Lokomotiven der Deutschen Bundesbahn in Betrieb, Unterhaltung und Ausbesserung bewährt haben. Selbstverständlich wurde größter Wert darauf gelegt, mit neuen Ideen die Betriebstüchtigkeit zu steigern und vor allen Dingen den Unterhaltungsaufwand zu senken. Sehr viel Arbeit wurde für eine funktionsrichtige und ergonomische gute Gestaltung des Führerraums verwendet, um optimale Arbeitsbedingungen für den Triebfahrzeugführer zu schaffen.

Die Deutsche Bundesbahn betraute 1969 die Firma AEG-Telefunken, Berlin, mit der Entwicklung und dem Bau der elektrischen Ausrüstung für diese Lokomotive. Die Maschinenfabrik Krupp, Essen, erhielt den Auftrag, den mechanischen Teil der Güterzuglokomotive zu entwickeln und zu bauen.

Die erste Lok BR 151 wurde 1972 ausgeliefert, insgesamt sind heute 170 Lok BR 151 in Betrieb.

2.4.1.2. Zur Entwicklung der Baureihe 151

Zunächst wurde die Möglichkeit untersucht, die bis jetzt für 100 km/h ausgelegte Güterzuglok BR 150 durch Änderung der Getriebeübersetzung auf 120 km/h Höchstgeschwindigkeit zu bringen. Gleichzeitig sollte die Leistung des Fahrmotors EKB 760 der BR 150 mit einer Wicklungsisolierung der Isolationsklasse F erheblich in seiner thermischen Belastbarkeit gesteigert werden. Es zeigte sich, daß eine solche BR 150 nach Zugkraft und Leistung aus dem geforderten Betriebsprogramm nur die Eilgüterzüge von 1200 t Anhängelast mit 100 km/h befördern könnte.

Es wurde nun weiter die Möglichkeit geprüft, den in den elektrischen Lokomotiven BR 110, 112, 139 und 140 eingebauten Fahrmotor WB 372-22 zu verwenden. Dieser Fahrmotor mit den zugehörigen Gummiringfeder-Antrieben war seinerzeit mit einer Stückzahl von über 4800, heute etwa 7000, bei der Deutschen Bundesbahn in den genannten Lokomotiven im Einsatz und hat sich bis jetzt gut bewährt. Die Kollektorlaufleistungen dieses Motors betragen in den Güterzuglok BR 139 und 140 von Abdrehen zu Abdrehen 1,2 bis 1,8 Millionen km.

In der vorhandenen Wicklungsisolierung der Klasse B könnte dieser Fahrmotor jedoch das geforderte Leistungsprogramm nur durch Vergrößern der Kupferquerschnitte in Haupt- und Wendepolen erfüllen. Eine derartige Änderung entspräche jedoch nicht

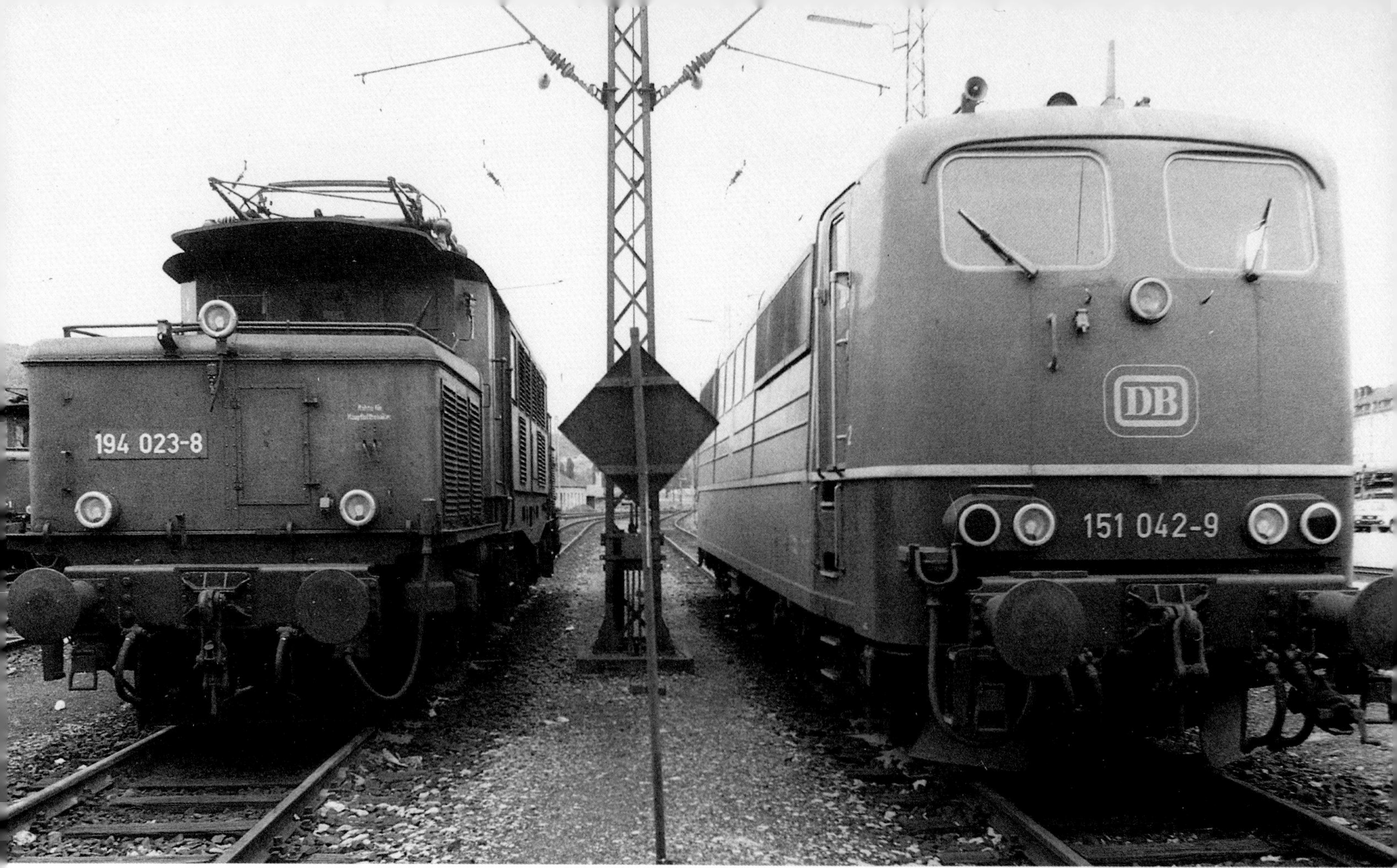
194 023-8
DB
151 042-9

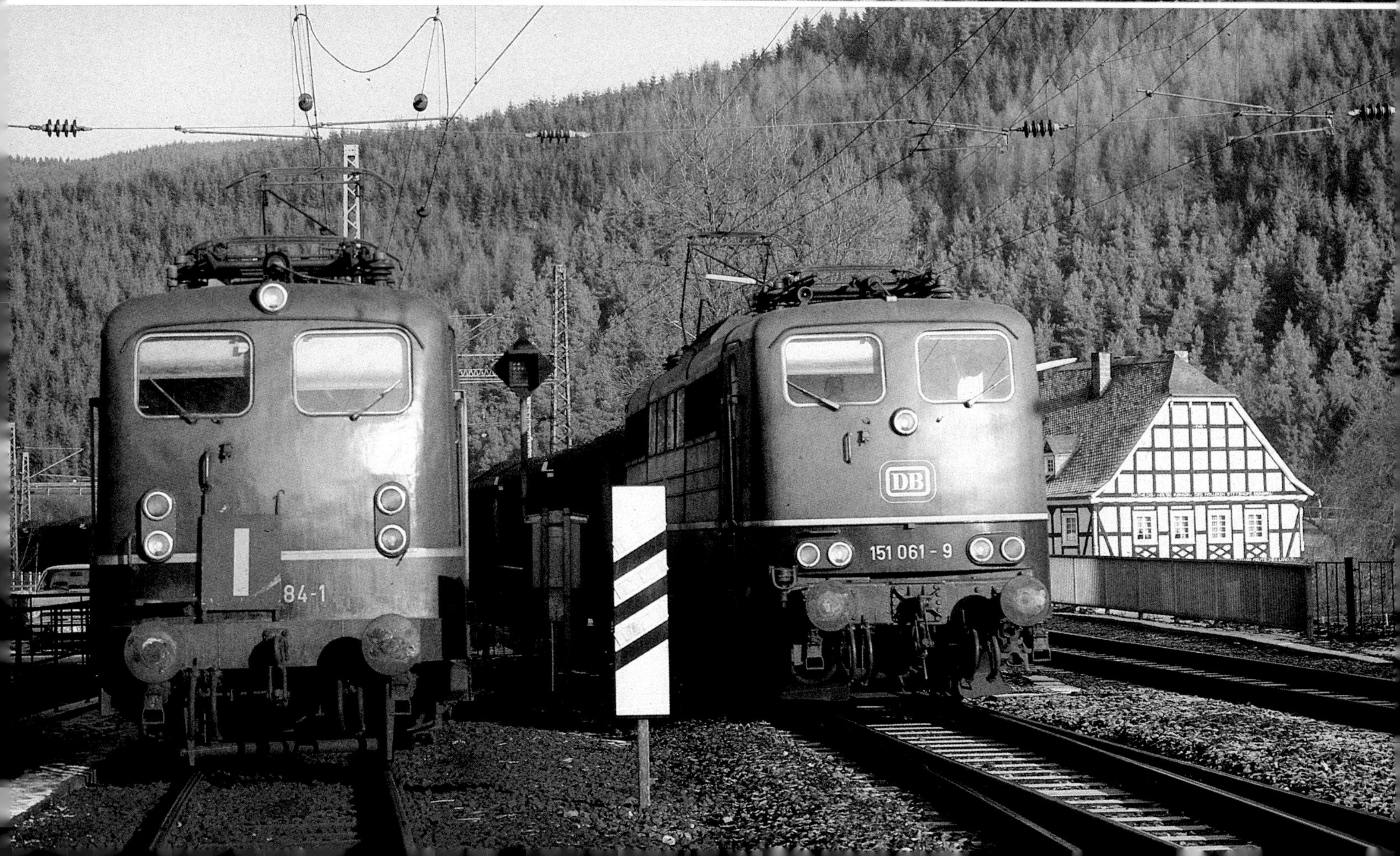
84-1
DB
151 061 - 9

Abb. 160 und 161: In Ergänzung zur Abbildung 158 auch einen Blick auf die Führerstände, welcher den Fortschritt im Lokomotivenbau verdeutlicht. Links der Führerstand der 194 564 mit Lokführer Helmut Jaschke vom Bw Kornwestheim, rechts der Führerstand der 151 108 mit Lokführer Karl-Heinz Reichert vom Bw Blochingen (18. 5. 1984, Fotos: JMM).

den Grundsätzen einer einheitlichen Konstruktion und rationeller Unterhaltung, besonders bei der genannten Stückzahl dieses Fahrmotors.

Wird die Isolierung dieses Fahrmotors in unveränderter Bauart, jedoch in Isolierstoffklasse F ausgeführt, dann kann seine thermische Leistung so gesteigert werden, daß eine mit diesen Fahrmotoren ausgerüstete Co'-Co'-Güterzuglokomotive alle genannten Betriebspunkte des neuen Leitprogramms für Güterzüge erfüllt.

Gegen den Einsatz der Isolierstoffklasse F, die auch in größerem Umfang bei Fahrmotoren ausländischer Bahnverwaltungen Verwendung findet, bestanden keine Bedenken, weil sich der Unterhaltungsdienst mit Rücksicht auf die Fahrmotoren neuerer Triebfahrzeuge auf Tränkanlagen für Klasse F umstellte und zur besseren Ausnutzung dieser Anlagen auch die Wicklungen der vorhandenen Fahrmotoren in Isolierstoffklasse B im Reparaturfall nach Klasse F tränken will, um die sich daraus ergebenden thermischen Reserven zu nutzen.

◀ Abb. 158 und 159: Frontansicht zweier weit über 30 Jahre auseinanderliegender Güterzuglokomotivgenerationen: 194 023 und 151 042, aufgenommen am 5. 6. 1983 in Würzburg-Zell (Foto: R. Kuchenbrandt). Die untere Abbildung zeigt den Vergleich mit der aus den 50er Jahren stammenden Baureihe 150: 150 084 und 151 061 bei der Einfahrt Altenhundem (Februar 1984, Foto: J. Schmidt).

Die Dauerleistung des Haupttransformators mußte bei annähernder Beibehaltung der Abmessungen und des Gewichtes von 4900 kVA bei der Lok BR 150 auf 6325 kVA für die neue Lokomotive BR 151 (Abb. 162 u. 163) gesteigert werden.

Die elektrische Bremse wurde für das zukünftige Güterzugprogramm dimensioniert. Für die BR 151 wurde eine netzabhängige, fremderregte Widerstandsbremse projektiert mit einer Dauerleistung von 3260 kW. Dieses Bremssystem hatte in der Güterzuglok BR 139 bereits seine Betriebstüchtigkeit unter Beweis gestellt.

Die elektrische Ausrüstung hatte nach der vorgenannten Projektierung etwa ein Gesamtgewicht von 64 t. Die Gewichtszunahme von ca. 5 t gegenüber dem Gewicht der elektrischen Anlage der Lok BR 150 konnte nur durch eine Gewichtsminderung des Mechanteiles kompensiert werden.

Wegen der projektierten Fahrmotoren WB 372-22 und des entsprechenden neuen Lokomotivtransformators war es nicht mehr möglich, Lokomotivkasten und Drehgestelle mit denen einer Lokomotive BR 150 zu tauschen. Daraus folgte eine Freizügigkeit in der Konstruktion von Lokkasten und Drehgestell für die neue Lok BR 151.

Die von der Firma Maschinenfabrik Krupp ausgeführte neue Konstruktion des Mechanteils der Lok BR 151 hat eine erhebliche Minderung des Gewichts mit unterhaltungstechnischen Vorteilen gebracht.

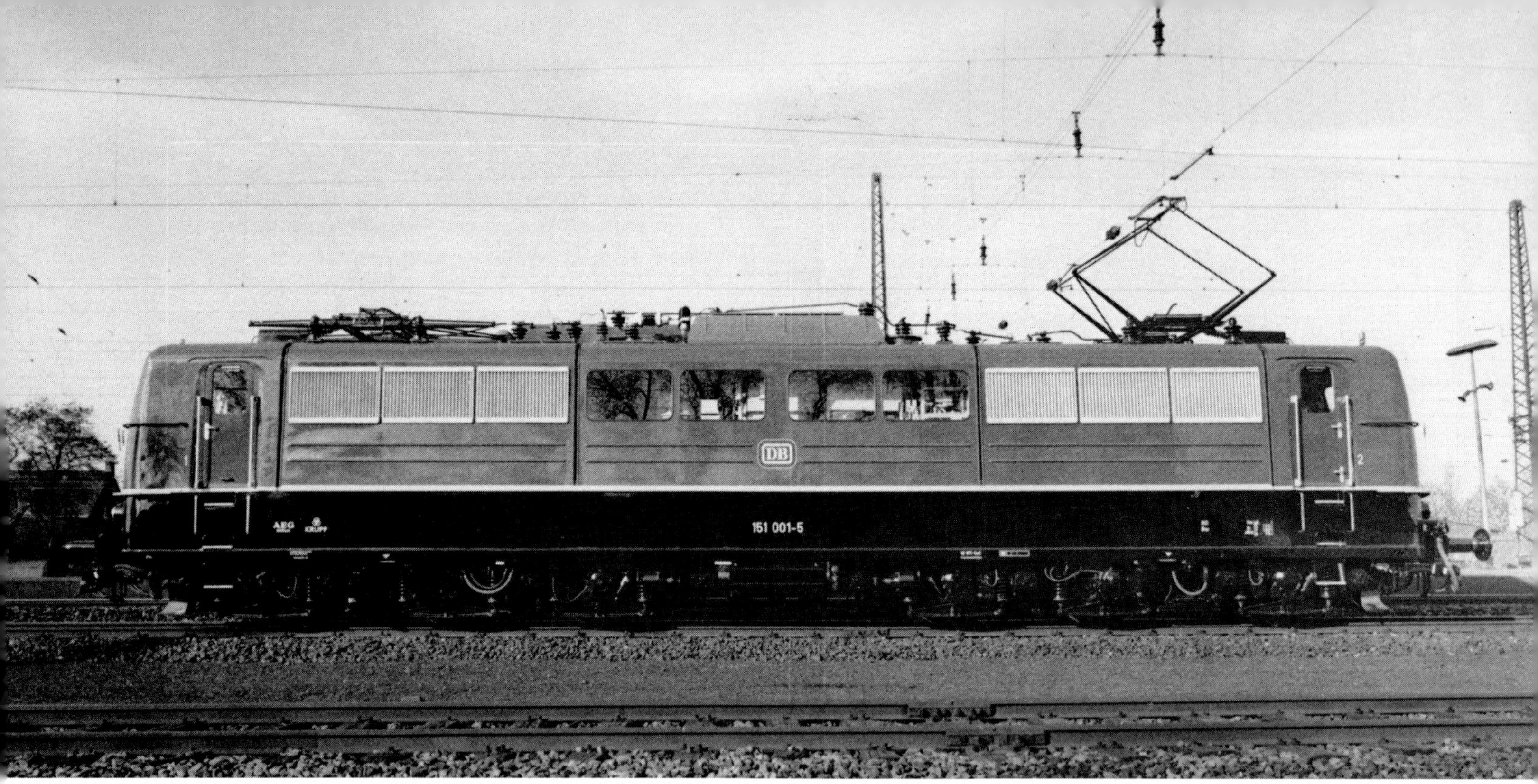
DB
AEG
KRUPP
151 001-5

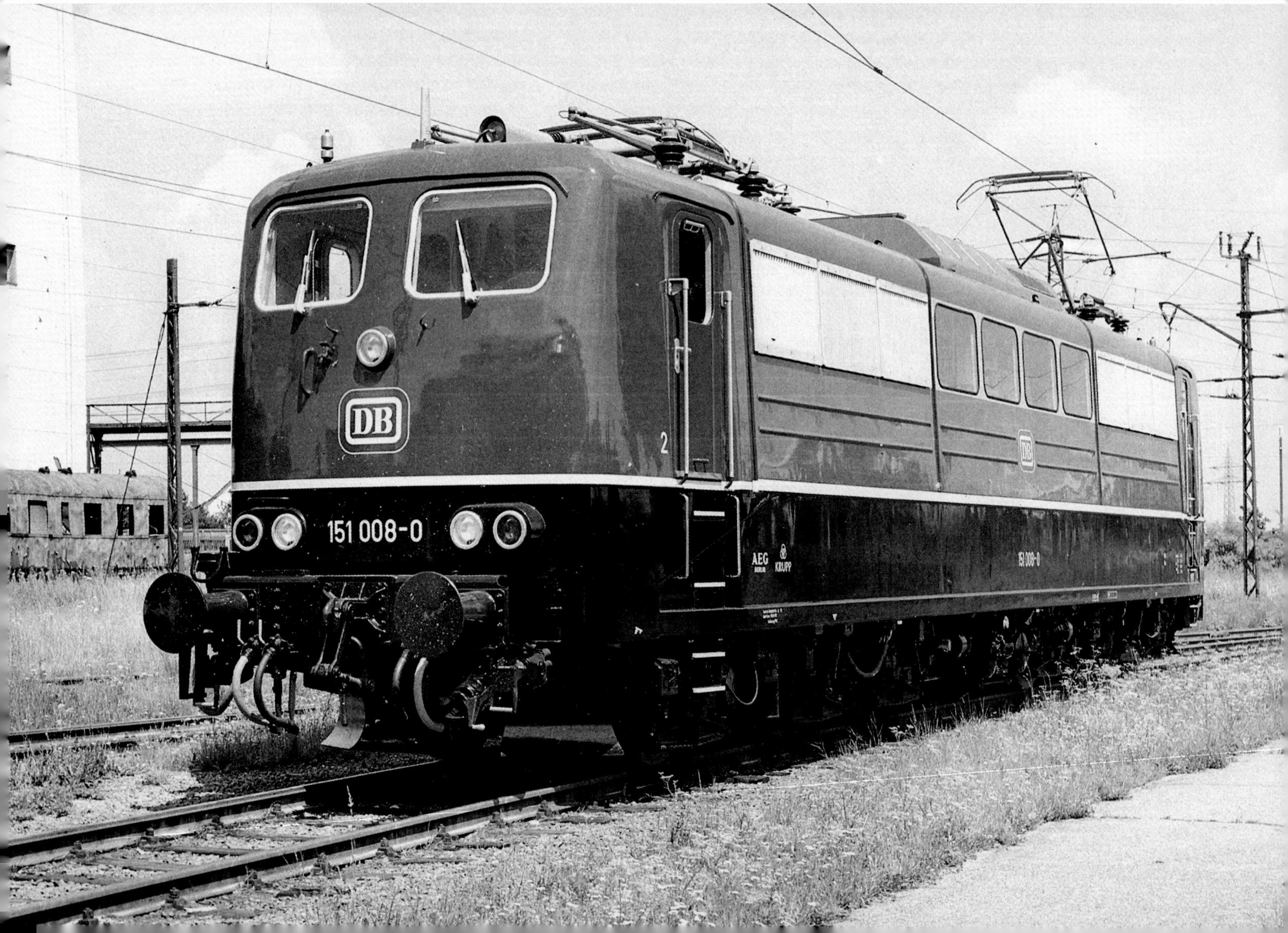
DB
151 008-0
AEG
KRUPP
151 008-0

Tabelle 1 Hauptdaten der Lokomotive BR 151

Spurweite	1435 mm
Dienstgewicht	118 t
Gewicht der el. Ausrüstung	64 t
Gewicht des mechan. Teiles	54 t
Länge über Puffer	19 490 mm
Gesamtradstand	13 660 mm
Drehzapfenabstand	10 160 mm
Drehgestellradstand	4450 mm
Größte Höhe über SO	4498 mm
Größte Breite	3130 mm
Größte zulässige Geschwindigkeit	120 km/h
Anfahrzugkraft 5 min	45 Mp
Kurzzeitzugkraft 10 min	42 Mp
Kurzzeitzugkraft 20 min	30,4 Mp
Dauerzugkraft	23 Mp
Stundenzugkraft	25 Mp
Nennleistung des Transformators	6325 kVA
Anzahl der Fahrstufen	28
Nennübersetzung	15 000 V/575 V
Fahrmotor WB 372-22	6 Stück
Dauerleistung bei 560 V Motorspannung und v = 103,7 km/h	6540 kW
Dauerleistung bei 90% der Nennsekundärspannung der Trafo und v = 95 km/h	5982 kW
Treibraddurchmesser	1250 mm
Getriebeübersetzung	43 : 113 = 2,63
Dauerleistung der el. Bremse (am Bremswiderstand)	3260 kW
Mittlere Bremskraft bis 27,5 km/h	18 Mp

2.4.1.3. Hauptdaten

Die Hauptabmessungen und der Aufbau der Lokomotive BR 151 gehen aus Abb. 164 hervor. Die wichtigsten technischen Daten sind in Tabelle 1 zusammengefaßt. Abb. 165 zeigt das Z-V-Diagramm für die mögliche thermische Belastung der Lokomotive. In dieses Z-V-Diagramm wurde die Grenzkurve der absolut funkenfreien Kommutierung eingetragen. Die geforderten Dauerbetriebspunkte des neuen Leitprogramms für Güterzüge liegen sehr günstig zu der funkenfreien Kommutierungsgrenzkurve, so daß eine große Kommutatorlaufleistung zu erwarten war.

◀ Abb. 162 und 163: Bild oben gibt die Gesamtansicht der Lokomotive BR 151 001 wieder (Foto: Krupp), die untere Aufnahme zeigt 151 008 bei ihrer Abnahme im AW München-Freimann (Foto: JMM).

2.4.1.4. Der mechanische Teil

Der Lokomotivkasten

Die Forderung nach Gewichtsverminderung beim Fahrzeugteil führte zu einer neuen Bauart für die Lokbrücke. Auf Grund von guten Erfahrungen bei Drehgestellen und Drehzapfen für Diesellokomotiven wurden für die Ober- und Untergurte der Langträger sowie für die Trafo-Träger und einige Querverbindungen gewalzte Vierkantrohre angewendet.

Der Obergurt besteht aus einem gewalzten Vierkantrohr 160 × 90 mm mit 7,1 mm Wandstärke. Für den Untergurt wurde ein Vierkantrohr 160 × 160 mm mit 10 mm Wandstärke verwendet. Beide Gurte werden durch ein 8 mm starkes Stegblech verbunden.

Die theoretisch hergeleiteten Vorteile der neuen Konstruktion bezüglich Festigkeit und Steifigkeit wurden durch die von der DB-Versuchsanstalt Minden (W) durchgeführten Belastungsversuche bestätigt. Das Untergestell kann eine maximale Druckkraft von 200 Mp ohne bleibende Verformung aufnehmen.

Gegenüber dem bisherigen Leichtbau mit selbsttragendem Untergestell und aufgeschraubten Aufbauten wird bei dieser Bauart ein erheblicher Fortschritt erzielt. Mußten die Langträger der bisherigen Bauart mit Rücksicht auf Torsions- und Knicksteifigkeit als geschweißte Kastenträger mit aufwendiger Verrippung ausgeführt werden, so ist dies bei der Verwendung entsprechend dimensionierter Vierkantrohre als Ober- und Untergurt nicht mehr erforderlich. Die sehr große Steifigkeit der neuen Bauart zeigt noch zusätzlich Vorteile hinsichtlich der Verkleinerung von Koppelschwingungen zwischen Drehgestell und Lokkasten.

Trotzdem mußte bei einigen Lok der BR 151 eine leichte Resonanzschwingung des Lokkastens, angeregt durch Drehgestell-Nickschwingungen im 7 Hz-Bereich festgestellt werden. Die Schwingung trat vereinzelt bei einer Geschwindigkeit von 95 km/h auf. Grundsätzlich wird diese Lokkastenbauart mit abnehmbaren Hauben nicht mehr angewendet. Bei extremem Leichtbau ist unbedingt die Tragmöglichkeit des Kastenaufbaues miteinzubeziehen. Die Eigenresonanzen des Lokkastens können damit weit von den Drehgestell-Nickschwingungen nach höheren Frequenzen angehoben werden.

Die gute Zugänglichkeit von allen Seiten und die geringe Verwerfungsgefahr beim Schweißen aufgrund der größeren Materialstärke erleichtert Richt- und Schweißarbeiten bei Reparaturfällen. Ferner lassen sich durch die Anwendung der Vierkantrohre die Bauteile festigkeitsmäßig so günstig gestalten, daß man im Gegensatz zu der bisherigen Bauweise bei hochbeanspruchten Teilen anstatt des in Beschaffung und Verarbeitung teureren Stahles St 52 normale Baustahlqualität St 37 einsetzen kann. Gegebenenfalls kann bei Verwendung von St 52 eine weitere Gewichtserleichterung erzielt werden.

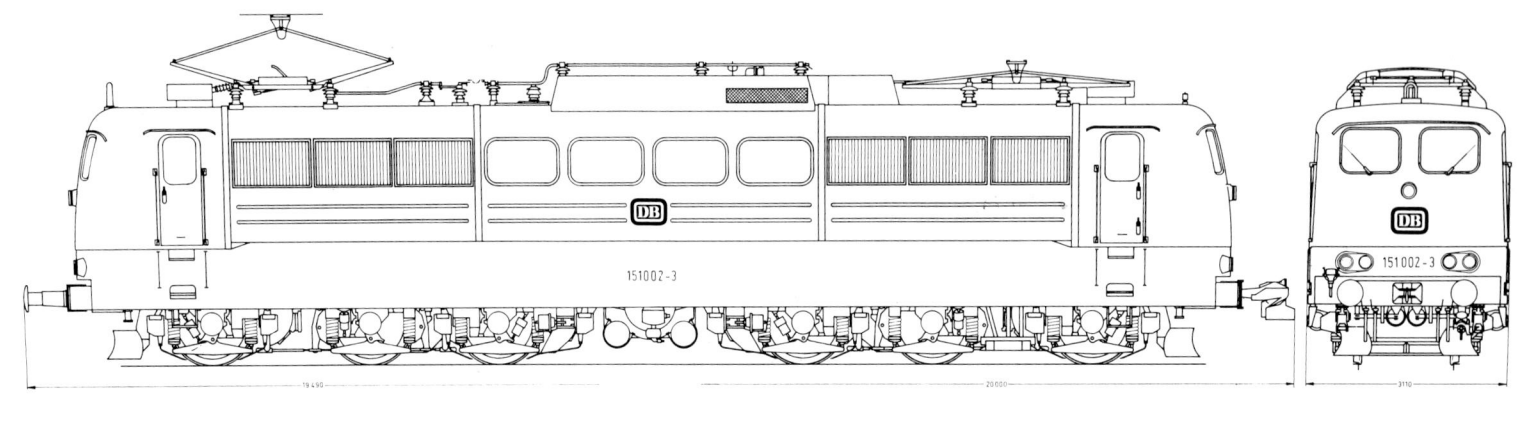

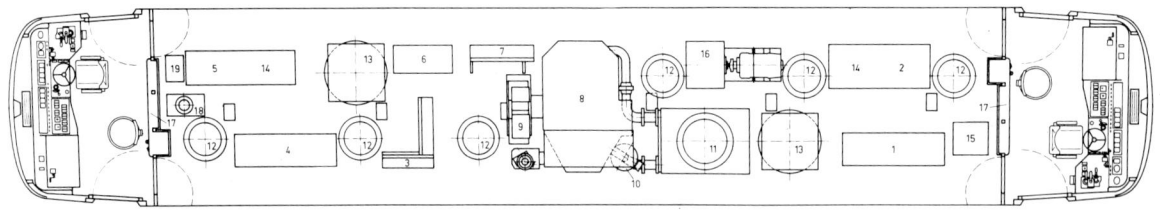

Abb. 164: Hauptabmessungen und Aufbau der BR 151 (Grafik: DB)

Die gute Krafteinteilung der abnehmbaren Verschleißpufferbohle ohne Umlenkung direkt in den Langträger ist ein weiterer Vorteil.

Durch die neue Bauweise werden Unterrostungen und Anrostungen an schwer oder nicht zugänglichen Stellen und Hohlräumen vermieden. Die lichte und offene Rahmenkonstruktion gestattet ein gutes und sicheres Aufbringen von Korrosionsschutzfarben. Die Hohlräume der gewalzten Vierkantrohe mit besonders dicken Wandstärken werden durch die Abschlußbleche an den Enden absolut dicht geschweißt und sind damit innen sicher gegen Korrosion geschützt.

Die Verwendung einer abnehmbaren Verschleißpufferbohle, Abb. 168, bringt ganz erhebliche Vorteile für die Lokomotivausbesserung. Bei Aufstößen mit ca. 20 km/h bleiben Lokkasten und Brücke unbeschädigt, so daß erhebliche Arbeiten an Rahmenkopfträger und Stirnwand eingespart werden können.

Die in der Pufferbohle mögliche Formänderungsarbeit beträgt 3200 Joule bei 16 mm Verformungsweg ab 1750 kN Pufferkraft.

Die abnehmbaren Maschinenraumhauben haben keine tragende Funktion. Der Aufwand für den Tausch von Maschinenraumaggregaten in den Bahnbetriebswerken ist allerdings etwas größer, als bei der Demontage durch Dachluken.

Drehgestelle

Für die Konstruktion der Drehgestelle eines Triebfahrzeuges sind mehrere Komponenten bestimmend.

Die zwischen Rad und Schiene mögliche Reibungskraft soll gleichmäßig von allen Radsätzen aufgebracht werden können. Die Entlastung der Radsätze durch die Art der Kraftübertragung zum Zughaken soll daher möglichst gering sein. Ein tiefer Angriffspunkt des Drehzapfens im Drehgestell, 440 mm über SO bei der Lok BR 151, reduziert die Radsatzentlastung der vorauslaufenden Radsätze am Drehgestell. Bei der Lokomotive BR 150 werden die Radsatzlasten über 4 Ausgleichhebel nochmals mechanisch angeglichen und über eine Vertikalkupplung zwischen den Drehgestellen stabilisiert. Diese Bauart war bei dem Federelement Blattfeder für den Ausgleich der erheblichen, undefinierten Reibungskräfte in den Federn vorteilhaft. Für Drehgestelle mit Schraubenfedern ohne zusätzliches Dämpferelement verhindert diese Drehgestellkupplung Nickschwingungen der Drehgestelle.

Der Gewinn für die Radsatzentlastung unter Berücksichtigung der Ausgleichshebelreibung ist theoretisch kleiner als 4 Prozent. Der Aufwand für den Bau und die Unterhaltung der Vertikalkupplung ist nicht unerheblich. Zusätzlich muß diese Kupplung so gestaltet werden, daß bei Fahrt in der Geraden, bei Einfahrt in Bögen und S-Bögen die zusätzlichen Führungskräfte klein bleiben.

Die Vertikalkupplung wurde deshalb bei der Lokomotive BR 151 verlassen, zumal Nickschwingungen der Drehgestelle wirksamer durch hydraulische Stoßdämpfer an den Endradsätzen der Drehgestelle verhindert werden. Hydraulische Lokomotivstoßdämpfer sind heute mit einer Lebensdauer von 600 000 km sehr betriebstüchtig.

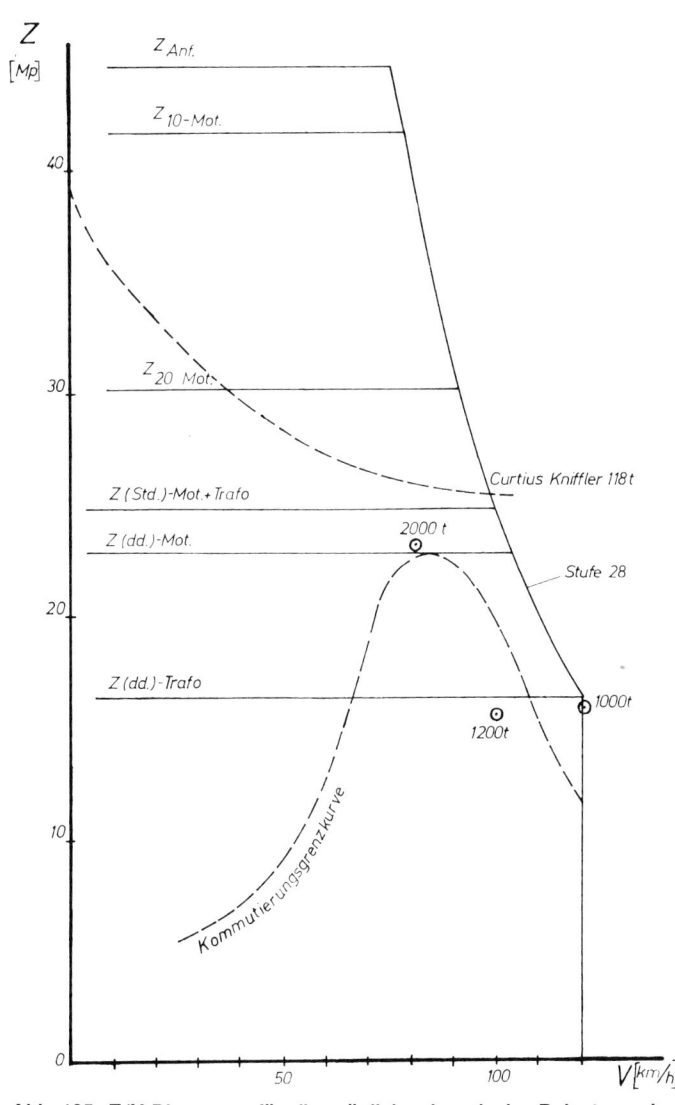

Abb. 165: Z/V-Diagramm für die mögliche thermische Belastung der BR 151 (Grafik: DB)

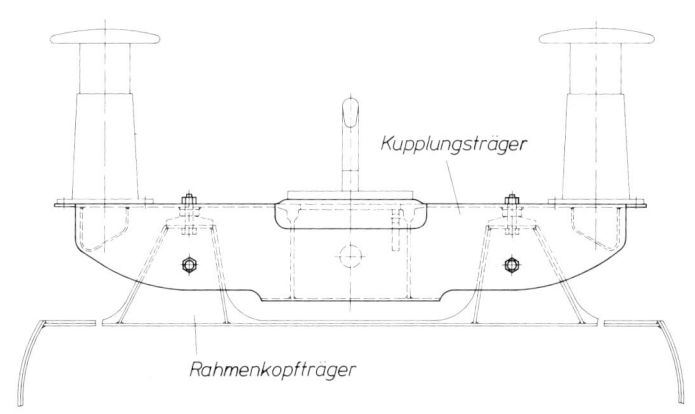

Abb. 168: Abnehmbare Verschleißpufferbohle (Grafik: DB)

Abb. 166: Langträger und Kopfteil der BR 151 während der Montagevorbereitung bei Krupp (Foto: Krupp)

Abb. 167: Brückenunterseite mit Drehzapfenträger der BR 151 (Foto: Krupp)

Die tiefere Anlenkung des Drehzapfens, 440 mm gegenüber 600 mm über SO bei der Lok BR 150 verbessert die Ausnutzung der möglichen Zugkräfte zwischen Rad und Schiene.

Die theoretisch ermittelten Radsatzlaständerungen betragen bei Lok BR 151 an Radsatz 1 und 6 ± 15,46%, an Radsatz 2 und 5 ± 3,64% mit einer Zughakenkraft von 390 kN. Bei den Lok BR 150 sind die entsprechenden Werte mit einer Zughakenkraft von 420 kN ± 11% bei allen Radsätzen unter der Voraussetzung, daß die Reibung in den Ausgleichshebeln 4% beträgt. Im praktischen Betriebseinsatz mußten die Anfahrgrenzlasten bei der BR 151 um 10% gegenüber der BR 150 verringert werden um bei allen Witterungs- und Rad-Schienenverhältnissen eine ausreichende Anfahrzugkraft sicherzustellen. Die ungünstigste Anfahrstufung des 29stufigen Schaltwerkes im Zusammenwirken mit der Fahrmotor-Antriebs-Charakteristik sind für die Zugkraftminderung von 10% anstatt 5% mit ausschlaggebend.

Abb. 169: Drehstellrahmen der BR 151 (Foto: Krupp)

Weitere Komponenten, die bei der Konstruktion der Drehgestelle beachtet werden müssen, sind die Führungskräfte zwischen Rad und Schiene in horizontaler Richtung, wobei neben den dynamischen in engen Gleisbögen auch die quasistationären Kräfte von Bedeutung sind. Als quasistationäre Führungskräfte bezeichnet man jene Kräfte, die aus der Geometrie des Drehgestells (Radsatzabstand, radiale Einstellmöglichkeit der Radsätze) und dem Bogenradius entstehen. Sie bilden sich aus der Drehbewegung des Drehgestells um ein Momentanzentrum. Sie können durch die mechanische Drehgestellkonstruktion, hier durch die Wahl des Radsatzabstandes und vor allem durch einen querbeweglichen Mittelradsatz, beeinflußt werden. Diese Änderungen standen bei der Entwicklung der BR 151 nicht zur Diskussion, weil die damals vertretenen Ansichten und Erfahrungen eine Verwendung des Gummiringfeder-Antriebs in querverschieblichen Radsätzen nicht zuließen. Die Mittelradsätze in den Drehgestellen wurden mit 10 mm Spurkranzschwächung eingebaut, um einen möglichst zwangsarmen Lauf in Gleisbögen zu erreichen.

Gleisgeometriefehler und Gleisunstetigkeiten ergeben dynamische Führungskräfte. Diese Kräfte können durch eine elastische Ankopplung zwischen Radsatz, Drehgestell und Lokkasten beeinflußt werden.

Die Drehgestelle der Lok BR 151, Abb. 170a, wurden in Stahlleichtbau konstruiert mit dem Radstand der BR 150. Radsatzführung und Federung mit Lemniskatenlenkern und Schraubenfedern wurden mit den praktisch wartungs- und verschleißfreien Bauelementen der Lokomotive BR 103 ausgerüstet. Die Lemniskatenanlenkung des Radsatzes gestattet keine radiale Radsatzeinstellung; quer zum Gleis ist eine elastische Anlenkung mit einer Federkonstanten von ca. 2 Mp/mm mit einem Federweg von ±6 mm vorhanden. Querverschiebliche Radsatzlager durften wegen des SSW-Gummiringfederantriebes nicht verwendet werden. Die Lemniskatenanlenkung der Radsätze mit der freien Einstellmöglichkeit des Achslagers gestattet Zylinderrollenlager einzubauen und die in Herstellung und Einbau komplizierteren Pendelrollenlager der BR 150 zu verlassen.

Die Radsatzlagergehäusekonstruktion wurde von der BR 103 übernommen. Die senkrechte Aufhängung (Abb. 171) erfolgt über einen Ausgleichshebel mit drei Bolzenverbindungen. Die Federtellerabstützung ist labil und muß über Verstellgewindestangen geführt werden, deren obere Gleitlagerung verschleißbehaftet ist.

Einziger Vorteil dieser aufwendigen Konstruktion ist das einfache Einregulieren der Radlasten. Eine Lagertemperaturerfassung über ortsfeste Meßanlagen, die heute bei allen Bahnverwaltungen im Abstand von 50–70 km an den Gleisen eingebaut werden, ist wegen der Abdeckung durch den Ausgleichshebel nicht möglich.

Der am hinteren Labyrinth eingebaute Nachschmiernippel entspricht nicht den Forderungen einer ordnungsgemäßen Nachschmiereinrichtung. Ohne Lagerdeckelabbau ist die zu ersetzende Fettqualität nicht feststellbar, Lagerschäden sind am hinteren Lager nicht erkennbar, sie können ggf. aus dem Fettzustand abgeleitet werden.

Ende 1973 wurden mit der Lok 151 003 lauftechnische Messungen durchgeführt. Es konnte der Nachweis geführt werden, daß im Bogen unterhalb 600 m Radius Führungskräfte $\sum y$ an Radsatz 2

Abb. 170a: Drehgestelle der BR 151 vor dem Aufsetzen des Lokomotivkastens (Foto: Krupp)

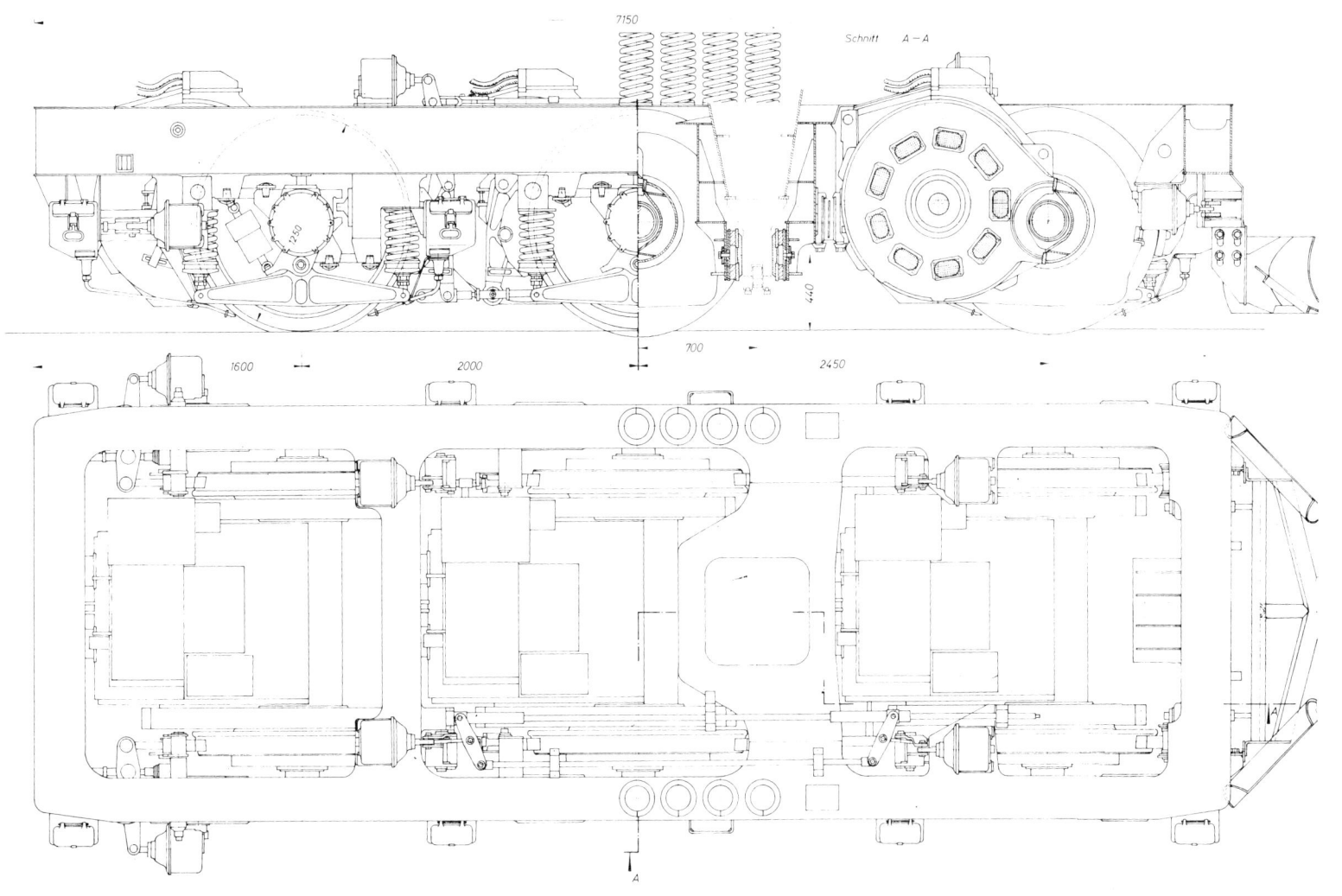

Abb. 170b: Drehgestell der BR 151 (Grafik: DB)

und 5 auftreten, die zum Teil erheblich den festgelegten Grenzwert gegen Gleisverschiebung, für Lok BR 151 $\sum y = 65$ kN, überschreiten. Nach Umrüstung der Drehgestelle auf querverschiebliche Mittelradsätze wurden bei Vergleichsmessungen erheblich kleinere $\sum y$-Kräfte festgestellt. Im Gleisbogen mit R = 390 m konnten damit die max. Querkräfte $\sum y$ von 80 kN auf 40 kN reduziert werden.

Die Verschiebbarkeit des Mittelradsatzes wurde auf ±20 mm festgelegt und die Umbaukonstruktion erarbeitet. 1975 wurde endgültig entschieden, die Lok der BR 151 auf querverschiebliche Mittelradsätze umzubauen, nachdem noch die Dynamik des Gummiringfederantriebes mit Fahrmotor bei querverschieblichen Mittelradsätzen vorher mit einer Meßfahrt von München nach Hamburg und zurück über Dortmund – Frankfurt ermittelt wurde mit folgendem Ergebnis:

Abb. 171: Radsatzaufhängung bei der BR 151 (Foto: JMM)

Die für den Gummiringfeder-Antrieb wichtigen Querbewegungen zwischen Hohlwelle und Radsatz waren immer kleiner als ± 10 mm, so daß ein Anschlagen von Antriebsteilen an den Radsatz mit Sicherheit ausgeschlossen werden kann. Die Querwege der Fahrmotorabstützung an der Drehgestellaufhängung betrugen maximal ± 18 mm. Die Querwege des Mittelradsatzes im Lager erreichen vereinzelt 20 mm (Anschlag), in der mittleren Häufigkeit lagen sie bei ± 6 mm, ein Wert, dem auch die Spurkranzschwächung von – 10 mm gerecht wurde, die darüber liegenden Querwege sind Gleislagefehlern zuzuschreiben.

Der querverschiebliche Mittelradsatz erforderte ein Anpassen der Klotzbremseinrichtung auf die nun auftretenden Querwege. Der Lokomotivkasten wird je Drehgestellseite mit vier Flexicoilfedern quer und drehelastisch angelenkt. Die Schwingungsenergie wird je Drehgestellseite durch einen hydraulischen Vertikal- und einen hydraulischen Horizontaldämpfer abgebaut.

Die Anwendung von Fexicoilfedern fordert einen in Querrichtung freien Drehzapfen. Ein rechteckiger, mit Hartmanganstahlplatten armierter Zapfen überträgt die Zugkräfte über Gummiquerschubfedern, mit Hartmanganstahlplatten gegen Verschleiß gesichert, auf das Drehgestell. Kleine Querbewegungen werden von der Gummifederung aufgenommen, große Querwege (± 20 mm) können über die Gleitplatten erfolgen. Der sogenannte Drehzapfen hat ein Längsspiel von 9 mm, die Drehbewegung wird durch die Gummifeder ermöglicht.

Für die Abstimmung der Federkonstanten Radsätze – Lokkasten wurde ein Verhältnis von 29,5% : 70,5% gewählt. Die senkrechte Radsatzfederung wurde mit Rücksicht auf das Wanken der Lokomotive etwa zweimal so hart ausgelegt wie die Flexicoilfedern für den Lokkasten. Der Federweg in den Radsätzen ist ± 30 mm, für den Lokkasten sind ± 25 mm vorgesehen. Die gesamte Radsatzfederkonstante mit der des Lemniskatenlenkergummis beträgt pro Drehgestell 8,8 Mp/cm. Die Brückenfederkonstante je Drehgestell ist 3,68 Mp/cm. Die gesamte spezifische Federung der BR 151 hat einen Wert von 1,93 mm/Mp, er teilt sich auf für die Brückenfederung 1,36 mm/Mp und für die Radsatzfederung 0,57 mm/Mp. Das Ausdrehmoment für das Drehgestell beträgt 2,3 Mp.m/Grad. Der maximale Ausdrehwinkel im 140 m Bogen ist 1,53° und mit einem Rückstellmoment von 3,5 Mp.m verbunden.

Die lauftechnische Auslegung, spezifische Federung, Radstand und Achsanlenkung, ist genau der Lokomotive BR 103 angeglichen, die für eine Höchstgeschwindigkeit von 200 km/h ausgelegt ist. Unterschiedlich bei der BR 151 ist nur die Übertragung der Zugkräfte über einen freien Mitnehmerzapfen (Drehzapfen) anstatt über eine Zugstange wie bei der BR 103. Der Radsatz der BR 151 ist über den Gummiringfederantrieb noch anteilig mit einer Teilmasse des Fahrmotors belastet, was aber wegen der Höchstgeschwindigkeit von 120 km/h nicht besonders stark zu Buche schlägt.

Die Druckluftbremse

Bei dem Entwurf der mechanischen Bremse wurde auf geringes Gewicht und sehr guten konstant bleibenden Wirkungsgrad Wert gelegt. Pro Drehgestell wurden daher acht Bremszylinder eingebaut.

Die Kräfte in den Lagerstellen sind gering, die Gelenkreibung ist klein und der Verschleiß in den Gelenken wird in Grenzen gehalten. Die Bremskraft wird gleichmäßiger auf jedes Rad aufgeteilt, als wenn ein Bremszylinder für mehrere Radsätze den Klotzdruck aufbringen muß.

Die Lokomotive BR 151 erhielt eine zweistufige mehrlösige Druckluftbremse Bauart Knorr KE-GPP2EmZ. Die Einführung eines mehrlösigen KE-Steuerventils bringt bei einer schweren Güterzuglokomotive eine nicht unerhebliche Vereinfachung der Bremsbedienung, da bei langen Güterzügen die notwendigen Füllstöße ohne Gefahr einer Überladung der Bremsleitung durchgeführt werden können.

Die zur Eigenabbremsung der Lokomotive BR 151 mit zulässiger Geschwindigkeit von 120 km/h erforderlichen 108 Bremsgewichtsprozente können bei der konventionellen einstufigen mehrlösigen Druckluftbremse mit den Bremsstellungen Güterzug (G) und Personenzug (P) nicht aufgebracht werden. Die Grenze liegt bei 110 km/h unter der Voraussetzung eines sehr guten Bremsgestängewirkungsgrades von 95%. Eine Änderung der Bremsgestängeübersetzung wäre zwar möglich, die Gefahr von Radreifenschäden durch die nun zu erwartende Überbremsung bei kleinen Geschwindigkeiten würde aber zu groß.

Deshalb darf die bisher übliche Abbremsung von 90 bis 100% nicht überschritten werden. Eine Lösung wäre, die in der Lok BR 151 vorhandene elektrische Bremse mit auf das Bremsgewicht anzurechnen. Eine zweite Lösung ist, eine zweistufige mehrlösige Druckluftbremse zusätzlich mit der Bremsartstellung P2 vorzusehen. In der Bremsartstellung P2 ist ein Bremsgewicht darstellbar, welches zur Abbremsung aus etwa 129 km/h ausreichend ist und somit hinreichende Sicherheit bietet, auch wenn ein schlechterer Bremsgestängewirkungsgrad als 95% vorhanden ist.

Durch den Einbau der zweistufigen Druckluftbremse kann die Anschrift eines zusätzlichen Bremsgewichtes P+E für die fahrdrahtabhängige elektrische Widerstandsbremse vermieden werden. Damit entfällt auch die Übermittlung zusätzlicher Informationen an das Triebfahrzeugpersonal bei Ausfall einer auf das Bremsgewicht anzurechnenden elektrischen Bremse über die Veränderung des Bremsgewichtes des Zuges und der damit erforderlichen Geschwindigkeitsminderung.

Abb. 172 und 173: Das obere Bild zeigt 151 001 bei Leistungsmeßfahrten in München, als Bremslok dienen hierbei zwei elektrische (BR 151 und 140) sowie noch zwei dampfbetriebene Lokomotiven der Baureihe 044 (Foto: DB). Die untere Aufnahme verdeutlicht die Ausrüstung der Lok 150 090 mit der neuen, automatischen Mittelpufferkupplung (AK) (Foto: DB)

151 001-5

181 207-2   151 090-8

Die Bremsgewichte betragen für die BR 151
in
Stellung   G   90 t
              P   105 t
              P2 130 t

Der Führerraum

Die Anordnung der Bedien- und Anzeigeelemente auf dem Führertisch ist fast gleich wie bei der Güterzuglokomotive BR 150 (Abb. 174). Die weitgehend einheitliche Ausstattung aller Führerräume erleichtert den Dienst des Triebfahrzeugpersonals und kann vor allem den Aufwand für eine zusätzliche Ausbildung vermindern. Auf dem von dem Lokomotivkasten freistehenden Führertisch sind alle während der Fahrt zu bedienenden oder zu beobachtenden Elemente in Griffnähe oder im Blickfeld des Lokführers angeordnet.

Neue Erkenntnisse über arbeitsphysiologische und arbeitsmedizinische Gestaltung des Arbeitsplatzes wurden bei der Konstruktion von Sifapedal und Pfeifenpedal angewendet. Beide wurden organisch in die 15° geneigte Fußabstellfläche des Führertisches eingelassen.

Als Führersitz ist ein längs-, dreh- und höhenverstellbarer Bremshey-Sitz FA 408 fest eingebaut. Der Führertisch wurde für das Ein- und Ausdrehen mit dem Sitz FA 408 entsprechend gestaltet.

Abb. 174: Blick auf den Führerstand der Lok 151 001 (Foto: Krupp)

Besondere Beachtung wurde der ausreichenden Raumtiefe des Führerraumes gewidmet. Hinter der Führersitzlehne bis zur Rückwand ist ein Abstand von 0,6 m eingehalten.

Der Schall- und Wärmeisolierung des »Arbeitsplatzes Lokomotive« wurde eine besondere Bedeutung zuerkannt. Die Innenwände des Führerraumes sind mit mindestens 30 mm starkem Polyurethanschaum ausgespritzt, der Fußboden erhielt eine Wärme- und Schallisolierung von 70 mm Dicke. Gegen den Maschinenraumlärm schützt eine Wand aus Vibrexblech. Vibrexblech besteht aus zwei Blechflächen, die mit einer schallschluckenden Klebemasse verbunden sind. Die Weiterleitung von direkt auftretenden Schallwellen soll damit verhindert werden. Der subjektive Eindruck der Schalldämpfung im Führerraum ist sehr gut.

Für die Heizung des Führerraumes wurde in die linke Seite des Führertisches ein Luwa-Luftheizgerät von 5 kW Leistung eingebaut. Dieses Gerät kann mit einem Kälteteil für die Führerraumklimatisierung zusätzlich ausgerüstet werden. Die Umluftansaugflächen wurden längs der Führertischunterseite angeordnet, so daß die Luftwalze gleichmäßig mit geringer Luftgeschwindigkeit umgewälzt wird. Im Sommer kann die Anlage zur intensiven Belüftung des Führerraumes verwendet werden.

2.4.1.5. Die elektrische Ausrüstung

Hauptstromkreis

Wie schon eingangs erwähnt, mußte die Entwicklung der Lokomotive BR 151 in strenger Anlehnung an die Konstruktion der betriebstüchtigen Lokomotiven BR 110, 139 und 140 erfolgen. Einmal sollte hiermit eine Neubaulokomotive geschaffen werden, die dem Lokomotivpersonal in ihrer Handhabung weitgehend vertraut ist, zum anderen war für die Lokomotivunterhaltung anzustreben, daß keine neuen Großbauteile für die elektrische Ausrüstung verwendet werden, die sowohl in der Lagerhaltung als auch in ihrem Betriebsverhalten zu zusätzlichen Aufwendungen führen könnten. Diese Randbedingungen schlossen aber eine sinnvolle Weiterentwicklung beziehungsweise Neuentwicklung einiger Bauelemente nicht aus.

Abb. 175 gibt einen Überblick über die wichtigsten Stromkreise der Lokomotive BR 151. Sie entsprechen den klassischen Ausführungen von Einphasenwechselstromtriebfahrzeugen. Über zwei Einheitsstromabnehmer DBS 54, eine kurze Dachleitung und den Einheitshauptschalter DBTF20i200 wird die el. Energie aus dem 15 kV Fahrleitungsnetz dem Lokomotivtransformator zugeführt. Dieser Zuleitung ist auf dem Dach ein Überspannungsableiter parallelgeschaltet. Er soll atmosphärische- und Schalt-Überspannungen größer als 35 kV vom Trafoeingang fernhalten. Der Überspannungsableiter schützt besonders das Eingangsteil jener Transformatoren, deren Hochspannungswicklung infolge der natürlichen Isolationsalterung nicht mehr so stoßspannungsfest ist.

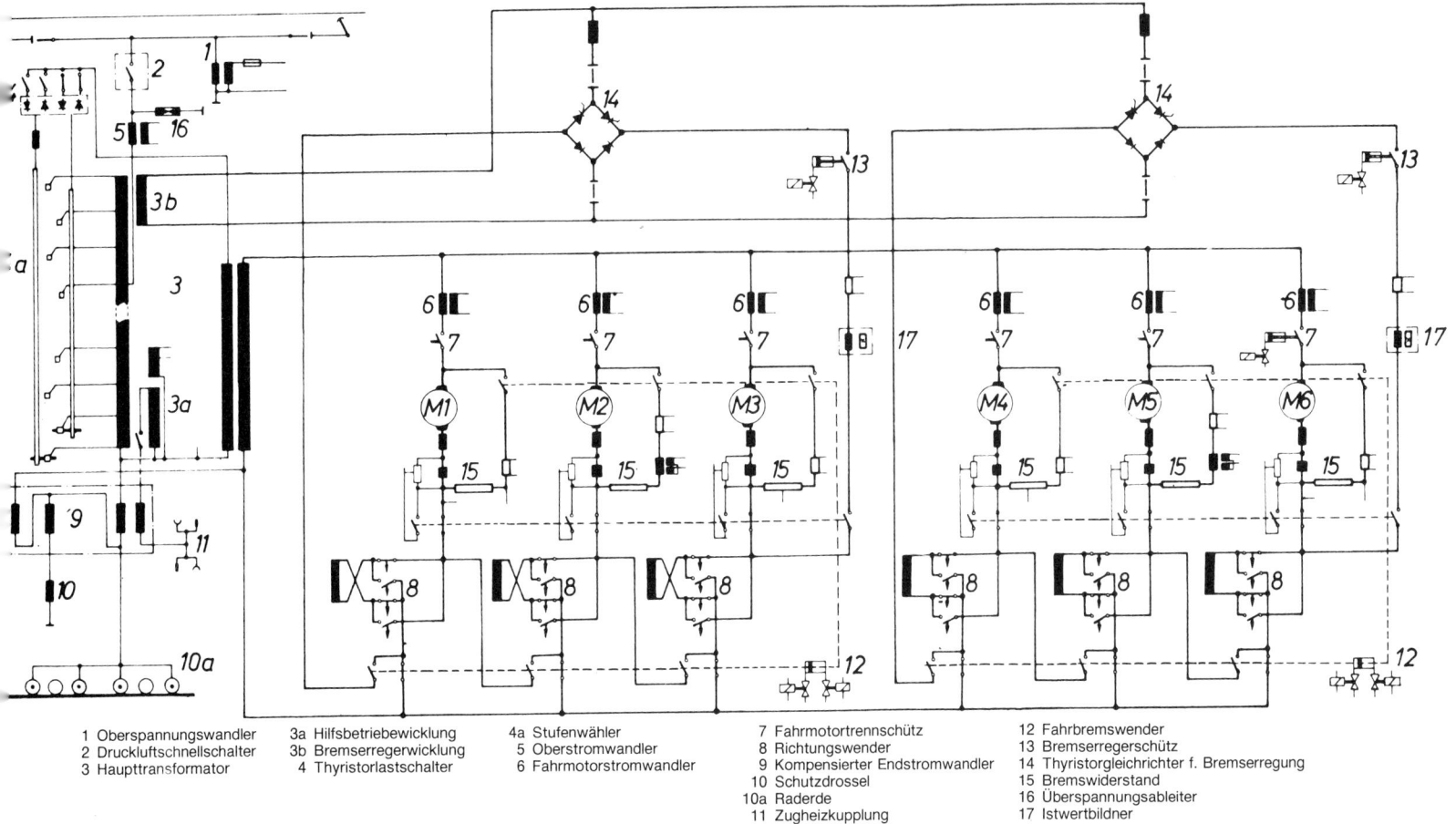

Abb. 175: Prinzipschaltplan der Lokomotive BR 151 (Grafik: DB)

1 Oberspannungswandler	3a Hilfsbetriebewicklung	4a Stufenwähler	7 Fahrmotortrennschütz	12 Fahrbremswender
2 Druckluftschnellschalter	3b Bremserregerwicklung	5 Oberstromwandler	8 Richtungswender	13 Bremserregerschütz
3 Haupttransformator	4 Thyristorlastschalter	6 Fahrmotorstromwandler	9 Kompensierter Endstromwandler	14 Thyristorgleichrichter f. Bremserregung
			10 Schutzdrossel	15 Bremswiderstand
			10a Raderde	16 Überspannungsableiter
			11 Zugheizkupplung	17 Istwertbildner

Der Transformator mit Schaltwerk

Für die Entwicklung des Transformators für die schwere Güterzuglokomotive BR 151 waren zwei Bedingungen maßgebend: Erhöhung der Nennleistung des Transformators aus dem vorgegebenen Betriebsprogramm um ca. 30% gegenüber der Lok BR 150, Verdoppelung der Leistung für Zugheizung, Hilfsbetriebe und elektrische Bremse von 480 kVA auf 983 kVA und Minderung des Transformatorgewichtes. Beide Bedingungen konnten erfüllt werden. Die Nennleistung wurde auf 6325 kVA erhöht und das Gewicht des betriebsfertigen Transformators konnte von 17 600 kg bei der BR 150 auf 15 400 kg gesenkt werden.

Für den dreischenkelig aufgebauten Kern wird kornorientiertes Blech verwendet.

Der mittlere Schenkel trägt den Leistungsteil des Transformators. Zwischen der radial in zwei Hälften geteilten Unterspannungswicklung liegt die Oberspannungswicklung, die aus Rechteckkupferleitern mit Nomex-Isolierung besteht.

Nomex (Warenzeichen der Du Pont de Nemours) ist eine hochtemperaturbeständige (bis zu 230° C) Kunststoffolie aus aromatischem Polyamid.

Der Aufbau der Unterspannungswicklung besteht aus 2 × 2 konzentrisch übereinander gestellten, elektrolytisch hergestellten Kupferzylindern, aus denen die Windungen durch spanabhebende Fertigung herausgearbeitet werden. Dadurch wird jegliche Lötstelle vermieden, die durch ihren größeren Widerstand bei der gegenüber normalen Transformatoren wesentlich höheren Strombelastung des Querschnittes zu unzulässigen örtlichen Erwärmungen führen könnte. Die Unterspannungswicklung ist mit Lack isoliert.

Auf dem zweiten Schenkel sind neben der Stufenwicklung, die ebenso wie die Oberspannungswicklung aus Rechteckkupferleitern mit Nomex-Isolierung besteht, auch die Wicklungen für Heizung, Hilfsbetriebe und Bremserregung angeordnet. Der unbewickelte dritte Schenkel dient als magnetischer Rückschluß. Eine entsprechend kräftige Ausführung der Gestellkonstruktion gewährleistet die erforderliche Kurzschlußfestigkeit des Transformators.

Durch eine gezielte Führung des Kühlölstromes durch die Wicklungen werden die bei der hohen Ausnützung des aktiven Materials notwendigen guten Kühlverhältnisse erreicht.

An den Transformatorkessel angebaut ist ein 29-stufiges Schaltwerk. Durch Verändern der dem Leistungsteil zugeführten Hochspannung zwischen 0 und 18 kV (bei 15 kV Fahrdrahtspannung) wird die Fahrmotorspannung zwischen 0 und 575 V unter Last

Abb. 176: Aktiver Teil des Haupttransformators (Foto: DB)

Tabelle 2: Technische Daten des Transformators
Type EFPT 7042.151

Nennleistung	6325 kVA
Nennübersetzung	15000 V/575 V Die sekundäre Spannung ist unter Last einstellbar in 29 Stellungen von Null bis zum maximalen Wert
Nennstrom	421,7 A/11 000 A
Leistung für Heizung	701 kW 900 kW bei $\leq 12°$ C Umgebungstemperatur
Hilfsbetriebe	150 kVA
Bremserregung	132 kVA
Nennfrequenz	16 2/3 Hz
Nennkurzschlußspannung	7,0% (Stellung 28)
Gesamtgewicht (Transformator ohne Kühler)	ca. 15,4 t

Fahrmotoren

Die Fahrmotoren stellen in Bezug auf ihre Leistungsfähigkeit, Betriebstüchtigkeit und Unterhaltungskosten einen wesentlichen Faktor für den betrieblichen Erfolg eines Triebfahrzeuges dar. Es war daher bei der schweren Güterzuglokomotive eine zwingende Notwendigkeit, eine bereits bewährte und erprobte Konstruktion anzuwenden, deren Unterhaltung und Ersatzteilvorrat schon als gesichert anzusehen war.

Es wurde, wie bereits erwähnt, auf den mit über 4800 Stück vorhandenen Fahrmotor der elektrischen Lokomotiven BR 110 und 140 WB 372-22 zurückgegriffen. Um die für die schwere

geregelt. Der Stufenschalter besteht aus einem 28-stufigen Wähler für 400 A Nennstrom, an dessen Kontakte, die wegen der hohen Ströme mit Silberauflage versehen sind, die Anzapfungen der Stufenwicklung angeschlossen sind und einem Tyhristorlastschalter, der aus Teilen der Thyristorschalter der Lokomotiven BR 103 und 110 konstruiert wurde. Dieser Thyristorlastschalter hat seit 1964 bei vielen elektrischen Lokomotiven seine Vorzüge bewiesen, die vor allem in der lichtbogenfreien Lastumschaltung während des Spannungsnulldurchganges und dem damit erreichten Wegfall von Zugkrafteinbrüchen liegen. Die Stufenschaltzeit beträgt 0,5 Sekunden pro Schritt.

Ein getrennt aufgestellter Ölkühler der Einheitsbauart für die Lokomotiven BR 110 und 140 führt die Verlustwärme mit 6,5 m³/sec. Luftdurchsatz ab. Bei Nennleistung und 220 kW Verlustleistung betragen die gemessenen maximalen Wicklungsübertemperaturen bei 70% Lüfter- und Ölpumpemspannung 74° C und liegen noch unterhalb der nach den VDE-Bestimmungen zugelassenen Übertemperatur von 100° C. Eine stopfbuchslose Pumpe in der Rohrleitung sorgt für den Ölkreislauf.

Abb. 177: Wechselstrom-Bahnmotor WB 372-22f (Foto: DB)

Güterzuglokomotive E 151 notwendige Leistung aufzubringen, mußte der Strom für den Fahrmotor um etwa 10% erhöht werden. Dies entspricht einer Leistungssteigerung von etwa 20%. Die thermische Belastung und die Schaltleistungsbeanspruchung des Kommutators steigen entsprechend an.

Die thermische Balastungsfähigkeit der Fahrmotorenwicklungen wurde durch Verwendung von Isolationsmaterial der Klasse F verbessert, ohne daß Leiterabmessungen und Isolationsstärke verändert wurden.

Die Kommutatorbelastung des Bahnmotors WB 372-22 wurde schon beim Erstentwurf mit Rücksicht auf die damals geforderte Kurzzeitüberbeanspruchung entsprechend nieder gewählt.(e_{Kmax} = 3,45 V und i_B = 20,8 A/cm^2). Die Bewährung des Fahrmotors in den elektrischen Lokomotiven BR 110 und 140 sind zum Großteil auf diese gut getroffene Entscheidung für die Kommutatorbelastung zurückzuführen. Die Kommutatorlaufleistungen, welche noch zur Zeit die hauptsächlichen Ausbauursachen für den Fahrmotor sind, erreichen bei der BR 110 Werte um 600 000 km, für die Güterzuglok BR 139 und 140 steigen diese Laufleistungen infolge der höheren Getriebeübersetzung auf 1,2 bis 1,8 Millionen Kilometer an. Der Reibwert zwischen Rad und Schiene wird bei letztgenannten Lokomotiven mit niedrigeren Motorströmen erreicht, und die spezifische Kommutatorbelastung verkleinert sich damit nochmals. Dies gilt besonders für schwere Anfahrten mit hohen Strömen an der Reibungsgrenze. Die Beanspruchung durch den Anfahrstrom unter der Voraussetzung einer gleichen Haftwertausnutzung von μ = 0,33 beträgt für die

          BR 110   BR 140   BR 151
Anfahrstrom: I_A = 3680 A   2950 A   3160 A

Die Auslastung der Motoren in der E 151 hinsichtlich des für die transformatorische Funkenspannung maßgeblichen Stroms liegt also nur 7% über der BR 140, aber um 14% unterhalb der BR 110. Hiermit ist allerdings über die im Mittel tatsächlich in Anspruch genommene Haftwertausnutzung nichts ausgesagt; sie ist hier zu Vergleichszwecken in ein festes Verhältnis zum Reibungsgewicht gesetzt worden.

Die Höchstgeschwindigkeit der BR 151 ist 120 km/h. Eine Kommutatorlaufleistung kann daher auf Grund der durch die Fahrweise des Lokführers überhaupt möglichen Grenzbelastung bei schweren Anfahrten zwischen 1,2–1,8 Mio. km erwartet werden. Die große Leistung der BR 151 wird sicher nochmals die spezifischen Belastungen senken, wenn die Anhängelasten, die nicht die Anfahrgrenzlasten erreichen, mit einem niedrigen Anfahrstrom beschleunigt werden und nicht die Reibungsgrenze zwischen Rad und Schiene voll ausgefahren wird. Die im Z-V-Diagramm, Abb. 165, eingetragene Kommutierungsgrenzkurve, welche die Stromgrenze des beginnenden Perlfeuers an den Bürstenkanten darstellt, liegt sehr günstig zu den geforderten Dauerbetriebspunkten. Betriebsversuche mit verschiedenen Bürstenqualitäten lassen hier eine noch günstigere Kommutierungsgrenzkurve erwarten.

Der Motor WB 372-22f hat 14 Pole, je Bürstenhalter 5 Zwillingskohlen vom Querschnitt 40 × 12,5 mit einer Stromdichte bei Nennleistung von ca. 13 A/mm^2. Bei einer maximalen Betriebsspannung von 560 V bietet die mittlere Stegspannung von 15 V ausreichende Sicherheit gegen Rundfeuer auf dem Kommutator.

Die Motordaten wurden im Prüffeld für die zulässige Übertemperatur 155° bzw. 140° für die Ankerwicklung nach Isolationsklasse F ermittelt. Sie werden in Tabelle 3 ausgewiesen.

Für die Übertragung der mechanischen Leistung vom Fahrmotor auf den Radsatz wird der Gummiringfederantrieb verwendet. Auch dieser betriebstüchtige Antrieb ist in mehr als 10 000 Stück bei elektrischen Lokomotiven im Einsatz und hat sich bestens bewährt. Durch diesen Antrieb werden die Stoßbeanspruchungen zwischen Rad und Schiene zum Teil aufgefangen und gemildert. Die Drehelastizität der Gummielemente entkoppelt die Drehmomentstöße zwischen Radsatz und Motor.

Tabelle 3.

Maßeinheit		Grenz-daten	Dauer-leistungen		Stunden-leistungen	
			T	N	T	N
Spannung	V	560	560	517	560	517
Strom	A	3680	2200	2200	2300	2300
Drehzahl	U/min.	1395	1240	1100	1160	1070
Leistung	kW	–	1090	997	1142	1048
bei Geschwindigkeit	km/h	–	103,7	95,0	100,6	92,3

T = Typenleistungen des Motors bei U_{max}
N = Leistungen bei 90% der größten Transformatorleerlaufspannung der BR 151
997 = Nennleistung des Motors, eingebaut in die BR 151

Die elektrische Bremse

Bei der elektrischen Bremse der Lok BR 151 handelt es sich um eine netzabhängige, fremderregte Widerstandsbremse. Zur Erzielung hoher Betriebssicherheit wurde die gesamte Bremsleistung von

      6600 kW kurzzeitig bis 20 Sekunden
      3260 kW dauernd

auf 2 gleiche, völlig unabhängig voneinander funktionsfähige Bremssysteme aufgeteilt, von denen jedes auf ein dreimotoriges Drehgestell wirkt. Lediglich die Sollwert-Vorgabe erfolgt im Bremssteller nur einfach und wirkt parallel auf beide Systeme.

Die Gesamt-Bremskraft am Rad beträgt auf der höchsten
Stufe   20,3 Mp bei   120 km/h μ = 0,172
          19,9 Mp bei   60 km/h und μ = 0,168
          18,0 Mp bei   27,5 km/h μ = 0,16
(siehe Bremskraft-Diagramm Abb. 178). Sie läßt sich am Bremssteller in 7 gerasteten Stellungen mit stufenlosem Übergang variieren.

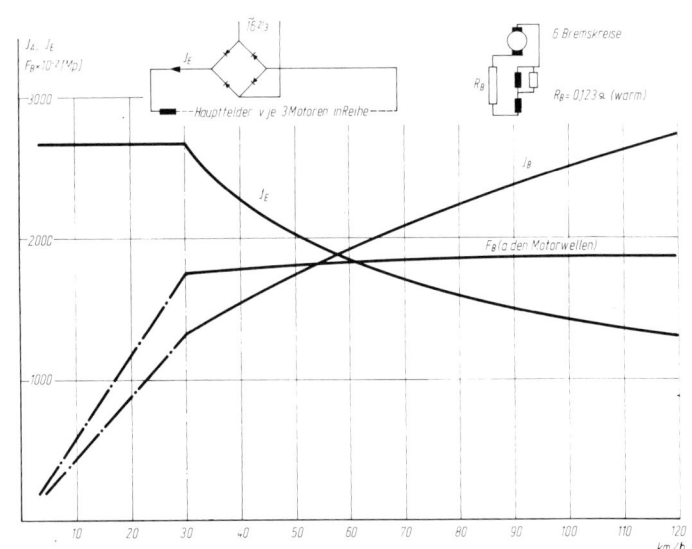

Abb. 178: Bremskraftdiagramm für die BR 151 (Grafik: DB)

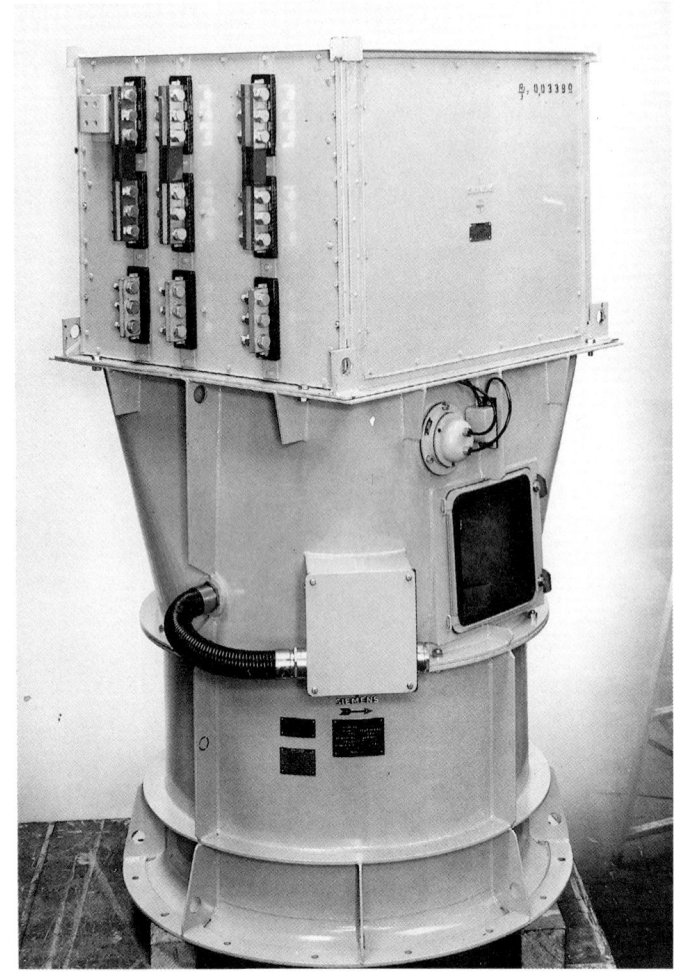

Abb. 179: Bremswiderstandsturm der BR 151 (Foto: Siemens)

Die Erregerleistung für die 6 Fahrmotoren WB 372-22 f wird einer gesonderten Erregerwicklung (33 V~, 132 kVA) des Haupttransformators entnommen und 2 parallel liegenden Erregergleichrichtern mit vorgeschalteter Kommutierungsdrossel zugeführt.

Die Gleichricher sind als unsymmetrisch-halbgesteuerte Brükken ausgeführt und liefern bei Fahrdraht-Nennspannung 27 V Gleichspannung bei einem Erregerstrom von 1860 A_{dd}. Die Welligkeit des Erregerstromes unter Berücksichtigung der Induktivitäten von jeweils 3 Fahrmotor-Hauptfeldern (250μH bei 2000 A) bei vernachlässigter Induktivität der Zuleitungen beträgt bei 2000 A ca. 7%. Die Hauptfelder der 3 Fahrmotoren eines Drehgestells liegen in Reihe an jeweils einem Erregergleichricher.

Durch die Fahrbremswender wird die Parallelschaltung der 6 Fahrmotoren im Fahrbetrieb aufgelöst und jeder Motor direkt auf einen Bremswiderstand geschaltet. Die Aufteilung in 6 getrennte Bremsstromkreise hat den Vorteil einer hohen Haftreibungsausnutzung, da sich die Fahrmotoren im Falle des Gleitens durch Absinken des Bremsstromes selbst stabilisieren. Die Bremswiderstände von 3 Fahrmotoren eines Drehgestelles sind jeweils in einem Bremswiderstandsturm, Abb. 179, mit einem gemeinsamen Lüfter untergebracht.

Eine von der Größe des Ankerstromes abhängige Gleichspannung wird zur Speisung der Bremslüftermotoren am Bremswiderstand der Fahrmotoren 1 und 6 abgegriffen und ist dem Bremsstrom proportional.

Für die Bremswiderstände wird die bewährte Bauart aus der BR 103 eingebaut, die durch das mäanderförmige Widerstandsband mit kiemenartigen Durchzügen eine besonders günstige Wärmeübergangszahl erreicht.

Die Luftmenge pro Bremslüfterturm beträgt ca. 8,5 m³/sec. mit einer max. Luftübertemperatur am Dachaustritt von 170° C.

Hilfsbetriebe

Für die Kühlluftförderung von Haupttransformator, Fahrmotoren und Bremswiderstände werden die Einheitslüfter aus den Lokomotiven BR 110 und 140 verwendet, welche mit 16⅔ Hz Reihenschlußmotoren angetrieben werden. Der Kühlluftbedarf je Fahrmotor ist ca. 2,7 m³/sec. Diese Förderleistung wird durch einen zweistufigen Einheitslüfter gegen einen Gegendruck von 133 mm WS am Lufteintrittsstutzen des Fahrmotors aufgebracht. Der Gesamtluftbedarf für die sechs Fahrmotoren beträgt daher etwa 16,2 m³/sec. Nachdem die Trafokühlluftansaugung direkt über einen Dachhaubenaufsatz erfolgt (6,5 m³/sec), wurde die Zahl der Einheitslüftungsgitter von 40 auf 12 Stück reduziert. Die spezifische Flächenbelastung dieser 12 Doppeldüsenlüftungsgitter erreicht nun einen Wert von 1,8 m³/m² und sec.

Für einen guten Wirkungs- und Funktionsgrad der Lüftungsgitter wurden diese etwa 3 cm aus der Seitenwandfläche herausgesetzt, um aus der Flächenunstetigkeitsstörung wegzukommen und in den direkten Luftstrom einzugreifen.

Abb. 180: Blick auf die Brücke der BR 151 mit Transformator, Ölkühler, Bremswiderstand, Gerätegerüste und Fahrmotorlüfter (Foto: AEG)

Der dreistufige Einheitskompressor für die Bremslufterzeugung wird mit einem Mischstrommotor von 29,7 kW Leistung angetrieben.

Ein Hilfswechselrichter mit zweimal 3,0 kVA Leistung erzeugt eine Wechselspannung 220 V 50 Hz. Er wird aus der 110 V Gleichstrombatteriesammelschiene gespeist. Mit der 220 V 50 Hz Energie werden Indusianlage, Bremsregelung, Zugbahnfunk, Thermofach, Luwagerät und weitere Kleinverbraucher versorgt.

Erstmalig erhält die Lokomotive BR 151 ein Anfahrüberwachungsgerät, das bei Überschreiten bestimmter Grenzwerte von Fahrmotor-Spannung und Strom das Weiterlaufen des Schaltwerkes verhindert bzw. automatisch dessen Rücklauf einleitet. Es ist damit sichergestellt, daß bei während des Betriebes auftretenden Fahrleitungsspannungserhöhungen, die der Aufmerksamkeit des Lokführers entgehen können, das Ansteuern der obersten Schaltwerkstufen verhindert wird, bzw. auch rückgängig gemacht wird.

Mit diesem Gerät können in Zukunft Überwachungsfunktionen beliebig einprogrammiert werden und zwar
1) der Fahrmotorstrom für Lokomotiven bis zu 6 Achsen
2) die Fahrmotorspannung
3) der Oberstrom
4) eine Maximalwerterfassung des Fahrmotorstromes
5) eine Minimalwerterfassung des Fahrmotorstromes
6) die Bildung eines Differenzwertes des Fahrmotorstromes

Die Funktionen 4 bis 6 können für Anzeigezwecke oder einen einfachen Schleuderschutz nutzbar gemacht werden.

Abb. 182 zeigt das Prinzipschaltbild. Über Stromwandler für die Fahrmotorenströme werden die Werte für die Bildung der Maximal- und Differenzströme eingegeben. Zwei weitere Wandler geben Fahrmotorspannung und Oberstrom in das Gerät ein. Die Werte werden dort in Schaltbefehle für das Schaltwerk verarbeitet. Für die Versorgung der Steuerstromkreise, Beleuchtung, Wechselrichter ist eine 110 V Batterie mit einer Kapazität von 70 Ah vorgesehen. Die Ladung erfolgt über eine Thyristorladeanlage von 3,6 kW Leistung.

Die BR 151 ist für Wendezugbetrieb und Mehrfachtraktion ausgerüstet.

Abb. 181: Brücke der BR 151 mit Geräteausrüstung, dahinter Führerstandsverkleidung und Motorraumhauben (Foto: Krupp)

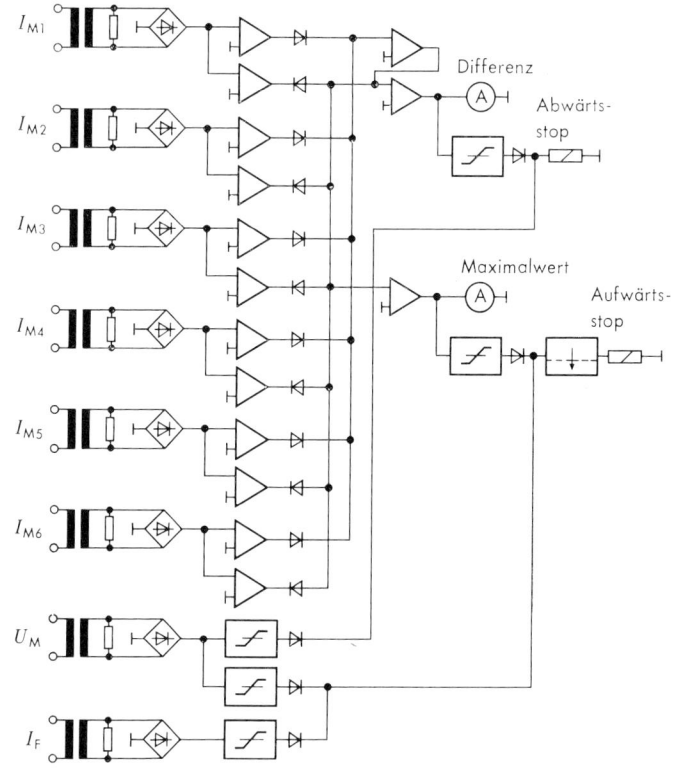

Abb. 182: Prinzipschaltbild des Überwachungsgerätes für Fahrmotoren (Grafik: DB)

2.4.2. Betriebserfahrung mit der elektrischen Lokomotive BR 151,
von Dr.-Ing. Klaus Huber

2.4.2.1. Einleitung

Wie im Aufsatz über die technische Entwicklung der Lokomotiven der BR 151 schon angedeutet, gab es verkehrlich-betriebliche oder, nach moderner Ausdrucksweise, markt- und produktionsorientierte Auslösemomente für den Bedarf einer neuen Lokomotivbaureihe. Ein wesentlicher Auslösefaktor war die Anhebung der Geschwindigkeit der Dg (Durchgangsgüterzüge), also der Standardgüterzüge, von 65 km/h auf 80 km/h. Das technische Konzept für die Lokomotiven der BR 150 war genau auf den 65 km/h schnellen Dg ausgelegt, gemäß der bewußt so ausgelegten Motorcharakteristik sind Lokomotiven der BR 150 bei 80 km/h, bei Zügen, die auf Grenzlast ausgelastet sind und bei Steigungen überlastet. Diese Bedingungen kann man auf ihre Notwendigkeit hin abfragen.

- Die Geschwindigkeitserhöhung kann aus marktorientierten Gründen nur begrüßt werden.

  Die Grenzlast ist bei (erwünschter) guter Auslastung des Transportapparates der DB ein wesentlicher Faktor der Wirtschaftlichkeit; sie legt die Anzahl der Züge, damit die Streckenleistungsfähigkeit bezogen auf die Transportmenge und die Personalkosten fest.

- Die Steigungen der Mittelgebirge (Ruhr-Sieg-Strecke, Nord-Süd-Strecke, Strecken in Nordbayern und in Baden-Württemberg) sind der Grund für den Einsatz sechsachsiger elektrischer Lokomotiven. Vierachsige Lok (BR 140) bringen die Züge an den Fuß der Steigungen, sechsachsige E-Lok befördern die gleichen Züge – ohne Leichtem – weiter.

Die Untersuchungen Ende der 60er Jahre ergaben also die Notwendigkeit, eine neue Baureihe elektrischer Lokomotiven rasch zu entwickeln. Fast ein Glücksfall dabei war, daß wesentliche Bauteile anderer Lokomotivbaureihen vollständig (Fahrmotor, Radsatz, Schaltwerk, Hilfsbetriebe) oder im Analogieverfahren (Transformator, Laufwerk) übernommen werden konnten.

Die Lokomotiven der BR 151 standen relativ kurzfristig zur Verfügung, eine lange Betriebserprobung, nennenswerte Bauartänderungen waren (mit einer Ausnahme) nicht notwendig.

2.4.2.2. Betriebseinsatz

Ausbildung der Triebfahrzeugführer

Bei einer neuen Lokomotivbaureihe stellt sich zunächst die Aufgabe, die Triebfahrzeugführer neu auszubilden. Das Verfahren ist stark formalisiert und deckt durch den ausgedehnten Formalismus Schwierigkeiten oder Erleichterungen zu.

Tatsächlich fanden sich die Triebfahrzeugführer gut zurecht, dies ist eine Folge der Übernahme gleicher Systeme und Bauteile anderer Lokomotivbaureihen. Die Einführung der Lokomotiven der BR 151 war insofern problemlos.

Der Betriebseinsatz der Lokomotiven BR 151 erstreckte sich rasch auf das gesamte DB-Netz, so daß es in jeder BD, praktisch in allen Bw mit Triebfahrzeugführern für elektrische Traktion diese für die BR 151 ausgebildet wurden.

Es gibt 180 Lokomotiven der BR 151, die im Bw Hagen 1 (früher Hagen-Eckesey) und im Bw Nürnberg 2 (früher Nürnberg Rbf) beheimatet sind.

Betriebseinsatz im Reisezugdienst

Zunächst kann man fragen, warum eine für Güterzüge konzipierte Lokomotive Reisezüge befördert. Hier muß man bei der Antwort unterscheiden:

- Umlauf- und damit einsatzbedingt bespannen »Güterzuglok« (der pauschale Ausdruck sei hier einmal erlaubt) Reisezüge dann, wenn sie frei sind, also im eigentlichen Einsatz nicht gebraucht werden. Da der Güterzugdienst seine Hauptzeit von Montag-Abend bis Samstag-Früh und insbesondere in der Nacht hat, stehen einige Lokomotiven der BR 151 außerhalb dieser Zeit und eben insbesondere tagsüber zur Verfügung.

  Aus dieser Situation ist erklärbar, daß während des morgendlichen Berufsverkehrs Lokomotiven der BR 151 Nahverkehrszüge oder tagsüber Eilzüge (Höchstgeschwindigkeit 120 km/h) führen. Oft sind solche Reisezüge laufplangemäß Vorleistungen in Richtung auf einen großen Rangierbahnhof, um von dort in der Nacht im Langlauf an die jeweils andere Peripherie des DB-Netzes zu fahren.

- Leistungsbedingt führen »Güterzuglok« der BR 151 Reisezüge auf Strecken, wo »Reisezuglok« nicht genügend leistungsfähig sind. So führen Lokomotiven der BR 151 die Schnellzüge in der Relation Nürnberg – Probstzella, da auf der Rampenstrecke Pressing Rothenkirchen – Ludwigstadt zeitaufwendig
  – entweder vorgespannt
  – oder nachgeschoben
  – oder umgespannt
  werden müßte.

  Die Höchstgeschwindigkeit von 120 km/h war gerade noch ausreichend, diese D-Züge (D 300-303) mit den Lokomotiven der BR 151 zu bespannen. Die Alternative dazu wäre Doppeltraktion mit Lokomotiven BR 111, die dann mit einer Geschwindigkeit von 140 km/h auf den dafür geeigneten Streckenabschnitten fahren könnten und die Fahrzeit entsprechend verkürzen.

Abb. 183 und 184: Im oberen Bild sehen wir 151 003 vor einem Güterzug bei Einsal (11. 5. 1982, Foto: J. Schmidt). Auch die mit automatischer Kupplung ausgerüstete 151 091 nahm an den Nürnberger Fahrzeugparaden teil (21. 9. 1985, Foto: JMM) ▶

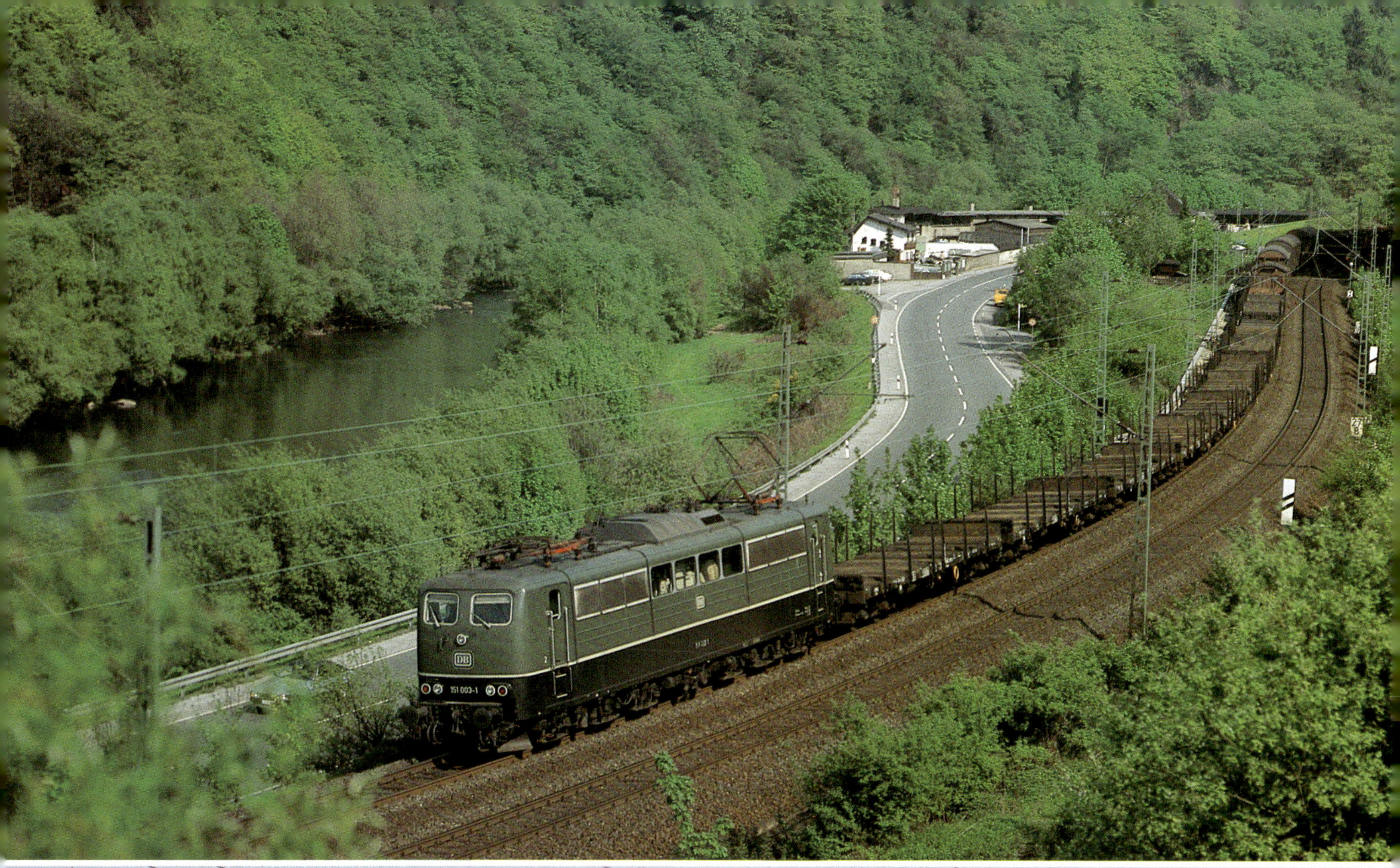

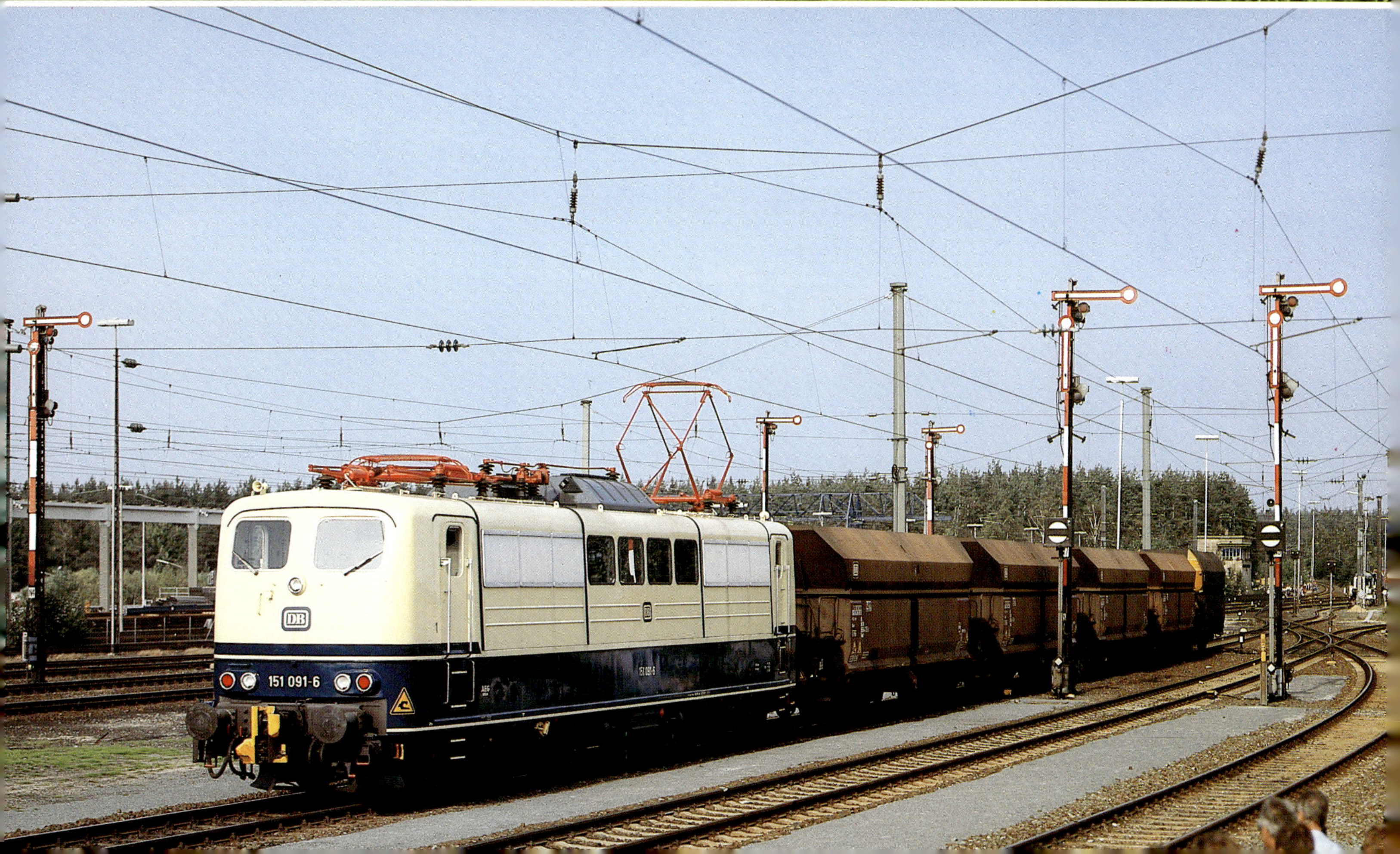
DB
151 091-6

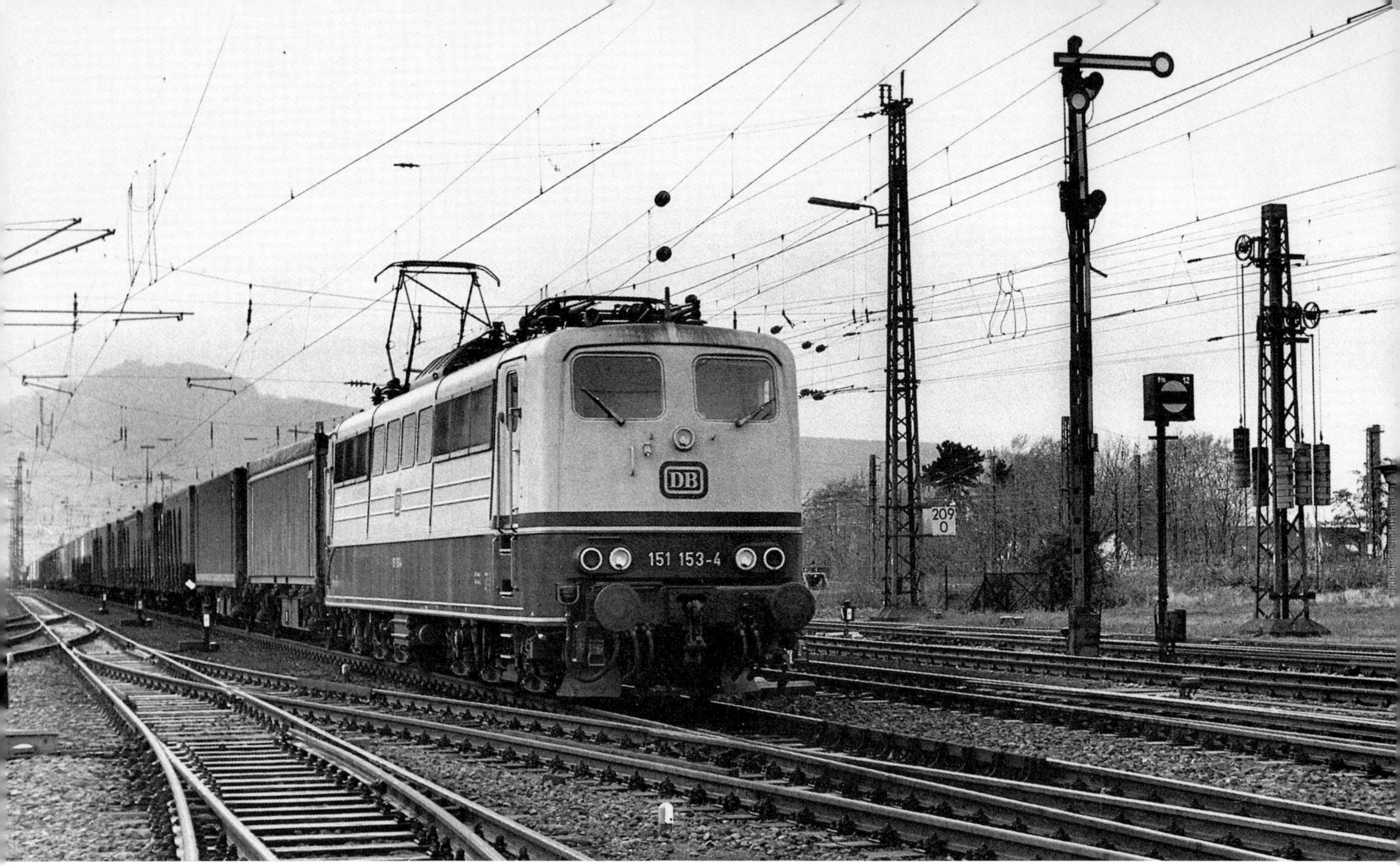
DB
151 153-4
209
0

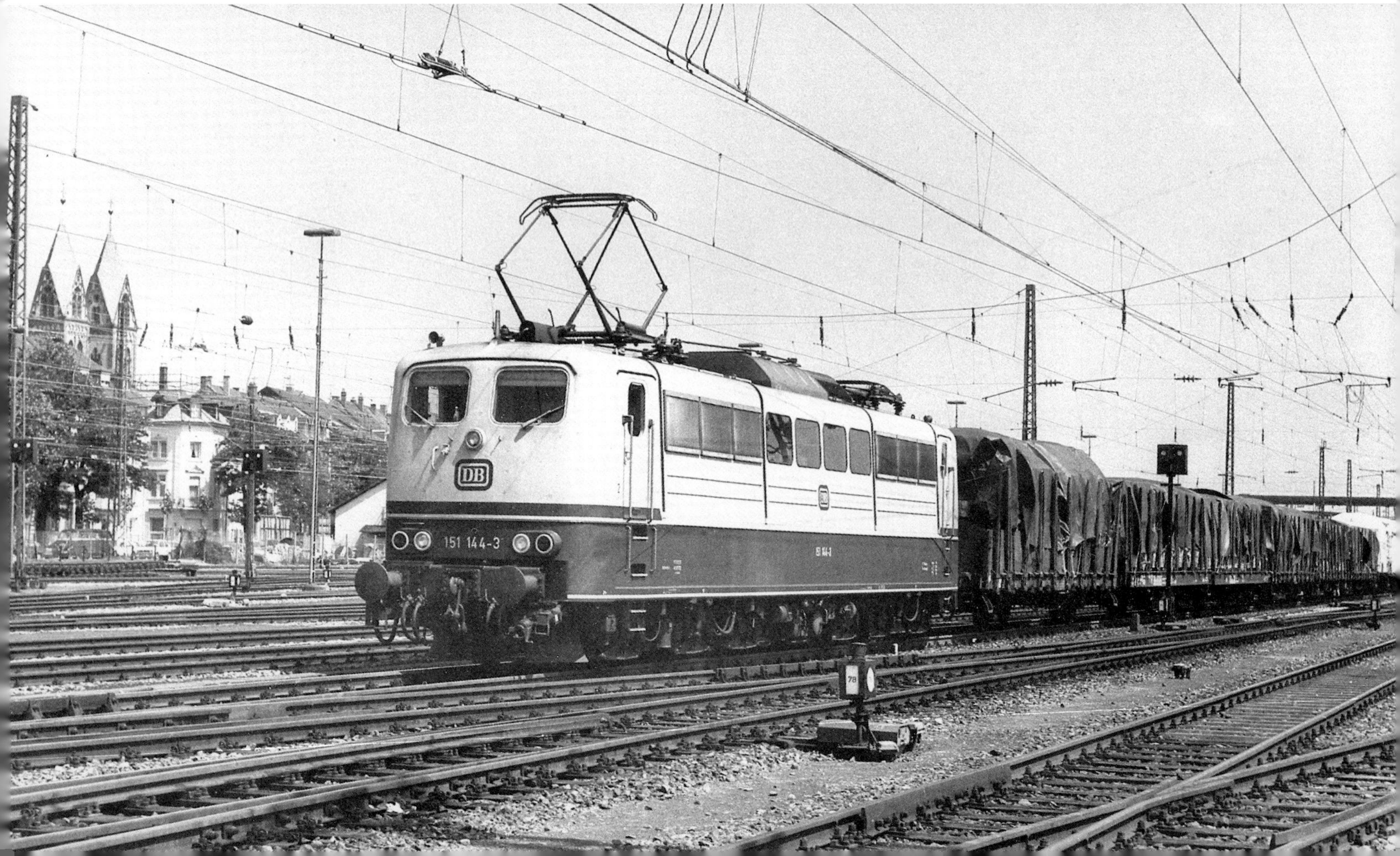
DB
151 144-3

Betriebseinsatz im Güterzugdienst

Zunächst kann man feststellen, daß die Lokomotiven der BR 151 voll das Programm der Lokomotiven der BR 150 erfüllen und dementsprechend eingesetzt sind, der Umkehrschluß trifft – wie geschildert – nicht zu. Eine Ausnahme davon ist der Einsatz bei Zügen mit Grenzlast auf Steigungsstrecken, die Ursache für diesen Unterschied kann man im unterschiedlichen Anfahrverhalten (siehe Abschnitt 3) sehen.

Spezifische Leistungen der Lokomotiven der BR 151 sind Züge mit 100 km/h bzw. 115 km/h des kombinierten Verkehrs (rollende Landstraße) und hohen Lasten (bei geringeren Lasten reichen Lokomotiven der BR 150 oder 140).

Eine Besonderheit sind sog. lasterhöhte Züge, die es für Lokomotiven der BR 140 und 151 gibt. Hier werden zwei Züge vereinigt und mit zwei Lokomotiven der BR 140 (maximal 3800 t) oder BR 151 (5400 t) in Doppeltraktion geführt. Selbstverständlich kann eine Lokomotive je einen Zug (1900 bzw. 2700 t) führen. Der Vorteil der DT liegt aber gerade darin, daß bei gleicher Streckenleistungsfähigkeit nach der Zugzahl die transportierte Tonnage steigt. Dies ist möglich, weil diese schweren Züge relativ kurz sind und daher die 750 m langen Überholungsgleise für diese Züge (eigentlich zwei gekuppelte Züge) ausreichen.

Der wirtschaftliche Vorteil dieser Züge ist ein Erfolg der DT und der Leistungsfähigkeit der Lokomotiven BR 151. Nachrichtlich sei noch erwähnt, daß die Wagen dieser Züge oft Selbstentladewagen mit fernbedienter Entladeeinrichtung und automatischer Mittelpufferkupplung sind, kurz, ein Mosaikteil des modernen Leistungsbildes der DB darstellen.

2.4.2.3. Bewährung

Bei der Frage nach der Bewährung stellt man oft auch Vergleiche mit anderen Lokomotiven oder deren Bauteile an. Bei den Lokomotiven der BR 151 ist zunächst der Fahrmotor zu betrachten. Als Hauptbauteil anderer Lokomotivbaureihen bestens bekannt, hat er auch in den Lokomotiven der BR 151 seine Qualität im Einsatzfeld dieser BR bewiesen. Dies gilt auch für seine Hilfsbetriebe.

Ein etwas anderes Bild ergab sich beim Transformator. Hier war an der Spannungsstufung im unteren Geschwindigkeitsbereich, d.h. auch im Bereich der ersten (ca.) 10 Stufen eine Änderung nötig.

Stufengesteuerte Lokomotiven, bei der DB also alle elektrischen Lokomotiven außer den Lokomotiven der BR 181 und 120, können den gerade vorhandenen Reibwert zwischen Rad und Schiene nur in einem kurzen Augenblick voll ausnutzen. Genau dann, wenn von einer Stufe zu einer anderen geschaltet wird, entwickelt der Fahrmotor das augenblicklich größte Drehmoment, entsteht die augenblicklich größte Zugkraft. Diese darf aber gerade dann nicht größer sein als es dem Reibwert entspricht. Diese Zugkraft (dieses Drehmoment) nimmt dann so ab, wie der Fahrmotor die Drehzahl und damit seine Gegen-EMK (elektromotorische Kraft) erhöht. Diese Gegen-EMK läßt den Motorstrom sinken bis der Lokführer die nächste Stufe dazuschaltet. Dann wiederholt sich der Vorgang.

Schaltet der Lokführer aber zu früh weiter, entwickelt der Motor zuviel Zugkraft, fängt die Lokomotive zu schleudern an, ggf. mißlingt eine Anfahrt. Andererseits kann es bei schwierigen Anfahrten (Steigung, nasse Schiene) aber erforderlich sein, mit z.B. 5 Stufen soviel Zugkraft aufzubringen, daß der Hangabtrieb ausgeglichen wird. Stufe 6 bringt aber dann die zum Schleudern führende Zugkraft, die Anfahrt mißlingt. Es bedarf großen Geschicks des jeweiligen Lokführers, so eine Anfahrt erfolgreich zu bewältigen, er setzt den Sandstreuer, die Schleuderschutzbremse gemäß seiner Erfahrung ein, in der Regel gelingt erfahrenen Lokführern dann so eine schwierige Anfahrt.

Eine feinere Stufung, d.h. geringe Spannungs- und damit Zugkraftunterschiede von Stufe zu Stufe erleichtern folglich die Anfahrt. Bei den Lokomotiven der BR 151 war insofern eine Korrektur bei der Trafostufung erforderlich, ab der Lokomotive BR 151 076 sind die Spannungsunterschiede der ersten 10 Stufen deutlich geringer.

Wenn man also auch in kritischer Lage eine schwierige Anfahrt mit einer Lokomotive der BR 151 gelingen lassen will, muß man eine Lokomotive ab 151 076 verwenden.

Ein anderes System, das gelegentlich zu Lokomotivausfällen führt, ist das Thyristorschaltwerk. Während die Lokomotiven der Baureihe 150 ein rein mechanisches Schaltwerk mit mechanischen Lastschalterkontakten haben, übernehmen bei den Lokomotiven der Baureihe 151 Thyristoren die Aufgabe der Lastschalterkontakte. Da die Thyristoren teuere Bauteile sind, werden sie durch flinke Sicherungen geschützt. Sprechen diese zweimal hintereinander an, so ist die Lokomotive defekt, d.h., eine (im DB-Jargon sogenannte) Hilfslok ist fällig. Es gibt Lokomotiven der Baureihe 151, bei denen Thyristorsicherungen relativ häufig ansprechen, ein manchmal ungelöstes Problem. Der Tausch der Schaltgeräte und ähnliche Maßnahmen sind bzw. blieben erfolglos.

Eine andere Neuerung bei den Lokomotiven der BR 151 (ähnlich wie bei den Lokomotiven der BR 103) ist die Lokkastenkonstruktion. Die Lokomotiven der BR 110, 112, 139, 140, 141 und 150 haben einen selbsttragenden Kastenaufbau, die Lokomotiven der BR 151 (und 103) abnehmbare Hauben. Der gedachte Vorteil, Bauteile durch abhebende Hauben nach oben mit dem Kran auszubauen, hat sich als tatsächlicher Vorteil erwiesen. Für die Werk-

◄ Abb. 185 und 186: Die Oberrheinstrecke weist einen starken Güterverkehr auf, der bei schweren Zügen von Maschinen der Baureihe 151 abgedeckt wird. Im oberen Bild durchfährt 151 153 mit einem Durchgangsgüterzug den Freiburger Hauptbahnhof in Richtung Offenburg-Karlsruhe (21. 11. 1984), unten bringt 151 144 am 2. 6. 1984 ihre schwere Last über Freiburg nach Basel (Fotos: G. Greß).

Abb. 187 und 188: Auf der oberen Abbildung sehen wir 151 134 mit einer abgebügelten Lok der Baureihe 150 nebst Güterzug im Schlepp bei Beratzhausen, unten begegnet uns 151 053 vor einem Reisezug bei Geislingen (Fotos: A. Ritz).

Abb. 189 und 190: Der grenzüberschreitende Reisezugverkehr von ▶ Bayern nach Thüringen wird weitgehend von Lokomotiven der Baureihe 151 abgedeckt, wie auch auf der oberen Aufnahme mit 151 150 vor einem Schnellzug bei Lauenstein (23. 9. 1983). Auch die landschaftlich besonders reizvolle Strecke durchs Altmühltal zählt zu den Einsatzgebieten der Nürnberger 151, aufgenommen am 24. 7. 1983 bei Dollnstein (Fotos: F. Lüdecke).

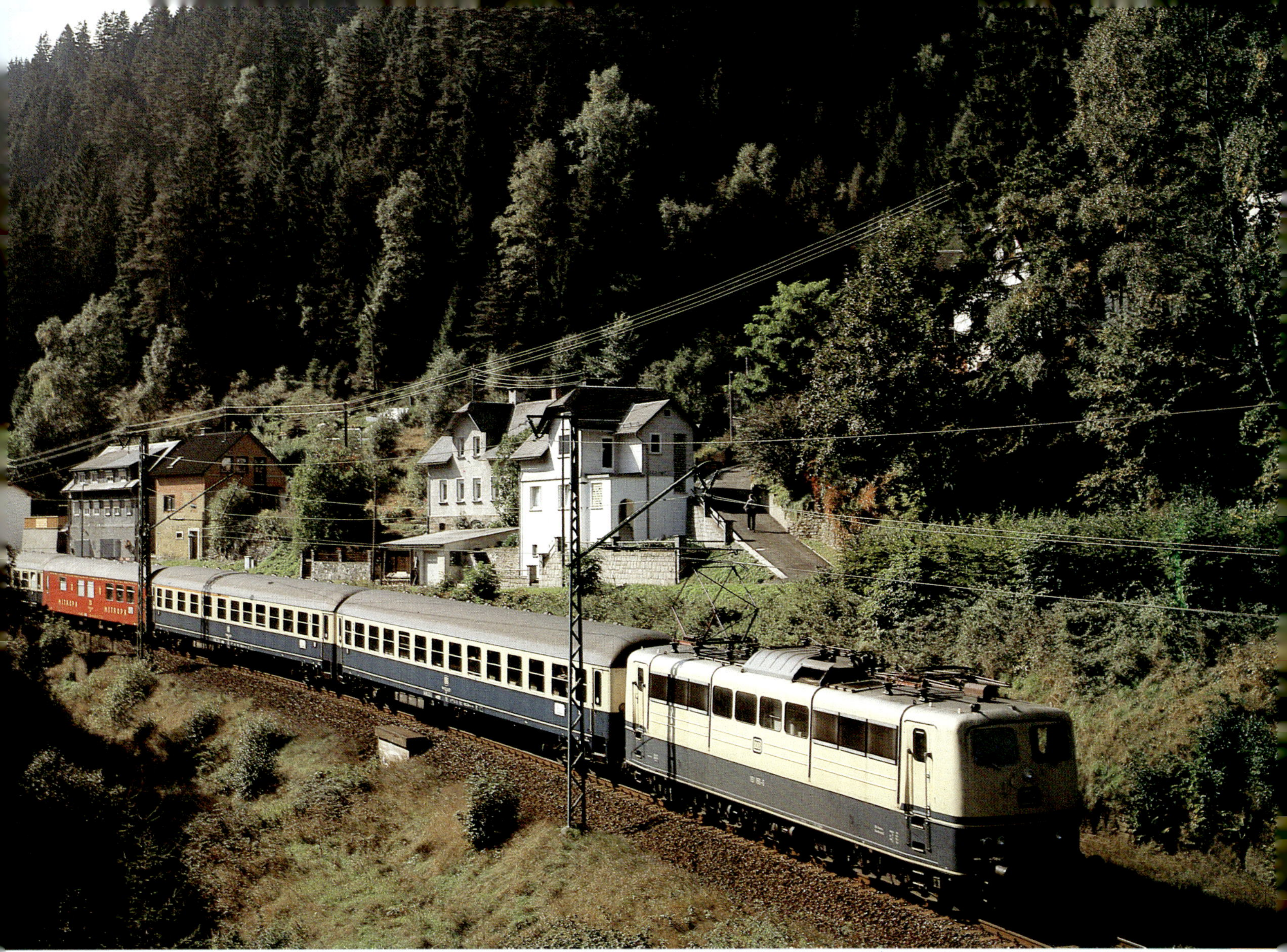

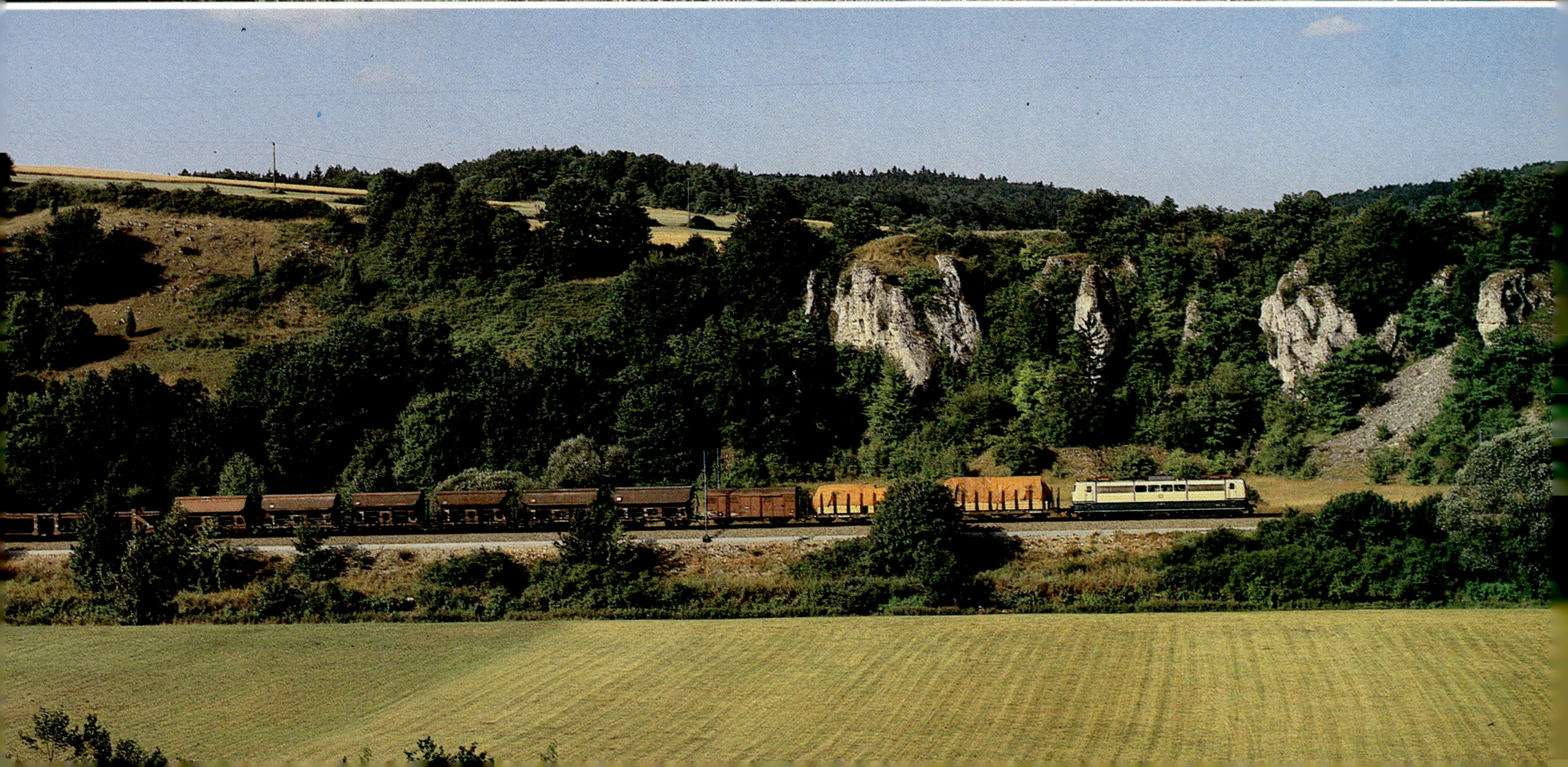

Abb. 193: 151 156 fährt in Doppeltraktion mit einer Schwestermaschine in Letmathe ein (August 1983, Foto: J. Schmidt).

statt ist der Tausch von schweren Bauteilen einfacher geworden. Das Wiederaufsetzen der Hauben bringt dann Dichtungsprobleme an den Stoßstellen; diese Probleme kann man aber als gelöst betrachten.

Die elektrische Bremse der Lokomotiven der BR 151 hilft dem Triebfahrzeugführer, den Zug »elegant« zu führen, d.h., er kann geringfügige Verzögerungen des Zuges ohne die schwerfällige Druckluftbremse genauer und präziser ausführen. Fast ein Kuriosum ist, daß die elektrische Bremse auf das Bremsvermögen nicht angerechnet (als Bremsgewicht also nicht angeschrieben) wird. Das hängt damit zusammen, daß die pneumatische Bremse das für die Sicherheit notwendige Bremsvermögen allein aufbringen kann, die elektrische Bremse in diesem Zusammenhang also eine zusätzliche Bremse ist, die spürbar hilft, den Verschleiß an Reibelementen, die (Brems-)Staubbildung, den Arbeitsaufwand für das Tauschen der Bremsklötze usw. zu reduzieren. (Der Begriff Zusatzbremse ist eigentlich der pneumatisch-direkten Bremse vorbehalten, deshalb wird in diesem Zusammenhang von einer zusätzlichen Bremse gesprochen).

Die betriebliche Qualität der elektrischen Bremse hängt von ihrer Regelung ab, so ist z.B. die Regelung der elektrischen Bremse bei den Lokomotiven der BR 111 entwicklungsbedingt deutlich besser als bei den Lokomotiven der BR 103.

Bei den Lokomotiven der BR 151 kann man feststellen, daß die Regelung der elektrischen Bremse den betrieblichen Anforderungen (ruckfreier Übergang, kein Gleiten der Räder, nicht zu kurze und zu lange Anstiegs- und Abfallzeit) voll entspricht.

Trotzdem wird beim Reisezugfahren der Halteruck moniert, der so stark nur bei den Lokomotiven der BR 151 auftritt. Das hat aber folgenden Grund:

Die Lokomotiven der BR 151 haben als Federung zwischen Lokkasten und Drehgestell relativ »weiche« Flexicoilfedern. Wenn ein Zug zum Stillstand kommt und das Drehgestell stark festgebremst ist, bewegt sich der Lokkasten noch einen gewissen – sehr geringen – Weg in Fahrtrichtung gemäß dem Federweg der Flexicoilfedern. Ist der Weg erschöpft, »holen« die Felxicoilfedern den Lokkasten gleichsam zurück. Da die Puffer am Lokkasten befestigt sind, geht diese Bewegung auf den ersten Wagen über. Da der Lokkasten dann vielleicht sogar schwingt, wiederholt sich der Vorgang ggf. ein- oder zweimal, für die Fahrgäste im ersten Wagen ist es unangenehm.

Abhilfe bringt allein die Bremsweise des Triebfahrzeugführers. Er muß versuchen, den Zug aus einer geringen Bremsverzögerung zum Stillstand zu bringen, d.h. mit nur gering bremsender Lokomotive. Diese Bremsweise »kostet« aber Fahrzeit, d.h. bei angespannter Fahrplanlage und Bahnhöfen im Gefälle ist diese Erscheinung nicht ganz zu vermeiden.

2.4.2.4. Ausnutzung der Haftreibung

Bei allen Triebfahrzeugen ist die Ausnutzung der Haftreibung ein entscheidendes Bewehrungskriterium für die theoretische Konzeption. Ausnutzung soll so definiert werden, daß es gilt, den durch physikalische Randbedingungen vorgegebenen Reibwert zwischen Rad und Schiene voll zu nutzen. Zu den Randbedingungen zählen auch u.a. Wettereinflüsse, d.h., der Reibwert kann augenblicklich verändert werden, das Triebfahrzeug sollte sich dann augenblicklich anpassen (können). Die Logik verbietet es, die volle Ausnutzung des augenblicklich vorhandenen Reibwertes »Verbesserung« zu nennen.

Bei den Lokomotiven der BR 151 trat bei der Ausnutzung der Haftreibung ein elektrisch bedingtes Problem auf, über das im Abschnitt 2.4.2.5. berichtet wird.

Triebfahrzeugführer, die im wesentlichen nur Lokomotiven der BR 150 und 151 fahren (aus sogenannten »reinen« Güterzugbw) klagen darüber, daß die Lokomotiven der BR 151 in Situationen (Zuglast, Schienenzustand, Kurven, aufgeschaltete Zugkraft) zum Schleudern neigen, in denen Lokomotiven der BR 150 noch »stehen« (die umgangssprachlichen Ausdrücke seien der Einfachheit, aber auch der Deutlichkeit halber erlaubt).

Abb. 191 und 192: Die deutschen Mittelgebirgsstrecken gehören auch ▶ zu den Einsatzgebieten der Baureihe 151. Oben sehen wir 151 108 vor einem Güterzug bei Werdohl (Dezember 1983, Foto: J. Schmidt), unten wartet am 6. 12. 1983 151 012 mit Eilzug E 3082 im abendlichen Bahnhof Göttingen auf die Weiterfahrt nach Hannover (Foto: C.M. Peters).

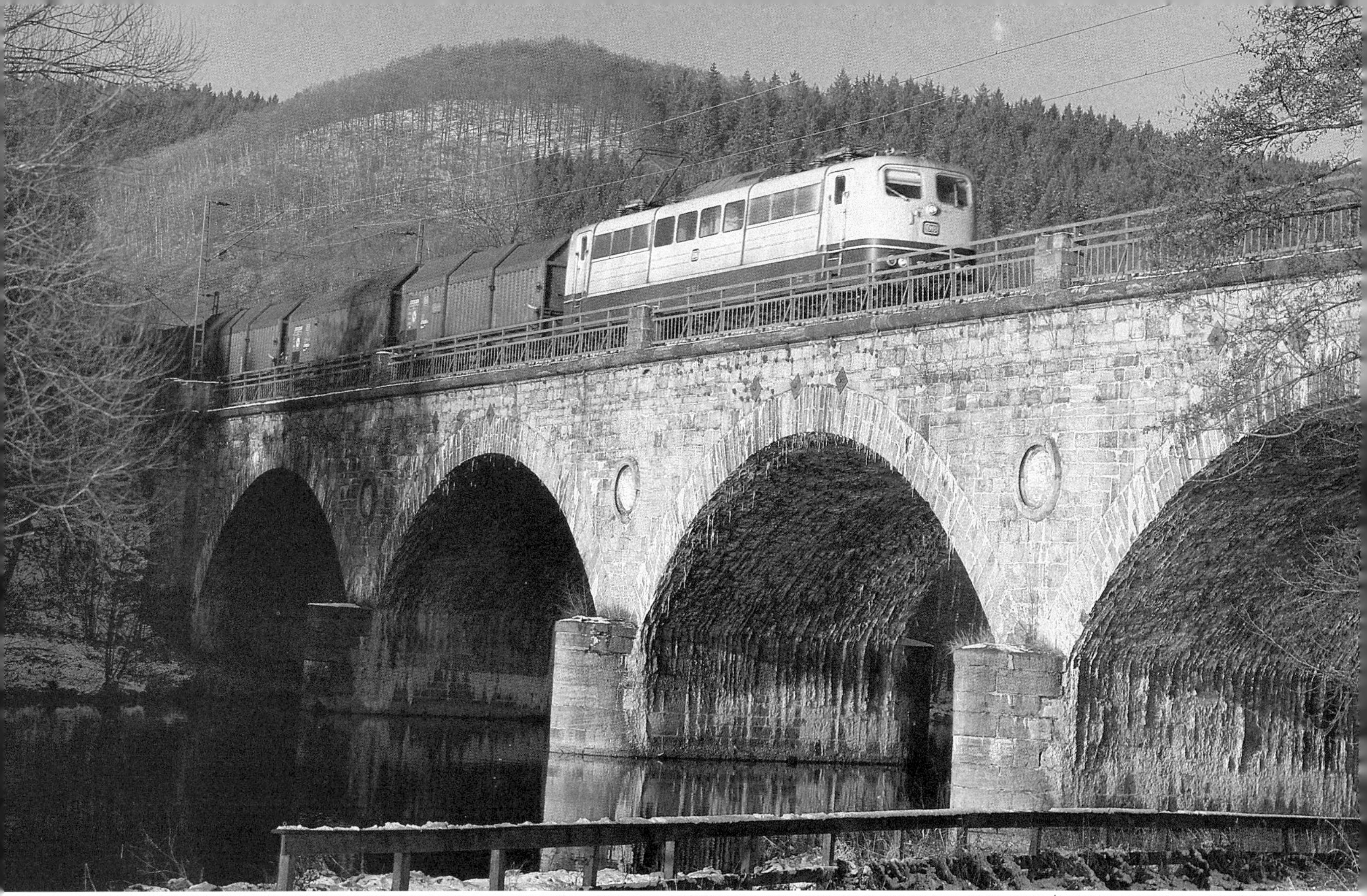

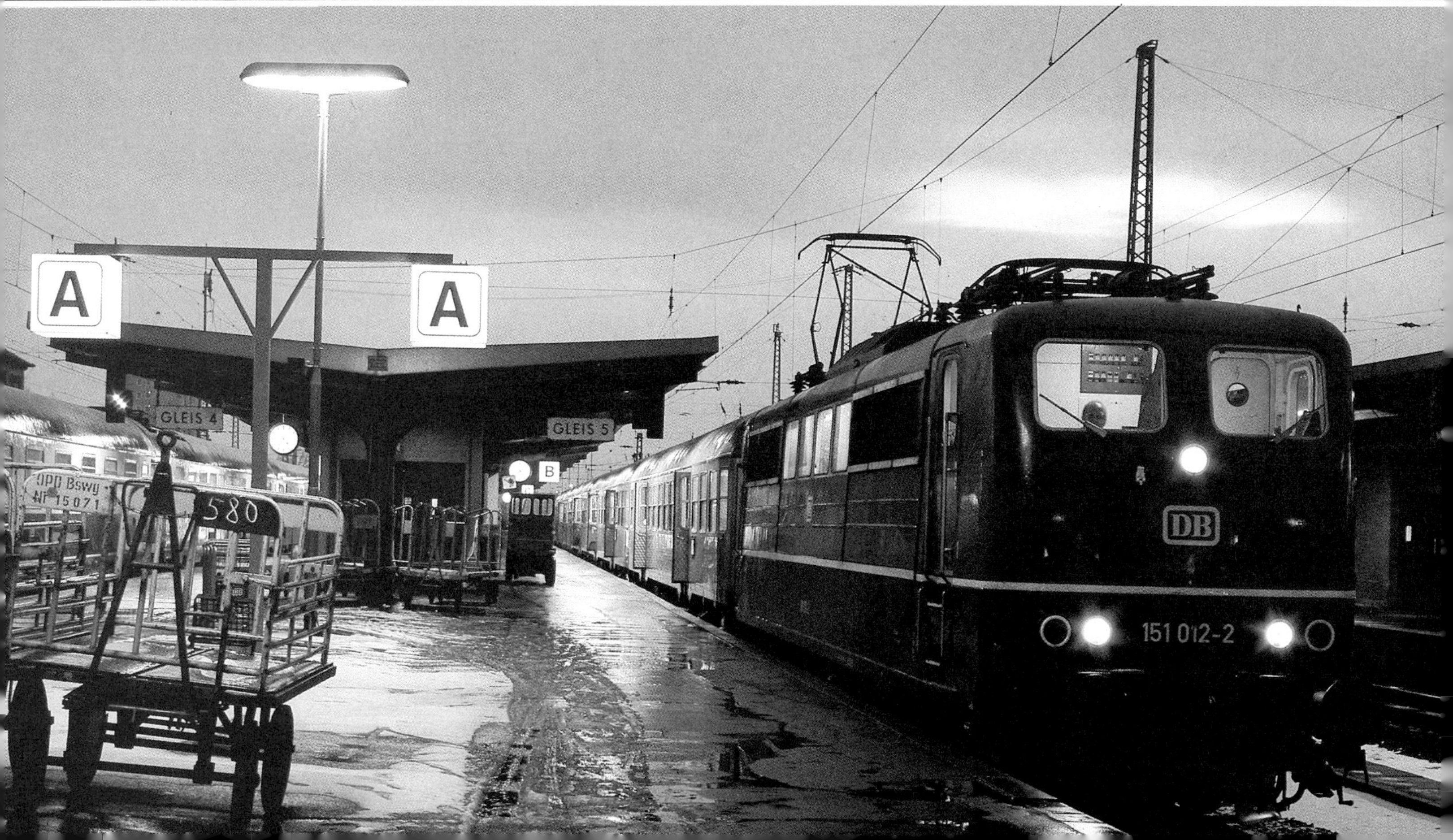
A
A
GLEIS 4
GLEIS 5
B
580
DB
151 012-2

Diese Erscheinung hat mehrere Ursachen, wobei die geringere Radsatzlast nur einen Teil der Begründung liefert. Eine wesentliche Ursache ist in der anderen Radsatzführung, Radsatz- und Drehgestellfederung zu sehen. Es ist die Parallelerscheinung, zu dem in diesem Buch bereits beschriebenen ähnlichen Phänomena im Vergleich der Lokomotiven BR 103, 111, 181.2 einerseits zu den Lokomotiven der BR 110, 112, 139, 140, 141 und 150 andererseits. Stichwortartig kann man nennen:
– Flexicoilfederung
– Lemniskatenführung
– Querverschieblichkeit der Radsätze
– Weicherer »Antrieb« (BR 103) einerseits und
– Säulenführung
– »Harte« Federung
– Tatzlagerantrieb (Lokomotiven BR 150 – 025)
– Ursprünglich keine querverschieblichen Radsätze.

Das Problem wird praktisch bei der Frage der Anfahrgrenzlasten, die bei Lokomotiven der BR 151 ca. 10 % unter den Werten der BR 150 liegen.

Wiederum in der Praxis taucht ein weiteres Phänomen auf: Auch wenn die Anfahrgrenzlasten und die anderen Randbedingungen bestimmungsgemäß sind, gelingt eine Anfahrt nur unter großem Zeitaufwand, gelegentlich mißlingt sie. Ähnlich wie bei der BR 111 gibt es für die BR 151 ein Anfahrüberwachungsgerät, warum auch immer in fünf verschiedenen Ausführungen. (Unterschiedliche Hersteller, verschiedener Typen mit Untervarianten). Erst 1984 gab es eine Anweisung, alle Geräte auf gleiche Werte einzustellen; vorher gab es den Zustand, daß bei den untereinander in der Leistungsfähigkeit gleichen Lokomotiven der BR 151 im Grenzbereich praktisch 5 verschiedene Unterbaureihen – je nach Haupt- und Nebentype des Anfahrüberwachungsgerätes – gab. Im betrieblichen Alltag – besser in der betrieblichen »Allnacht« –, wenn schwere Güterzüge nachts an kritischen Stellen angefahren werden müssen, schalteten erfahrene Triebfahrzeugführer das Gerät aus. Seit Einführung einheitlicher und höherer Begrenzungswerte ist das Problem wesentlich gemildert.

Bei der Beurteilung der Ausnutzung der Haftreibung einer Lokomotive muß man also neben den technischen Gegebenheiten auch administrative Anordnungen berücksichtigen, weil z.B. ein zu nieder eingestelltes Anfahrüberwachungsgerät die Leistungsdarbietung zu deutlich von der Leistungsfähigkeit und der möglichen Ausnutzung der Haftreibung fernhält.

2.4.2.5. Verschleiß

Bei der Betrachtung des Verschleißes bei den Lokomotiven der BR 151 kommt man in eine schwierige Lage. Die Lokomotiven der BR 151 haben sich in einer außerordentlichen Weise bewährt, so daß man von keinem besonderen, baureihenspezifischen Verschleiß berichten kann. Dies ist sicherlich ein Erfolg, der in den Lokomotiven der BR 110, 112, 139 und 140 erprobten Bauteile und ihrer optimalen Anordnung.

Selbstverständlich verschleißen Stromabnehmerschleifleisten, Radlaufflächen, Fahrmotorkohlen, Kontaktstücke usw. im üblichen Rahmen, dies ist aber hier nicht weiter berichtenswert.

Einen Schatten werfen zwei Teilsysteme.

Die Querverschieblichkeit des Mittelradsatzes im Drehgestell bringt für die mechanische Bremse das Problem der genauen Führung der Bremsschuhe, die exakte Justierung ist schwierig, ein höherer Verschleiß an Bremssohlen ist die Folge. Im Vergleich zur gleichen Situation bei den Mittelradsätzen der Lokomotiven der BR 150 aber ein noch tolerierbarer Zustand. Die Lokomotiven der BR 151 haben das Thyristor-Schaltwerk W 29 T. Lokomotiven anderer BR haben ebenfalls ein Thyristor-Schaltwerk. Immer wieder werden Hilfslokgestellungen notwendig, weil die flinken Schutzsicherungen für die Thyristoren angesprochen haben oder die teuren Thyristoren selbst auszutauschen sind. Dies ist aber kein baureihenspezifisches Problem der Lokomotiven der Baureihe 151, sondern ein bauteilspezifisches Problem der Thyristorschaltwerke.

Faßt man die Erfahrungen im Betriebseinsatz der Lokomotiven BR 151 zusammen, so findet man, daß sich diese Lokomotiven sehr bewährt haben, ihre Zugförderungsaufaufgabe voll erfüllen und sich bei der Instandhaltung durch günstige Werte auszeichnen.

Abb. 194: 151 168 beim Rangieren am 23. 9. 1983 in Ludwigsstadt (Foto: F. Lüdecke)

Abb. 195 und 196: Während im oberen Bild 151 105 und 151 165 am ▶ 28. 6. 1985 im Bw Haltingen noch eine kurze Ruhepause einlegen, eilt nur wenig später 151 151 bereits wieder mit einem Güterzug über die Oberrheinstrecke in Richtung Norden (Fotos: G. Greß).

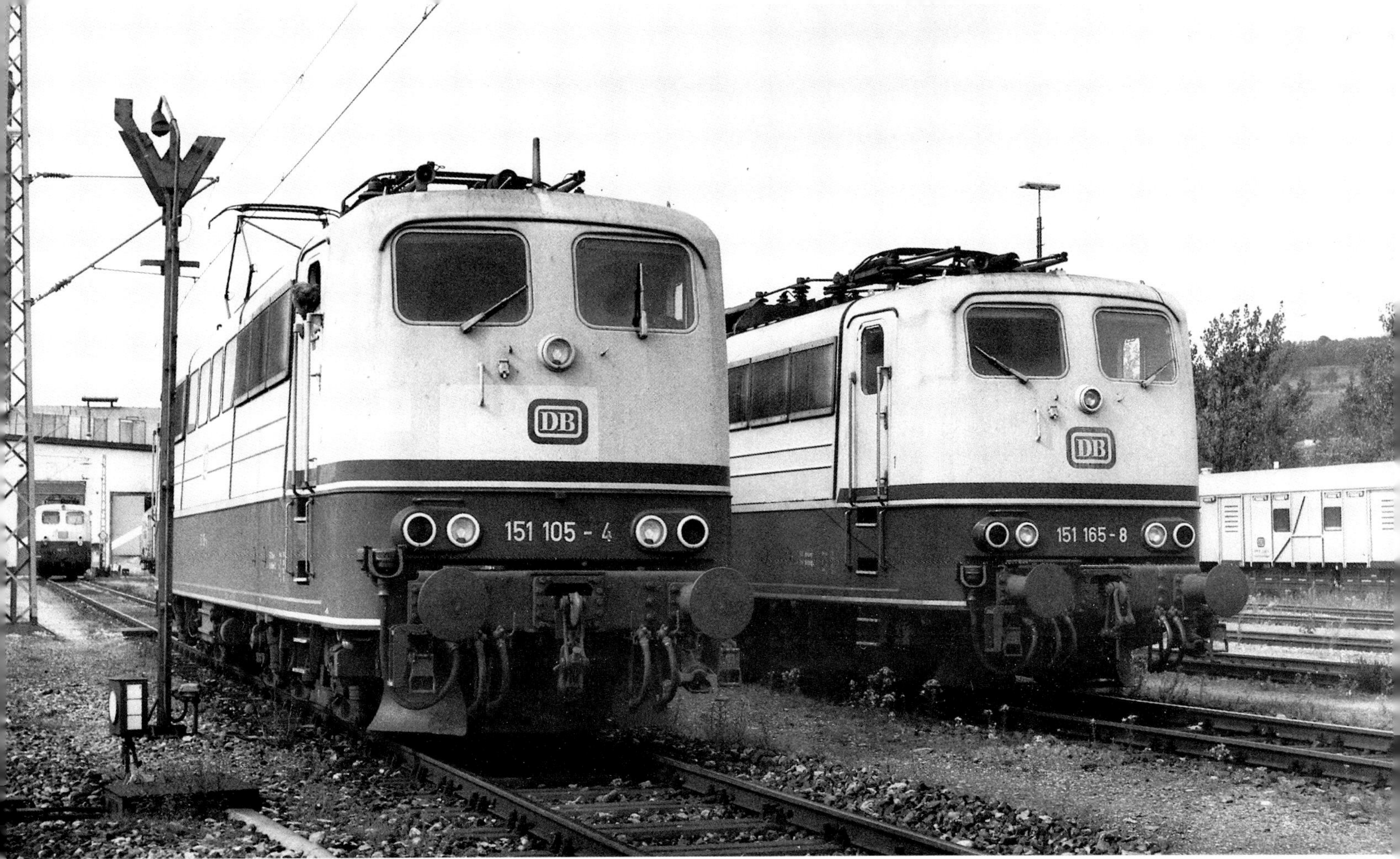
DB
151 105 - 4
DB
151 165 - 8

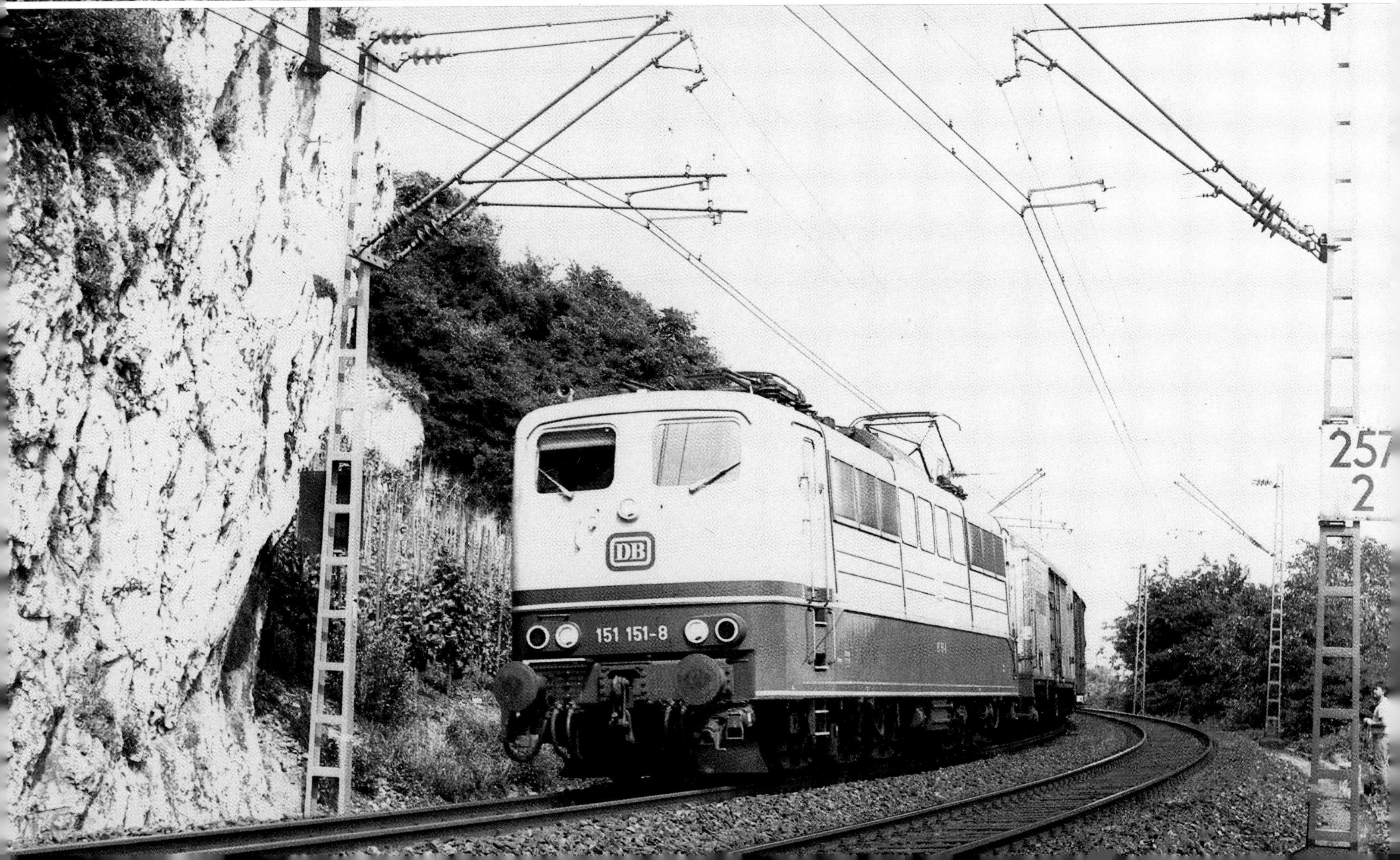
DB
151 151-8
257
2

2.5. Die Zweisystemlokomotive Baureihe 181.2

2.5.1. Technische Gesichtspunkte für Entwicklung und Einsatz von Mehrsystem-Triebfahrzeugen,
von Dipl.-Ing. Christian Tietze

2.5.1.1. Die Bahnstromsysteme

Aus historischen Gründen ist die Entwicklung der elektrischen Fernbahn-Traktion bei den verschiedenen Bahnverwaltungen Europas nicht einheitlich verlaufen, so daß wir heute fünf unterschiedliche Stromsysteme vorfinden (Abb. 197).

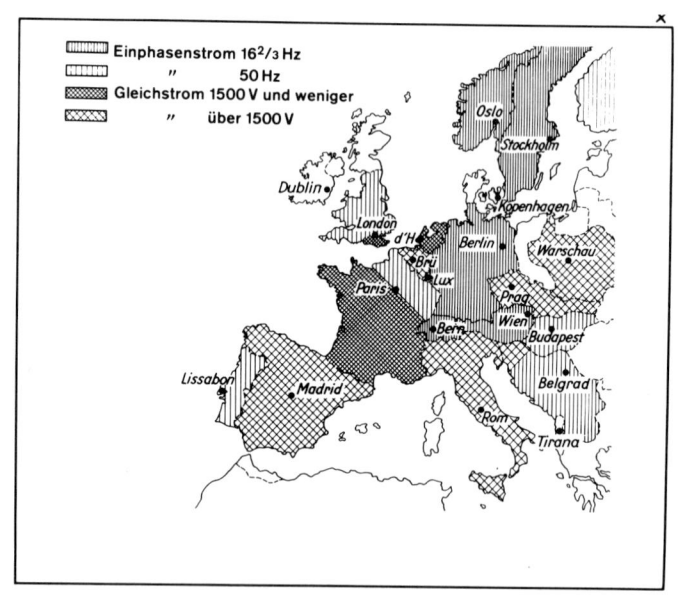

Abb. 197: Verteilung der Stromsysteme in West- und Mitteleuropa (Grafik: AEG)

Gleichspannung, und zwar
1) bis ca. 1 kV mit Stromschiene, als ausgesprochenes Nahverkehrssystem im Bereich der Großstädte in fast allen Industrieländern verbreitet
2) 1,5 kV in Großbritannien, den Niederlanden, in Süd- und Westfrankreich, sowie noch teilweise in Spanien
3) 3 kV in Belgien, Italien, Spanien, teilweise in Jugoslawien, Luxemburg, der CSSR, der Sowjetunion, ferner in einigen südamerikanischen Staaten, sowie in Nord- und Südafrika, Japan

Einphasen-Wechselspannung, und zwar
4) 15 kV, Sonderfrequenz 16⅔ Hz in den mitteleuropäischen Staaten Deutschland (auch DDR), Österreich, der Schweiz, sowie in Skandinavien (Schweden, Norwegen)
5) 25 kV, Normalfrequenz 50 Hz (bzw. 60 Hz), von Frankreich ausgehend in den letzten 30 Jahren in Großbritannien, Ungarn, den Balkanstaaten, in der CSSR, der Sowjetunion, in Portugal, Finnland, Dänemark (ab 1984) und mehreren außereuropäischen Staaten, u.a. in Indien, Japan, Südafrika, stark verbreitet.

Nur der Vollständigkeit halber sei das einst in Norditalien weit verbreitete, inzwischen zugunsten Gleichspannung 3 kV restlos beseitigte Drehstromsystem 3,6 kV, 16⅔ Hz, erwähnt, das wegen der seinerzeit unabänderlichen zweiphasigen Fahrleitung (mit den Schienen als dritter »Phase«) und der starken Bindung der Fahrmotoren an wenige umschaltbare synchrone Drehzahlen mit großen, einen flüssigen Bahnbetrieb behindernden Nachteilen behaftet war.

Doch mit Drehstrom hatten die ersten Bahnelektrifizierungen um die Jahrhundertwende begonnen, weil man in den einfachen Asynchronmotor große Hoffnungen gesetzt hatte. Diese erfüllten sich jedoch zunächst aus den o.g. Gründen nicht, weshalb man zu dem Grundprinzip des in der Drehzahl über die Ankerspannung beliebig steuerbaren Gleichstrom-Kommutatormotors zurückkehrte. Gleichstrom jedoch ist nicht transformierbar, weshalb er für die Übertragung größerer Leistungen auf größere Entfernungen – wie es für hochbelastete Fernbahnen gefordert werden mußte – ungeeignet ist.

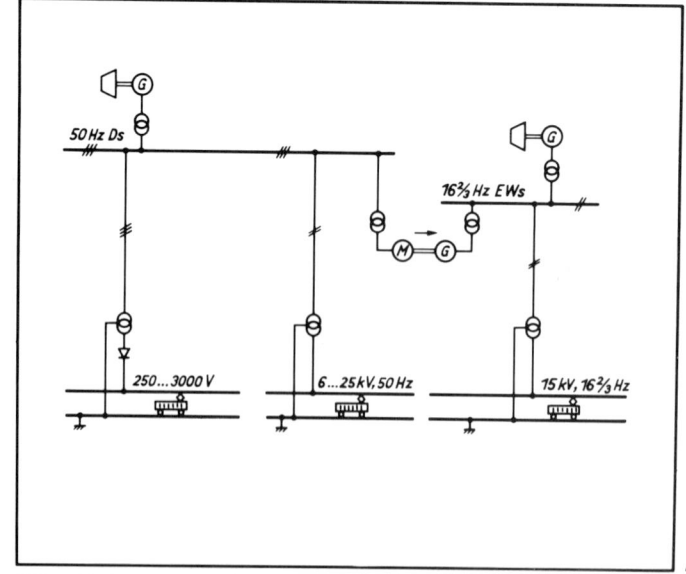

Abb. 198: Verschiedene Arten der Bahnstromerzeugung (Grafik: AEG)

Andererseits hatte sich der Gleichstrom-Reihenschlußmotor dank seiner günstigen Drehmoment/Drehzahl-Charakteristik als der ideale Antriebsmotor für den Bahnbetrieb erwiesen. In dem Bemühen, diese Eigenschaften optimal zu nutzen und zugleich – in Verbindung mit einer einfachen nur einpoligen Fahrleitung –

die verlustfreie Transformierbarkeit der elektrischen Energie zu ermöglichen, wurde 1912 der Kompromiß gefunden, Einphasen-Wechselstrom verminderter Frequenz zu verwenden, und zwar 16⅔ Hz als ⅓ von 50 Hz, der es nach damaligem Stand der Technik erlaubte, leistungsfähige Fahrmotoren nach dem abgewandelten Konstruktionsprinzip des Gleichstrom-Reihenschlußmotors zu bauen und andererseits Transformatoren noch erträglichen Gewichts zu konstruieren, die auf den Fahrzeugen unterzubringen waren.

Obwohl sich zum Glück die aneinander angrenzenden mitteleuropäischen Staaten auf Wechselstrom dieser Sonderfrequenz 16⅔ Hz bei einer einheitlichen Spannung von 15 kV geeinigt hatten haftete über Jahrzehnte diesem bewährten System der Makel des immer wieder in Frage gestellten technischen Kompromisses an. Er erforderte speziell konstruierte Fahrmotoren relativ hoher Bürstenzahl mit einem großen, beim Anfahren aus dem Stand empfindlichen Kommutator, der entsprechend unterhaltsaufwendig ist. Dennoch darf nicht übersehen werden, daß über 90% aller in Mitteleuropa betriebenen elektrischen Lokomotiven für 16⅔ Hz in dieser bewährten Technik, die in mehr als 70 Jahren einen hohen Stand erreicht hat, ausgeführt sind.

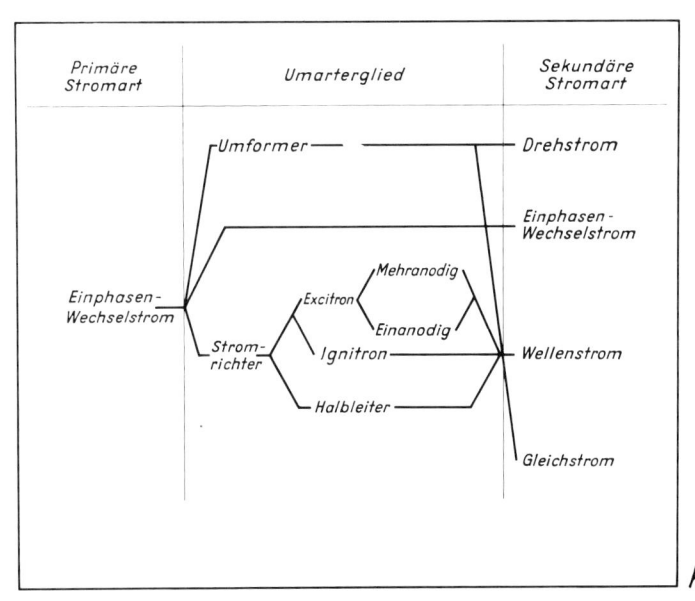

Abb. 199: Varianten von Triebfahrzeugen (Grafik: AEG)

Andere Länder, wie z.B. die westeuropäischen Länder Frankreich, Niederlande und Belgien, begannen mit der Elektrifizierung ihrer Fernbahnen erst nach 1920 und konnten auf einem neuen technischen Stand aufbauen, der durch die Fortschritte der Umformertechnik gekennzeichnet ist: Statt rotierender Umformer konnte nun der billigere verlustarme Quecksilberdampf-Gleichrichter in Unterwerken zur Speisung der Fahrleitung mit 1,5 oder (später) 3 kV Gleichspannung eingesetzt werden, woraus sich ein verhältnismäßig einfacher Aufbau der Triebfahrzeuge, allerdings unter Inkaufnahme einer verlustbehafteten Widerstandssteuerung der im übrigen bei 3 kV gegen Spannungsüberschläge empfindlichen Fahrmotoren. Ein weiterer Nachteil der Gleichstrom-Systeme ist die relativ hohe Zahl von Gleichrichter-Unterwerken, die in geringen Abständen erforderlich sind sowie der große und gewichtsaufwendige Fahrleitungs-Kupferquerschnitt, um den Spannungsabfall bei den hohen Fahrleitungsströmen von bis zu 4000 A beherrschen zu können.

Gerade eine Bahnverwaltung wie die französische SNCF, die mit den Schwierigkeiten des Gleichstroms von nur 1,5 kV auf ihren hochbelasteten Strecken zu kämpfen hatte, griff daher nach dem Kriege die auf der deutschen Höllentalbahn seit 1936 betriebenen Versuche mit 50 Hz Einphasen-Wechselstrom auf und wurde seit 1954 mit der bahnbrechenden Elektrifizierung der Güterzugstrecke Valenciennes – Thionville zum Wegbereiter des 50 Hz-Systemes mit 25 kV.

Energieumwandlung auf dem Triebfahrzeug

Ein elektrisches Triebfahrzeug, das die sich an den Staatsgrenzen ergebenden »System-Grenzen« überwinden soll, muß für einen sinnvollen Einsatz folgende Bedingungen erfüllen:

a) Es muß den unterschiedlichen Umgrenzungsprofilen Rechnung tragen und folglich für das kleinste mögliche Profil unter Berücksichtigung der größten Betriebsspannung konstruiert sein, also z.B. für das im oberen Bereich schmale SSB-Profil mit der zusätzlichen Einschränkung durch die für 25 kV (SNCF) gültigen erhöhten Sicherheitsabstände.
b) Die Stromabnehmer müssen darüber hinaus auch mit an den abweichenden Fahrleitungs-»Zickzack« angepaßten Wippen und selbst unterschiedlichen Schleifstückmaterialien ausgerüstet sein.
c) Das Triebfahrzeug sollte in beiden (allen) Stromsystemen annähernd dasselbe Leistungsprogramm erfüllen.
d) Das im Triebfahrzeug verwendete »interne« Traktionssystem sollte ein »neutrales« System sein, das sich leicht aus den Netzspannungssystemen umwandeln läßt. In der Regel ist dies das Gleichstromsystem, das leicht aus Wechselstrom verschiedener Frequenz gewonnen werden und entweder direkt als »Mischstrom« den Fahrmotoren zugeführt oder – entsprechend neuestem Stand der Leistungselektronik – auch in Dreiphasenstrom variabler Frequenz umgewandelt und dann in Drehstrom-Motoren umgesetzt werden kann.

Rotierende Umformer

Diese älteste Art der Energieumformung von Wechselstrom in Gleichstrom und umgekehrt ist nicht nur bei zahlreichen SNCF-Lokomotiven der Baureihen 14000 und 14100 für 50 Hz angewendet worden (übrigens auch bei den bekannten Industrieloks der deutschen »Rheinbraun«), sondern auch bei einzelnen Zweisystemloks der SNCF für 1,5 kV = und 50 Hz. Dies war 1952, als für den Probebetrieb in Savoyen erstmals im Bhf. Annecy Gleichstrom und Wechselstrom aufeinanderstießen.

Wegen des hohen Umformergewichts konnten die Leistungen in beiden Systemen nicht gleich sein, weswegen das Umformeraggregat nur die Funktion einer »Hilfsantriebsquelle« für Anfahrten im Bahnhofsbereich hatte.

Stromrichter

Ganz neue Möglichkeiten der Energiewandlung boten dann die statischen Stromrichter, zunächst als Quecksilberdampf-Gleichrichter, in Form von Exitrons und später als Ignitrons (Abb. 200).

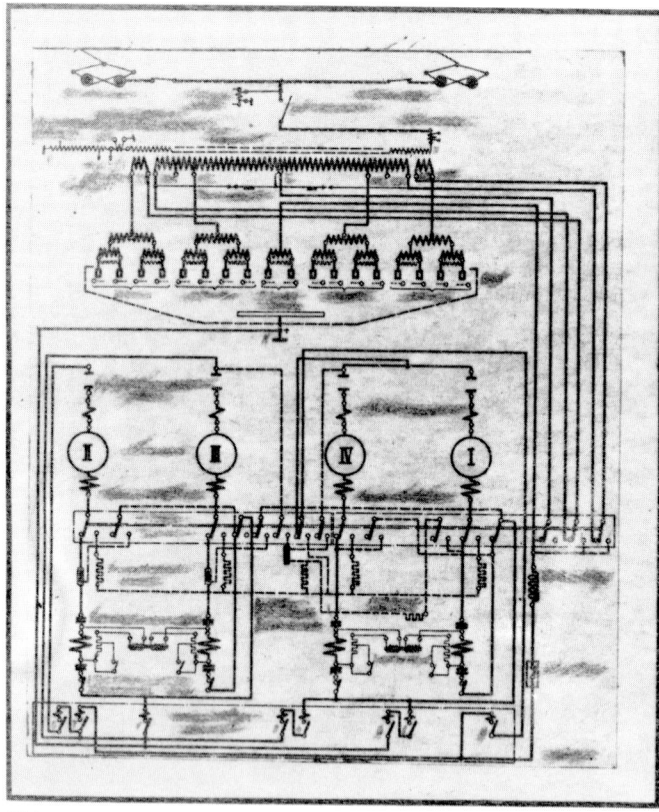

Abb. 200

Schon die von AEG 1936 für die Höllentalbahn gelieferte Lok E 224.01 hatte einen Exitron-Stromrichter, ein wassergekühltes 16-anodiges Quecksilber-Dampfgefäß, welches über eine damals neue »Gittersteuerung« schon die stufenlose Steuerung der Fahrmotor-Gleichspannung in Teilbereichen erlaubte.

Die ersten erfolgreichen 50 Hz-Lokomotiven der SNCF waren die der Serie 12000 mit Einanoden-Ignitrons und Gleichstrom-Fahrmotoren, heute richtigerweise als »Mischstrom«-Fahrmotoren bezeichnet, weil der Gleichstrom erst durch Gleichrichtung aus Einphasen-Wechselstrom erzeugt wird und daher nicht glatt, sondern noch einen oft erheblichen Wechselstromanteil enthält, also ein »gemischter« Strom ist.

In Deutschland beschaffte 1955 erstmalig »Rheinbraun« für ihre Tagebaubetriebe eine größere Serie Stromrichterlokomotiven mit Exitrons, die sogar voll nutzbremsfähig waren und (auf Thyristorsteuerung umgebaut) auch heute noch sind.

Diese wegen ihrer Kühl- und Vorheizanlagen noch relativ aufwendigen Stromrichter wurden schon nach weniger als 10 Jahren abgelöst durch die:

Si-Gleichrichter und -Umrichter

Der Si-Gleichrichter war der erste Schritt in die heutige Leistungselektronik: Relativ einfache, aus einem komplizierten technologischen Prozeß gewonnene Halbleiter-»Tabletten« erlaubten die Gleichrichtung auch größerer Leistungen auf engem Raum ohne aufwendige Hilfseinrichtungen. Damit war der ideale Fahrzeug-Gleichrichter gefunden, der auch gegen Umwelteinflüsse, z.B. Temperaturschwankungen, relativ unempfindlich war, jedoch zunächst wegen seiner Empfindlichkeit gegen Stoßbelastungen komplizierte Schutzeinrichtungen erforderte.

Bereits die von der DB 1959–1960 in Dienst gestellten Zweifrequenzlokomotiven der Reihe E 320 (182) waren als erste Loks dieser Leistungsklasse mit Si-Dioden-Gleichrichtern ausgerüstet und stellten Pionierleistungen dar, mit denen vielfältige Erfahrungen gesammelt wurden.

Die Steuerung der Fahrmotoren-Spannung über die damals unvermeidlichen Hoch- bzw. Niederspannungs-Schaltwerke ließ bereits einen Nachteil erkennen, der sich aus den gegenüber Wechselstrom-Reihenschlußmotoren wesentlich »steileren« Kennlinien des Mischstrom-Motors ergab: Um zum Anfahren an der Haftreibungsgrenze vergleichbar kleine Zugkraftsprünge durch die Fahrstufen zu erhalten, mußten die Schaltwerke wesentlich feinstufiger, z.B. mit 39 bzw. 40 statt 28 Stufen, ausgeführt sein. Damit ergab sich bereits der Trend zu stufenlosen Steuerungen, der durch die Weiterentwicklung der Si-Diode zum auch steuerbaren Halbleiter-»Ventil«, dem Thyristor, gefördert wurde, wie sie dann 1966, wiederum als Pionierleistungen der deutschen Industrie, erstmalig in den Viersystem-Lokomotiven E 410 (184) und Zweifrequenz-Lokomotiven E 310 (181.0, 181.1) zum Einsatz kamen.

Ausgeführte Lösungen bei den Vorläufer- und Prototyp-Lokomotiven

Die Zweifrequenz-Lokomotiven E 320 (182)

Diese für den grenzüberschreitenden Verkehr des Saarlands bestimmten schon erwähnten drei Prototyp-Lokomotiven wurden auf einheitlichen, der damaligen Reihe E 10 abgeleiteten Mechanteilen mit unterschiedlicher E-Ausrüstung der E-Firmen AEG, BBC, Siemens geliefert. Der ursprünglich nach gemeinsamen

Zeichnungen gefertigte »Einheits«-Fahrmotor bewährte sich nicht, da er als Gleichstrommotor in seinem Eisenkreis zu wenig auf die Belange des »Mischstroms« , d.h. auf die besonders bei 16⅔ Hz hohen Wechselanteile, ausgelegt war, und mußte umgebaut bzw. ausgetauscht werden. Die Si-Diodengleichrichter erfüllten nach Verbesserungen und Vereinfachungen im Schutzkonzept, die Erwartungen. Wegen großer Unterschiede im Steuerungskonzept, an Hilfsbetrieben, der elektrischen Bremse usw. waren diese drei Loks typische »Einzelgänger« und wurden zwischen 1978 und 1983 ausgemustert.

Die Zweifrequenz-Lokomotive E 344.01 (183 001)

Ein anderer »Einzelgänger« war die E 344.01, welche 1962 aus dem Umbau der ausgemusterten 50 Hz-Höllentalloks E 244.21 und E 244.22 entstanden war, wobei der Kastenaufbau im AW München-Freimann im zeitgemäß angepaßten »Design« neu aufgebaut wurde. Es war die letzte Anwendung des Einphasen-Reihenschlußmotors für 50 Hz, hier in der Form des »Tandem«-Motors der AEG, d.h. mit zwei elektrisch in Reihe geschalteten Läufern auf gemeinsamer Welle im selben Gehäuse.

Die E 344.01 war wegen ihrer erwartungsgemäß unbefriedigenden Anfahreigenschaften bei 50 Hz im schweren Güterzugverkehr nicht einsetzbar und wegen ihrer auf 100 km/h beschränkten Höchstgeschwindigkeit nur bedingt im Reisezugverkehr verwendbar. Die BD Saarbrücken setzte sie daher vorwiegend nur im direkten Grenzverkehr Saarbrücken-Forbach vor Reise- und leichten Güterzügen ein und musterte sie schon 1968, kurz nach ihrer Umzeichnung in 183 001, aus.

Die Mehrsystem-»Familie« E 410/E 310 (184/181.0, 181.1)

Durch die bevorstehende Elektrifizierung der Anschluß-Grenzstrecken nach Belgien und Niederlande mit 3 bzw. 1,5 kV entstand 1963 das Bedürfnis, die für die BD Saarbrücken geplante Nachbeschaffung einer Serie von Zweifrequenz-Lokomotiven konstruktiv zu einem Typ von Viersystem-Lokomotiven mit gegenüber der E 320 erhöhter Leistung und Höchstgeschwindigkeit zu verschmelzen.

Diese Aufgabe war für eine Bo'Bo' mit 80 t (später erhöht auf 84 t) nach damaligem technischen Stand nur äußerst schwierig zu lösen und wurde von den beteiligten Firmen AEG, BBC und Krupp als große Herausforderung verstanden. Um das schwere Schaltwerk und den entsprechend aufwendigen Transformator zu sparen und zugleich die Anfahrzugkraft zu verbessern, stand aufgrund von Vorversuchen am Triebwagen ET 25 020 die Verwendung von Thyristor-Gleichrichtern mit stufenloser Anschnittsteuerung bei Wechselstrom fest. Die E 410 wurden somit zu Europas ersten Vollbahn-Lokomotiven mit voll elektronischer Leistungssteuerung. Die AEG schlug damals vor, das Grundkonzept als vereinfachte Zweifrequenz-Lokomotive für Wechselstrom 16⅔ und 50 Hz aufzubauen und für den Betrieb an Gleichstrom 3 kV/1,5 kV umschaltbare Thyristor-Wechselrichter vorzuschalten, die auf den für alle Systeme einheitlichen Transformator wirkten. Damit eröffnete sich die Möglichkeit, für Zweifrequenz- und Viersystemlokomotiven einheitliche Grundkomponenten wie Fahrmotor, Gleichrichter, Hilfsbetriebe, elektrische Bremse usw. zu verwenden und konstruktiv so zu gestalten, daß eine spätere Nachrüstung durch Wechselrichter und entsprechende Hochspannungs-Ausrüstung für 3 kV möglich sein sollte, – natürlich, unausgesprochen, auch in umgekehrter Richtung als Vereinfachung die Gleichstrom-Ausrüstung wieder auszubauen und vollwertige typgleiche Zweifrequenz-Lokomotiven zu erhalten. Dahinter stand auch damals schon die Idee, eine »Universal-Lokomotive« für alle Einsatzzwecke mit Ausnahme des Schwerst-Güterverkehrs zu schaffen. Die DB bestellte daher 1964

vier Zweifrequenz-Lokomotiven E 310 und
drei Viersystem-Lokomotiven E 410

nach diesem Einheitskonzept bei AEG/Krupp und zusätzlich

zwei Viersystem-Lokomotiven bei BBC/Krupp,

welche für 3 kV noch eine konventionelle Widerstands-Schützensteuerung und entsprechend für 3 kV isolierten Fahrmotoren erhielten, jedoch für den Wechselstrombetrieb auch schon Thyristor-Gleichrichter nutzten.

Die Viersystemloks, Bauart AEG E 410 001…003, wurden damit die ersten Lokomotiven der Welt, die Umrichter für die komplette Energiewandlung Gleichstrom-Wechselstrom-Gleichstrom mit ausschließlich elektronischen Bauelementen der Halbleitertechnik erhielten. Auch die BBC-Lokomotiven E 410 011/012 arbeiteten bei Gleichstrom mit Thyristor-Umrichtern, allerdings nur für die Hilfsbetriebe.

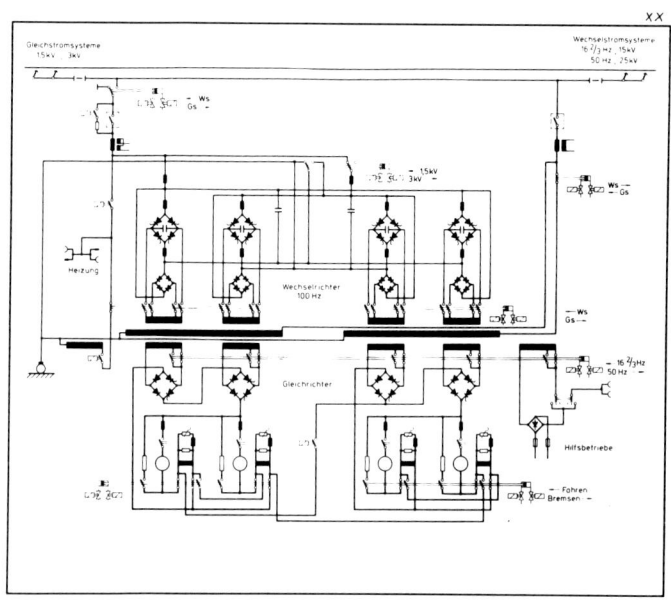

Abb. 201: Viersystem-Lokomotive der DB Baureihe 184 mit Widerstandsbremse, Prinzipschaltbild (Grafik: AEG)

Leider entsprachen die Betriebserfahrungen mit dieser neuen Technik nicht den Erwartungen, weil der endlich 1969 aufgenommene fahrplanmäßige TEE-Verkehr zwischen Köln und Liège (Lüttich) wegen verschiedener Vorkommnisse im belgischen Netz nicht störungsfrei abgewickelt werden konnte. Die Ursache lag nach heutiger Erkenntnis in hohen Schaltüberspannungen im belgischen Fahrdrahtnetz, welche die damals noch besonders empfindlichen Thyristoren des Wechselrichterteils gefährdeten.

Der Einsatz war auch dadurch beschränkt, daß die SNCB den Durchlauf der E 410 aus Sorge vor möglichen Signalstörungen auf den Abschnitt Aachen – Liège (wo die Züge nach Paris ohnehin Kopf machen mußten) begrenzte, der bereits mit modernen Si-Gleichrichter-Unterwerken ausgerüstet war. (Bei den älteren Unterwerken jenseits Liège mit Quecksilberdampf-Gleichrichtern wurden theoretisch mögliche Unterschwingungs-Resonanzen mit dem Lok-Eingangsfilter bei der Gleisstrom-Frequenz 50 Hz befürchtet). Dennoch wurde der fahrplanmäßige Betrieb mit den fünf inzwischen in 184.0 und 184.1 umbenannten fünf Viersystem-Loks nach Belgien bis Sommer 1979 aufrechterhalten. Seitdem sind die drei 184.0 bei der BD Saarbrücken als Zweifrequenz-Lokomotiven eingesetzt, die beiden 184.1 dagegen nach einiger Betriebszeit im Saarbrücker Raum bis Ende 1983 ausgemustert worden.

Zu den vier Zweifrequenzloks ist zu sagen, daß nur die ersten beiden E 310 001/002 (181.0) voll dem Konzept der vereinfachten Viersystem-Ausführung entsprachen, die beiden E 310 003/004 erhielten dagegen eine zusätzliche Nutzbremsausrüstung (statt der Widerstandsbremse), was durch Erweiterung des Thyristor-Gleichrichters zu einer rückspeisefähigen Stromrichter-Brücke und vier gesonderten Erregergleichrichtern möglich war. Folglich wurden die beiden Loks 1968 auf die neuen Betriebs-Nrn. 181 103/104 (181[1]) umgezeichnet.

Erkenntnisse für die Serienbeschaffung

Von allen neun Lokomotiven der E 310/E 410-Familie hatten sich die beiden am einfachsten aufgebauten Zweifrequenz-Lokomotiven E 310 001/002 (181.0) mit Widerstandsbremse im grenzüberschreitenden Verkehr der BD Saarbrücken am besten bewährt. Mit ihnen konnte schon am 1.2.1968 der regelmäßige fahrplanmäßige Einsatz vor D-Zügen Metz – Kaiserslautern, ab Sommer 1968 vor TEE-Zügen bis Frankfurt aufgenommen werden. Die beiden Nutzbremslokomotiven zeigten anfangs wegen ihrer vielteiligeren Stromrichteranlage gewisse Probleme, u.a. hinsichtlich des Parallel-Laufs der vier fremderregten Fahrmotoren. Dank der Fremderregung zeigten sie aber eindeutig bessere Anfahreigenschaften als die beiden Schwesterloks mit normalen reihenschlußerregten Fahrmotoren.

Doch die mit Interesse verfolgte Nutzbremse war in ihrer Wirkung der Widerstandsbremse nicht überlegen und der energiewirtschaftliche Gewinn der Rückspeisung unter den gegebenen Betriebsverhältnissen gering. Zudem war der Leistungsfaktor schlecht, so wurde das Netz für jede rückgespeiste Wirk-kWh mit zusätzlicher von den Loks aufgenommener Blind-kVAh belastet.

Die Entscheidung, die im Jahre 1971 diskutierte Serienbeschaffung von 25 Zweifrequenzloks zugunsten der Ausführung mit Widerstandsbremse zu fällen, fiel daher nicht schwer. Ursprünglich war an einen mechanisch wie elektrisch unveränderten Nachbau der 181.0 gedacht, jedoch führten neue Erkenntnisse in der Lauftechnik sowie der Wunsch nach einem »staubfreien« Maschinenraum und daraus folgend einem neuen Belüftungskonzept doch zu einer neuen Konstruktion, die sich auch äußerlich von dem Erscheinungsbild der 181.0 abhebt und folglich die neue Reihenbezeichnung 181.2 erhielt.

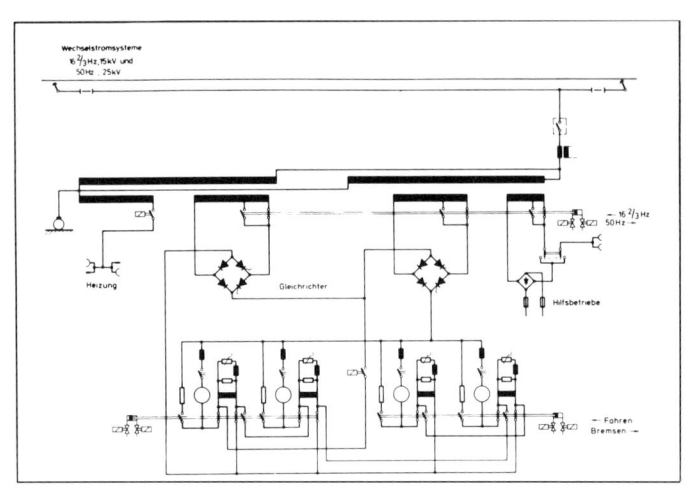

Abb. 202: Zweisystem-Lokomotive der DB Baureihe 181.0 mit Widerstandsbremse, Prinzipschaltbild (Grafik: AEG)

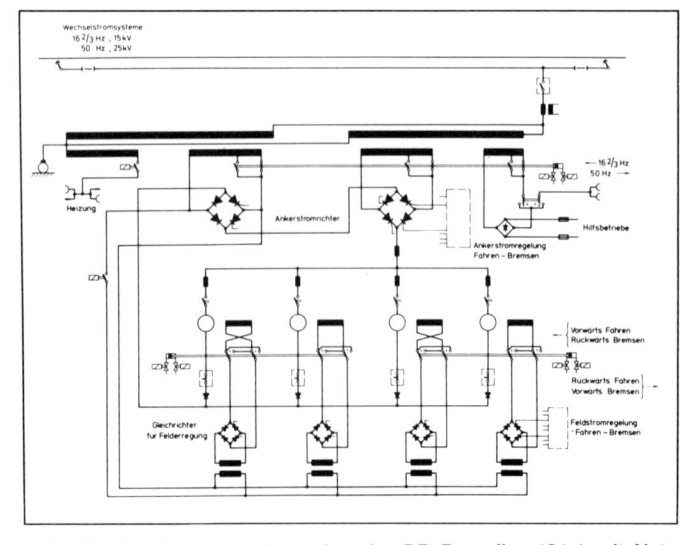

Abb. 203: Zweisystem-Lokomotive der DB Baureihe 181.1 mit Netzbremse, Prinzipschaltbild (Grafik: AEG)

2.5.2. Zielsetzung und Entwicklung der Zweisystemlokomotive Baureihe 181.2,
von Dipl.-Ing. Klaus-Dieter Pohl

2.5.2.1. Anforderungen an die Serienlokomotive 181

Im Rahmen der großen Elektrifizierungsvorhaben der DB wurden u.a. die Moselstrecke von Koblenz nach Trier mit der Verbindung nach Saarbrücken und die Anschlußstrecken von Trier zur luxemburgischen Grenze (CFL) und zur französischen Grenze (SNCF) mit Fahrdraht überspannt. Die Verbindung mit den Wechselstromnetzen der beiden Bahnverwaltungen der SNCF und CFL war von herausragender Bedeutung für das europäische Eisenbahnnetz. Sie ermöglicht den durchgehenden elektrischen Betrieb zwischen den Wirtschaftszentren im Rhein-Main-Gebiet, an der Ruhr, den norddeutschen Überseehäfen und den Standorten der Montanindustrie an der Saar, in Lothringen und Luxemburg.

Die technische Bedeutung liegt in den unterschiedlichen Stromarten der DB (15 kV, 16⅔ Hz) und der angrenzenden SNCF und CFL (25 kV, 50 Hz). Die Züge sollen ohne Halt unter den Systemgrenzen der Fahrleitungsanlagen hindurchfahren, das bedeutet den Einsatz von Zweifrequenzlokomotiven.

Für die DB ergab sich mit dem Beschluß der Elektrifizierung oben genannter Strecken im Jahr 1972 gleichzeitig die Notwendigkeit der Beschaffung weiterer Zweifrequenzlokomotiven, da die weiter vorn erwähnten 7 Prototypen diesen zusätzlichen Betrieb keinesfalls bewältigen konnten. Wegen der elektrischen Inbetriebnahme der neuen Strecken zum Jahreswechsel 1973/74 verblieb nicht viel Zeit zur Entwicklung und Konstruktion einer neuen Lokomotive, die zum Eröffnungstermin zur Verfügung stehen sollte. Daher mußte zunächst ein Nachbau der Prototypen von 1967, der Lok 181.0 oder 181.1, ins Auge gefaßt werden. Ob die Prototypen den betrieblichen und technischen Anforderungen gerecht werden konnten, wurde umgehend überprüft, zumal eine notwendige Stückzahl der neuen Lokomotive von 25 ermittelt wurde.

Das Betriebsprogramm für die Moselstrecke zeigte einige Besonderheiten, die bei der Lokentwicklung in Zielrichtung universeller Einsatz vor Reise- und Güterzügen zu neuen und interessanten Lösungen führten.

Der Reisefernverkehr im Moseltal und über Saarbrücken wurde bestimmt von den internationalen Zügen in Ost-West-Richtung, die im wesentlichen aus schnellen D-Zügen mit Höchstgeschwindigkeiten von 140 km/h nach Paris und Luxemburg bestehen. Im Personenverkehr betrug der Anteil der schnellen D-Züge etwa 40 %.

Doch der Güterverkehr auf der Moselstrecke überwog mit einem Anteil von 65 % der gefahrenen Tonnenkilometer, wovon fast 90 % Durchgangsgüterzüge waren. Mehrere 4000 t schwere Kohlen-/Erzzüge pro Tag wurden in Doppeltraktion von der Ruhr zu den Hüttenwerken des Montandreiecks gefahren. Schnelle Güterzüge verkehrten mit 1200 t Anhängelast und 100 km/h Höchstgeschwindigkeit auf der steigungs- und krümmungsreichen Moselstrecke (11 ⁰/₀₀ auf 12 km Länge). Die Streckenverhältnisse auf der Anschlußstrecke nach Luxemburg (Bettembourg, Rodange mit max. 16 ⁰/₀₀) vervollständigten den Anforderungskatalog für die Leistungsfähigkeit der Triebfahrzeuge.

Mit diesen Angaben wurde im wesentlichen das nachstehende thermische F/v-Diagramm für die Lok 181 N entworfen. Das Abb. 206 zeigt die thermische Belastung der vier Fahrmotoren und die Fahrwiderstandskurven der Lokomotive mit einer Anhängelast von

    1200 t – schneller Güterzug – v = 100 km/h
    2000 t – Güterzug – v = 80 km/h
    500 t – Reisezug – v = 140 km/h.

Dabei wurde das elektrische Konzept der Vorauslokomotiven, nämlich Anschnittsteuerung von Thyristor-Stromrichterbrücken und Mischstromfahrmotoren, übernommen und auf neuesten Stand gebracht. Das F/v-Diagramm zeigt die typische Charakteristik einer Lokomotive mit Mischstromfahrmotoren. Das hohe Drehmoment der Mischstrommotoren im unteren Geschwindigkeitsbereich ist zur Beförderung schwerer Güterzüge besonders günstig. Im oberen Geschwindigkeitsbereich, nach Durchsteuern der beiden in Reihe geschalteten Gleichrichterbrücken, wird bei konstanter Motorspannung durch Steuerung des Erregergrades bis auf 40 % die Geschwindigkeit auf 140 km/h erhöht. Von 140 km/h bis 160 km/h kann dann nur auf der Drehzahlkennlinie der Fahrmotoren die Geschwindigkeit gesteigert werden.

Dank der gewählten Technik (Gleichrichtung der verschiedenen Wechselströme) gilt dieses F/v-Diagramm für beide Stromsysteme. Die Nennleistung der Lokomotive 181 N errechnet sich zu 3,2 MW bei 92 km/h. Obwohl die Nennleistung nominell niedriger liegt als bei den zu vergleichenden Lok der Baureihen 110 und 140 mit 3,6 MW (bei 123 km/h), ergibt sich infolge der Zuordnung der 3,2 MW zu 57 % von v_{max} ein gleichwertiges F/v-Diagramm zur Baureihe 110. Wegen der auf 110 km/h Höchstgeschwindigkeit geänderten Getriebeübersetzung liegen die thermischen Zugkräfte der Baureihe 140 in bestimmten Bereichen allerdings um 10 bis 15 % höher.

Die noch nicht berücksichtigten 4000 t-Züge sollten, wie bisher mit Lok 140, in Doppeltraktion gefahren werden. Die Höchstgeschwindigkeit wurde wegen der im TEE- und IC-Einsatz erforderlichen 160 km/h auf diesen Wert festgelegt, was ohne Änderung der Getriebeübersetzung durch Steigerung der Motor-Höchstdrehzahl möglich war.

Die technischen Anforderungen an die Nachbaulokomotive leiteten sich naheliegenderweise aus den Prototypen ab. Die Frage nach der Technik der elektrischen Bremse konnte aus den Betriebserfahrungen mit den Lok 181.0 (fahrdrahtabhängige

Widerstandsbremse) und 181.1 (Netzbremse) beantwortet werden. Die in der Thyristoranschnittsteuerung aufwendige Netzbremse, welche die Bremsenergie in das Fahrleitungsnetz zurückspeist, brachte mit gemittelt etwa 7 % erzielbarem Energierückgewinn bei den Streckenverhältnissen der DB nicht den notwendigen Ausgleich für die teurere und kompliziertere Bremsanlage. Außerdem muß das Fahrleitungsnetz bei der Rückspeisung der Bremswirkleistung etwa den gleichen Wert an induktiver Blindleistung liefern (cos γ = 0,7).

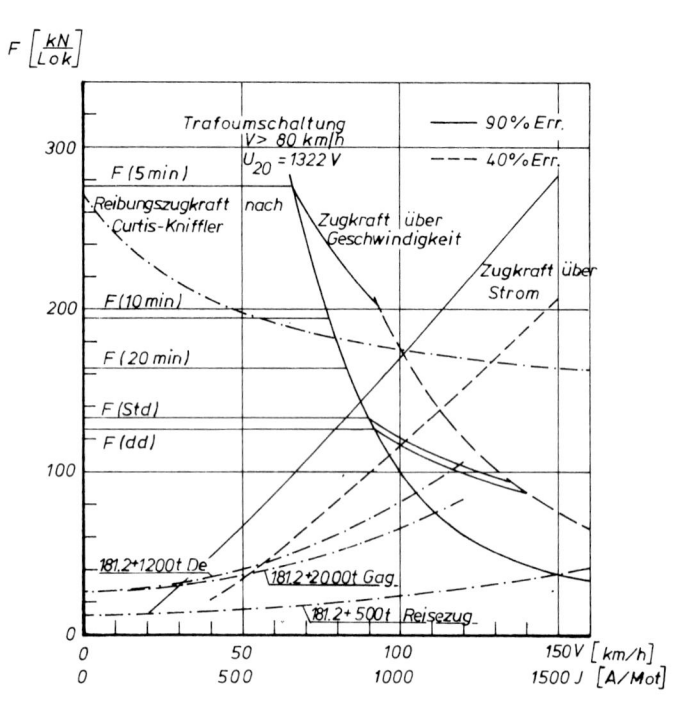

Abb. 206: Thermisches F/v-Diagramm der Lok 181.2 (Grafik: K.-D. Pohl)

Die neue Lok sollte deshalb mit einer bewährten, leistungsfähigen, fahrdrahtabhängigen Widerstandsbremse ausgerüstet werden. Um aus 160 km/h Geschwindigkeit den vorgeschriebenen Bremsweg von 1000 m bei Ausfall der Fahrleitungsspannung sicher einhalten zu können, wurde vorgesehen, die Erregerleistung für die Fahrmotoren aus der Fahrzeugbatterie über einen Umrichter kurzzeitig zur Verfügung zu stellen.

Weitere technische Vorgaben leiten sich aus den Erfahrungen der seit 1965 bereits in Betrieb oder in fortgeschrittenem Konstruktionsstadium befindlichen Neubaulokomotiven ab. Diese wurden so umfangreich, daß ein echter Nachbau der Prototypen nicht mehr sinnvoll erschien. Etwa zu diesem Zeitpunkt wurde beschlossen, daß die Lok 181 N sich im Nummernschema durch die Ordnungsnummern ab 200 unterscheiden sollte; sie also endgültig mit der Baureihenbezeichnung 181.2 versehen wurde.

2.5.2.2. Technische Fortschritte bei Neubaulokomotiven

Zur Erreichung hoher Zugkräfte wurde die maximale Radsatzlast von 21 t als Grenzwert wiederum angestrebt. Daraus ergab sich aber gleichzeitig die Notwendigkeit, neue Erkenntnisse in der Lauftechnik der Lokomotiven zu verwirklichen, durch welche die Beanspruchungen zwischen Fahrzeug und Gleis herabgesetzt werden. Für die lauftechnischen Belange wurden alle bekannten Konstruktionen im Hinblick auf geringe Beanspruchung des Fahrweges als auch für stabilen Lauf des Fahrzeugs im Spurkanal bei allen Geschwindigkeiten und Radprofilen geprüft. Die daraus resultierenden Bauteile hatten den Forderungen nach Betriebstüchtigkeit und Wartungsfreiheit zu genügen. Die lauftechnischen Kriterien zur Minderung der Kräfte zwischen Rad und Schiene sind unter anderem:
– Möglichst geringe unabgefederte Massen, d.h. nur die Radsatzmasse selbst läuft unabgefedert auf der Schiene. Kurzer Radsatzstand im Drehgestell mit verringerten Fahrmotorenmassen in Drehgestellmitte zur Minderung der Trägheitsmomente und der quasistatischen Bogenlaufkräfte aus der Lenkgeometrie.
– Seitengefederte Radsätze, um bei fehlerhafter Gleislage oder Weicheneinfahrten die dynamischen Kräfte zu begrenzen.
– Minimale Querkopplung zwischen Drehgestell und Lokomotivkasten.
– Niedrige Eigenschwingfrequenz des Laufwerks für überkritischen Lauf.
– Stabiler Lauf bei Verwendung des Radreifenprofils DB II, eines sogenannten »Verschleißprofils«.

Die erstmals in größerem Ausmaß verwendete Leistungs- und Steuerelektronik sowie die Forderung nach unterhaltungsarmer und wartungsfreundlicher Konstruktion der Lokomotive führten zu einem neuen Konzept der Maschinenraumordnung. Die Kühlluftführung von oben über ein Doppeldach und in Luftkanälen soll der üblichen Verschmutzung (Staub und Feuchtigkeit) des Maschinenraums vorbeugen. Zusätzlich wurden der Maschinenraum über einen Bypass der Fahrmotorenlüftergehäuse belüftet und unter geringen Überdruck gesetzt und der Elektronikschrank separat belüftet.

Ferner ist aus Gründen der Wartungserleichterung im Maschinenraum nur ein Mittelgang mit einseitiger Trafoumgehung vorgesehen. 3 abnehmbare Maschinenraumhauben vereinfachen den Aus- und Einbau von Großbauteilen.

Abb. 204 und 205: 181 213 »SAAR« im Heimat-Bw Saarbrücken, auf ▶ dem Führerstand der Autor dieses Beitrages, Klaus-Dieter Pohl. Die untere Aufnahme zeigt 181 207 bei Versuchsfahrten am 3. 6. 1975 in München-Olching. Die dieselelektrische Lok 202 004 (Henschel/BBC) und die beiden schweren Dampflok 044 404 und 427 dienen hierbei als Bremslokomotiven (Fotos: JMM).

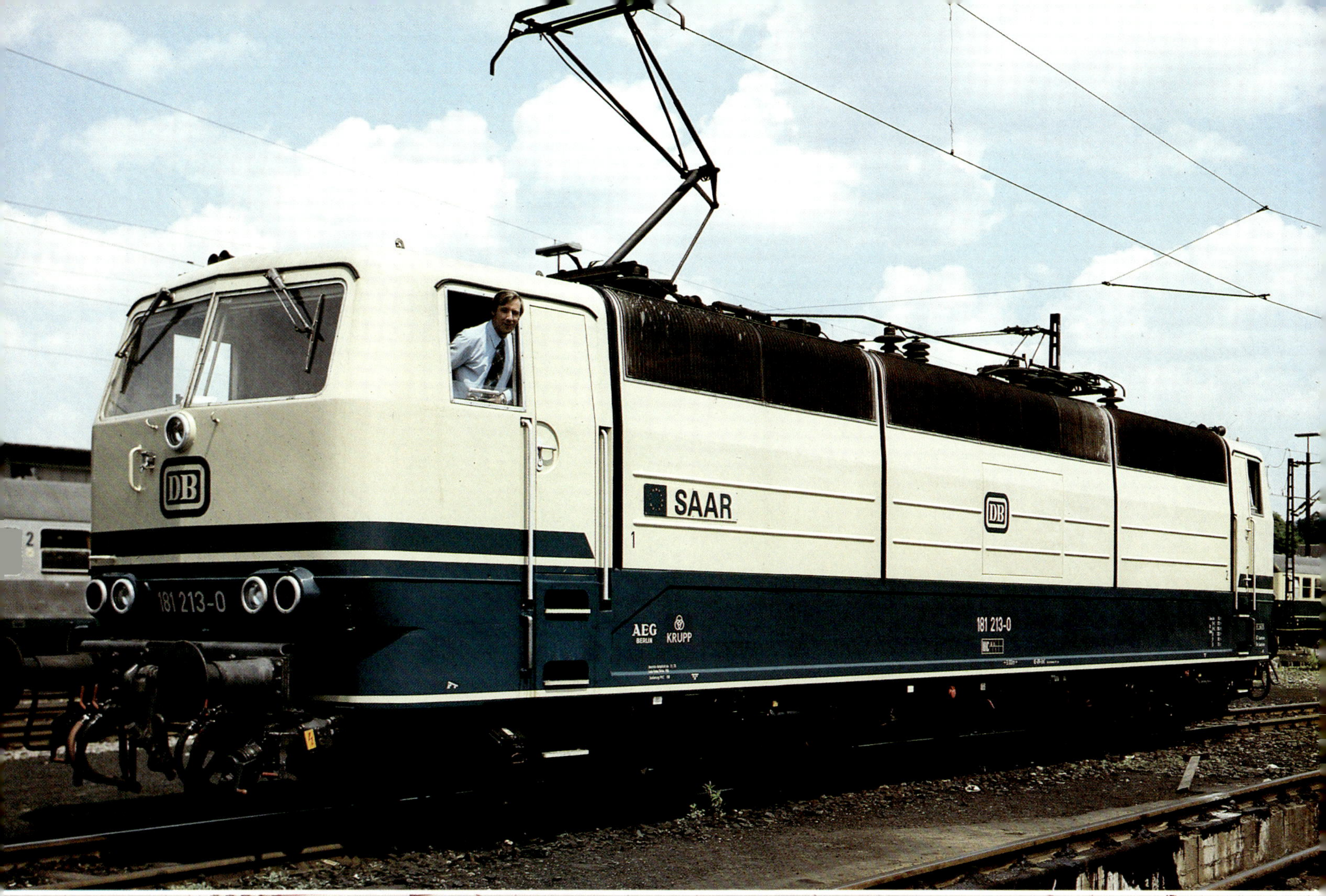
DB
SAAR
DB
181 213-0
AEG
BERLIN
KRUPP
181 213-0

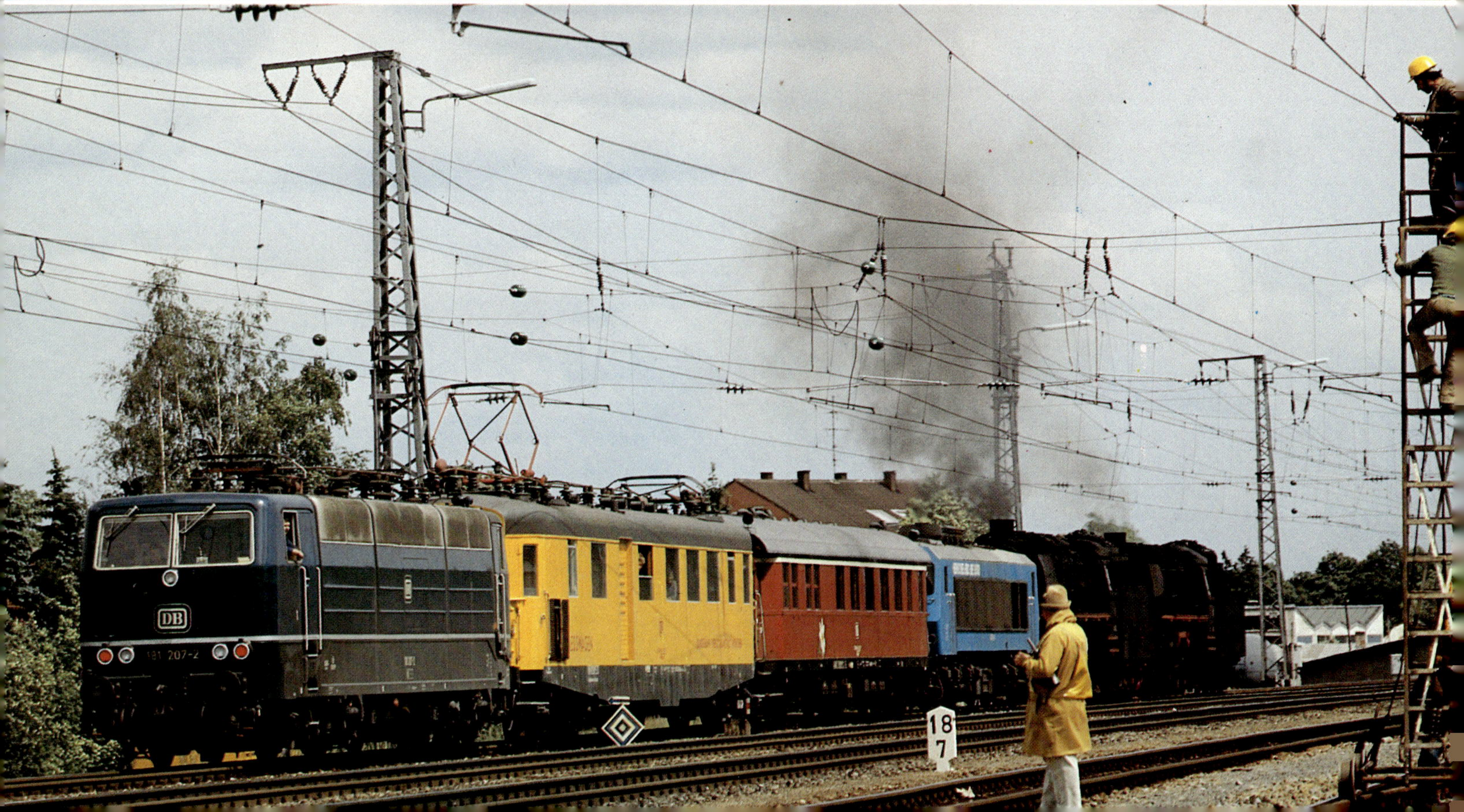
DB
181 207-2
18
7

Abb. 207: Zweifrequenz-Lokomotive 181.2 der DB (Foto: Krupp)

An den Schluß des Anforderungskatalogs seien das Abb. 207 und die Tabelle 1 mit den Hauptdaten der Serienlok 181.2 angehängt, um das Ergebnis vorzustellen, das von den Firmen AEG-Telefunken im elektrischen Teil und Fried. Krupp GmbH, Krupp Maschinenfabriken im Fahrzeugteil in enger Zusammenarbeit mit dem Bundesbahn-Zentralamt München in relativ kurzer Zeit auf die Schienen gestellt wurde.

2.5.2.3. Mechanischer Teil

Eine Übernahme des Fahrzeugteils der Prototyplokomotiven 181 war somit wegen der vorstehend geschilderten Forderungen nicht mehr möglich. Die sich ergebende Gewichtssituation erforderte im Mechanteil neue Methoden, um das geforderte Gesamtgewicht mit automatischer Kupplung von 84 t nicht zu überschreiten. Bei der Konstruktion mußte die Firma Krupp konsequenten Leichtbau anwenden. Dabei kamen die bereits beim Bau der Güterzuglokomotive BR 151 gewonnenen Erfahrungen im Form- und Materialleichtbau zur Geltung.

Lokomotivkasten

Wie schon bei den Serienlokomotiven BR 103 und 151 übernimmt der Brückenrahmen allein die tragenden Funktionen. Alle Belastungen müssen vom Untergestell ohne bleibende Verformung aufgenommen werden. Dies wird am ersten fertiggestellten Rahmen in einer Druckprobe durch Aufbringen von 2000 kN Druckkraft in Längsrichtung praktisch nachgewiesen. Um die notwendige große Steifigkeit bei gleichzeitig geringem Eigengewicht zu erreichen, wurde die selbsttragende Rahmenbauweise mit hohen Langträgern gewählt. Der Rahmen wird aus zwei Langträgern, 2 Kopfträgern, den beiden Drehzapfenquerträgern sowie der Trafoaufnahmekonstruktion in der Mitte gebildet. Er ist eine Schweißkonstruktion aus gewalzten Vierkanthohlprofilen und Stahlblechen.

Die Langträger sind als einfache Blechträger mit Ober- und Untergurten aufgebaut. Der Obergurt ist ein Vierkantrohr mit quadratischem Querschnitt von 110 × 110 mm bei 6,3 mm Wandstärke, der Untergurt ein solches mit 160 × 160 mm Querschnitt bei 8 mm Wandstärke. Beide Gurte werden durch ein 7 mm dickes Stegblech verbunden.

Tabelle 1: Wesentliche technische Daten der Lok 181.2

Stromsysteme	15 kV, 16⅔ Hz/25 kV, 50 Hz
Höchstgeschwindigkeit	160 km/h
Radsatzanordnung	Bo'Bo'
Dienstgewicht	83 t
Anfahrzugkraft	278 kN
Nennleistung bei 92 km/h	3200 kW
Länge über Puffer	17 940 mm
Gesamtradsatzstand	12 000 mm
Drehgestellradsatzstand	3000 mm
Treibraddurchmesser neu	1250 mm
Antrieb	SSW-Gummiringkardan
Übersetzung	32:101
Radsatzlagerbauart	Zylinderrollen, querelastisch
Fahrzeugbegrenzung	EBO Anlagen 9 und 10 sowie UIC-505
Druckluftbremse	KE-GPR EmZ, mehrlösig
Elektrische Bremse	fremd- und batterieerregte Gleichstrom-Widerstandsbremse
Kurzzeitleistung (20 sec)	5500 kW1
Dauerleistung	2500 kW
Trafonennleistung	3700 kVA
Zugheizleistung	900/900 kVA
Heizspannung	1000/1500 V
Fahrsteuerung	stufenlos, Thyristor-Anschnitt
Stromrichterschaltung	2 unsymmetrische, halbgesteuerte Gleichrichterbrücken in Folgeschaltung

Die Kopfträger sind in herkömmlicher Kastenbauweise geschweißt. Sie tragen zwei nach außen ragende Höcker zur Befestigung der abnehmbaren Pufferträger. Die Zug- und Stoßkräfte werden somit ohne wesentliche Kraftumlenkung in die Langträger eingeleitet.

Die Drehzapfenquerträger verkürzen die wirksamen Knicklängen der Langträger. In Kastenbauweise erstellt, übertragen sie die Zug- und Bremskräfte vom angeschweißten Stahlguß-Drehzapfen in den Rahmen.

Die Trafotragkonstruktion in der Mitte des Rahmens ist wieder eine Hohlprofilkonstruktion mit Versteifungsblechen. Von ihr wird besondere Stabilität verlangt, da sie das Transformatorgewicht mit ca. 9,3 t aufnehmen muß.

Diese gut zugängliche, offene Rahmenbauweise ermöglicht durch den einfachen Aufbau dauerhafte Korrosionsschutzmaßnahmen. Für den Reparaturfall erleichtert sie Schweiß- und Richtarbeiten, da der Verzug durch die Steifigkeit der Hohlprofile sehr gering ist.

Bei Aufstößen mit Geschwindigkeiten bis 20 km/h soll der leicht abnehmbare Pufferträger (Verschleißpufferbohle) die auftretenden Energien allein durch Verformung aufzehren (Abb.208). So werden die z.T. erheblichen Reparaturarbeiten am Kopfträger und Untergestell vermieden. An der Verschleißpufferbohle sind die Zug- und Stoßeinrichtungen angeschraubt. Die Pufferbohle und der Kopfträger sind weitgehend für den Einbau der automatischen Mittelpufferkupplung (AK) vorbereitet. Anstelle der normalen Zugeinrichtung sind schon AK-Federwerke mit kurzen Zughaken eingebaut.

Aus Gewichtsgründen wurden die Lok mit Puffern und Pufferbohlen in Aluminium abgeliefert. Beide derartigen Bauelemente haben sich nicht bewährt. Die Puffer mußten in herkömmliche Stahlpuffer getauscht werden; die Pufferbohlen wurden schrittweise gegen Stahlbohlen ausgewechselt. Trotzdem wird bis zum Einbau der automatischen Kupplung das Gesamtgewicht von 84 t nicht überschritten.

Auf dem Untergestell ist der Lokkasten in Form von 3 abnehmbaren Maschinenraumhauben, der 2 Führerhäuser und der Führerraumrückwände aufgebaut. Letztere sind im wesentlichen aus Stahlprofilen und -blechen erstellt und mit dem Untergestell verschweißt.

Die Maschinenraumhauben hingegen mußten aus Gewichtsgründen in der aufwendigen und teureren Aluminiumbauweise ausgeführt werden. Die selbsttragende Schweißkonstruktion besteht aus Alu-Strangpreßprofilen und Abkantprofilen, die mit Alu-Blechen verkleidet wurden. Die Korrosionsfreiheit von Aluminium war mit ausschlaggebend für diese Investition, zumal durch die Direktbelüftung mit den Kühlluftkanälen über das Korrosionsverhalten in diesem Bereich keine Erfahrungen vorlagen und keine Voraussagen getroffen werden konnten (Abb. 209).

Die beiden äußeren Maschinenraumhauben haben je 4 Luftansaugöffnungen mit Doppeldüsenlüftungsgittern, die wegen des Luftkanalquerschnittes und der erforderlichen Einlaßfläche bis in die Dachrundung hineingezogen wurden. Es sind immerhin ca. 20 m^3/s als Kühlluftmenge für die gesamte Lok zu veranschlagen, die mit bestimmter Geschwindigkeit die Lüftungsgitter passieren muß, um Staub und Wasser sicher abzuscheiden. Der sich an die Gitter anschließende Kanal ist als Doppeldach über die ganze Haubenbreite ausgeführt, an welches die Lüfterschächte von jeweils 2 Fahrmotorenlüftern und 1 Drossellüfter angeschlossen sind. Die Stromrichterlüfter holen ihren Kühlluftbedarf aus dem Maschinenraum und blasen die Luft nach unten aus. Daher müssen die Fahrmotorenlüfter über eine Bypassöffnung in Fußbodenhöhe etwa je 0,5 m^3/s in den Maschinenraum drücken. Der dabei entstehende Überdruck ist gewollt und soll verhindern, daß Schmutz und Feuchtigkeit durch eventuell vorhandene Undichtigkeiten im Aufbau in den Maschinenraum eindringen können.

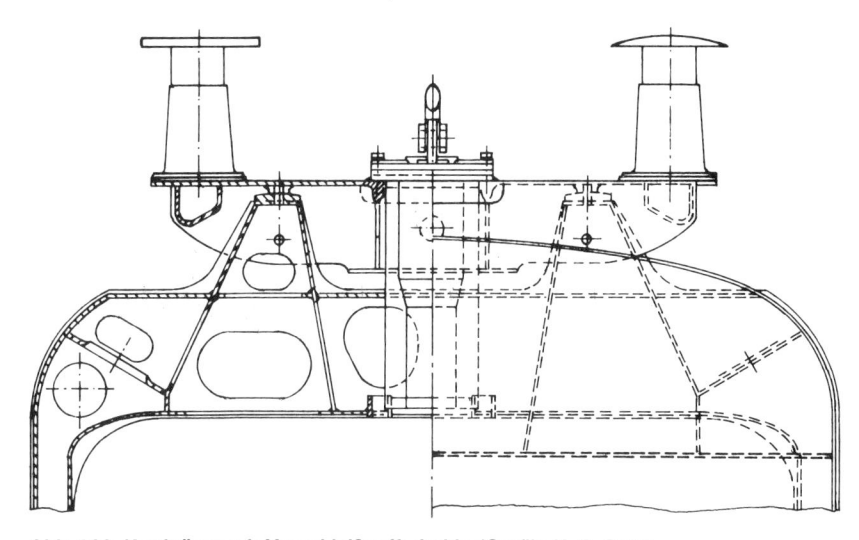

Abb. 208: Kopfträger mit Verschleißpufferbohle (Grafik: K.-D. Pohl)

Abb. 209: Lokkasten ohne Lüftergitter (Foto: AEG)

Die Mittelhaube enthält ein Lüftungsgitter zum Luftaustausch ins Freie, da auch die im Maschinenraum von den elektrischen Apparaten erzeugte Verlustwärme (z. B. Trafowärmestrahlung) abgeführt werden muß. Auf der gleichen Seite befinden sich noch zwei Lüftungsgitter für den Lufteinlaß zum Ölkühlerlüfter, der direkt über einen Luftkanal angeschlossen ist und nach unten ausbläst. Der Bremswiderstandslüfter hingegen saugt die Luft zwischen den Drehgestellen von unten an und führt sie über eine große, rechteckige Öffnung im Dach der Mittelhaube ab. Unter den Lüftungsgittern enthält die Mittelhaube in der Seitenwand eine große Klappe, die den Ausbau des Luftpressers ohne Abnehmen der Haube ermöglicht. Gegenüberliegend sind anstelle der Lüftungsgitter 3 ebenfalls in die Dachwölbung reichende Fenster eingebaut, die ausreichend Tageslicht in den Gang neben den Trafo mit seinen Schalt-, Relaistafeln und Sicherungen hereinlassen.

Die Kühlluftkanäle sowie die wegen der UIC-Fahrzeugbegrenzungslinie niedrige Außendachhöhe von 3612 mm schränken die seitliche Durchgangshöhe soweit ein, daß 2 durchgehende Seitengänge mit Fluchtwegfunktion wie in den Einheitslokomotiven BR 110, 140 nicht mehr möglich waren. Hier bot sich die gewählte Mittelganglösung mit einseitiger Trafoumgehung geradezu an, die mit einer Gangbreite zwischen 600 und 700 mm und einer Höhe von 1950 mm optimale Verhältnisse zuließ. Sie erleichtert sowohl dem Triebfahrzeugpersonal das Aufrüsten als auch dem Wartungspersonal den Zugang zu den Geräten und Aggregaten, zumal weitere Stichgänge vorgesehen werden konnten. Einen Überblick soll die Typenskizze vermitteln (Abb. 210).

Der Führerraum kann von außen durch zwei fensterlose Einstiegtüren und durch eine Maschinenraumtür betreten werden. Auffallend ist der gegenüber den Einheitslokomotiven stark vergrößerte Raum, der die notwendige Bewegungsfreiheit hinter den Führersitzen gestattet. Überhaupt waren die Konstrukteure bemüht, die damaligen Erkenntnisse der Arbeitsplatzgestaltung und Arbeitsmedizin soweit wie möglich zu verwirklichen. Hier wurden bereits viele Details des damals noch in der Entwicklung befindlichen sog. »integrierten Führerraums« der Lok BR 111, 120 übernommen, ohne sich im wesentlichen von den Bedienelementen und ihrer Anordnung der herkömmlichen Führerräume zu entfernen.

Besonders hervorzuheben ist die Reduzierung des mittleren Schallpegels unter 80 dB(A). Bis 150 km/h Fahrgeschwindigkeit wurden sogar nur max. 78 dB(A) im Führerraum gemessen. Diese Werte konnten durch aufwendige Schalldämpfung der Führerhausschale, des Fußbodens und der Rückwand mit Polyurethanschaum bzw. Schalldämmatten erreicht werden. Die Trennwand zum Maschinenraum ist als Doppelwand in schallschluckender Sandwichbauweise ausgeführt.

Zur wirkungsvollen Belüftung und Heizung des Führerraums mußte dieser zunächst sorgfältig gegen Außenluft abgedichtet werden. Alle Rohrleitungen und Kabeldurchführungen vom Untergestell bzw. Maschinenraum in den Führerraum wurden speziell behandelt. Das eingebaute Luftgebläse erhält Frischluft über eine Ansaugöffnung oberhalb der Pufferbohle, die über ein Ausblasgitter auf dem Führertisch und 2 Frischluftdüsen vor den Stirnfenstern in den Führerraum gelangt. Der Austritt der verbrauchten

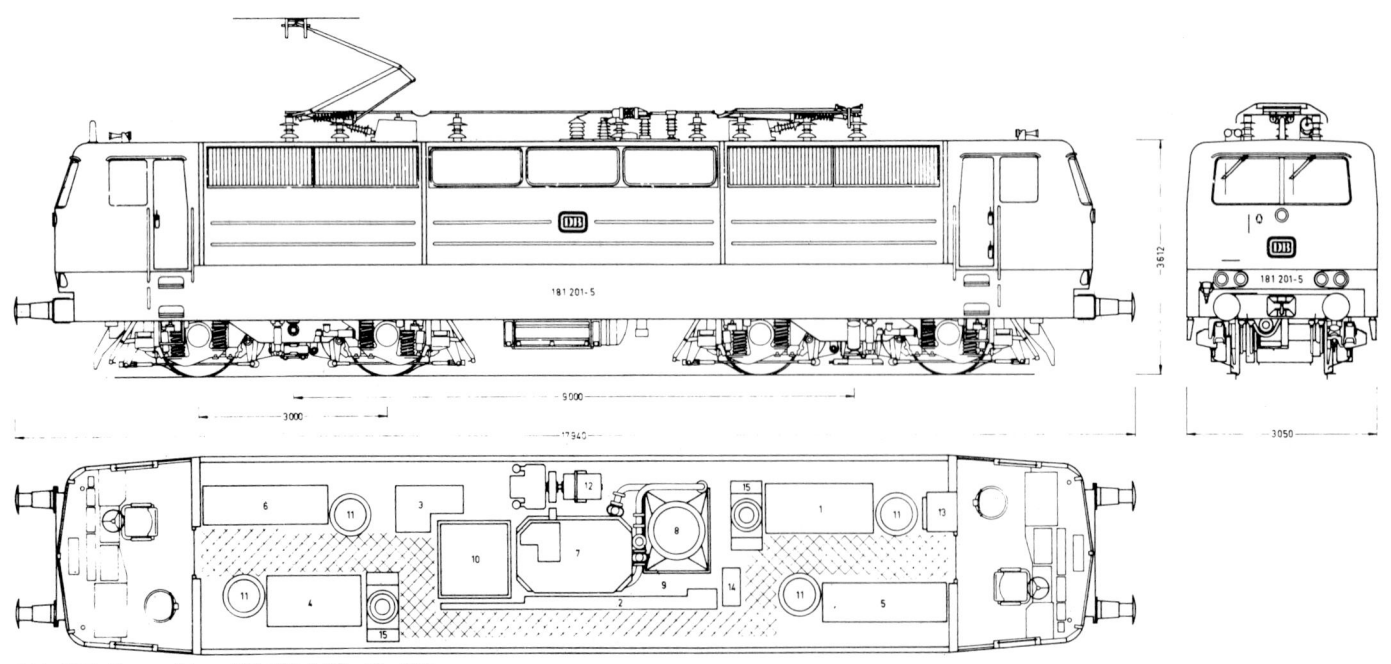

Abb. 210: Typenskizze BR 181.2 (Grafik: DB)

Luft erfolgt an der Unterseite des Führertisches über einen Abluftkanal in den Maschinenraum auf die Saugseite des benachbarten Fahrmotorlüfters. Bei Heizbetrieb wird die Frischluft über ein Heizregister mit 5 kW Leistung erwärmt; bei größerer Kälte kann auf Umluft umgeschaltet werden. Eine zusätzliche Fußbodenheizung mit elektrischen Wärmeplatten verhindert den Wärmeentzug durch den Fußboden. Zur Vermeidung von Strahlungskältebrücken ist der Führertisch vollkommen getrennt von der Führerhausschale aufgestellt.

Der eigentliche Arbeitsplatz des Lokführers wurde so gestaltet, daß alle während der Fahrt zu bedienenden Geräte im unmittelbaren Greifbereich bzw. zu beobachtenden Instrumente im Blickfeld angeordnet sind. Die Fußnische mit 15° schräger Bodenplatte und darin eingelassenem Sifapedal wurde den Sitzverhältnissen angepaßt. Als Führersitz wurde der vom Arbeitsschutzarzt befürwortete Bremshey-Führersitz vorgesehen. Der drehbare, mit Höhen-, Längs-, Neigungs- und Gewichtseinstellung versehene Sitz ist mit dem Fußboden verschraubt, um eine optimale Sitzposition zu fixieren. Die nach UIC vorgeschriebenen Sichtverhältnisse auf die Strecke werden durch die großen Stirnfenster noch übertroffen. Die Fensterscheiben sind vollflächig elektrisch beheizt und als Verbundglasscheiben mit zwei Glasschichten und 12 mm Dicke so ausgeführt, daß eine hinreichende Durchschlagsfestigkeit für Flaschen, Isolatoren o.ä. bei Höchstgeschwindigkeit erreicht wird.

Drehgestelle

Der Lokomotivkasten stützt sich auf zwei zweiachsigen Drehgestellen ab. Die Drehgestellrahmen werden aus den zwei gekröpften Längsträgern, die durch zwei Kopfträger und einen stabilen, mittleren Querträger verbunden sind, gebildet. Die in Hohlkastenblechbauweise geschweißten Quer- und Längsträger fügen sich zu einer verwindungssteifen Konstruktion, die durch die Kopfträger aus gewalztem Hohlprofil ergänzt wird. Der breite Querträger enthält einen rechteckigen Ausschnitt für den eintauchenden Drehzapfen. Der Anlenkpunkt zwischen Drehgestell und Drehzapfen wurde so tief wie möglich heruntergezogen, um die Zugkraftübertragung optimal zu gestalten. Die Entlastung der vorauslaufenden Radsätze im Drehgestell ist bei der Anfahrt im wesentlichen proportional dem sich aus Zugkraft und Abstand zwischen Schienenoberkante (SO) und Zugkraftanlenkung bildenden Drehmoment. Mit 430 mm über SO sichert die Zugkraftanlenkung eine geringe mechanische Radsatzentlastung, die zusätzlich durch eine angepaßte elektronische Steuerung der Zugkraft beider Fahrmotoren im Drehgestell fast kompensiert wird.

Die Entkopplung der schwingenden Massen (hier Lokkasten, Drehgestell) ist eine wichtige Forderung für gleis- und oberbauschonendes lauftechnisches Verhalten einer Lokomotive. Eine Zugkraftübertragung über Drehzapfen und Gleitplatten kann diese Aufgabe wegen der auftretenden Reibkräfte senkrecht und waagerecht quer nicht zufriedenstellend erfüllen. Deshalb werden die

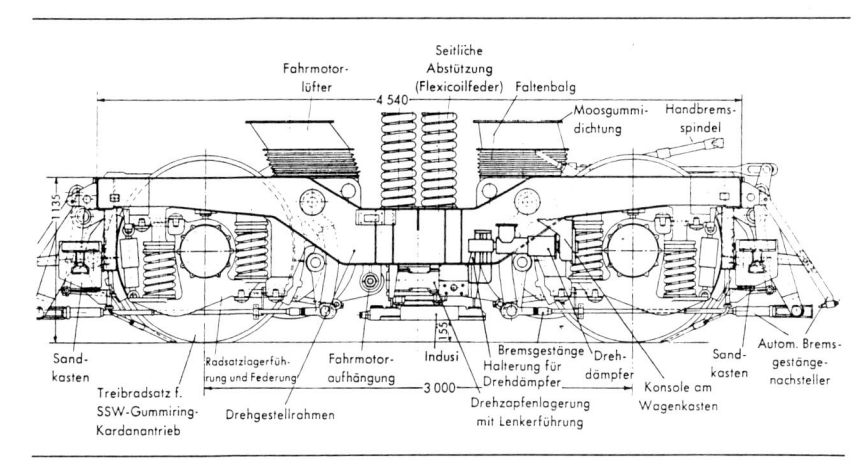

Abb. 211: Drehgestell der Baureihe 181.2 (Grafik: DB)

Kräfte vom Querträger des Drehgestellrahmens zum runden Drehzapfen über sein Lager mit führenden Lenkern übertragen. Die Lagerung der Lenker in Silentblöcken und des Drehzapfenlagers in Gummiringfedern ergibt in Längsrichtung eine elastische Kraftübertragung, die auch Reaktionskräfte im Brückenrahmen aus Nickschwingungen der Drehgestelle abbauen hilft. Diese Art der Zugkraftübertragung über Lenker ist somit eine völlig verschleiß- und wartungsfreie Konstruktion (Abb. 212).

In Querrichtung ist das Drehgestell durch die Anordnung der Lemniskatenlenker ±10 mm frei beweglich bis zu den gummigedämpften, seitlichen Anschlägen am Lokrahmen, wobei nochmals 15 mm Weg möglich sind. Die Rückstellung des Drehzapfens in die Mittellage nach einer Auslenkung wird von den Flexicoilfedern der seitlichen Kastenabstützung übernommen. Die Bewe-

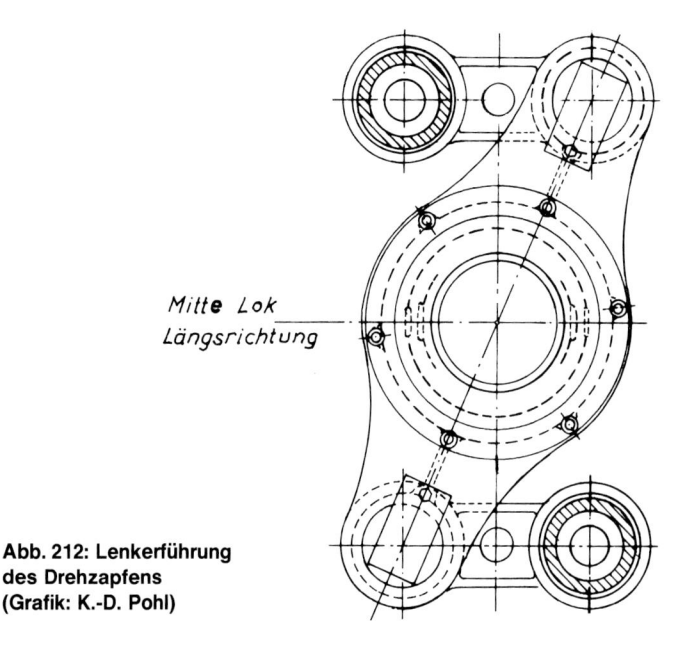

Abb. 212: Lenkerführung des Drehzapfens (Grafik: K.-D. Pohl)

gung muß mangels Reibung von horizontalen Schwingungsdämpfern quer zwischen Drehgestell und Brückenrahmen gedämpft werden.

Vier paarweise angeordnete, kräftige Schraubenfedern je Drehgestell tragen den Lokkasten. Diese Bauart der Kastenabstützung hat sich bereits bei den Lokbaureihen 103 und 151 bewährt, da sie keiner Unterhaltung bedarf. Die Flexicoilwirkung der Schraubenfedern läßt das Ausdrehen des Drehgestells unter dem Lokkasten bei Bogenfahrt ohne Reibungskräfte und praktisch kräftefrei zu. Die geringen, mit dem Ausdrehwinkel steigenden Rückstellkräfte der Flexicoilfedern bewirken eine weiche Ankopplung des Drehgestells an den Lokkasten. Wegen fehlender Dämpfungseigenschaften der Schraubenfedern mußten je Drehgestell zwei Vertikalschwingungsdämpfer parallel geschaltet werden.

Die Konstruktionselemente der Radsatzanlenkung und -lagerung wurden unter dem Gesichtspunkt der lauftechnischen Kriterien ebenfalls abweichend von den Prototypen ausgewählt. Quergefederte Radsatzlager (Abb. 213), über Lemniskatenlenker längsquasistarr und quer elastisch geführt und mit zwei Schraubenfedern und parallel angebautem Schwingungsdämpfer vertikal gefedert, sind bereits bei den Lok 103 der 5. Bauserie erprobte Bauteile. Die Reduzierung der ungefederten Massen durch Gestellmotorbauweise und dazugehörigen Gummiringkardan-Antrieb ist von dort her mit den positiven Auswirkungen auf die Kräfte zwischen Rad und Schiene bekannt und für die BR 181.2 übernommen worden.

Unter einem Gestellmotor versteht man einen vollständig im Drehgestell aufgehängten Fahrmotor, der sich gewichtsmäßig nicht auf den Radsatz abstützt. Der vertikale Federweg des Radsatzes wird voll vom Gummiringkardan-Antrieb ausgeglichen. Bei diesem Antrieb wird die Hohlwelle als Verbindungsglied zwischen Fahrmotor und Radsatz auf der einen Seite vom Großzahnrad über Bolzen und 6 gummigefederte Gelenkhebel angetrieben. Am anderen Ende der Hohlwelle wird das Drehmoment mittels eines Armsternes und 6 Gummiringfedern auf den Treibradkörper übertragen.

Der Kardantrieb ermöglicht eine seitliche freie Beweglichkeit des Radsatzes von ±20 mm, die letzterer mit wechselnder Federkonstante, je nach Wirksamkeit der Lenkerpaare und der auf 20 kN vorgespannten Gummiringfeder im Radsatzlager, mit ±12 mm möglichem Querverschiebungsweg nicht ausschöpft. Selbst diese extremen Werte dürften im Betrieb nur selten bei Querkräften aus Gleislagefehlern in Weichen und Bogeneinläufen beansprucht werden. Querbewegungen von ±5 bis 6 mm hingegen werden häufig ausgeführt.

Als weitere Maßnahmen für ein verbessertes Laufverhalten der Drehgestelle seien noch Konzentration der verbleibenden Massen (Fahrmotor) zum Drehgestelldrehpunkt hin – um kleine Trägheitsmomente und damit geringe Schwingenergien zu erhalten – sowie der von 3400 mm auf 3000 mm verkürzte Radsatzstand zur Verringerung der quasistatischen Bogenlaufkräfte im Gleisbogen genannt.

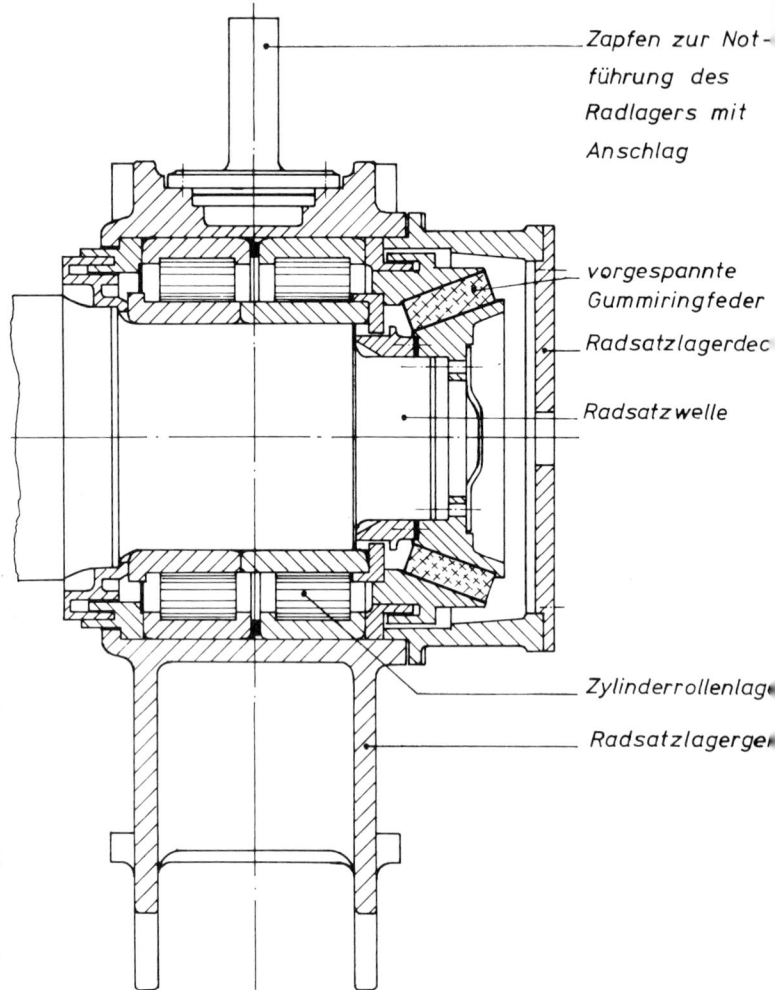

Abb. 213: Querelastisches Radsatzlager (Grafik: K.-D. Pohl)

Das aus Verschleiß- und Unterhaltungsgründen gewählte DB II-Profil auf den Radreifen verursachte ab 120 km/h ein instabiles Laufverhalten durch starke Schlingerbewegungen des Drehgestells im Spurkanal. Diesem Radreifenprofil fehlen die dämpfenden Eigenschaften des Heumann-Lotter-Profils, das bei Meßfahrten bis 170 km/h einwandfreies Laufverhalten zeigte. Allerdings nähert sich das Heumann-Lotter-Profil im Laufe von etwa 50 000 km dem Verschleißprofil DB II so, daß der Drehgestellauf wieder zunehmend unruhiger wird. Um ein stabiles Laufverhalten mit dem DB II-Profil sicherzustellen, erhielt die Lokomotive zwischen Kasten und Drehgestellen 4 hydraulische Drehdämpfer angebaut. Die Abstimmung der Dämpferkraft ist so optimiert, daß bei Einfahrten in Gleisbögen die zusätzlichen Ausdrehkräfte bzw. Spurführungskräfte nur eine unwesentliche Erhöhung der wirksamen Querkräfte zwischen Rad und Schiene bewirken.

Der mit den Drehdämpfern erzielbare Abbau der Schlingerkräfte des Drehgestells im Spurkanal konnte bereits vorher durch ausgiebige Meßfahrten mit der Lok 110 466 mit einer Drehgestellvariante gleicher Art sicher nachgewiesen werden.

Bei Anwendung des Verschleißprofils DB II kommt es im geraden Gleis zu keinem Spurkranzanlauf mehr, so daß große Laufleistungen ohne Profilberichtigung erwartet werden können.

Druckluftbremse

Die mechanische Bremsanlage der Lokomotive 181.2 zeichnet sich durch einen von einer neuen Bauweise bestimmten, guten Wirkungsgrad aus. Durch Einbau eines eigenen Bremszylinders pro Rad konnte das übliche schwere, durch viele Lagerstellen reibungsbehaftete Gestänge durch wenige, leichte Stangen mit entsprechend reduzierter Anzahl der Lager- und Verschleißstellen ersetzt werden. Gleichzeitig erreicht man eine gleichmäßigere Verteilung der Bremskräfte auf die einzelnen Räder, da die Gelenkreibung der aufwendigen, gekuppelten Gestänge entfällt.

Je eine Handbremse wirkt im darunterliegenden Drehgestell somit nur auf ein Rad eines Radsatzes, was aber für die Verwendung als Feststellbremse ausreicht.

Die Bremsbauart wird mit der Bezeichnung automatische Einkammer-Druckluftbremse KE-GPR EmZ, Bauart Knorr, hinreichend charakterisiert. Die Bremsanlage ist mit einem mehrlösigen Steuerventil ausgerüstet, das gemäß UIC-Richtlinien im internationalen Verkehr zugelassen ist. Es bildet eine bauliche Einheit mit dem Druckübersetzer und der GPR-Umstellvorrichtung. In Stellung R des Bremsartwechsels wirkt die hohe Abbremsung mit einem höchsten Bremszylinderdruck von 8 bar. Um ein Festbremsen der Radsätze, verursacht durch den geschwindigkeitsabhängigen Haftreibungsbeiwert der Bremsklötze aus Gußeisen, zu vermeiden, wird der Bremszylinderdruck in Abhängigkeit von der Fahrgeschwindigkeit über einen am Radsatzlager angebauten Bremsdruckregler reduziert. Bei v < 55 km/h wird auf niedrige Abbremsung mit einem höchsten Bremszylinderdruck von 3,8 bar umgeschaltet. Die gewünschten Bremszylinderdrücke werden jeweils bis zum Maximalwert in Stufen mit dem selbstregelnden Führerbremsventil D5P mit angebautem elektrischen Bremssteller eingestellt.

Die mehrlösige, indirekt wirkende Druckluftbremse wird ergänzt durch eine direkt wirkende Druckluftzusatzbremse. Mit dem Zusatzbremsventil können die Bremszylinder über ein Druckminderventil mit einem größten Druck von 3,6 bar direkt beaufschlagt werden.

Außerdem können die Bremskolben mit Druckluft von 1,25 bar über den Kipptaster »Schleuderschutz« auf dem Führertisch betätigt werden. Der Druck wird über eine Kombination von elektropneumatischen Anstell- und Löseventilen in Abhängigkeit von einem Druckwächter 1,25 bar aus der 10 bar-Hauptluftbehälterleitung eingesteuert.

Für Schnellbremsungen ohne Betätigung des Führerbremsventils sind im Führerraum auf der Führer- und Beifahrerseite leicht erreichbare Notbremsventile vorhanden, die die Hauptluftleitung mit großem Querschnitt direkt entlüften.

Die Bremszylinder können über zwei pneumatische Auslaßventile schnell entlüftet werden. Diese Ventile werden entweder durch ein mechanisches Löseventil je Führerraum von Hand oder über ein elektropneumatisches Magnetventil mit dem Kipptaster »Bremse lösen« betätigt.

Besonders hervorgehoben werden muß noch der Entfall der Wartungsarbeiten für das Nachstellen des Bremsgestänges durch den Verschleiß der Bremsklötze. Erstmals wurden bei einer DB-Lokomotivbaureihe automatische SAB-Bremsgestängesteller eingebaut, die den Bremskolbenhub selbsttätig auf etwa 95 mm nachstellen.

Der Vollständigkeit halber sollen noch die angeschriebenen Bremsgewichte der Lokomotiven 181.2 angegeben werden:

R + E$_{160}$	= 173 t
R + E	= 150 t
P + E	= 140 t
R	= 120 t
P	= 80 t
G	= 70 t.

2.5.2.4. Elektrischer Teil

Für die Übernahme des elektrischen Teils der Prototypen gilt in etwa das gleiche wie für den Mechanteil. Die Firma AEG-Telefunken, Berlin, konnte nur das Grundkonzept übernehmen, das in seiner Realisierung an die neuen Gegebenheiten angepaßt werden mußte. Die elektrische Ausrüstung der Lokomotive 181.2 wird bestimmt durch die Auslegung für zwei Bahnstromsysteme und die Anwendung der Leistungselektronik in größerem Rahmen. Der Übersichtsschaltplan zeigt deutlich die Abweichungen gegenüber einer herkömmlichen Einsystem-Schaltwerk-Lokomotive (Abb. 216).

Hauptstromkreis

Die gesamte Hochspannungsausrüstung wurde mit ihrer Bauteilisolation und den Schutzabständen für die höhere Spannung von 25 kV ausgelegt. Die Dachausrüstung mußte in dem kleineren UIC-Umgrenzungsprofil untergebracht werden. Das Dach ist für die Montage von 4 Einholmstromabnehmern der Bauart SBS 67 (Dreipunktbefestigung) vorbereitet. Derzeit befinden sich auf Platz 2 der DB-Stromabnehmer mit der 1950 mm breiten DB-Wippe und 2 Kohle-Schleifleisten und auf Platz 3 der Stromabnehmer mit der nur 1450 mm breiten SNCF-Wippe und 2 Stahl-Schleifleisten. Die Plätze 1 und 4 auf den Hauben hinter den Führerräumen können bei Bedarf mit einem weiteren Einholmstromabnehmer (DB, SNCF oder auch SBB) bestückt werden.

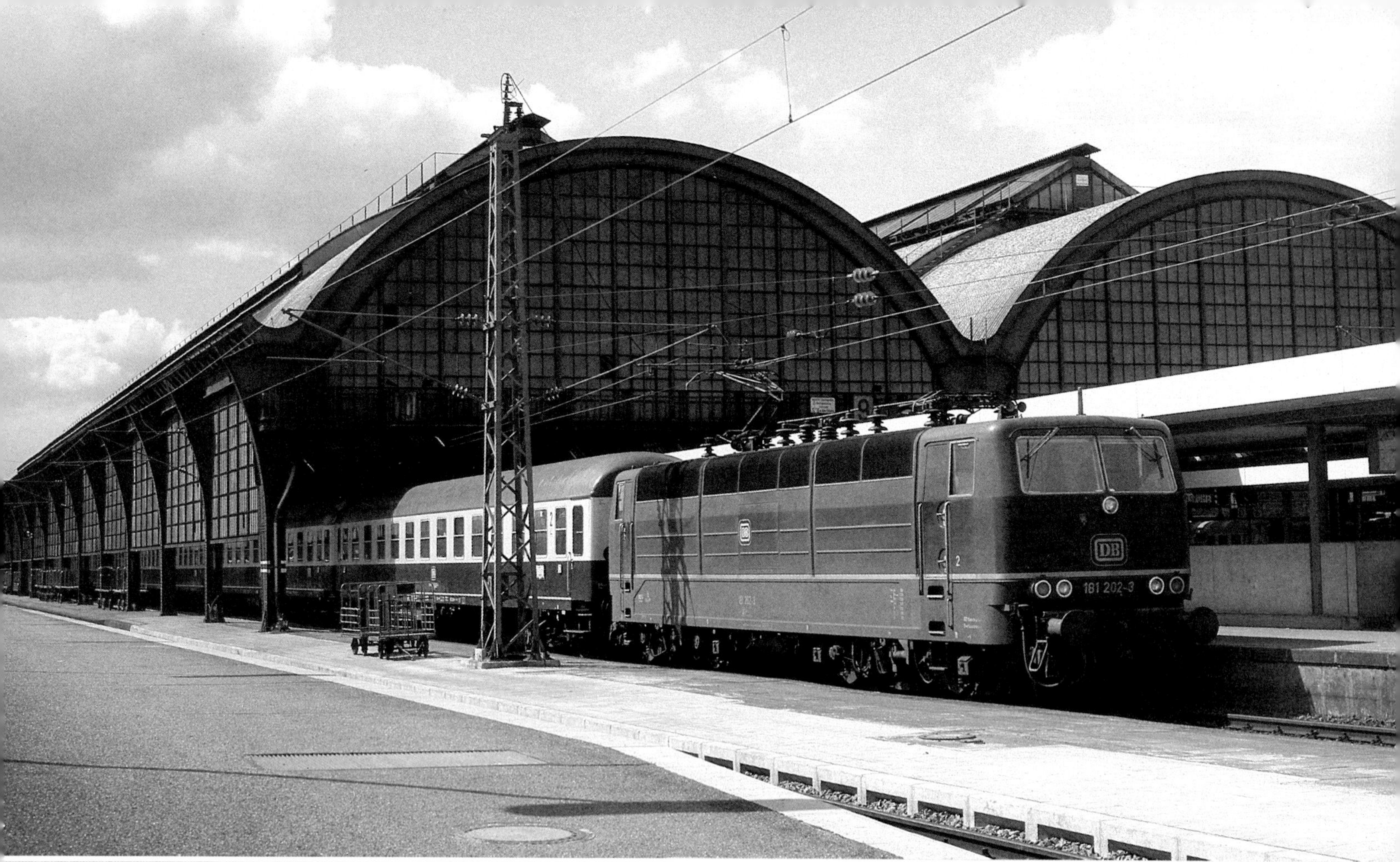
DB
161 202-3

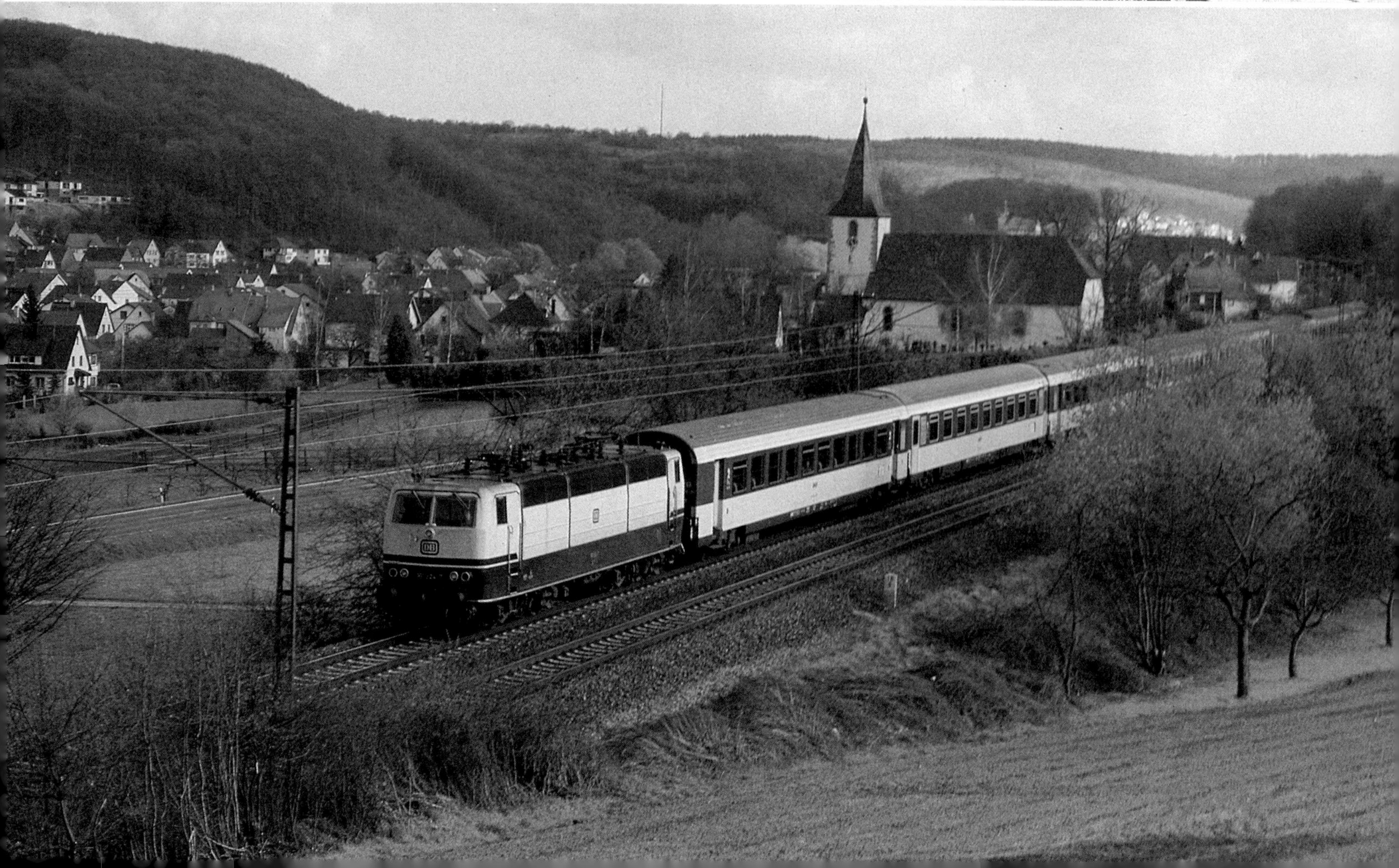

Von den Stromabnehmern führen mit Trennlitzen versehene Dachleitungen zum Druckluftschnellschalter DBTF 30i 250. Die Ausschaltleistung des Hauptschalters beträgt 250 MVA. Der Oberspannungswandler ist vor dem Hauptschalter an die Dachleitung angeschlossen. Der Oberstrom fließt weiter über den Dachdurchführungsstromwandler in den Hochspannungsraum zum Transformator. Die Rückführung zur Schiene erfolgt über den kompensierten Erdstromwandler und die Erdungskontakte Bauart Ferraz.

Die Erdungsdrossel soll das Abfließen des Primärstromes über die Zug- und Stoßeinrichtung in den Wagenzug verhindern und gleichzeitig den über diesen Weg rückfließenden Heizstromanteil über einen gesonderten Erdungskontakt auf den gewünschten Rückweg über die Schiene drücken.

Der Transformator ist eine Weiterentwicklung desjenigen aus den Vorauslokomotiven mit um 12 % auf 3700 kVA gesteigerter Nennleistung und trotzdem mit um etwa 5 % auf 9300 kg vermindertem Gewicht. Die Kühlung des Haupttransformators erfolgt über einen Zwangsölumlauf mit Öltauchpumpe und einen luftgekühlten Ölkühler mit 180 kW Leistung.

Ferner sorgt ein zweistufiger Buchholz-Schutz für Verringerung des Schadumfangs bei inneren elektrischen Schäden des Transformators. Je nach Stärke der Gasbildung im Trafoöl gibt er eine Warnmeldung über einen Leuchtmelder ab oder sorgt zusätzlich für eine Hauptschalterauslösung (Abb. 217).

Die Schaltung der Stromrichter als Folgeschaltung zweier unsymmetrisch halbgesteuerter Gleichrichterbrücken beeinflußt die Trafobauart grundlegend. Auf dem Zweischenkeleisenkern des Haupttransformators sind je Schenkel eine Primärwicklung mit halber Leistung, zwei galvanisch getrennte und magnetisch weitgehend entkoppelte Sekundärspulen, eine Hälfte der geteilten Heizwicklung und die Wicklungen für Hilfsbetriebe und Batterieladegerät angeordnet. Durch die besondere Aufteilung der Spulengruppen wird sichergestellt, daß die Streuspannung in beiden Stromsystemen trotz der im Verhältnis 3:1 unterschiedlichen Frequenz nahezu gleich bleibt. Damit wird auch gleiches Betriebs- und Kurzschlußverhalten des Trafos in beiden Systemen sichergestellt.

Damit Stromrichter, Hilfsbetriebe und Ladegerät bei 15 kV und 25 kV mit der gleichen Spannung versorgt werden, haben die zugehörigen Wicklungen bei 60 % eine schaltbare Anzapfung.

Die Umschaltung erfolgt automatisch über 2 elektro-pneumatische Systemumschalter nach Vorwahl der entsprechenden Bahnverwaltung durch den Triebfahrzeugführer und Ansprechen der selbsttätigen Frequenz- und Spannungserfassung (Fühlsystem). Das Einschalten des Hauptschalters ist gesichert gegen versehentliche Falschwahl der Bahnverwaltung durch eine elektrische Überprüfung auf Zusammengehörigkeit beider Vorgänge.

Durch Umschalten nur eines Systemumschalters unter 16⅔ Hz mit dem Kippschalter »Trafoumschaltung« können die Fahrmotoren mit ca. 80 % der max. Spannung von 1050 V betrieben werden. Dabei wird jeweils nur eine der beiden Sekundärwicklungen mit der Anzapfung für 25 kV betrieben. Das bedeutet für schwere und mittelschwere Züge mit einer Höchstgeschwindigkeit von 80 km/h, daß die Betriebspunkte mit vollausgesteuerten Gleichrichterbrücken in niedrigere Geschwindigkeitsbereiche gelegt werden und somit im Bereich eines günstigeren Leistungsfaktors gefahren werden kann.

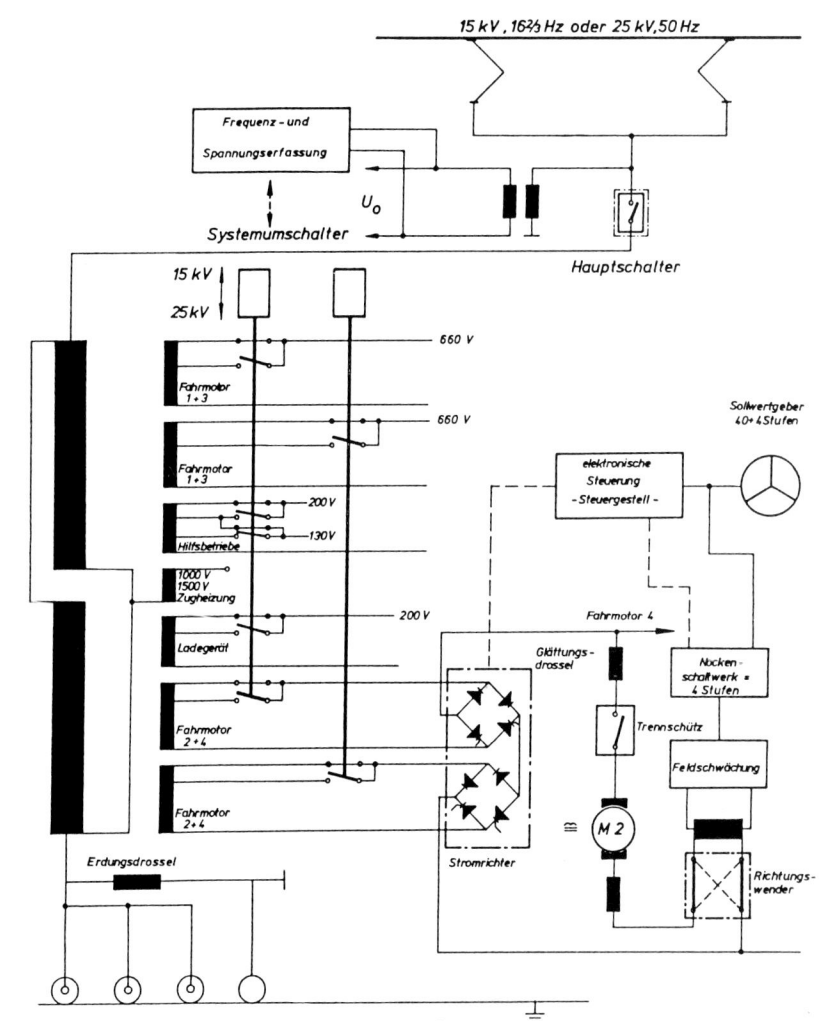

Abb. 216: Prinzipschaltplan der Lok 181.2 (Grafik: DB)

◄ **Abb. 214 und 215: Im obigen Bild wartet 181 202 an einem sonnigen Apriltag 1982 im Hauptbahnhof Karlsruhe auf das Abfahrsignal. Damals trug diese Lokomotive noch das alte Farbenkleid. Unten sehen wir im gleichen Monat 181 224 vor dem Schnellzug »Mozart« von Saarbrücken nach München in voller Fahrt bei Bilfingen (Fotos: J. Schmidt).**

Abb. 217: Haupttransformator mit Ölausdehnungsgefäß und angebautem Buchholz-Schutz (Fotos: AEG)

Abb. 218: Stromrichtergestell, Gangseite (Foto: AEG)

Abb. 219: Fahrmotorklettungsdrossel mit Lüfter (Foto: AEG)

Die luftgekühlten Stromrichter sind in zwei Gestelle aufgeteilt. Jedes enthält zwei gleichspannungsseitig in Reihe geschaltete Gleichrichterbrücken, deren Teilspannungen sich addieren. Jeder Stromrichter ist für einen thermischen Dauerstrom von 2500 A ausgelegt. Da die Leistungshalbleiter Ströme dieser Größenordnung und Spannung nicht einzeln bewältigen, wurden die Brücken aus 2 Thyristoren- und 2 Diodenzweigen mit mehrfacher Parallelschaltung der Halbleiter gebildet. Sie sind mit Flachbodenzellen aufgebaut, die auf in Luftschächten angeordneten Kühlkörpern montiert sind. Die Kühlluft wird von den hinter der linken Abdeckung untergebrachten zwei Stromrichterlüftern aus dem Maschinenraum gefördert (Abb. 218).

Die zwei Stromrichtergruppen speisen die Fahrmotoren 1 + 3 und 2 + 4. Sie werden unabhängig voneinander gesteuert, um den früher erwähnten elektrischen Ausgleich der Radsatzlaständerungen im Drehgestell zu ermöglichen.

Die Stromrichter erzeugen einen je nach Aussteuerung der Gleichrichterbrücken mehr oder weniger welligen Mischstrom. Dies ist ein Strom mit hohem Gleichstromanteil und überlagerten Wechselstromanteilen mit geringeren, abnehmenden Amplituden bei höher werdenden Oberschwingungsfrequenzen. Um die Stromwelligkeit in für die Fahrmotoren gewünschten Grenzen zu halten, ist in den Fahrmotorstromkreis eine dämpfende Induktivität in Form von Glättungsdrosseln eingeschaltet. Die Glättungsdrosseln sollen aber auch verhindern, daß ein geringer Motorstrom bei hoher Motorgegenspannung innerhalb einer Halbwelle nur lückenhaft fließt. Ferner war bei der Auslegung der Drosseln zu beachten, daß im Betrieb der Fahrmotoren mit Nennspannung 1050 V die Stromwelligkeit etwa 40 % betragen soll und die thermische Nennstrombelastung mit 1250 A_{dd} = 1,6-facher Motordauerstrom angesetzt wurde. Besonders bei 16⅔ Hz Netzfrequenz, entsprechend 33⅓ Hz an der Drossel, mußte das durch das Eisen stark beeinflußte Gewicht bei der Konstruktion und Berechnung kompromißbereit im Auge behalten werden.

Die Glättungsdrosseln für 2 Fahrmotoren sind als Doppeldrosseln auf einem Zweischenkeleisenkern zusammengebaut und liegen übereinander im Luftstrom eines aufgesetzten, gemeinsamen Axiallüfters. Die Kühlluftmenge pro Doppeldrossel beträgt 1,7 m³/s (Abb. 219).

Die Fahrmotoren der Type UZ 11664 k1 entsprechen elektrisch vollkommen dem Typ UZ 11664 h der Prototyplokomotiven, mußten jedoch Änderungen am Gehäuse wegen der anderen Einbausituation über sich ergehen lassen. Mit Rücksicht auf die Forderungen des Werkstättendienstes der DB wurde der Motor der Vorauslokomotiven von der Isolationsklasse H auf die einheitlich verwendete Klasse F umgestellt. Um die gleichen Nennleistungsdaten dieses Motors wieder zu erreichen, sind unter anderem die Ankerspulen mit dünner Kaptonfolie isoliert worden (Abb. 220).

Die Fahrmotoren sind als Mischstrom-Reihenschluß-Kommutatormotoren mit Fremdbelüftung über Axiallüfter ausgeführt. Der voll geblechte, 6-polige Motor ist mit Wendepolwicklung und auf 90 % Erregergrad dauershuntierter Feldwicklung ausgerüstet. Die Stundenleistung beträgt 810 kW bei Nennspannung 1050 V, Stundenstrom 830 A und 90 % Erregergrad; die Dauerleistung wird mit 775 kW angegeben.

Das von Wechselstromfahrmotoren her bekannte pulsierende Drehmoment tritt auch beim Mischstromfahrmotor auf, aber in abgeschwächter Form. Im Bereich höherer Fahrmotorspannungen ergibt sich eine Stromwelligkeit, die zu nicht vernachlässigbaren Drehmomentpulsationen führt. Daher kann nicht auf den Einsatz von energiespeichernden, gefederten Antrieben verzichtet werden (Abb. 221). Aber im für das Anfahrverhalten des Triebfahrzeugs entscheidenden Bereich kleiner Motorspannungen bzw. Drehzahlen beträgt die Drehmomentpulsation weniger als 10 % und kann somit als vernachlässigbar klein angesehen werden. Für die Netzfrequenz von 50 Hz vermindern sich die genannten Welligkeiten auf ein Drittel.

Bei voller Fahrmotorspannung, also Vollaussteuerung der Stromrichter, kann die Drehzahl der Fahrmotoren durch Feldschwächung bis auf 40 % Erregergrad weiter gesteigert werden. Dazu ist pro Gruppe ein kleines, servomotorisch betriebenes Feldschwächschaltwerk eingebaut, das in 4 Stufen entsprechende ohmsche Widerstandsgruppen parallel zur Feldwicklung legt.

In den Fahrmotorstromkreisen sind weiterhin konventionelle Trennschütze, Richtungs- und Fahr-Brems-Wender vorhanden.

Abb. 220: Fahrmotor UZ 116 64, Antriebsseite (Foto: AEG)

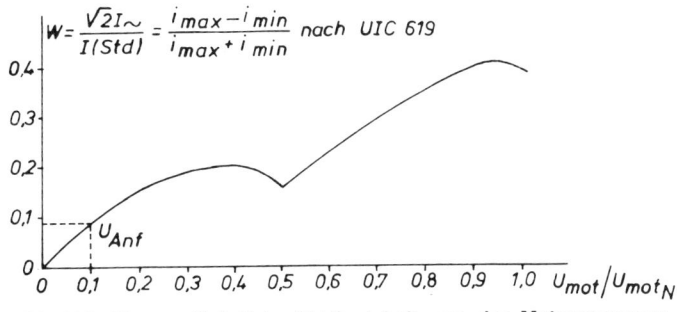

$$W = \frac{\sqrt{2}I_\sim}{I(Std)} = \frac{i_{max} - i_{min}}{i_{max} + i_{min}} \text{ nach UIC 619}$$

Abb. 221: Stromwelligkeit in Abhängigkeit von der Motorspannung (Grafik: K.-D. Pohl)

Elektrische Bremse

Die elektrische Bremse der 181.2 ist eine fahrdrahtspannungsabhängige, fremderregte Gleichstrom-Widerstandsbremse. Die Fahr-Brems-Wender stellen die Bremsschaltung der Fahrmotoren her. Letztere arbeiten als Generatoren auf je einen elektrisch getrennten Bremswiderstand, nachdem die 4 Erregerwicklungen in Reihe geschaltet worden sind. Die Bremserregung erfolgt über das Bremserregerschütz aus der 2. Brücke des Stromrichters 1. Die Aussteuerung dieser Brücke bestimmt die Größe des Erregerstromes, der fast 1500 A erreichen kann.

Die Bremsleistung ist von der Wärmekapazität und -abfuhr des Bremswiderstandes abhängig. Die 4 Widerstandseinheiten sind in einem von unten nach oben belüfteten Schacht untergebracht. Die Luft wird durch ein Schutzgitter auf dem Dach der Mittelhaube frei nach oben ausgeblasen. Der Bremswiderstandslüfter wird vom Bremswiderstand des Fahrmotors 3 gespeist. Auf diese Weise wird eine Kurzzeitleistung von 5100 kW erreicht, die nach etwa 20 s durch die Temperaturüberwachung der Widerstandsbänder auf die Dauerleistung von 2500 kW begrenzt wird.

Die maximale Bremskraft beträgt im Bereich von 160 km/h bis 25 km/h nahezu konstant 115 kN und fällt bis 0 km/h linear ab. Bei etwa 10 km/h wird die E-Bremse bereits abgeschaltet. Die Bremskraft, proportional dem Produkt aus Ankerstrom und Erregerfluß, wird über den Erregerstrom geregelt und ergibt in bezug auf die konstante Reibwertausnutzung beim Bremsen eine wünschenswerte Kennlinie. Mit dieser Bremsauslegung ist ein Bremsweg von 800 m aus 160 km/h gewährleistet. Im Vergleich zu den Serienlokomotiven wurde hier eine wesentlich leistungsfähigere elektrische Bremse eingebaut.

Als Voraussetzung für die Anrechenbarkeit der elektrischen Bremse im internationalen Verkehr wurde bei der DB erstmalig zusätzlich eine netzunabhängige, batteriegespeiste Notbremserregung in einer ganzen Lokserie eingebaut. Der Ausfall der Fahrdrahtspannung während einer Schnell- oder Zwangsbremsung bewirkt in kürzester Zeit ein Umschalten von der fahrdrahtabhängigen Erregung auf die Batterieerregung. Aus Belastungsgründen der 70 Ah-Batterie wird die Notbremserregung nur im o.g. Fall bei Geschwindigkeiten bis herab auf 55 km/h und für maximal 40 s Dauer eingeschaltet. Die zeitliche Begrenzung schützt auch die Fahrmotoren, da ohne Fahrdrahtspannung auf die Fahrmotorenlüftung verzichtet werden muß. Um den vorgeschriebenen Bremsweg einhalten zu können, wird die ungeregelte, batterieerregte Bremse durch die vorgesteuerte und eingeschaltete Druckluftbremse in Hoch- bzw. Niedrigabbremsung ergänzt. Durch den mit der Geschwindigkeit linear abnehmenden und damit zur Druckluftbremskraft komplementären Verlauf der elektrischen Bremskraft besteht theoretisch keine Gefahr des Überbremsens (Abb. 222). Im Kapitel Betriebserfahrungen wird auf dieses Thema noch einmal näher eingegangen werden.

Fahr- und Bremssteuerung

Die bisher beschriebenen Leistungsstromkreise sind im wesentlichen über die Stromrichtersteuerung mit der übergeordneten, weitgehend elektronischen Regelung für Fahren und Bremsen verknüpft. Die starkstrommäßige Trennung in zwei unabhängige Fahrstromkreise ist auch auf der Steuerstromseite konsequent durchgeführt. Die Stellgliedfunktion für alle nachgenannten Regelvorgänge übernimmt die Anschnittsteuerung der Stromrichter.

Bei der Anschnittsteuerung wird im Gegensatz zur Amplitudensteuerung die wirksame Spannung durch Anschnitt der Spannungshalbwelle erzeugt (Abb. 223). Die sogenannte unsymmetrische Halbsteuerung verstellt den Anschnitt oder Zündwinkel innerhalb einer Halbwelle von 180° el bis etwa 10° el mit Hilfe der Thyristoren. Nach dem Nulldurchgang der sinusförmigen Eingangsspannung sperrt der leitende Thyristorzweig selbsttätig und verhindert auch den primärseitigen Stromfluß, so daß keine unnötige Blindleistung dem Netz entnommen wird. Allerdings wird der Fahrmotorstrom durch die gleichstromseitigen Induktivitäten weitergetrieben, weshalb für den Freilauf in der Brückenschaltung zwei Diodenzweige vorgesehen sind (Abb. 223). Der Strom kommutiert somit bei dem Spannungsnulldurchgang von dem Thyristorzweig 1 auf die Freilaufdiodenzweige 2 und 4 und wird dort so lange geführt, bis der um 180° el, also für die 2. Spannungshalbwelle versetzte Thyristorzweig 3 gezündet und damit die Kommutierung auf diesen eingeleitet wird. Die Freilaufdioden führen den Motorstrom in Abhängigkeit vom Zündwinkel unterschiedlich lang. Man kann diesen Vorgang als eine »Stromtransformation« zwischen dem effektiven Netzstrom und dem ausgangsseitigen Gleichstrom (Mittelwert) im Stromrichter betrachten. Das »Übersetzungsverhältnis« ist vom Zündwinkel abhängig und kann etwa

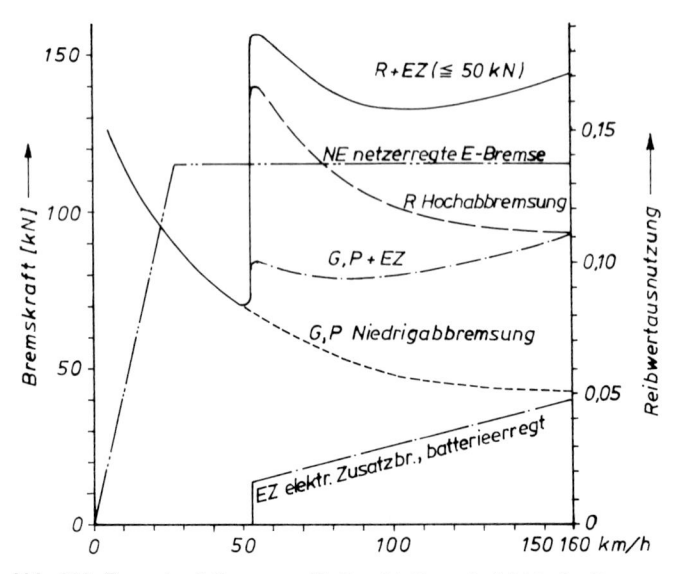

Abb. 222: Bremskraftdiagramm für Druckluft- und elektrische Bremse (Grafik: K.-D. Pohl)

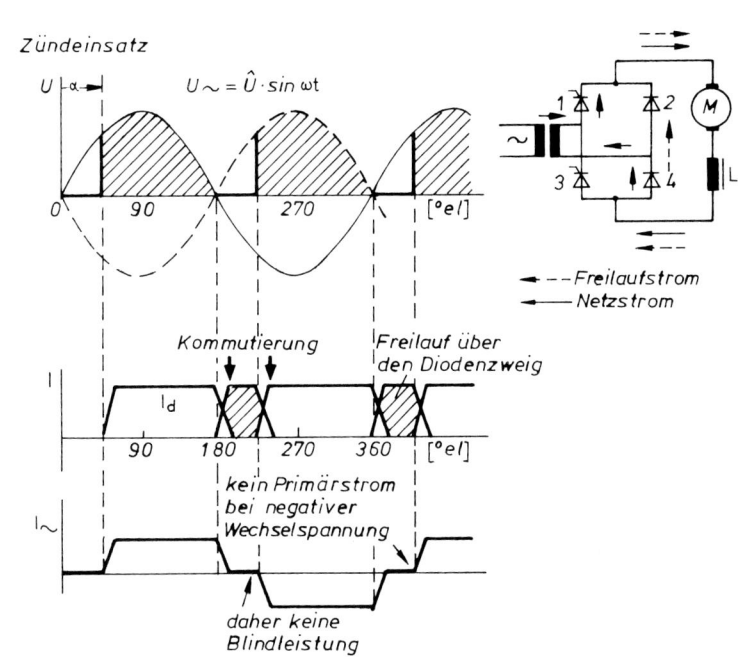

Abb. 223: Wirkungsweise der unsymmetrischen Brückenschaltung der Anschnittsteuerung (Grafik: K.-D. Pohl)

zwischen 0,25:1 und 1,1:1 liegen. Die Verstellung des Zündwinkels erfolgt über mit der Netzspannung synchronisierte Zündimpulse an die Thyristoren, die durch die Regelung nach Maßgabe eines Soll-Ist-Vergleichs zeitproportional verschoben werden.

Zu den gezeigten Regelkreis-Blockschaltbildern Fahren und Bremsen sollen zur Erläuterung stichwortartig die Regelaufgaben aufgezählt werden.

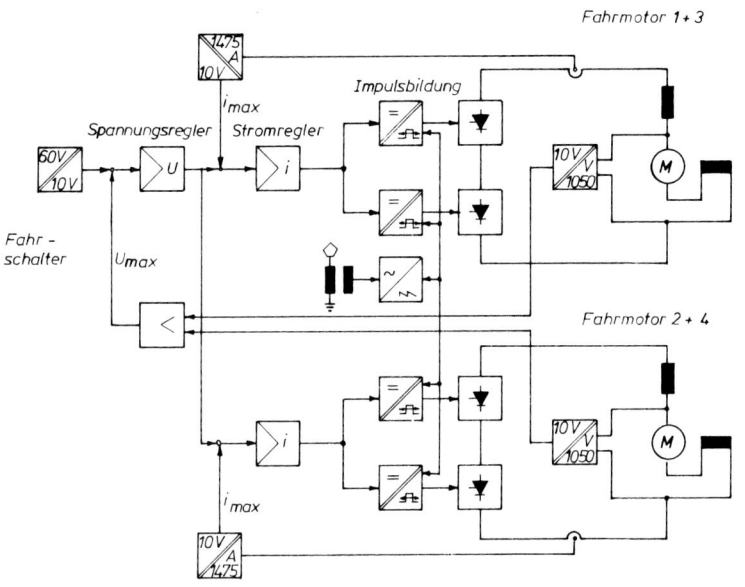

Abb. 224: Regelkreis-Blockschaltbild »Fahren« (Grafik: K.-D. Pohl)

Fahren (Abb. 224):
- Stufenlose Regelung der Fahrmotorspannung mit unterlagerter Motorstromregelung,
- Zugkraftregelung (Motorstrom) in den für Rangieren und Anfahren wichtigen unteren Fahrschalterstellungen,
- Fahrtrichtungsabhängiger Zugkraftausgleich zur Kompensation der Radsatzentlastung bei hohen Zugkräften,
- Selbsttätiger Schleuderschutz über Differenzstromauswertung innerhalb einer elektrischen Motorgruppe,
- Freigabe der Feldsteuerung in Abhängigkeit von der Motorspannung und dem Aussteuerungsgrad der Stromrichter.

Stufenlose Steuerung über Thyristor-Gleichrichter ermöglicht z.B. optimale Haftwertausnutzung und zügige Beschleunigung durch Entfall der Unstetigkeitsstellen im Zugkraftverlauf beim Überschalten von einer Stufe auf die nächste bei Schaltwerkslokomotiven. Die beim Anfahren unvermeidliche Entlastung der vorauslaufenden Radsätze und der dabei auftretende Zugkraftverlust von etwa 15 % können dadurch etwa zur Hälfte kompensiert werden, daß die Stromrichter der beiden Motorgruppen mit etwa 7 % unterschiedlicher Anfahrstrom-Vorgabe gesteuert werden. Ein mit der Differenz der zwei Motorströme einer Gruppe gespeister Schlupfregler wirkt Schleudervorgängen bereits im Entstehen, das heißt vor Einsetzen des Makroschlupfes, entgegen durch unverzügliches Zurückregeln der betroffenen Gruppe. Der vorübergehende Zugkraftverlust bleibt somit nur auf zwei Motoren beschränkt.

Bremsen (Abb. 225):
- Stufenlose Bremskraftregelung zwischen 160 km/h und 30 km/h,
- Bremsstromgrößtwertauslese aus den 4 Motorstrom-Istwerten,
- Bremsstromregelung bei thermischer Leistungsbegrenzung des Bremswiderstandes im Geschwindigkeitsbereich über 80 km/h,
- Erregerstrombegrenzung zwischen 30 km/h und 0 km/h zum Schutz der Fahrmotorerregerwicklungen,
- Schlupfregelung (Gleitschutz).

Die Bremssteuerung für die netzerregte Widerstandsbremse besteht aus einer Bremskraftregelung mit unterlagerter Erregerstromregelung und Bremsstrombegrenzung. Die Bremskraft ist proportional dem Bremsmoment, gebildet aus dem Produkt Ankerstrom × Erregerfluß. Im Multiplikator wird jedoch der über eine Diodenauswahlschaltung gewonnene Größtwert der 4 Ankerströme verwendet, so daß vorübergehendes Gleiten einzelner Radsätze die Regelstrecke nicht beeinflußt. Außerdem werden die Bremswiderstandsgruppen und Ankerwicklungen durch die Größtwertauswahl vor eventuellen Überlastungen geschützt. Der Erregerfluß wird aus dem Erregerstromistwert und einem Funktionsbildner gewonnen, der die Magnetisierungskurve der Fahrmotoren (Fluß als Funktion des Erregerstromes) hinreichend genau nachbildet. Damit wird der gewünschte, fast konstante Verlauf der Bremskraft im Geschwindigkeitsbereich von 160 km/h bis 30 km/h erreicht. Unterhalb 30 km/h kann die Bremskraft

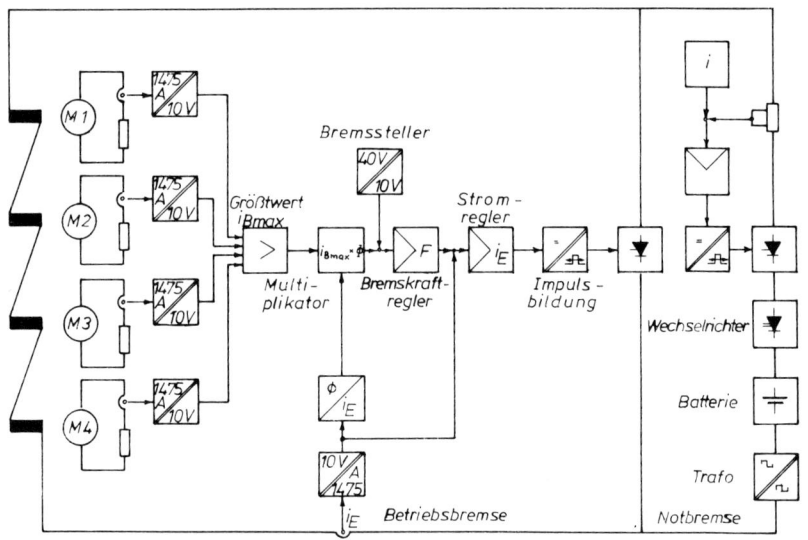

Abb. 225: Regelkreis-Blockschaltbild »Bremsen« (Grafik: K.-D. Pohl)

nicht mehr konstant gehalten werden, da die Sättigung der Erregerfelder erreicht ist. Jetzt muß der Erregerstrom auf 1475 A, den zulässigen 5-Minuten-Grenzwert der Erregerwicklungen, über den dem Bremskraftregler nachgeschalteten Stromregler begrenzt werden. Dieser Erregerstromregler steuert im Stromrichter 1 die Gleichrichterbrücke 2 aus und liefert den Erregerstrom für die Fahrmotoren. Übergeordnet greift die Temperaturüberwachung der Bremswiderstände in die Bremsstromregelung der Ankerströme begrenzend ein. Nach ca. 20 s hat die Temperatur der Widerstandsbänder etwa 500 bis 550° C erreicht, von nun an darf ein Dauerstrom von 1000 A nicht überschritten werden.

Die Eingabe der Soll- und Istwerte in die Regelungen erfolgt zum Teil über konventionelle Schaltgeräte (z.B. Fahrschalter, Bremssteller, Hilfsschütze usw.) und Strom- und Spannungswandler. Zusätzlich greifen Überwachungsfunktionen (z.B. Lauf der Stromrichterlüfter, Ansprechen Fahrmotorüberstromrelais, Abschalten der Trennschütze usw.) derart in die Regelung ein, daß die Gleichrichterbrücken im Überlastfall gesperrt werden.

Der Aufbau der elektronischen Regelung erfolgt in einem staubdicht gekapselten Steuerschrank (Abb. 226), der an der Rückwand des Führerraumes 1 steht. Die einzelnen Steckkarten und Baugruppen sind in dem genormten AEG-Intermas-System ausgeführt und in einem von der Bestückungs- und Verdrahtungsseite gut zugänglichen Schwenkrahmen eingebaut. Die Kühlung erfolgt durch Luftumwälzung mittels Axiallüfter innerhalb des geschlossenen Schrankes. Der Wärmeaustausch mit der Außenluft vollzieht sich über die wärmeleitende Aluminium-Rückwand mit Bypass-Luft des benachbarten Fahrmotorlüfters. Durch eine Plexiglasscheibe kann vom Führerraum aus die Betriebsbereitschaft der einzelnen Funktionsgruppen über anzeigende Leuchtdioden kontrolliert werden.

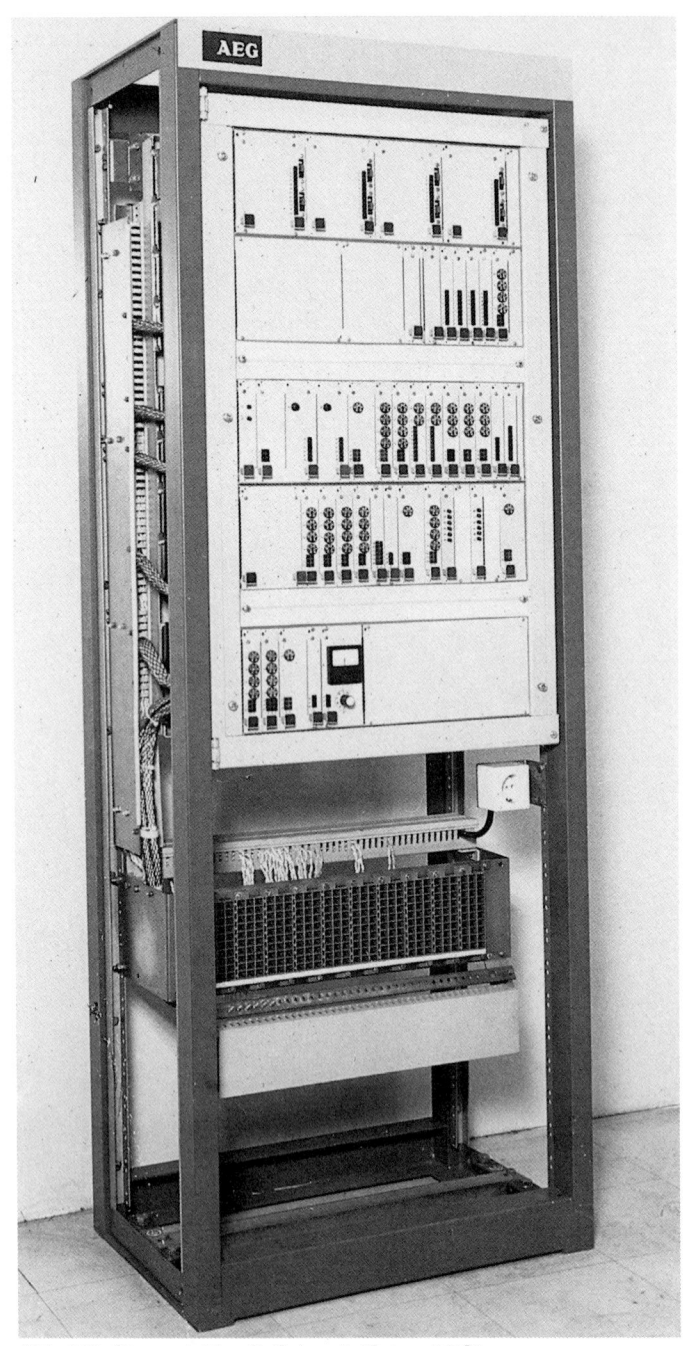

Abb. 226: Steuerelektronik-Schrank (Fotos: AEG)

Hilfsbetriebe
Der Zweifrequenzbetrieb beeinflußt die Stromversorgung der Hilfsbetriebe maßgeblich. Es galt einen Kompromiß zwischen der Verwendung bewährter Bauteile und deren Auslegung für Gleichstrom, Mischstrom, 16⅔-Hz- und 50-Hz-Wechselstrom zu finden. Das Ergebnis ist im nachfolgenden Schemaplan für Hilfsbetriebe dargestellt (Abb. 227) und wird im einzelnen erläutert.

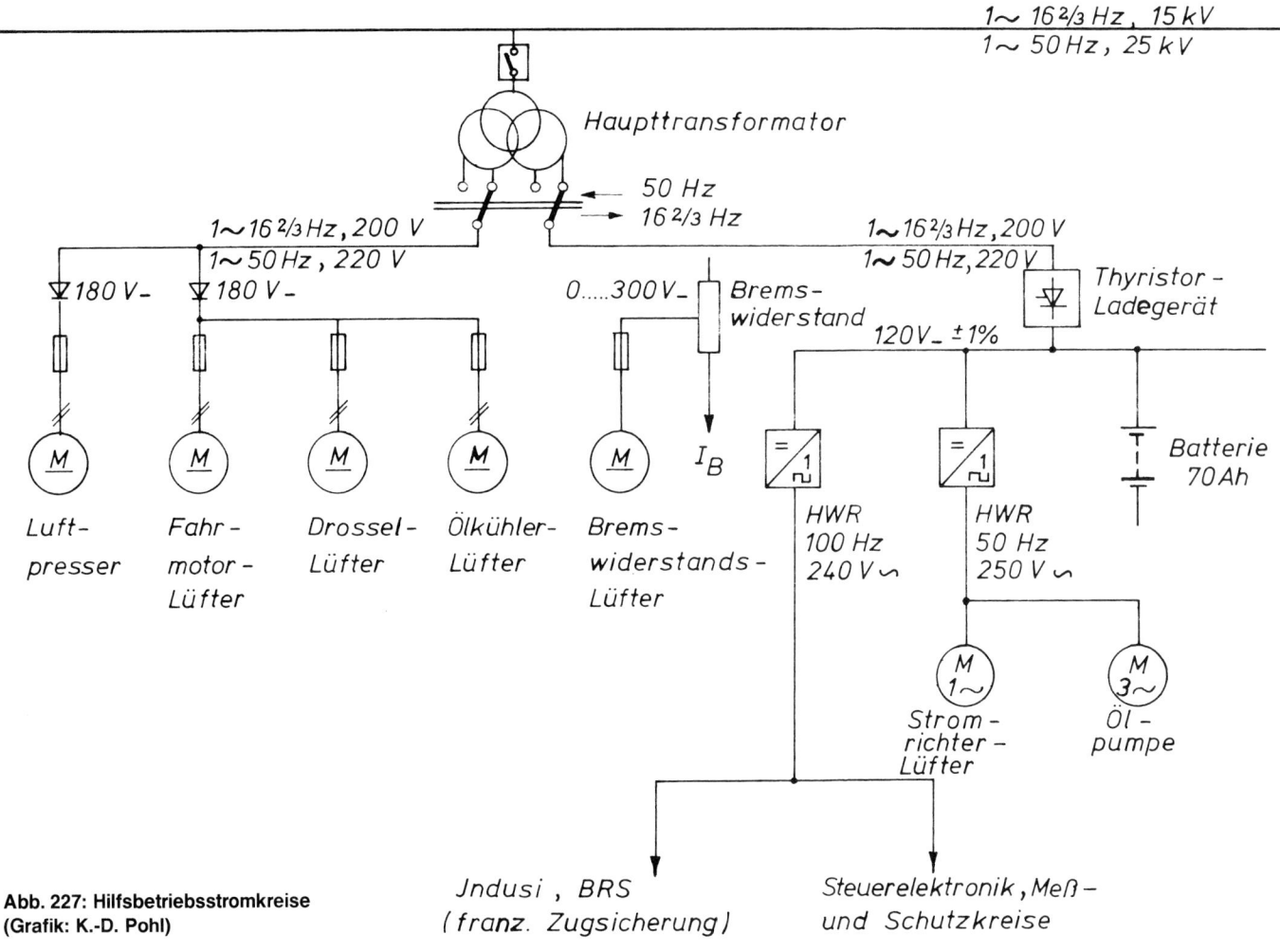

Abb. 227: Hilfsbetriebsstromkreise
(Grafik: K.-D. Pohl)

Der Haupttransformator besitzt zwei erdfrei geschaltete Hilfswicklungen, die Hilfsbetriebewicklung und die Wicklung für Ladegerät. Beide ermöglichen je nach Stellung des gemeinsamen Systemumschalters die Stromversorgung mit 200 V, 16⅔ Hz bzw. 220 V, 50 Hz. An die Hilfsbetriebewicklung sind Hauptluftpresser, Fahrmotor-, Drossel- und Ölkühlerlüfter angeschlossen.

Als Luftpressermotor wird der bereits eingeführte 18-kW-Mischstrommotor G 269 S verwendet. Er wird gespeist über einen Hilfsbetriebegleichrichter ohne Glättungseinrichtung und über zwei Schützstufen mit Anlaßwiderstand über einen Druckwächter 8,5/10 bar automatisch angelassen.

Ein weiterer Diodengleichrichter versorgt über eine Glättungsdrossel die Lüftermotoren. Fahrmotoren- und Ölkühlerlüfter in Einheitsaxialbauart werden von den Einheitshilfsmotoren EKS 200-1 angetrieben, die wegen des Zweifrequenzbetriebes mit Mischstrom gespeist werden. Als Wechselstrommotoren sind sie im Haupt- und Wendefeld besonders beschaltet. Die Drosselüftermotoren im gleichen Stromkreis haben eine Leistung von 1,8 kW. Die genannten Lüfter werden über Anlaßwiderstände mit den bewährten vierstufigen, pneumatischen Anlaßschaltern der Einheitslokomotiven eingeschaltet. Dabei werden je zwei Fahrmotor- und ein Drossellüfter zu einer Anlaß-Gruppe zusammengefaßt. Nur der Ölkühlerlüfter besitzt einen eigenen Anlaßschalter.

Alle Lüfter können zur Prüfung in der Werkstatt ohne Fahrdrahtspannung über einen Prüfumschalter an Fremdspannung gelegt werden. Ein weiterer Prüfumschalter für Bremswiderstandslüfter ermöglicht anstelle des Ölkühlerlüfters den Bremswiderstandslüfter in Betrieb zu nehmen. Letzterer wird ansonsten nur bei Bremsbetrieb von dem halben Bremswiderstand des Fahrmotors 3 bremsleistungsabhängig mit Gleichstrom versorgt.

Das Thyristor-Batterieladegerät mit J-U-Kennlinie entnimmt seinen Strom der Trafowicklung für Ladegerät. Mit 150 A Nennstrom bei 120 V Gleichspannung lädt es nicht nur die 70-Ah-

Fahrzeugbatterie, sondern erfüllt auch die wichtige Aufgabe der geregelten Speisung des daran angeschlossenen Gleichspannungszwischenkreises. Letzterer liefert den Strom für zwei Hilfswechselrichter mit 50-Hz- und 100-Hz-Rechteckwechselspannung.

Der 50-Hz-Wechselrichter mit 6 kVA Leistung bei 250 V dient in erster Linie als einphasige Stromquelle für die Ölpumpe und die 4 Stromrichterlüfter. Aus konstruktiven Gründen kamen als Antriebsmotoren nur Asynchronmotoren in Frage.

Das notwendige Dreiphasennetz entsteht durch eine Kondensatorhilfsphase. Wegen des hohen Energieverbrauchs von Ölpumpe (2,8 kW) und Stromrichterlüftern werden diese zur Schonung der Batterie zusammen mit dem Lokhauptschalter ausgeschaltet. Nach dem Einschalten des Hauptschalters werden Ölpumpe und Stromrichterlüfter verzögert und gegenseitig gestaffelt über ihre zugehörigen Einschaltschütze an den Wechselrichter angeschlossen. Dadurch wird sichergestellt, daß das Batterieladegerät arbeitet, bevor der Wechselrichter belastet wird.

Der 100-Hz-Wechselrichter erzeugt 3 kVA Leistung mit 240 V und 178 V Rechteckspannung. Er versorgt die elektronische Steuerung, verschiedene Gleichstromwandler, das Hilfsschütz 2 für Hauptschalter und die französische sowie deutsche induktive Zugsicherungseinrichtung. Das Funktionieren dieses Wechselrichters ist daher für das Aufrüsten und Fahren der Lok unerläßlich.

2.5.3. Betriebserfahrungen

2.5.3.1. Betrieblicher Einsatz

Die Konstruktion und der Bau von 25 Lokomotiven verliefen parallel mit dem vorgenannten Elektrifizierungsvorhaben der DB. Kurz nach Vollendung der Elektrifizierung konnte die 1. Lokomotive, die 181 201-5, der DB übergeben werden. Alle 25 Lokomotiven kamen zur BD Saarbrücken und wurden im Bw Saarbrücken 1 beheimatet. Die Indienststellung umfaßte den Zeitraum vom 15. Juli 1974 bis zum 21. April 1975. Nach Ausbildung einer entsprechenden Anzahl von Triebfahrzeugführern stand dem endgültigen Einsatz der neuen Lokbaureihe nichts im Wege.

Einsatz im DB-Netz

Zur Ausbildung der Triebfahrzeugführer ist zu bemerken, daß erstmalig ein Fahrzeug mit elektronischer Steuerung einem größeren Kreis von Lokführern so erläutert und nahe gebracht werden mußte, daß hinsichtlich dem Bedienen, Führen und Entstören des Triebfahrzeuges keine besonderen Anforderungen gegenüber den Einheitslokomotiven gestellt werden mußten. Die zum Teil völlig abweichenden Schaltvorgänge und nur der zum Verständnis notwendige Teil der Elektronik werden heute in übersichtlicher Form in Ausbildungsmappen in angemessener Zeit im Unterricht behandelt. Das vermittelte Wissen wird begleitend im Praxistraining vertieft. Letzteres gliedert sich in die Störungssuche und die Fahrpraxis unter Anleitung auf. Es ist gelungen, auf diese Weise von seiten der Ausbilder den Triebfahrzeugführern die Scheu vor der unbekannten Elektronik zu nehmen. Unterstützend wirkten hierbei die erweiterte Anzahl der Leuchtmelder auf dem Führertisch, der Anzeigen im Führer- und Maschinenraum und die zusammengefaßte, übersichtliche Anordnung der einzelnen Bauteile im Maschinenraum. Die Triebfahrzeugführer meistern die Hürde der Verwendungsprüfung für diese Baureihe in gleicher Weise wie bei den Einheitsloks. Ein besonderer Anreiz geht auch von der Lok selbst aus, da sich schnell herumgesprochen hatte, daß der Dienst auf diesem Fahrzeug angenehmer zu verrichten ist. Die weiter vorn geschilderten Verbesserungsmaßnahmen im und um den Führerraum sind beim Personal gut angekommen.

Obwohl die Zweifrequenzlok im ganzen südwestdeutschen Raum eingesetzt wird, hält sich die Zahl der Personaleinsatzbetriebswerke in Grenzen. Zum derzeitigen Zeitpunkt werden die Lokomotiven von den Triebfahrzeugführern der BD Saarbrücken in dem Bw Saarbrücken 1, Trier und Kaiserslautern und der BD Karlsruhe im Bw Offenburg gefahren.

Die Lok wird hauptsächlich in den innerdeutschen Relationen Saarbrücken – Heidelberg (148 km), Saarbrücken – Trier – Koblenz (200 km) und Ehrang – Gremberg (192 km) eingesetzt.

Nähere Einzelheiten über die Laufwege können dem vorliegenden Laufplan der Triebfahrzeuge vom Winter 1983/84 entnommen werden. Die Baureihe 181.2 ist in 2 Laufplänen des Bw Saarbrücken 1 zu 15 und 3 Tagen enthalten. Dementsprechend werden planmäßig 18 Loks benötigt. Die restlichen 7 Loks stehen für Sonderleistungen und die Instandhaltung im Betriebswerk und Ausbesserungswerk zur Verfügung. Bei Engpässen springen auch die Prototypen in Teile der Laufpläne ein.

Im Laufplan wird dargestellt, welche Züge in welcher Reihenfolge pro Tag bespannt werden. Aus den Zugnummern kann die Einsatzvielfalt der E 181.2 abgelesen werden. Obwohl die Anzahl der Güterzüge im Verhältnis zu den Reisezügen bei grober Betrachtung etwa die Hälfte letzterer beträgt, ergeben sich bei den Güterzugleistungen nur rund 7 % der Laufkilometer. Es sind meist kurze Fahrstrecken wie z.B. aus Richtung Luxemburg nach Ehrang, Ensdorf – Forbach, Forbach – Saarbrücken Rbf oder Saarbrücken Rbf – Neunkirchen (Saar). Strecken wie Ehrang – Koblenz oder Ehrang – Saarbrücken Rbf zählen im Plandienst bereits zu den wenigen längeren Güterzugläufen. Der Güterzugeinsatz erfolgt im wesentlichen in den Nachtstunden von 23 Uhr bis 6 Uhr morgens.

Die restliche Zeit verbringen die Planlok im Reisezugdienst. Hier sind alle Zuggattungen mit Ausnahme von TEE-Zügen zu

Abb. 228 und 229: Während im oberen Bild 181 211 mit D 2005 nach ▶ Luxemburg bei Hatzenport einen von der Brennkraftlok 221 106 geführten Sonderzug überholt (30. 11. 1984, Foto: J. Schmidt), sehen wir unten 181 213 bei der Lokomotivparade am 21. 9. 1985 in Nürnberg (Foto: JMM).

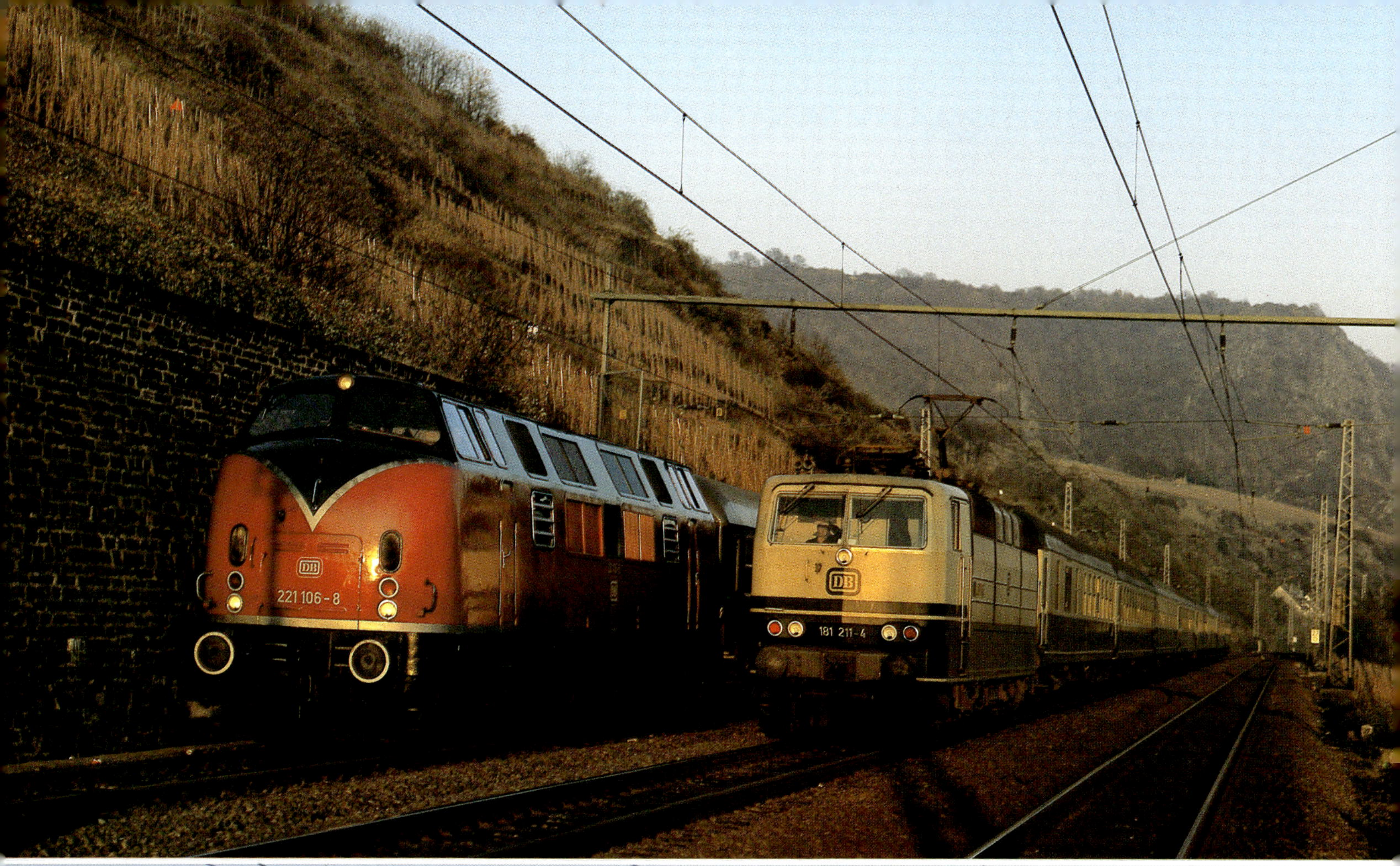
221 106-8
181 211-4

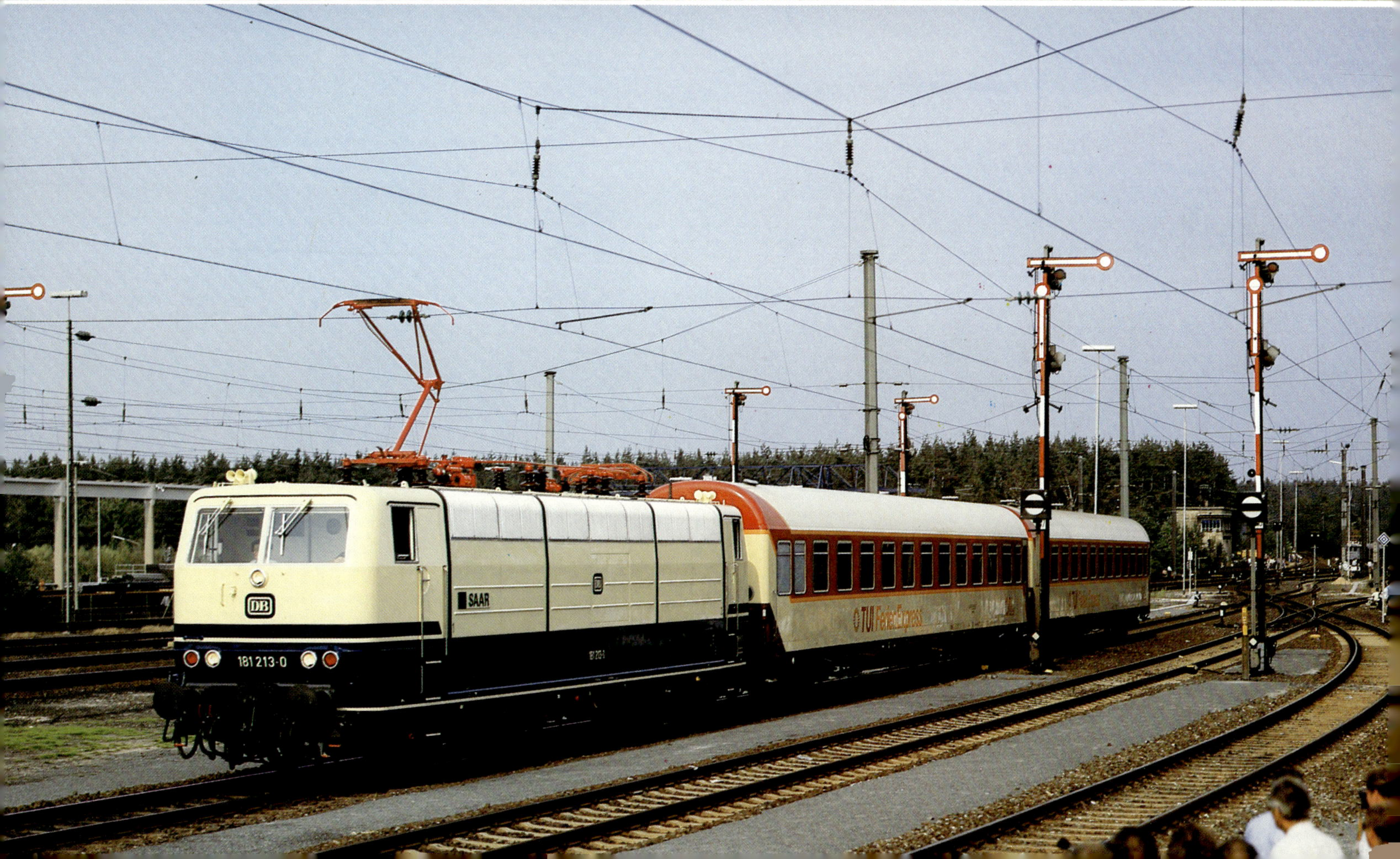
181 213-0
SAAR
TUI FerienExpress

Abb. 230: 181 216 fährt mit einem Personenzug in Brefeld ein (Juni 1976, Foto: JMM).

finden. Beginnen wir mit der Bespannung der hochwertigen Schnellzüge wie IC- und D-Züge. Auf der Strecke Frankfurt/Main – Wiesbaden und zurück werden die bekannten IC 521 Germania, 568 Toller Bomberg, 620 Dompfeil, 623 Gürzenich und 629 Herrenhausen befördert. In der Relation Frankfurt/Main – Saarbrücken – SNCF wird das IC-Paar 152/153 Frankfurt – Paris Est bespannt. Die Schnellzüge in dieser Richtung werden, soweit über Mannheim laufend, durchgehend, soweit über Bad Kreuznach geführt, ab Kaiserslautern von der BR 181.2 gefahren. Mit besonders kurzer Fahrzeit verkehrt FD 256/257 Frankfurt – Paris Est. Die weiteren Schnellzüge dieser Verbindung D 252/253/254/255/258 und 259 erscheinen ebenfalls in diesem Laufplan. Ab Saarbrücken über die Saar- und Moselstrecke wird der D 800/801 und 803 bis Koblenz bespannt. Weitere Schnellzüge finden sich im zweiten Laufplan in der Relation Stuttgart – Kehl bzw. Straßburg wie D 264/265, 266/267, 494/495 und 893.

Über gleichfalls mittlere Entfernungen erfolgt der Einsatz im Eilzugdienst. Den kürzesten Zuglauf dürfte die Verbindung Offenburg – Kehl (– Straßburg) darstellen. Längere Abschnitte befahren die Eilzüge zwischen Heidelberg – Saarbrücken, Saarbrücken – Trier und (Luxemburg –) Trier – Koblenz, wobei der Eilzugtakt auf der Moselstrecke mit IC-Anbindung in Koblenz besonders hervorzuheben ist. Die verbleibenden Nahverkehrs- und auch einige Güterzüge dienen im wesentlichen einer rationellen Umlaufgestaltung (Ausnutzung von Pausen zwischen den hochwertigen Leistungen) d.h. einer Optimierung der Auslastung der Triebfahrzeuge bei gleichzeitiger Minimierung des Regelbedarfs anderer Triebfahrzeugbaureihen.

Beim Einsatz der Lokomotiven im Laufplan erreichen sie im 3-tägigen Umlauf durchschnittlich 415 km/Tag mit größtem Laufweg von 455 km. Imponierender sind die Laufleistungen im 15-tägigen Laufplan. Hier werden durchschnittlich 785 km/Tag erreicht mit Spitzenwerten von 1116 km am Laufplantag 8. Lange Laufwege von 1 Güter-, 1 Schnell- und 4 Eilzügen auf den Strecken Koblenz – Trier – Saarbrücken – Frankfurt führen zu dieser Spitzenleistung. Die kleinste Tagesleistung dieses Laufplanes erreicht noch 476 km. Die Höchstgeschwindigkeit der Lokomotive wird dabei gar nicht in Anspruch genommen mit einer Ausnahme. Das IC-Paar 152/153 ist die einzige Leistung, die streckenweise die Höchstgeschwindigkeit von 160 km/h ausfährt. Ansonsten werden 140 km/h maximal erreicht, wobei zu bedenken ist, daß die Mosel-, Saar- und Pfalzstrecke relativ kurvenreich sind und deshalb auch häufigere Geschwindigkeitswechsel die Durchschnittsgeschwindigkeit nach unten drücken.

Die Lokomotiven 181.2 sind von ihrer technischen Ausrüstung her wendezug- und doppeltraktionsfähig. Von einigen sporadischen Einsätzen in Doppeltraktion im Güterzugdienst abgesehen, wird betrieblich von dieser Möglichkeit kein Gebrauch gemacht. Der Wendezugeinsatz ist über das Betriebserprobungsstadium hinaus mit zahlenmäßig und zeitlich begrenzten Leistungen nicht weiter verfolgt worden.

Einsatz im Ausland

Die beiden angrenzenden Bahnverwaltungen der CFL (Luxemburg) und SNCF (Frankreich) haben ihre Triebfahrzeugführer für den Einsatz der BR 181.2 im eigenen Netz voll ausgebildet. Zu diesem Zweck wurden eigene Unterlagen erstellt, die in das jeweilige Ausbildungsschema der entsprechenden Bahnverwaltung mit unterschiedlichen Prioritäten hinsichtlich dem Führen, Behandeln und Entstören des Triebfahrzeugs umgesetzt wurden. Die derart ausgebildeten Triebfahrzeugführer fahren die DB-Lokomotive selbständig, in eigener Verantwortung ohne maschinentechnischen Lotsen, wie es z.B. früher auf Dieseltriebwagen in der Relation nach Paris üblich war. Die Ausbildung erhielten Triebfahrzeugführer der SNCF in den Dépôts Metz und Strasbourg, der CFL im Dépôt Luxembourg.

Bei der Beurteilung des Einsatzes der BR 181.2 innerhalb von Luxemburg muß man berücksichtigen, daß das Streckennetz der CFL 270 km umfaßt, wovon Ende 1982 162 km für elektrischen Zugbetrieb umgestellt waren. Hiervon kommen 19 km für Gleichstrombetrieb mit 3 kV in Abzug, so daß 143 km mit 25 kV, 50 Hz elektrifizierte Strecken für den Einsatz der E 181.2 verbleiben.

Im Laufplan sind nachfolgende Strecken verzeichnet:
Wasserbillig – Oetrange – Luxembourg, Luxembourg – Esch-sur-Alzette, Luxembourg – Bettembourg. Hauptsächlich erfolgt der

Einsatz im Güterverkehr und mit wenigen Reisezügen von Luxembourg nach Esch-sur-Alzette (21 km) bzw. Wasserbillig.

Während die Bespannung auf o.g. Strecken an allen Wochentagen mit geringen Abweichungen zum Wochenende erfolgt, ist der innerfranzösische Einsatz der BR 181.2 nur auf das Wochenende konzentriert. Die SNCF fährt mit BR 181.2 2 Schnellzüge 1033/1036 auf der Strecke Strasbourg – Metz (154 km), davon einen am Samstag, den anderen am Sonntag. Ein weiterer Reisezug in dieser Verbindung wird sonntags von der DB-Lok gefahren. Auf gleicher Strecke werden in der Nacht von Samstag auf Sonntag 2 Güterzüge, mit Leerfahrt von Strasbourg nach Cronenbourg, von Cronenbourg nach Metz und zurück bespannt. Ein weiterer Güterzug fährt sonntags von Metz nach Hausbergen in der Nähe von Strasbourg.

Die vorgenannten Leistungen finden sich im 3-tägigen Laufplan und können dazu benutzt werden, um über die Fahrten nach Metz die Lokomotiven aus diesem Laufplan in den anderen zu tauschen. Der 3-tägige Plan enthält bedingt durch den Einsatzschwerpunkt Kehl – Strasbourg keine Leistungen nach Saarbrükken. Aus unterhaltungstechnischen Gründen müssen aber auch die dort eingesetzten Triebfahrzeuge in bestimmten zeitlichen Abständen das Heimat-Bw anlaufen.

Weitere Einsätze unter 25 kV, 50 Hz erfolgen im Zusammenhang mit der wesentlichen betrieblichen Vorgabe des grenzüberschreitenden Verkehrs.

2.5.3.2. Grenzüberschreitender Verkehr

Zum Zeitpunkt der Erstellung des Lastenheftes für die BR 181.2 stellte man sich einen intensiven Umlauf zwischen den 3 Bahnverwaltungen DB, SNCF und CFL vor und forderte die Möglichkeit eines freizügigen Einsatzes auch in Doppeltraktion und im Wendezugbetrieb. Dazu gehört auch das problemlose Wechseln von einem Stromsystem in das andere.

Systemwechselstellen

Die Strecken, die mit Systemwechsel befahren werden, sind aus dem vorstehenden Text bereits bekannt. Im wesentlichen fallen die Systemtrennstellen mit der Landesgrenze zusammen. Von Trier in Richtung CFL liegt die Trennstelle auf freier Strecke auf der Grenzbrücke vor der Einfahrt des CFL-Bahnhofs Wasserbillig. In Richtung SNCF ist die Trennung der Strecke Trier – Woippy ebenfalls auf freier Strecke zwischen Perl (DB) und Apach (SNCF), desgleichen trifft zu für die Relation Saarbrücken – Metz auf die Strecke zwischen Abzweigung Saardamm (DB) und Stiering-Wendel (SNCF) bei Forbach und die Strecke Kehl (DB) – Strasbourg (SNCF) mit der Trennstelle auf der Rheinbrücke. Der als Systemwechselbahnhof ausgeführte Bahnhof Überherrn der Strecke Völklingen – Überherrn (DB) – Hargarten (SNCF) wird von Lokomotiven 181.2 nicht planmäßig angefahren. Der prinzipielle Aufbau einer Systemtrennstelle ist an allen Übergängen gleich, wenn auch in unterschiedlicher, platzbedingter Konstruktion. Beide Stromsysteme müssen absolut sicher voneinander getrennt sein, auch unter Berücksichtigung eventueller Überbrückung der Trenner durch Lichtbogen. Dies läßt sich nur unter Einschaltung eines geerdeten Fahrleitungsabschnittes erreichen, der im Falle einer Trennerüberbrückung durch Lichtbogen während einer Zugfahrt für einen Kurzschluß sorgt und über eine Schalterauslösung eine Verschleppung der Spannung ins andere System verhindert. Der schematische Aufbau einer Systemtrennstelle enthält somit 5 Fahrleitungsabschnitte:
1. spannungführender Abschnitt des einen Systems,
2. neutraler Abschnitt,
3. geerdeter Abschnitt,
4. neutraler Abschnitt,
5. spannungführender Abschnitt des anderen Systems.

Abb. 232: Systemtrennstelle bei Forbach: Zwischen beiden Systemen führt das ca. 12 m lange Fahrdrahtstück zwischen den beiden Trennschuhen keine Spannung (Foto: JMM).

Abb. 231: 181 215 mit Schnellzug D 256 von Frankfurt/M. nach Paris-Est durchfährt mit rund 100 km/h die Systemrennstelle bei Forbach. Die Lokomotive hat hierzu für das deutsche System 15 kV/16 2/3 Hz eingesetzten Stromabnehmer SBS 67 bereits vorschriftsmäßig abgebügelt. Nach dem Passieren dieser ca. 12 m Länge messenden Trennstelle programmiert der Lokführer mittels Tastendruck sein Triebfahrzeug für das französische System 25 kV/50 Hz und bügelt den zugehörigen, etwas kleineren Stromabnehmer auf (Juni 1976, Foto: JMM).

Aus diesem Schema ergibt sich, daß das Triebfahrzeug leistungslos und mit gesenktem Stromabnehmer die Trennstelle im Schwungfahrbetrieb durchfahren muß. Wie hat sich der Triebfahrzeugführer bei Annäherung an die Systemwechselstelle zu verhalten? Prinzipiell hat er sich genauso zu verhalten wie bei Durchfahren eines geerdeten Fahrleitungsabschnittes. Zur Ankündigung werden die gleichen El-Signale verwendet. Lediglich das Wiedereinschalten des Triebfahrzeuges unterscheidet sich geringfügig. Am Ende der Systemtrennstelle wird durch ein Zusatzschild signalisiert, welche Bahnverwaltungswahltaste zu drücken ist. Mit dieser Taste werden der entsprechende Stromabnehmer vorgewählt und das zugehörige Zugsicherungssystem eingeschaltet. Nach dem Drücken der betreffenden Taste kann der Stromabnehmer gehoben werden. Das Frequenz- und Spannungserfassungssystem verarbeitet die Fahrleitungsspannung und wirkt selbsttätig auf die Systemumschalter. Ein Leuchtmelder auf dem Führertisch zeigt an, wann die starkstromseitige Umschaltung beendet ist und der Hauptschalter wieder eingeschaltet werden kann. Sollte versehentlich eine nicht systemkonforme Bahnverwaltungswahltaste gedrückt werden, so läßt sich der Hauptschalter nicht einschalten, da Stromabnehmer und Stromsystem einander fest zugeordnet sind. Als Überwachung dient die schon früher erwähnte elektrische Verriegelungsschaltung.

Letztere kann im Bedarfsfall unwirksam geschaltet werden. Eine Notwendigkeit dafür ergäbe sich z.B. bei einem Stromabnehmerdefekt, wenn ein Reisezug bis zum Eintreffen einer Hilfslok mit dem »falschen« Stromabnehmer geheizt werden muß. Das Fahren mit dem »falschen« Stromabnehmer hingegen bleibt strikt verboten, da sich die Oberleitungsbauarten in ihrem Zick-Zack-Maß und dem freien Raum für den Durchgang des Stromabnehmers wesentlich unterscheiden.

An den Systemtrennstellen sind zwar die jeweils benachbarten Abschnitte so hergerichtet, daß sie mit beiden Stromabnehmerbauformen befahren werden können, sie sind aber wegen der Abweichung von der Oberleitungsregelbauart nur wenige 100 m lang. Eine Ausnahme soll nicht unerwähnt bleiben. Die Strecke von Metz nach Saarbrücken kann in beiden Richtungen im Ausnahmefall mit dem DB-Stromabnehmer befahren werden. Probefahrten haben ergeben, daß die breitere Wippe keinen Schaden an der Oberleitung verursacht.

Aus technischer Sicht stellen die Landesgrenzen keine Hemmnisse dar. Doch im betrieblichen Bereich waren noch einige Grenzprobleme zu lösen.

Grenzprobleme

Da sowohl Triebfahrzeuge als auch Triebfahrzeugführer gegenseitig auf mehr oder weniger großen Eindringungsstrecken unterwegs sind, war es erforderlich, zwischen den benachbarten Eisenbahnverwaltungen über Einzelheiten Vereinbarungen zu treffen. Im Grenzverkehr ist man üblicherweise bestrebt, erbrachte Leistungen nach UIC-Regelung gegenseitig zu verrechnen. Im Falle der CFL fällt ein »Naturalausgleich« bei den Triebfahrzeugen schwer, da die CFL keine elektrischen Lokomotiven für Zweifrequenzbetrieb besitzt. Der Ausgleich über Zugförderungsleistungen mit Diesellokomotiven widerstrebt dem Elektrifizierungsgedanken, zumal noch Bestrebungen nach einer durchgehenden Führung weiterer Güterzüge zwischen den Rangierbahnhöfen Ehrang und Bettembourg mit Lok 181.2 im Gange sind, um den Einsatz von CFL-Diesellok am Grenzübergang Wasserbillig zu erübrigen.

Der CFL ist es nur möglich, über Personalleistungen den angestrebten Ausgleich zu erreichen. Das bedeutet natürlich Einsatz von CFL-Triebfahrzeugführern über weitere Entfernungen. Die eigentliche Grenzstrecke nach Trier ist hierfür zu kurz. So finden wir im Laufplan den Einsatz von luxemburger Lokführern auf der Moselstrecke über Trier hinaus bis zum 112 km entfernten

Abb. 233: Keine Grenzprobleme scheinen der Bahnvorsteher von Forbach und der deutsche Zollbeamte bei der Verabschiedung der 181 215 auf dem Wege nach Saarbrücken zu kennen (Juni 1976, Foto: JMM).

Koblenz. Gefahren werden größtenteils die Eilzüge von Luxembourg nach Koblenz und zurück. Zwar erfolgt ein Personalwechsel aus Einsatzgründen in Trier, aber es bleibt Personal der CFL. Weitere Reisezugleistungen von Trier nach Luxembourg und wenige Güterzüge von Ehrang nach Luxembourg stehen noch auf den Dienstplänen der CFL. Der Einsatz der luxemburger Triebfahrzeugführer auf DB-Strecken bereitet prinzipiell keine Probleme, da keine Sprachschwierigkeiten auftreten. Die Lokführer der CFL sind der deutschen Sprache mächtig und nach entsprechender Ausbildung auf dem Fahrzeug und in den betrieblichen Vorschriften dem DB-Triebfahrzeugführer gleichzusetzen.

Im grenzüberschreitenden Verkehr mit der SNCF liegen die Dinge etwas anders. Da auch die SNCF keine vollwertigen Zweifrequenzlokomotiven für 16⅔ Hz-Betrieb vorhält, entsteht wiederum durch die Zugförderungsleistung der DB über die Grenze hinweg ein auszugleichendes Plus für die DB. Durch die Vielzahl der gegenseitigen Leistungen im Grenzverkehr auf dem Fahrzeug- (Lok, Wagen) und Personalsektor ergibt sich hier kein Zwang zu einseitigem Ausgleich über den Personaleinsatz.

Betrachten wir den derzeitigen Zustand an den einzelnen Übergängen, so können wir für Perl – Apach festhalten, daß das Trierer Personal sowohl Reise- als auch Güterzüge mit der BR 181.2 bis nach Apach und zurück befördert.

Auf der Strecke Saarbrücken – Metz herrscht in etwa ein ausgeglichenes Verhältnis, denn DB-Triebfahrzeugführer fahren bis nach Forbach und SCNF-Triebfahrzeugführer bis nach Saarbrücken. Zu den früher bereits genannten Schnellzügen der Relation Frankfurt – Paris kommen noch Schnellzüge aus Richtung Paris nach Saarbrücken wie D 1014, 1019, 1719 und 1914 hinzu, die durchgehend von SNCF-Personal gefahren werden. Im Güterzugdienst hingegen sind grenzüberschreitend nur DB-Lokführer nach Forbach eingesetzt. Es gab bereits Zeiten, in denen Saarbrücker Lokführer einen Teil der durchlaufenden Schnellzüge bis Metz befördert haben.

Am Grenzübergang Kehl fährt das Offenburger Personal die bereits früher erwähnten Schnellzüge und weitere Reisezüge von Offenburg sowie wenige Güterzüge bis nach Strasbourg. Hier kommt die Lok 181.2 auch zum Einsatz vor Autoreisezügen. Die SNCF-Lokführer übernehmen wenige Güter- und Personenzüge nach Kehl. Bemerkenswert ist ihr Einsatz auf zwei Reisezugpaaren zwischen Strasbourg und Offenburg mit der Baureihe 181.2.

Im Grenzverkehr mit Frankreich dürfen heute sprachliche Verständigungsschwierigkeiten nicht übersehen werden. Wenn dabei auch nur die ehemals deutschsprachigen Gebiete von Elsaß und Lothringen berührt werden, so ist es nicht mehr selbstverständlich, daß sich die dort eingesetzten Triebfahrzeugführer der SNCF zweifelsfrei mündlich und schriftlich in deutscher Sprache verständigen können, wie es nun einmal für die sichere Führung des Eisenbahnbetriebes zwingend notwendig ist. Daher muß der Betrieb auf den grenzüberschreitenden Strecken zweisprachig geführt werden. In einer Verwaltungsvereinbarung zwischen DB und SNCF wurde festgelegt, daß schriftliche Befehle und Weisungen an die Triebfahrzeugführer grundsätzlich zweisprachig gegeben werden. Damit die Auswertung der Schreibstreifen der jeweiligen Zugsicherungseinrichtungen bezogen auf den Triebfahrzeugführer nicht an der Grenze endet, wurde zusätzlich vereinbart, die aus den Schreibstreifen festgestellten Unregelmäßigkeiten der Nachbarverwaltung mitzuteilen, selbstverständlich auf einem zweisprachigen Formular. Weitere Unterlagen, die für einen ordnungsgemäßen Betrieb der Lokomotive vorgehalten werden, mußten auf die Zweisprachigkeit umgestellt werden, denn auf Meldungen über Unregelmäßigkeiten, technische Störungen oder Schäden am Triebfahrzeug kann nicht verzichtet werden. Als Beispiel seien herausgegriffen:
– Carnet de consigne (Übergabebuch der Lok),
– Carnet de demandes de sécours (Hilfe-Anforderungsheft),
– Carnet de liaison entre mécaniciens SNCF et DB (Heft für Mitteilungen zwischen Lokführern der SNCF und der DB).

Um der verbindenden Funktion der Zweifrequenzlokomotive auch sichtbar Ausdruck zu verleihen, wurden am 21.10.1976 3 Lokomotiven im Rahmen einer Feierstunde auf einer Rundfahrt von Saarbrücken über Metz nach Luxembourg mit Namensschildern mit vorangestelltem Europa-Symbol versehen. In den jeweiligen Städten wurden die 181.211 auf Lorraine, die 181.212 auf Luxembourg und die 181.213 auf Saar getauft. Die Feierlichkeiten fanden jeweils unter Beteiligung von Vertretern der Regierung, der Bahnverwaltungen und der Öffentlichkeit auf den Hauptbahnhöfen der o.g. Städte statt (Abb. 234).

Abb. 234: Loktaufe in Saarbrücken Hauptbahnhof (Foto: DB)

2.5.3.3. Bewährung

Nach fast 10-jährigem Einsatz aller Lok der Baureihe 181.2 bei der BD Saarbrücken sei es gestattet, einmal zu versuchen, Bilanz zu ziehen über die betriebliche Bewährung. Natürlich darf man nicht erwarten, die Lokomotive realisiert zu haben, die alle betrieblichen Idealvorstellungen erfüllt. Die betrieblichen Anforderungen unterliegen im Laufe von Jahrzehnten zeitbedingten Anpassungen, so daß es technisch und unter Einbeziehung der Wirtschaftlichkeit unsinnig wäre, den Maßstab nach der störungsfreien, alle erdenklichen Zuggattungen befördernden Universallok zu richten. Vielmehr sollen die Leistungen am Maßstab des damaligen Lastenheftes gemessen weden.

Betriebliche Leistungsfähigkeit

Die weiter vorn genannten Laufleistungswerte galten für die Lokomotiven im Planeinsatz. Das Bild vervollständigt sich erst, wenn alle Lok der BR 181.2 einbezogen werden. Für das Jahr 1981 liegen folgende Zahlenwerte vor. Alle Lok waren 8546 Tage im Betrieb, d.h., von 365 Tagen war jede Lok an 342 Tagen im Einsatz. Sie legten dabei rund 4,9 Millionen Kilometer zurück und leisteten eine Zugförderungsarbeit von etwa 1368 Millionen Bruttotonnenkilometern. Diese Angaben gewinnen an Aussagekraft, wenn man sie dem spezifischen Jahresdurchschnittswert aller Ellok-Baureihen der DB gegenüberstellt (Klammerwert ist DB-Durchschnitt).

- Die Laufleistung pro Lok beträgt rund 196 000 (155 350) Kilometer.
- Auf den Betriebstag bezogen ergibt sich eine Laufleistung pro Lok von etwa 572 (485) Kilometer.
- Die durchschnittliche Anhängelast wird mit rund 280 (500) Bruttotonnen angegeben.

Der Vergleich mit den DB-Durchschnittswerten läßt erkennen, daß die Zweifrequenzlok der BR 181.2 in den spezifischen Laufleistungswerten deutlich höher liegt. Hieraus kann man auf eine gute Ausnutzung der Lokomotiven schließen. Aus den im Durchschnitt wesentlich geringeren Anhängelasten kann man den überwiegenden Einsatz der BR 181.2 im Reisezugdienst erkennen. Die Anhängelasten betragen hier planmäßig von 100 Tonnen (N-Züge) über 200 Tonnen (E-Züge) bis 500 Tonnen (D-Züge).

Rufen wir uns das F/v-Diagramm in Erinnerung und ergänzen es mit den F/v-Kennlinien der beiden Lokbaureihen 110 und 140, die im grenzüberschreitenden Verkehr von der BR 181.2 ersetzt werden sollten (Abb. 235). Es ist deutlich zu erkennen, daß das F/v-Diagramm der BR 110 sowohl in den Grenz- als auch den Dauerzugkräften von dem der BR 181.2 überdeckt wird. In der betrieblichen Praxis drückt sich dieser Sachverhalt insofern aus, als die BR 110 im Reisezugdienst in der BD Saarbrücken durch die Lok der BR 181.2 fast vollständig verdrängt worden sind. Im Güterzugdienst ist dieser Verdrängungseffekt nicht zu erkennen.

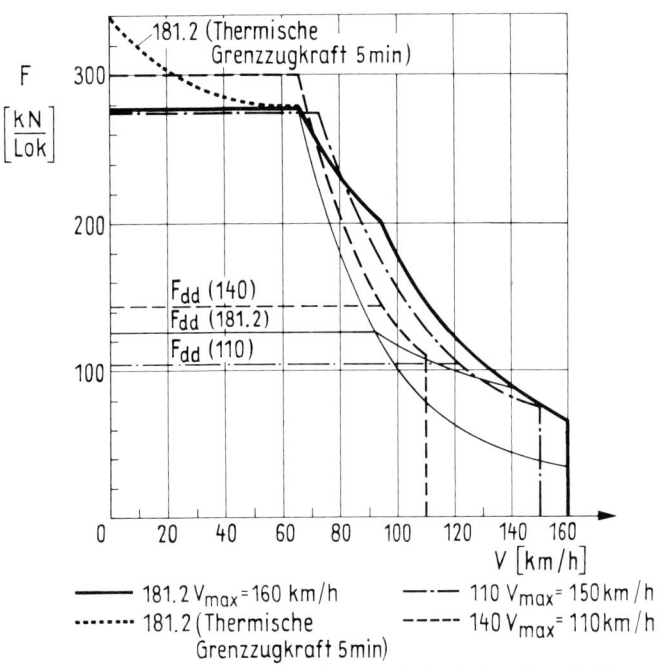

Abb. 235: Vergleich der F/v-Kennlinie der Lok 181.2, 110 und 140 (Grafik: DB)

In erster Linie dürfte es an der Stückzahl der zur Verfügung stehenden Lok 181.2 liegen, die hauptsächlich nach der Anzahl der grenzüberschreitenden Leistungen und nicht aller Güterzuglangläufe berechnet wurde. Die Leistung nach F/v-Diagramm steht auf dem Papier geringfügig hinter der der BR 140 zurück. Betrachtet man z.B. die zulässigen Anfahrgrenzlasten verschiedener Steigungsabschnitte, so sind die Unterschiede jedoch praktisch nicht vorhanden. Betrieblich werden deshalb ohne Nachteile die Lok 181.2 auch anstelle der BR 140 vor Güterzügen eingesetzt.

Eine Aussage des Lokpersonals verdient allerdings Beachtung. Es hält sich hartnäckig die Meinung, daß die E 181.2 mehr zum Schleudern neigt als die Einheitslokomotiven. Dies mag eine Begründung im neuen, oberbauschonenden Laufwerk finden, zumal in den letzten Jahren lauftechnische und wissenschaftliche Untersuchungen über das Reibwertverhalten im Bereich des Mikro- und Makroschlupfes fundiertere Erkenntnisse über die Kraftübertragung zwischen Rad und Schiene und deren Abhängigkeit von den Parametern des Laufwerks, der Gleislage und der Geschwindigkeit erbracht haben. Das geringfügig leichtere Gesamtgewicht der Lok 181.2 kann bei diesen Betrachtungen sicher außer acht gelassen werden. Es bleibt noch das Verhalten des Triebfahrzeugführers beim Aufschalten der Leistung zu diskutieren. Betrachtet man den Ausbildungs-Richtwert von 1000 A Motorstrom für die Beschleunigung, so kann man dem F/v-Diagramm (Abb. 206) entnehmen, daß im Bereich von 0 bis 85-100 km/h unterhalb der Reibungszugkraft-Kennlinie nach

Curtius-Kniffler gefahren wird. Die Beobachtung, daß Motorströme von bereits 800 A zum Schleudern führen können, wird verständlich, wenn man die dazugehörigen Witterungsbedingungen und Schienenverhältnisse betrachtet. Die Kennlinie von Curtius-Kniffler berücksichtigt keine extremen Witterungsverhältnisse. Sie ist als Mittelwert aus einem Streuband bei normaler Witterung hervorgegangen. In der Beherrschung von Schleudervorgängen erhält der Lokführer zumindest teilweise Unterstützung aus der elektronischen Fahrsteuerung.

Abschließend soll noch erwähnt werden, daß die DB durch ihre Versuchsanstalt München in den Monaten Mai/Juni 1975 umfangreiche Leistungsmeßfahrten ausführen ließ. Dabei wurden die Dauer-, Stunden- und Kurzzeitleistungen im mittleren bis oberen Geschwindigkeitsbereich (60 bis 160 km/h) ermittelt. Für Erwärmungs- und Leistungsfaktormessungen wurden Schnell- und Güterzüge mit 600 bis 800 t auf der 6 km langen Geislinger Steige (22,5 ‰) und der 12 km langen Frankenwald-Strecke (25 bis 27 ‰) gefahren. Ferner wurden die Beharrungszugkräfte im untersten Geschwindigkeitsbereich überprüft. Die Grenzzugkraft von 277 kN wurde über längere Zeit in Beharrung gefahren. Alle geforderten Leistungspunkte wurden erfüllt.

Technischer Reifegrad

Die betrieblichen Leistungen allein geben nur unvollständig Auskunft über die Bewährung einer Lokomotive. Die Verfügbarkeit ist ein mindestens ebenso wichtiges Beurteilungskriterium, das im wesentlichen von der Zuverlässigkeit der Technik abhängig ist. Um die Technik funktionsfähig zu erhalten, ist eine regelmäßige Unterhaltung erforderlich. Dazu wird das Fahrzeug in Abhängigkeit von der Laufleistung und der Zeit gewartet und untersucht. Diese Arbeiten führt in erster Linie das Heimat-Bw Saarbrücken 1 aus. Die kleinste Stufe der Untersuchung stellt die Nachschau alle 6000 km dar. Hier werden im wesentlichen die Sicherheit des Fahrzeugs betreffende Arbeiten durchgeführt, die auch in anderen Betriebswerken (Trier, Offenburg, Frankfurt/Main, Stuttgart) erledigt werden können. Im Heimat-Bw werden im Abstand von jeweils 320 000 km die sogenannten Fristuntersuchungen ausgeführt, die sich in bestimmtem Rhythmus mit unterschiedlichem Arbeitsaufwand wiederholen. Am Ende dieses Zyklus steht eine Untersuchung im Ausbesserungswerk Opladen. Diese fällt häufig mit der nach der Eisenbahn-Bau- und Betriebsordnung (EBO) vorgeschriebenen Zeitfrist (vier bzw. mit zweimal einjähriger Verlängerung sechs Jahre) zusammen. Vorstehende Fristarbeiten sind planmäßig vorgesehen. Zusätzlich muß die Werkstatt wegen außerplanmäßigen Schäden angefahren werden. Erfahrungsgemäß ist letzteres bei neuen Triebfahrzeugkonstruktionen häufiger der Fall, da sich bei einer derart umfangreichen und komplexen Technik »Kinderkrankheiten« einfach nicht vermeiden lassen. Auch bei der Lok 181.2 war diese Phase vorhanden, zumal keine ausreichende Erprobungszeit für ein vorgezogenes Serienfahrzeug zur Verfügung stand.

Im wesentlichen zeigten sich folgende Bauteile als stör- oder schadanfällig:

1. Mechanteil und Laufwerk
   – Gummiringkardanantrieb,
   – Erdungskontakte für querelastische Radsatzlager.
2. Druckluftanlage und Bremse
   – mechanische Kupplung zwischen Luftpresser und Antriebsmotor.
3. Schalt- und Überwachungseinrichtungen
   – Leistungsteil der Anschnittsteuerung (Thyristorsicherungen),
   – Schutzrelais für Überstrom (Oberstromrelais),
   – Druckwächter (Glättungsdrossellüfter).
4. Hilfsbetriebe
   – Lüftermotor für Lüfter der Fahrmotoren, Ölkühler, Bremswiderstände und Glättungsdrosseln,
   – Scheibenwisch- und Waschanlage,
   – Führerraum-Heizung.
5. Motorstromkreis
   – Glättungsdrosseln.

Viele dieser Störungen machten die Gestellung eines Hilfstriebfahrzeuges erforderlich, so daß schnellstens an der dauerhaften Behebung der Schadensursache gearbeitet werden mußte. In fast allen Fällen wurden konstruktive Schwachstellen festgestellt, die den hohen Anforderungen des Eisenbahnbetriebs nicht voll gewachsen waren. Bei den Erdungskontakten z.B. mußten aus Zeitgründen noch nicht ausreichend erprobte Konstruktionen eingesetzt werden, da die konstruktive Umstellung der Kontakte auf Querelastizität der Radsatzlager noch nicht abgeschlossen war. Der zu treibende Unterhaltungsaufwand war daher vorübergehend höher.

Eine verschleißmindernde Maßnahme wurde bereits Mitte 1975 durchgeführt. Bei Meßfahrten durch die Versuchsanstalt München wurde festgestellt, daß die elektrische Notbremse mit Batterieerregung bei Ausfall der Fahrdrahtspannung in ihrer Wirkung bzw. dem Bremskraftverlauf in dem Bereich der Hochabbremsung (R) mit der zusätzlichen E-Bremskraft zu unstetig und kräftig war. Die hohe Reibwertausnutzung vor der Umschaltung auf Niedrigabbremsung führte bei schlechten Schienenzuständen zu unerwünschtem Gleiten und damit Bremswegverlängerung und Schäden an den Radreifen. Die Gefahr des Überbremsens wurde praktisch ausgeschaltet, indem die batterieerregte Bremse nur noch mit Niedrigabbremsung zusammen wirkt, dafür aber im Geschwindigkeitsbereich bis 0 km/h herunter eingeschaltet bleibt (max. 40 s) (Abb. 222 und 237). Der vorgeschriebene Bremsweg kann auf diese Weise sicherer eingehalten werden.

Noch innerhalb der Gewährleistungszeit wurden Betriebsertüchtigungsmaßnahmen und, wenn notwendig, Konstruktionsänderungen eingeleitet, die bis zum Jahr 1978 im wesentlichen durchgeführt und abgeschlossen waren. Der Erfolg dieser Maß-

Abb. 236: Blick auf den Führerstand der 181 215, die Lok fährt zu diesem Zeitpunkt rd. 100 km/h (Juni 1976, Foto: JMM).

nahmen kann in etwa aus der Schadstatistik herausgelesen werden. Der prozentuale Schadstand in den Ausbesserungs- und Betriebswerken ist u.a. ein Maß für die Zuverlässigkeit eines Triebfahrzeuges. Betrachtet man die Werte der BR 181.2, so liegt sie erstmals 1978 unter dem DB-Durchschnitt über alle Ellok-Baureihen. Steigende Tendenz in den Jahren 1979 und 1981 erklärt sich aus den anstehenden EBO-Zeitfristen im Ausbesserungswerk. Trotzdem liegt der Schadstand im Zeitraum von 1978 bis 1981 durchschnittlich bei 5,4 Prozent, das sind noch 0,4 Prozent weniger als der DB-Ellok-Durchschnittswert mit 5,8 Prozent.

Interessant erscheint auch die Gegenüberstellung der Schadstände in den Betriebswerken allein. Für die BR 181.2 betrug er im v.g. Zeitraum im Durchschnitt nur 1,9 Prozent; der DB-Vergleichswert ist mit 3,8 Prozent angegeben.

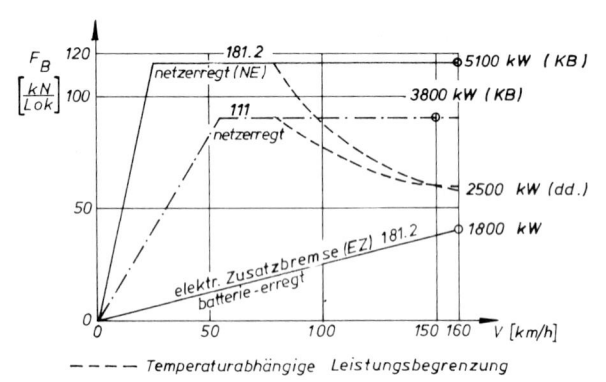

Abb. 237: Elektrische Bremskraft-Grenzlinien der Lok 181.2 (mit Vergleich Lok 111) (Grafik: K.-D. Pohl)

Die vorstehenden Aussagen können erst dann positiv bewertet werden, wenn gleichzeitig der Aufwand für die Instandhaltung in Relation gesetzt wird. Damit überprüfen wir eine Forderung des Lastenheftes, nämlich die nach verschleißarmer, wenig unterhaltungsaufwendiger Konstruktion. Eine Bewertung dieser Aufgabenstellung kann über den spezifischen Stundenaufwand in den Betriebswerken vorgenommen werden. Die Tendenz des Aufwandes für die BR 181.2 ist in den zurückliegenden Jahren fallend, es gilt allerdings das gleiche für alle DB-Ellok im Durchschnitt. Vergleicht man die Kurven der Fertigungsstunden im Bw pro 1000 km, so liegt die Lokomotive 181.2 trotz zusätzlicher Zweifrequenzausrüstung im Mittel der letzten Jahre etwa ⅓ unter dem DB-Durchschnitt.

In betriebswirtschaftlicher Hinsicht darf eine Aussage über die Unterhaltungskosten nicht fehlen. Stellvertretend seien die spezifischen Selbstkosten pro 1000 km im Bw herausgegriffen. Auch hier zeigt ein mehrjähriger Vergleich zwischen dem DB-Durchschnitt aller Ellok-Baureihen und der Baureihe 181.2, daß letztere fast 30 % weniger Kosten verursacht.

Daraus kann mit einiger Sicherheit geschlossen werden, daß es gelungen ist, die Anforderungen des Lastenheftes auch in dieser Hinsicht zu erfüllen, z.T. sogar zu übertreffen. Trotz dieses günstigen Bildes wird im Rahmen der Bauartbetreuung versucht, auch dieses Fahrzeug noch wirtschaftlicher zu machen.

2.5.3.4. Ausblick

So wurde zum Beispiel die Ertüchtigung für den Wendezugbetrieb in Angriff genommen, obwohl dieser Einsatz bisher nicht dringend notwendig war. Die Probleme liegen allerdings mehr auf der Seite der Wendezugsteuerwagen und der 36-poligen Steuerleitung und betreffen die Instrumente und Leuchtmelder zur Überwachung der Lok.

Abschließend soll noch auf eine nicht uninteressante versuchsweise Ausrüstung der Lok 181 207 und 208 näher eingegangen werden. Neben ihren positiven Eigenschaften hat die Thyristoranschnittsteuerung gegenüber der konventionellen Schaltwerksteuerung auch Schwachpunkte. Ein solcher ist der erhöhte Blindleistungsbedarf, der sich durch die Verschiebung der Strom- und Spannungszeitflächenschwerpunkte je Halbwelle gegeneinander infolge des Phasenanschnitts (Verschiebungsblindleistung) und durch die Lösch- und Freiwerdezeiten der Thyristoren (Kommutierungsblindleistung) ergibt. Mit speziellen Stromrichterschaltungen kann diesem prinzipiellen Effekt gegengesteuert werden. Die Firma AEG hat o.g. Lokomotiven zusätzlich mit einer sogenannten löschbaren unsymmetrischen Brückenschaltung (LUB) in der Variante 2C-LUB ausgerüstet. Diese Schaltung enthält parallel zu den Thyristorzweigen zusätzliche Löschthyristoren und einen Kondensatorspeicher. Sie ermöglicht neben dem steuerbaren Anschnitt der Spannungshalbwelle einen festen oder regelbaren Abschnitt am absteigenden Ast der Halbwelle vor dem natürlichen Nulldurchgang. Auf diese Weise kann der Schwerpunkt des Stromblocks und damit auch die Phasenlage der Grundwelle elektrisch nach vorn verschoben werden. Die aus dem Anschnitt resultierende Verschiebung von Strom- und Spannungszeitfläche wird wieder verringert, daß heißt $\cos \gamma \triangleright 1$. Wegen der verzerrten Kurvenformen soll hier nicht der Grundschwingungs-Leistungsfaktor $\cos \gamma$ betrachtet werden, sondern der totale Leistungsfaktor λ, der über die dem Netz entnommene Scheinleistung S mit der erzeugten Wirkleistung P und dem Wirkungsgrad der elektrischen Ausrüstung η in folgendem Zusammenhang steht: $S = P/(\eta \cdot \lambda)$.

Die Auswirkungen der zusätzlichen Abschnittsteuerung auf den Leistungsfaktor sind im Abb. 238 dargestellt. Man erkennt die Wirkung über den gesamten Geschwindigkeitsbereich, also nicht nur im Bereich der Spannungssteuerung, sondern auch im größeren Feldsteuerungs- und Kennlinienbereich. Die Maximalwerte des Leistungsfaktors verbessern sich von etwa 0,8 auf rund 0,95

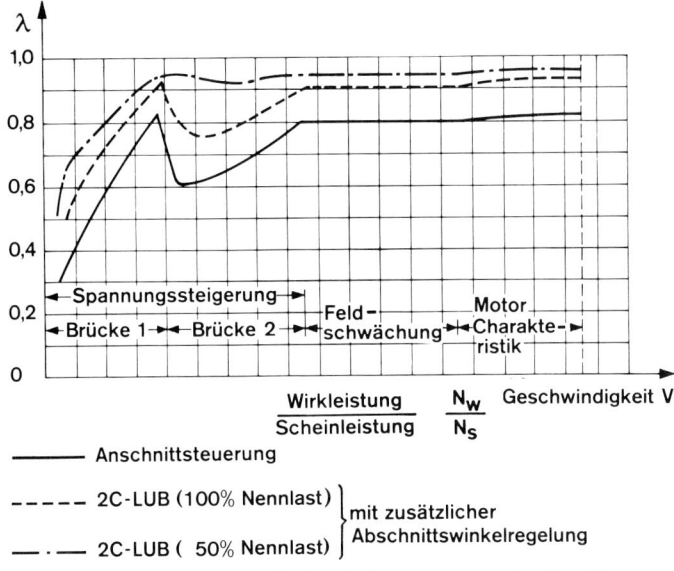

Abb. 238: Leistungsfaktor mit Anschnittsteuerung und mit LUB (Grafik: DB)

bei halber Nennlast. Bei voller Nennlast werden immerhin noch ca. 0,91 erreicht. Eine besondere strom- und spannungsabhängige Abschnittwinkelregelung bewirkt die Verbesserung auch im Teillast-Bereich sogar mit größerer Effizienz. Bei Motorströmen unterhalb des Nenn-Dauerstromes wirkt die Schaltung in bestimmten Betriebszuständen leicht kapazitiv, d.h., die Grundwelle des Stromes ist sogar voreilend. Bei Meßfahrten konnte nachgewiesen werden, daß auf diese Weise der Leistungsfaktor im Mittel von 0,75 auf 0,91 angehoben werden kann. Damit wäre zumindest eine Gleichwertigkeit der Thyristorlokomotive in diesem Punkt mit der Einheitslokomotive mit Amplitudensteuerung erzielt.

Die Frage der Wirtschaftlichkeit ist damit noch nicht beantwortet. Die Verbesserung des Leistungsfaktors bzw. die Entlastung von induktiver Blindleistung ist finanziell zu bewerten und in Relation zu stellen zu den Nachrüst- und Unterhaltungskosten der zusätzlichen Anlage. Da nur 25 Fahrzeuge in einem räumlich relativ großen Netz verteilt verkehren und somit die zusätzliche Blindleistung weniger ins Gewicht fällt, wurde eine Nachrüstung bis heute nicht für notwendig erachtet.

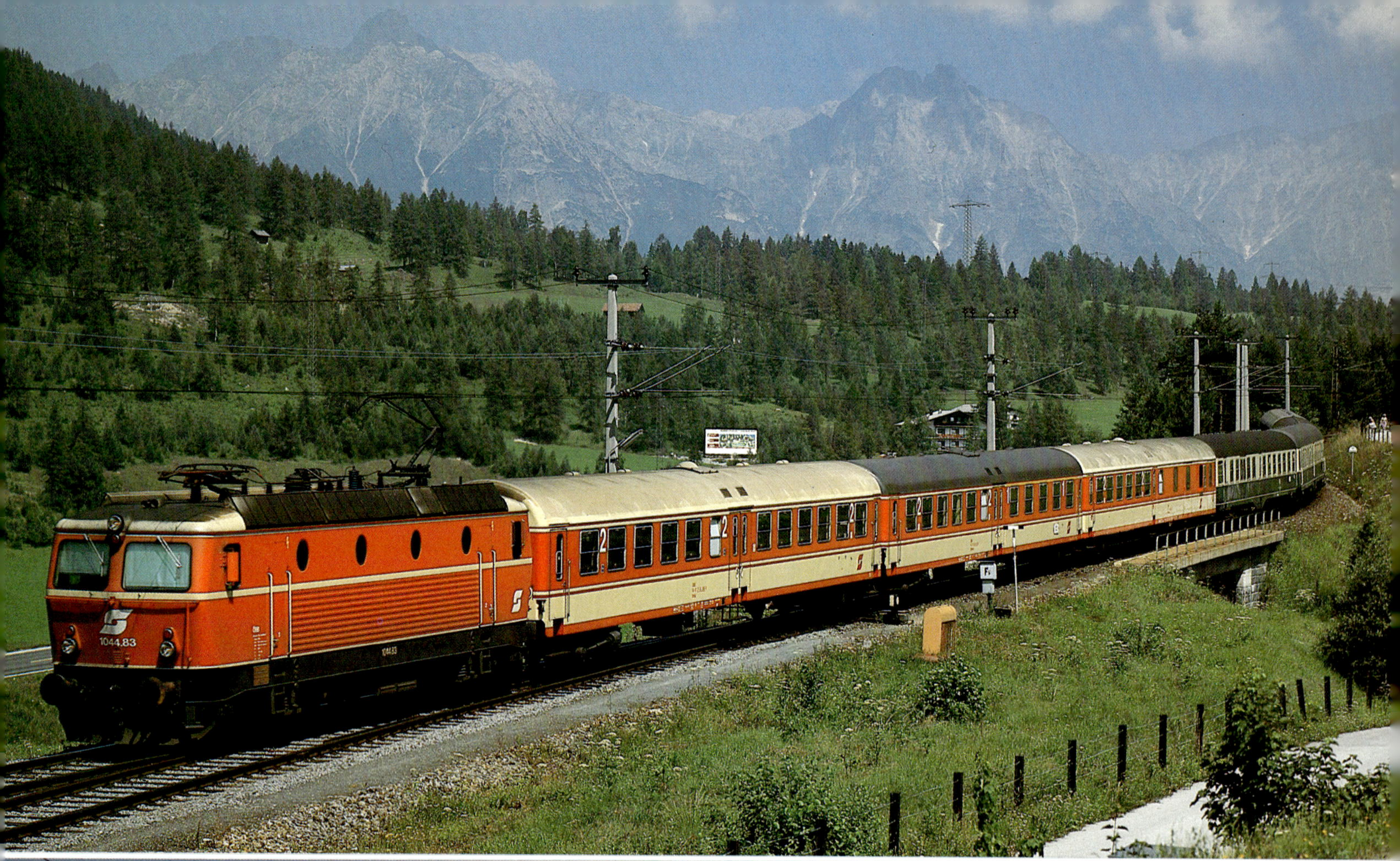
1044.83

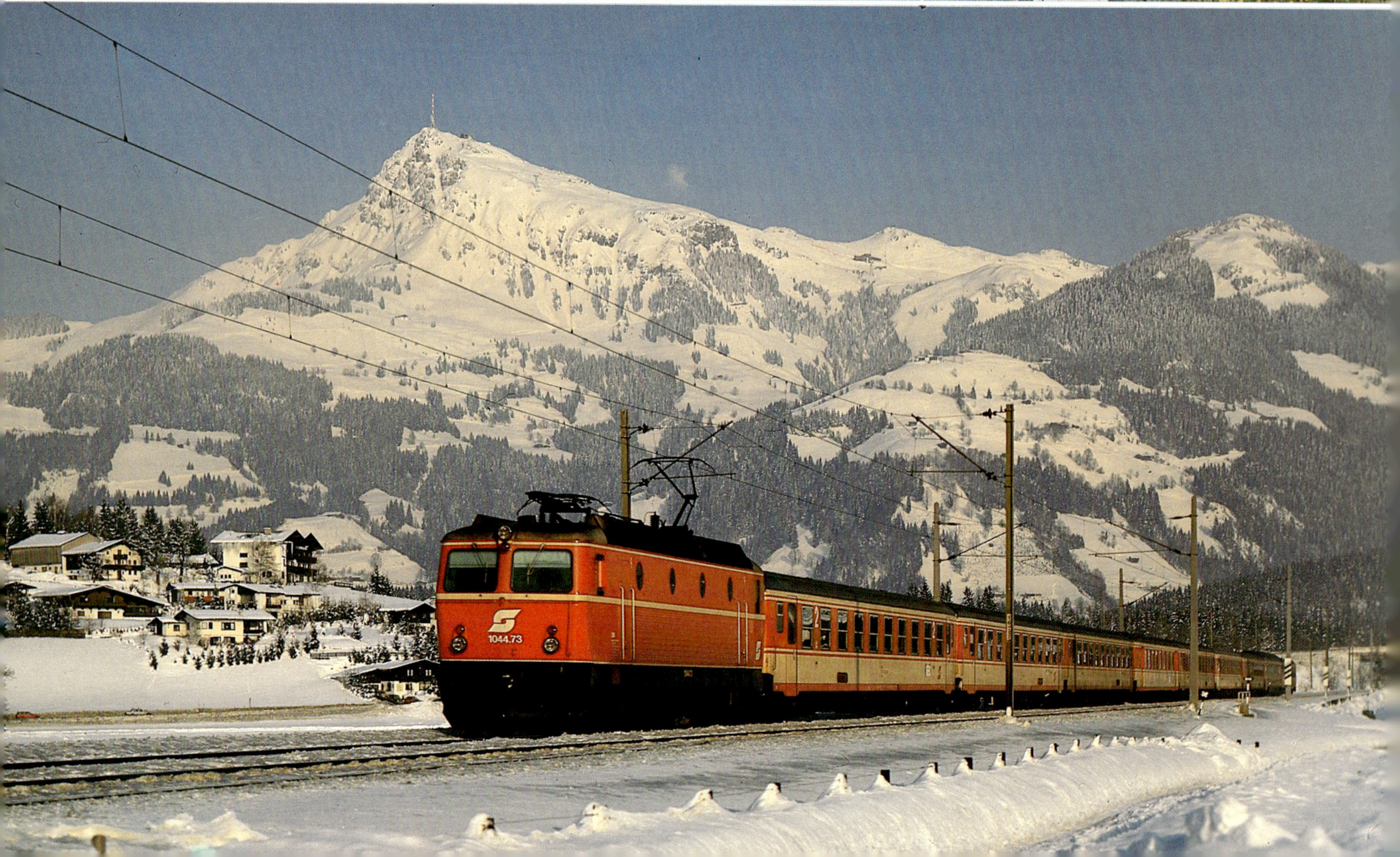
1044.73

3. Beispiele ausländischer Lösungen

3.1. Die elektrische Lokomotive Baureihe 1044 der Österreichischen Bundesbahnen,
von Hofrat Dipl.-Ing. Walter Breyer

3.1.1. Einleitung

3.1.1.1 Vorgeschichte

Bei Betrachtung der elektrischen Triebfahrzeuge in Österreich muß berücksichtigt werden, daß nach Kriegsende zunächst die Elektrifizierung der Hauptstrecken vorangetrieben wurde und dabei die Beschaffung von Triebfahrzeugen in den Hintergrund trat. Daher ergab sich bis Beginn 1970 nur ein Zuwachs an 256 streckenfähigen Lokomotiven (Tabelle 1). Dabei wurden die Reihen 4010 und 4061, die eigentlich eine Triebwagennummer erhielten, zu den Streckenlokomotiven gezählt. Diese Eigenmächtigkeit sei verziehen, da die Reihe 4061 – spät aber doch – die Nummer 1046 erhielt. An Verschublokomotiven waren 17 neu dazugekommen. Ab nun wurden alte Lokomotiven, deren Schadanfälligkeit keinen Streckendienst mehr zuließen, mit viel Geld auf Verschublokomotiven umgebaut.

Infolge der gestiegenen Nachfrage nach schnellerem Verkehr in den späten Sechzigerjahren gelang es nicht mehr, mit dem Ablassen eines Zuges so lang zuzuwarten, bis das Triebfahrzeug voll ausgenützt war. (Die konsequente Fortführung dieser Erkenntnis führte später zum Nachtsprung und zum Taktfahrplan.) Das heißt, das Postulat »Eine neue Lokomotive kann zwei alte ersetzen« hatte sich als falsch erwiesen.

So Mitte der Sechzigerjahre war das eigentliche Ziel der Elektrifizierung erreicht: Auf rund 50% der Strecken konnte fast der ganze Verkehr mit elektrischer Energie abgewickelt werden und die Auslieferung der Reihe 1042 war bis zum 1.1.70 auf 94 Stück und die der Reihe 4010 auf 17 Züge angestiegen. Das waren damals mit den 9 Loks der Reihe 1018 die einzigen, die für die Steigerung der Streckenhöchstgeschwindigkeit von 90 auf 120 km/h in Frage kamen. Für die bald erfolgte Steigerung auf 140 km/h – mit Streckenausbau für 160 km/h – wurde die Reihe 1042 mit geändertem Getriebe ausgeliefert. Für 140 km/h waren dann 51 Triebfahrzeuge vorhanden.

Das Bestimmende für die Auslegung einer Lokomotive blieb aber die Zugkraft auf Bergstrecken bei einer Geschwindigkeit bis 60 oder 80 km/h (siehe Tabelle 2).

Der Vergleich der Lok-Reihen 1010 (130 km/h) und 1110 (110 km/h) brachte die Erkenntnis, daß die ausübbare Zugkraft, d.h. die nutzbare Anhängelast einer Lokomotive, nur wenig von der Getriebeübersetzung abhängt und daß die schnellere Ausführung fast die gleiche Last im Betrieb befördern kann wie die langsamere. Weiters wurde die Erkenntnis gewonnen, daß eine sechsachsige Lok nicht das 1½-fache einer vierachsigen mit gleichen Motoren ziehen kann. Schon damals war die Vielfachtraktion – allerdings aus ganz anderen Gründen als heute – unbeliebt.

Entwicklung des Elok-Baues in der Nachkriegszeit

Stand am	Streckenloks		unb. Triebwagen		Summe 2 bis 5	Verschubloks		Summe 7 bis 8	Summe 2 bis 8
	Vorkr.	Neub.	Vorkr.	Neub.		Vorkr.	Neub.		
1	2	3	4	5	6	7	8	9	10
1.1.50	228	2	2	0	232	26	0	26	258
1.1.60	228	+ 112 / 114	2	+ 25 / 25	+ 137 / 369	26	+ 12 / 12	+ 12 / 38	+ 149 / 407
1.1.70	- 4 / 224	+ 105 / 219	- 1 / 1	+ 17 / 42	+ 117 / 486	26	+ 5 / 17	+ 5 / 43	+ 122 / 529
1.1.80	- 66 / 158	+ 221 / 440	- 1 / 0	+ 11 / 53	+ 165 / 651	- 2 / 24	17	- 2 / 41	+ 163 / 692
1.1.85	- 36 / 122	+ 57 / 497	0	- 1 / 52	+ 20 / 671	24	+ 6 / 23	+ 5 / 47	+ 26 / 718

◀ Abb. 239 und 240: Die Reihe 1044 ist heute auf fast allen elektrifizierten Strecken der ÖBB anzutreffen. Im oberen bild führt 1044.83 den Eilzug E 685 München-Innsbruck, hier am 16. 7. 1983 bei der Einfahrt Reith aufgenommen; auf dem unterem Bild sehen wir 1044.73 mit einem Eilzug von Kitzbühel nach Innsbruck, im Hintergrund das Kitzbüheler Horn (18. 2. 1984, Fotos: JMM).

An dieser Stelle scheint es angebracht, einige Worte zum Stichwort Universallokomotive zu verlieren. Das ist ein Begriff, der in Österreich so um 1927 geboren wurde, zu der Zeit, als sich die in Frage kommenden Elektrofirmen zu einer Arbeitsgemeinschaft zusammenschlossen und statt mehreren – aus Konkurrenzgrün-

Tabelle 2 Lange Strecken in Österreich mit einer hohen maßgeblichen Steigung in ‰

Wien – Mürzzuschlag (Semmering +)	N→S 25‰	S→N 24‰
Zell am See – Wörgl – Bludenz (Hochfilzen, Arlberg)	O→W 26‰	W→O 31‰
Innsbruck – Brenner Grenze (Brenner)	N→S 26‰	
Schwarzach – St. Veit – Villach (Tauern)	N→S 27‰	S→N 27‰

+) zusätzliche Kurven mit 180 m – Radien

den auf eine ganz spezielle Verwendungsart zugeschnittenen – Lokomotiven eine gemeinsame Konstruktion erbrachten. Sehr naheliegend angesichts der Tatsache, daß in manchem Jahr eine halbe Lokomotive bestellt wurde. Die horizontale Aufteilung in der Herstellung der gemeinsamen Konstruktion besagte, daß jede der (damals) 4 Firmen den Ausrüstungsteil der bescheidenen Lokserien, für den sie am besten eingerichtet war, herstellte und überdies jede Lokomotive für jede Zugart verwendbar war. Diese etwas eigenwillige Sachlage in Österreich hatte es ermöglicht, für eine neue Lokserie nicht irgendeinen Phantasiewert, auch nicht jeden angebotenen Wert, vorzuschreiben, sondern die Ausrüstung im Teamwork der mechanischen und elektrischen Firmen und der ÖBB zu entwickeln und zu erproben und dann die Nenndaten auf praktisch verwertbare Werte festzulegen. Dabei konnten die ÖBB auf die Erfordernisse des Betriebes und der Erhaltung eingehen und vor allem die Strecke zur unbedingt notwendigen Erweiterung des Prüffeldes zur Verfügung stellen. Das war die Weiterentwicklung der Universallokomotive zur Grenzleistungslokomotive.

An sich wurde auch die Serie 1042 in technischer Hinsicht nach dem gleichen Verfahren hergestellt, doch traten – etwa ab 1967 – in wirtschaftlicher Hinsicht bemerkenswerte Änderungen ein. Die

Abb. 241: 1044.111 als Standardausführung der Lokomotiven 1044.99 bis 1044.126 (Foto: W. Breyer)

Abb. 242: Prototyp der Reihe 1044.01 und .02 mit Vielfachsteuer- und UIC-Dose (Foto: ÖBB)

Bestellpreise wurden nicht mehr nach technischer Beurteilung, sondern nach Kaufmannsart festgesetzt, für Erprobungen auf Bahngrund wurde Bezahlung verlangt, die Liefertermine wurden nicht nach Auslastung der Firmenkapazitäten, sondern nach besonderen Ereignissen festgelegt. Die Folge dieser Änderungen war weniger eine Verminderung der Herstellungsgüte als vielmehr eine Reduzierung der Versuche und Erprobungen und die Neigung der Firmen, als notwendig erkannte Änderungen und Verbesserungen nicht zu beachten.

Noch ausschlaggebender war die Methode, die Betriebswerte der Reihe 1042 alternativ mit Betriebsergebnissen der SBB und der DB zu vergleichen. Dabei wurde außer Acht gelassen, daß in der Schweiz die Güte des Verkehrs nicht nach der Höchstgeschwindigkeit, sondern nach der Dichte und Pünktlichkeit beurteilt wird und die Paradewerte aus Versuchen nur zu 90% dem normalen Betrieb zugrundegelegt wurden. In Deutschland sind die Lokomotiven auf Geschwindigkeit zugeschnitten, es gibt kaum Berge und noch weniger enge Kurven.

Dagegen gibt es in Österreich nur wenig Streckenabschnitte mit einer Länge über 100 km, in denen nicht eine Bergstrecke mit einer Schnellfahrstrecke abwechselt. Da es immer noch einen Zug gibt, der über den Semmering befördert werden soll und der eine Anhängelast von ein paar Tonnen mehr hat, als für die letzte Bauart zulässig ist – und von dem gefordert wird, daß er an jeder Stelle, auch im S-Bogen angefahren werden kann –, wurde die Zugkraft bis zur letzten Möglichkeit ausgenützt.

Es war daher nicht sonderlich erstaunlich, daß die Kinderkrankheiten der Reihe 1042 nur schleppend behoben wurden und daß die Störanfälligkeit des Schaltwerkes und die relativ geringe Kollektorstandzeit für Gesprächsstoff sorgten. Erstaunlicher war allerdings, daß Laufleistungen von 25 bis 30 000 km/Monat gar keine Begeisterung auslösten. Im Gegenteil, es wurde der Titel »Katastrophenlok« vergeben. Daß aber die Ursache dieses Titels nicht so sehr in der Auslegung der Lokomotive lag, sondern viel eher in der katastrophalen Überbeanspruchung, ergibt sich aus der Tatsache, daß die Reihe 1042 heute, nachdem sie aus jenen Zügen, die für sie um eine Nummer zu groß waren, durch die Reihe 1044 verdrängt ist, zu den Stützen des Betriebes zählt.

3.1.1.2 Die Situation 1970

Diese etwas langatmige Einführung schildert in prägnanter Schwarz-Weiß-Malerei die Situation des österreichischen E-Lokbaues bis zum 1.1.1970, ihre Kenntnis ist aber für das richtige Verständnis der weiteren Entwicklung von Bedeutung.

Man hatte bemerkt, daß sich eine Lokomotive mit Wechselstrommotoren für eine höhere Leistung – vor allem für eine höhere Zugkraft – als die der Reihe 1042 nicht mehr sinnvoll bauen ließ. In der Zwischenzeit waren Dioden und Thyristoren für den Lokbau entwickelt worden. Nach den Erfahrungen mit hochgezüchteten Schaltwerken brachte man den Diodenloks keine besondere Sympathie entgegen und den Thyristorlokomotiven glaubte man zuwenig. Die Entwicklungen der BLS auf diesem Gebiet waren beispielhaft und durch harte Messungen belegt, aber die Strecke zwischen BLS und ÖBB hatte einen beachtlichen Dämpfungsfaktor.

Verständlich, daß die Firmen wenig Lust zeigten, auf eigene Kosten eine Thyristorlok zum gleichen Preis wie eine Direktmotorenlok auf die Beine zu stellen. Dies in einer Zeit, wo die DB daran ging, Entwicklungen auf dem Bahnsektor gesondert zu bestellen.

3.1.1.3 Das ASEA-Angebot

Die Firmen hatten versäumt, den Blick vom Westen nach dem Norden zu schwenken. Die ÖBB waren schneller, schwenkten sogar ganz hoch in den Norden und luden die SJ ein, auf ASEA-Kosten eine Thyristorlok in Österreich vorzuführen. Und – wie in Österreich üblich, wurde die Lokomotive auf dem Semmering erprobt. Die Ergebnisse waren erstaunlich und die Schilderung der Vorteile eines Nebenschlußmotors für die Adhäsionsausnützung überzeugend – obwohl die Lok eigentlich für Flachlandverkehr entwickelt worden war. Aber es war schon damals zu erkennen, daß die Vorteile einer Thyristorlok ganz besonders im Bergverkehr hervortreten müssen.

Das Angebot der ASEA war vorteilhaft und billig, der österreichische Hersteller vom Fahrzeugteil elektrischer Lokomotiven und auch die Elin wurden durch Lieferungen nach Jugoslawien entschädigt und noch im Dezember 1970 traf die erste 1043 in Salzburg ein, zwei weitere bald nach Jahreswechsel. Die vierte kam etwas später, weil in Österreich auch eine Thyristorlokomotive – sogar eine mit Scheibenbremse – eine elektrische Bremse braucht, um ohne rauchende Räder in Leerfahrt vom Berg ins Tal zu kommen und auch, weil das zusätzliche Gewicht der Bremsausrüstung der Sache Adhäsion sehr dienlich ist.

Natürlich gab es eine Reihe von Kinderkrankheiten, nicht zuletzt durch den Klimawechsel bedingt, doch boten diese angesichts des hervorragenden Service der Firma ASEA keinen Gesprächsstoff. Nicht zu übersehen, daß Villach endlich auch eine Neubaulok zu betreuen hatte. Im Einsatz Wien – Villach zeigte sich bald, daß die Vorteile der Thyristorlok doch mehr auf ausgesprochenen Bergstrecken zutage treten und so wurde sie zur Berglokomotive erklärt.

Es wäre alles sehr schön gewesen, wenn man nicht den Einfluß einer Thyristorlok auf bestimmte Ausführungen von Signalanlagen entdeckt und sich auch eine Entschädigung von den ÖBB für

Abb. 243 und 244: Auf dem oberen Bild sehen wir 1044.100 in Versuchsfarbausführung vor Ex 263 »Orientexpress« am 21. 9. 1985 in Wels. Unten führt 1044.14 den Lokzug Lz 41555 mit den sechs Schwesterlokomotiven 1044.08, .06, .05, .03, .07 und .11 zum Radreifentausch in die Hauptwerkstätte Linz, aufgenommen am 17. 4. 1978 im Bahnhof Frankenmarkt (Fotos: H. Gerstner).

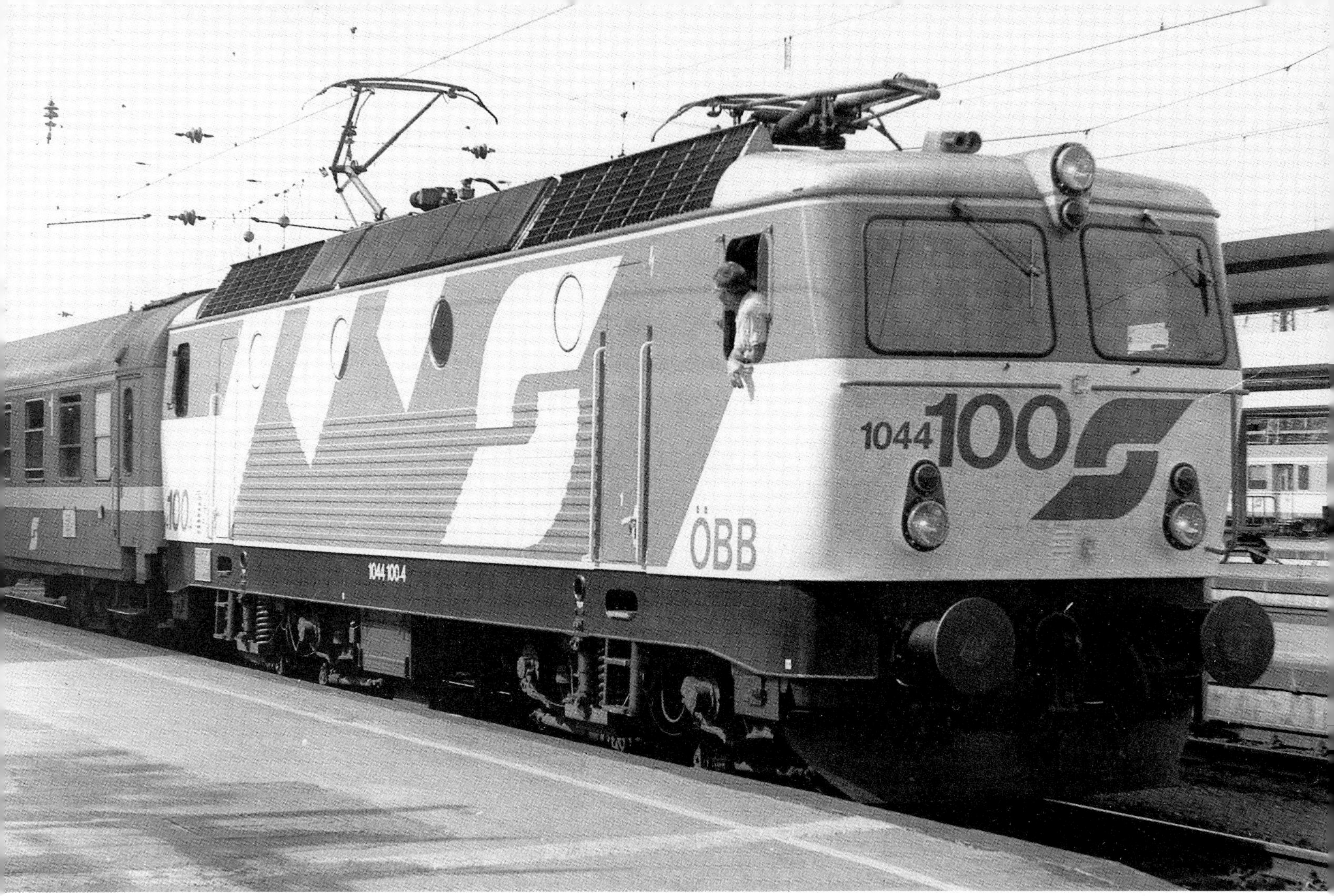
1044 100
ÖBB
1044 100-4

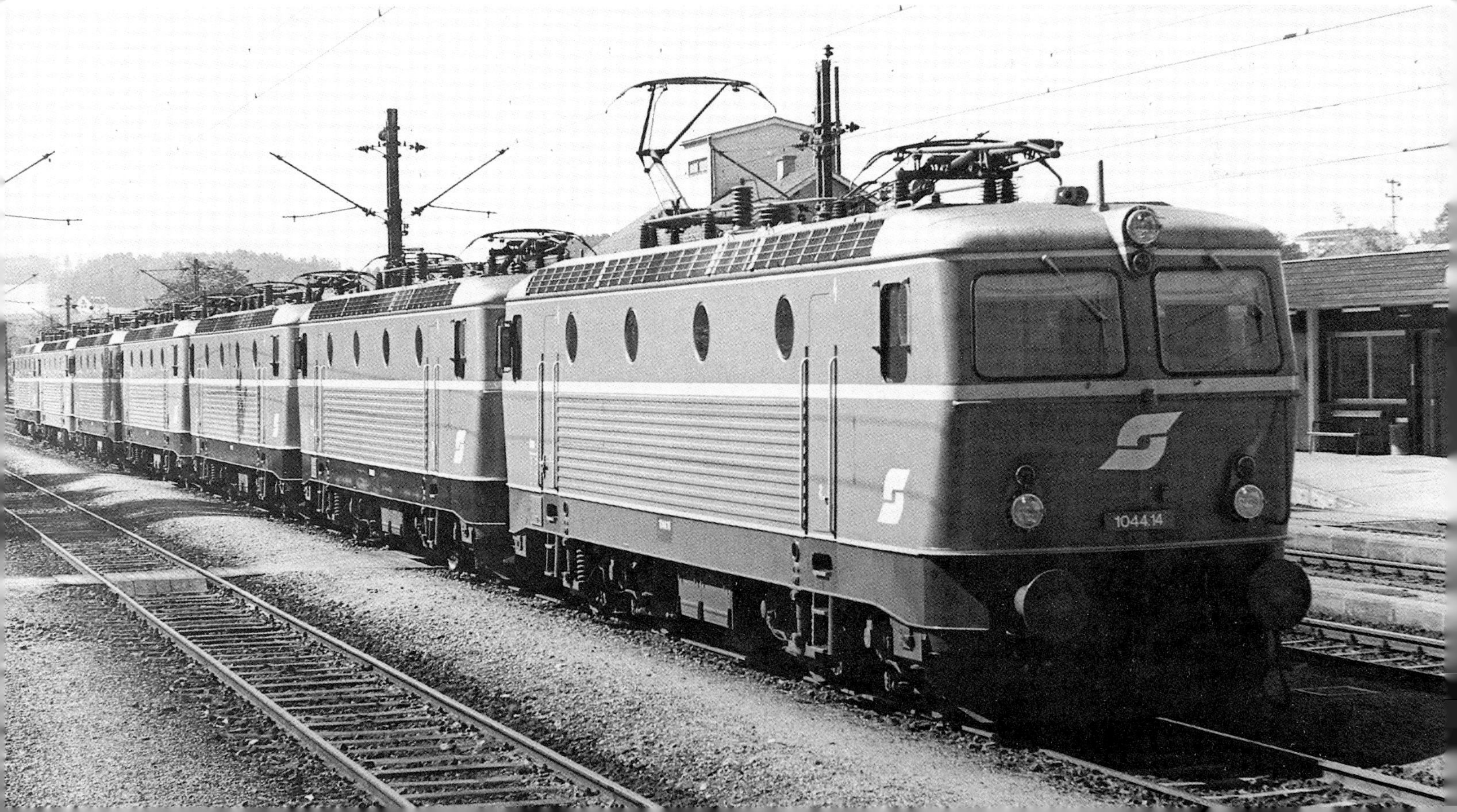
1044.14

das Fischsterben in der Drau versprochen hätte. So waren sehr langwierige Versuchsfahrten im Drautal notwendig, um die Umweltschädlichkeit der Lok quantitativ zu bestimmen. Auf der Lok wurde eine Sicherheitseinrichtung eingebaut, die den Hauptschalter auslöste, sobald der 100 Herz-Anteil des Primärstromes einen bestimmten Wert – sowieso nur im Störungsfall – überschritt und die – ohnedies in Gang befindliche – Modernisierung alter Signalanlagen beschleunigt. Die Post zeigte sich in bezug auf Rundfunk und Fernsehen von der neuen Lok unbeeindruckt.

Der Schwedenlok erging es in Österreich auch nicht anders als den einheimischen Lokomotiven und sie wurde bis zum letzten Knopf ausgepreßt und schlug in punkto Anhängelast auf der Tauernstrecke die Reihe 1042.5 um 100 t (550 zu 450 t). Das war mehr, als dem Verhältnis der Höchstgeschwindigkeit entsprach (135 zu 150 km/h), auch wenn man berücksichtigt, daß die 135 km/h nicht ganz mit den IEC-Normen in Einklang zu bringen waren und daß bei extrem schlechtem Wetter doch mitunter starke Fahrzeitüberschreitungen zu verzeichnen waren. Jedenfalls vertrugen die Motoren die ungewöhnlich hohen Temperaturen ohne Schaden.

Nach dem Grundsatz: »Es ist besser, mit einer 80%igen Lok zu fahren, als über eine 120%ige zu streiten« wurden noch 6 weitere auf Leasing bestellt und geliefert, und die sehr bald erfolgte Endabrechnung ergab einen Preis, der noch immer etwas unter der einer 1042 blieb. Zum näheren Verständnis: Eine exklusive Berglokomotive würde man nur mit 50% bewerten.

3.1.1.4 Die Situation 1973

Damit war das Jahr 1973 erreicht und man hatte der österreichischen Elektroindustrie ausgiebig das Fürchten gelehrt. Also sah sie sich veranlaßt, eine Thyristorlok auf eigene Kosten auf die Räder zu stellen und zur Erprobung zur Verfügung zu stellen. (Später wurde dann der Preis einer 1042 dafür bezahlt.) In seherischer Vorahnung, daß ein Einzelstück nach einem Zusammenstoß auch abbrennen kann, vielleicht auch, um dem Diskussionsargument vorzubeugen, daß eine Lok nicht genug repräsentativ für eine Serie sein kann, sahen sich die ÖBB veranlaßt, eine zweite Lok anstelle der Lok 1042.640 und zu deren Preis zu bestellen – das wurde die 1044.01. Was Wunder, daß diese beiden Lokomotiven als Prototypen bezeichnet wurden.

Wenn aber, kaum daß diese ohne übermäßiges Zittern vor einem Zug fahren, an den Weiterbau geschritten wird, so sollte man doch besser von Vorauslokomotiven sprechen, wenn auch die .01 mit Achtbrückenschaltung und die .02 mit Vierbrückenschaltung ausgerüstet wurde.

Endlich konnte auch entschiedener an die Ausmusterung alter Lokomotiven – teilweise aus 1927! – herangegangen werden; 78 Lokomotiven waren älter als 50 Jahre. Die Dringlichkeit der Lokbestellungen geht aus der Tatsache hervor, daß im Jahr 1974 817 Güterzüge wegen Lokomotivmangels abgespannt werden mußten.

Die Bauzeit wurde noch mit dem Auslaufen der Reihe 1042 überbrückt und dann setzte die Lieferung der Thyristorlokomotiven 1978 bis 1980 voll ein, mit 24, 23, 32 Stück pro Jahr. Damit konnte sich die österreichische Industrie auch vom Vorwurf reinwaschen, sie wäre gar nicht imstande, eine solche Kapazität zu erbringen. Zuerst sprach man von 50, dann von 100 Lokomotiven und heute (dies bedeutet hier und im folgenden den Stand Juli 1985) ist bis 1044.126 bestellt.

Die Reverenz an die Drehstromtechnik erfolgte durch einen Schwenk zu den Verschublokomotiven, zur Reihe 1063 (5 Stück, mit heute sichtbarer Weiterbestellung) und ihrem Anderthalbfachen, der sechsachsigen Reihe 1064 (6 Stück), die auf den Zentralverschiebebahnhöfen ihre Bewährungsprobe ablegen muß.

Damit sind wir bis in die Jahre 1983 bzw. 1984 vorgestoßen, und ich hoffe, daß dieser historisch zu sehende Bericht auf so manche Frage an den österreichischen E-Lokbau eine unbefriedigende Antwort gibt.

3.1.1.5 Bestellungen und Preise

Die Bestellungen der Reihe 1042 erstreckten sich über etwa 14 Jahre, die Lieferungen von 1963 bis 1977. Dabei stieg der Preis – mitunter war auch der Rabatt größer als die Teuerung – bis auf 18,5MS mit Preisbasis 1975.

Die beiden 1044.01 und .02, die erst nach der Erprobung bezahlt wurden, kosteten 1976 etwa dasselbe.

Die Lieferung der Reihe 1044.03 u.f. begann 1978 und hat heute (Stand Juli 1985) 114 Lokomotiven erreicht, 10 weitere sind bestellt. Dabei stieg der Preis von 22MS mit Preisbasis 1976 auf 31,5MS mit Preisbasis 1985 an und man kann daraus ersehen, daß nicht nur die Preissteigerungen abgegolten wurden, sondern daß auch einer gewissen Angleichung an die Realkosten stattgegeben wurde.

Die fünf Loks der Reihe 1063 wurden 1983 geliefert und kosteten rund 17,5MS, die 6 sechsachsigen der Reihe 1064 aus 1984 und 1985 fast 34MS, wobei zu berücksichtigen ist, daß sie Geschwindigkeitssteuerung und Funkfernsteuerung besitzen. Trotzdem wird die Differenz auf den 1½-fachen Preis der 1063 damit nicht allein zu erklären sein. Nichts gegen den absoluten Preis – nur ein Hinweis mehr auf die Preiswürdigkeit einer sechsachsigen Lokomotive.

Man spricht nicht über Preise? In Zeiten der Transparenz wird es doch gefordert. Zumindest sollte nicht über die Tatsache hinweggesehen werden, daß heute ein Nachbau der Reihe 1042 teurer käme als eine 1044.

Abb. 246 und 247: Auf dem oberen Bild 1044.89 als Vertreterin der ▶ zweiten Bauserie (1044.71 bis 1044.95 und 1044.97) mit durchgehend hohen Mehrfachdüsengittern. Unten 1044 116-0 der dritten Bauserie (1044 096, 1044 098 bis 1044 126) mit hohen Gittern für die Motoren und hohen Mehrfachdüsengittern für die Ölkühler (Fotos: SGP).

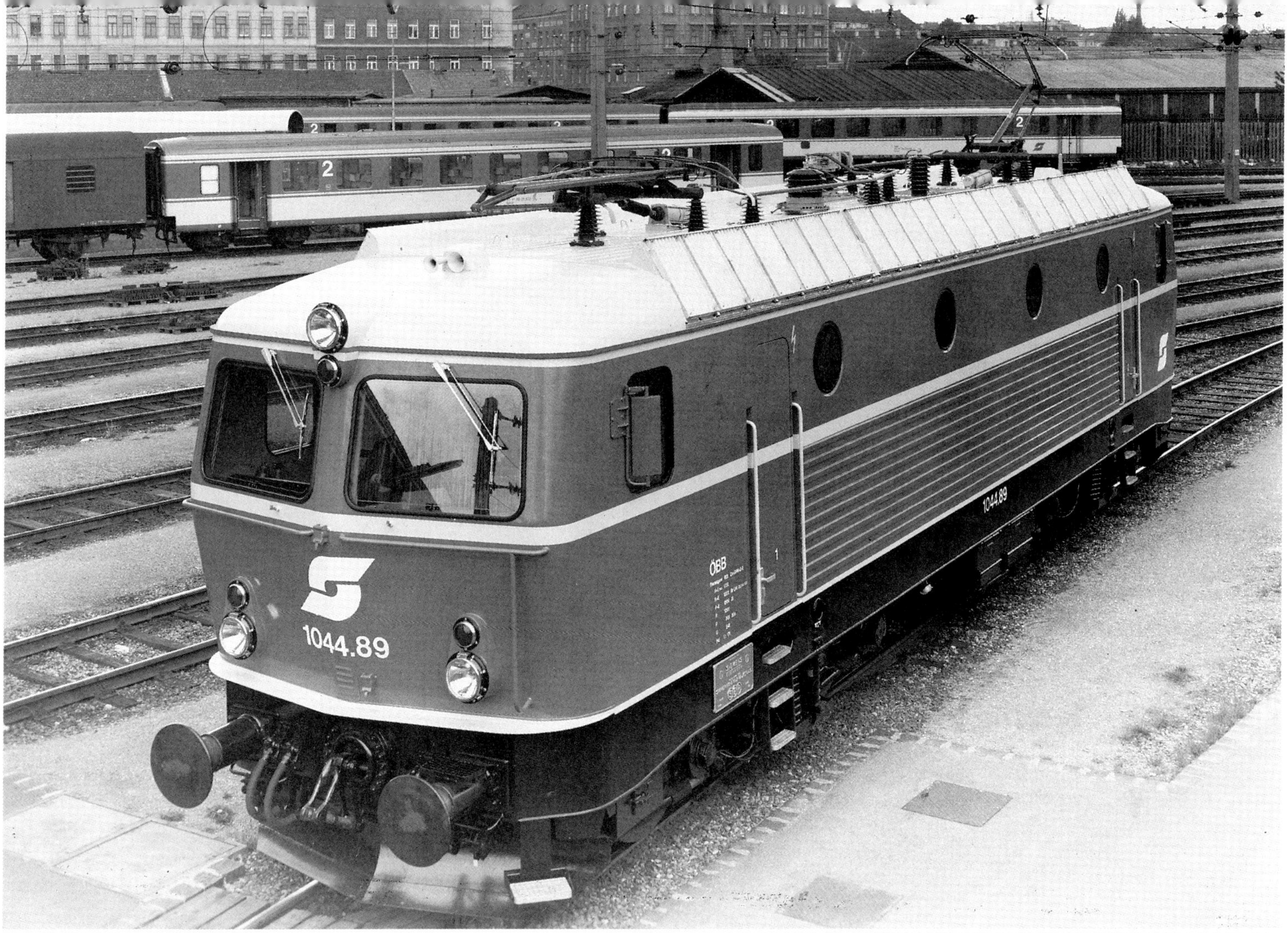
1044.89
ÖBB
1044.89

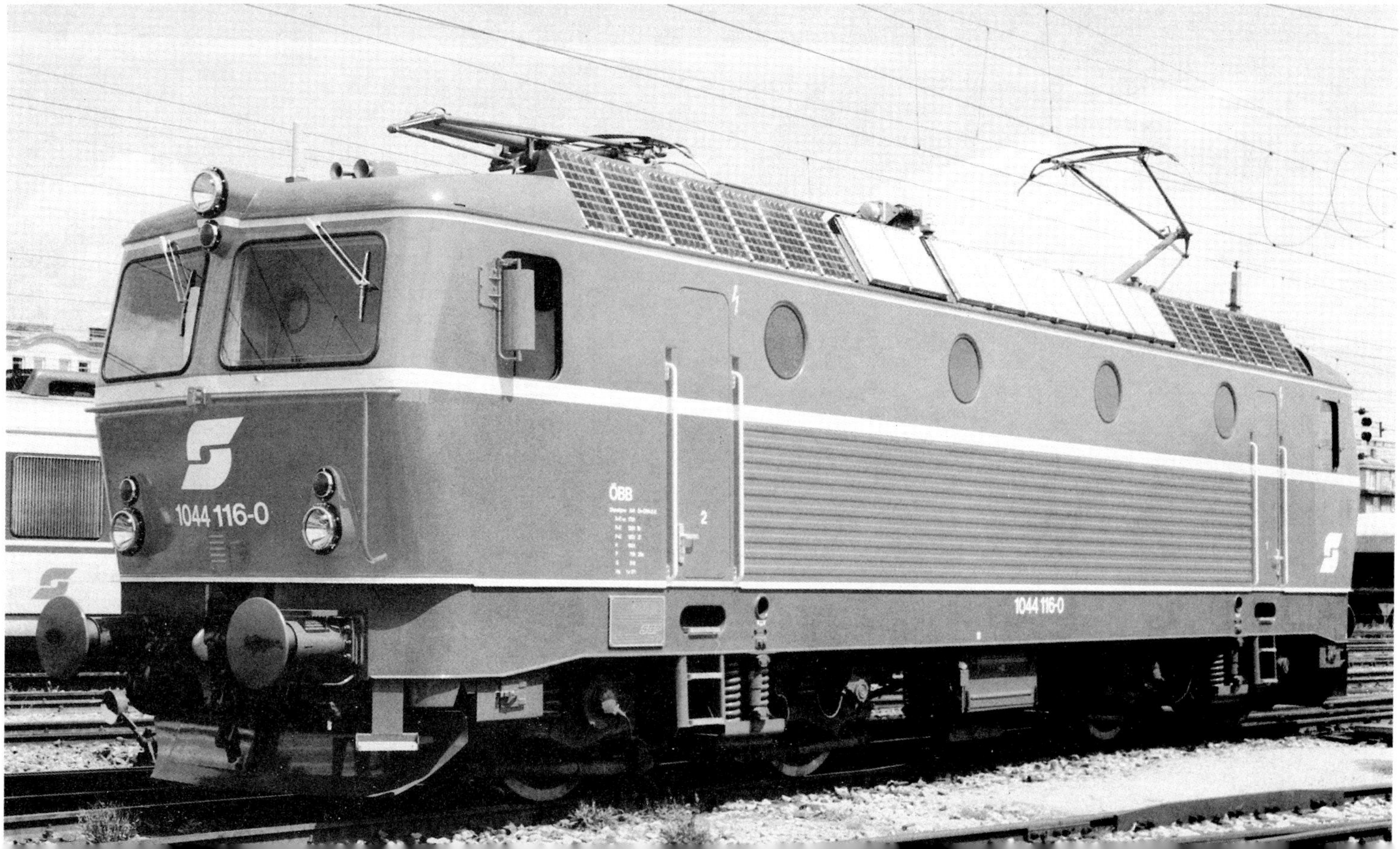
1044 116-0
ÖBB
1044 116-0

Abb. 245: 1044.07 der ersten Serienlieferung (1044.03 bis 1044.70) mit niedrigen Lufteintrittsgittern (Foto: ÖBB)

3.1.1.6 Lieferung

Geliefert werden für die ÖBB die elektrischen Triebfahrzeuge im mechanischen Teil durch die Simmering Graz Pauker-AG (SPG), im elektrischen Teil durch die BES-Gemeinschaft (Brown Boverie, Elin-Union, Siemens, der Aufteilungsschlüssel beträgt 23, 54, 23%), wobei die seinerzeit an der Gemeinschaft beteiligte AEG gelegentlich Zulieferungen erhält. Die Reihe 1044 wurde unter der Federführung von ÖBBW (Österreichische Brown Boverie Werke) entwickelt und gebaut. Die Bestellungen ergehen, getrennt für mechanischen und elektrischen Teil, an die einzelnen Firmen gesondert, der elektrische Teil wird horizontal aufgeteilt, die Montage führt jede Firma selbst durch und übernimmt auch die Verantwortung für die gesamte Ausrüstung. Nur für die Zusammenarbeit zwischen Mechaniker und Elektriker und für die Beistellteile müssen die ÖBB die Verantwortung selbst übernehmen.

Forderungen im Zuge der Entwicklung werden mit sogenannten Baubuchblättern nachbestellt.

Der allgemeine Lieferrhythmus an lokartigen Triebfahrzeugen an die ÖBB betrug

vom 1.1.1950 bis 1.1.1960   15 E-Loks/Jahr
         1960 bis   1970   13 E-Loks/Jahr
         1970 bis   1980   23 E-Loks/Jahr
         1980 bis   1985   12 E-Loks/Jahr

Ende 1985 werden die ÖBB 146 alte (Vorkriegs-) elektrische Lokomotiven, vielleicht ein paar weniger, und 584 neue haben, davon 504 Streckenloks, 52 unbesetzte Triebwagen und 24 Verschubloks.

Konkret zur Lieferung 1044:

Die 2 Prototypen wurden um die Jahreswende 1974/75 geliefert, die Bestellung von 24 Serienlokomotiven erfolgte am 1.4.1976, 1044.03 wurde im Dezember 1977 geliefert. Zum Lieferstop am 25.11.1980 war bis 1044.71 ausgeliefert. 3 Loks wurden am 7.12.1981 zur Wintererprobung geliefert, bis zur Aufhebung des Lieferstops am 22.7.1982 noch 4 weitere. Bis Ende 1983 waren die Loks bis zur Nummer .98 ausgeliefert, in mehreren Versuchsvarianten.

Die Loks 1044.96 und .98 wichen in vielen Punkten von der bis dahin geltenden Normalausführung ab. Von .99 bis .116 wurden die Loks einheitlich mit Berücksichtigung der gewonnenen Erkenntnisse ausgeliefert, und zwar bis Mitte 1985. Bei den Lok-Nummern ist zu beachten, daß die Lok 1044.38 nach einem großen Unfall nicht mehr aufgebaut wurde.

10 weitere Loks, .117 bis .126, sind bestellt – in der letztgültigen Form.

3.1.2. Allgemeines zur Lokreihe 1044

Die Reihe 1044 war eine Zeit lang die leistungsstärkste vierachsige Lokomotive der Welt, bis sie von den Drehstromlokomotiven der DB-BR 120 in den Schatten gestellt wurde. Sie ist eine Grenzleistungs-Universallokomotive, seit praktisch alle Strecken der ÖBB für eine Radlast von nominell 20 t hergerichtet wurden. Sie kann für alle Zugsarten mit der derzeitigen Streckenhöchstgeschwindigkeit von 140 km/h, für besondere Dienste mit 160 km/h und für Versuchsfahrten auch mit 176 km/h eingesetzt werden und sie kann zwischendurch, zur Ausnützung eines Fahrplanfensters, natürlich auch vor einem Zug mit 3 Wagerln Verwendung finden. Sie fährt auch oft genug allein. Man bedenke: Der Wirkungsgrad in % wird bei schlechter Auslastung kleiner, aber die Verluste in kW werden völlig uninteressant, auf alle Fälle kleiner als die einer überlasteten Schwachlokomotive, und man bedenke weiters, daß sich die Preise einer Grenzleistungslok und einer für einen bestimmten Dienst Zurechtgestutzten um weniger unterscheiden als ihre Leistungen und man bedenke nochmals, daß bei der modernen Sucht nach Schnellfahren schon die heutigen Grenzleistungen zu klein sind.

3.1.2.1 Hauptdaten, Hauptstromschaltplan

Der Aufbau und die Hauptabmessungen gehen aus dem Typenplan (Abb. 248) hervor, die Ansicht aus Abb. 241 bis 247. Die technischen Daten sind in Tabelle 3 enthalten.

Sie befördert über:	Semmering	Hochfilzen		Tauern	Brenner
		O→W	W→O		
Züge mit	600	650	600	550	550 t

und erreicht damit über Hochfilzen und am Tauern die Werte der Reihe 1043 (O→W bedeutet in Ost-West-Richtung, W→O in umgekehrter Richtung).

Als Hauptstromschaltplan wird Abb. 248 gezeigt, das für die 2 Varianten 1044.01 und 1044.02 gezeichnet wurde, erhalten hat sich nur die rechte Hälfte für alle Lokomotiven 1044.01 bis .126, d.h. die Vierbrückenschaltung. Der Fahrmotorenstromkreis ist massefrei, ein Masseschluß wird aber gemeldet.

Ergänzt muß werden, daß bei späteren Lokomotiven die V_0-Klemme der Trafoprimärwicklung nicht – wie gezeichnet – an Masse gelegt wird, sondern (mit möglichst gleich langen, isolierten Leitungen) an die Erdkontakte von drei Achsen geführt und nur über eine Erddrossel (ohne Eisen) mit Masse verbunden ist. Die Masse wird über den Erdkontakt der Achse 3 »schutzgeerdet«.

Tabelle 3 Hauptdaten

Baujahr	1974, 1975, ab 1978
Lieferer des Fahrzeugteiles	Simmering Graz Pauker
des elektrischen Teiles	ÖBBW, Elin-Union, Siemens
Dienstgewicht = Reibungsgewicht bei 1270 mm Rad ⌀	84 t
Leergewicht des Fahrzeug- und maschinellen Teiles ohne Antrieb	38 t
des elektrischen Teiles mit Antrieb	45 t
Anteil der rotierenden Massen	+ 14 t
Spurweite	1435 mm
Achsfolge	Bo' Bo'
Scheibenräder mit Reifen oder Monoblockräder	
Laufkreisdurchmesser neu	1300 mm
+) abgenützt	1238 mm
Zugeinrichtung mit Zughaken und Schraubenkupplung für Zughakengrenzlast	350 kN
kleinster befahrbarer Krümmungsradius	120 mm
Grenzradius am Abrollberg Kuppe	250 m
Mulde	300 m
Höchstgeschwindigkeit	160 km/h
Bremsbauart	On – GPR + Z + E
Einzelradbremsung	
maximale Bremshundertstel R + E 160	208 %
Handbremse im Maschinenraum	1 × 20 %
+) bei Einhaltung der Fahrzeugumgrenzung nach UIC 505	
Fahrdrahtspannung	15 kV, 16 $\frac{2}{3}$ Hz
Toleranz nach IEC	+ 20, − 10 %
Nennleistung = Dauerleistung nach IEC 77 und IEC 349 bei 90 km/h	5200 kW
Dauerzugkraft zwischen 0 und 80 km/h bei Rad ⌀ 1270 mm	187 kN
Stundenzugkraft –"–	204 kN
Dauerleistung des Transformators	5200 + 70 + 950(550) kVA
Stromrichter: 96 Thyristoren = 2 × 6 × 8//	2500 V, 320 A
64 Dioden = 2 × 4 × 8//	2500 V, 450 A
Steuerung	vierstufige, halbgesteuerte Thyristor-Anschnittsteuerung
Fahrmotoren: gemischt erregte Wellenstrom – Kommutatormotoren	
Stundenleistung bei 87 km/h	4 × 1320 kW, 1070 V
Übersetzung der Zahnräder	107 : 35 = 3,057
Getriebewirkungsgrad	0,97

Abb. 248: Typenskizze der Reihe 1044, dritte Bauserie (Grafik: SGP)

Begrenzung II nach ÖBB – Zeichnung tfd Nr. 114816
untere Bezugslinie "E" nach UIC 505-1

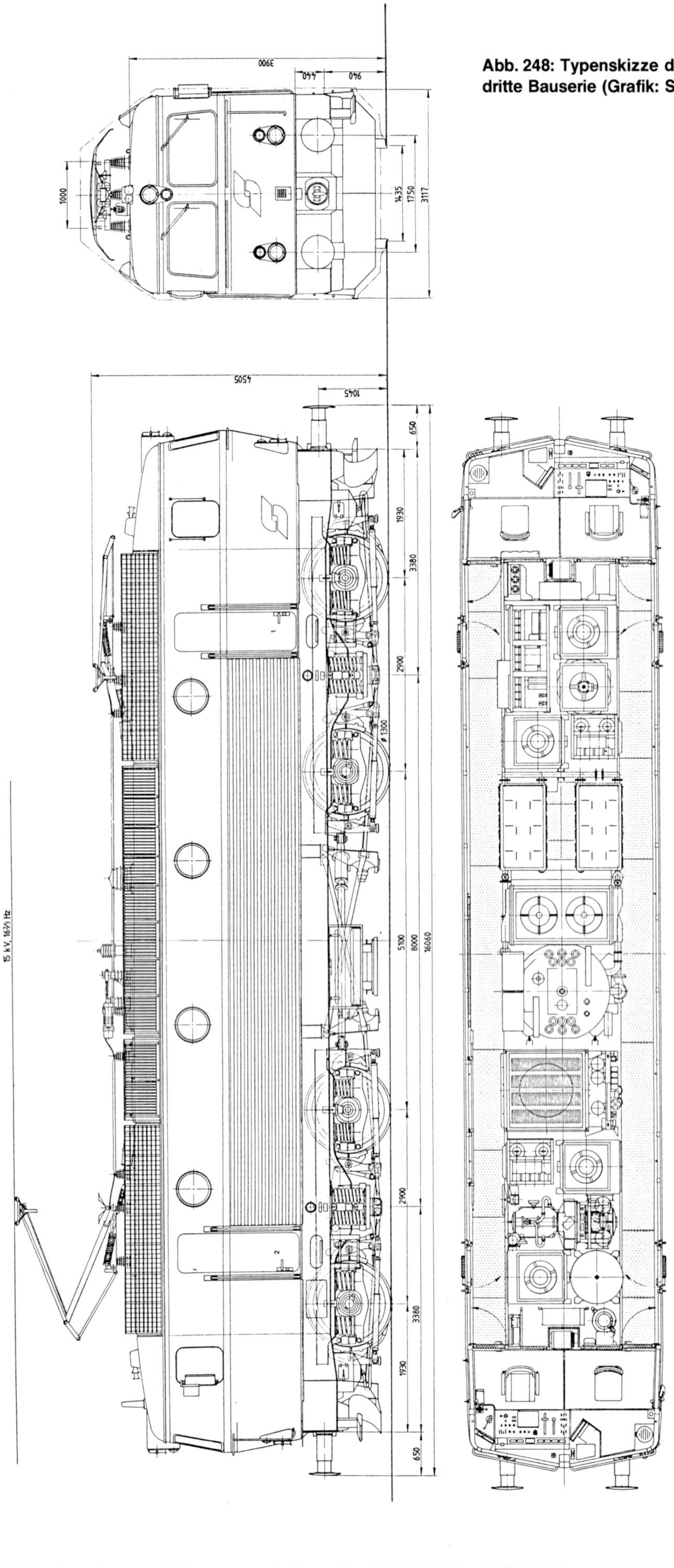

Dienstgewicht G_d 84 t
Höchstgeschwindigkeit 160 km/h
Nennleistung nach UIC 614 (1967) [Dauerleistung] 5000 kW bei 88 km/h

Antrieb	einseitiger BBC-Hohlachsstummelantrieb mit Gummi-Doppelkonusfedern in 8 Kammern
E-Bremse in Bremsturm	gleichstromerregte, thyristorgesteuerte Widerstandsbremse, fahrdrahtabhängig
Dauerleistung	2400 kW
kurzzeitig (20s)	4000 kW
Dauerbremskraft bei 1270 mm Rad ⌀	122 kN
1 Bremslüftermotor, von Widerstand 4 gespeist, gleichstromfremderregt	28,5 kW
Drehstrombordnetz	3 × 440 V, 100 Hz
1 rotierender Umformer 1000 V, 16 $\frac{2}{3}$ Hz auf 700 V Mischstrom, regelbar von 50 bis 100 Hz	100 kW
11 Lüftermotoren, z.T. mit Zyklonabscheidern	
2 Ölpumpenmotoren	
Wechselstrombordnetz	200 V, 16 $\frac{2}{3}$ Hz
1 Kompressormotor	22 kW
1 statisches Batterieladegerät	180 Ah
Gleichstrombordnetz	24 V
1 Stahlbatterie bei 5-stündiger Entladung	240 Ah
3 Konverter für Elektronik 24 V auf 48 V konstant	3 × 270 W
besondere Einrichtung	
Schleuderschutzbremse	
Elektronisch akustische Signalanlage	
Weg-Weg Impulssifa	
Indusi	
Zugbahnfunk	

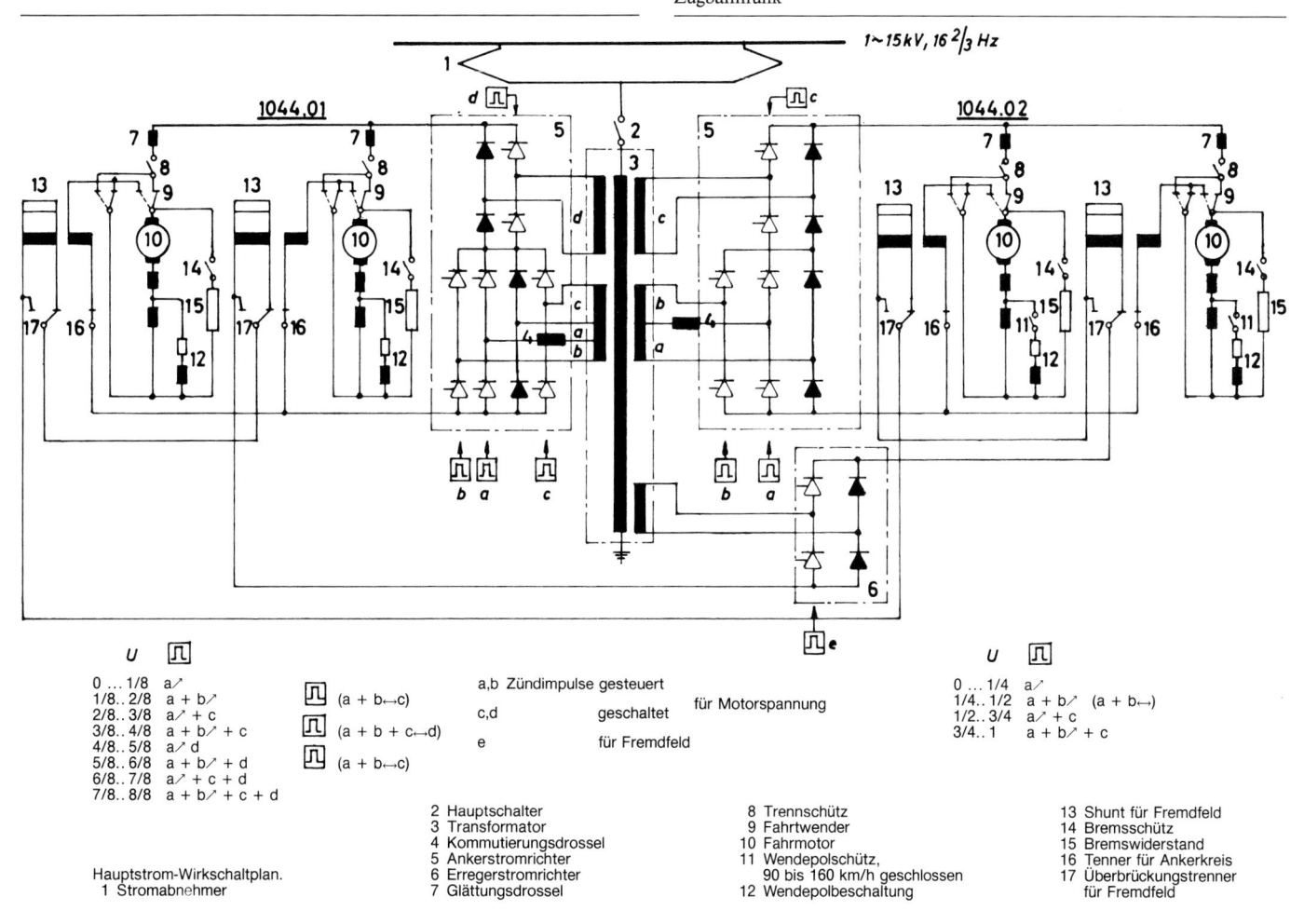

Hauptstrom-Wirkschaltplan.
1 Stromabnehmer
2 Hauptschalter
3 Transformator
4 Kommutierungsdrossel
5 Ankerstromrichter
6 Erregerstromrichter
7 Glättungsdrossel
8 Trennschütz
9 Fahrtwender
10 Fahrmotor
11 Wendepolschütz, 90 bis 160 km/h geschlossen
12 Wendepolbeschaltung
13 Shunt für Fremdfeld
14 Bremsschütz
15 Bremswiderstand
16 Tenner für Ankerkreis
17 Überbrückungstrenner für Fremdfeld

Abb. 249: Hauptstromschaltplan mit Steuerprinzip (Grafik: ÖBB)

Abb. 250: ZV-Diagramm (Grafik: ÖBB)

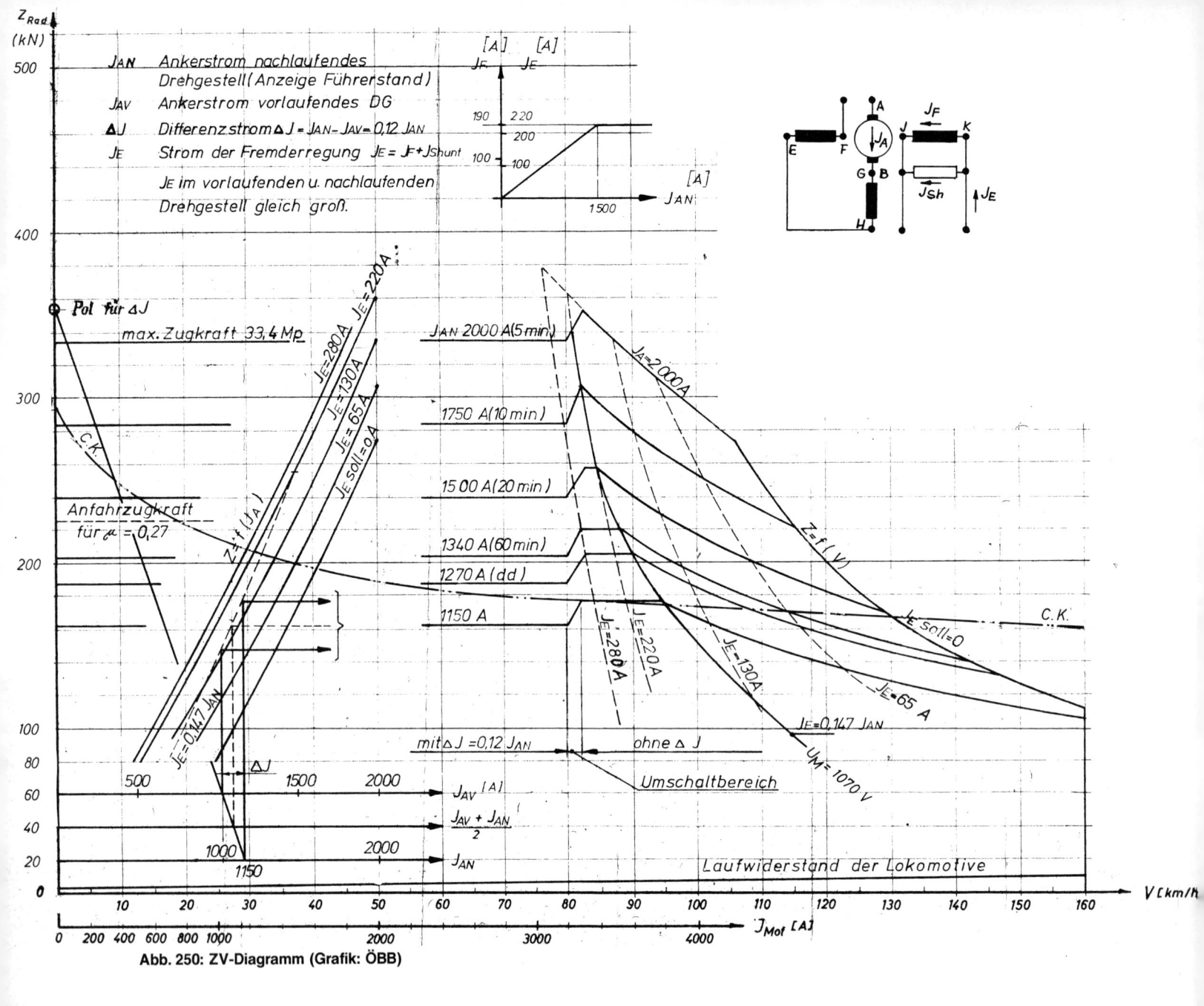

3.1.2.2 ZV-Diagramm

Abb. 250 zeigt das ZV-Diagramm. In Österreich wird es noch einige Zeit nicht FV-Diagramm heißen, aber wenigstens wird schon nach der Vorschrift IEC (Internationale Elektrotechnische Kommission) das Z nach oben gehalten. Die Zugkraft ist nicht irgend eine wohldefinierbare Kraft, so daß man sie nicht eines F für würdig halten sollte. Wegen Verwendung des Schemas für alle Eloks scheinen einzelne Flächen schlecht ausgenützt.

Über die Anfahrzugkraft braucht nicht geredet zu werden, seit sie nicht mehr durch das Bürstenfeuer, sondern durch die Adhäsion begrenzt wird.

Im Bereich zwischen 0 und 80 km/h, wo sich wegen des konstanten Ankerstromes und des festzugehörigen Fremdfeldstromes nur wenig tut, konnte das Diagramm über den Einfluß des Fremdfeldstromes auf die Zugkraft untergebracht werden. Etwas kompliziert wird die Sachlage dadurch, daß der Ankerstrom im magnetischen Kreis eine ganz beachtliche Rückwirkung auf das

Abb. 251 und 252: Der Reisezugdienst auf der Arlbergstrecke gehört ▶ ebenfalls zu den Aufgaben der Reihe 1044. Im oberen Bild führt eine Lok der Reihe 1044 am 22. 9. 1984 eine Expreßzug über die bekannte Trisannabrücke, im Vordergrund rechts Burg Landeck. Zwei Tage später begegnen wir einem anderen Expreß bei Dalaas. (Foto: A. Zronek).

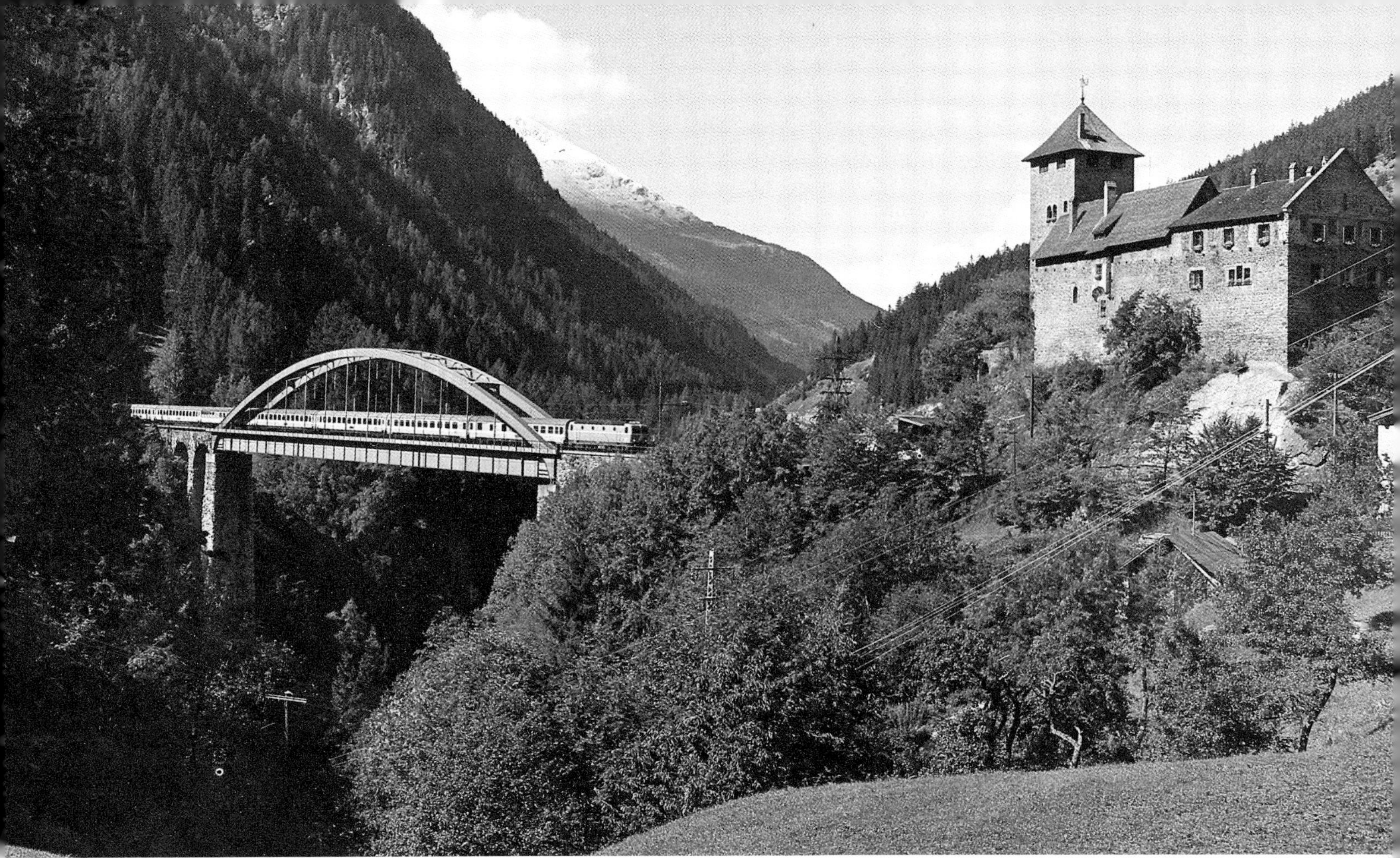

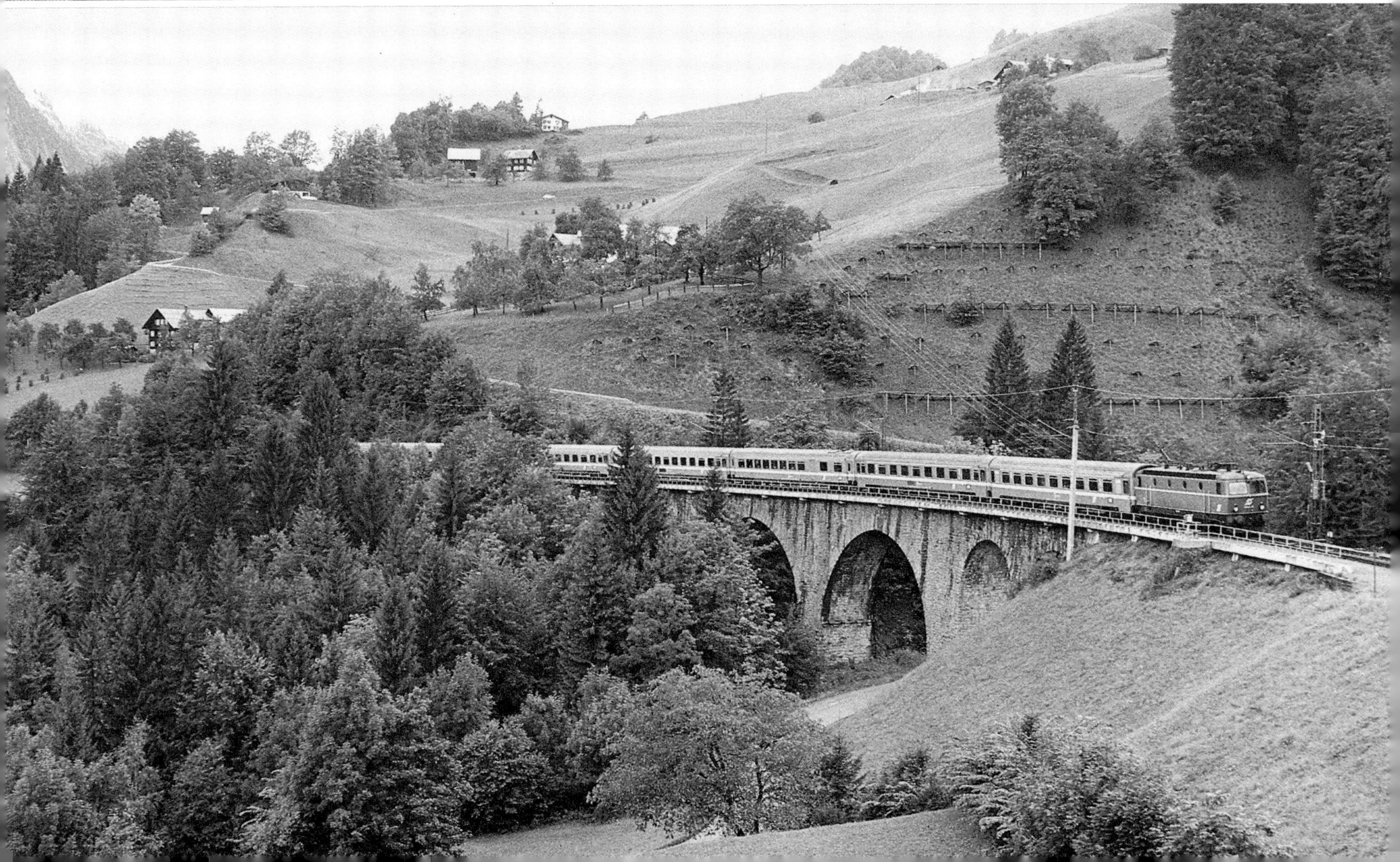

Fremdfeld ausübt. Deswegen auch $J_{Esoll} = 0$ A; er ist es in Wirklichkeit keineswegs. Dazu ist noch zu bemerken, daß die Nachführung des J_E nach dem J_A, wie ganz oben dargestellt, nur eine der Möglichkeiten herausgreift. Den Knickpunkt bei 1500 A kann man auch tiefer legen und auch zwischen zwei proportionalen Strecken ein konstantes Stück einschalten. Damit ergeben sich für jeden Betriebsfall besondere Vorteile. Sie haben aber bestenfalls Einfluß auf das Anfahrverhalten.

Ebenso wurde als Differenz der Motorströme im vor- und nachlaufenden Drehgestell (wegen des Zughakenmomentes) ein $\Delta J = 0,12\ J_A$ angenommen, was sich im Laufe der Zeit auf 0,08 geändert hat.

Die Zugkraft wird bis etwa 80 km/h beibehalten und dann wird auf gleichen Strom in allen 4 Motoren umgeschaltet. Sobald die höchste Aussteuerung der Motorspannung mit 1070 V erreicht ist, setzt die Feldschwächung mit Hilfe des Fremdfeldes ein, so daß bei 160 km/h immer noch eine Zugkraft von 106 kN zur Verfügung steht. Darin liegt einer der Hauptvorteile der Thyristortechnik, daß bei vorgegebener Höchstgeschwindigkeit der Dauerpunkt – damit auch der für die österreichische Topographie viel maßgebendere Stundenpunkt – auf eine tiefere Geschwindigkeit gelegt werden kann als bei einer konventionellen Direktmotorenlok. Zur obigen Einfügung muß allerdings zugegeben werden, daß bei heutigen Motoren – mit enorm gesteigerter Kühlung – mit dem Stundenpunkt auch nicht mehr Staat zu machen ist als mit dem Dauerpunkt. Die kleinste Höchstgeschwindigkeit ist durch die unterbringbare Übersetzung vorgegeben – es ist also gar keine Kunst, eine schnellere Lok zu bauen.

Aus dem ZV-Diagramm ist leider nicht zu sehen, daß die Fremderregung auch einen großen Einfluß auf das Anfahrverhalten hat. Die Reihe 1043 (Rc 2) ist mit reinem Fremdfeld und Nebenschlußverhalten da ins Extrem gegangen und hat gezeigt, daß der betrieblich verwertbare Reibwert von $\mu = 0,24$ auf $0,27$ angehoben werden kann; und wenn sich der Lastausgleich nicht als erforderlich herausgestellt hätte (der Hund liegt immer im Detail) auf noch mehr.

Heute kann der 1044 ein ausnützbares $\mu = 0,28$ für den praktischen Betrieb zugebilligt werden, denn Paradewerte, die womöglich auf die höchstbelastete Achse bezogen werden, sind für den Zugbetrieb belanglos. Dazu wäre zu bemerken, daß ein μ von 0,28 auch in Österreich nicht an allen 365 Tagen im Jahr zur Verfügung steht, auch nicht mit Sand. Man muß also das Risiko einer Restriktion des Verkehrs an einzelnen, ungünstigen Tagen in Kauf nehmen, will man nicht das ganze Jahr über mit einer kleineren Anhängelast fahren.

Dennoch, die Vorstellung von der Ausnützbarkeit der vorgegebenen Adhäsion ist kein Märchen, sie ist von Achslastveränderungen, von der Federung der Achsen, von der Torsionselastizität der Achsen, von Federung und Dämpfung des Antriebes und von individuellen, noch reichlich unbekannten Eigenheiten der Loks abhängig, sogar von der Radreifenabnützung.

Heute erbringen die Segnungen der Elektronik einerseits die stufenlose Zugkraftsteuerung und andererseits die Möglichkeit eines schnell reagierenden (natürlich auch richtig reagierenden) Schleuderschutzes. Neiderfüllt muß an dieser Stelle zugegeben werden, daß jüngste Versuche mit der DB-BR 120, noch dazu mit einer auf 250 km/h übersetzten, eine klare Überlegenheit gegenüber der Reihe 1044 gezeigt haben. Und zwar weniger wegen einer etwas größeren Anwendbarkeit von Zugkraft, als vielmehr wegen der Verminderung der Zugkrafteinbrüche. Der Vorteil liegt vermutlich nicht im Prinzip des Drehstromantriebes selbst, sondern in der damit verbundenen Möglichkeit einer Erfassung der Schleudertendenz schon im Motor und in einem blitzartigen Eingriff in die Steuerung und in einer ebenso blitzartigen Reaktion des Motors.

Nochmals zurück zum ZV-Diagramm, in dem auch die alte Curtius-Kniffler-Kurve eingezeichnet ist. Weniger um danach die Anhägelasten zu berechnen, als vielmehr um zu zeigen, mit welchem Riecher die damaligen Leute durch den Sternenhimmel ihrer Messungen eine brauchbare Kurve gelegt haben.

3.1.2.3 BV-Diagramm

Wenn schon vom ZV-Diagramm die Rede war, soll auch das BV-Diagramm hier besprochen werden. (Wie gut, daß wir uns nicht auf FV geeinigt haben.) Siehe Abb. 253 Die Summenstromregelung ist in dieser Form schon von der Reihe 1042.5 bekannt und beruht auf einer Regelung des Fremdfeldstromes (das Serienfeld ist nicht benutzt) in Abhängigkeit vom Bremsstrom. Damit kann in einem weiten Bereich die Bremskraft für eine bestimmte Fahrschalterstellung konstant gehalten werden und geht erst unter 50 km/h linear auf Null zurück. Es ist kein elektronischer Aufwand nötig um zu verhindern, daß die Lok in die Gegenrichtung zu fahren beginnt.

In der Schnellbremsstellung des Führerbremsventiles wird die E-Bremse voll angesteuert, und zwar mit 1140A, sie kommt auch viel schneller als die Druckluftbremse zur Wirkung. Für die Ansteuerung mit Hilfe des Zugkraftschiebers ist eine Begrenzung auf 1000A = 2400 kW vorgesehen.

3.1.3. Fahrzeugteil

Der Fahrzeugteil wurde grundlegend neu in Abweichung von der österreichischen Art konzipiert. Ursache dafür ist der Übergang von der Radiallüftung zur Achsiallüftung und es hat sich die alte These wieder bewahrheitet, daß eine elektrische Lokomotive um die Lüfter herum gebaut wird. Verbunden mit der Achsiallüftung ist die Schrankbauweise, wie sie eben von der ASEA-Lok im Prinzip vorexerziert wurde.

Abb. 253: BV-Diagramm (Grafik: ÖBB)

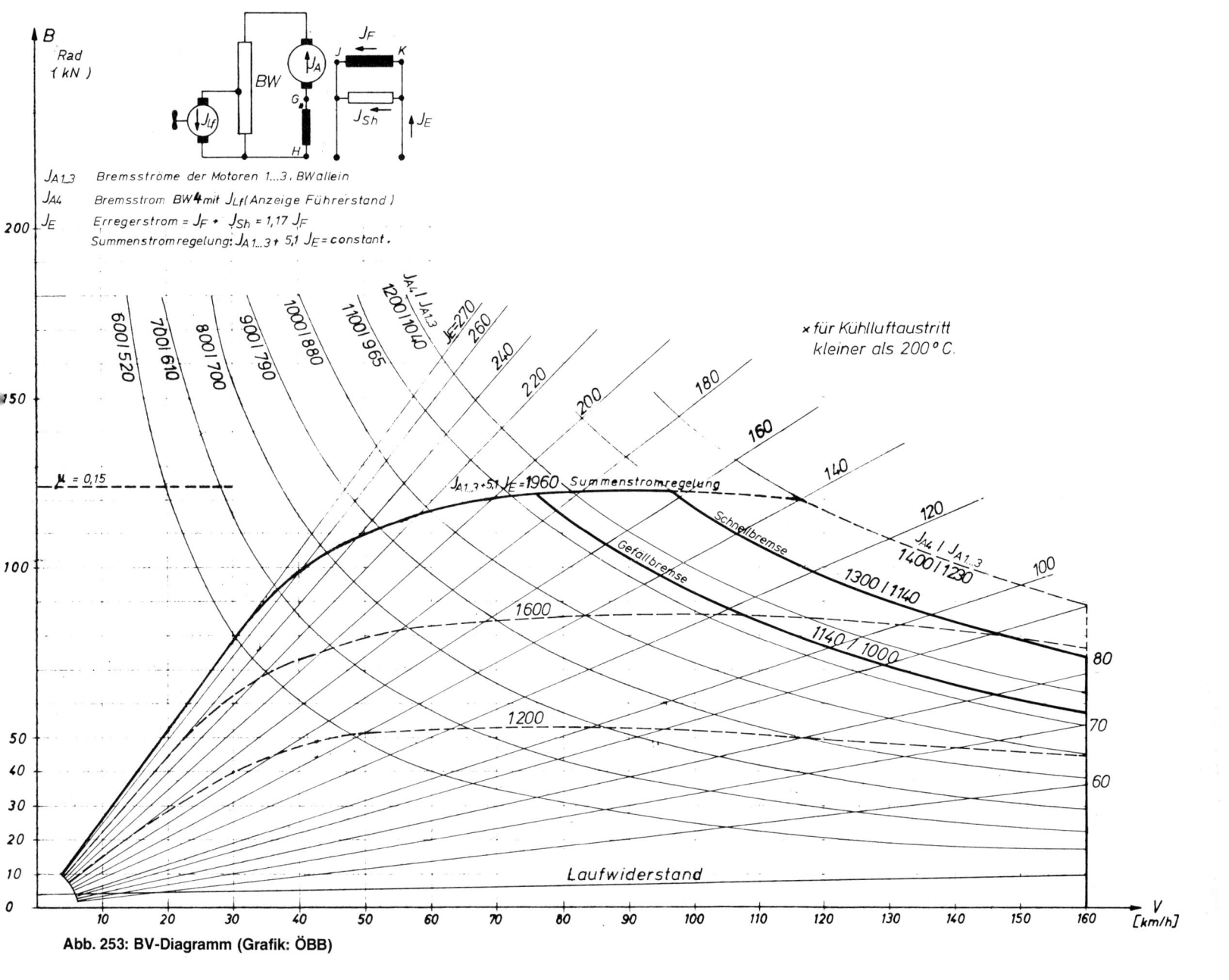

$J_{A1..3}$ Bremsströme der Motoren 1...3, BW allein
J_{A4} Bremsstrom BW 4 mit J_{Lf} (Anzeige Führerstand)
J_E Erregerstrom = $J_F + J_{Sh} = 1{,}17\ J_F$
Summenstromregelung: $J_{A1...3} + 5{,}1\ J_E = $ constant.

× für Kühlluftaustritt kleiner als 200 °C.

Damit war es auch erstmalig möglich, zwei durchgehende Seitengänge freizulassen und so eine bessere Zugänglichkeit zu den Ausrüstungsteilen zu erzielen, als dies von Quergängen aus möglich war. Die Luftansaugungen wurden noch höher als bisher in den Dachbereich gerückt – in konsequenter Weiterführung der wohlbegründeten Abneigung gegen Bremsstaub und aufgewirbelten Schnee – und ebenso die Kabelkanäle. Die Stirnfronten bekamen ein neues Gesicht, weniger aus strömungstechnischen Gründen als aus dem Bemühen, den Führerraum im maßgeblichen Bereich möglichst groß zu machen.

Unter der Gürtellinie wurde die Konstruktion durch das Bemühen um Laufruhe und weitgehende Adhäsionsausnützung bestimmt. In Anbetracht der Eigenwilligkeit der österreichischen Topographie war es notwendig, auch bei dieser Serie eine Querkupplung zwischen den Drehgestellen vorzusehen.

Um sicher zu gehen, erfolgte die allgemeine Auslegung für 180 km/h.

Auf Werkstättenbehandlung wurde großer Wert gelegt. Der Lokkasten wird normalerweise abgehoben, hierfür sind an der Fahrzeugbrücke eine Reihe von Klemmkästen vorgesehen, an die die aus dem Drehgestell kommenden elektrischen Leitungen mit Steckverbindungen angeschlossen werden. Analog wird auch mit Druckluftverbindungen verfahren. Die Leitungen aus den Achslagern werden wohl am Drehgestell geschellt, die elektrische Steckverbindung erfolgt aber direkt an der Brücke. Achsen und Fahrmotoren, auch beide zusammen, können auf der Achssenke nach unten ausgebaut werden. Wo Leitungen durch Bodenbleche in Innenräume geführt werden, geschieht das durch eingeschweißte Rohrstücke, die innen hochstehen, damit weder von unten noch von oben Wasser eindringen kann; Rohre werden direkt eingeschweißt.

3.1.3.1 Drehgestelle

Eine Zeichnung des Drehgestells zeigt Abb. 254. Die Nase für das Seil der Achslastkorrektur konnte bei allen Lokomotiven weggelassen werden.

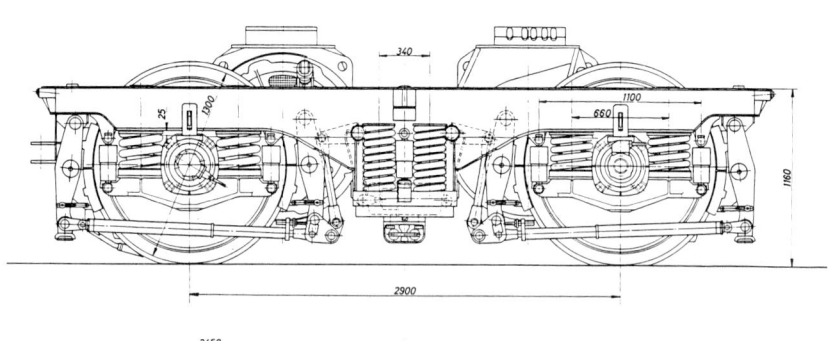

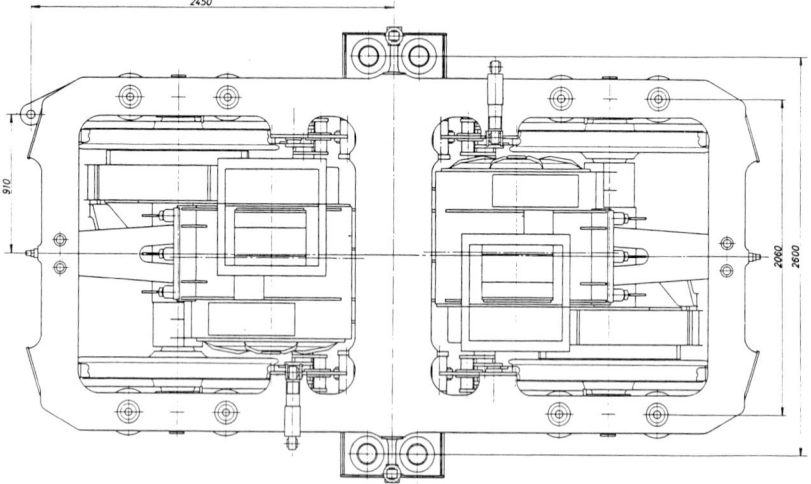

Abb. 254: Drehgestell der Reihe 1044 mit Achslagerführung, mechanischer Bremse, Lokkastenabstützung, Dämpfer und Motoreinbau (Grafik: ÖBB)

Drehgestellrahmen

Der Drehgestellrahmen ist geschlossen, mit einer kräftigen Mittelquerverbindung, die die Motoren und das Stahlgußstück für die Anlenkung der Tiefzugstangen trägt. Außen sind die Motoren am Endquerträger angeschraubt, da sie – nicht neu – einen waagerechten Stengel bekommen haben; sie sitzen somit in 3 Punkten fest im Drehgestell.

Die Kastenprofile sind aus St44KT-Blechen verschweißt. Für die Achslagerführung sind im ganzen Gestell 8 zylindrische Führungsbuchsen eingeschweißt. In jeder Hauptrichtung ist eine Anzahl von hydraulischen Dämpfern angeordnet.

Abb. 255: Dachgruppe der 1044.17, die zur ersten Lieferserie gehört (Foto: H. Gerstner)

Achslager

Die Achslagergehäuse (Abb. 255) sind aus Leichtmetallguß G-AlCu 4 Tiwa hergestellt. Die dadurch erreichte Gewichtseinsparung von rund 900 kg ist beachtlich, dafür kann eine Achslagertemperaturüberwachung schon in Kauf genommen werden.

Das Gehäuse ist spielfrei auf den Stahlbüchsen im Drehgestellrahmen geführt. Dazwischengeschaltet ist jeweils ein zylindrischer Silentblock. Konzentrisch um jede Führungsbüchse liegt eine Schraubenfeder zur Drehgestellabstützung. Dem Einfluß des einseitigen Antriebes entsprechend sind die Schraubenfedern mit unterschiedlicher Steifigkeit ausgeführt.

Wichtig für die Erhaltung ist ein Fenster mit einem Achsstandanzeiger (eigentlich Drehgestellstandanzeiger) zur Überprüfung und Einstellung der Schraubenfedern.

Jedes Achslager hat die Möglichkeit, zwei verschiedene Deckel anzubauen, und zwar einen Erdkontakt oder einen Impulsgeber für die Geschwindigkeitsmessung.

Im Hinblick auf den Stromdurchgang sind alle Verbindungen zwischen Drehgestell und Achslagergehäuse (Führung, Federn, Dämpfer) isoliert, und trotzdem reichen alle Maßnahmen nicht aus, um Strommarken in den Rollenlagern zuverlässig zu unterbinden. Daher späterer Einbau einer Erdungsdrossel. Ein isolierter Einbau der Rollenlager ins Gehäuse hat sich bis heute nicht zufriedenstellend ausführen lassen.

Pro Achsschenkel sind zwei Zylinderrollenlager $\varnothing$ 320/180 nebeneinander aufgezogen. Sie haben ein Seitenspiel von ±8mm.

Innerhalb dieses Spiels ist die Achse durch zwei Kegelhülsenfedern aus Gummi mit einer Vorspannkraft von 19,6 kN und einer Endkraft von 58,8 kN geführt. Die Winkelringe sind Metalloplastbeschichtet.

Triebradsatz

Der Konstruktion der Achswellen wurde in Hinblick auf die Torsionsschwingungsbeanspruchung besonderes Augenmerk zugewendet. Die Durchmesser sind im Achsschenkel 180, im Nabensitz 250 und im Schaft 210 mm. Zur Ermöglichung von Ultraschallprüfungen – und zur Gewichtseinsparung – sind die Achsen mit ⌀60 mm durchbohrt. Als Material wurde Vergütungsstahl 30 CrNiMo 8 von den ÖBB vorgeschrieben.

Die Radnaben sind mit einem konischen Preßsitz 1:800 und einer Bohrung für Öldruck-Abpressung versehen, ab 1044.99 wurden die Sitze mit Molybdän aufgespritzt, um ein Fressen beim Abpressen hintanzuhalten.

Als Räder wurden ursprünglich gewalzte Scheibenräder aus Ck 35 mit Radreifen S 80 geliefert, ab 1044.51 Monoblockräder UIC R8. Neuerdings sollen die (speziellen) Monoblockräder nach Erreichen der Abnützungsgrenze abgedreht und mit Reifen bestückt werden. Das Laufflächenprofil wird, so wie bei allen Lokomotiven der ÖBB, mit den Neigungen 1:20 und 1:10 ausgeführt.

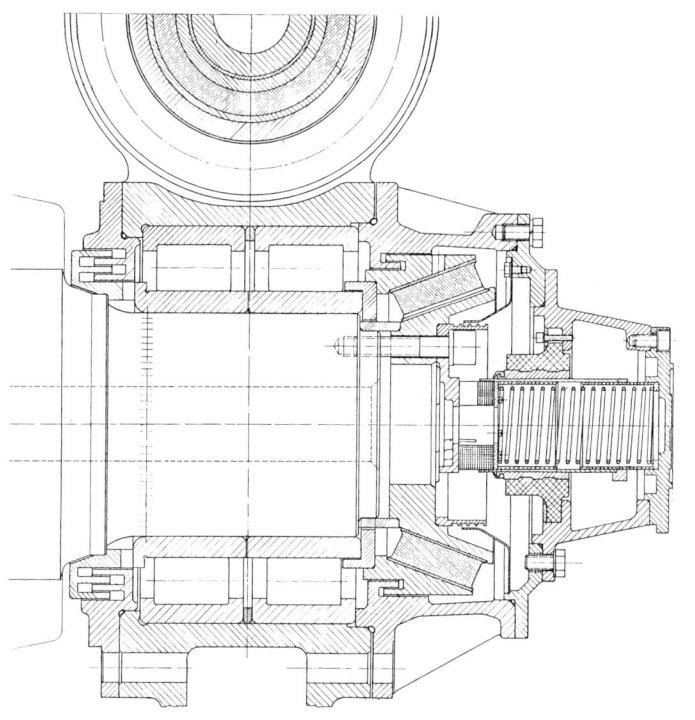

Abb. 256: Achslager, Achsschenkel mit Bohrung, Achslager mit Gummiring gefedertem Querspiel, Erdkontakt, Achsfeder, Achslagerführung (Grafik: ÖBB)

3.1.3.2 Querkupplung

Erstmalig für eine ÖBB-Lok wurde die Querkupplung als Diagonalstange zwischen je einem Eckpunkt der Drehgestelle ausgeführt. Sie wirkt auf Zug und Druck mit einer Vorspanung von 59,7 und einer Endspannung von 85,5 kN der Schraubenfeder. Ein Spiel von 7,5 mm bei den Prototypen wurde später nicht mehr bei der Herstellung vorgesehen. Die ursprüngliche Ausführung der Gleitflächen in Stahl-Stahl wurde durch eine Büchse aus Spezialbronze mit besonderem Hochdruckfett ersetzt.

3.1.3.3 Adhäsionsausnützung

Für die Ausnützung der Adhäsion sind sowohl am mechanischen, als auch am elektrischen Teil besondere Maßnahmen erforderlich. Abb. 257 gibt darüber einen Überblick.

Tiefzuganlenkung

Der Angriffspunkt der Zugkraftübertragung vom Drehgestell auf den Lokkasten soll idealerweise in der Schienenoberkante liegen, dort, wo auch die Räder die Zugkraft auf die Schienen übertragen. Das läßt sich sehr angenähert auch wirklich ausführen, wenn man die Fahrmotoren als Teil des Drehgestells verwendet, sonst ist es schwierig. Hier gelang es – nicht zuletzt durch die relativ kleinen Fahrmotoren –, die Anlenkpunkte auf 189 mm über SO zu legen (bei neuen Rädern), es verbleibt daher ein kleines Entlastungsmoment innerhalb eines Drehgestelles.

Jedes Drehgestell (Abb. 258) ist nach außen zu mit einer Zugstange an der Konsole unten am Brückenkopfträger angelenkt, nach innen an einer Konsole, die als Pendel an der Brücke aufgehängt und über jeweils zwei Zugstangen gegen die Brücke abgespannt ist. In jeder Konsole befindet sich eine Druckfeder mit 39,2 kN Vorspannung und einer Endspannung nach 18 mm Hub von 68,6 kN. Reibungsdämpfer sollen Zugkraftschwingungen unterdrücken.

Achslastkorrektur

Das erwähnte verbleibende Entlastungsmoment sollte bei 1044.01 und .02 durch einen pneumatischen Ausgleich korrigiert werden, denn möglichst kleine Achslastunterschiede im Drehgestell sind außerordentlich wichtig, wenn die Motoren eines Drehgestelles gemeinsam gesteuert werden (Abb. 258). Sie bestand aus vier 6 Zoll Druckluftzylindern, die jeweils über ein Seil das Drehgestellende gegen tiefreichende Konsolen an der Fahrzeugbrücke niederziehen konnten. So wurde fahrtrichtungsabhängig immer die vorauslaufende Achse jedes Drehgestelles von außen belastet, und zwar in Abhängigkeit vom Motorstrom. Diese Einrichtung war zwischen 0 und 85 km/h aktiv und sollte die volle Ausnützung aller vier Motorzugkräfte ermöglichen.

217

1 Zugkraftübertragung über Tiefzugstangen (189 mm über SO)
2 Elektropneumatischer Achslastausgleich mit Seilzug
3 Gemischterregte Fahrmotoren mit steiler Z/V-Charakteristik
4 Reduktion der Motorströme (I-ΔI) im vorlaufenden Drehgestell
5 Elektrische Maßnahmen durch Eingriffe der Steuerung

Abb. 257: Adhäsionsausnutzung (Grafik: SGP)

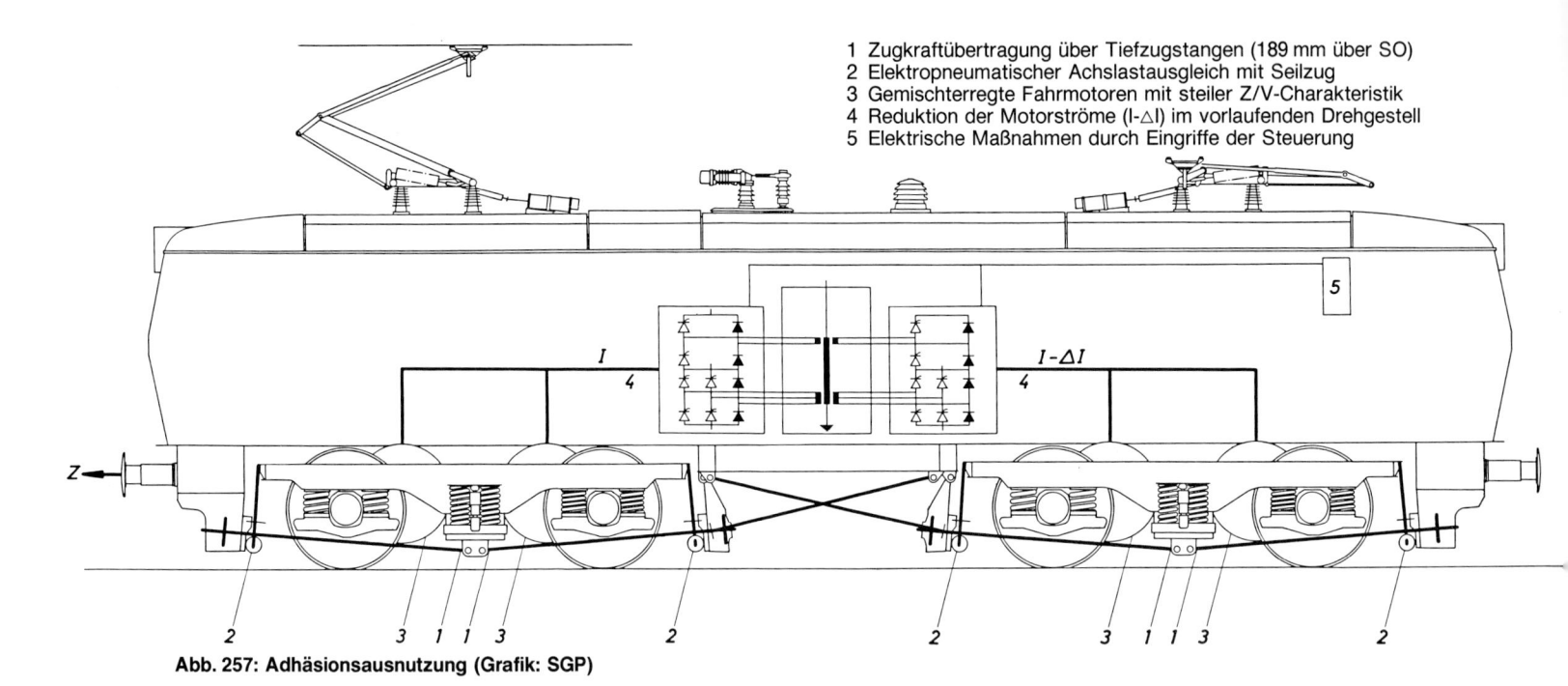

Es ergab sich aber, daß das straff gespannte Seil wie eine feste Verbindung zwischen Lokkasten und Drehgestell wirkte und so die Massen aneinanderkoppelte. Die Vorrichtung wurde daher ab 1044.03 nicht mehr eingebaut.

Zughakenmoment

Das Zughakenmoment gehört eigentlich schon zum Kasten. Es kann auf mechanischem Weg nicht beseitigt werden, daher sind die in Abb. 257 aufgezeichneten Möglichkeiten im elektrischen Teil behandelt.

Schleuderschutzbremse

Jede Achse kann individuell mit dosiertem Druck eingebremst werden, um Schleudern oder Blockieren im Keime zu ersticken. (In Abb. 257 nicht enthalten.)

3.1.3.4 Lokomotivkasten

Der Lokkasten besteht definitionsgemäß aus Fahrzeugbrücke und Kastenaufbau und ist als Ganzes eine tragende Schweißkonstruktion. Besonderer Wert wurde auf die Winkelhaltigkeit der Seitenwände gelegt, denn bei Zusammenstößen kommt es oft vor, daß Kräfte in Dachhöhe übertragen werden und dann stehen die Fensterrahmen schief – das war aber nicht der Grund für runde Fenster.

Der Rohbau des Lokkastens wurde, wie üblich, einem Druckversuch mit 2MN unterworfen, an keiner Stelle konnte eine Überschreitung der zulässigen Spannungen festgestellt werden, darüber hinaus eine gleichmäßige Verteilung der Spannungen.

Lokkastenabstützung

Der Lokkasten ist über insgesamt 8 zylindrische Schraubenfedern auf den Drehgestellen abgestützt. Je zwei Federn liegen in einem Trog, der möglichst weit außen am Drehgestell angebracht ist. Durch Flexicoilwirkung übernehmen sie auch die Querführung des Lokkastens und ermöglichen das Ausdrehen der Drehgestelle mit entsprechender Rückstellkraft. Diese Federn ersetzen alle Gleitflächen, den Drehzapfen und jede Wiege. Das Querspiel des

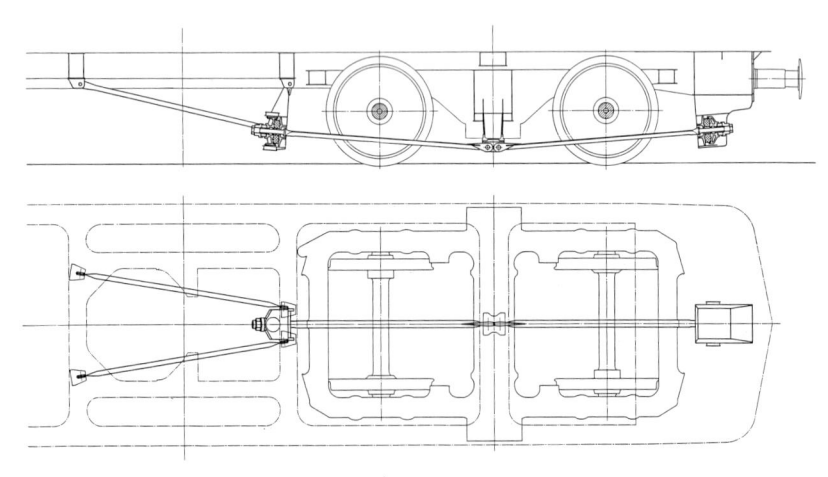

Abb. 258: Tiefzuganlenkung (Grafik: SGP)

Drehgestells beträgt ±30 mm; innerhalb von ±25 mm (bei 1044.01 und .02 waren es ±10 mm) ist es frei und wird dann durch Gummifedern gedämpft. Das senkrechte Spiel des Lokkastens beträgt 25 mm.

Diesen Beanspruchungen entsprechend erfolgte die Auslegung und Herstellung der Federn besonders sorgfältig. Sie sind aus 50 Cr V 4-Draht mit ⌀ 43 mm hergestellt, mit ausgeschmiedeten Enden und geschliffenen Auflageflächen. Die Höhe beträgt fast 600 mm, der Durchmesser 184 mm.

Das Verhältnis der Einfederung des Lokkasten zu der des Drehgestells beträgt 80:20.

Fahrzeugbrücke

Die Brücke ist aus gekanteten Blechen aus St 52 T, 6 und 10 mm dick, geschweißt. Es ist ein geschlossener Rahmen aus Kastenträgern mit 4 Querverbindungen, knick- und verwindungssteif.

An den Kopfstützen ragen die Pufferträger und die Konsolen für die Tiefzugstangen weit nach unten, die Bahnräumer, das sind in Österreich schon geschlossene Schneepflüge, sind dauernd montiert. Seit 1044.99 sind in die Kopfstücke hinter den Puffern Deformationselemente mit je 130 kJ dynamische Arbeitsaufnahme eingebaut.

Zum Anheben der Brücke sind seitlich in den Langträgern Büchsen eingeschweißt, in die die Aufhebehaken eingeschoben und verriegelt werden können, sie sind für Kran und für Hebeböcke verwendbar, will man die Drehgestelle mit aufheben, so sind an der Brücke entsprechende Haken zu befestigen.

Zwischen den Drehgestellen befinden sich zwei Batteriekasten, von denen einer aber dem Ladegerät gehört, und dazwischen ist Raum für die Querkupplung. Die (großen) Indusimagnete sitzen unten an den Batteriekästen.

Die Zugeinrichtung ist durch Einbau eines Ringfederwerkes Bauart F237 für eine eventuelle Umstellung auf die automatische Mittelpufferkupplung vorbereitet. Die Endkraft ist 1450 kN nach 110 mm Hub, dabei Federarbeit 85 kJ.

Den Puffern wurde ein wechselvolles Schicksal zuteil.
1044.01 ... 02 Austria-UIC Puffer, 735 kN Endkraft nach 105 mm Hub
1044.03 ... 74 Puffer mit Gummischeiben und eingebautem Deformationselement mit 75 mm Hub, werden ersetzt
1044.75 ... 98 Austria-UIC Puffer mit Kegelfedern und Reibungsdämpfern, 100 mm Hub
1044.99 ... 126 Puffer mit Kunststoffscheiben, dynamische Arbeitsaufnahme 55 kJ nach 110 mm Hub, zusätzlich zu den Deformationselementen

Das kommt davon, wenn man eine Komponente von einem Triebwagen in Leichtbauweise auf eine Lok mit Rammsäule überträgt.

Kastenaufbau

In die Stirnwand ist eine mächtige Rammsäule eingebaut, die Außenhaut ist bis zu den Eingangstüren aus 2,5 mm-Stahlblech hergestellt. Zwischen den Türen ist sie 2 mm dick und in der unteren Hälfte gesickt. Die Einstiegtüren – es sind 4 im ganzen vorhanden – führen in die beiden Längsgänge des Maschinenraumes. Sie sind als sogenannte U-Boottüren ausgeführt, mit gerundeten Ecken und umlaufender Dichtung, die mit der Klinke, die hier als großer Hebel ausgeführt ist, in der Endstellung besonders angepreßt wird.

Besondere Sorgfalt wurde der Anbringung der Verschieberfußtritte und der Handstangen gewidmet. Je Stirnfront sind 3 gleich großen Scheinwerfer in A-Form angeordnet, darüber oder darunter je ein Rotlicht. Die Leuchten sitzen auf kleinen Vorbauten, so daß überall die gleiche Ausführung verwendet werden kann.

Die Führerräume wurden nach dem Luftinhalt bemessen. Sie sind durch je 2 Türen aus dem Längsgang des Maschinenraumes zugänglich, auch bei diesen Türen wurde auf gute Abdichtung Wert gelegt. Jeder Führerraum ist als dichter Raum gestaltet, mit schall- und wärmedämmenden Baustoffen belegt. Über den Führerräumen ist das Dach fest und in die Isolierung mit einbezogen. Ausschnitte in der Rückwand sind ebenfalls belegt und müssen für die Zugänglichkeit zu den zentralen Klemmbrettern abgeschraubt werden. Die bereits erwähnte Abdichtung der Rohr- und Leitungseinführungen gilt natürlich für die Führerräume ganz besonders.

Dach, Lüftungskonzept

Das Dach des Maschinenraumes besteht aus drei großen abnehmbaren Teilen und 3 kleinen im Sektor des Bremsturmes, so daß alle Ausrüstungsteile nach oben ausgehoben werden können (Abb. 259).

Es besteht aus Leichtmetall, entlang des Daches ist eine Regenrinne mit mehreren Abläufen angeordnet. Die Dachteile haben einen Unterboden, so daß über die ganze Länge ein Beruhigungsraum entsteht, in den die Luft seitlich eingesaugt wird. Ursprünglich entnahmen alle Lüfter diesem Raum ihre Luft, mit Ausnahme des Bremsturmes, der schon immer von unten nach oben belüftet wurde – bei einer Luftaustrittstemperatur von 200°C auch nicht anders ratsam (Abb. 260).

Nach einem strengen Winter wurden verschiedene Versuche mit Mehrfachdüsengittern, später dann mit Zyklonabscheidern gemacht. Daraus hat sich dann folgende Standardausrüstung entwickelt, die heute in den Lokomotiven 1044.96 und .98 bis .126 eingebaut ist: Die Lufteinsaugflächen wurden über die ganze Länge nach oben vergrößert. Jene Flächen, die zu den Motortürmen und zum Maschinenraumlüfter führen, wurden mit Gittern abgedeckt (weil jene Zyklone erhalten hatten), die mittleren Flächen zu den Ölkühlern mit Mehrfachdüsengittern.

Abb. 259: Dach, Schienenführung, Verkabelung (Foto: SGP)

Der Maschinenraumlüfter, der ab 1044.03 nicht eingebaut worden war, wurde wieder eingebaut, mit Zyklon und Feinfilter versehen. Die Luftführung über dem Umformer wurde so abgeändert, daß dieser nunmehr die Luft aus dem Maschinenraum entnimmt.

Beim Weglassen des Maschinenraumlüfters nach den Prototypen dachte man, daß im Maschinenraum sowieso kein Unterdruck entstehen kann. Trotz fester Fenster und Kniehebelverschlüsse an den Türen ist dem aber nicht so. Jetzt, durch den kleinen Überdruck hinter den Führerräumen von einigen $1/10$ mbar kann das Öffnen der Türen in den Maschinenraum energiesparend bewerkstelligt und auch die Heizenergie besser genutzt werden.

Vor allem bleiben aber der Maschinenraum und die vielen Apparate darin reiner, wenn man bedenkt, daß fast nur mehr die Verschmutzung das Kriterium für den Zeitabschnitt einer planmäßigen Teilausbesserung des Lokkastens ist, auch ein Vorteil.

Für den Lüftermotor im Bremsturm, der besonders unter Bremsstaub zu leiden hat, wurden Rohrstücke in den Mantel des Turmes eingesetzt, so daß er nun seine Kühlluft aus dem Maschinenraum bezieht und in den Luftstrom der Widerstände abgibt. Das hat allerdings einen Haken: Wird nämlich ein solcher Bremsturm in eine Lok ohne Maschinenraumlüfter eingebaut, dann dreht sich während der Fahrt die Luftrichtung um und dicke Staubbeläge zeigen sich gegenüber den Rohrstücken.

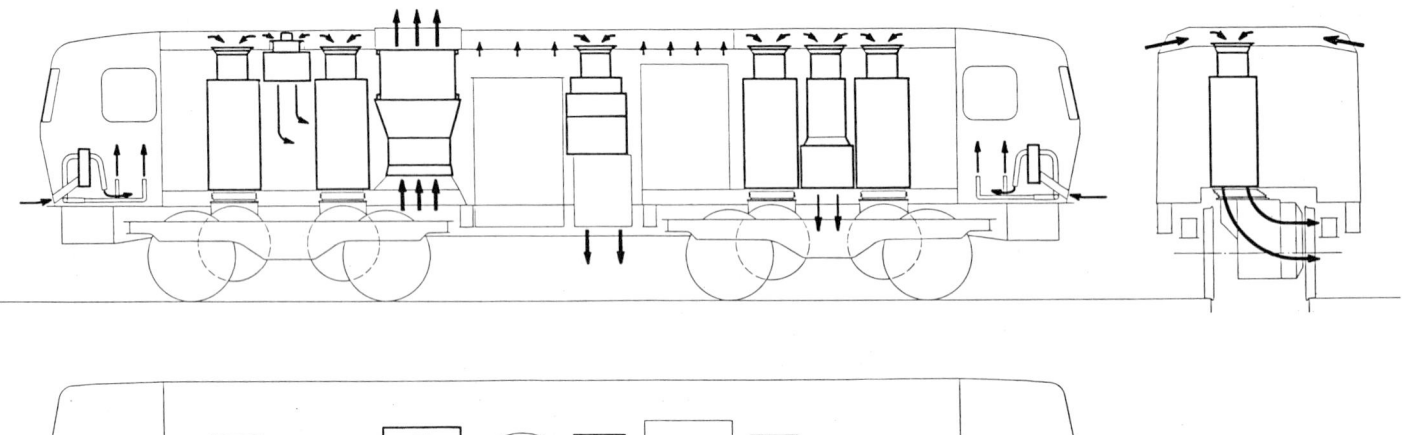

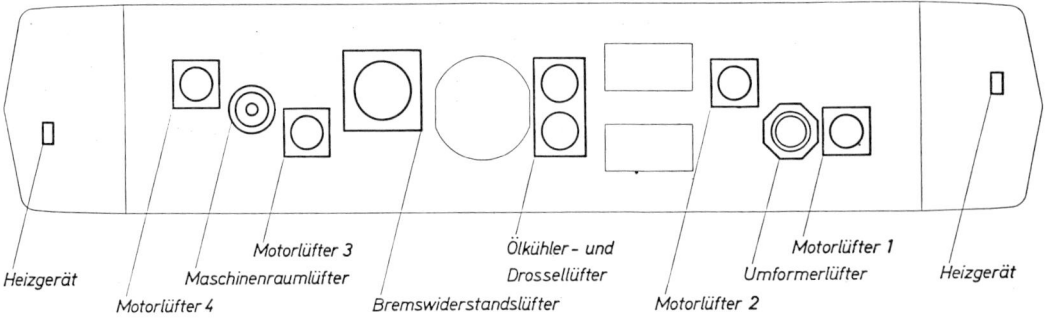

Abb. 260: Lüfungskonzept (Grafik: SGP)

So streng sind also die einzelnen Komponenten eines hochentwickelten Lüftungssystems aneinander gebunden.

Auch die früher vorhandenen Löcher im Dach über den Stromrichterschienen – die strömungstechnisch nicht leicht zu beherrschen waren – konnten wieder zugemacht werden, weil der Luftstrom vom Maschinenraumlüfter zum Umformer die Kühlung übernimmt.

Die Erhöhung der Dachkanten war notwendig, weil die Luftgeschwindigkeit in den ursprünglichen Gittern zu groß war, erst die Verminderung auf etwa 1,7 m/s ließ den Einbau von Mehrfachdüsengittern im Mittelteil erfolgversprechend werden.

Als Übergangslösung auf längere Zeit haben die Lokomotiven 1044.03 bis .70 die alten, niedrigen Gitter, keinen Maschinenraumlüfter, aber Zyklone in den Motortürmen. Die Lokomotiven 1044.71 bis .95 und .97 haben durchgehend hohe Mehrfachdüsengitter und weder Zyklone noch Maschinenraumlüfter, nur wurde der Dachraum zweimal abgeschottet, so daß die Ölkühlerluft von der Motorenluft getrennt ist.

3.1.3.5 Führerraum

Alle Führerstandsfenster sind parsolgrün getönt. Die 2 Stirnfenster sind 12 mm dick (das einzige, was unverändert von Reihe 1042 übernommen wurde), Heizscheiben mit Abtau- und Betriebsstufe, mit pneumatischer Scheibenwisch- und -waschanlage mit Parkstellung. Anstelle der früher üblichen Sonnenblenden wurden Rollvorhänge eingebaut. Wegen der Sonneneinstrahlung wurden auch keine Eckfenster vorgesehen. Die 2 Seitenfenster sind im Lauf der Zeit rahmenlos geworden, haben einen Federausgleich und sind mit Hilfe eines großen Drehhebels herablaßbar. Im ganz offenen Zustand schließt die Scheibenoberkante mit dem Fensterrahmen schön ab. Außerhalb jedes beimannseitigen Seitenfensters ist ein Rückblickspiegel vorgesehen, wähend des Waschvorganges kann er eingeklappt werden.

Die Decke im Führerraum besteht aus Lochblech mit unterlegter Kunststoffolie, der Fußboden ist mit Paneelplatten und Thelon belegt.

Das Fahrschalterpult mit dem Instrumentenaufbau hat der Tiefe nach durch die Pfeilform der Stirnfront genügend Platz, der Höhe nach ist es aber zwischen Knieoberkante des Lokführers und der Fensterunterkante eingezwängt. Der Führertisch enthält (Abb. 261, Abb. 276) auf der (linken) Beimannseite die althergebrachte Kochplatte, dann einen Aufbau für Zugbahnfunk und Uhr und rechts außen Leuchtmeldetafel und die Bremsventile.

Je Führerraum ist ein drehbarer, gedämpfter und höhenverstellbarer Führersitz mit schwenkbarer Rückenlehne und aufstellbaren Armlehnen vorhanden und ein Stahlrohrsessel auf der Beimannseite. Unter Nichtachtung der Gefahr, daß der schwere Führersitz bei einem Zuammenstoß durch die Luft fliegt, ist er nicht am Boden festgeschraubt, der Lokführer hat auch keine Gurte.

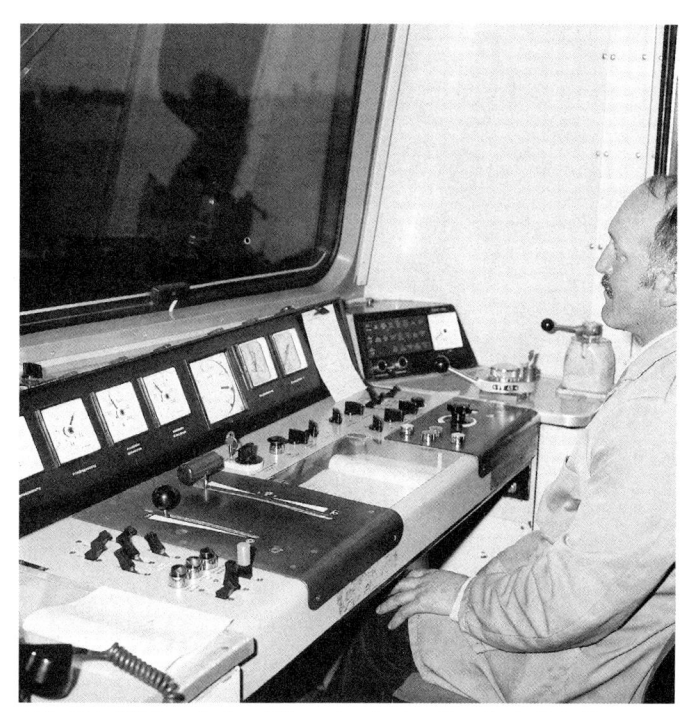

Abb. 261: Blick auf den Führerstand, der Geschwindigkeitsmesser zeigt knapp 140 km/h an (Foto: JMM).

An der Rückwand beider Führerräume sind einige Haken für die Kleider des Lokführers und ein Thermofach angebracht, das nach dem Peltier-Effekt arbeitet, aber nur als Kühlfach verwendet wird. Ab 1044.98 befinden sich auf Führerstand 1 ein Kasten für Schutzkleider und eine Liege, auf Führerstand 2 ein Werkzeugkasten und ein Verbandkasten. Der Werkzeugkasten ist mit einer Lage Handwerkzeugen belegt und hat eine Glastür mit Plombe, so daß man auf einen Blick sehen kann, daß er unbenützt ist.

Die Liege wurde erst vorgesehen, seitdem die Rücklehnen der Führersitze nicht mehr bis in die Horizontale gebracht werden können. Sie ist gepolstert und kann über die Sitzflächen beider Sessel gelegt werden. Sie dient dem Lokführer für kurze Ruhepausen und kann auch als Rettungsbrett verwendet werden. In der Ruhelage steht die Liege aufrecht an der Rückwand in einer Blechtasche.

Die Luftheizung geht von einem Heizgerät unter dem Beimanntisch aus, ist auch als Lüftung verwendbar und reicht bis in die Taschen der Seitenfenster und in die Rückwand. Eine Umstellung auf Frisch- und Umluft ist vorhanden und der Luftaustritt unter dem Fahrschalter kann abgeschlossen werden.

Für die Beleuchtung des Arbeitsplatzes sind 3 einstellbare Tiefstrahler an der Decke angebracht, neben der üblichen Deckenlampe, die schon von der Einstiegstür aus eingeschaltet werden kann.

Vom gesamten Führerstand wurde ein Modell 1:1 angefertigt und von Ergonomen und Arbeitshygienikern genehmigt.

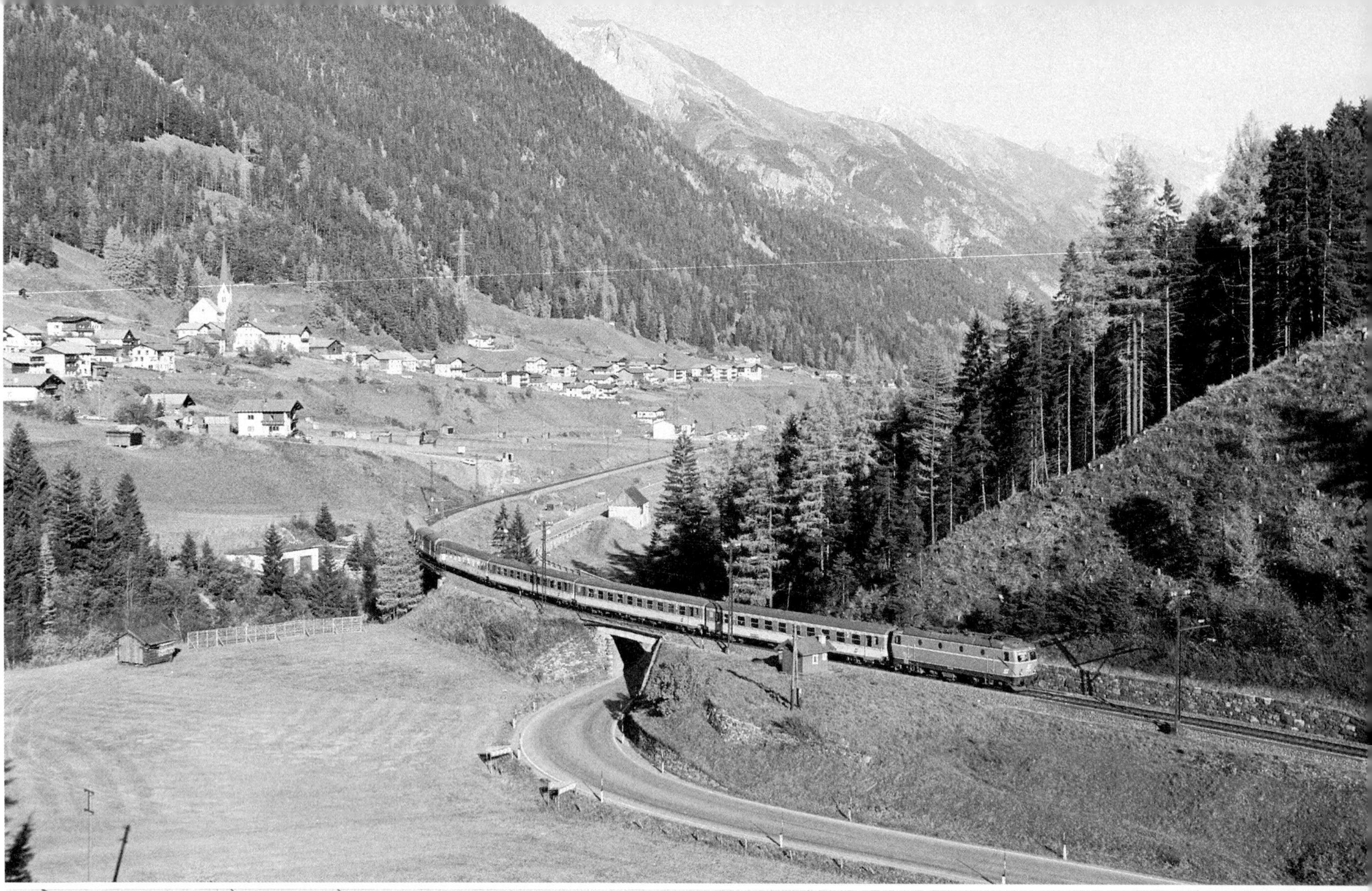

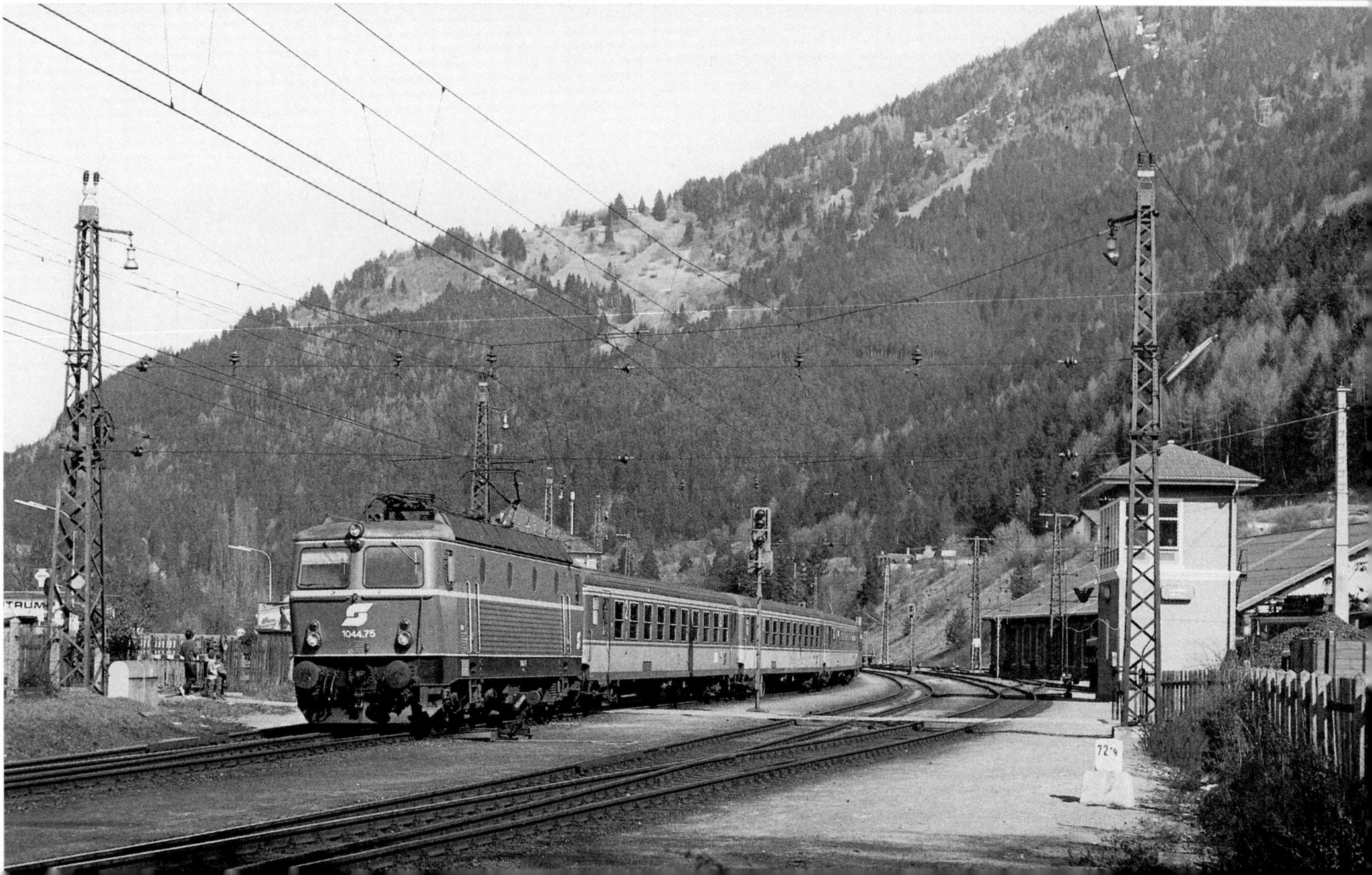

1044.75
72.4

3.1.3.6 Maschinenraum

Der Maschinenraum besitzt zwei durchgehende Längsgänge mit je 2 Außentüren, so war kein Quergang nötig, weiteres 2 x 4 runde Fenster und als Fußboden Leichtmetall-Warzenblech. Bestimmend für die Auslegung war der Transformator in der Mitte und die 4 Motortürme senkrecht über den Lufteintrittsstutzen der Fahrmotoren. Vor dem Trafo stehen, vom Gang aus zugänglich, die beiden Stromrichterblöcke, mit Plexiglastüren abgedeckt, dahinter steht der Bremsturm und die Drucklufttafel. Zwischen den Motortürmen sind vorne der Umformer und das auch als Ganzes aushebbare Hilfsbetriebsgerüst für Automaten, Relais und Schaltapparate, hinten der Kompressor, die Lufttrocknungsanlage, Hauptluftbehälter und Hilfskompressor, darüber der Maschinenraumlüfter mit Zyklon und Filteranlage untergebracht. Neben den inneren Motortürmen stehen – ebenfalls aushebbare – Gerüste für die Hauptstromapparate jedes Drehgestelles.

Hinter der Rückwand von Führerstand 1 befindet sich von den beiden Längsgängen aus zugänglich links der 19 Zoll-Schrank für Fahr- und Umformerelektronik, rechts die zentrale Geschwindigkeitsmeßanlage, Kollektorschutz und Elasi, hinter Führerstand 2 Indusi und Zugbahnfunk. In der Mitte hinter beiden Führerständen ein zentrales Klemmbrett.

3.1.3.7 Anstrich

Der Außenanstrich (siehe Abb. 239 u. 240) ist nach ÖBB-Vorschrift in Polyuretanlack, matt, ausgeführt und überraschend wenig von der Mode beeinflußt worden. Der Kasten war immer blutorange, RAL 2002. Brücke und Drehgestell tiefschwarz RAL 9005, aber ab 1044.111 umbragrau RAL 7022.

Das Dach war modebewußter: .01 und .02 alufarben, .03 ...100 elfenbein RAL 1014, ab .111 umbragrau RAL 7022. Das gleiche Schicksal ereilte die Stromabnehmer und Dachleitungen, sie werden jetzt blutorange gestrichen (heute heißt das beschichtet) und werden von allein grau.

Alle Anschriften wurden als versiegelte Klebebilder in »Helvetica halbfett« ausgeführt. Die zur Information sind informationsblau. Das einzige Problem ist, ob bei der neuen EDV-Loknummer das Weglassen des Punktes eine Ersparnis bringt.

◀ Abb. 262 und 263: Zwei weitere Beispiele der Einsätze der Reihe 1044 auf der Arbergbahn vermitteln diese beiden Aufnahmen. Oben sehen wir 1044.80 mit einem Reisezug bei Sankt Jakob am Arlberg (30. 10. 1984), auf dem unteren Bild fährt am 21. 3. 1985 1044.75 in Landeck ein (Fotos: A. Zronek).

3.1.4. Maschineller Teil

3.1.4.1 Druckluftanlage

Im Prinzip folgt die Druckluftanlage dem herkömmlichen Schema mit 3 Luftsystemen (Hauptluft-, Apparateluft- und Hilfsluftsystem),

Luftversorgung

Im Hauptluftsystem (zwischen 10 und 8 bar) gibt es eine Neuerung: Die Prototypen hatten eine Lufttrocknungsanlage eingebaut, weil die herkömmlichen Lokomotiven mit Kolbenkompressor eher mit Rost als mit Öl in den Ventilen zu kämpfen hatten. Das Einkammersystem konnte aber beim Aufpumpen langer Züge nicht befriedigen, die Serie wurde daher wieder ohne gebaut. Seit 1044.99 baut man ein Zweikammersystem ein. Eine funktionierende Lufttrocknung ist im Laufe der Zeit notwendig geworden, weniger wegen der Lokomotive selbst als vielmehr wegen des Einfrierens der immer diffiziler werdenden Apparate in Reisezug- und Güterzugwagen.

An den Stirnfronten sind Kupplungsschläuche für Hauptbehälter- und Hauptluftleitung, zweikanalig, vorhanden. Im Apparate- (5,5 bar aus Hauptluftbehälter) und im Hilfsluftsystem (24 V-Hilfskompressor bis 10 bar mit Doppelrückschlagventilen für Stromabnehmer und Hauptschalter) gibt es nichts Umwerfendes, wohl aber im Montagegeschehen:

Drucklufttafel

Alle Druckluftapparate und -ventile (Abb. 264) sind mit Instrumenten und Prüfanschlüssen auf einer Tafel zusammengebaut. Die Tafel selbst enthält auf überraschend kleinem Raum (80 mm tief) die gesamte Verrohrung und wird als Ganzes in den Maschinenraum eingesetzt und mit pneumatischen Schnellverbindungen und elektrischen Steckern angeschlossen. Die komplette Tafel wiegt 300 kg. Diese Sache ist nicht gerade neu, sie wurde vor vielen Jahren in der Schweiz erfunden.

Die Standardventile und Umschalter, die Hähne und Rückschlagventile können durch Lösen von 2 Schrauben abgenommen werden, ohne erst viele Rohrleitungen abbauen zu müssen. Mit den 2 Schrauben werden auch die Luft- und die elektrischen Anschlüsse gelöst oder verbunden. Für größere Apparate wie Steuerventile sind Ventilträger angebaut.

Hervorzuheben ist, daß die Hochspannungsschränke nur mit einem Schlüssel zugänglich sind, der in einem rein pneumatischen Hahn steckt. Dieser entlüftet – ohne elektrisches Zwischenglied – die Stromabnehmerleitung, dann ist der Schlüssel abziehbar.

Makrophon

Es sind nur nach vorne wirkende Makrophone nach UIC 644 mit 330 und 600 Hz am Dach aufgebaut, in einem Isolierkasten.

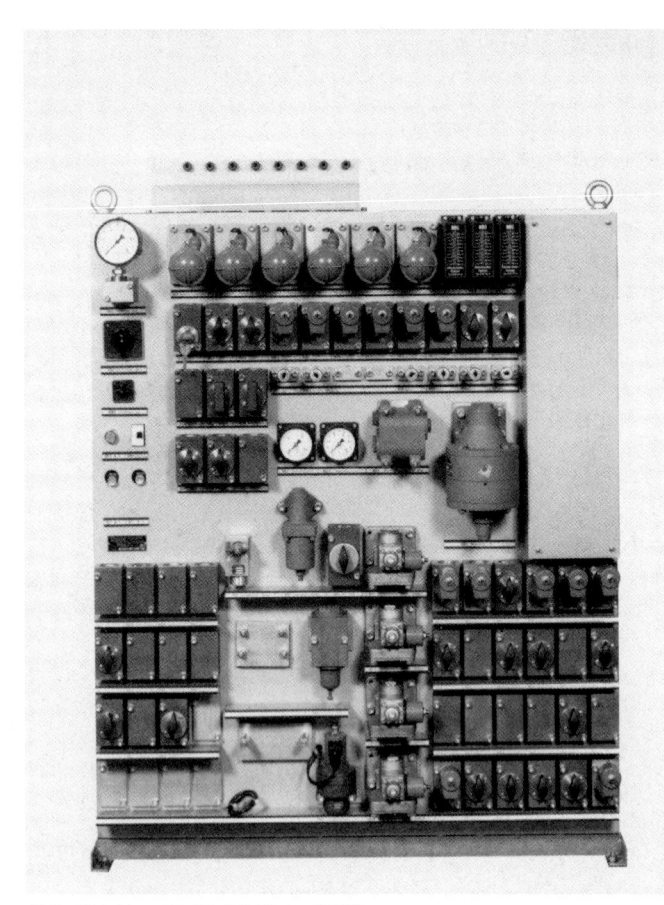

Abb. 264: Drucklufttafel (Foto: SGP)

Sandung

Die Sandkasten sind an der Brücke angeschweißt und arbeiten nach dem System Krug: Die Druckluft wird auf die Sandoberfläche seitlich eingeblasen, wirbelt den Sand auf, der dann durch ein Fallrohr und über einen Druckschlauch zu den am Drehgestell angeschraubten Sanddüsen gelangt. Die Sandung soll in Zukunft auf 4 Räder wirken, auf die vorauslaufende Achse jedes Drehgestelles, wenngleich in der Mitte nur Kasten mit 25 l anstelle von 32 l Liter unterzubringen sind.

Spurkranzschmierung

Die Sprühdüse der Spurkranzschmierung, deren Apparat mit 7 l Vorrat außen am Batteriekasten angebaut ist, versprühen Fett in schnellflüchtigem Lösungsmittel auf die Spurkränze von Achse 1 und 4, unabhängig von der Fahrtrichtung, und zwar nur während der Fahrt, alle 300 m durch jeweils 2,5s. Die Steuerung kommt aus der zentralen Geschwindigkeitsmeßanlage, jede Düse wird im 4-Takt-Verfahren angesteuert. Wichtig ist, daß Sprühmittel und Druckluft getrennt bis zu jeder Düse geführt werden.

Entwässerung

Fast alle Entwässerungsventile sind wärmeisoliert und mit 24 V 40 W heizbar und werden elektrisch ferngedient, und zwar automatisch bei jedem Einschalten des Kompressors und des Hilfskompressors.

3.1.4.2 Mechanische Bremse

Jedes Rad wird gesondert durch einen 8 Zoll Bremszylinder, der in der Mitte des Drehgestelles, je 2 nebeneinander, liegt (Abb. 254) und der auf die beidseits angeordneten Guß-Bremsklotzsohlen wirkt, abgebremst und hat eine automatische Nachstellvorrichtung. Ab 1044.99 erfolgt die Befestigung der Bremzklotzsohlen mittels Federriegel von unten.

Durch die Druckluftbremse werden alle Räder gemeinsam gebremst, durch die Schleuderschutzbremse die einer Achse individuell.

Das Handbremsrad ist von einem Maschinenraumgang aus bedienbar (Abb. 269). Mit senkrechter Welle wirkt es über Kegelräder und eine Schiebegelenkwelle auf je ein Rad der beiden Achsen im hinteren Drehgestell.

Über die Wirkung aller Bremsen gibt Tabelle 4 Aufschluß.

Tabelle 4 Bremsgewichte

R + E 160	175 t	= 208%
R + E	135 t	= 160%
P + E	120 t	= 142%
R	120 t	= 142%
P	70 t	= 83%
G	54 t	= 64%
Hd	1 × 17 t	= 20%

3.1.4.3 Druckluftbremse, Wirkung der E-Bremse

Die Bremse heißt O_n-GPR+Z+E und ist eine Örlikon-Rapid-Bremse mit Nachbremsventil, mit Stellung G und zwei Druckstufen für hohe und niedrige Abbremsung, mit direkt wirkender Zusatzbremse und Schutz gegen Überbremsung durch die E-Bremse. Die Druckluftbremse ist gegenüber der E-Bremse in der Schaltung immer dominant, doch ist die E-Bremse schneller im Ansprung.

Der Schutz gegen gleichzeitiges Fahren und Bremsen ist durch einen Druckschalter gegeben, der unter 4,0 bar in der Hauptluftleitung die Geschwindigkeitssteuerung und einen zweiten, der unter 3,2 bar die Traktionsleistung abschaltet. Druckluft- und E-Bremse sind nicht kombiniert. Der Lokführer bedient normalerweise den Zugkraftschieber und greift nur bei Wunsch nach noch schnellerem Stehenbleiben zum Führerbremsventil. In dessen Schnellbremsstellung wird durch einen Mikroschalter die E-Bremse voll zugeschaltet. Sie kommt sofort und wird dann durch einen kontaktlosen Drucktransmitter in der Bremszylinderleitung soweit abgeregelt, daß ein $\mu = 0{,}12$ nicht überschritten wird. Für Notbremsungen aus dem Zug ist ein Druckschalter vorgesehen, der bei weniger als 3,0 bar in der Hauptluftleitung die E-Bremse zuschaltet.

Die zwei Druckstufen werden vom zentralen Geschwindigkeitsmeßgerät geschaltet, und zwar wird unter 50 km/h von hoch mit 6,7 bar auf niedrig mit 3,0 bar in den Bremszylindern umgeschaltet. In Stellung G werden bei niedriger Druckstufe die Durchgangsquerschnitte im Steuerventil eingeengt.

Führerbrems- und Zusatzventil sind seit 1044.01 vom Ventilträger durch Lösen von 2 Schrauben abhebbar, wobei alle pneumatischen und elektrischen Verbindungen mit gelöst werden. Beide Ventile sind echte Ventile geworden und haben einen Kugelgriff bekommen, das Zylinderschloß wurde schon früher erfunden. Den Griff vom Zusatzventil muß der Lokführer nach wie vor beim Führerstandwechsel mitnehmen – zusammen mit obigem Zylinderschlüssel und dem vom Stromabnehmerschalter.

Das Nachbremsventil ist wohl eine österreichische Eigenart zur Schonung der Lokräder, es schaltet die Lokbremse erst zu, wenn der Druck in der Hauptluftleitung unter 3,5 bar gesunken ist; es ist abschaltbar.

Für die Schleuderschutzbremse ist für jede Achse ein Ventil vorhanden, das über ein Doppelrückschlagventil in den betreffenden Bremszylinder mit maximal 1,2 bar (heute 0,8 bar) einspeist.

Das Notbremsventil bläst nach wie vor in den Führerraum, aus Rache wegen des falschen Namens – es ist eine simple Klappe.

3.1.4.4 Feuerlöscher

Es sind drei mittelgroße CO_2-Löscher vorhanden, einer für Schaum, zwei für Pulver, mit Schlauch und dosierbarem Strahl. Der wahre Grund dafür, daß sie in jeder Beschreibung verschwiegen werden, ist der, daß sie weder in den mechanischen, noch in den elektrischen Teil passen.

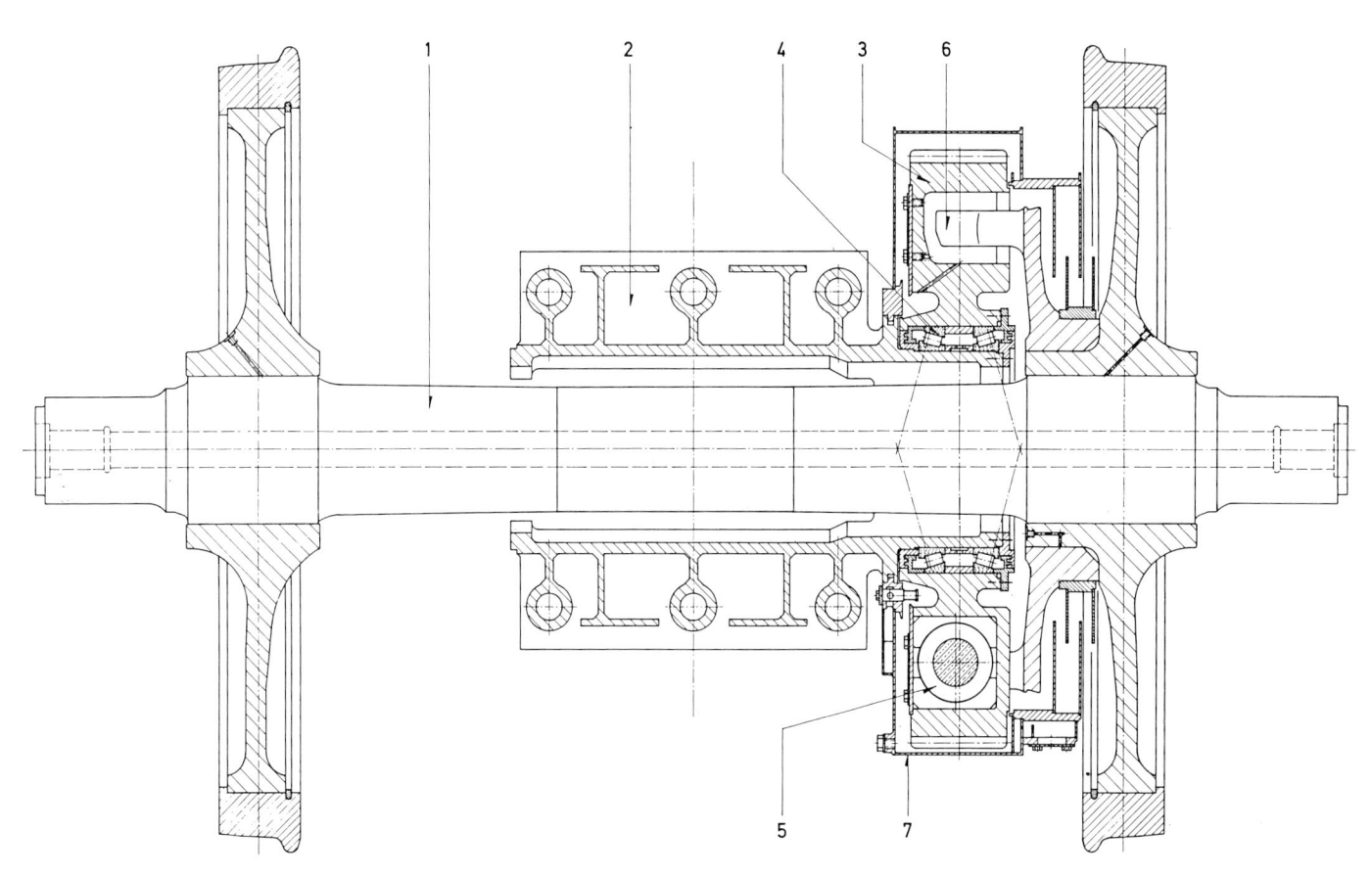

Abb. 265: Antriebszeichnung (Grafik: SGP)

3.1.4.5 Antrieb

Der BBC-Federtopfantrieb (Abb. 265 u. 266) ist in Österreich nicht neu, er wird verwendet, seitdem sich der Gummi-Ringfederantrieb für die geforderten Höchstgeschwindigkeiten nicht mehr eignet. Neu an dem der Reihe 1044 ist hingegen, daß die Schraubenfedern in den 8 Kammern schon nach den ersten Erprobungen durch diaboloartige Doppelkonus-Gummiblöcke ersetzt wurden. Die Dämpfung im Drehmomenten-Weg vom Motorritzel zum Radaufstandspunkt ist in Anbetracht der riesigen Massen und der überall vorhandenen Federelemente außerordentlich wichtig. Die Achswellen wurden im Vergleich zur Reihe 1043 viel stärker gemacht und trotzdem wurde in einer rechnerischen Nachprüfung, die haargenau das Erscheinungsbild der Schwingungen aus dem Meßwagen am Plotter reproduzieren konnte, nachgewiesen, daß die beiden Radaufstandspunkte in einem kritischen Augenblick bis zu 20 mm gegeneinander schwingen.

Abb. 266: Antrieb, Hohlachsstummel mit Motorfuß, Großrad mit Federkammern (Foto: ELIN)

Meist wird die Drehgestellmasse mit den schweren Motoren als ruhender Pol angesehen. Vom Gleis aus gesehen, auf dem die Achsen laufen, ist diese Masse jedoch frei beweglich zwischen 3 Federsystemen aufgehängt, und zwar der Achsfederung, der Lokkastenabstützung und der Tiefzuganlenkung, und alle diese Schwingsysteme haben eine Eigenfrequenz, die sehr knapp um die 5 Hz herum liegt. Und insbesondere wird bei Schleudervorgängen das System der Tiefzuganleitung mit großen Energien angeregt. Dazu kommt noch das Trägheitsmoment der relativ großen Räder ($\varnothing$ 1300 mm).

Vorstehende Gedanken bleiben aber in der Theorie stecken, da kein doppelseitiger Antrieb für diese Leistungen in Sicht ist.

Zu erwähnen ist, daß die, ursprünglich bei den Prototypen vorhandene, dann weggelassene Federtopfschmierung später wieder eingebaut wurde und dem Gummi gar nichts ausmacht.

3.1.5. Elektrische Ausrüstung

Im Hauptstromkreis (Abb. 249) der Lokomotive hat sich eigentlich am wenigsten geändert. Das Schaltwerk wurde durch zwei Thyristorschränke ersetzt und die Fahrmotoren bekamen eine Drossel vorgesetzt. Abgesehen von den zweigeteilten Feldspulen für die gemischte Erregung sieht man den Fahrmotoren auch kaum an, daß sie mit Mischstrom gespeist werden; die Bürstenhalter sind nicht gar so gedrängt.

Bei den Hilfsbetrieben hat sich schon mehr geändert, da Achsiallüfter, Drehstrombordnetz und Einzellüftung sich gegenseitig bedingen.

Die E-Bremse ist eine fahrdrahtabhängige, gleichstromerregte Widerstandsbremse.

Ganz neu für österreichische Verhältnisse ist dagegen die Montage. Alle Apparate und Steuerungsteile sind in Schränken untergebracht, die durchs Dach ausgehoben werden können und die mit Steckern für die Steuerstromleitungen angeschlossen sind. Die dicken Leitungen, vornehmlich die Schienen, bleiben geschraubt (Abb. 259). Die Isolation der Leitungen mit Polychloropren wurde beibehalten, nur für sehr dünne Leitungen in den Schränken wurden PVC-Leitungen zugelassen und ein Zusammenschmelzen des ganzen Bündels bei einem thermischen Schaden riskiert. PVC-Leitungen sind auch wegen der Sprödigkeit bei tiefen Temperaturen als Verbindungen zwischen Drehgestell und Kasten nicht gerne gesehen. Alle Steuerstromleitungen sind über den beiden Längsgängen in Tassen untergebracht (Abb. 259, Abb. 267). Mit Einführung der Elektronik haben sich auch die Schaltpläne geändert, indem die endlose Serienschaltung von Hilfskontakten und deren undurchdringliche Verknüpfung durch Verlegung der Verriegelungen und Abhängigkeiten in den Elektronikschrank etwas eingedämmt werden konnten. Der Idealzustand ist jedoch noch lange nicht erreicht. Dazu wäre die Computertechnik mit Datenbus nötig, die hier (etwa 1970) noch keinen Eingang gefunden hat. Die Elektronik ist (abgesehen vom Geschwindigkeitsmeßgerät) rein analog aufgebaut.

3.1.5.1 Dachausrüstung

Die Reihe 1044 wird aus Einheitlichkeitsgründen mit Stromabnehmern der Bauart ÖBB VI bestückt, obwohl währenddessen die Bauart ÖBB VII entwickelt wurde, die den Antrieb im Grundrahmen untergebracht hat.

Die Halbscheren-Bauart ÖBB VI hat noch 4-Punktauflage, Umbruchsicherung am Unterarm und in der Palette und wird in neuester Zeit mit etwas geänderten Schleifstücken ausgestattet, die in eine Wanne gelegt und mit Schrauben, die im Schleifstück festsitzen, befestigt werden – nicht gerade billiger, aber weniger arbeitsintensiv in der Erhaltung.

Die Diskussion über die Aufstellung mit Knie voran, mit Knie hintennach hat sich aufgehört, weil das Platzangebot sie überflüssig macht. Die modernen Fahrleitungen vertragen auch zwei Lokomotiven hintereinander mit jeweils hinten gehobenem Stromabnehmer, allerdings müßte der zweite Lokführer eine gewisse Beeinträchtigung seiner Lebensqualität in Kauf nehmen.

Man könnte aber auch einen Stromabnehmer erfinden, der ohne Spoiler – sowohl hinten, als auch vorne, sehr gleichmäßig auf beide Schleifstücke verteilt – nur ein paar N Auftrieb hat und daher auch bei Gegenwind funkenarm läuft.

Durch geschickte Führung der Dachleitung kann ein beschädigter Stromabnehmer leicht abgetrennt werden, wenn einer aufs Dach steigt. Deshalb ist auch kein Erdungsschalter vorgesehen.

Über den BBC-Hauptschalter braucht nichts mehr geschrieben werden, es ist sogar gelungen, den unter Dach befindlichen Teil auf einen einheitlichen Nenner zu bringen.

Eine österreichische Entwicklung (vor sehr langer Zeit) stellt der Spannungswandler für 15 kV in Gießharz-Freiluftausführung dar.

Keine einfache Herstellung, aber mit dem Vorteil, daß der Lokführer auch ohne Hauptschalter sehen kann, ob die Fahrleitung Spannung führt.

Im Laufe der Zeit wurde alle Lokomotiven mit einem Überspannungsableiter ausgestattet.

3.1.5.2 Transformatoren, Drosseln

Die Daten des Haupttransformators RT 5200 stehen in Tabelle 5. Nach BBC-Bauart ist er radialgeblecht mit 6 Jochen, die Primärwicklung besitzt eine Anzapfung bei 1000 V für die Zugheizung und den Umformer. Die frühere 800 V-Anzapfung für schwache Heizung ist bei Klimawagen nicht mehr zulässig. Für je zwei parallel geschaltete Fahrmotoren sind 2 Wicklungen mit 700 V vorhanden, von denen die eine bei 350 V mit einer Anzapfung versehen ist. Die zwei Hälften werden nacheinander geregelt. Jede

Tabelle 5 Daten des Haupttransformators RT 5200, radialgeblecht

	Nennleistung IEC	Leerlaufspannung
Fahrmotorwicklung, massefrei	5200 kVA	2×(350+350+700) V
Hilfsbetriebewicklung, getrennt	70 kVA	200 V
Zugheizwicklung, Teil der Primärwicklung im Winter	950 kVA	1000 V
im Sommer	550 kVA	1000 V
im Kessel eingebaut: 2 Kummutierungsdrosseln 1 Öltasche als Ausdehnungsgefäß für das Stromrichteröl		
Gesamtgewicht mit Öl, betriebsbereit 10,6 t		

Abb. 267: Transformator mit Ölpumpe, Wasser- und Ölablaß, Überspannungsschutz, Maschinenraumgang, Leistungstasse, Kabelkanal (Foto: BBC)

3.1.5.3 Stromrichter, Hauptstromapparate

Der Dioden und Thyristoren für je 2 Fahrmotoren sind in einem Stromrichterschrank (Abb. 268) zusammengefaßt. Sie sitzen als einseitig gekühlte Schraubelemente auf ölgekühlten Kupferschienen und sind für einen 10 min-Betrieb mit 2000 A ausgelegt. Pro Zweig sind 8 Dioden bzw. 8 Thyristoren parallelgeschaltet. Bei 1044.02 waren es ursprünglich 8 Dioden und 10 Thyristoren. Die Stromrichter zur Achtbrückenschaltung der 1044.01 lebten nur bis zum Brand der Lok am 24.9.1976 und wurden durch die Serienausführung ersetzt.

Beide Schränke haben einen gemeinsamen Ölkreislauf mit Ölpumpe, das Ausgleichsgefäß ist eine Tasche des Trafokessels, mit Einfüllöffnung. Ein Temperaturfühler im abgehenden Öl bewirkt bei 40°C die Vollüftung und bei 55°C eine Impulssperre.

Die Stromrichter für Fahrmotorerregung und Umformer stehen seit 1983 im Hilfsbetriebegerüst und werden von 3 Elektroniklüftern gekühlt.

Abb. 269: Hauptstromgerüst für Fahrmotor 3 und 4 (1044.02), Kabelkanal mit Steckern, Fahr-Bremswender, Trennschütze, Maschinenraumlüfter, Handbremse, Kompressor, Feuerlöscher, Motorturm 4 (Foto: SGP)

Thyristorgruppe kann demnach mit 1400 V gespeist werden. Für Fremderregung und Hilfsbetriebe 200 V ist eine getrennte Sekundärwicklung vorhanden.

Im Trafokessel sind die beiden Kommutierungsdrosseln untergebracht. Die 4 Motor-Glättungsdrosseln sitzen auf einem gemeinsamen Kern neben dem Trafo, sie sind luftgekühlt und wiegen rund 3 t. Die Drossel für den Umformer sitzt unter diesem.

Die Loks 1044.96 und .98 haben einen völlig anderen Trafo, der im Öl auch die 4 Glättungsdrosseln – diesmal magnetisch entkoppelt – aufnimmt. Die magnetische Entkoppelung der Motorstromkreise ist im Schleuderfall wichtig.

Hervorzuheben sind Ölprobe- und Wasserablauf in Normausführung (Abb. 267).

Abb. 268: Stromrichterschrank (Foto: Siemens)

Trotz Einzuges der Halbleitertechnik sind noch immer eine Reihe von Schützen vorhanden, die aber planmäßig nur als Trenner arbeiten, der Fahrbremswender bewegt die einzeln auswechselbaren Schaltstücke in einer Ebene. Alle kommen mit einer Nennstromstärke von 1400 A aus. Nur das Heizschütz muß Leistung schalten, bei modernen Reisezugwagen immer mehr induktive, daher wurde es auf 2500 A angehoben (schon vor 1044). Die Hauptstromapparate sind auf 2 Gerüsten neben den inneren Motortürmen untergebracht (Abb. 269).

3.1.5.4 Fahrmotor, Motorturm

Die Fahrmotoren WM 1301 (die Prototyp-Bauart hieß WM 1300) sind fremdbelüftet, 8-polig, für Mischstrom gebaut. Sie haben ein Gehäuse aus Stahlblech, das als Massivjoch wirkt und lamellierte Pole für Haupt- und Wendefeld. Die Hauptpole reichen bis an die Wendepole mit seitlichen Brücken heran, die einen Teil des Feldes führen. Die Erregung teilt sich planmäßig zu 45 % auf das Serien- und zu 55 % auf das Fremdfeld auf. Eine Kompensationswicklung ist natürlich auch vorhanden (Abb. 270, Tabelle 6).

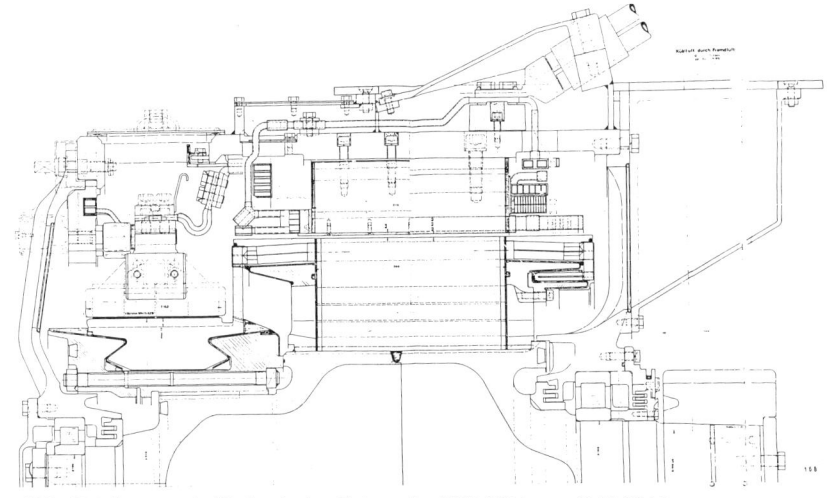

Abb. 270: Langsschnitt durch den Fahrmotor WM 1301 aus 1044.03 bis .126 (Grafik: ELIN)

Tabelle 6 Daten des Fahrmotors WM 1301

		dauernd	1 Stunde	maximal
Leistung	kW	1250	1320	
Spannung	V	1070	1070	1070
Strom	A	1270	1340	2000
bei km/h	km/h	90	87	160
Drehzahl bei Rad Ø 1270	1/min	1190	1150	2116
Strom der Fremderregung	A	187	200	280
Stromwelligkeit	%	40	40	
Gewicht, einschließlich Ritzel	kg	3850		

Durch lange Versuche wurde festgestellt, daß die Schaltverbindungen der Polspulen eine erkennbare Unsymmetrie im Feld erzeugen, wenn sie so verlegt sind, daß eine Wellenumschlingung auftritt.

Der Kollektor (Kommutator ist besser) ist auf möglichst kleinen Durchmesser gezüchtet. Dadurch ist nach österreichischer Art (die eigentlich nach Schweizer Art ist) Platz für belüftete, S-förmig gekrümmte Fahnen, die immerhin eine Steigerung der Motorleistung von 1250 auf 1300 kW erbringen, vielleicht sogar 5 %.

Seit die Verwendung des Zyklons die Schmutzansammlung hinter den Fahnen kräftig vermindert hat, kann man hoffen, daß offene Fahnen als technisch richtige Lösung anerkannt werden – bevor sie beim Drehstrommotor überflüssig werden. Der Verzicht auf Abnützungshöhe des Kollektorkupfers (13 statt 20 mm) ist allerdings nicht nach Österreicher-Art.

WM 1300 hat eine 8-Schichtwicklung, der Rotor war in Klasse H isoliert, der Ständer in Klasse F, WM 1301 hat eine 4-Schichtwicklung, durchgehend in Klasse F isoliert.

Abb. 271: Motortürme, neue Ausführung in Stahl, Kabelstecker (Foto: ÖBB)

Die Isoliermaterialien in der Nut entsprechen schon seit längerer Zeit der Klasse H. Für die Leiterisolation hat sich in letzter Zeit eine geschlossene, nicht tränkfähige Umhüllung durchgesetzt, sie darf nur nicht zu sparsam verwendet und muß ungeheuer sorgfältig verarbeitet werden. Billig ist sie auch nicht, daher spielt die Prüfung jedes Stabes in Wasser mit 500 V Gleichstrom auch keine Rolle mehr.

Zur Tränkung wurden Zwei- oder Mehrkomponenten-Harze verwendet, jetzt sind Versuche mit lösungsmittelhaltigen Lacken im Gange.

WM 1300 wiegt komplett 3750 kg, WM 1301 3850 kg.

Über jeden Fahrmotor ist im Maschinenraum ein Turm aufgestellt (Abb. 271), der zwei gegenläufige Drehstromlüfter und alle zum Fahrmotor gehörigen Schaltapparate (zur Abtrennung) und Shunts enthält. Die Luft wird oben aus dem Dachraum angesaugt und unten über einen Faltenbalg direkt in die Lufteintrittsöffnung des Motors geblasen. Der Faltenbalg übernimmt nur senkrechte Bewegungen, die seitlichen eine Gleitfläche mit Kunststoffbeschichtung.

Ursprünglich waren verschiedene, zu belüftende Teile in den Motortürmen untergebracht, wo Zyklone eingebaut wurden, mußten sie weichen.

3.1.5.5 Bremsturm

Die Bremswiderstände aller 4 Motoren aus gesicktem Blech mit Kiemen sind in einem Gerüst im Bremsturm (Abb. 272) zusammengebaut. Der Widerstand von Motor 4 hat eine Anzapfung für den darunterliegenden Lüftermotor, dieser lüftet von unten nach oben.

Für eisige Zeiten wurde um den Bremsturmmantel in Höhe des Lüfterrades eine Heizwicklung gelegt, um ein Festfrieren hintanzuhalten. Später wurde noch eine innere Heizwicklung eingebaut, die das Zufrieren des unteren Ansauggitters verhindern soll. Der Widerstand ist temperaturüberwacht.

3.1.5.6 Hilfsbetriebe

Die Hilfsbetriebsnetze sind vielfältig:

Drehstrombordnetz 3 × 440 V, 100 Hz, 100 kW

Der Umformer steht senkrecht im Maschinenraum, oben der Motor, der über einen Stromrichter aus der Zugheizspannung 1000 V (davon bleiben 700 V übrig) gespeist wird. Der Generator in der Mitte liefert 3 × 440 V mit regelbarer Frequenz zwischen 50 und 100 Hz. Ganz unten nimmt die Drossel einen respektablen Raum ein (Abb. 273). Der Umformer ist eigenbelüftet und bezieht seit neuestem seine Luft aus dem Maschinenraum.

Der Umformer speist die Lüfter für die Fahrmotoren (8) den Maschinenraum (1), das Trafo- und Stromrichteröl (2) und 2 Öl-

Abb. 272: Bremsturm (Foto: ÖBB)

pumpen. Alle werden gemeinsam angespeist und haben die gleiche Drehzahl.

Das Jahr wird in Sommer und Winter eingeteilt und durch +10° C getrennt. Nur 50 Hz bei Stillstand sind immer gleich. Bis rund 800 A Motorstrom wird im Winter mit 50 Hz, im Sommer mit 70 Hz gelüftet, beide Frequenzen werden zwischen 800 und 1200 A stetig bis 100 Hz angehoben und bleiben dann konstant. Aber auch eine Temperatur im Stromrichteröl über 40° C befiehlt Vollüftung. Die Umformerelektronik ist im Elektronikschrank enthalten.

Die Lüfter in den Motortürmen arbeiten in Tandemschaltung, gegenläufig, und liefern 3,2 m³/s gegen 30 mbar. Ein Teil der Lokomotiven (1044.03 bis .70, .96, .98 bis .126) hat um den unteren Motor einen Zyklonabscheider (Abb. 274) erhalten, der aus zwei festen Leiträdern, einem Zentrifugalraum und einem Spiralgehäuse zur Trennung von schwebstoffhaltiger und reinerer Luft besteht. Erstere wird über eine Reduzierdüse unter die Lok geleitet. Die Geschwindigkeit der Luft ist dabei so groß, daß sie

Abb. 273: Umformer WU 100 mit Lufteintrittsstutzen (von 1044.01 bis .97), Generator, Motor, Drossel (Foto: ELIN)

sich auch bei Schneetreiben einen Gang durch die Schneemassen unter der Lok bahnt. Bei ganz abnormalen Verhältnissen, meist nach einem Stillstand, kann allerdings das Loch auch zufrieren. Dann ist die Wirkung dahin, es tritt aber auch keine Beeinträchtigung der Luftmenge ein – wie bei einem verlegten Gitter oder Filter. Die nicht allzugroße Bauhöhe ermöglichte den nachträglichen Einbau.

Der neue Maschinenraumlüfter (auf Bild 20 ist der Filter des alten zu sehen) ist ein Radiallüfter für 1,6 m³/s. Er arbeitet direkt in den Zyklon, dem noch ein Filter nachgeschaltet ist, denn die allerfeinsten Schwebstoffe kann der Zyklon auch nicht ausscheiden, aber dem Filter tut eine Vorreinigung gut. In diesem Fall beansprucht der Zyklon gar keine zusätzliche Bauhöhe.

Die beiden Lüfter zu den Kühlern für Trafo- und Stromrichteröl belüften auch die Glättungsdrossel für die 4 Fahrmotoren, haben je 13 kW und liefern 7,2 m³/s gegen 14 mbar.

Wechselstrombordnetz 200 V, 16⅔ Hz

Das übliche Wechselstromnetz wurde hauptsächlich dem unverwüstlichen Bremskompressor BrK 15 zuliebe beibehalten. Damit ist auch die Möglichkeit erhalten geblieben, mit Hilfe der Remisensteckdose eine Lok in Betrieb zu nehmen.

Der Versuch, dem Kompressormotor EM 22 eine Kohlenbahn zu stehlen, gerade als es gelungen war, durch viele Versuche und Kunstgriffe einen Motor aus ihm zu machen, von dem man nicht spricht, ist kläglich gescheitert. Aus Rache heißt der geschändete Motor EM 21.

Das Ladegerät TTL 65 ist nicht erst für 1044 entwickelt worden, es ist ein Kompaktgerät und mit dem Teil eines Batteriekastens zufrieden.

An 200 V hängen die Stromrichter für Fahrmotorerreger und Umformermotor, die zahlreichen Elektroniklüfter, die übliche Messung, die traditionelle Kochplatte, sowie Fensterheizung, Speicherheizkörper (1,5 kW) und Luftheizkörper (4 kW) im Führerstand.

Gleichstrombordnetz 24 V

Die Österreicher lieben seit jeher die 24 V und seit es Elektronik gibt, sehen sie auch keinen Grund für mehr. Die Batterie, eine Nife Batterie mit 2 mal 18 Zellen, hat 240 Ah. Die Batterie speist die Elektronik und die elektropneumatischen Ventile, den Hilfskompressor, das Thermofach und eine Reihe von 24 V-Steckdosen. Alle Einrichtungen müssen mit einer Batteriespannung zwischen 16 und 32 V zufrieden sein.

Neu ist vielleicht der Lüftermotor für die Führerstandheizung, der auf Drehstrom umgestellt wurde; der Raumbedaf im Gerät wird kleiner, den zugehörigen Wechselrichter kann man gesondert problemloser unterbringen, die induktive Störbeeinflussung kann beherrscht werden.

Die Speisung der Elektronik geschieht noch in firmenspezifischen Netzgeräten. Das Ziel, ein einheitliches, kleines Netzgerät zu schaffen, das in größerer Anzahl redundant entsprechend große Teile der Elektronik speist, konnte nicht verwirklicht werden. Die 3 Konverter für die Fahr-Bremselektronik haben 3 × 270 W.

Bremsstromnetz

Der Bremsturmlüfter wird meist vergessen, obwohl er vom Konzept her bestimmt sehr interessant ist: So ziemlich als einzige der Maschinen in einer Lok ist er für Kurzzeitbetrieb ausgelegt und er hat eine höchst variable Klemmenspannung, da er an einem Abgriff des Bremswiderstandes liegt. Im Langzeitbetrieb (S 1) gibt er 28,5 kW bei 210 V und 1950 1/min, im 10 Minuten-Betrieb 58,5 kW bei 356 V und (nur) 2450 1/min. Das Lüfterrad aus Aluminium hat einstellbare Schraubenflügel. Leider machten diese selbst davon Gebrauch; seit sie rigoros festgeschraubt sind, laufen sie hingebungsvoll.

231

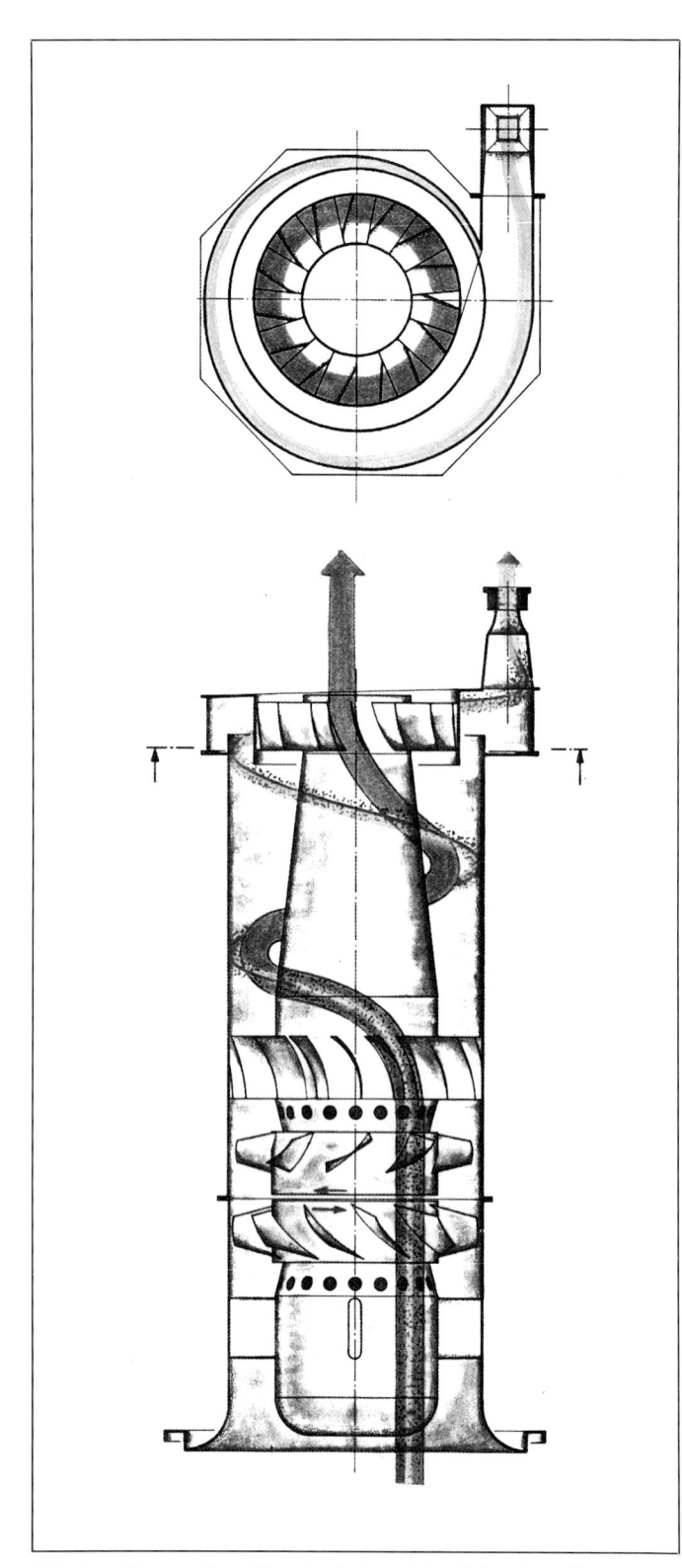

Abb. 274: Motorayklon, Weg der Luft und der Schwebestoffe (Grafik: ELIN)

3.1.5.7 Steuerung

Erstmalig für eine ÖBB-Lok ist es gelungen, alle Steuerelektronik in einem IEC-19 Zoll-Schrank mit Europakarten 100 × 160 mm unterzubringen (Abb. 275). Sie umfaßt Fahr-Bremsregler und Umformerregelung und arbeitet in Analogtechnik.

Die Steuerleitungen sind fast alle in zwei zentralen Klemmbrettern hinter jedem Führerstand zusammengefaßt, so daß die von Führerstand zu Führerstand führenden Leitungen ohne Unterbrechung durchgehen können – alle auf den Tassen über den Längsgängen. Sie führen in Bündeln durch Auslässe in den Tassen und sind in Anschlußsteckern zusammengefaßt. Es werden wohl verschiedenen Größen von Steckern verwendet, aber aus dem gleichen System, alle rund, mit Schraubverschluß.

Fahrschalterpult

Das Fahrschalterpult (Abb. 276) mit Instrumentenaufbau ist als Ganzes in dem Führerstandtisch einsetz- und anschließbar. Durch Verwendung von Schiebern mit Zahnriemenübersetzung zu den Winkeltransmittern (kontaktlose Stellungsgeber) konnte einerseits die bei den ÖBB übliche Stellungssteuerung (als Gegenstück zur Auf-Ab-Steuerung) beibehalten werden, andererseits konnte der gesamte Aufbau sehr niedrig gehalten werden, bei der Sorge um die Kniefreiheit des Lokführers besonders bedeutungsvoll.

Der Reihe nach enthält jedes Führerpult links die Schalter für die 6 Stirnleuchten, 3 weiße, 3 rote mit gemeinsamer Abblendung. Links sind auch die Indusiorgane in der österreichischen Weise angeordnet. Die 3 Leuchtmelder haben nach langen Bemühungen geeignete verdrehbare Kugelkalotten zur Abblendung erhalten, damit erübrigt sich eine Regelung der Helligkeit der Lampen. Geschwindigkeits- und Zugkraftschieber wurden schon erwähnt, dann folgt eine Eintiefung für Buchfahrplan und für die Bekanntmachung der Langsamfahrstellen mit Glasabdeckung. Plexiglas hat sich nicht bewährt, es ist aber auch nicht leicht, an einer Hartglasplatte die Drehgelenke zu befestigen.

Vor der Platte stehen die wichtigsten Schalter in einer Reihe, der Stromabnehmerschalter ist als Schlüsselschalter ausgeführt – er sperrt die gesamte Steuerung des Führerstandes ab. Die Hilfsbetriebsschalter haben alle 3 Stellungen: Aus, Automatik, Ein. Die Tastengruppe Makrophon hoch und tief, Sand und Lösen ist an einem Platz rechts in Handnähe zusammengefaßt, dann folgt der Hilfsfahrschalter mit Fahrtwende-Verriegelung und Anzeige.

In der Schräge des Instrumentenpultes ist rechts ein Platz freigehalten, mit einer Zwinge für Befehle. (Zugs- und Bremsgewichte braucht der Lokführer nicht mehr).

Mit dem Führerpult war eine lange Versuchsreihe nötig, um den Händen des Lokführers ein warmes Gefühl zu geben, eine Kunststoffbeschichtung hat sich nicht bewährt, eine Kunststoffplatte ist an den Ecken eingerissen, man einigte sich schließlich auf die Ausführung in Blech mit zwei kleinen darübergelegten Kunststoffplatten im hauptsächlichen Aktionsbereich der Hände.

Abb. 276: Fahrschalterpult der Lokomotiven 1044.99 bis .126 (Foto: Siemens)

Abb. 275: Elektronikschrank von 1044.03 bis .126 (Foto: BBC)

Bei Kunststoffplatten hat es wieder seine Schwierigkeiten mit einer dauerhaften Beschriftung. Abziehbilder, die hinreichend oft erneuert werden, ergeben noch den besten Kompromiß.

Die beiden Schieber ersetzen das bisher übliche Handrad, einer läßt nach vorne die Zugkraft, nach hinten die Bremskraft, der andere die gewünschte Geschwindigkeit einstellen. Der Zugkraftschieber hat demnach eine Nullstellung und knapp davor und dahinter 2 Raststellungen, in denen sich nichts tut, aber geprüft wird, ob alle Voraussetzungen für einen Zug- oder Bremskrafteinsatz erfüllt sind. Beide Schieber haben keine Skala, die Zugkraft wird nach Gefühl eingestellt und am Motorstrommesser kontrolliert, die Geschwindigkiet mit einem Sollwertzeiger am G-Messer.

Die beiden Schieber dienen nur dem Vorwärtsfahren. Für Verschubbewegungen steht der Hilfsfahrschalter, etwas weiter rechts am Pult, zur Verfügung. Der besteht aus einem größeren Potentiometerknopf mit Nullstellung rechts. Wird er nach vorn gedreht, fährt die Lok vorwärts, nach hinten rückwärts. Zum Passieren der Nullstellung ist allerdings das Ziehen einer Sperre notwendig. Zwei Leuchtmelder unmittelbar daneben zeigen – alternativ – den Erfolg des Bemühens. Die Wirkung des Drehknopfes ist im unteren Bereich stark gedehnt, um Verschubbewegungen mit Bedacht ausführen zu können, wenn man ihn jedoch bis zum Anschlag dreht (etwa 160°), kann man damit jede Zugkraft einstellen und technisch gesehen auch 160 km/h fahren, es ist jedoch eine Begrenzung auf 80 km/h eingebaut. So kann man wenigstens Güterzüge ohne Behinderung weiterführen, wenn die Fahr-Bremsautomatik ausgefallen sein sollte, auch mit einem Drehgestell allein kann man so fahren, nur die Impulssteuerung muß noch funktionieren.

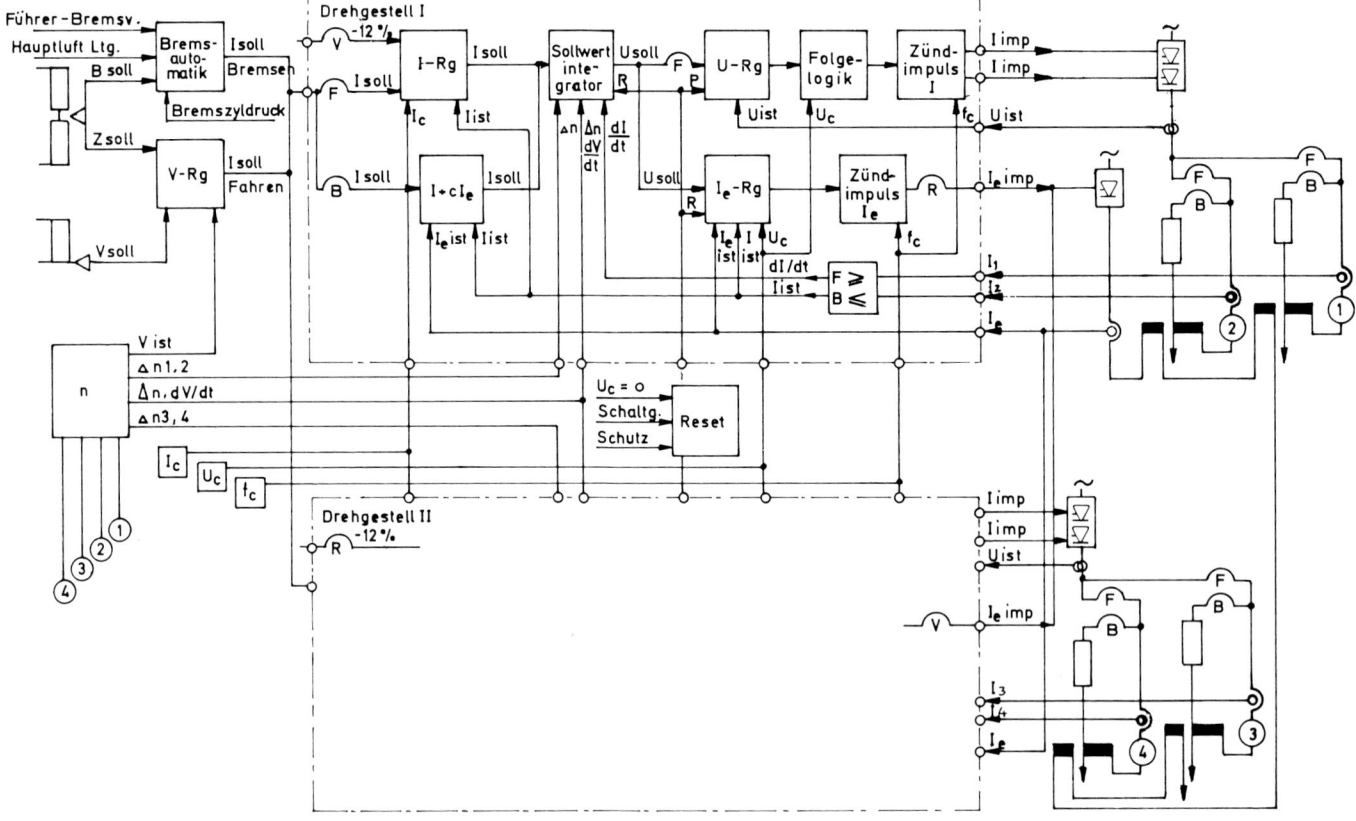

	Steuerung – Funktionsschaltplan.		
Rg	Regler	Uc	Primärspannung
n	Drehzahlvergleich,	fc	Primärfrequenz, im Fahrdraht
	Geschwindigkeitsmesser	Δn	1. Schleuderstufe,
Ic	Primärstrom		Aufschaltsperre

Δn	2. Schleuderstufe, Abbefehl	Ie	Erregerstrom im Fremdfeld
U	Motorspannung	F, B	bei Fahren oder Bremsen geschlossen
I	Ankerstrom	V, R	bei Vorwärts oder Rückwärts geschlossen

Abb. 277: Stromrichtersteuerung (Grafik: ÖBB)

Fahr- Brems- und Geschwindigkeitssteuerung

Die am Schieber eingestellte Zugkraft wird so lange konstant gehalten, bis die eingestellte Geschwindigkeit erreicht ist. Dann wird die Zugkraft zur Aufrechterhaltung der gewünschten Geschwindigkeit geregelt, wenn nötig wird auf E-Bremse umgeschaltet.

Die eingestellte Bremskraft ist dominant gegen die Geschwindigkeitsregelung, sie wird annähernd konstant gehalten, wie es sich aus der Summenstromregelung ergibt. In beiden Fällen ist die E-Bremsleistung auf 2400 kW begrenzt.

Der Übergang von Fahren auf Bremsen erfolgt ohne weitere Handlungen durch den Übergang von einer Raststellung über die Nullstellung des Schiebers in die andere Raststellung – schneller als man schaut. Der Fahrmotorstrom ist begrenzt, vor allem dann, wenn die Fahrdrahtspannung unter 13,5 kV absinkt.

Nach Abb. 277 enthält die Fahr-Brems-Steuerung die Koordinierung von elektrischer und pneumatischer Bremse, der Geschwindigkeitsregler koordiniert die verschiedenen Schleuderschutzeinwirkungen. In der Thyristorregelung laufen alle Sollgrößen und Istgrößen über einen Integrator, der die Geschwindigkeit von Auf- oder Absteuervorgängen bestimmt. Diese Befehle werden mit der Motorklemmspannung verglichen, um zu erreichen, daß diese steif bleibt. Wird im Augenblick des Schleuderns die Motorspannung konstant gehalten, dann sinken Strom und Drehmoment im schleudernden Motor und er hat die Chance, sich wieder zu fangen. Der zweite Motor bleibt unbeeinflußt.

Die Zündimpulse werden aus dem Schnitt einer Sinuslinie (anstatt eines Sägezahnes) mit einer Geraden gewonnen und für die positive und die negative Halbwelle ein eigener Zündübertrager verwendet. Dies vermindert die geradzahligen Harmonischen und ist für Signalanlagen, die mit 100 Hz arbeiten, besonders wichtig. Die Zündung der Thyristoren erfolgt durch sogenannte Kirchturmimpulse (als Gegensatz zu Kammimpulsen), die jedoch im Bedarfsfall wiederholt werden, denn eine todsichere Zündung auf Anhieb ist auch mit hoher Spannung und großer Energie nicht gewährleistet.

Schleuderschutz

Der elektronische Schleuderschutz (Abb. 257, Punkt 5) war bei Reihe 1044 besonders diffizil entwickelt. Trotz aller Einstellkünste und Schwellenwertverschiebungen konnte bei besonderen Witterungslagen nicht verhindert werden, daß es zum Allachsschleudern kam und bei einem Allachsantrieb steht dann für die Geschwindigkeitsmessung keine Basis mehr zur Verfügung. Wenn ein Schleuderschutz in eine Lok eingebaut wird, dann muß er vollkommen selbsttätig bei voller Zugkraftvorgabe den Zug über die beeinträchtigte Strecke bringen. Sicher wird es dann noch immer ambitionierte Lokführer geben, die es mit Gefühl und Vorausblick noch besser können, für die ist aber der Einbau nicht vorgesehen.

Seit man die Schwellen der einzelnen Schleuderkriterien sowohl vom Motorstrom als auch von der Geschwindigkeit abhängig gemacht hat und alles tut, um es nicht zum Allachsschleudern kommen zu lassen (siehe Tabelle 7), konnte man die Zugkrafteinbrüche auf ein Minimum reduzieren. Eine höhere Achslast wirkt auch Wunder.

Tabelle 7 Schleuderschutzkriterien

Kriterium	Erfassung und Wirkung	
di/dt	Erfassung	motorweise, beim Fahren bei fallendem und steigendem Strom
	Wirkung	auf betreffendes Drehgestell durch Begrenzung der Aufsteuergeschwindigkeit mit Hilfe des Integrators
dv/dt	Erfassung	nur beim Fahren an der nachlaufenden Achse
	Wirkung	auf voranlaufendes Drehgestell durch Aufschaltsperre
	Wirkung	auf nachlaufendes Drehgestell durch Absteuern (um die hinterste Achse sicher zum Rollen zu bringen)
	Wirkung	auf alle vier Achsen durch Schleuderschutzbremse mit 0,8 bar
△ n, Stufe 1	Erfassung	beim Fahren durch Vergleich jeder Achse mit der langsamsten
	Wirkung	auf betroffene Achse durch Schleuderschutzbremse mit 0,8 bar
	Wirkung	auf Drehgestell mit betroffener Achse durch Aufschaltsperre
△ n, Stufe 2	Erfassung	wie Stufe 1, höhere Schwelle
	Wirkung	auf betroffene Achse durch Schleuderschutzbremse mit 0,8 bar
	Wirkung	auf Drehgestell mit betroffener Achse durch Absteuern

Die △ n-Schwellen sind abhängig von Motorstrom und Geschwindigkeit

Beim Bremsen erfolgt die gleiche Erfassung, die Wirkung aber über eine Steuerung des Erregerstromes, im Sinne einer Vermeidung des Blockierens.

Vielfachsteuerung

Die Prototypen waren für Vielfachsteuerung, richtiger für Steuerung der Zuglok von der Vorspannlok aus eingerichtet. Bei einer elektronischen Steuerung kein technisches Wunderwerk. Sie wurde nicht gewünscht und bei der Serie nicht eingebaut. Die Kupplungsdose war in der Mitte der Stirnfront angebracht.

3.1.5.8 *Messung und Überwachung*

Die Einbeziehung der Größen Zeit und Weg in fast alle Steuervorgänge macht auch eine einheitliche Erfassung dieser Größen notwendig. Es sei an die Zeit erinnert, wo die Indusianlage zusätzlich zur vorhandenen Geschwindigkeitsmeßanlage eingebaut wurde und der Lokführer höchst erstaunt war, wenn ihm die Indusi eine Bremsung »hineingehaut« hat, obwohl er nach dem Geschwindigkeitsmesser gefahren ist. Bei zwei Meßachsen mit verschieden abgenutzen Reifen ohne weiteres möglich.

Abb. 278: Zentrale Geschwindigkeitsmeßanlage; Netzgerät, Elektronik, Platz für Restwegschreiber, Schreiber mit km-Zähler, Trennrelais (Foto: Hasler)

Zentrale Geschwindigkeitsmeßanlage

Daher werden Zeit, Weg, Geschwindigkeit und Beschleunigung in einem zentralen Geschwindigkeitsgerät (Abb. 278) gebildet und an alle Interessenten weitergegeben.

Die 4 Achsgeber arbeiten berührungslos mit Zahnscheiben mit 53 Zähnen. Alle 4 Signale werden im Zentralgerät entstört und an den Schleuderschutz in der Fahr-Brems-Elektronik weitergegeben. Die Signale der Achsen 1 und 4 – die unterschiedlichsten – werden selbst wieder verarbeitet: Auf digitale Art mit Datenbus, zweikanalig, in einem Kompaktgerät mit Karten in Einschubtech-

Die Aufzeichnung der Langwegregistrierung auf dem Streifen entspricht untenstehender Abbildung

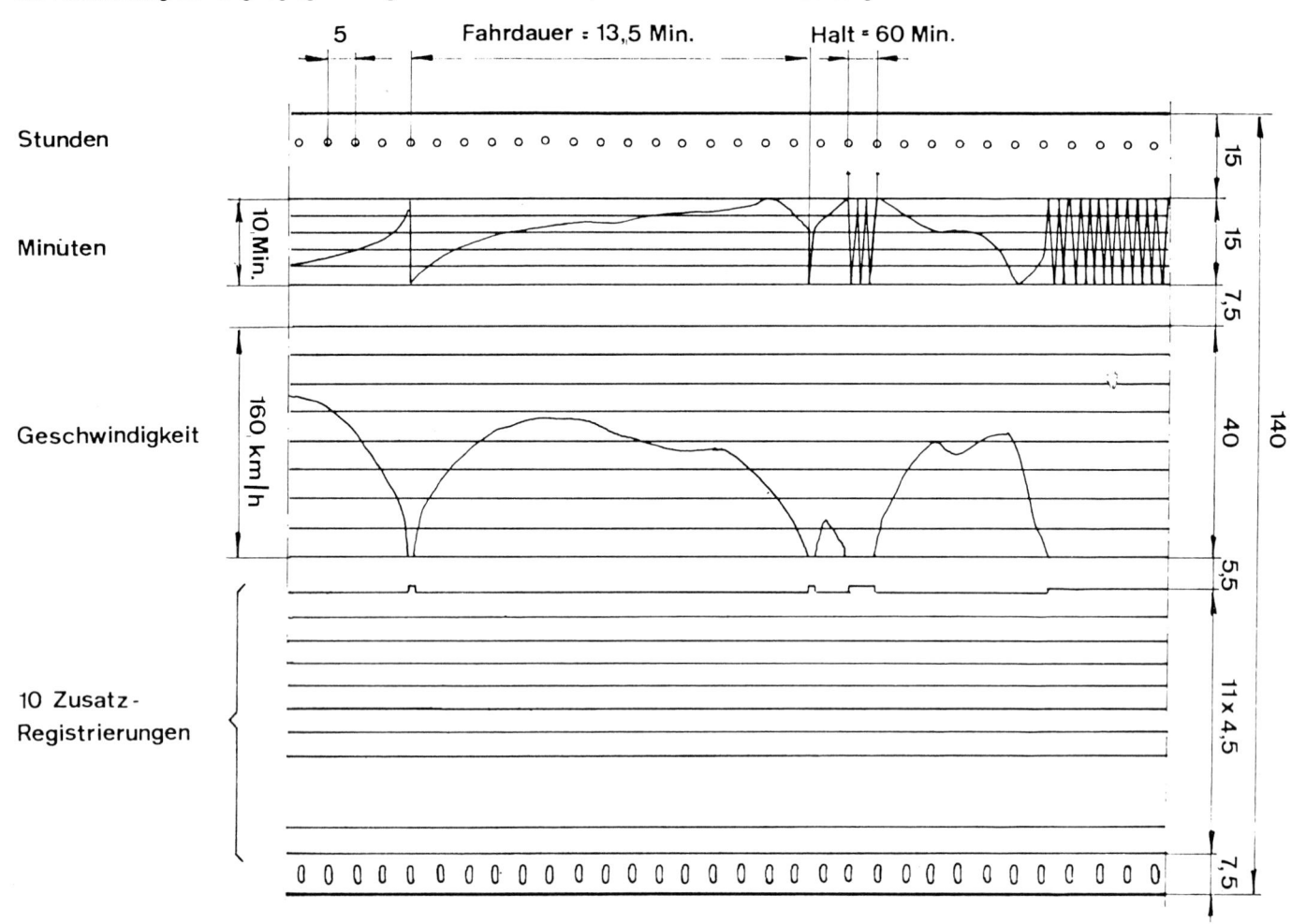

Abb. 279: Geschwindigkeits- und Zusatz-Registrierung (Grafik: Hasler) Papiervorschub bei Stillstand: 5 mm/h, bei Fahrt: 5 mm/km

nik, 19 Zoll, aber noch in einem größeren Format (5 HE) – wie es dem Entwicklungsstand von etwa 1972 entspricht. Heute kann man diese Apparate entweder in analoger Billigausführung (Fehlergrenze 1,5 %) oder digital mit Datenspeicher für Disketten-Registrierung über 8000 km zu einem mittleren Preis (Fehlergrenze wie bisher 0,4 %) haben. Aber dieses neueste Gerät gehört in ein System, das über das der Lokomotive weit hinausgeht: Vielleicht das markanteste Beispiel für die konsequente Weiterführung der Komponentenforschung.

Das Gerät der Reihe 1044 liefert die Signale für den Geschwindigkeitsmesser (Soll- und Istwert werden angezeigt, beim Fahren der niedrigere, beim Bremsen der höhere der beiden Meßachsen), für sämtliche Geschwidigkeitsschwellen (Steuerung, Indusi), für die Uhr, für den km-Zähler (Sifa, Spurkranzschmierung) und es enthält die zentrale Registrierung auf Papierstreifen (Abb. 279). Das breite Papier ist nackt und druckempfindlich und wird durch eine Reihe von Diamantstiften beschrieben, auch die Ordinaten werden geschrieben. Im Stillstand ist der Vorschub zeitabhängig: 5 mm/h, sonst wegabhängig: 5 mm/km. Außer der Geschwindigkeit werden die Zeit im Zick-Zack-Verfahren und 10 Zusatz-Registrierungen aufgezeichnet. Das sind neben den üblichen 8 Indusi-Registrierungen: Betätigung des Makrophones und der Druckluftbremse (zur Entlastung des Lokführers).

Symmetrieüberwachung

Nach den vielen Versuchen über den Einfluß von Thyristorlokomotiven auf Signal- und Fernmeldeanlagen wurde in Reihe 1044 eine Überwachung der Zündwinkelsymmetrie eingebaut, die direkt den 100 Hz Anteil im Primärstrom mißt und bei Strömen über 2 A nach 5 s den Hauptschalter ausschaltet. Sie ist als Sicherheit bei Auftreten von Schäden, die nicht durch andere Überwachungen erfaßt werden sollten, gedacht. Die Symmetrieüberwachung ist in der Fahr-Brems-Elektronik integriert.

Kollektorschutz

Von den Wechselstrom-Direkt-Lokomotiven wurde der Kollektorschutz übernommen, der gefährliche Fahrmotorströme nur über eine zugehörige Zeit im Stillstand zuläßt. Ein solcher Schutz ist auch bei einem Mischstrommotor nicht von der Hand zu weisen. Es ist ein Kompaktgerät hinter Führerstand 1.

Anzeigegeräte, Relais

Von den Anzeigeninstrumenten auf dem Führerpult konnten seit dem Verlangen nach 270°-Flachinstrumenten nicht mehr alle interessanten Anzeigen untergebracht werden, so wurde z.B. der Apparateluftdruckmesser durch einen Leuchtmelder ersetzt und für den Fahrmotorstrom konnten nur 2, als Maximal- und Minimalanzeige, vorgesehen werden. Mit der Zeit war dem Lokführer doch das Wissen um die Vorgänge in der Lok wichtiger als eine problemlose Ablesbarkeit von schönen Instrumenten, und so gibt es seit 1044.99 wieder 4 Motorampermeter mit senkrechter, wenn auch schmaler Skala. Sie zeigen Fahr- und Bremsstrom in gleicher Weise an, den Unterschied merkt man auf der Leuchtmeldetafel und an einer Meldeleuchte im Geschwindigkeitsmesser (die andere weist auf das Papierende hin).

Die Anzeigeinstrumente sind vorne am Führerpult. Nur das Zugheizamperemeter sitzt rechts neben der Leuchtmeldetafel.

Die Überstrom- und Unterspannungsrelais sind im Lauf der Zeit auch elektronisch und kleiner geworden. Mit Elektronik ist es auch praktikabler geworden, Relais zu bauen, die sich selbst zurückstellen, wenn die Ursache des Ansprechens beseitigt ist; ein Kennmelder bleibt. Das erspart dem Lokführer so manches Anhalten auf der Strecke.

Von Reihe 1042 wurde die Idee der Überspannungseinrichtungen übernommen. Im 1000 V-Kreis befindet sich eine nach dem Kondensatorprinzip – ein Kondensator nimmt die Überspannungsenergie auf und entlädt sich wieder langsam. Auf der Eingangsseite des Stromrichters befinden sich vier nach dem Selenprinzip – eine Selenzelle leitet 2 Überspannungen im Durchschlag ab, heilt sich aber wieder selbst.

Abb. 280: Leuchtmeldetafeln der Lokomotiven 1044.08 bis .126 (Grafik: ÖBB)

Leuchtmeldetafeln

Die den Lokführer interessierenden optischen Meldungen sind in einer Tafel (Abb. 280) zusammengefaßt. Eine schwarze Folie hat den Text der einzelnen Meldungen ausgespart, und zwar in weiß, wenn es sich um Zustandsmeldungen handelt, in gelb, wenn es sich um Abweichungen vom Sollzustand handelt.

Handelt es sich um eine Gefahrmeldung, derzufolge etwas unternommen werden muß, dann blinkt die gelbe Schrift. Zustandsmeldelampen, die normalerweise während der Fahrt leuchten, sind in der Helligkeit stellbar. Leuchtmelder in Signalfarben sind am Führerstand verpönt. Die Achslagertemperatur wird wegen der Alu-Gehäuse überwacht. Wenn der Lokführer bei 100° C eine sachte Bremsung durchführt, kann er mit dem Stillstand gerade noch vor dem Schmelzen des Lagers zurechtkommen. Bis heute eine rein hypothetische Annahme.

Elasi

Die elektroakustische Signaleinrichtung ist nicht speziell für Reihe 1044 entwickelt. Sie ist eine Zusammenfassung der Summer und Hörner im Führerstand. Es gibt einen 300 Hz- und einen 600 Hz-Dauerton, zusätzlich wird der 300 Hz-Ton mit 7 Hz laut moduliert und der 600 Hz-Ton mit 14 Hz leise. Drei dieser Töne melden die außergewöhnlichen Zustände von Sifa und Indusi, der vierte (600/14 Hz) die von anderen Eirichtungen wie Lüftung usw., die nähere Unterscheidung gibt die Leuchtmeldetafel. Die Elasi hat einen eigenen Lautsprecher im Führerstand, das Kompaktgerät sitzt hinter Führerstand 1.

Sifa

Die Sifa ist zur Gänze in der zentralen Geschwindigkeitsmeßanlage integriert und nach Österreicher-Art eine Weg-Weg-Sifa mit 75/900+75 m; je nachdem, ob das Pedal ausgelassen oder zu lange gedrückt wird.

Indusi

Als Indusi ist die herkömmliche Bauart J60 vorgesehen, D auf 95 km/h eingestellt. Die Schreibeinrichtung ist durch eine Kontaktplatte ersetzt, die Geschwindigkeitsschwellen und die Signale werden in der Geschwindigkeitsmeßanlage aufbereitet. Die großen (neuen) Indusimagnete sitzen unten an den Batteriekasten, der Kasten hinter Führerstand 2.

Zugbahnfunk

Sämtliche Lokomotiven sind für den auch bei DB üblichen Zugbahnfunk eingerichtet und die auf Bergstrecken verkehrenden damit ausgerüstet. Die UIC-Dose an der Stirnfront ist im Lauf der Zeit nach oben gewandert, um die Kupplung mit einem Reisezugwagen herstellen zu können. Das Gerät sitzt hinter Führerstand 2.

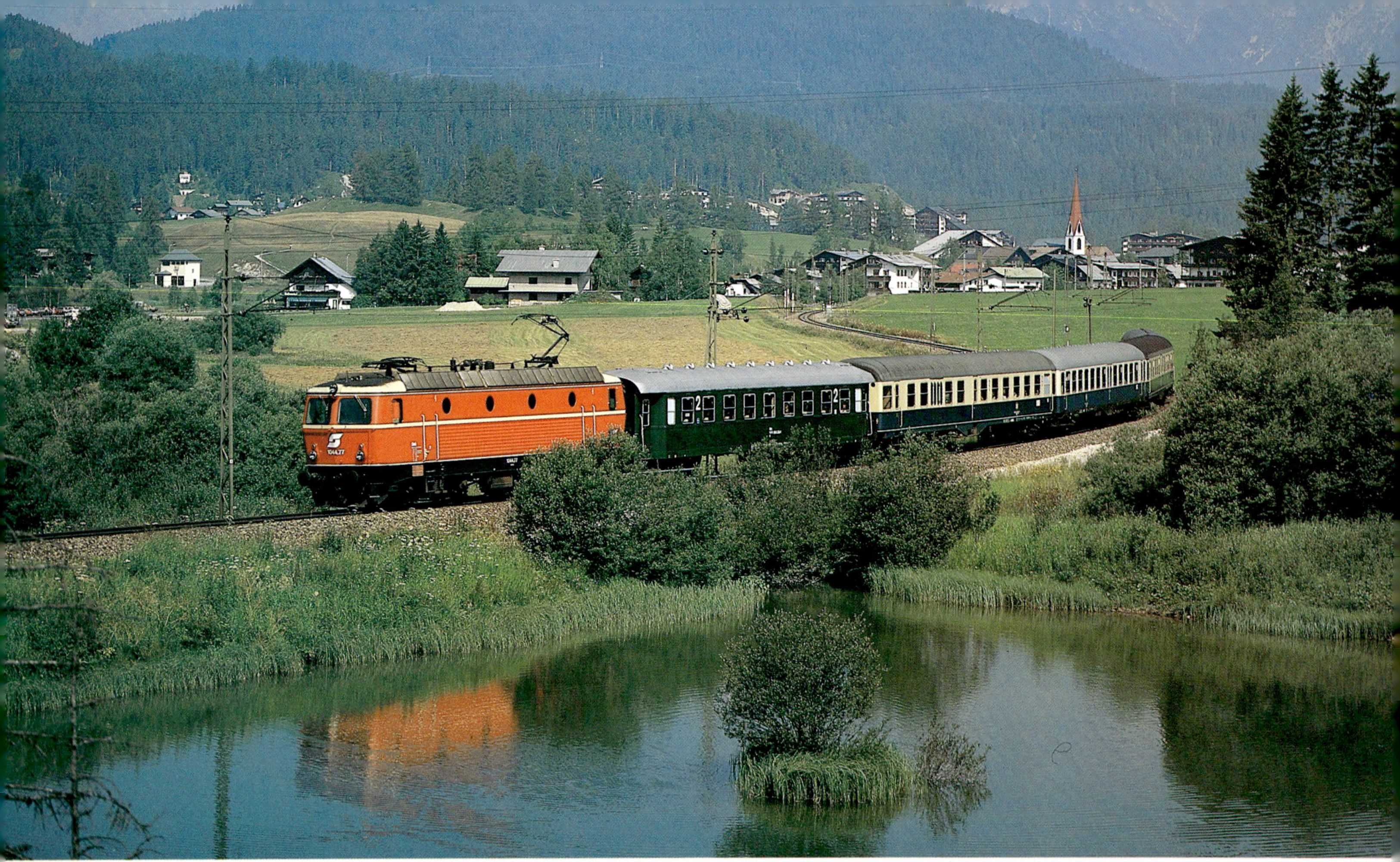

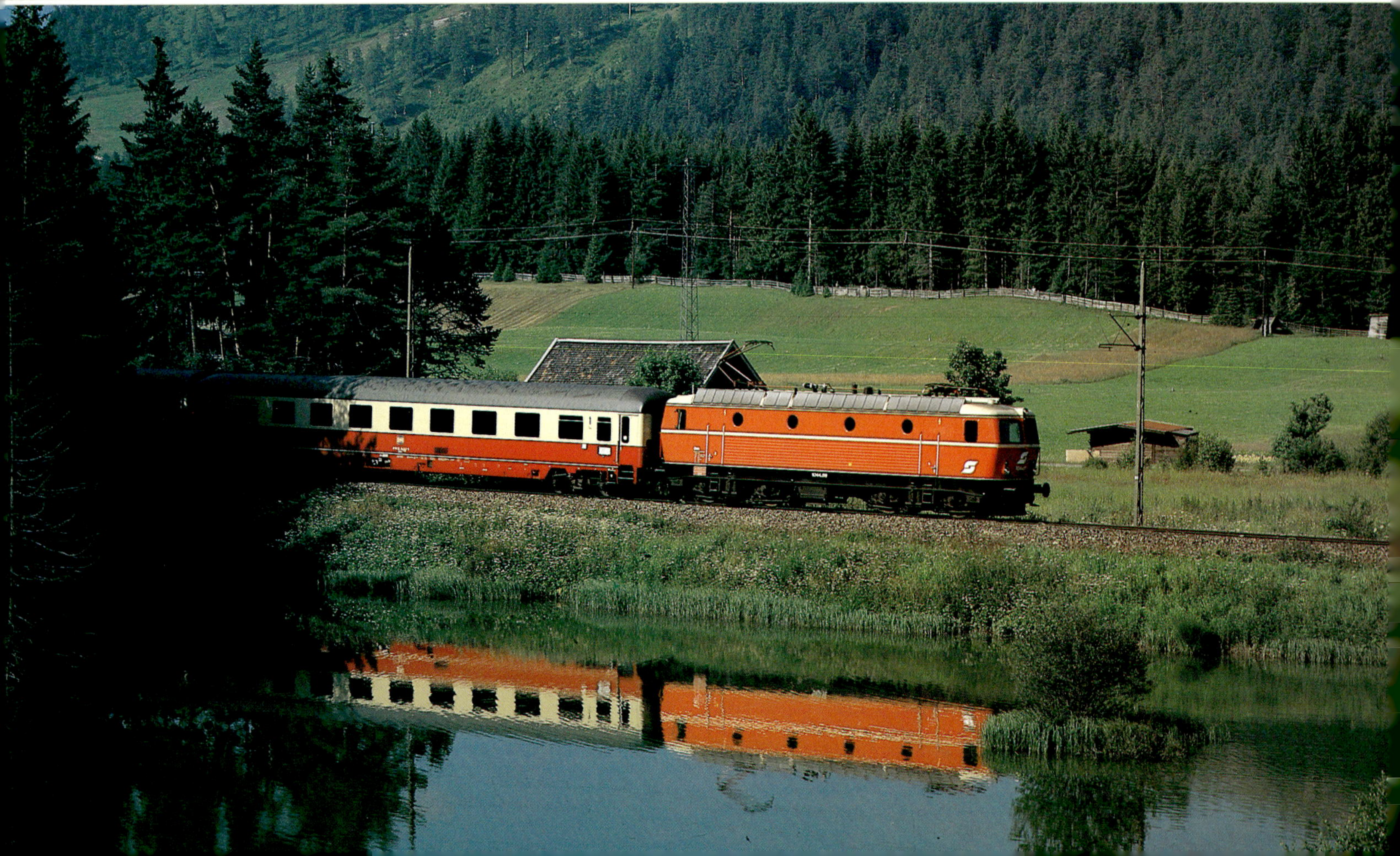

3.1.6. Betriebserfahrung

3.1.6.1 Betriebserwartung

Eigentlich muß die Betriebserfahrung von dem ausgehen, was man sich bei der Planung einer neuen Lok davon versprochen hat: Zunächst die Vorteile:
1. Maximale Reibungsausnützung durch stufenlose Zugkrafteinstellung.
2. Entfall der Stufenschalteinrichtung durch kontaktlose Zugkrafteinstellung.
3. Statt 33 Hz im Fahrmotor 100 Hz, aber in geringerem Ausmaß, daher mehr Leistung bei weniger Gewicht unterbringbar, damit Erfüllung eines Betriebsprogrammes mit einer 4-achsigen Lokomotive, wofür ehedem eine 6-achsige notwendig war.
4. Verlegung des Bereiches der höchsten Leistung in niedrigere Geschwindigkeiten, weil die Höchstgeschwindigkeit infolge der möglichen Shuntung trotzdem mit nennenswerter Zugkraft angefahren werden kann.
5. Automatisierung der Regelvorgänge durch Einbeziehung von Umwelteinflüssen, die bislang vom Lokführer nur gefühlsmäßig erfaßt werden konnten.
6. Geringere Erhaltungskosten durch Entfall von Leistungsschaltern (die noch vorhandenen dienen nur dem Notfall und schalten im Normalfall stromlos), durch einen harmlosen Fahrmotor (wenn man annimmt, daß ein Gleichstromkommutator harmlos ist), durch Entfall der Kommutatoren in den Hilfsbetrieben.

Da es nichts gibt, was nur Vorteile hat, werden auch die präsumptiven Nachteile angeführt:
1. Beeinträchtigung durch Schienenströme (Signalanlagen).
2. Beeinträchtigung durch Erdströme (Telefon, Datenübertragung, Fische).
3. Beeinträchtigung von drahtlosen Nachrichtenverbindungen durch höhere Oberwellen (Rundfunk, Fernsehen).
4. Verschlechterung der Kurvenform des Fahrleitungsstromes (für die Grundwelle cos , mit Einbeziehung der Oberwellen λ = Leistungsfaktor genannt) (Energieversorgung).
5. Teurere Arbeitskräfte in der Erhaltung, teure Arbeitshilfen.

◄ **Abb. 281 und 282: Die Karwendelbahn zählt zu den landschaftlich schönsten Einsatzstrecken der Reihe 1044. Im oberen Bild hat 1044.77 mit Eilzug E 683 das im Hintergrund liegende Seefeld in Tirol in Richtung Innsbruck verlassen. Unten sehen wir am gleichen Streckenpunkt 1044.89 mit dem Eilzug E 1180, der ab Mittenwald als IC 180 »Karwendel« nach Bremen weiterlaufen wird (16. 7. 1983, Fotos: JMM).**

3.1.6.2 Meßfahrten

Schwingungsmessungen an den Achsen

Die erste Messung, die durchgeführt wurde, galt der Schwingungsbeanspruchung der Achsen, aus Angst vor Achsbrüchen. Der maschinentechnische Meßwagen der ÖBB war für solche Messungen eingerichtet: Durch Dehnmeßstreifen, die kreuzweise, aber unter 45° zur Achsenachse, auf den Achsenschaft aufgeklebt werden, kann das Torsionsmoment aufgezeichnet werden, wobei es neben der Größe des Momentes auch auf die Frequenz ankommt. Bei Reihe 1044 konnten die Spitzen des Momentes durch Gummiblöcke im BBC-Antrieb anstelle der Stahlfedern erheblich reduziert werden, ebenso die Tendenz zum Weiterschwingen nach einer Anregung durch einen Schleudervorgang. Die Frequenz liegt zwischen 50 und 55 Hz.

Beeinflussungsmessungen

Über Beeinflussungsmessungen wurde schon genug geschrieben. Mit der Zeit hat sich herausgestellt, daß es die höhere Leistung der Fahrzeuge ist, die stört, und daß der Anteil an höheren Harmonischen im Fahrleitungsstrom (besser Erdstrom) beim Ein- und Ausschalten des Hauptschalters größer ist als der einer Thyristorsteuerung bei allen erdenklichen Aussteuergraden.

Ein 100 Hz-Anteil im Primärstrom über 2 A gefährdet ältere Signalanlagen, die mit 100 Hz arbeiten. Der tritt überhaupt erst bei einer Zündwinkelunsymmetrie über 2° auf und diese nur bei Fehlern in der Steuerung. Bei intakter Steuerung wurde im ungünstigsten Fall ein 100 Hz-Anteil von 0,6 A gemessen.

Über den Störpegel, den eine Fernmeldeanlage oder Funkverbindung erträgt, gibt es keine Festlegungen, empirisch wurde keine Beeinträchtigung festgestellt.

Die Messungen an der Vierbrückenschaltung lieferten mitunter bessere Werte als die an der Achtbrückenschaltung. Dies war einerseits darauf zurückzuführen, daß man bei der zweiten Lok schon mehr Erfahrung in der Justierung der Steuerung hatte und andererseits, daß die allgemeine Streuung der Meßwerte größer ist als der spezifische Einfluß einer Thyristorlok.

So konnten auch nach und nach (nach Revision der Sicherungsanlagen) alle Strecken für den Verkehr mit Thyristorlokomotiven freigegeben werden.

Leistungsmeßfahrt

Diese wurde im März 1975 mit 1044.01 in 5 Etappen durchgeführt: Eine Schnellzugfahrt bis 140 km/h von Wien nach Salzburg als »Mozart«, bei dem eine betrieblich bedingte Verspätung von 10 Minuten leicht hereingebracht werden konnte. Das Temperaturmaximum am Kommutator betrug dabei 65° C. Später hatte sich herausgestellt, daß eine Lastfahrt für den Kommutator gar nicht das Schlimmste ist, sondern daß er bei langen Leerfahrten auf 80°C kommt. Die alte These vom Schmierstrom dürfte also doch kein reines Märchen sein.

Auf der Tauern-Süd- und Nordrampe wurden je zwei Güterzugsfahrten mit einem 650t-Zug durchgeführt. Bei einer Außentemperatur von 0°C wurde maximal am Kommutator 50°C, am Motorkabel 57°C, im Trafoöl 42°C und im Stromrichteröl 42°C gemessen. Der Motor blieb also weit innerhalb der Temperaturgrenze von Klasse F, aber vom Stromrichteröl konnte man sich schon vorstellen, daß dieses bei 30° Außentemperatur in Schwierigkeiten kommt.

Eine Zuglok tut dies bestenfalls alle 30 Min. nach einer Langsamfahrstelle.

Als Quintessenz die Betriebsanhängelasten auf der Semmering-Nordrampe: 26% Steigung, 180 m Kurvenradius
1042:   500 t (in Spezialfällen 525t)
1110:   550 t
1044:   650 t

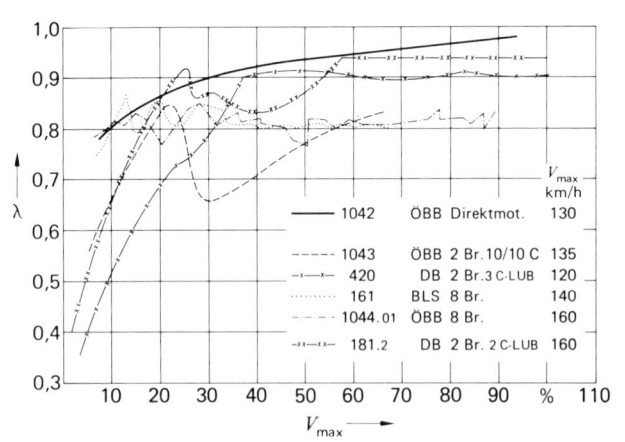

Abb. 283: Leistungsfaktor verschiedener 16 2/3-Hz-Triebfahrzeuge (Grafik: ÖBB)

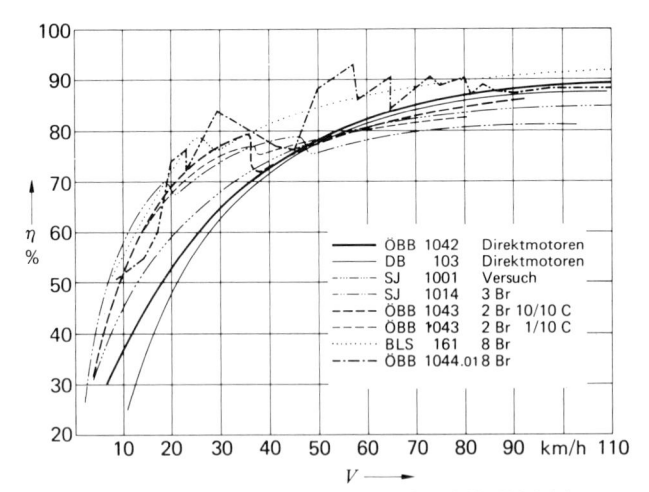

Abb. 284: Wirkungsgrad verschiedener 16 2/3-Hz-Triebfahrzeuge (Grafik: ÖBB)

Mit Lok 1044.02, wegen der für den Nachbau in Aussicht genommenen Vierbrückenschaltung, wurden Messungen zur Überprüfung des ZV- und BV-Diagrammes und Laufgüte-Messungen durchgeführt. Erstere ergaben die schon erwähnte Verminderung der Zugkraft bis 80km/h durch die verschiedene Aussteuerung der beiden Drehgestelle, sonst war alles wie berechnet.

Letztere ergaben die Laufgüte eines neuwertigen vierachsigen Reisezugwagens.

Aus etwas späteren Messungen wurde der Wirkungsgrad und der Leistungsfaktor ermittelt und mit bisher bekanntgewordenen Werten verglichen. Das Ergebnis zeigt Abb. 283 und Abb. 284. Dabei ist zu beachten, daß in Abb. 283 die Fahrgeschwindigkeit in % der Höchstgeschwindigkeit, in Abb. 284 aber in km/h angegeben ist. Vergleicht man den Verlust an Leistungsfaktor mit dem Gewinn an Wirkungsgrad, so bekommt man den Eindruck, daß die endlosen Diskussionen über die Effizienz von Thyristorlokomotiven im Vergleich zu Direktmotorlokomotiven wirklich unbegründet waren.

Ergänzend sei darauf hingewiesen, daß der Leistungsfaktor bei Nahverkehrstriebzügen, die rund alle 5 Minuten bis zur vollen Leistung anfahren, für die Energieversorgung von Bedeutung ist.

Schleuderschutzmessung

Das Verhalten des Schleuderschutzes bei feuchten Schienen hat gezeigt, daß eigentlich das Allachsschleudern die Ursache für das Liegenbleiben nach erfolgter Anfahrt war und daß dieser Zustand durch Messung auf der Lokomotive nicht faßbar ist (eine berührungslose, absolute Messung der Geschwindigkeit ist heute noch nicht greifbar). Um nicht bis zum Herbst warten zu müssen und um nicht auf künstliche Befeuchtung angewiesen zu sein, wollte man bei trockenen Schienen feststellen, wodurch die Zugkrafteinbrüche überhaupt zustande kommen. Durch Messung der wirklichen Geschwindigkeit im Meßwagen konnten diese den Zugkraftänderungen zugeordnet werden. Die Messungen wurden im Mai 1980 mit Lok 1044.56 und einer Anhängelast, die durch die Zughakengrenzlast von 1030 t begrenzt war, durchgeführt.

Abb. 285 und 286: Auf der Brennerbahn ist der Reisezugverkehr ohne ▶ die Reihe 1044 heute gar nicht mehr denkbar. Im oberen Bild leistet 1044.82 der Münchener 111 Vorspanndienste, aufgenommen am 11. 7. 1983 bei Sankt Jodok. Unten begegnen uns am 2. 8. 1982 gleichfalls bei Sankt Jodok am Brenner 1044.39 und 1670.09, im Hintergrund die bekannte Europabrücke (Fotos: A. Zronek).

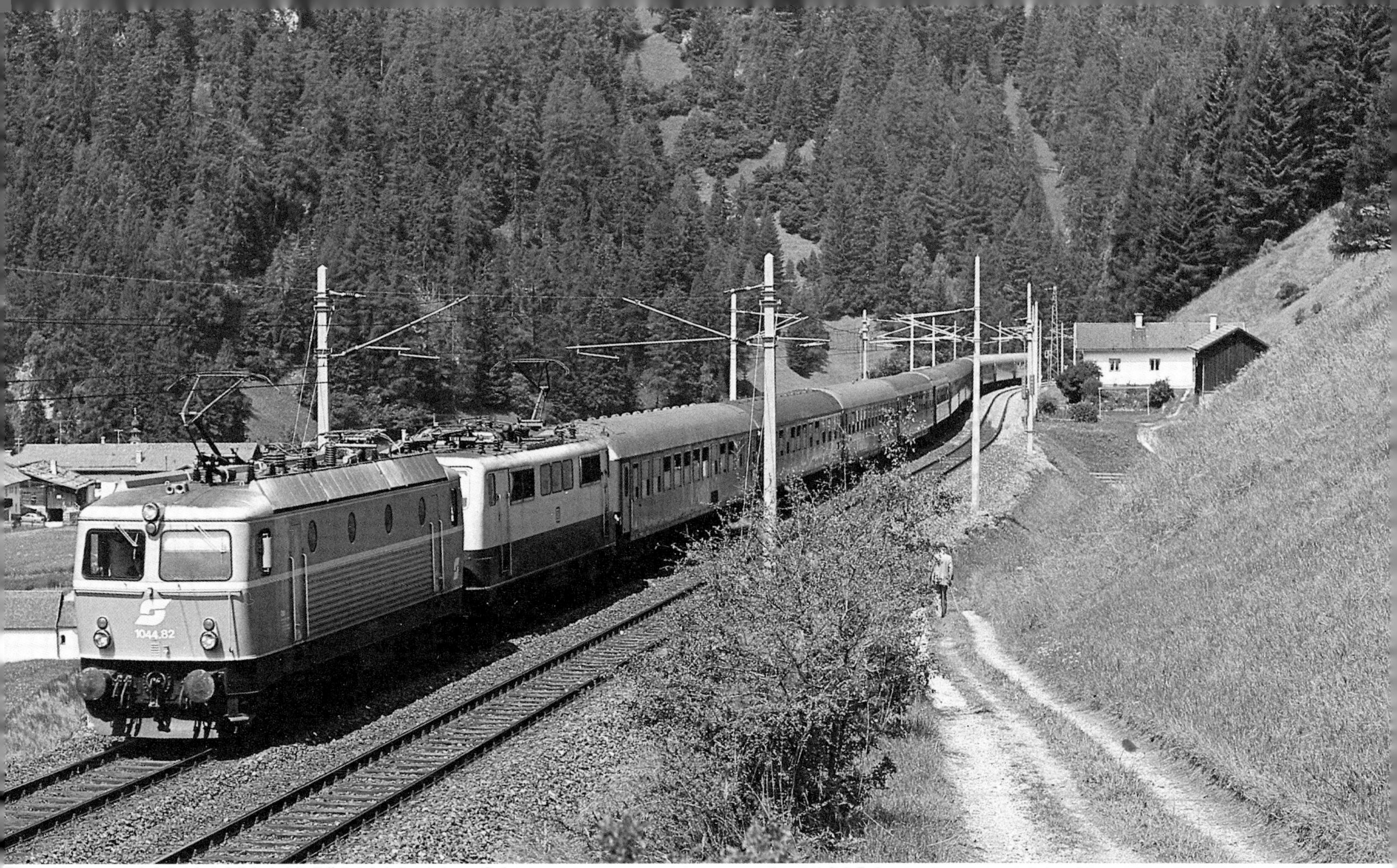
1044.82

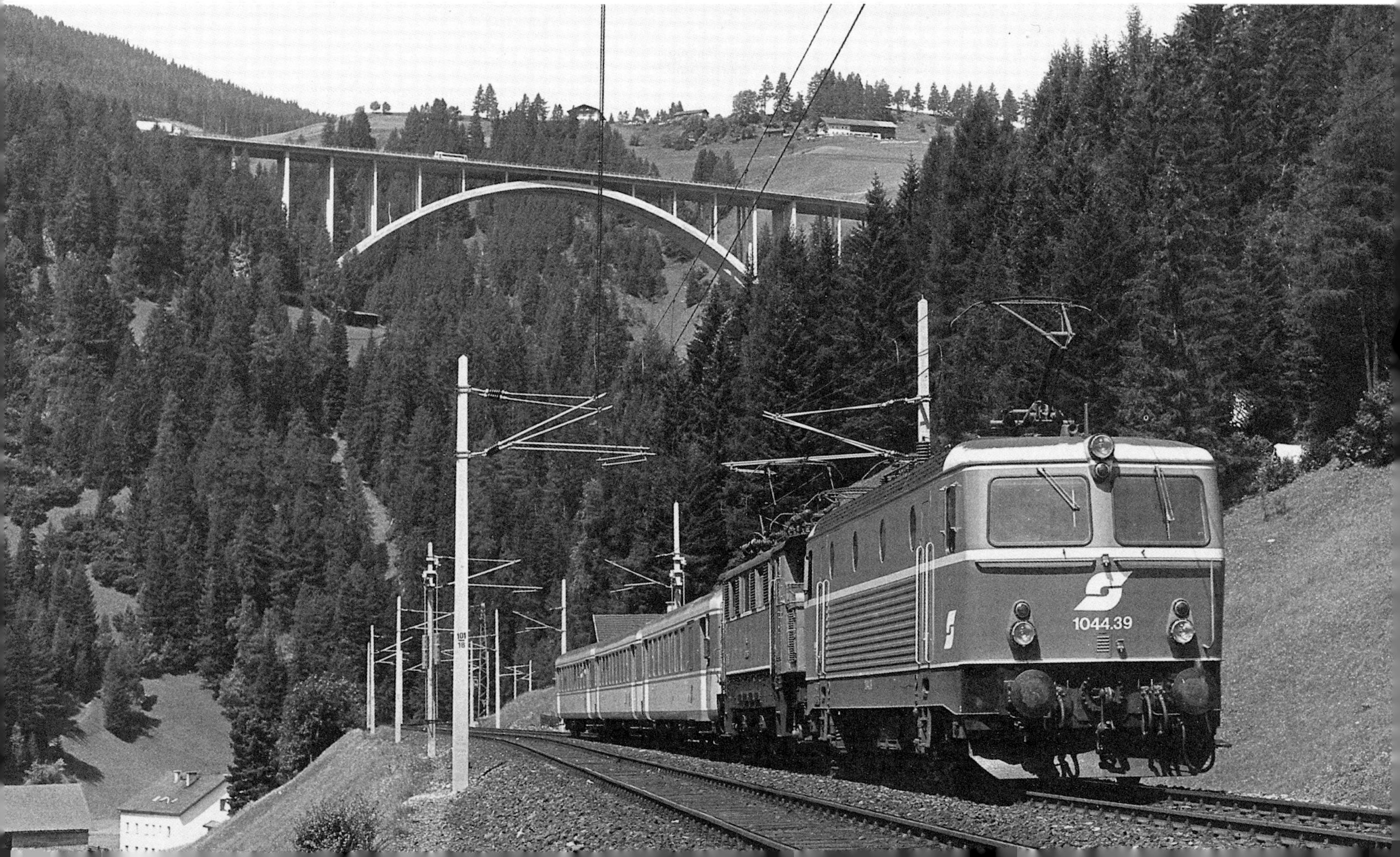
1044.39

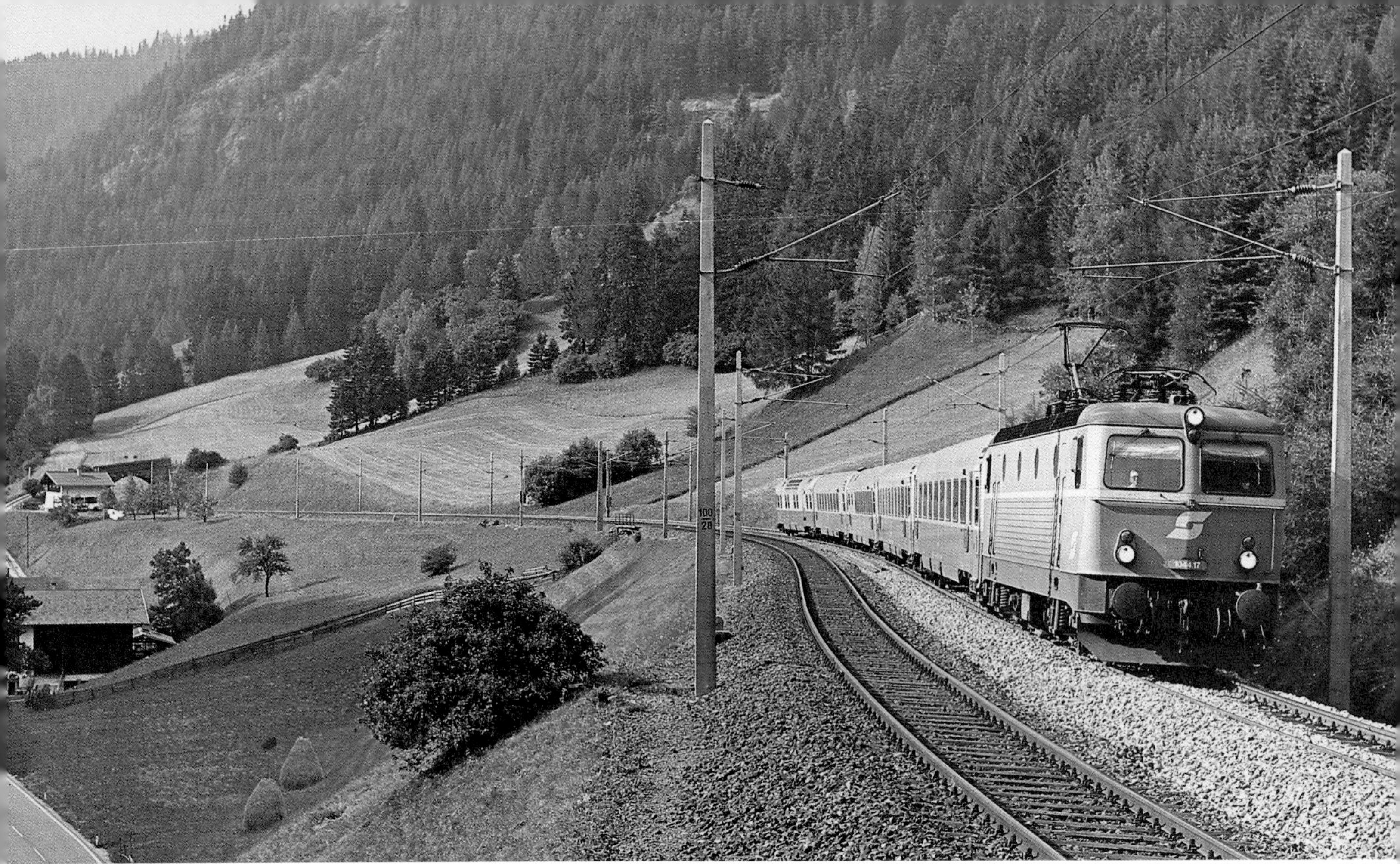
100
28
1044.17

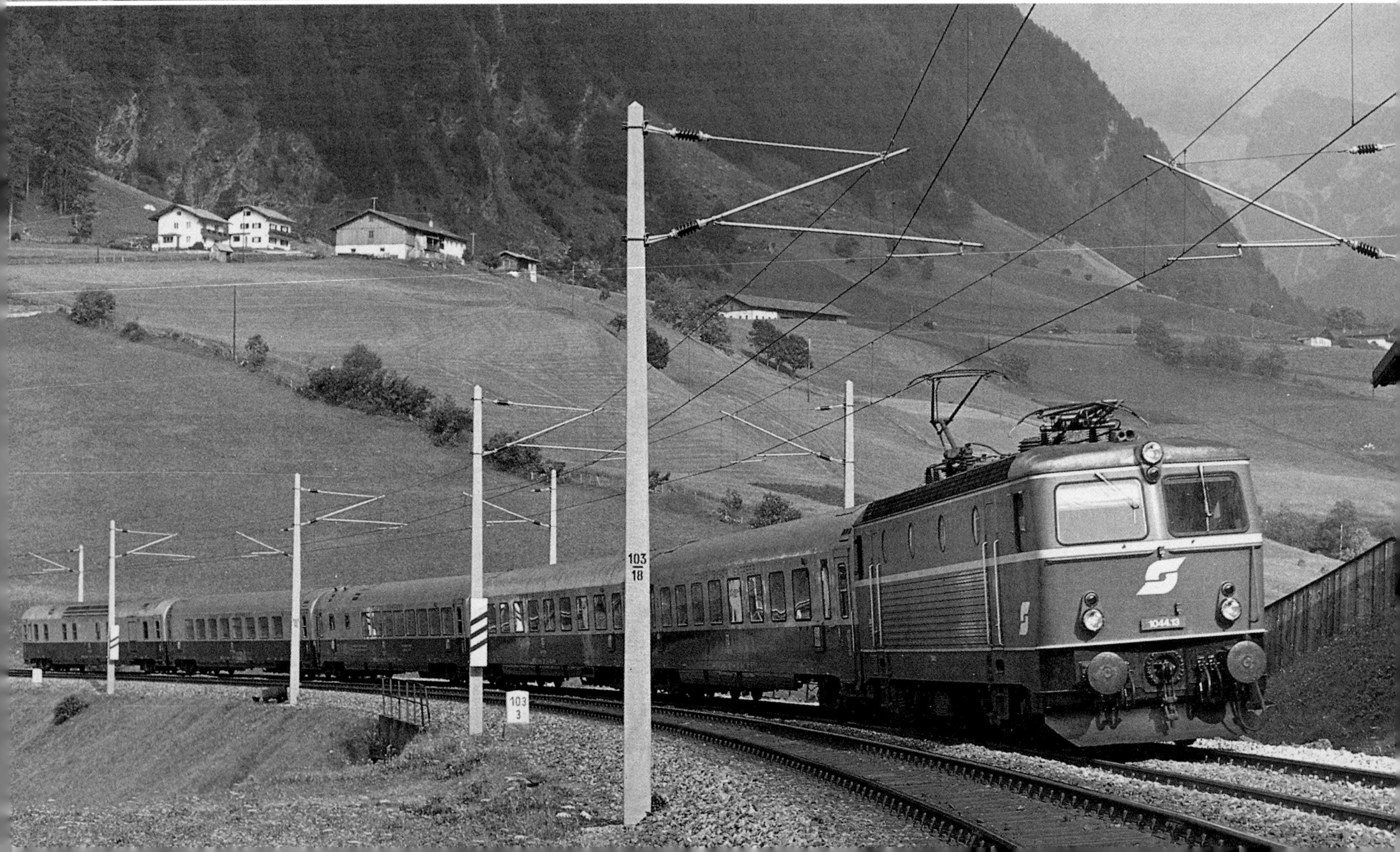
103
18
103
3
1044.13

Es konnte festgestellt werden, daß der Übergang vom Schleudern einzelner Achsen (fast nie der theoretischen Achsentlastung entsprechend) in das Allachsschleudern sehr langsam vor sich geht. Das Anfahren in der Steigung gelingt nahezu immer und wenn eine Kurve mit rund 20 km/h angefahren werden kann, ist die Wahrscheinlichkeit, daß sie auch durchfahren werden kann, groß. Es wurde auch festgestellt, daß eine Einstellung der Sollgeschwindigkeit auf die jeweils erreichte Istgeschwindigkeit – ein paar km/h mehr – sich sehr günstig auswirkt. Es wurden daraufhin die Schwellen der Schleuderkriterien verändert und später dann sowohl vom Motorstrom als auch von der Geschwindigkeit abhängig gemacht. Besonders wurde seither versucht, die letzte Achse unbedingt vom Schleudern abzuhalten, um nicht die Referenz für die wirkliche Geschwindigkeit zu verlieren.

3.1.6.3 Schäden oder Mängel

Der eigentliche Zweck von Schäden, daß sie zu Änderungen Anlaß geben und dann verschwinden, wurde im Fall 1044 ausreichend erfüllt, das ist auch das, was man sich von einem Prototyp erwartet. Die Entwicklung ist ein langer Prozeß und nur in einem dauernden Zusammenspiel Theoretiker – Praktiker – Theoretiker zu meistern. Das Wort »Zusammenspiel« ist hier ausnahmsweise ernst gemeint, denn eine einseitige Zwangseinwirkung erbringt nur in seltenen Fällen einen Treffer. Vor allem deshalb, weil die schönste Komponentenforschung wohl eine notwendige, aber keine hinreichende Voraussetzung für ein reibungsloses Zusammenwirken in einer Lok bei allen Umweltbedingungen und bei allen Zugarten ist, schon gar nicht, wenn in allen Beanspruchungen an die Grenze des Möglichen, in der Ausführung an die Grenze des noch Entsprechenden gegangen wird.

Anstelle einer minutiösen Aufstellung aller Schäden und aller Schädchen sagt vielleicht ein altes Sprichwort viel mehr: »Ka Geld, ka Musi«. Eine E-Lok kann man nicht wie einen Anzug von der Stange kaufen: Die Kleiderpuppe ist das gesamte Netz der Verwaltungen und das Maßband der Meßwagen.

Der kleine Unterschied liegt darin, daß das Meßband dem Schneider, der Meßwagen der Verwaltung gehört. Und den Erhaltungsdienst sollte man auch nicht mit einem Änderungsschneider vergleichen. Zweifelsohne: Wenn die Leute für eine Bahnbenützung nichts zahlen wollen, sollte eine Billiglokomotive genügen. Aber die Entwicklung von einer Lokomotive, die es fast störungsfrei tut, zu einer, die es ökonomisch ausreichend tut, dauert 6 Jahre – nach der ersten Entwicklung.

◀ **Abb. 287 und 288: Bei zwei weiteren Szenen von der Brennerbahn wird der TEE »Mediolanum« am 11. 7. 1983 von 1044.17, genau eine Woche später von 1044.13 geführt, jeweils bei Sankt Jodok am Brenner aufgenommen (Fotos: A. Zronek).**

Damit sind wir auch beim Sinn eines Prototyps angelangt. Er hat dann Sinn, wenn er so lange geändert wird, bis er allen Anforderungen des Betriebes und der Witterung entspricht, d. h. durch einige Jahre keinerlei Änderungen notwendig sind. Und dann gibt es sicher irgendwo schon wieder etwas Neueres – das aber auch erst auf dem eigenen Netz erprobt werden sollte. Die Entwicklung läßt sich durch Ungeduld, durch Gesundbeten, durch Mißachtung von Meßergebnissen (die Vorwegnahme ist noch schlimmer) nicht aufhalten, sie braucht nur länger.

Deshalb ist es unzulässig, immer in Euphorie zu schweben. Man kann niemandem sagen, wie er eine Lok bauen soll; bis man es selbst weiß, riskiert er ein ganz anderes System. Er hat nur dann etwas davon, wenn man ihm sagt, was anders geht, als man es sich vorgestellt hat, damit er nicht den gleichen Fehler nochmals macht.

Weil sich ein Techniker nicht scheuen sollte, auch von Schwierigkeiten zu reden (siehe schon Lorenz, E und M 1933, Seite 553): einige zur genüßlichen Betrachtung, eingedenk des Informationsprinzips, daß man nicht vom Hauptzweck einer Sache spricht, sondern nur, ob ein Nebeneffekt sein darf oder nicht sein darf.

Thyristoren, Steuerung

Bei einer Thyristorlok wären Schäden an Thyristoren am ehesten zu erwarten, sie sind auch postwendend eingetreten. In vielen Fällen blieb es beim Ansprechen der Sicherung, aber bei Ausfall eines Thyristors kostete die Behebung immer den Wert eines kleinen Volkswagens. Siemens reagierte darauf mit einer großangelegten Meßfahrt, deren Durchführung rund 1 MS gekostet hat, vom Einsatz der Meßgeräte – diesmal waren es firmeneigene – ganz zu schweigen. Das Ergebnis: Das »Lücken« des Stromes (durch den von ihm selbst verschuldeten Spannungseinbruch löscht der Thyristor wieder) konnte erforscht werden. Als Abhilfe wurden zusätzliche Zündimpulse vorgesehen, und seither ist Ruhe. Absolute Ruhe.

Die Steuerung, was die Elektronik anbelangt, hat von Anfang an anstandslos funktioniert. Nur Beeinflussungsfragen waren zeitweise zu lösen und da hat sich das Verlegungssystem der Leitungen bewährt, Fehler entstanden oft durch Abweichungen vom Sollzustand.

Ein interessantes Kapitel stellten auch die Achsgeber für die Geschwindigkeitsmessung dar, während sie bei Reihe 4020 ohne Anstand funktionieren, zeigten sich bei Reihe 1044 die unterschiedlichsten Fehler: Abreißen der Zuleitung, Eindringen von Wasser, Ausfall der Geber selbst. Eine sorgfältige Verlegung der Leitungen und Schutz vor der Waschanlage haben viel geholfen.

Triebradsatz

Wenn man an den Achswellen Schäden wegen der Torsionsschwingungen befürchtet hatte, so sind diese nicht aufgetreten.

Aber ein Riß an einer so konventionellen Komponente wie einem Radreifen kam völlig überraschend, und das nach einer Laufleistung von 9000 km bei einer Meßfahrt. Es wurde festgestellt, daß der Riß, und auch die folgenden, immer von einer Ziffer in der Einstempelung ausgingen. Das Ausschleifen der Ziffern brachte keinen Erfolg und die Suche nach einer geeigneten Reifenqualität verlief nicht einfach. Später wurde auf Monoblock-Räder übergegangen, mit denen bei Lokomotiven keine Risse festgestellt wurden, es zeigte sich aber, daß die höheren Kosten durch eine längere Lebensdauer auch nicht aufgewogen werden. So werden heute wieder Radreifen verwendet, obwohl die vom Bodenabstand vorgegebene Abnützungsgrenze nicht erreicht werden kann, weil sich die Reifen früher verdrehen.

Das Festfressen der Radscheiben auf der Achswelle und das Aufwalzen der Reifen deuten darauf hin, daß mit den erzielten Zugkräften die Grenze des mechanisch Möglichen erreicht wurde.

Die ursprünglich vorgesehenen Achslager mit überlangen Rollen haben sich nicht bewährt.

Die Kegelhülsenfedern in den Achslagern sollen achsial wirken, sie tun dies aber auch in Umfangrichtung, so daß sich eine Oszillation zwischen Innenring und Winkelring einstellen kann. Eine Metalloplast-Beschichtung hält das aus.

Strommarken auf den Innenringen konnten bis heute nicht restlos verhütet werden.

Stromrichteröl

In den ersten Jahren hat es auch im Sommer Betriebsanstände gegeben, und zwar mußte wegen zu hoher Temperatur des Stromrichteröles öfter eine Kühlpause von 10 bis 15 Minuten eingelegt werden. Zuerst wurde der Umstand verantwortlich gemacht, daß eine Tasche des Trafokessels als Ausgleichsgefäß für das Stromrichteröl verwendet wurde und man meinte, daß das Trafoöl durch diese Tasche hindurch das Stromrichteröl aufheizt, es hat ja eine höhere zulässige Temperatur. Erst nach intensiver Beobachtung kam man darauf, daß das Trafoöl oben bei der Einfüllöffnung überschwappt und so zum Temperaturanstieg beiträgt. Eine simple Wärmeisolation der Tasche und eine Düse an der Einfüllöffnung hat bleibende Abhilfe geschaffen.

Fahrmotoren

Ausschlaggebend für den Mißkredit, in den die Reihe 1044 geraten ist, waren die Ausfälle an Fahrmotoren. Nach dem strengen Winter 1979/80 gab es (erst im Frühjahr) innerhalb kurzer Zeit 30 Motorausfälle.

Beim besten Willen war kein Zusammenhang zwischen Betriebseinsatz, Streckeneinsatz und Wetterereignissen und den Ausfällen erkennbar. Zunächst wurde mehr Wert auf eine sorgfältigere Herstellung der Kollektoren, der Wickelkopfisolation und sorgfältigere Austeilung der Bürstenhalter gelegt, das brachte viel, allerdings nicht in bezug auf die Schäden im Wickelkopf, die fast immer als Windungsschäden entstanden und sich dann zu Masseschlüssen ausbreiteten. Maßgebend für die Schwere der Schäden war der Umstand, daß die Steuerung bei einem Windungsschluß den Motorstrom auf dem Betriebswert hält und erst ein Masseschluß ein Relais auslöst.

Nun wurde wieder im Vakuum getränkt, sogar mit anschließendem Druck, das Stopfen der Zwischenräume in den Wickelköpfen mit Glaswolle wurde streng befolgt, es wurde auch versucht, über der fertigen Oberfläche einen Überzug aus Silikonkautschuk aufzubringen. Die Aversion gegen Silikon basiert nicht nur auf der schlechten Aufbringbarkeit, die Überzüge hielten auch der Fliehkraft nicht lang stand. Eine Zeitlang, im Sommer, war Ruhe, dann konnte man erkennen, daß es einige Fingerhut voll Wasser waren, die durch Kapillarwirkung in Rissen des Harzes bis in die Mitte der Wickelköpfe vordrangen und dort mit bestimmten Hilfsbandagen eine säurehaltige Verbindung eingingen. Diese löste das Harz auf und drang dadurch in die an sich poröse Leiterisolation. Ganz ähnliche Ausfälle zeigten sich sogar an den Bürstensammelringen. Man muß sich vorstellen, daß es im Verlauf einiger Jahre Wochen gibt, in denen der Fahrmotor mehrmals seine Temperatur zwischen −10 und +110° C wechselt. Es ist weniger der Unterschied von 120° als vielmehr die Tatsache, daß das Wasser im Motor alle 3 Aggregatzustände durchläuft. Außerdem ist zu bedenken, daß durch eine wirklich verwendete E-Bremse der Motor zusätzlich beansprucht wird. Daher ist es nicht ohne weiteres möglich, eine Isoliertechnik, die eigentlich für stabile Hochspannungsmaschinen entwickelt wurde, auch auf Fahrmotoren erfolgreich anzuwenden.

In Anwendung der Erkenntnis von der Kapillarwirkung wurden dann von der Erhaltungswerkstätte der ÖBB und von einer Firma Motoren in einem neuen Isolationssystem gewickelt, für das es alle Materialien allerdings noch nicht lange gibt. Die Nutauskleidung und die Zwischenisolation wird nur aus Materialien der Klasse H hergestellt. Die Leiter werden mit einem nicht saugenden Material der Klasse H so sorgfältig umwickelt, daß sich ein geschlossener Überzug ergibt. Zwischenräume bleiben offen, die Tränkung erfolgt mit einem Lack mit Lösungsmittel – solche kommen heute schon knapp an die Klasse H heran – in einem

Abb. 289 und 290: Das Farbkonzept für Lokomotiven der ÖBB darf als ▶ gelungen gelten. Gerade der Reihe 1044 verleiht das Blutorange (RAL 2002) ein wuchtiges Aussehen. Im oberen Bild wird auf der Brennerbahn der Nahverkehrszug N 5218 neben 1044.54 noch mit Lok der Reihen 1020 (E 94) und 1670 geführt, aufgenommen am 5. 8. 1980 bei Sankt Jodok am Brenner (Foto: A. Ritz). Unten nochmals eine gelungene Aufnahme von der Arlbergbahn bei Dalaas: 1044.56 vor Ex 463 »Transalpin« beim Überqueren des Hölltobel-Viadukts (12. 6. 1984, Foto: W. Goy).

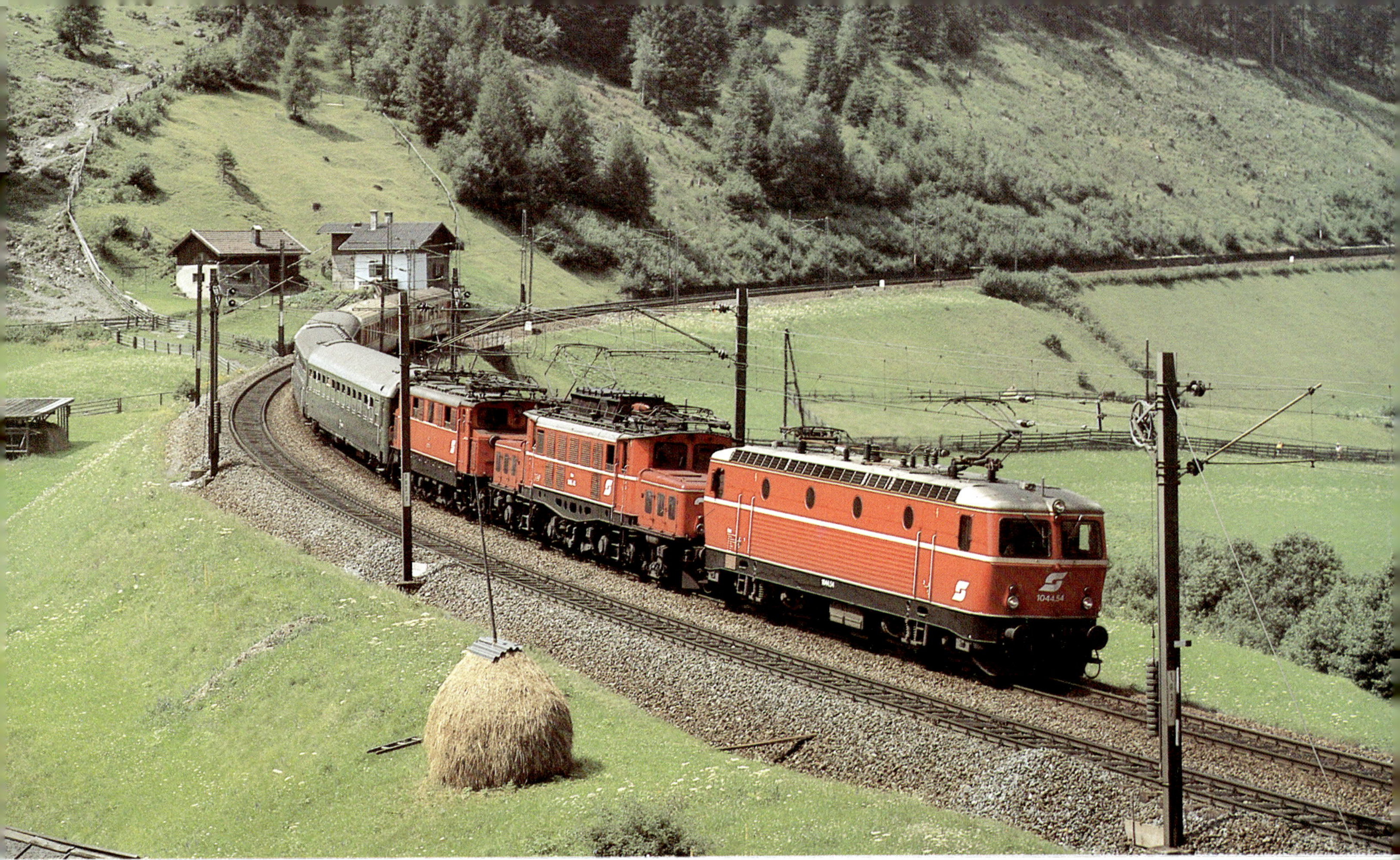
1044.54

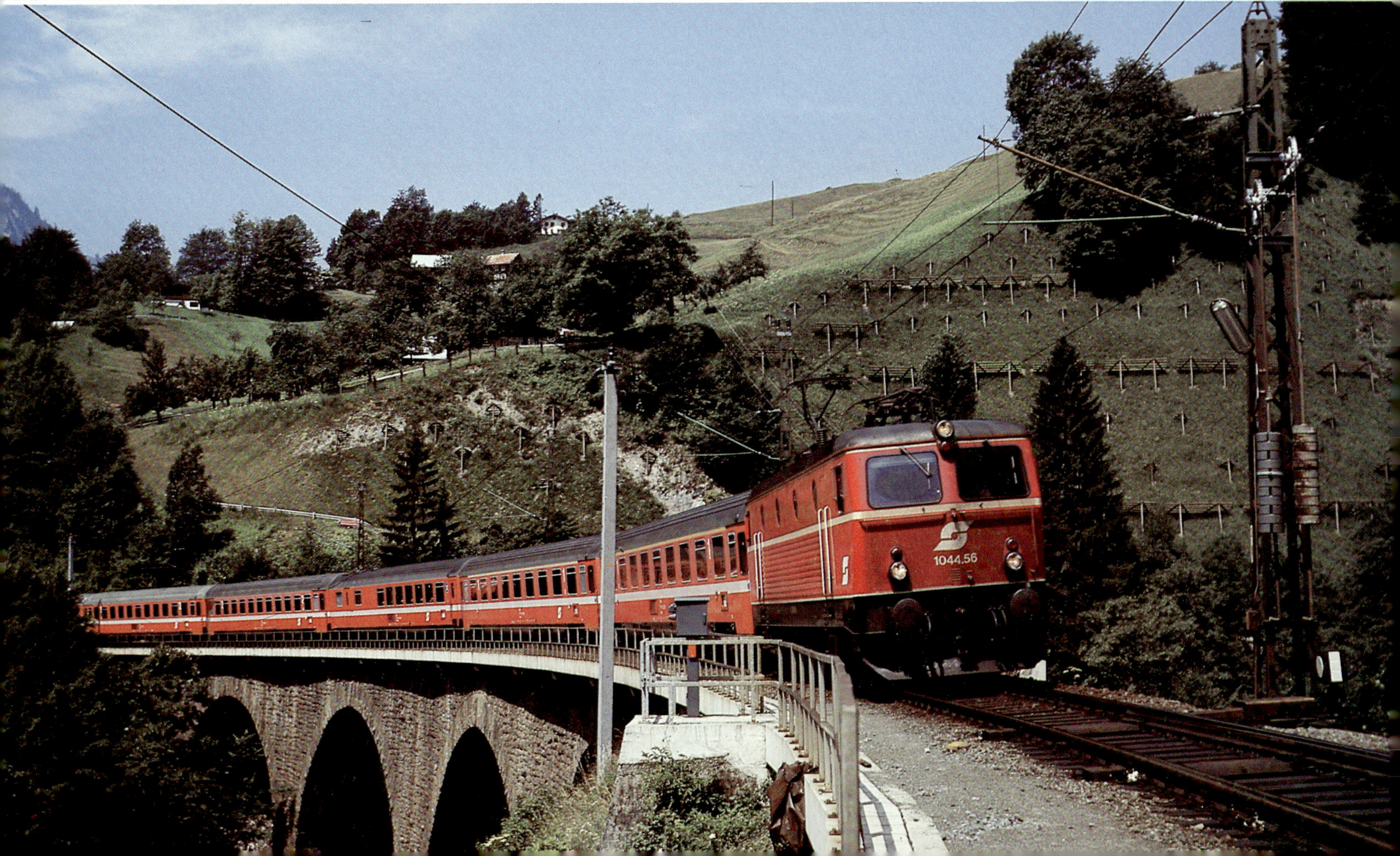
1044.56

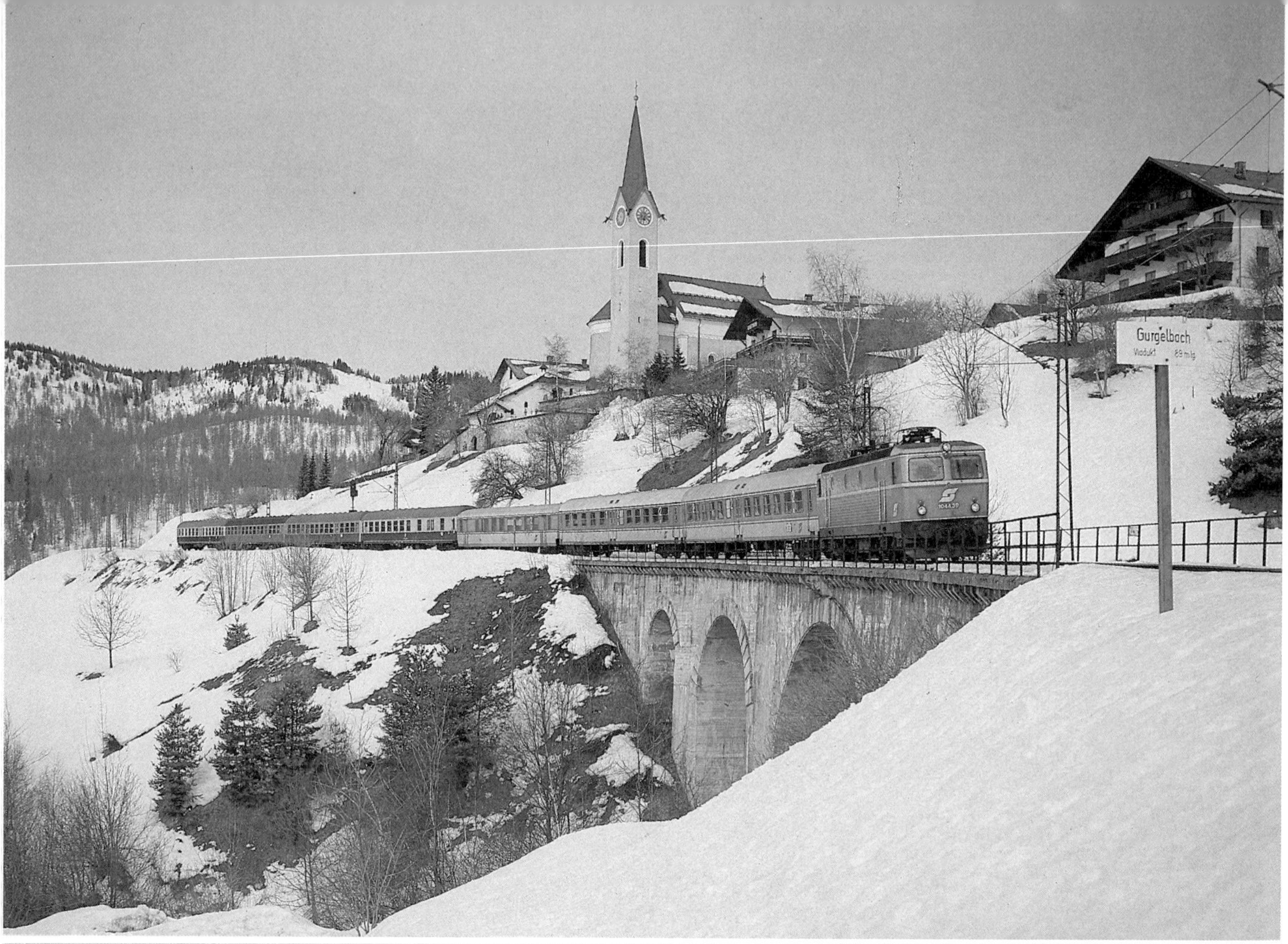
Gurgelbach
Viadukt 89 m lg

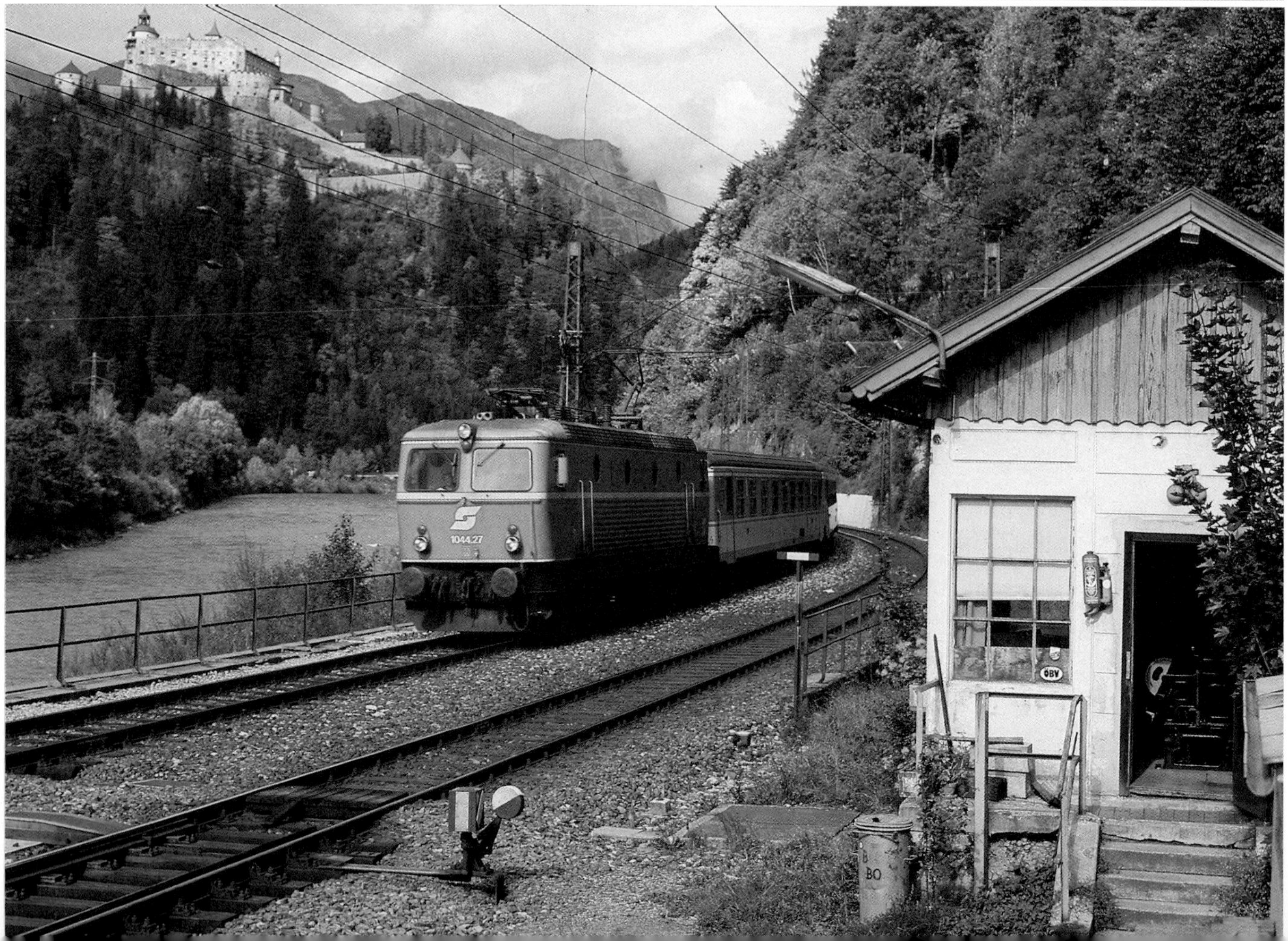
1044.27

sehr schwachen Vakuum, (damit der Lack nicht zum Schäumen kommt), der Rotor wird sofort wieder herausgezogen, so daß der Lack abrinnt. Es soll ein dünner, fest haftender Überzug gebildet werden und das Wasser rinnt dann wie Wasser durch den Motor – nur zur Kühlung. Jedenfalls entspricht die Verwendung eines Lakkes – ohne Topfzeit – mehr den Intentionen einer Erhaltungswerkstätte.

Die Erkenntnis aus der langen Misere: Die Isolation einer elektrischen Maschine ist ein heikles System, wenn eine Komponente nicht stimmt, funktioniert es nicht.

Damit ist wieder mehr Zeit, über den Kommutator zu reden: Man durfte nicht erwarten, daß die mächtige Erhöhung der Motorleistung durch den Übergang auf einen Mischstrommotor voll aufgefangen werden kann und sich dann auch noch eine Verbilligung des Betriebes ergibt.

Zu dem herkömmlichen Erscheinungsbild vom normalen Kommutator gesellte sich ein neues: Der Kommutator bleibt rund, es zeigen sich aber an den Nutkanten Kupferpartikel, die dort abgelagert werden, das sogenannte Kupferschieben, und bald gibt es kräftige Überschläge, die ein Zerlegen des Motors erfordern. Diese Erscheinung kam zustande, weil man eine Kohlensorte züchtete, die das Unrundwerden des Kommutators hintanhalten sollte. Man wird sich auf einen Mittelweg einigen. Vielleicht sollte man sich entschließen, runde Kommutatoren nach 200 000 km in der Lok zu schleifen.

Heute schon wird die Zeitausbesserung des Motors durch das große Lager und nicht durch die Kollektorstandzeit bestimmt.

Von den 11 vorhandenen Rotoren des WM 1300 wurden 4 Stück neu gewickelt – in der alten komplizierten Form, obwohl gerade diese wegen der diffizilen Erhaltung seinerzeit abgelehnt worden war. Die 10 im Betrieb stehenden Motoren haben im Durchschnitt 2 Gm erreicht, die Kollektorstandzeit liegt bei 0,5 Gm (= 500 000 km. Giga, wer's nicht wissen sollte).

Bremsturm

Zunächst zeigte sich ein technisch vorhersehbarer Mangel: Die Luftverteilung in den Widerstandsblechen war in der Lok ungleichmäßig, so daß es zur Bildung von Glutnestern kam. Dadurch kam es weniger zu Schäden an den Blechen als vielmehr zu Schäden an den Verbindungsstellen von Blech zu Blech und vor allem zu einer Ausdehnung, die zu Überschlägen gegen den Mantel führte. Nochmalige eingehende Versuche im Prüffeld erlaubten den Übergang der Luftführung vom runden zum quadratischen Querschnitt so zu gestalten, daß die Schäden nicht mehr auftraten.

Bald zeigten sich Schäden am Lüftermotor und es brauchte lange Zeit, bis man der Ursache auf den Grund kam: Nach dem Abstellen der Lok schmolz der oben hineinfallende Schnee an den noch warmen Widerständen und fror zu Eis im Zwischenraum zwischen Lüfterrad und Gehäuse. Das war allerdings nicht der alleinige Grund, denn der Schnee brachte es fertig, auch von unten soweit einzudringen, daß Schäden entstanden. Die Abhilfe: Um den Mantel wurde außen eine Heizschlange gelegt, in Höhe des Lüfterrades, eine weitere unten über dem Ansauggitter, um dessen Zufrieren zu verhindern.

Umformer

Zunächst machte der Umformer von sich reden, weil die obere Lagerung – 2 achsial führende Ringkugellager – zu nicht ganz ergründbaren Zeiten Lärm machten, 3 Versuche mit Abänderungen sind im Sand verlaufen; auf die Lebensdauer hatte das Geräusch keinen Einfluß, so hat man sich daran gewöhnt.

Wie allerdings auch Wicklungsschäden auftraten und Schwierigkeiten mit dem Bürstenapparat des Motors, war die allgemeine Geduld am Ende. Die Schwierigkeiten mit den Bürsten ließen sich durch leichtere Zugänglichkeit und sorgfältigere Einstellung beheben, hinsichtlich Isolation siehe Fahrmotoren.

Ölkühler, Motorendrossel

Aus ziemlich unerklärlichen Gründen traten thermische Schäden an der Glättungsdrossel auf, bis man dahinterkam, daß durch bessere Zusammenfügung der einzelnen Teile der Luftführung Abhilfe geschaffen werden konnte. Ölkühler mit eingewalzten Rippenrohren muß man mit Siederohren vergleichen: ein Rohr rinnt immer.

Allgemeiner Schadstand

Der allgemeine Schadstand an Loks 1044 bewegte sich bis zum Winter 1979/80 in annehmbarem, wenn auch keineswegs zufriedenstellendem Rahmen, wobei die Hauptsorge den Kollektoren galt und der daraus resultierenden, individuellen Herabsetzung der Höchstgeschwindigkeit bis auf 100 km/h. Die schadhaften Motoren wurden sehr schleppend repariert, die Zahl der abgestellten Lokomotiven wuchs noch an, als die Umbereifungsaktion beendet war. Der genannte Winter war sehr schneereich, die Temperaturen lagen rund um −5° C, d.h., der Schnee war feinkristallin und hüllte bei Vorspannfahrten die zweite Lok in eine undurchdringliche Wolke. Und dies führte mit Zeitverzögerung zu den

◀ Abb. 291 und 292: Landschaftlich reizvolle Strecken befahren die Lokomotiven der Reihe 1044 in Tirol sowie Salzburger Land. Auf dem oberen Bild überfährt 1044.39 mit E 685 München-Innsbruck das Gurgelbach-Viadukt bei Reith in Tirol (6. 2. 1982, Foto: JMM). Unten begegnet uns 1044.27 mit einem Reisezug aus Salzburg kommend bei Werfen nahe Bischofshofen, im Hintergrund die Salzach und Schloß Hohenwerfen (6. 10. 1984, Foto: C. Asmus).

unterschiedlichsten Ausfällen. Da noch niemand die wahren Ursachen erkannt hatte und die E-Firmen gar nicht wußten, was besser zu machen sei, zeigten sie wenig Ambition, die schon aus der Gewährleistung entlassenen Motoren kostenlos zu reparieren. Bei der hohen Lieferquote verwendeten sie die Motoren aus der Fertigung lieber für die Komplettierung der Neubaulokomotiven und wurden darin von den übrigen Zulieferern unterstützt. So wurden Lokomotiven mit mehreren Schäden ganz ausgeräumt, um mit den Teilen eine größere Anzahl von Lokomotiven wieder flott zu bekommen. Der Ausfall der Bremstürme zeigte sich nicht so gravierend, da auch ohne E-Bremse gefahren werden konnte. Als dann der Jahrestag einer der als Ersatzteilspender abgestellten Lokomotiven festlich begangen wurde, war dieses Anzeichen von Privatinitiative zu viel für gestreßte Nerven.

Am 25.11.1980 wurde der Lieferstop verfügt und alle Teile aus der Herstellung mußten zur Reparatur der vorhandenen Lokomotiven verwendet werden. Der Erfolg dieser Sanierungsaktion war nicht gerade durchschlagend, sie zog sich durch das halbe Jahr 1981 hin. Da unternahmen die Firmen in einem abrupten Gesinnungswandel eine umfassende Neuwicklungsaktion und einen Feldzug gegen die Luftverschmutzung. Diese Phase lief Ende 1981 an, verlief nach einem genauen Netzplan und war tatsächlich bis März 1982 abgeschlossen. Der Winter war einsichtsvoll, der Sommer brachte eine gewisse Erleichterung und in ständiger Sorge um die Arbeitsplätze wurde der Lieferstop am 22.7.1982 wieder aufgehoben und die Lieferungen, jetzt im althergebrachten, überstundenschonenden Tempo fortgesetzt.

Zur Rechtfertigung des Lieferstops mag angeführt werden, daß es Tage gab, an denen von 70 Lokomotiven der Reihe 1044 10 ganz abgestellt waren, 12 mit herabgesetzter Höchstgeschwindigkeit fuhren, 4 keine taugliche E-Bremse hatten und 3 in kurzfristiger Reparatur standen. Ein Schadstand von 40% ist denn doch zu viel. Es sollen sich dabei aber sowohl die Firmen als auch die Verwaltung an der eigenen Nase nehmen, denn mit mehr Offenheit, mit mehr Messung und mit mehr Gedankenaustausch (bitte nicht Diskussion) hätte es nicht so weit kommen müssen.

Die Lehre aus der Geschicht? Eine gnadenlose Ausbeutung der Industrie ist gesamtwirtschaftlich auch nicht das Richtige, wenn man bedenkt, daß auch den Firmen die Verluste mitunter ersetzt werden.

Der Schadstand an Fahrmotoren betrug 1984 (von etwa 400 Motoren) 14,8% und 1985 (bis Juli, von rund 440 Motoren) 11% mit einem Hauptgewicht auf Windungsschlüssen. Der Anteil an unrunden Kollektoren ist von 4 auf 2% gesunken. Der Ausfall wegen gebrochener Fahnen liegt bei 2%. Also eine durchaus erfreuliche Entwicklung, wenn man bedenkt, daß bei hoher Auslastung ein Schadstand von 10% üblich und von 8% kaum zu unterbieten ist. Ein Schadstand innerhalb dieser Grenzen könnte heute als goldiger Mittelweg angesehen werden.

Übrigens: Der Schadstand ist eine Funktion der verfügbaren Ersatzteile.

3.1.6.4 Erhaltung

Über die Stellung der Reihe 1044 im Vergleich mit anderen Nachkriegslokomotiven gibt die Tabelle 8 Auskunft.

Die Reihen 1141 und 1046 haben Schützensteuerung, daher der relativ hohe Lohnanteil. Reihe 1046 war schon immer ausgesprochen billig, sie wurde immer im leichten Dienst eingesetzt und ihre Höchstgeschwindigkeit nie ausgenützt. Die Reihe 4010 hat eine Stellung, die dem ausgesprochenen Schnelläufer entspricht.

Tabelle 8 Erhaltungskosten

Reihe	Zahl	Bauzeit	Laufleistung km/Jahr	Erhaltungskosten 1984 Kosten S/km	= Lohn[1]) S/km	+ Material S/km
1141	30	1956...59	112000	4,4	2,8 = 63%	1,6 = 37%
1046	23	1957...59	82000	2,5	1,8 = 72%	0,7 = 28%
1042	256	1963...77	144000	3,2	1,8 = 56%	1,4 = 44%
4010	29	1965...78	213000	3,8	2,2 = 58%	1,6 = 42%
1043	10	1971...73	126000	4,7	2,6 = 55%	2,1 = 45%
1044	101	1978...84	216000	2,3	1,4 = 61%	0,9 = 39%

Die drei Grenzleistungslokomotiven unterscheiden sich wenig im Lohn und Materialanteil, d.h. daß das Hochspannungsschaltwerk der Reihe 1042 denn doch nicht so eine Katastrophe war. Bei Reihe 1043 ist zu konzidieren, daß sie wohl als Berglokomotive gebaut, doch übermäßig beansprucht wird, sowohl der Zugkraft nach, als auch der Laufleistung nach, denn 126 000 km sind in Anbetracht der niedrigen Geschwindigkeiten zwischen Villach und Salzburg sehr beachtlich.

Über die Reihe 1044 (einzelne Loks erreichen 330 000 km im Jahr) sollte so knapp nach den vielen Sanierungsarbeiten kein abschließendes Urteil gefällt werden, doch besteht berechtigte Hoffnung, daß das allgemeine Ansteigen des Erhaltungspegels mit zunehmendem Alter durch eine intensive Forschung in bezug auf Kollektorstandzeit wieder kompensiert werden kann.

Zusammenfassung

Aus einer im Grundkonzept richtigen Avantgarde-Lokomotive ist im Verlauf einer unvermeidlichen Entwicklung mit manchen technologischen Rückschlägen eine Lokomotive geworden, deren Gebrauchswert den Marktwert noch übertrifft.

Wenn man wartet, bis ein anderer die Kastanien aus dem Feuer holt, darf man sich nicht wundern, eine Lok zu bekommen, die weniger zieht, als heute möglich ist; wenn man nicht wartet, muß man Risiken eingehen.

Zuletzt ins Stammbuch von allen, die es aufschlagen: Es ist keine Schande, einen technischen Fehler zu machen, schändlich ist, ihn nicht beheben zu wollen – und sei es der Fehler eines anderen.

Abb. 293 und 294: Auf dem oberen Bild warten 1044.28 und 1044.22 ▶ vor Ex 463 »Transalpin« im Bahnhof Feldkirch auf das Abfahrsignal (1. 4. 1979, Foto: H. Gerstner). Unten begegnen wir 1044.89 mit Ex 262 »Orient-Expreß« am 9. 5. 1985 bei Sausenstein (Foto: A. Zronek).

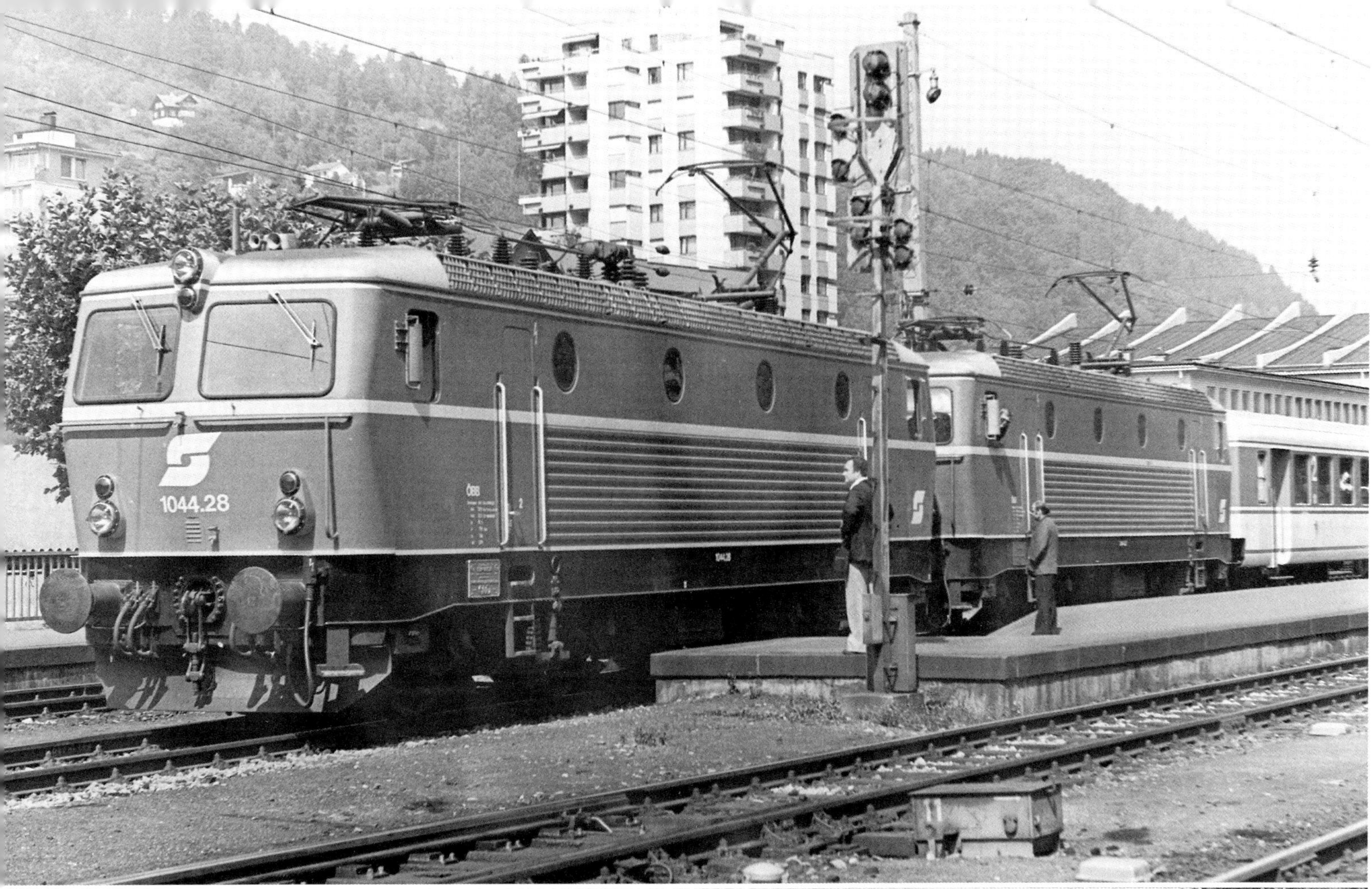
1044.28

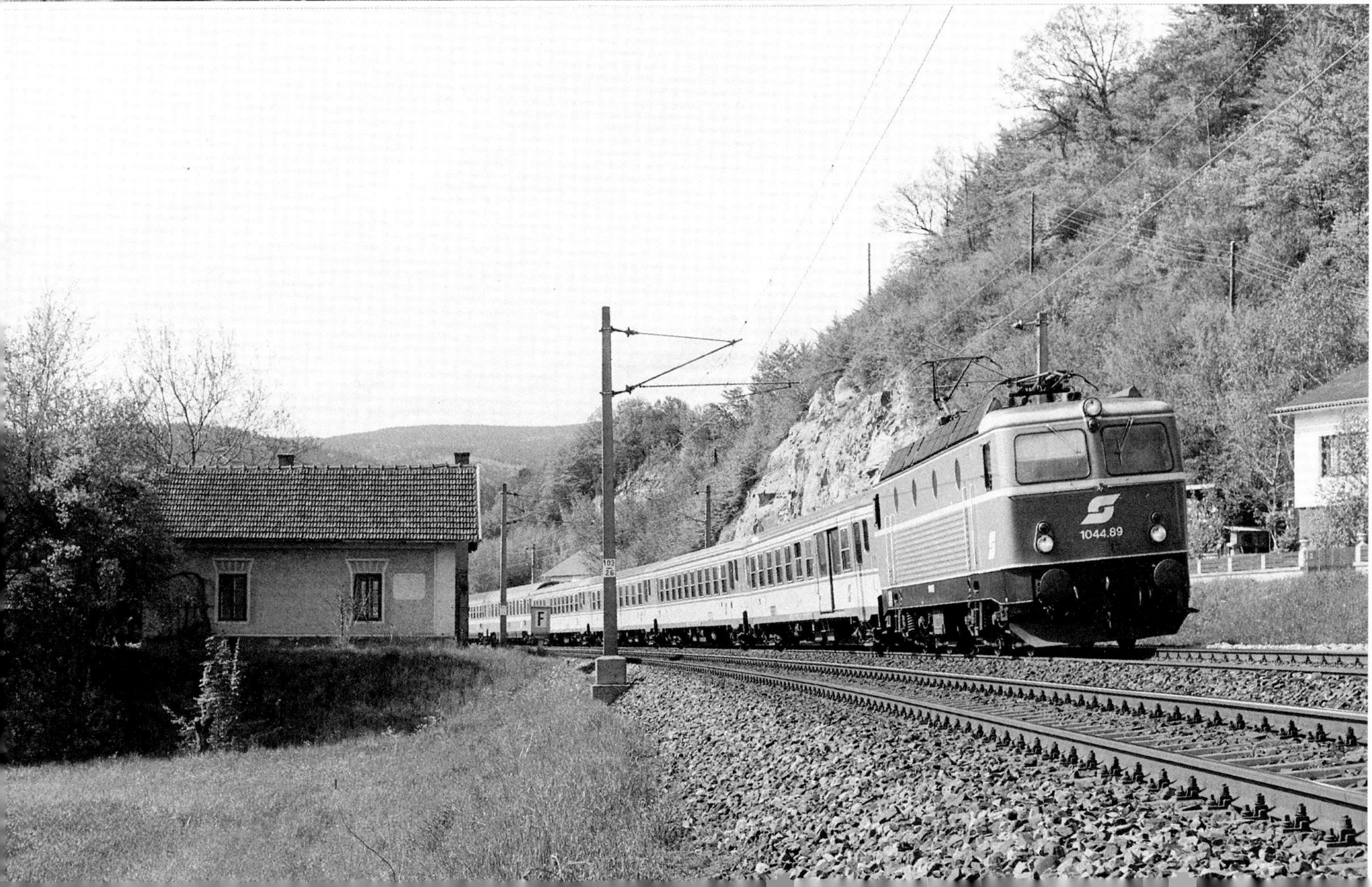
1044.89

Abb. 295 und 296: Die obere Aufnahme zeigt 1044.94 vor Ex 167 »Montfort« am 9. 5. 1985 bei Haag. Unten sehen wir 1044.100 und 1044.99 vor dem Festzug zum 75jährigen Jubiläum der Tauernbahn, aufgenommen am 8. 7. 1984 bei Mallnitz-Obervellach (Fotos: A. Zronek).

Abb. 297: Re 4/4^{IV} 10103 im Heimat-Depot Lausanne (September 1984, Foto: JMM)

3.2. DIE PROTOTYPLOKOMOTIVEN DER SERIE RE 4/4 IV DER SCHWEIZERISCHEN BUNDESBAHNEN,
von Dipl.-Ing. Martin Gerber
(unter Mitwirkung von Fritz Kobel, Max Müller und Adrian Schneeberger)

3.2.1. Entwicklung und Zielsetzung

3.2.1.1 Einleitung

Vorgeschichte, traktionstechnische Anforderungen

Die elektrischen Streckenlokomotiven der SBB sind bisher – von einzelnen Versuchsobjekten abgesehen – stets in der »klassischen« *Direktmotortechnik* – gebaut worden: die Fahrmotoren sind für 16⅔ Hz-Wechselstrom ausgelegt und werden vom Lokomotiv-Transformator über den Stufenschaltapparat direkt (d.h. ohne Zwischenschaltung eines Stromrichters) gespeist. Bei den Serien Re 4/4 II [1] und Re 6/6 [2] hat diese Technik bezüglich Leistungsgewicht und Wartungsfreundlichkeit einen Entwicklungsstand erreicht, der zumindest aus heutiger Sicht kaum mehr steigerbar erscheint. Der mittlere, betrieblich ausnutzbare Adhäsionskoeffizient dieser modernen Lokomotiven liegt bei 0,25 [3], die Höchstgeschwindigkeit beträgt 140 km/h. Mit diesen Eigenschaften vermögen sie den heutigen Anforderungen des Betriebes und der Wirtschaftlichkeit im allgemeinen bestens zu genügen.

In der *zweiten Hälfte der siebziger Jahre* begann sich jedoch ein künftiger *Bedarf an noch größeren Zugkräften pro Triebachse bzw. noch höherer Adhäsionsausnutzung* abzuzeichnen (bei unveränderter Triebachslast von max. 20 t), mit gleichzeitiger *Steigerung der Höchstgeschwindigkeit*. Dabei ging es vor allem um
- weitere *Reisezeitverkürzung* bzw. Geschwindigkeitserhöhung im Schnellzugsverkehr auf den Hauptstrecken, mit vergrößerten Anhängelasten
- langfristigen Ausbau des *Huckepack-Verkehrs am Gotthard,* mit Bildung von Blockzügen bis 1300 t Anhängelast, wirtschaftlich zu bespannen mit zwei vierachsigen Lokomotiven in Vielfachsteuerung (verlangt Adhäsionskoeffizient von 0,29).

Da diese Aufgaben die Möglichkeiten der Direktmotortechnik eindeutig übersteigen, begannen die SBB intensiv Ausschau zu halten nach gangbaren Alternativen. Zunächst boten sich zwei Lösungen an:
- Im Vordergrund stand die *Umrichtertechnik mit Drehstrom-Asynchron-Fahrmotoren,* gekennzeichnet durch große elektrische Umweltfreundlichkeit und praktisch wartungsfreie Fahrmotoren. Ein solcher Schritt wäre auch logisch gewesen als Fortsetzung der (auf das Jahr 1963 zurückgehenden) Entwicklungsreihe Be 4/4 12001 [4, 5] – Am 6/6 18521-26 [6] – Ee 6/6 II 16811-20 [7]. Im Verlauf der Evaluation zeigte sich jedoch, daß auf einer vierachsigen Lokomotive mit 80 t Gesamtmasse in Umrichtertechnik eine Anfahrleistung am Rad von nur etwa 4,4 MW realisierbar erschien, an Stelle der benötigten rund 6 MW (installierte Dauerleistung für die Leistungselektronik mit Zuschlägen für die Fahrmotorstrom-Dynamik noch höher). An diesem Sachverhalt wesentlich beteiligt waren die stark unterhaltsorientierten Pflichtenheftforderungen der SBB, die einerseits keine extreme Leichtbauweise beim mechanischen Teil zulassen und andererseits beim elektrischen Teil Rücksichtnahme auf die klimatischen Bedingungen der großen Alpendurchstiche vorschreiben. Vor allem aus diesen Gründen wurde die Drehstromvariante für das Projekt eine Hochleistungs-Universallokomotive Re 4/4 IV nicht weiterverfolgt.
- Als zweite Variante kam die heute stark verbreitete *Stromrichtertechnik mit Phasenanschnitt* in Frage, verbunden mit sogenannten *Wellenstrom-Fahrmotoren*. Die Vorteile dieser Technik waren von den SBB auch schon längst erkannt worden, entsprechend beteiligten sie sich zum Beispiel an den grundlegenden Versuchen der BLS (Re 4/4 Nr. 161) im Jahr 1972. Wegen der *Netzrückwirkungen* jedoch, die dieser Technik grundsätzlich eigen sind, und wegen der *Störempfindlichkeit* der zum Teil sehr alten ortsfesten Anlagen der SBB (Sicherungs- und Fernmeldeanlagen, Energieversorgung) kam in früheren Jahren für die SBB nur der Bau von leistungsschwächeren Einheiten in Frage, wie gewisse Rangierlokomotivtypen und vier Vorortszüge RABDe 8/16 (Baujahr 1976) [8]. Auf Grund von umfangreichen theoretischen und experimentellen Arbeiten [9] der Industrie, der Eidgenössischen Technischen Hochschule Zürich und der SBB wurde 1978 doch entschieden, Versuche mit leistungsfähigen Triebfahrzeugen in Phasenanschnitt-Technik vorzusehen.

Die Basis war somit vorhanden, so daß noch im gleichen Jahr vier Prototyp-Re 4/4 IV (Abb. 298) in Auftrag gegeben werden konnten: der mechanische Teil bei der Schweizerischen Lokomotiv- und Maschinenfabrik Winterthur (SLM), der elektrische Teil bei der BBC-Aktiengesellschaft Brown, Boveri & Cie in Baden.

Mit einer breit angelegten und die erforderlichen Anpassungen an den ortsfesten Anlagen berücksichtigenden Kosten-Nutzen-Analyse konnte die Wirtschaftlichkeit der Phasenanschnitt-Technik für Lokomotiven und Triebwagen auf dem ganzen Netz der SBB nachgewiesen werden. Daraufhin wurde ein Programm für die etappenweise Anpassung der ortsfesten Anlagen erarbeitet, so daß in mittelfristiger Zukunft auch leistungsstarke Triebfahrzeuge mit Phasenanschnitt freizügig auf dem ganzen Netz der SBB einsetzbar sein werden. Für die damit verbundenen Versuche haben die vier 1982 abgelieferten Prototyp-Re 4/4 IV bereits wertvolle Dienste geleistet.

Abb. 298: Lok 10101 bei der Inbetriebsetzung. Die weißen Marken an Radbandagen dienen zur Sichtbarmachung des Radschlupfes bei schweren Anfahrten (Foto: SBB).

Die *Aussichten für die Beschaffung* einer Re 4/4 IV-Serie sind jedoch schon bei der Ablieferung der Prototypen *düster* geworden: *der stagnierende Güterverkehr* auf der Schiene, der *große Bedarf an neuen Pendelzügen für den Regionalverkehr* sowie an Fahrzeugen für die kommende *S-Bahn Zürich* – bei geschmälertem Baubudget (Leistungsauftrag) – veranlassen die SBB, heute die Prioritäten wesentlich anders zu setzen, als dies zum Zeitpunkt der Bestellung der Re 4/4 IV-Prototyplok noch der Fall bzw. voraussehbar war.

Die Re 4/4 IV-Prototypen sind jedoch *Träger einer Vielzahl von neuen Komponenten,* die bereits für die nächsten Projekte wie die neuen Pendelzüge der SBB sowie die HGe 4/4 II für die Brünigstrecke verwendet werden, so daß die Bewährung der Re 4/4 IV im Betrieb seitens SBB und Industrie mit größtem Interesse verfolgt wird.

Pflichtenheft

Der langjährigen SBB-Tradition folgend, wurde auch die Prototyp-Re 4/4 IV als *Universallokomotive* konzipiert, das heißt ausgelegt für die Führung von schweren Schnellzügen und rasch fahrenden Güterzügen im Flachland sowie auf Bergstrecken. Entsprechend lauten die wichtigsten Bestimmungen im *Pflichtenheft:*
– Die Höchstgeschwindigkeit beträgt 160 km/h.
– Auch bei schlechtem Schienenzustand (Nässe, Eis) ist am Gotthard (26 % Steigung) eine Anhängelast von 650 t anzufahren und auf Streckengeschwindigkeit zu beschleunigen.

Besonderes Gewicht wurde den Prinzipien der *Betriebs- und Umweltfreundlichkeit* beigemessen:
– Das Laufwerk ist so zu gestalten, daß bei allen Geschwindigkeiten kleine Kräfte zwischen Rad und Schiene auftreten.

- Die Gestaltung der Kopfform hat der angehobenen Höchstgeschwindigkeit Rechnung zu tragen (Druckwelle bei Zugbegegnungen, Komfort der Fahrgäste, Aufprallschutz für den Lokführer).
- Der Schall- und Wärmeisolation im Führerstand ist größte Aufmerksamkeit zu schenken.
- Der Bodenrahmen ist öldicht auszubilden (Auffangwannen für Leckageöl von defekten Apparaten wie Haupttransformator etc.).
- Es sind alle bekannten Maßnahmen zur Niedrighaltung der hoch- und niederfrequenten Netzstromoberschwingungen sowie zur Verbesserung des Leistungsfaktors anzuwenden.

Der *Klimafestigkeit* und *Wartungsfreundlichkeit* gelten folgende Bestimmungen:
- Sämtliche elektrischen Apparate sind möglichst klimafest auszulegen. Aus diesem Grund wird für die Stromrichter mit allen Zusatzapparaten (z.B. Überspannungsschutz) die Tauchkühlung verlangt.
- Die in den Luftkanälen angeordneten elektrischen Apparate sind möglichst so zu gestalten, daß der sich in einem R3-Revisionsintervall (etwa 3 000 000 km) ablagernde Schmutz keine unzulässigen Auswirkungen (Erdschlüsse, Übererwärmung) hat.

Bezüglich *Klimafestigkeit* sind – wie schon im Kapitel »Vorgeschichte« erwähnt – die Bedingungen der großen *Alpendurchstiche*, vor allem des *Simplontunnels* entscheidend: Bei 32° C und nahezu 100 % relativer Luftfeuchtigkeit überziehen sich alle unterkühlten Objekte sofort mit einer kompakten Kondenswasserschicht, was im Winter am ausgeprägtesten ist und zu Tropfenfall im Maschinenraum führen kann! Daß unter diesen Bedingungen der Verschmutzungszustand und die damit verbundene Kriechweggefahr eine besondere Rolle spielt, ist naheliegend. Hinter der Forderung nach Tauchkühlung für die Stromrichter stehen ferner die ausgedehnten Erfahrungen der SBB mit den luftgekühlten Halbleitergleichrichtern der TEE-Vierstromzüge: Nur mit größtem Zeitaufwand bei der Reinigung kann die ständige Verschmutzung durch die Kühlluft in betrieblich tragbarem Rahmen gehalten werden. Eine Übersicht über die Hauptdaten gibt Tabelle 1.

Tabelle 1. Hauptdaten

Dienstmasse	80t
Drehgestellmasse	17t
Stundenleistung am Rad (Fahren)	4960kW
Stundenzugkraft am Rad (Fahren)	210kN
Maximale Zugkraft am Rad (Fahren)	300kN
Maximale Bremskraft am Rad (Elektrische Bremse)	140kN
Höchstgeschwindigkeit	160km/h
Bremsgewicht der automatischen Bremse (Stellung R)	100t
Bremsgewicht der Handbremse (pro Führerstand)	14t
Minimaler befahrbarer Gleisbogenradius	80m
Leistung an der Zugsammelschiene (Zugheizung)	600 kVA dauernd / 800 kVA während 20 Minuten

3.2.1.2 Mechanischer Teil

Aerodynamische Probleme

Bereits in den sechziger Jahren wurden an verschiedenen Lokomotivtypen aerodynamische Messungen durchgeführt. Das Interesse galt schon damals vor allem der Druckwellenbildung bei der Begegnung zweier Züge. Der dabei entstehende Wechsel $\triangle p$ von Überdruck zu Unterdruck innerhalb etwa 50 bis 60 Millisekunden beeinträchtigt den Fahrkomfort der Fahrgäste und verursacht bei Reisezugwagen mitunter sogar *Fensterscheibenbrüche*. Der Verlauf einer solchen Druckwelle ist in Abb. 299 dargestellt.

Nach Zielvorstellungen der SBB sollte eine solche Druckwelle bei Zugbegegnungen auf einer Doppelspurstrecke mit einem vorhandenen Gleismittenabstand d von 3,6 m mit der Re 4/4 IV bei V = 160 km/h nicht größer sein als mit der Re 4/4 II bei 140 km/h. Zu diesem Zweck wurden von SLM in Zusammenarbeit mit den SBB Versuchen im *Windkanal der Flugzeugwerke Emmen* durchgeführt. In Abb. 300 sind einige markante Formen dargestellt und mit der Re 4/4 II verglichen. Wesentlich trugen eine Neigung der Stirnwand (30°), eine tiefliegende »Nasenhöhe«, keine oder nur geringe Pfeilung im Grundriß zur Verringerung der Druckwelle bei, da die Luft vermehrt nach oben statt seitlich verdrängt wird. Ein leichter seitlicher Einzug bewirkt ferner eine

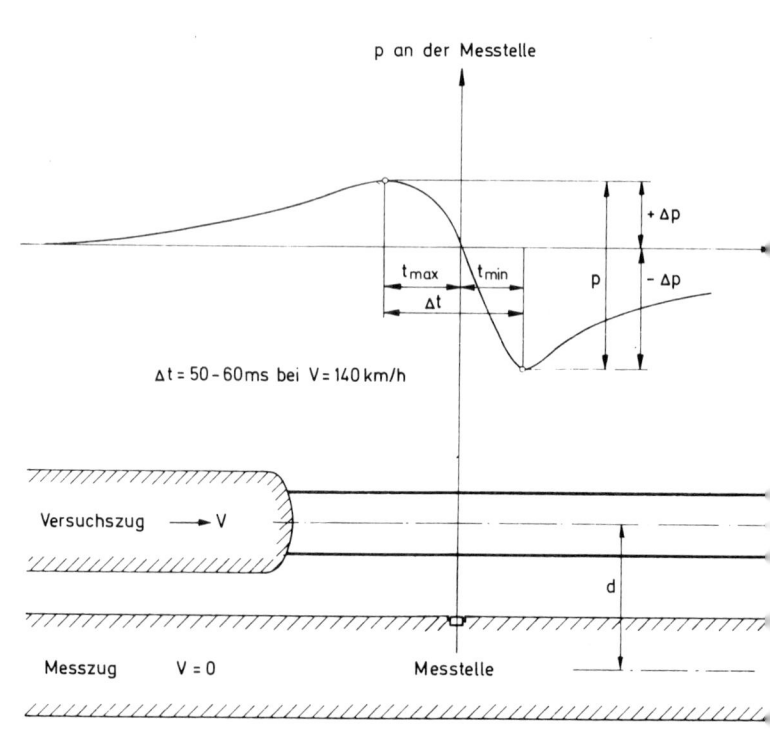

Abb. 299: Zeitlicher Verlauf der Druckwelle bei der Vorbeifahrt des Versuchszuges am stillstehenden Meßzug. Fensterscheibenbrüche (Grafik: SBB)

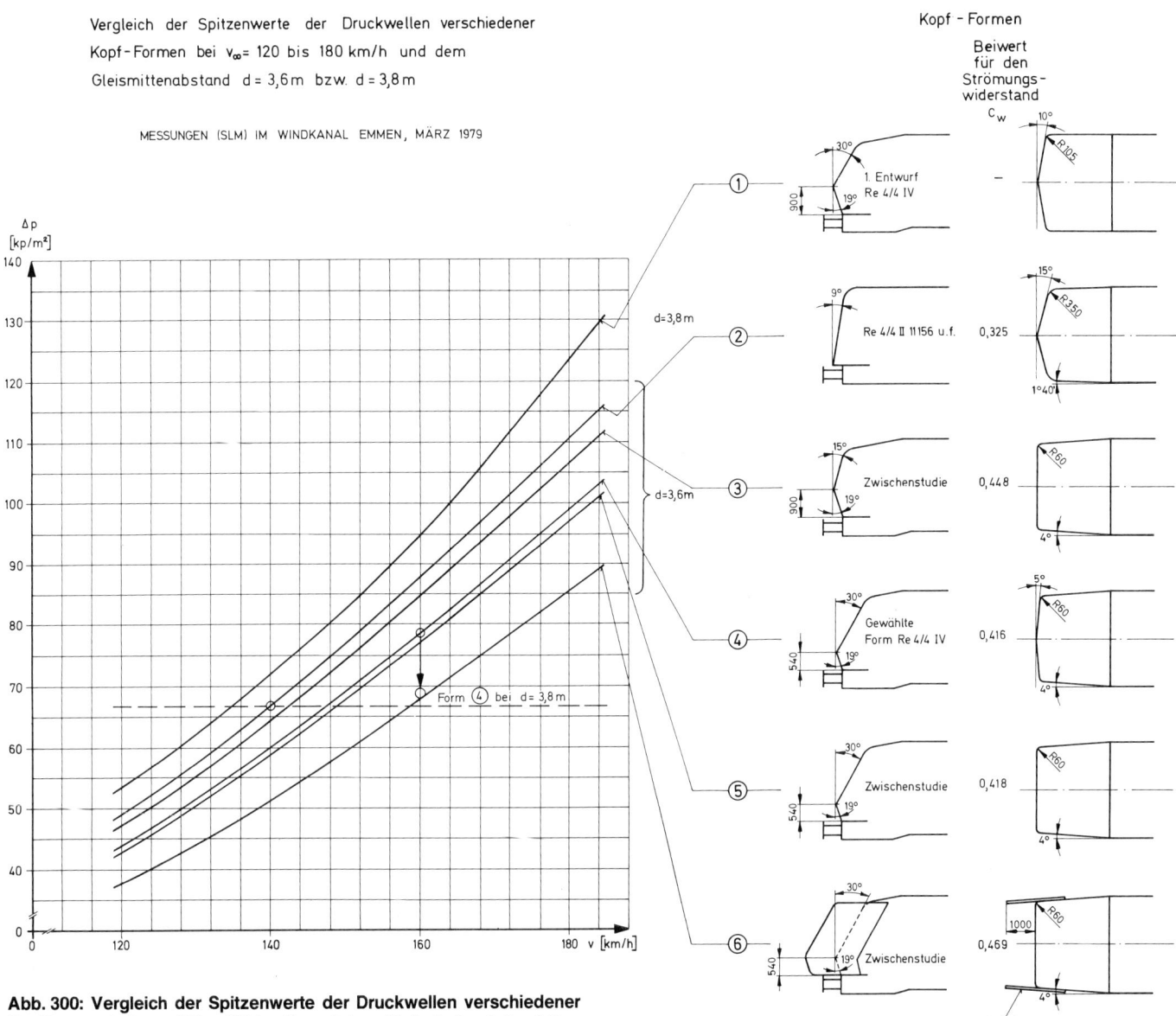

Abb. 300: Vergleich der Spitzenwerte der Druckwellen verschiedener Kopfformen bei v = 120 – 180 km/h und dem Gleisabstand d = 3,6 m bzw. d = 3,8 m. Messungen (SLM) im Windkanal Emmen, März 1979 (Grafik: SBB)

scheinbare Vergrößerung des Gleismittenabstandes. Die günstigste Form, Var. 6, mit den großen seitlichen Leitblechen läßt sich aus konstruktiven und betrieblichen Gründen kaum verwirklichen. Von den Formen Var. 4 und 5 wurde schließlich die erste mit der schwachen Pfeilung hauptsächlich aus Gründen der Ästhetik gewählt.

In noch ausgeprägterem Maße kommt das gleiche Formgebungsprinzip, z.B. bei den TGV-Triebzügen der SNCF zum Ausdruck. Selbstverständlich sind die gestalterischen Möglichkeiten bei Triebzügen vielfältiger als bei Lokomotiven. Aus Abb. 300 geht unter anderem hevor, daß mit einer für Lokomotiven praktikablen Kopfform die Zielvorstellungen für $d = 3,6$ m nicht zu verwirklichen sind. Da jedoch die Strecke für erhöhte Geschwindigkeit heute mit $d = 3,8$ m ausgelegt werden, ist das Resultat annehmbar.

Der gleich günstige Beiwert für den Strömungswiderstand c_w wie bei der bestehenden Re 4/4 II konnte nicht erreicht werden wegen der weniger gleichmäßigen Verdrängung der Luft. Der Einfluß vor diesem $\triangle c_w$ ist jedoch unter Berücksichtigung des Gesamtwiderstandes einer Zugkomposition vernachlässigbar.

255

Der Lokomotivkasten

Die aerodynamischen Probleme, die Kastenfestigkeit und -steifigkeit sowie die Forderung nach minimalem Gewicht haben Kastenform und Stirnfront bestimmt. Der Kasten hebt sich »optisch« vor allem durch die fensterlosen, gesickten Seitenwände und die Stirnfront von den bisherigen Bauserien der SBB ab. Das Gewicht der gesickten Seitenwandpartien beträgt nur etwa das 0,7fache der entsprechenden Flächen der Re 4/4 II, die Wandbleche weisen noch eine Stärke von 1,5 mm auf statt 2,5 mm wie bei den Re 4/4 II.

Der *Kasten*, gebildet aus dem *Bodenrahmen*, den *Seitenwänden*, dem *Dachrahmen* und den *Führerständen*, ist eine tragende Einheit. Der Bodenrahmen, Abb. 301, setzt sich aus den beiden Stoßbalken und den U-förmigen Längsträgern zusammen. In der Mitte ist der Transformator in einer öldichten Wanne plaziert. Die beiden anschließenden runden »Kamine« nehmen die Ventilatorgruppen für Trafo- und Stromrichterölkühlung sowie für den Bremswiderstand auf. Die davor und dahinter liegenden Aufbauten umschließen den Raum für die in die Drehgestelle eingebauten Fahrmotoren mit ihren Ventilationskanälen. Darauf werden die Elektronikschränke, die Apparate- und Pneumatikgerüste gruppiert. Die kleinen beidseits an die Aufbauten in Richtung *Stoßbalken* anschließenden Öffnungen dienen dem Einbau der Schlingerdämpfer, angelenkt zwischen Kasten und den Drehgestellkopftraversen. Die Endpartien der Stoßbalken nehmen wie den Re 4/4 II + III und den Re 6/6 in den runden Öffnungen das Zughakenelement »Ringfeder« und seitlich die Zerstörungselemente für die Puffer auf.

Im *Stoßbalken* sind auch die Sandkasten integriert. Die Unterseite des Bodenrahmens trägt u.a. die Supports für die Tiefzugvorrichtung, die Luftbehälter und die Zugsicherungsmagnete.

Die *Führerstände* mit ihrem zugehörigen Dachteil sind fest mit den Seitenwänden und dem Bodenrahmen verschweißt. Ein ringsum in der »Nasenpartie« umlaufender Gurt aus einem kräftigen Rechteckprofil, der sowohl seitlich durch eine Diagonalverstrebung wie auch in der Mitte der Frontpartie durch einen massiven Vertikalpfosten mit dem Bodenrahmen verbunden ist, trägt dazu bei, Stöße bei Kollisionen in die Kastenpartie abzuleiten. Damit wird die Gefahr einer Frontdeformation verringert und der Lokomotivführer vermehrt geschützt. Bedingt durch diese Verstrebungen konnten die Einstiegtüren nicht in den Führerstand eingebaut, sondern mußten auf beiden Endseiten in den Maschinenraum-Seitengang verlegt werden. Das Führerstandsseitenfenster mußte aus dem gleichen Grund als Schiebefenster statt wie bisher als Senkfenster ausgebildet werden. Damit doch noch etwas Licht in den fensterlosen Maschinenraum eindringt, sind die Türen mit hohen schmalen Fenstern versehen. Diese gleichzeitig als Notausstieg dienenden Fenster sind mit einem speziellen Gummiprofil eingefaßt, welches aufgerissen werden kann, falls der Lokführer bei einer Kollision wegen verklemmter Türe den Maschinenraum nicht »normal« verlassen kann.

Abb. 301: Bodenrahmen des Lokomotivkastens (Foto: SLM)

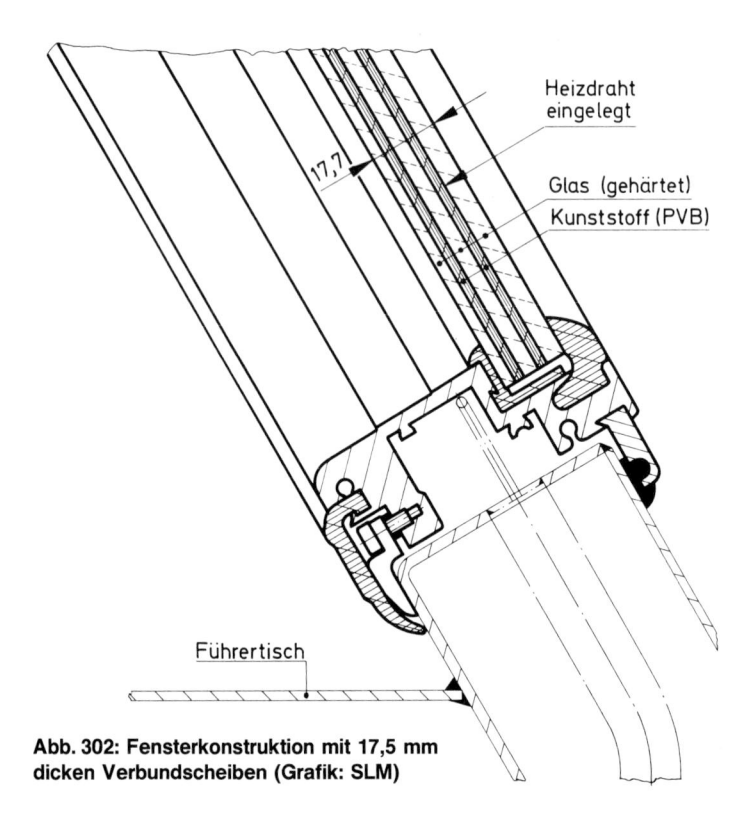

Abb. 302: Fensterkonstruktion mit 17,5 mm dicken Verbundscheiben (Grafik: SLM)

Ebenfalls als Schutz für den Lokführer dient die Gestaltung der *Stirnfenster*. Aufgrund leider schon wiederholt gesammelter Erfahrungen wurde die Forderung aufgestellt, daß bei der Begegnung zweier Züge mit je einer Geschwindigkeit von 160 km/h ein gegen die Stirnfenster prallender Fremdkörper von 1 kg Masse (z.B. Flasche!) die Fensterscheibe nicht durchschlagen darf. Diese Forderung kommt die in Abb. 303 dargestellte Fensterkonstruktion mit der aus fünf Schichten bestehenden 17,5 mm dicken Glasscheibe nach. Versuche auf dem Prüfstand der Deutschen Bundesbahn in München haben bewiesen, daß ein 1 kg schwerer Aluminiumkörper beim Aufprall mit 318 km/h die Scheibe weder durchschlagen noch als Folge ihrer Eigenflexibilität aus dem Rahmen zu reißen vermochte, wie Abb. 304 zeigt.

Zur *Wärmedämmung* sowohl im Sommer wie im Winter wurden die Führerstandwände und die Decke in *Sandwichbauweise* mit einer Isolationsstärke von 50 mm ausgeführt. Alle übrigen Flächen im Bereich des Führertisches und des Bodens sind mit einem etwa 12 mm starken Kunststoff-Isolierbelag »Thermophon« versehen.

Auf dem Dachrahmen, der Bestandteil der Seitenwand ist, bilden drei zu einem Ganzen vereinigte Dachdeckelemente das vollständig demontierbare Maschinenraumdach. Aus Gewichtsgründen sind diese aus Aluminium gefertigt. Sie enthalten u.a. die Luftkanäle und die Düsengitter für den Eintritt der Kühlluft. Die beiden äußeren Elemente nehmen je einen Stromabnehmer auf.

Mittels Druck- und Belastungsversuchen am nackten Lokomotivkasten wurde der Nachweis erbracht, daß die Bedingungen des Pflichtenheftes
– *Pufferdruck von total 2000 kN,* eingeleitet über die Wirkungsebene der Seitenpuffer,

Abb. 303: Versuch: Beschuß mit 318 km/h. Scheibe vollkommen im Rahmen, kein Durchschlag (Foto: DB)

– *Zentraldruck von 2000 kN,* eingeleitet zentral am Stoßbalken über die Fahrzeuglängsachse, je mit einer vertikalen Einzellast von 110 kN in Lokomotivmitte
erfüllt sind. An keinem Teil des Kastens konnten Spannungen, welche die Streckgrenze übersteigen, nachgewiesen werden.

Abb. 304: Drehgestellrahmen, Ansicht (Foto: SBB)

Drehgestelle

Die Drehgestellrahmen (Abb. 304 und 305), bestehend aus den beiden Längsträgern, den äußeren und inneren Kopfträgern sowie dem Mittelträger, sind eine einheitliche Schweißkonstruktion in Hohlträgerbauweise aus Stahl RSt 37-2 (Re 6/6-Serie: Guß-Mitteltraversen). Das Prinzip des Achslagers mit seiner Führung und der Primärfederung wurden als bewährte Bauteile von den Re 4/4 II und Re 6/6 übernommen. Anstelle von Achsbüchs-Reibungsdämpfern wurden aber erstmals bei den SBB Flüssigkeitsdämpfer mit einer linearen Dämpfungscharakteristik (Firma Koni, Holland) eingebaut. Auch die Radsatz-Seitenfederung mit einer Vorspannung von 20 kN und einer Steifigkeit von 20 kN/cm entspricht derjenigen der Re 4/4 II + III. Der Radsatz ist mit Speichenrädern ähnlich den genannten Lokomotiven ausgerüstet (wobei für die Antriebe eine andere Krafteinleitungsstelle vorhanden ist).

Die Fahrmotoren mit den gegenseitig angeordneten Antrieben stützen sich auf die tiefliegenden Mittelträger und den Kopfträger ab. Der Einbau in die Drehgestelle erfordert entsprechende Übergangsstücke.

Die Bremsausrüstung mit je 2×3 Bremssohlen pro Rad wurde von den Re 6/6 übernommen.

Für die äußeren Radsätze jedes Drehgestelles sind Spurkranzschmiereinrichtungen System SBB/BBC-SAAS vorhanden. Gegenüber bisher wird aber bei den Re 4/4 IV jeweils nur der vorlaufende Radsatz angesteuert. Dieser Versuch soll Aufschluß geben, ob damit die Verschmutzung des Drehgestells reduziert werden kann und die Schmierung trotzdem genügt. Dies aus der Überlegung heraus, daß die Endachse des nachlaufenden Drehgestells im Gleisbogen größtenteils ohne Anlaufen des Spurkranzes an der Außenschiene läuft und deshalb den Ölfilm nicht an die Fahrkante übertragen kann und demzufolge das Schmiermittel abschleudert.

Als weiterer Versuch sind auf zwei der vier Lokomotiven unterschiedliche Steifigkeiten in den Gummielementen der Achsbüchsführungen eingebaut, derart, daß das den Führungszapfen umschließende Gummielement in der Fahrrichtung eine weichere Charakteristik aufweist, Abb. 306. Damit soll eine gewisse radiale Einstellung des Radsatzes im Gleis, die kleinere Spurführungskräfte zur Folge hat, erreicht werden.

Achsantriebe

Seit den vierziger Jahren wurden alle SBB-Lokserien wie Re 4/4 I, Ae 6/6, Re 4/4 II + III und Re 6/6 mit dem an und für sich bewährten BBC-Federantrieb gebaut. Dieser Antrieb ist aber trotz seiner kompakten Bauweise und den geringen unabgefederten Massen mit einigen Nachteilen behaftet, die sich vor allem bei dynamischen Vorgängen bemerkbar machen. Die beiden schwei-

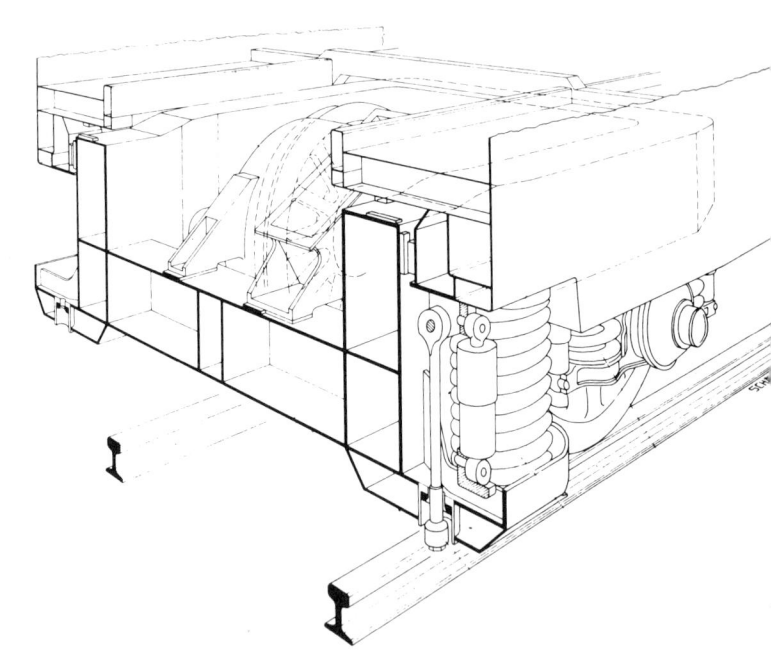

Abb. 305: Schemadrehgestell und Kastenabstützung (Grafik: SBB)

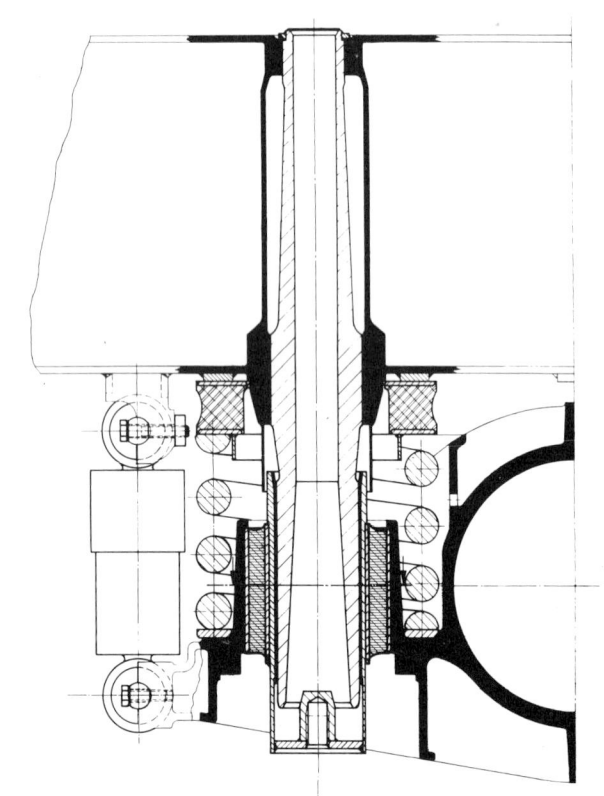

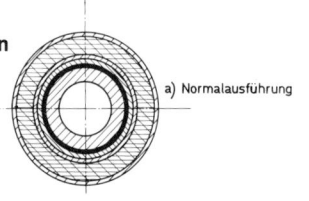

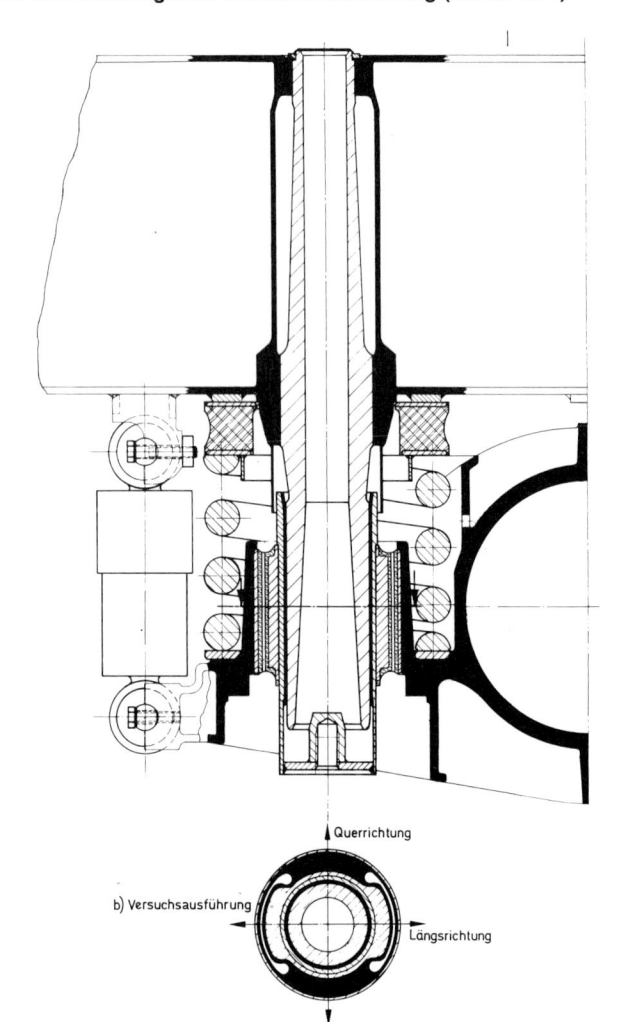

Abb. 306: Achsbüchsführungen. Unterschiedliche Steifigkeit in den Gummielementen (Grafik: SBB)

a) Normalausführung

b) Versuchsausführung

Querrichtung

Längsrichtung

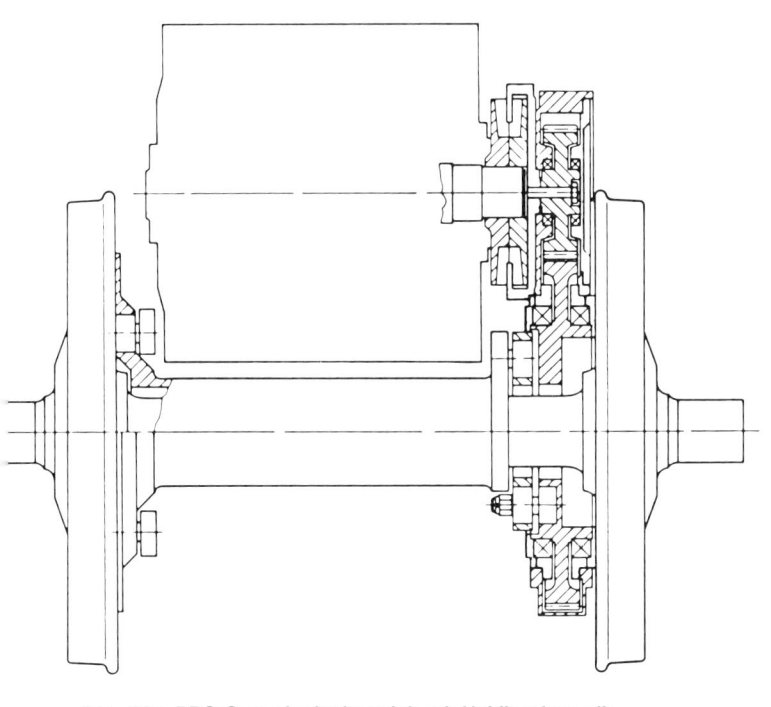

Abb. 307: BBC-Gummigelenkantrieb mit Hohlkardanwelle (Grafik: BBC)

zerischen Lokomotivbaufirmen SLM und BBC haben daher auf eigenen Wegen gehend Antriebe entwickelt, die in dynamischer Hinsicht Vorteile versprechen und die Forderungen
a) reine Drehmomentübertragung,
b) Auslenkungen in Fahrzeugvertikal- Quer- und Längsrichtung möglichst reaktionsfrei,
c) frei wählbare Drehelastizität und Drehdämpfung und
d) möglichst große Unwuchtfreiheit erfüllen.

Beide *Antriebe* sind nachfolgend kurz beschrieben.

BBC-Kombiantrieb

Bei diesem *Gummigelenkantrieb* mit einer *Hohlkardanwelle* (Abb. 307) sind Ritzel und Zahnrad in einem drehmomentsteifen Getriebegehäuse fest im Drehgestell gelagert. Ritzel und Fahrmotor sind über eine drehelastische Gummikupplung miteinander verbunden. Die Kupplungsnabe sitzt mit einer Klemmbüchse auf dem Fahrmotor-Wellenstummel. Am Zahnrad sind die Zapfen zu den Gelenkhebeln befestigt.

Diese Hebel mit Sphärolasticlagern sind mit der Hohlkardanwelle drehmomentschlüssig verbunden. Die gleiche Anordnung ist für die Verbindung der Hohlkardanwelle zum Triebrad vorhanden, so daß zwischen dem großen Zahnrad und dem Radsatz eine zweimalige kardanische Verbindung realisiert ist.

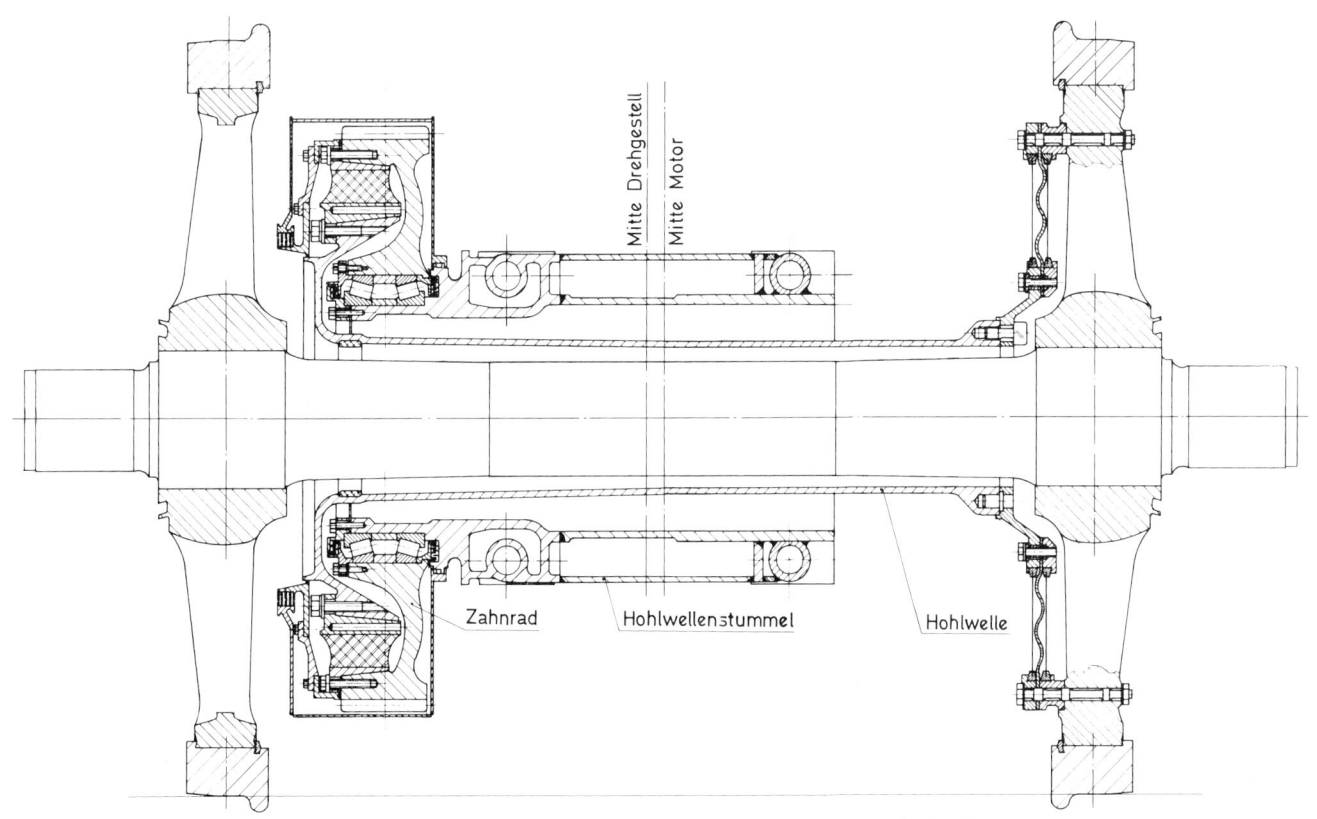

Abb. 308: SLM-Wellenscheibenantrieb mit Hohlkardanwelle (Grafik: SLM)

SLM-Wellscheibenantrieb [10]

Ein die Achse umgebender Hohlwellenstummel, der am Fahrmotor befestigt ist, trägt auf Kegelrollenlagern das große Zahnrad (Abb. 308). Zwischen der Nabe der Hohlwelle und dem Zahnkranz des Zahnrades sind ringförmig acht auf Schub beanspruchte Gummielemente mit der notwendigen Drehsteifigkeit (720 Nm/Radiant) angeordnet. Diese Hohlwelle überträgt das Drehmoment auf die Nabe des Wellscheibenpaketes, das mit dem Außendurchmesser des Triebrades der Gegenseite verbunden ist. Der Radsatz ist somit auch bei dieser Lösung zweimal – über das Wellscheibenpaket und die Gummielemente – kardanisch mit dem fest im Drehgestell gelagerten Zahnrad verbunden. Das Fahrmotor-Ritzel ist mit dem Zahnrad von einem Radkasten umschlossen, der – im Gegensatz zur Lösung von BBC – keine tragenden Funktionen hat. Das Wellscheibenpaket besteht aus 14 aufeinandergeschichteten CrNi-Stahlblechen von 0,4 mm Dicke mit konzentrischen Sicken. Damit die Bleche bei Auslenkung des Antriebes gut aufeinander gleiten, sind sie mit Teflon beschichtet. Langzeitversuche unter extremen Beanspruchungsbedingungen haben die Tauglichkeit des Elements labormäßig bewiesen.

Der *Hauptunterschied* zwischen den Lösungen BBC und SLM liegt somit in der *Anordnung der Drehelastizität*. Beim SLM-Antrieb liegt diese zwischen dem großen Zahnrad und der Hohlwelle, beim BBC-Antrieb zwischen Fahrmotor und Ritzel. Beide Antriebe werden in einem eingehenden Meßprogramm auf deren Schwingungsverhalten unter betriebsmäßigen Bedingungen geprüft.

Tiefzugvorrichtung

Die Tiefzugvorrichtung wurde in ihrer Grundausführung von den Re 4/4 II + III und Re 6/6 übernommen. Sie bezweckt grundsätzlich, das Drehgestellmoment ($Z \cdot h$) und damit die Veränderung der Achslast $\triangle Q$ infolge der Zugkraft Z, die in Höhe h über Schienenoberkante SOK am Drehgestell wirkt, zu kompensieren. Wie aus Abb. 309 ersichtlich ist, kann je nach Steilheit α der Tiefzugstange auch eine Überkompensation (α_1, h^*) des Drehgestellmomentes erreicht werden. Ein entsprechender Versuch auf der Re 4/4 IV bewirkt, daß die vorlaufende Achse des vorderen Drehgestelles eine größere Achslast unter Zugkraftwirkung erhält, wodurch zusätzlich der niedrigere Reibungskoeffizient Rad-Schiene der vordersten Achse kompensiert werden soll.

Die Entlastung des vorlaufenden Drehgestells $\triangle F$ infolge des Zughakenmomentes $2Z \cdot H$, das in der Höhe H des Zughakens über Schienenoberkante wirkt, könnte auf mechanischem Weg nur durch eine Verlagerung von Masse innerhalb des Lokomotivkastens kompensiert werden. Darauf wird verzichtet, doch wird elektrischerseits im Bereich großer Zugkräfte dafür gesorgt, daß das nachlaufende Drehgestell mehr Zugkraft abgibt als das vorlaufende.

Die Drehgestelle sind über die Tiefzugstangen mittels kombinierter Gummi- und Tellerfederelemente gegenüber dem Lokkasten verspannt. Diese Federkombination wurde mit Versuchen an Re 4/4 II-Lokomotiven ermittelt, die das Ziel hatten, die Längsbewegungen der Drehgestelle unter dem Lokkasten auf bestmögliche Weise vom letzteren zu entkoppeln und gleichzeitig Resonanzen des Systems Radsätze – Antriebe – Fahrmotoren – Drehgestell zu vermeiden.

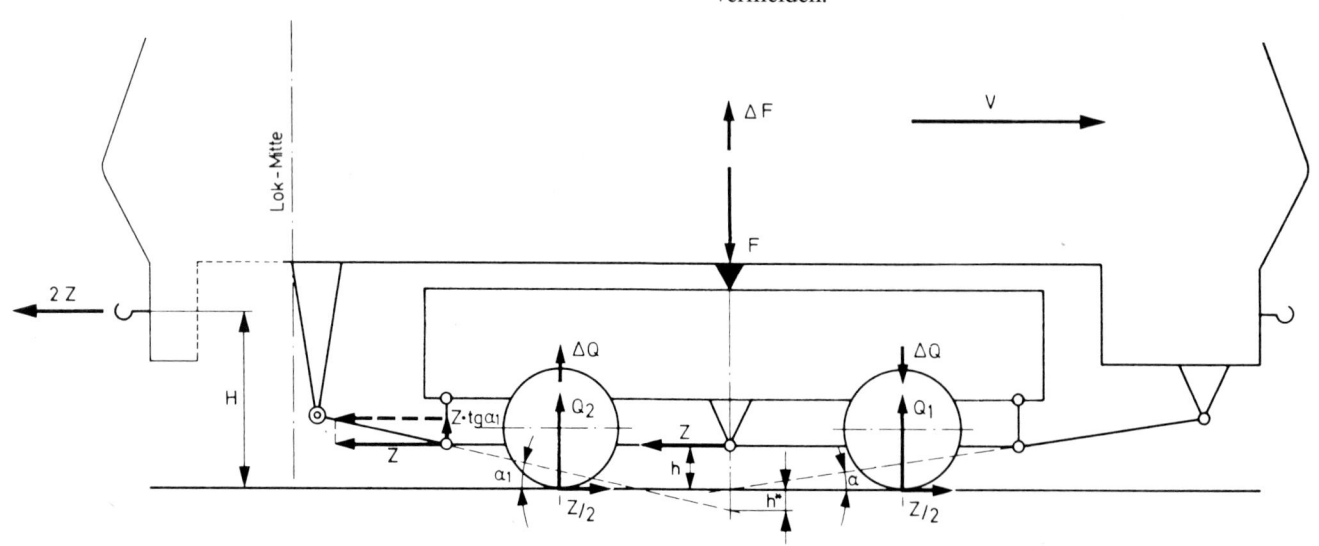

Abb. 309: Tiefzugvorrichtung, Kräfte am Drehgestell (Grafik: SBB)

Abb. 312 und 313: Während auf dem oberen Bild Re 4/4 IV 10103 einen ▶ Schnellzug führt, aufgenommen am 9. 7. 1982 bei Horgen, sehen wir unten die Schwestermaschine 10104 mit der mit »künstlicher Sonderlackierung« versehenen Re 4/4 II 11181 am 2. 10. 1983 im Depot Winterthur (Fotos: B. Hitz).

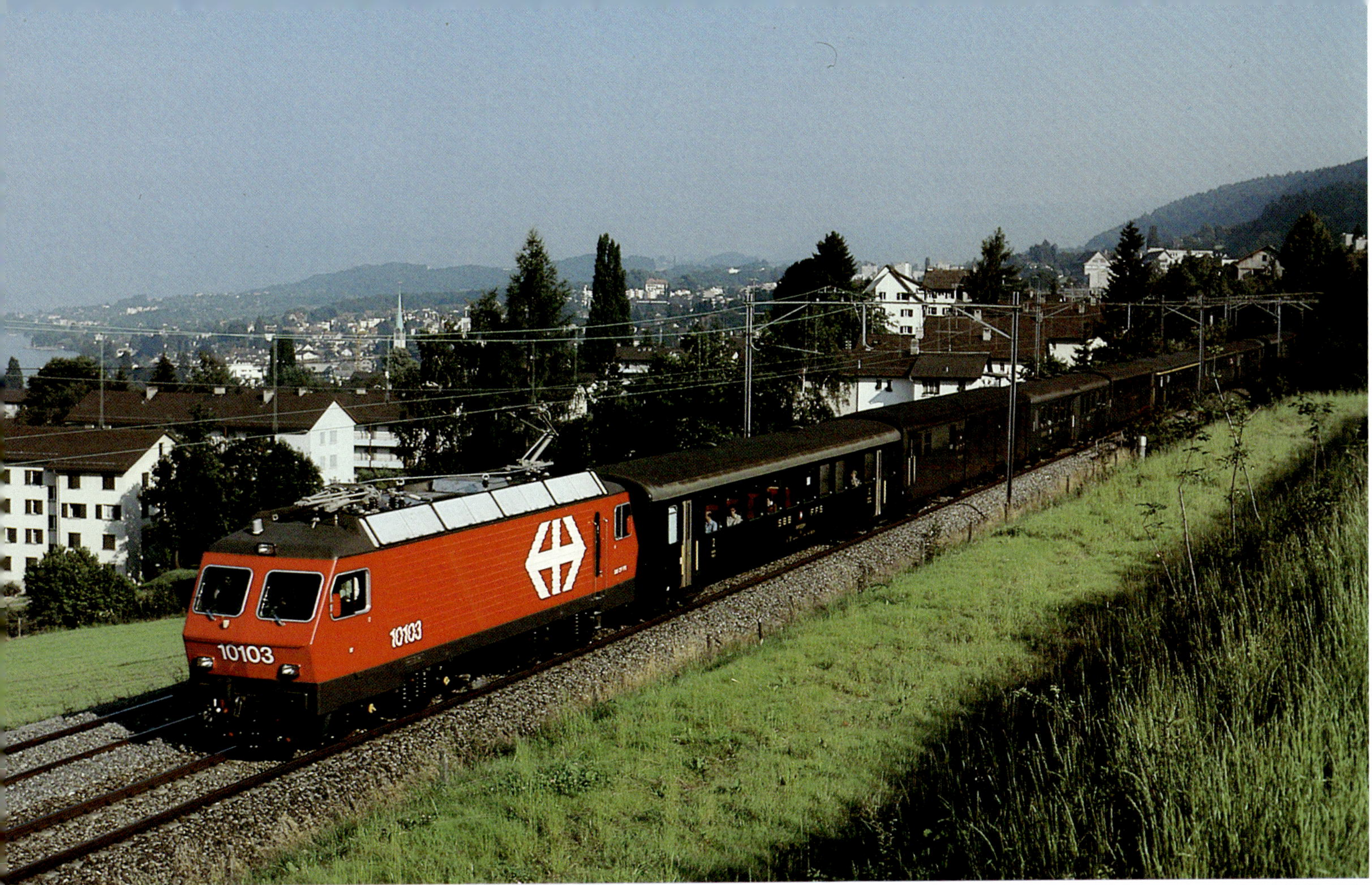
10103
10103

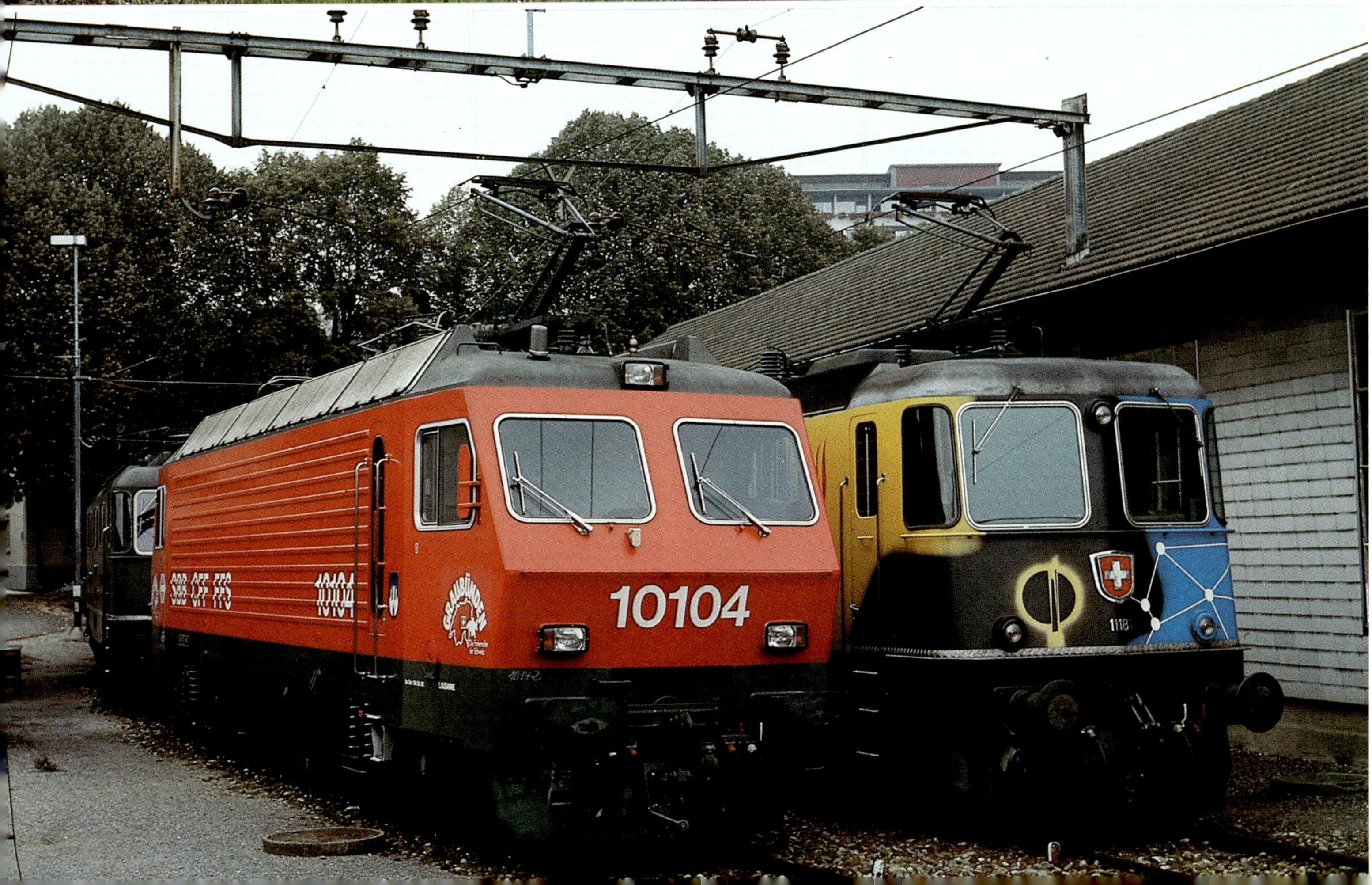
10104
SBB CFF FFS
10104

Abb. 310 und 311: Ob mit den neuen Einheitswagen Typ IV der SBB, aufgenommen im Bahnhof Rosé, oder vor einer TEE-Garnitur der FS, die Re 4/4^{IV} vermittelt immer eine dynamischen Eindruck! (Fotos: C. Zellweger)

Kastenabstützung

Die Re 4/4 IV erhielt als erste SBB-Streckenlokomotive eine Kastenabstützung mit querauslenkbaren Schraubenfedern »Flexicoil« (Abb. 305). Diese pro Drehgestell angeordneten Federpaare übernehmen nebst der vertikalen Belastung die Seiten- und Längsbewegungen sowie die Drehauslenkung zwischen den Drehgestellen und dem Kasten. Ein 40 mm dickes Gummielement zwischen den Federn und Auflageflächen am Kasten hält die Rollgeräusche der Drehgestelle vom Lokomotivkasten fern. Den Kastenfederpaaren sind vertikale Hydraulikdämpfer parallel angeschlossen. Eine Abhebesicherung ermöglicht das Anheben der ganzen Lokomotive mitsamt den Drehgestellen. Dieses Vorgehen ist aus Gründen der Kastenfestigkeit allerdings nur erlaubt beim Anheben mittels der seitlichen Ösen am Kasten oder beim einseitigen Aufgleisen an den Abstützpunkten am Stoßbalken.

In Querrichtung tragen je zwei hydraulische Horizontaldämpfer mit degressiver Charakteristik zu einem ruhigen Lauf der Lokomotive bei. Die Auslegung der Flexicoilfedern ist ferner so, daß unter dem Einfluß einer quasistatischen Seitenbeschleunigung von $0{,}8 \text{ m/s}^2$ das Spiel von 42 mm zwischen Kasten und Drehgestell um etwa 26 mm reduziert wird, so daß für den dynamischen Anteil noch weitere 16 mm bis zum Anschlag an eine Gummiplatte vorhanden sind.

3.2.1.3. Pneumatische Einrichtungen

Kompressor

Die für den Betrieb der pneumatischen Anlage benötigte Druckluft wird von einer Schraubenkompressorgruppe erzeugt. Sie besteht aus einem Einphasen-Seriemotor unten rechts in Abb. 314, dem Schraubenverdichter Atlas Copco (unten links) mit Ölabscheider (links stehend) und -kühler (oben) sowie einem Lufttrockner (oben rechts, halb verdeckt), alles auf einem Grundrahmen zu einer Baugruppe zusammengefaßt. Bemerkenswert ist dabei das trotz höherer Förderleistung und Einbezug des Lufttrockners gegenüber dem bisher verwendeten Kolbenkompressor nur unwesentlich vergrößerte Bauvolumen.

Die über einen Filter (in Abb. 314 links stehend) angesaugte Luft wird zwischen zwei gegenläufigen Schraubenelementen auf einen Druck von 10 bar verdichtet und danach im Ölabscheider von dem mitgeförderten, als Kühl- und Dichtflüssigkeit dienenden Öl getrennt. Beide Medien durchlaufen anschließend je einen Kühler, die Luft gelangt über den Lufttrockner in den Hauptluftbehälter der Lokomotive, während das Öl wiederum dem Schraubenverdichter zugeführt wird. Ein auf der Motorwelle aufgesetzter Ventilator (unten Mitte) führt die Verlustwärme von Kompressor und Antriebsmotor ab. Der Lufttrockner arbeitet nach dem Adsorptionsprinzip. Die verdichtete Luft durchströmt unter Abgabe von Feuchtigkeit die Adsorptionsmasse, welche nach dem Abschalten des Kompressors jeweils durch Ausblasen mit der

Abb. 314: Schraubenkompressorgruppe (Foto: Tibram)

vorgängig in einem separaten Behälter gespeicherten Luft regeneriert wird. Dieser Regenerationsluftbehälter ist in Bild 13 unterhalb der Kompressorgruppe sichtbar.

Zur Inbetriebsetzung der Lokomotive bei fehlendem Luftvorrat werden Stromabnehmer und Hauptschalter mit einem Hilfskompressor mit Druckluft versorgt. Es handelt sich dabei um einen von der Batterie gespeisten ölfreien Kolbenkompressor.

Druckluftbremse

Abgesehen von der Druckluftbremse ist die pneumatische Anlage weitgehend ähnlich wie bei den Re 4/4 II. Änderungen hat die Druckluftbremse mit dem Einbau einer *Führerbremsanlage (FBA)* von Oerlikon-Bührle AG erfahren. Sie setzt sich zusammen aus je einem Steuerteil in jedem Führerstand sowie einem zentralen Arbeitsteil, bestehend aus Druckregler, Druckabsenkventil, Umschaltventil, Füllstoß- und Niederdrucküberladungsventil.

Der Arbeitsteil ist auf einem Apparategerüst im Maschinenraum aufgebaut. Die Steuerung desselben erfolgt über elektrische und pneumatische Steuerleitungen, wie dies aus Abb. 315 ersichtlich ist. Die Hauptleitung muß aber wegen der direkten Entleerung bei Schnellbremsungen gleichwohl am Steuerteil angeschlossen bleiben. Solche Anlagen bieten den Vorteil, daß sie ausbaufähig sind: bei Bedarf kann eine EP-Bremse (elektropneumatisch) angesteuert werden, die auch kombinierbar mit einer Fahrautomatik ist.

3.1.2.4. Elektrischer Teil

Dachausrüstung und Hochspannungsstromkreis

Die beiden einholmigen Stromabnehmer sind über abtrennbare Litzen normalerweise dauernd verbunden. An dieser Verbindungsleitung sind der Drucklufthauptschalter (Typ DBTF 20 i 200), der Überspannungsableiter (Typ HML 18 spez. mit einer Ansprechspannung von 33,5 kV) sowie der Primärspannungswandler angeschlossen.

Nach dem Hauptschalter wird die Energie über ein Hochspannungskabel mit eingelegtem Schirm und einen Halbleiterendverschluß zum Transformator geleitet. Der bisher übliche Dach-Einführungsisolator konnte weggelassen werden. Das Kabel ist über einen Stecker am Transformator angeschlossen. Der Primärstrom wird über die an den Achsenden montierten Erdbürsten (Typ TIBRAM) zur Schiene geleitet. Die Erdbürste der Achse 4 ist direkt mit dem Kasten verbunden und dient als Schutzerde.

Transformator

Der Transformator (Abb. 316) ist in üblicher Weise mit radialgeblechtem Kern und sechs Rückschlußjochen ausgeführt. Er enthält neben der primären Hochspannungwicklung mit Anzapfung für die Zugheizung vier galvanisch getrennte Traktionswicklungen sowie eine Wicklung mit Anzapfungen für die Speisung des Erregerstromkreises und der Hilfsbetriebe. Entsprechend dem gewählten Schaltungskonzept mit getrennter Speisung der beiden Drehgestelle über je einen Stromrichter mußte besonders auf die elektrische Symmetrie der sich entsprechenden Wicklungen geachtet werden. Zwei der Wicklungen tragen eine Mittelanzapfung.

In einem gemeinsamen Ölbehälter sind im unteren Teil der Transformator, darüber die Glättungsdrosselspulen der Fahrmotoren mit gemeinsamem Magnetkern sowie die ihrerseits magnetisch gekoppelten Kommutierungsdrosselspulen eingebaut.

Aus Dispositionsgründen sind alle Anschlußklemmen – die isolierte Steckverbindung für das Hochspannungskabel inbegriffen – am seitlichen Umfang des Kessels angeordnet.

Die anfallende Verlustwärme wird durch Ölzirkulation mit Rückkühlung außerhalb des Transformators abgeführt. Die beiden äußeren Ölkreisläufe sind direkt am Kessel angebaut und symmetrisch angeordnet. Auf jeder Seite befindet sich eine stopfbüchsenlose Pumpe sowie ein Ölkühler, der im Luftstrom des benachbarten Bremswiderstandsventilators liegt. Im Transformator selbst sorgen verschiedene Leitbleche für eine gleichmäßige Umspülung der einzelnen Wicklungsteile sowie der miteingebauten Drosselspulen. Die technischen Daten des Transformators zeigt Tabelle 2.

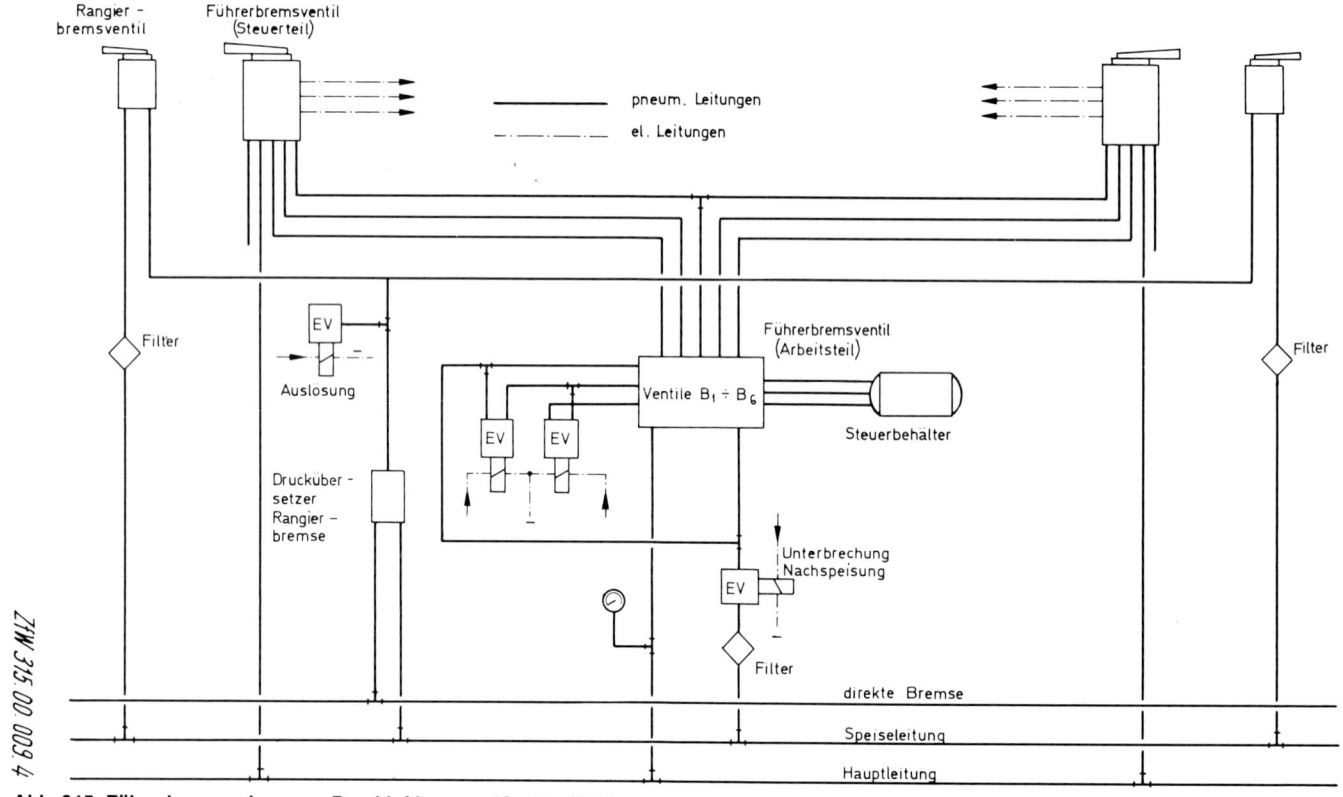

Abb. 315: Führerbremsanlage zur Druckluftbremse (Grafik: SBB)

Tabelle 2. Hauptdaten des Transformators

Typ:	LOT 6000	
Primär:	15000 Volt	5930 kVA
Zugheizung:	1009 Volt	600 kVA
Traktion:	2 × 686 + 2 × 343/686 Volt	4 × 1288,4 kVA
Hilfsbetriebe und Erregung:	990/228/152 Volt	120/18,5/37,2 kVA
Gesamtgewicht, mit Glättungs- und Kommutierungsdrosselspulen sowie Ölfüllung: 13000 kg		

Traktions- und Erregerstromrichter

Die beiden identischen Traktionsstromrichter sind mit der schon in der Einleitung erwähnten *Öltauchkühlung* [6, 7] ausgeführt. Bei dieser Technik werden die Leistungshalbleiter mit ihren zugehörigen Impulsübertragern und Beschaltungsgliedern in einen Kessel unter Öl eingebaut und so optimal gekühlt und gleichzeitig gegen Verschmutzung geschützt. Obschon bei dieser Bauform der Austausch von defekten Bauteilen erschwert ist, läßt sie sich angesichts der erwiesenen hohen Verfügbarkeit des gesamten Bauteiles verantworten.

In einem Stromrichterkessel sind zwei seriegeschaltete, unsymmetrisch halbgesteuerte Brücken in quasi vierstufiger Schaltung [8, 11] untergebracht. Die Thyristorzweige umfassen je fünf Thyristoren, die Diodenzweige je vier Dioden in direkter Parallelschaltung. Dazu kommen der Überspannungsschutz sowie die Spannungsteilerwiderstände für die Erdschlußüberwachung des Motorstromkreises.

Wichtig ist eine *gleichmäßige Kühlung aller Leistungshalbleiter*. Dies wird erreicht durch Unterteilung des Kesselvolumens in drei Kammern mit zwei senkrecht stehenden Isolierstoffplatten. Die Leistungshalbleiter sind mit ihren Nadel-Kühlkörpern in entsprechende Öffnungen der gegen die Kesselwände abgedichteten Isolierplatten eingesetzt. Das Kühlöl, das nacheinander die drei Kammern durchfließt, umspült somit intensiv alle Kühlkörper. Seine Rückkühlung erfolgt für jeden Stromrichter separat in einem direkt angebauten Kühlkreislauf mit Pumpe und Ölkühler, welcher sich ebenfalls im Luftstrom des Bremswiderstandsventilators befindet.

Wie Abb. 318 zeigt, sind die Stromrichter aus Dispositionsgründen um 90° gedreht eingebaut, so daß die Anschlüsse nach der Seite abgehen.

Die maximale Anschluß-Spannung beträgt 2×825 V, der höchste dauernd zulässige Strom 3540 A.

Der *Erregerstromrichter* – ebenfalls in unsymmetrisch halbgesteuerter Brückenschaltung – befindet sich in einem ölgefüllten Gehäuse mit natürlicher Ölzirkulation. Er ist auf Bild 15 auf dem Deckel des Transformators sichtbar.

Fahrmotorstromkreis

Er ist geprägt, wie aus Abb. 319 hervorgeht, durch die gemischt erregten Fahrmotoren mit ihren zwei getrennten Erregerwicklungen, nämlich

– der *Seriefeldwicklung,* die nur beim Fahren eingeschaltet ist, sowie

der *Fremdfeldwicklung,* die beim Fahren die Durchflutung des Seriefelds verstärkt und beim Bremsen – umgekehrt gepolt – allein die Erregung liefert. Die Feldschwächung im Fahrbetrieb erfolgt durch Zurücknahme des Fremdfeldes.

Wegen der komplizierten Statorwicklung bzw. zur Einsparung von Schaltmaterial werden beim Fahrrichtungswechsel die Anker umgepolt.

Beim Abtrennen eines Fahrmotors wird mit einem handbetätigten Abtrennschalter der Ⅲ-Anschluß getrennt. Hilfskontakte des Trenners verhindern das Einsachten des entsprechenden Fahr- und Bremsschützes, so daß auch der H-Anschluß unterbro-

Abb. 316: Transformator mit angebauten Ölkühlern. Oberhalb des linken Kühlers ist eine der Ölpumpen sichtbar. Im Kasten rechts unten ist der Abtrennschalter für den eine Hauptstromrichter untergebracht. Auf dem Transformatordeckel ist das Gehäuse des Erregerstromrichters erkennbar (Foto: BBC).

Abb. 317: 4/4^{IV} 10101 bei winterlichen Versuchsfahrten (Foto: C. Zellweger)

chen ist. Da die Fremdfelder aller Fahrmotoren in Serie geschaltet sind, wird über einen Umschaltkontakt des Abtrennschalters das Fremdfeld des ausgeschalteten Fahrmotors überbrückt und so die Serieschaltung aufrechterhalten.

Die Abtrennschalter für die Fahrmotoren und für die Traktionsstromrichter sind im Aufbau gleich wie die Wendeschalter (Typ BWU), jedoch nur mit Handantrieb ausgerüstet. Es gilt das Prinzip, daß je Abtrennung nur eine Schalthandlung ausgeführt werden muß und dabei gleichzeitig alle Steuerbefehle richtig gestellt werden.

Beim Aufsteuern des Traktionsstromrichters werden nacheinander die vier Spannungsstufen durchlaufen. Bei 15 kV Fahrdrahtspannung und maximaler Zugkraft wird bei einer Geschwindigkeit von etwa 73 km/h die Vollaussteuerung erreicht (Abb. 320). Beim Weiterbeschleunigen wird nun der Erregerstromrichter zurückgesteuert, der Ankerstrom bleibt während dieses Vorgangs konstant; bis zur Geschwindigkeit von etwa 97 km/h verläuft die Zugkraft auf einer Leistungshyperbel. Bei voller Feldschwächung und der Höchstgeschwindigkeit von 160 km/h beträgt die Restzugkraft 100 kN.

Im übrigen wurde die Vollfeldkurve so gelegt, daß auf den Gotthardrampen die Normlast in der Nähe der Vollaussteuerung geführt werden kann.

Abb. 318: Stromrichter einbaubereit mit angebauter Ölpumpe (unten), Ölkühler (hinten) und Expansionsgefäß (oben). Vorne auf dem Deckel (unten) die Spannungswandler zur Impulsfreigabelogik, die Anschluß-Stecker für die Zündimpulse (Mitte) sowie die Hauptanschlußklemmen (oben) (Foto: BBC).

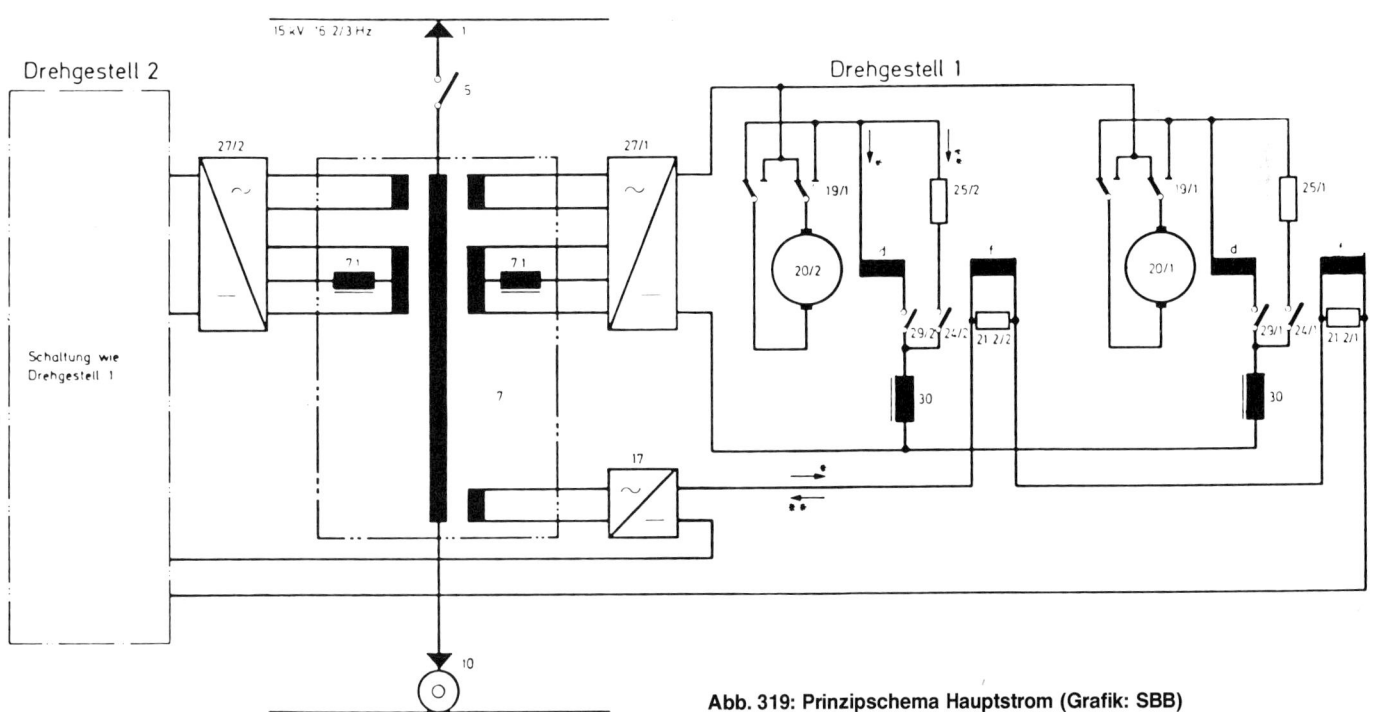

Abb. 319: Prinzipschema Hauptstrom (Grafik: SBB)

Elektrische Bremse

Die elektrische Bremse ist als fremderregte Widerstandsbremse mit Stützbetrieb ausgelegt. Jeder Fahrmotor arbeitet auf seinen Bremswiderstand, der für eine Dauerbremsleistung von 720 kW ausgelegt ist. Die eingestellte Bremskraft wird über den ganzen Verzögerungsbereich konstant gehalten, im Maximum 140 kN. Dieser Wert ist durch den zulässigen Pufferdruck gegeben, entsprechend langjähriger Betriebserfahrung.

Die Bremsleistung wird über die Erregung gesteuert. Bei voll ausgesteuertem Erreger würde die Bremskraft mit sinkender Geschwindigkeit laufend abnehmen. Um auch in diesem Bereich voll bremsen zu können, wird nun über den Traktionsstromrichter - als stützende zweite EMK im Bremsstromkreis – der Bremsstrom und damit die Bremskraft konstant gehalten bis zum Stillstand (Abb. 321).

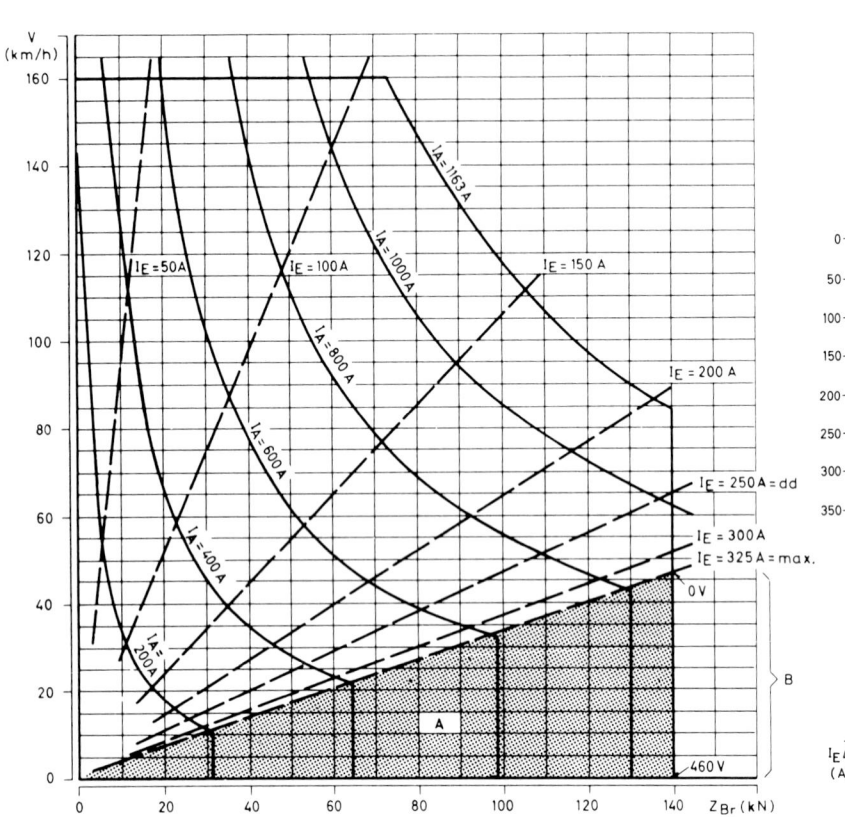

Abb. 321: Bremskraft-Geschwindigkeitsdiagramm (Grafik: SBB)

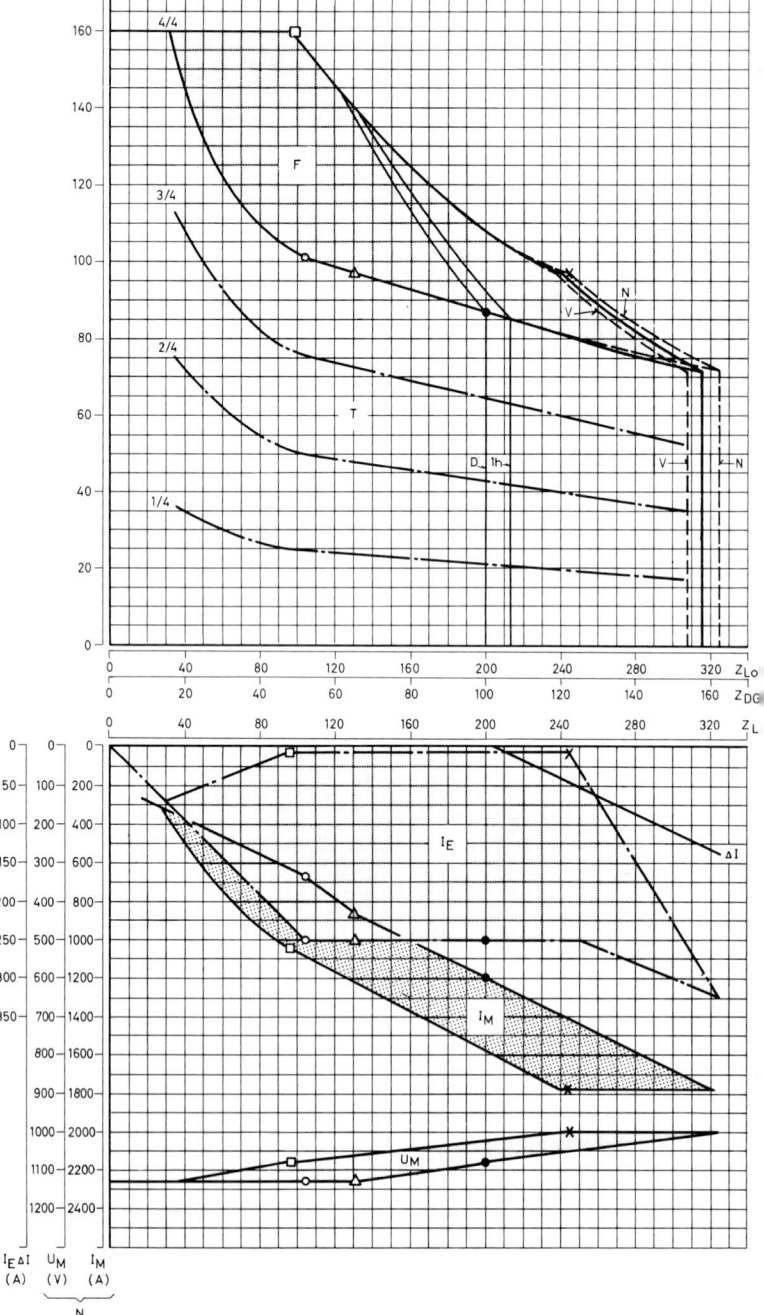

Abb. 320: Zugkraft-Geschwindigkeitsdiagramm (Grafik: SBB)

Im Gegensatz zu den Bremsschaltungen der Direktmotortechnik kann hier auch noch mit abgetrennten Fahrmotoren elektrisch gebremst werden. Bei artreiner Vielfachtraktion wird die maximale Bremskraft automatisch im gesamten Geschwindigkeitsbereich eingehalten.

Die Bremswiderstände sind je Drehgestell in belüfteten Schächten zusammengefaßt. Jeder Bremslüfter muß eine Kühlluftmenge von 7 m³/s liefern. Die Luft wird dabei mehr als 200° C erwärmt und nach oben ausgeblasen.

Fahrmotor

Beim Fahrmotor (Typ 8FHK 6652) handelt es sich um einen 8poligen Wellenstrommotor mit – wie schon zuvor erwähnt – gemischter Serie- und Fremderregung. Seine Hauptdaten gehen aus der Tabelle 3 hervor.

Tabelle 3. Hauptdaten des Fahrmotors

Typ:	8 FHK 6652		
	dauernd	(1 Stunde)	maximal
Spannung:	1070	(1070)	1120 Volt
Strom:	1200	(1250)	1770 Amp.
Leistung:	1218	(1268)	kW
Drehmoment:	11324	(11873)	18360 Nm
Drehzahl:	1027	(1019)	1910 min^{-1}
Fremderregung:	250	(250)	325 A
Schleuderdrehzahl:	2390 min^{-1}		
Kühlluftmenge:	156 m^3 min^{-1}		
Isolation:	Klasse H		

Der *Stator* (Abb. 322 und 323) ist sowohl im Joch wie auch in den Haupt- und Wendepolen vollständig geblecht. Der Motor weist kein durchgehendes Statorgehäuse auf. Das Statorjoch-Blechpaket ist als tragendes Element in dieses integriert, was zu kleinerem Motordurchmesser und -gewicht bei gegebener Leistung führt. Beim Zusammenbau wird das Statorjochpaket zwischen je einem antriebs- und kollektorseitigen Gehäuseteil gepreßt und mit mehreren am Umfang verteilten Zugleisten mit diesen Teilen verschweißt.

Abb. 322: Fahrmotor-Stator (Foto: BBC)

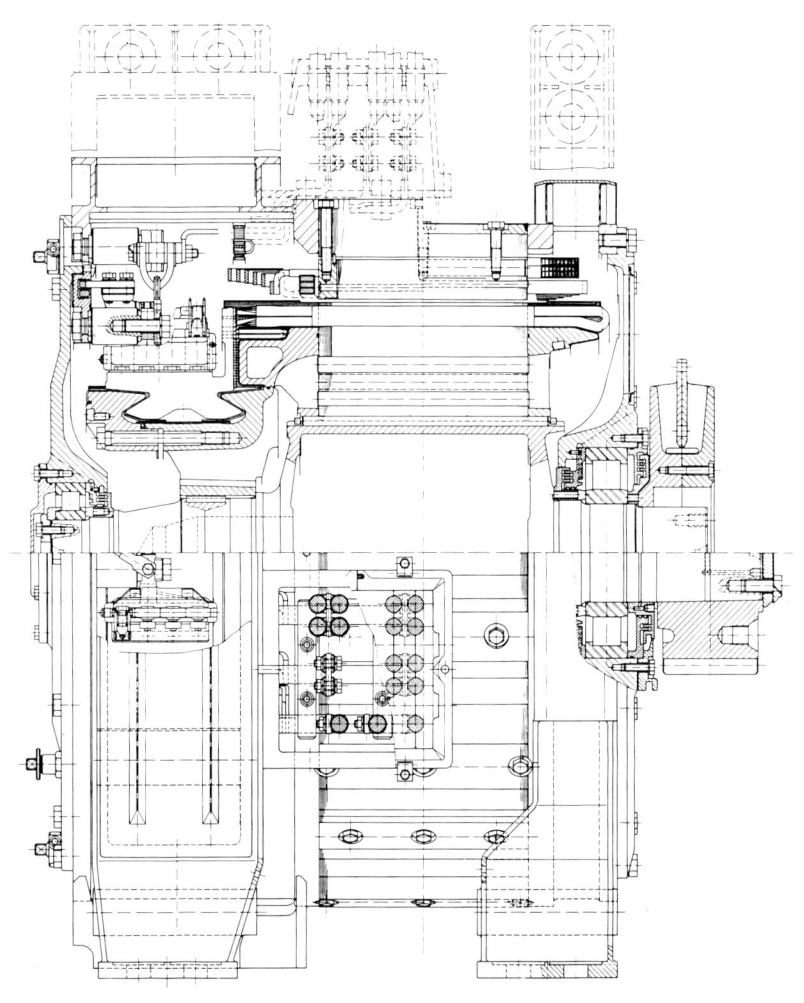

Abb. 323: Längsschnitt durch den Fahrmotor. Gummikupplung für BBC-Antrieb (obere Hälfte). Ritzel für SLM-Antrieb (untere Hälfte) (Grafik: BBC)

Die *Haupt- und Wendepolspulen* sind fest mit ihren Polen vergossen und diese im Statorjoch festgeschraubt. Die Kompensationswicklung wird anschließend in die Nuten der Hauptpole eingebaut.

Den beidseitigen Abschluß bilden Gußlagerschilder mit eingesetzten Zylinderrollenlagern.

Die *Bürstenbrücke* (Abb. 324) ist zur Vereinfachung der Wartung des Motors drehbar gelagert. Die Stromzuführung erfolgt über Messer- und Federkontakte, so daß zum Drehen der Bürstenbrücke keine Kabelverbindungen gelöst werden müssen. Auf den Prototyp-Lokomotiven werden *zwei verschiedene Bürstenhaltertypen* auf ihre Eignung hin ausprobiert:

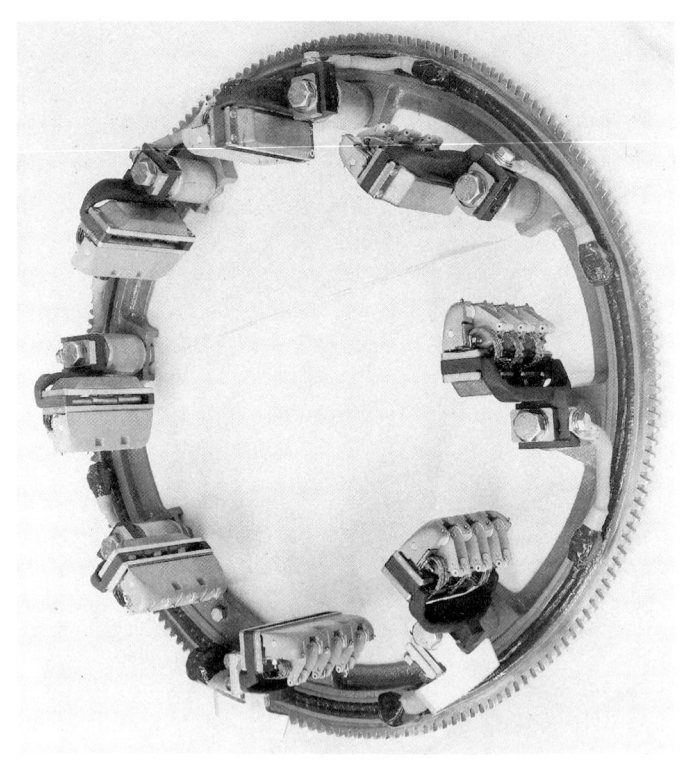

Abb. 324: Bürstenbrücke mit Bürstenhaltern Typ Giambonini. Oben sind die im Text erwähnten Kontaktmesser sichtbar (Foto: BBC).

Abb. 325: Fahrmotor-Rotor beim Bewickeln (Foto: BBC)

- *Zwillingsbürstenhalter* Giambonini mit je drei litzenlosen Kohlepaaren,
- *Rollbandfeder-Bütstenhalter* mit je vier ebenfalls litzenlosen Kohlepaaren.

Der *Rotor* (Abb. 325 und 326) besteht aus einem aus Gußteilen zusammengesetzten Hohlkörper, der das aktive Eisen mit der Wicklung trägt. Die Ankerwicklung ist mit umgebogenen Ankerstäben ausgeführt (Rollierte Wicklung) so daß antriebsseitig keine Wicklungsverbindungen vorhanden sind. Die Ausgleichsleiter sind unter dem kollektorseitigen Wicklungskopf angeordnet. Sämtliche Verbindungen zu den Lamellen des Kammkollektors mit verschlossener Fahnenwand sind TIG-geschweißt.

Die Wicklungsköpfe sind zur Aufnahme der Fliehkräfte mit Glasfaser-Bandagen umwickelt. Die Wicklungen des Stators und Rotors sind mit BBC-Veridur-Isolation in Klasse H ausgeführt. Die einzelnen Wicklungsteile werden separat Vakuum-druckimprägniert und anschließend geprüft. Nach dem Zusammenbau erfolgt eine zusätzliche Imprägnierung der ganzen Wicklung. Die Kühlluft wird dem Motor auf der Kollektorseite unter Ausnutzung des dort vorhandenen Gehäusevolumens als Luftverteilraum zugeführt und gelangt über Löcher im antriebseitigen Lagerschild ins Freie.

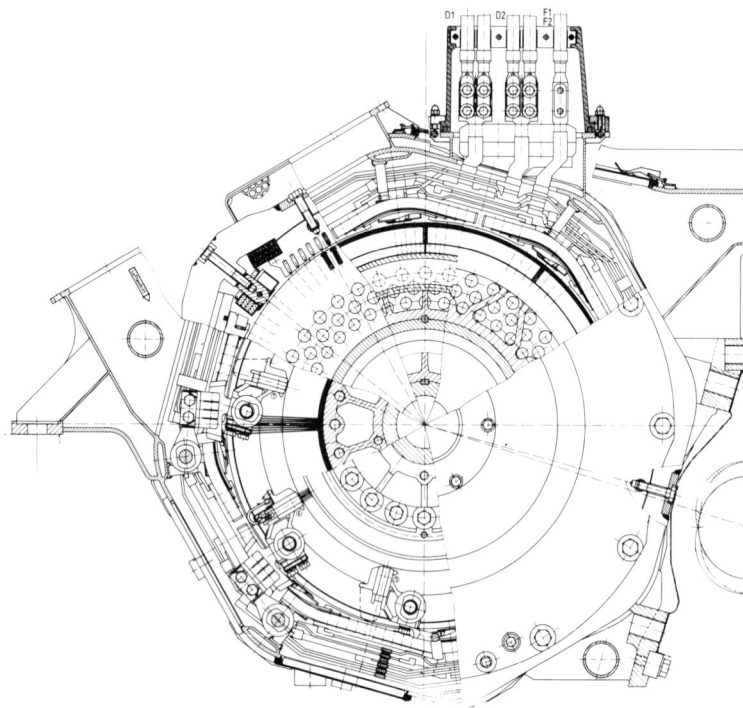

Abb. 326: Querschnitt durch den Fahrmotor (Grafik: BBC)

Hilfsbetriebe

Ventilation

Für den Antrieb der Ventilatoren wurden erstmals auf einer Lokomotive der SBB anstelle der bisher üblichen Einphasen-Kollektormotoren praktisch *wartungsfreie Drehstrom-Asynchronmotoren* verwendet. Die Kühlluft strömt über beidseitig der Lokomotive am Dachrand eingebaute Düsengitter in drei Beruhigungsräume. Die beiden Fahrmotorventilatoren führen die Luft aus je einem Beruhigungsraum über einen Schacht den beiden Fahrmotoren des betreffenden Drehgestells zu. Der mittlere Luftschacht umschließt den Transformator. Die Luft wird an seinem unteren Ende beidseitig über die Trafo- und Stromrichterölkühler von zwei weiteren Ventilatoren angesaugt und durch die ebenfalls in einem Schacht angeordneten Bremswiderstände nach oben ausgeblasen.

Hilfsbetriebeumrichter

Die Ventilatormotoren werden über den Hilfsbetriebeumrichter mit Strom versorgt. Dieser wandelt den Einphasenwechselstrom (990 V) über einen Gleichstromzwischenkreis in Drehstrom variabler Frequenz und Spannung um. Dazu werden gemäß Abb. 327 folgende Baugruppen benötigt.:
– *Diodengleichrichter* mit Eingangsfilter zur Speisung des Zwischenkreises. Das Filter dient dem Ausgleich des pulsierenden Leistungsangebotes aus dem Einphasennetz sowie als Überspannungsschutz für den Umrichter.
– *Gleichstromsteller* als Stellglied für den im jeweiligen Betriebspunkt benötigten Strom (eingeprägter Strom, deshalb auch die Bezeichnung I-Umrichter). Gleichzeitig begrenzt der Gleichstromsteller im Falle einer Durchzündung im Wechselrichterteil sowie bei einem äußeren Kurzschluß den Strom.
– *Phasenfolgewechselrichter* als Stellglied für die Ausgangsfrequenz. Die Löschung der jeweils leitenden Thyristoren erfolgt durch Umschwingen des Stromes zwischen der Motorinduktivität und den Blindleistungskondensatoren. Der Vorteil dieser Schaltung liegt darin, daß keine besonderen Löschthyristoren benötigt werden.
– *Steuerelektronik,* welche die Frequenz direkt vorgibt und über den Stromregler des Gleichstromstellers die Ausgangsspannung frequenzproportional nachführt, so daß die angeschlossenen Motoren im ganzen Frequenzbereich mit konstantem Fluß betrieben werden. Dazu kommen Schutz- und Überwachungsfunktionen für den Umrichter und die Ventilatormotoren.

Auch hier wurde die Öltauchkühlung aus den gleichen Überlegungen wie beim Traktionsstromrichter gewählt. Sämtliche Bauteile mit Ausnahme der Steuerelektronik und des Eingangsfilters sind unter Öl in einem Kessel angeordnet. Die anfallende Verlustwärme wird über einen Ölkühler mit Ventilator abgeführt.

Die *Umrichterfrequenz* und damit die *Drehzahl der Ventilatoren* wird in *drei Stufen* geschaltet.
– *Stark (65 Hz)* im Bremsbetrieb (Kühlung der Bremswiderstände), bei hohen Öltemperaturen im Transformator oder in den Stromrichtern sowie bei hohen Fahrmotorströmen.
– *Reduziert (45 Hz)* in den übrigen Betriebszuständen
– *»Stillstand« (20 Hz).* Die Stillstandsventilation soll verhindern, daß bei warmer Lokomotive durch Kaminwirkung staubhaltige Luft von unten in die Fahrmotoren eindringt.

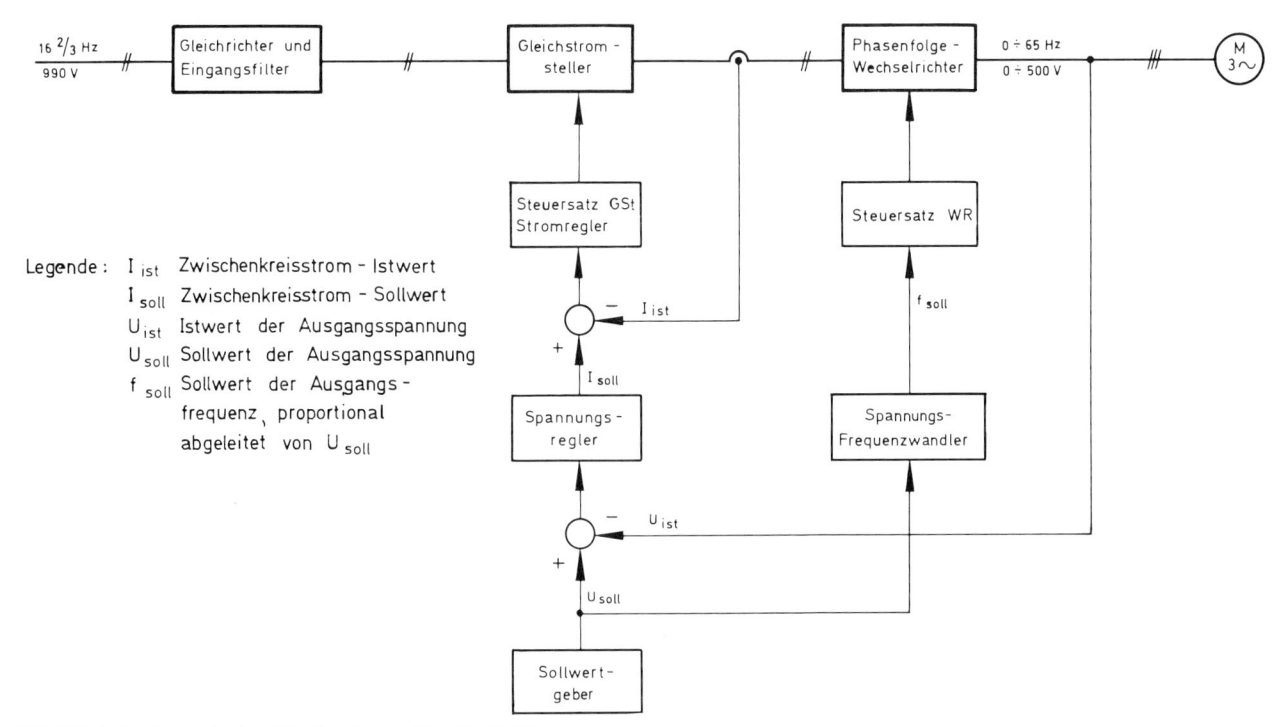

Legende: I_{ist} Zwischenkreisstrom - Istwert
I_{soll} Zwischenkreisstrom - Sollwert
U_{ist} Istwert der Ausgangsspannung
U_{soll} Sollwert der Ausgangsspannung
f_{soll} Sollwert der Ausgangsfrequenz, proportional abgeleitet von U_{soll}

Abb. 327: Hilfsbetriebeumrichter, Blockschema (Grafik: SBB)

Übrige Hilfsbetriebe

Die weiteren Hilfsbetriebeapparate werden mit Einphasenstrom 230 V betrieben. Es sind dies:
- vier stopfbüchsenlose Ölpumpen für die Ölkreisläufe des Transformators und der Stromrichter mit Antrieb durch Asynchronmotor mit Kondensatorhilfsphase.
- der Einphasen-Seriemotor zum Antrieb der Kompressorgruppe.
- Führerstandsheizung und -lüftung sowie ein statisches Batterieladegerät 36 V/60 A zur Versorgung der Steuerstromkreise.

Die beiden Hilfsbetriebestromkreise werden zusammen mit dem Erregerstromkreis der Fahrmotoren aus einer gemeinsamen Trafowicklung mit Anzapfungen gespeist.

Steuerung

Antriebssteuerung

Jeder Traktionsstromrichter wird über ein autonomes Antriebssteuergerät betrieben. Diese Geräte haben sich in grundsätzlich gleicher Ausführung schon seit einiger Zeit bei verschiedenen Triebfahrzeugen im Betrieb bewährt. (RABDe 8/16, Te IV der SBB, Ge 4/4 II der RhB, 1044 der OeBB) [11].

Dem Erregerstromrichter ist ein Erregungssteuergerät zugeordnet, das abhängig von der Abtriebssteuerung die Erreger steuert.

In Funktion des Stromsollwertes wird beim Fahren unter den Randbedingungen:
- Fahrmotorspannung,
- Fahrdrahtspannung (Hubbegrenzung der Regler),
- $\triangle$I-Steuerung der Drehgestelle,
- Schleuderschutzsignale

der Aussteuerungsgrad der Stromrichter geregelt (Abb. 328).

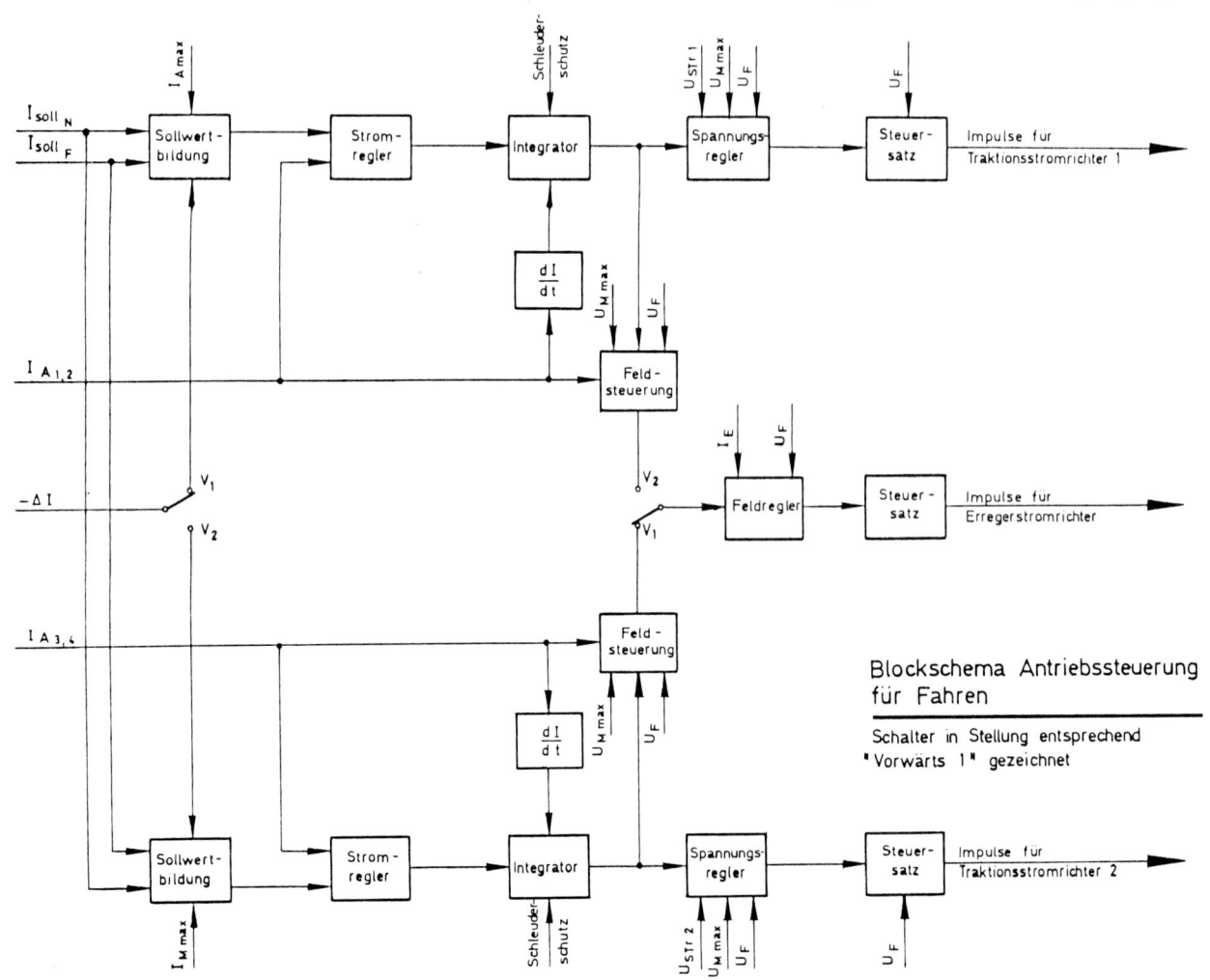

Abb. 328: Blockschemaantriebssteuerung für Fahren. Schalter in Stellung entsprechend »vorwärts 1« gezeichnet (Grafik: SBB)

Abb. 329: Blockschemaantriebssteuerung für Bremsen. Schalter in Stellung entsprechend »vorwärts 1« gezeichnet (Grafik: SBB)

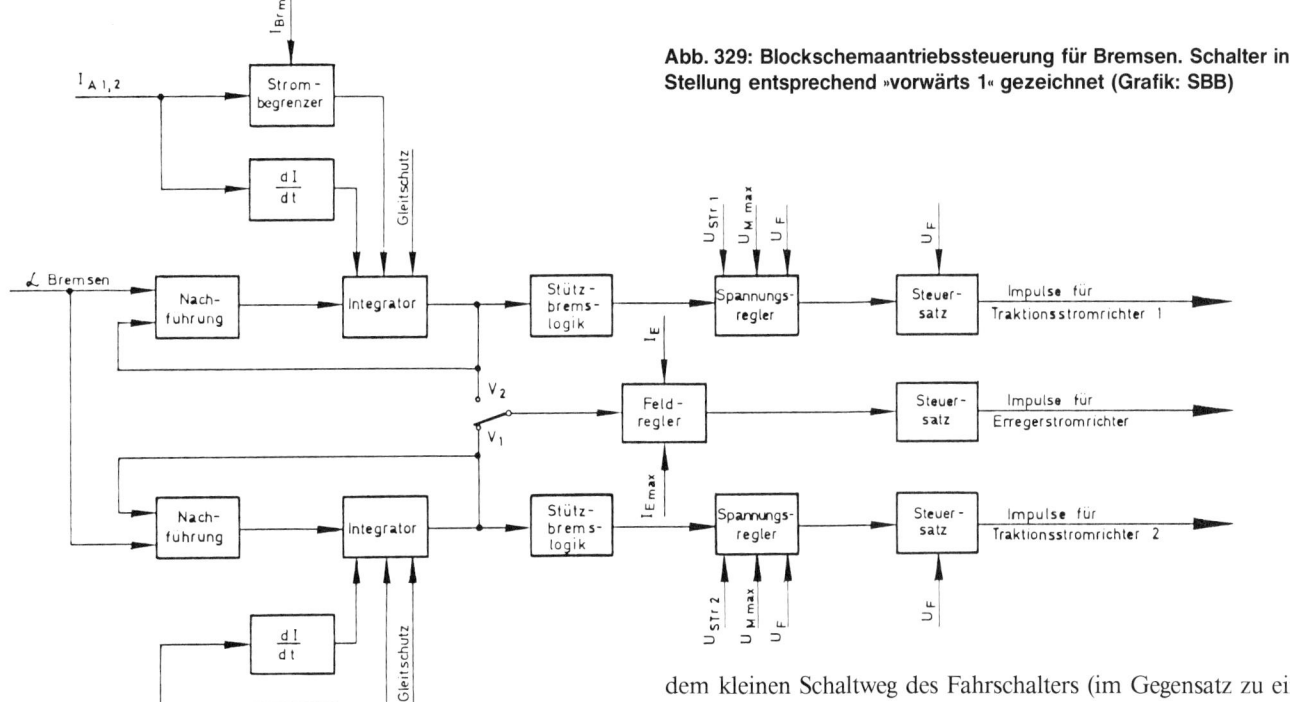

Beim Bremsen wird der Aussteuerungsgrad der Stromrichter dem Sollwert α-Bremsen (ab Bremskraftregler) nachgeführt (Abb. 329). Als Randbedingungen gelten hier:
– max. Bremsstrom
– Fahrmotorspannung,
– Fahrdrahtspannung (Hubbegrenzung der Regler),
– Gleitschutzsignale.

Im nachfolgenden Steuersatz erfolgt schlußendlich synchron mit der angelegten Spannung die Bildung und Zuordnung der Zündimpulse zu den einzelnen Thyristoren, wenn die Impulsfreigabe ein Zünden zuläßt. Die Folgelogik, die nacheinander die einzelnen Spannungsstufen durchsteuert, ist ebenfalls Bestandteil des Steuersatzes.

Loksteuerung (Mikroprozessor)

Die der Antriebssteuerung übergeordnete Loksteuerung wurde für die Re 4/4 IV neu entwickelt, Abb. 330 zeigt das Blockschema. In der Phase der Realisierung zeigte sich, daß sich die gestellten Anforderungen nur mit Hilfe eines Rechners mit tragbarem Aufwand und mit genügender Genauigkeit erfüllen ließen. Unter anderem wurde aus Gründen der Einheitlichkeit angestrebt, den seit 20 Jahren bei den SBB gut eingeführten Fahrschalter zur Steuerung der Triebfahrzeuge auch für diese neuen Lokomotiven wieder anzuwenden. Bei der Konzeption der Loksteuerung galt es, dem kleinen Schaltweg des Fahrschalters (im Gegensatz zu einer Steuerung mit Handrad) Rechnung zu tragen. Außerdem wurden Wege gesucht, um über die bewährte Vielfachsteuerleitung auch konventionelle Triebfahrzeuge fernsteuern zu können oder die Re 4/4 IV von diesen aus fernzusteuern.

Die Realisierung mit Hilfe des Mikroprozessors ermöglicht auf elegante Art auch zwei Arten der Steuerung, mit Übergang von der einen auf die andere während der Fahrt:

1. *Bedienungsart = Befehlsgebersteuerung.* Die Lösung wurde im Beibehalten der bisherigen diskreten Schaltstufen (M, +, ++) des Fahrschalters und nachgeschaltetem elektronischen »Stufenschalter« gefunden. Dadruch erhalten die konventionellen Fahrzeuge ihr bisheriges Auf-/Ab-Signal. Auf der Re 4/4 IV werden die Befehle stufenlos verschliffen und das Zeitverhalten an die konventionellen Fahrzeuge angelehnt. In einer weiteren Stufe wird der Seriemotorcharakter der konventionellen Fahrzeuge nachgebildet, damit sich die neuen angenähert gleich verhalten. Zudem konnte so der Nebenschlußcharakter, der in bezug auf eine fahrdynamisch einfache Bedienung gewisse Nachteile hat, gemildert werden. (Für die Adhäsionsausnützung kommt der Nebenschlußcharakter im Schleuderfall trotzdem voll zur Geltung, weil dann die Antriebssteuerung unabhängig von der Loksteuerung reagiert).

2. *Bedienungsart = Geschwindigkeitsregler mit Fahr-Bremslogik.* Bei artreiner Traktion dient zur wirksamen Entlastung des Lokführers der Geschwindigkeitsregler, der allerdings keinen Zugriff zur pneumatischen Bremse hat.

Der Lokführer stellt mit je einer Auf-/Abdrucktaste die Sollgeschwindigkeit ein. In 5-km/h-Schritten wird sie erhöht oder zurückgenommen, solange die entsprechende Taste gedrückt ist. Die eingestellte Sollgeschwindigkeit ist am Geschwindigkeitsanzeigegerät ablesbar. Mit einem zweiten, kleineren Fahrschalter

Abb. 330: Loksteuerung, Blockschema (Grafik: BBC)

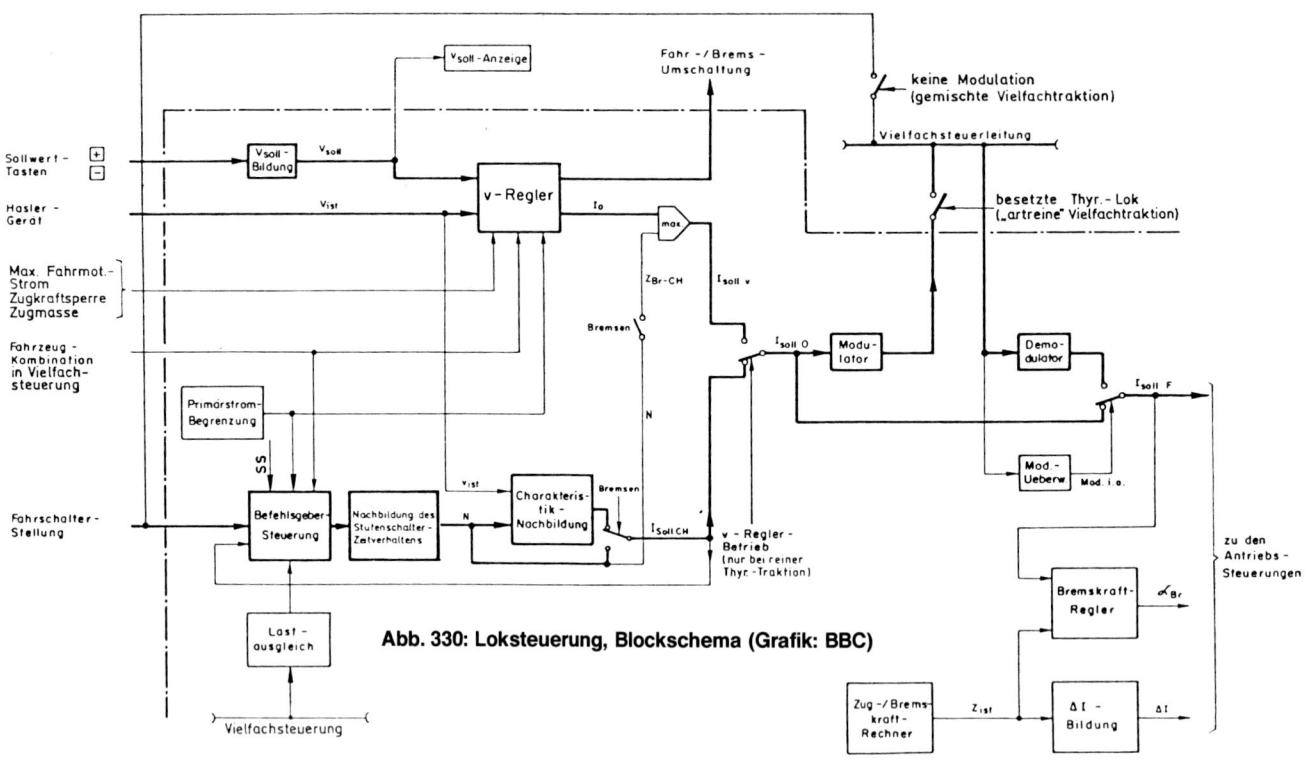

Tabelle 4. *Aufgaben für den Rechner (außer Steuerung)*

Rechneraufgabe	Funktion, Erläuterungen						
Δn-Schleuder-schutz	Ansprechstufe	Schleuder-bremse anlegen	Befehlsgeber-steuerung		Antriebs-steuerung		Meldelampe auf dem Führerpult	Bemerkungen
			Aufsperre+	Abbefehl+	Aufsperre	Abbefehl		
	Δn-Stufe 1	a	x		a			a = im Drehgestell mit schleudernder Achse
	Δn-Stufe 2	a	x	x		b	x	b = beide Drehgestelle
	dv/dt (Stufe 3)*	c	x		c		x	c = Drehgestell mit Achse mit kleinster Drehzahl
								x = zutreffend
								+ Wirkung auf Befehls-gebersteuerung
								* nur beim Fahren
Zugkraft-rechner	Aus dem größten Anker- und Erregerstrom-Istwert (beim Fahren inkl. Serieerregung) und den Motordaten wird die momentane Zugkraft bzw. Bremskraft gerechnet. Sie dient: a. beim Fahren der ΔI-Bildung Oberhalb der Dauerzugkraft von 207 kN wird das vordere Drehgestell elektrisch linear entlastet, d.h., bei maximaler Zugkraft beträgt die Reduktion 4%, vgl. Bild 18. Die Entlastung dient der Kompensation des Kastenmomentes. b. beim Bremsen als Bremskraft-Istwert im Bremsregler zur Konstanthaltung der eingestellten Bremskraft; siehe Bild 19.							
Lastausgleich	Bei gemischter Traktion gleicht die Re 4/4 IV ihren Strom im Beharrungszustand (Fahrschalterstellung •) in einem bestimmten Verhältnis an den des konventionellen Fahrzeuges an. Damit wird eine optimale Lastaufteilung angestrebt.							
Primärstrom-begrenzung	Unterhalb der Fahrdrahtspannung von 15 kV darf der Primärstrom einen linear abnehmbaren Grenzwert nicht überschreiten, zur Vermeidung von Spannungszusammenbrüchen bei schwachem Netz.							
v-soll-Bildung	Aus den Befehlen der v-soll-Eingabetasten wird der 8-bit-Code für die Anzeige sowie der Analogwert für den Geschwindigkeits-regler gebildet.							
Ventilations-steuerung	Aus dem Fahrmotorstrom-Istwert werden Schaltkriterien für die schwach/stark-Umschaltung der Ventilation gebildet.							

kann der Lokführer als weiteren Parameter den max. zulässigen Strom und damit in Abhängigkeit von Last und Strecke die Beschleunigung wählen. Die Bestimmung der elektrischen Bremskraft ist jedoch dem Geschwindigkeitsregler überlassen.

Wie bei den Vororttriebzügen bildet der Regler aus der Differenz zwischen Soll- und Istgeschwindigkeit das Kriterium Fahren oder Bremsen und bestimmt den Stromsollwert. Zur genauen Einhaltung der Sollgeschwindigkeit wird das Differenzsignal nach der Zeit differenziert. Im Bereich kleiner Differenzen kommt das Differential zur Erhöhung der Empfindlichkeit stark zur Geltung. Sein Wert wird zur Differenz addiert.

Wenn die elektrische Bremse nicht genügt, um im Gefälle die Geschwindigkeit zu halten, muß der Lokführer zusätzlich mit der automatischen Luftbremse die Anhängelast bremsen. Er bleibt für die Einhaltung der Geschwindigkeit weiterhin voll verantwortlich. Wichtig ist, daß der Lokführer *jederzeit* mit der elektrischen wie auch mit der pneumatischen Bremse direkt eingreifen kann, so daß er beispielsweise beim Anhalten mit der herkömmlichen Bremsbedienung den Halteort sicher in der Hand hat.

Im Sinne einer Notsteuerung können bei Versagen der Loksteuerung mit den drei Fahrschalterstellungen M, +, ++ 3 verschiedene Stromsollwerte direkt den eigenen Antriebsteuergeräten vorgegeben werden.

Dem Rechner sind noch weitere Aufgaben überbunden, die in Tabelle 4 zusammengestellt sind. Funktionen, die der Sicherheit dienen oder die jederzeit verfügbar sein müssen, werden wie bisher diskret aufgebaut. Eine Übersicht enthält Tabelle 5.

Meßstromkreise und Schutzfunktionen

Wechselstromgrößen

Es werden erfaßt:
– *Primärspannung:* Der Primärspannungswandler speist das Fahrleitungsvoltmeter sowie das Nullspannungsrelais, das beim Unterschreiten einer Fahrleitungsspannung von 10,5 kV den Hauptschalter verzögert auslöst, ferner im Rechner die Primärstrombegrenzung (spannungsabhängiger Einfluß).
– *Primärstrom:* Am Primärstromwandler sind das Primärstromrelais und die Primärstrombegrenzung angeschlossen.
– *Stromrichterstrangstrom:* Jeder Zweig-Strom der Traktionsstromrichter wird über Wandler erfaßt (6×).
Der Summenstrom der drei Zweige eines Stromrichters wird in der Symmetrieüberwachung verarbeitet, die den Strom auf Anteile an gradzahligen Harmonischen der Grundschwingung überprüft und allenfalls verzögert den Hauptschalter auslöst. Der Größtwert der gleichen drei Zweige speist das zugehörige Stromrichterrelais, das unverzögert den Hauptschalter auslöst. Dieses Relais ist im Sinne eines »Katastrophenschutzes« mit Selbsthaltung ausgerüstet. Es kann nur durch geschultes Personal zurückgestellt werden, nachdem der Stromrichter geprüft wurde.

Tabelle 5. Sicherheitsfunktionen

Titel der Funktionen	Erläuterungen
v-ist-Aufbereitung	Das Geschwindigkeitssignal ab Geschwindigkeitsmesser wird mit Referenzwerten verglichen, die von den Gebern für den Schleuderschutz gebildet werden. Beim Überschreiten zu großer Abweichungen spricht die v-ist-Überwachung an. An dieser Stelle wird auch die maximale Geschwindigkeit überwacht.
Winkeltransmitterzusatz	Der Winkeltransmitter des Fahrschalters für Geschwindigkeitsregelung gibt im Schwellpfeilbereich einen der Stellung proportionalen Strom ab. Der Winkeltransmitterzusatz formt diesen Strom um in eine proportionale Spannung als Eingangssignal des V-Reglers.
Sollwertumschaltung	Der Stromsollwert wird je nach Traktionsart auf verschiedene Weise zu den Antriebsteuergeräten geleitet. Ausgenommen bei gemischter Traktion, wird der Sollwert nur vom führenden Fahrzeug gebildet und in Form eines pulsbreiten-modulierten Signals auf die Vielfachsteuerung gegeben und von allen Antriebsteuergeräten wieder demoduliert empfangen. Damit ist eine optimale Lastaufteilung gewährleistet. Bei gemischter Traktion werden die Fahrschaltersignale jedem Loksteuergerät zugeleitet, die den Sollwert selber bilden und direkt ihre Antriebsteuergeräte speisen. Die Sollwertumschaltung reagiert auf ein vorhandenes moduliertes Signal und stellt dementsprechend die elektronischen »Weichen«.
Modulation/ Demodulation	Stromsollwert
Notsollwert	Bilden der Werte für die Notsteuerung.
Fahrrichtungslogik	Sie weist bei elektrisch abgetrenntem, nachlaufendem Drehgestell die Erregungssteuerung dem noch arbeitenden zu.

Ferner werden im Steuersatz bei 900, 1800, 2700 und 3600 A Zündnachimpulse freigegeben, um sicherzustellen, daß evtl. verlöschte Parallelthyristoren wieder gezündet werden.
– *Heizstrom:* Der Heizstromwandler speist das Heizstromamperemeter und das Heizstromrelais.

Gleichstromgrößen

Über Shunts mit nachgeschalteten Shuntverstärkern werden erfaßt:
– *Motorstrom:* Der Strom jedes Motors wird gemessen. Die Meßwertanzeige wählt den Größt- und den Kleinstwert aus – bei Vielfachsteuerung auch unter den weiteren Re 4/4 IV – und gibt den größten momentanen Motorstrom sowie die größte Differenz zwischen allen beteiligten Motoren an die Anzeige ab.
Im Antriebsteuergerät beeinflußt der größere Strom der zugehörigen Motoren den Stromregler (Abb. 331). Zur Erfassung

Die Stromregler haben im normalen Betrieb die Ströme »im Griff«. Für den Fall eines Reglerversagens wird der Ankerstrom jeden Motors sowie der Erregerstrom mit elektromechanischen Relais überwacht. Diese sind direkt in den Stromschienenzug eingebaut. Der Leiter durch das Relais stellt die Spule dar. Der Anker betätigt gegen die einstellbare Gegenfelder die Auslösekontakte.

Anzeige

Die Meßgrößen der Stromrichter- und der Wechselstromtriebfahrzeuge in gemischter Vielfachtraktion können nicht gemeinsam angezeigt werden: die abweichenden Formfaktoren würden beim Zusammenschalten eine Fahlanzeige bewirken. Auf der Re 4/4 IV ist neben der Anzeige der Re 4/4 IV-Fahrmotorströme zusätzlich ein Doppelinstrument eingebaut, das die Ströme allfälliger konventioneller Triebfahrzeuge des Verbandes zeigt. Wenn die Bedienung von konventionellen Triebfahrzeugen aus erfolgt, fehlt dort die Anzeige der Fahrmotorströme der Re 4/4 IV. Um den Lokführer bei wesentlich zu tiefem Strom eines Fahrmotors auf die Störung aufmerksam zu machen, wird in diesem Fall die konventionelle Differenzstromanzeige periodisch an den Vollausschlag getrieben.

Erdschluß

Die Erdschlußerfassung wurde gegenüber den bisherigen Lösungen mehr aufgefächert. Dagegen wurde auf die Hauptschalterauslösung durch das Erdschlußrelais verzichtet. Jeder Fahrmotorstromkreis wird getrennt erfaßt. Der bekannte Spannungsteiler mit dem Mittelpunktanschluß des Erdschlußrelais ist direkt im Traktionsstromrichter eingebaut. Die bisher üblichen Schaltautomaten fehlen, damit das Potential der Fahrmotor-Stromkreise stets festgehalten ist. Für den Fall eines Kurzschlußes in der Verdrahtung brennen die Anschlußleitungen an definierter Stelle ab, ohne Schaden zu stiften.

Beim Ansprechen des Relais kann der Lokführer die Summenmeldungen (Pannenlampe auf dem Führerpult) am Relais löschen. Durch eine bleibende Anzeige auf dem Erdschlußrelais werden die Unterhaltsdienste jedoch auf die Störung hingewiesen.

Der Erregerstromkreis und die Hilfsbetriebe sind, wie schon im Abschnitt »Hilfsbetriebe« erwähnt, über den Transformator galvanisch verbunden. Die bisher übliche Schaltung der Hilfsbetriebe mit einem geerdeten Pol hätte für die Fremderregerwicklung der Fahrmotoren von den übrigen Wicklungen abweichende Erdungsverhältnisse geschaffen. Die Erdung erfolgt jetzt für den Fremderreger sowie für die gesamten Hilfsbetriebe gemeinsam über einen Schutzwiderstand, der einen allfälligen Erdstrom auf unschädliche Werte begrenzt. Alle drei Kreise werden getrennt mit Fehlerstromrelais auf Erdschluß überwacht. Die Relais reagieren auf unterschiedlichen Strom in der Hin- und Rückleitung.

Abb. 331: Blick in den Maschinenraum der Re 4/4^{IV}, daneben rechts oben eine in Montage befindliche Re 4/4^{II} (Foto: BBC).

einer beginnenden Stromunruhe und damit einer frühzeitigen Feststellung einer Schleuderneigung wird hier jeder Motorstrom nach der Zeit differenziert und allenfalls der Integrator gestoppt.

Der Größtwert der Motorströme wird im Zugkraftrechner verarbeitet.

– *Erregerstrom:* Der gemessene Erregerstrom beeinflußt den Feldstromregler. Er wird auch im Zugkraftrechner verarbeitet.
– *Motorspannung:* Ein Spannungswandler am Ausgang des Traktionsstromrichters mißt die Klemmenspannung über Fahrmotor und Glättungsdrossel. Sie beeinflußt im Antriebssteuergerät den Spannungsregler.

Geschwindigkeitsmeßanlage, Sicherheitssteuerung und Zugsicherung

Auf der Re 4/4 IV wurde wiederum die bereits bekannte Teloc-E-Anlage der Firma Hasler eingebaut [2]. Sie besteht aus den Achsgebern, einem Zentralgerät im Maschienraum sowie den beiden Anzeigegeräten in den Führerständen. Die Geschwindigkeit wird auf einer waagrechten Linearskala im Bereich 0 – 180 km/h angezeigt und gleichzeitig im Zentralgerät auf Farbscheibe (Kurzzeitregistrierung) und Papierband aufgezeichnet. Die vom Lokomotivführer am Geschwindigkeitsregler eingestellte Sollgeschwindigkeit wird – wie bereits im Abschnitt »Steuerung« beschrieben – auf einer zweiten, zur ersten parallelen Skala dargestellt.

Bei dieser Geräteserie wurde neu eine *Überwachungsschaltung für die gesamte Anlage* eingeführt. Die Stellung der beiden Anzeigebänder für Ist- und Sollgeschwindigkeit wird mit je einem Potentiometer abgegriffen. Das Rückmeldesignal der Ist-Anzeige wird im Zentralgerät dauernd mit dem aus einem zweiten, unabhängigen Meßkanal gewonnenen, Geschwindigkeitswert verglichen. Übersteigt die Differenz der beiden Signale ein bestimmtes Maß, so wird dies dem Lokomotivführer durch eine blinkende Warnlampe angezeigt.

In ähnlicher Weise wird das Rückmeldesignal der Sollanzeige in der Lokomotivsteuerung bei arbeitender Geschwindigkeitsregelung auf Übereinstimmung mit dem Sollwert des V-Reglers überwacht. Bei Abweichung wird der Regler gesperrt. Außerdem wird im Fahrbetrieb der Hauptschalter ausgelöst, wenn die Geschwindigkeit die angezeigte Sollgeschwindigkeit übersteigt. Mit diesen Maßnahmen soll sichergestellt werden, daß auch bei einem Defekt der Anzeige oder der Geschwindigkeitsregelung der Zug nicht noch oberhalb des dem Lokomotivführer angezeigten Geschwindigkeitssollwertes beschleunigt.

Eine weitere Neuerung bedeutet der Reversier- und Rückrollschutz. Wenn bei rollender Lokomotive die Wendeschalter entgegen der Fahrrichtung gestellt werden, können beim Einschalten der Trennschützen zufolge Selbsterregung der Motoren kurzschlußartige Ströme entstehen. Mit der Einführung von fahrrichtungsabhängigen Schaltstufen in der Geschwindigkeitsmeßanlage können solche Fehlmanipulationen verhindert werden. Bei falscher Stellung des Wendeschalters wird das Einschalten der Trennschützen bei einer Geschwindigkeit größer als 4 km/h verhindert. Ebenso werden im Bremsbetrieb die Trennschützen sofort bei Stillstand der Lokomotive ausgelöst, denn bei weiterhin eingeschalteter elektrischer Bremse würde das Fahrzeug wegen der für die Stützbremse notwendigen Energiezufuhr zurückrollen (Rückrollschutz). Darüberhinaus wird bei fahrender Lokomotive das Umschalten der Wendeschalter gesperrt (Reversierschutz).

Die wegabhängige Sicherheitssteuerung ist ebenfalls ein Bestandteil der Geschwindigkeitsmeßanlage. Unterläßt es der Lokomotivführer, während einer Fahrstrecke von 50 m das Sicherheitspedal niederzudrücken, oder führt er innerhalb 1600 m keine Schalthandlung aus, löst diese Einrichtung nach kurzer Warnzeit den Hauptschalter aus und leitet eine Schnellbremsung ein.

Die induktive Zugsicherung überträgt zwei Begriffe. Den Warnbegriff bei einem geschlossenen Vorsignal muß der Lokomotivführer quittieren, um nicht angehalten zu werden. Der Haltbegriff beim überfahren eines geschlossenen Hauptsignals löst eine sofortige Zwangsbremsung aus; er kann bei einer Geschwindigkeit unter 40 km/h im Rangierbetrieb unterdrückt werden.

Abb. 332: Tableau CDE, Ansicht von schräg vorne (Foto: BBC)

Abb. 333: Hauptgerüst (Foto: BBC)

2.3.1.5. Disposition

Abb. 331 gibt einen Einblick in den Maschinenraum und vermittelt einen Eindruck der *gedrängten* Bauweise.

Im zentralen Lüftungsschacht steht der Transformator 1, mit dem Erregerstromrichter 2 und dem Erdungswiderstand für die Hilfsbetriebe 3. Über die Diagonale sind die beiden Traktionsstromrichter 4 angeordnet. Daneben sind die Bremswiderstände 5 zu sehen. Darunter befinden sich die Ölkühl- und Bremswiderstandslüfter. In der Ecke des Stichgangs steht das Tableau CDE 6 mit Meldelampen, Schaltautomaten, Erdschlußrelais, Abtrennschaltern, Sicherungen, Hilfsbetriebsapparaten und Relais (Abb. 332).

Der Elektronikschrank II 7 enthält die gesamte Steuer- und Schutzelektronik BBC. Im Elektronikschrank I 8, der neben dem Quergang angeordnet ist, befindet sich das Zentralgerät der Geschwindigkeitsmeßanlage und die autom. Zugsicherung. Daneben, längs der Seitenwand, ist der Kompressor 9 aufgestellt. Direkt an der Führerstandrückwand steht das Batterieladegerät 10.

In der Mitte der Drehgestellaufbauten stehen die Fahrmotorventilatoren 11, davor gegen den Längsgang die Hauptapparategerüste (siehe hierzu Abb. 333).

An der Außenwand auf Seite II steht der Hilfsbetriebumrichter (13). Im Stichgang hinter dem Transformator ist das zentrale Klemmenbrett (14). Bei den Eingangstüren sind die Pneumatiktableaux (15) angeordnet. Die nicht demontierbaren Dachteile über den Führerständen zeigen die Ansaug- und Luftauslaßöffnungen (16) für die Führerstandventilation und die Funkantenne (17).

Eine weitere Übersicht über die Gesamtdisposition der Re 4/4 IV vermittelt die Typenskizze, (Abb. 334).

Der Führerstand (Abb. 335) lehnt sich in Gesamtdisposition und Ergonomie an den Einheitsführerstand an, der sich seit dem Bau der RBe-4/4-Triebwagen im Jahr 1959 auf allen modernen Triebfahrzeugen der SBB bewährt hat. Die aus aerodynamischen Gründen neue Kopfform sowie Wünsche des Lokomotivpersonals ergaben einzelne geringfügige Abweichungen vom bisherigen Aufbau.

3.2.2. Betriebserfahrungen

3.2.2.1. Verfügbarkeit

Während der Bauphase war beabsichtigt, die Re 4/4 IV-spezifischen Ersatzteile zusammen mit der Serie zu bestellen. Nicht nur die stückzahlabhängigen Beschaffungspreise sprachen dafür, sondern auch die zuerst mit den Prototyplok zu sammelnden Erfahrungen im Betrieb, um über die Art der Ersatzteile und deren Stückzahl zu entscheiden. In diesem Vorgang wäre die Wahl der Antriebsvariante für die Serie inbegriffen gewesen.

Mit ausbleibender Serienbestellung konnten bisher auch keine spezifischen Ersatzteile bestellt werden: da die Einzelanfertigung

Abb. 335: Führerstand (Foto: BBC)

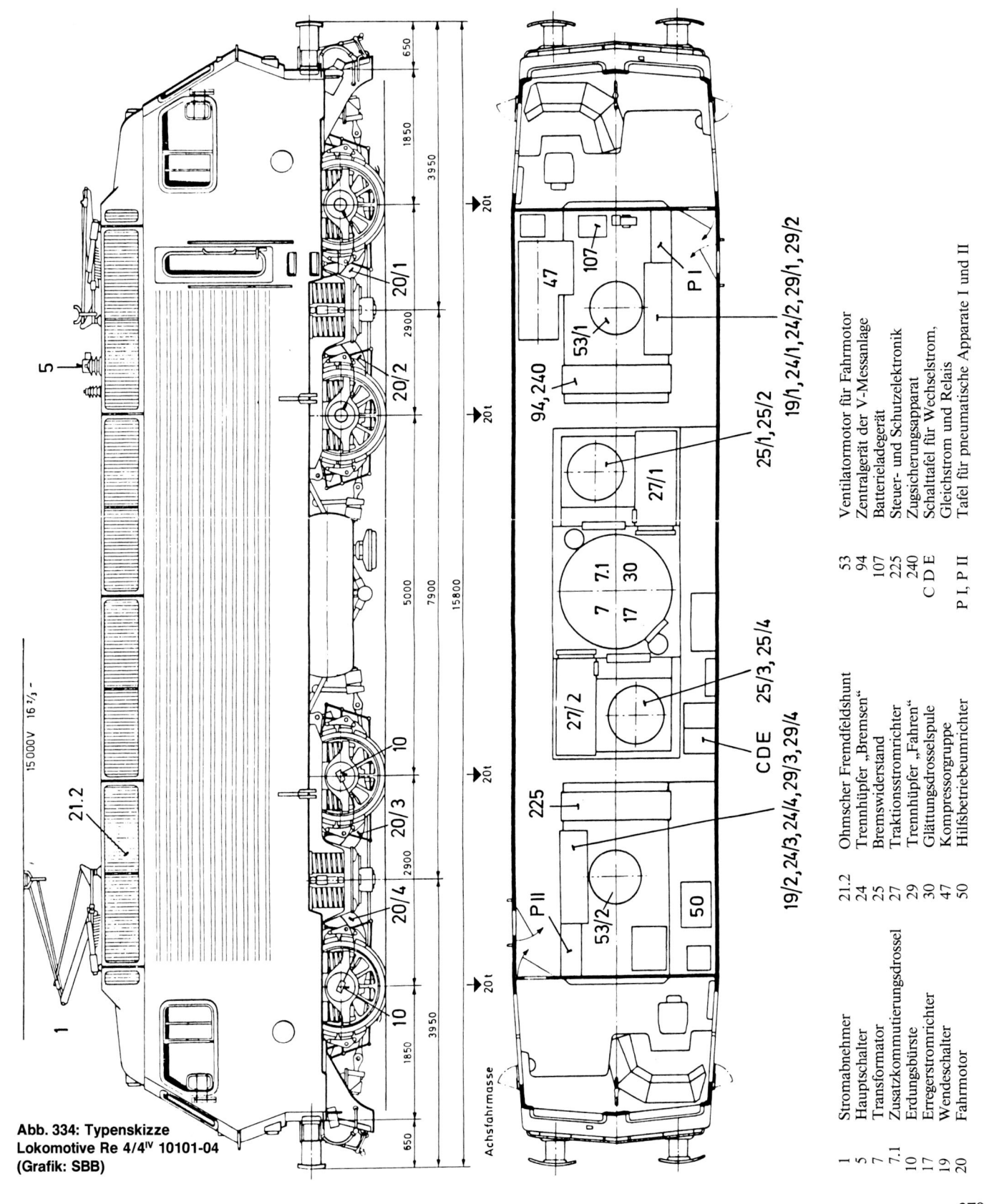

Abb. 334: Typenskizze Lokomotive Re 4/4^IV 10101-04 (Grafik: SBB)

1	Stromabnehmer	53	Ventilatormotor für Fahrmotor
5	Hauptschalter	94	Zentralgerät der V-Messanlage
7	Transformator	107	Batterieladegerät
7.1	Zusatzkommutierungsdrossel	225	Steuer- und Schutzelektronik
10	Erdungsbürste	240	Zugsicherungsapparat
17	Erregerstromrichter	C D E	Schalttafel für Wechselstrom, Gleichstrom und Relais
19	Wendeschalter	P I, P II	Tafel für pneumatische Apparate I und II
20	Fahrmotor		
21.2	Ohmscher Fremdfeldshunt		
24	Trennhüpfer „Bremsen"		
25	Bremswiderstand		
27	Traktionsstromrichter		
29	Trennhüpfer „Fahren"		
30	Glättungsdrosselspule		
47	Kompressorgruppe		
50	Hilfsbetriebeumrichter		

von zum Beispiel Fahrmotoren oder Achsantrieben zu vertretbaren Preisen gar nicht möglich ist, muß nun ein Ausweg über die Beschaffung von Komponenten wie vorgefertigte Wicklungsteile, Rotor- und Statorbleche etc. für den »Ernstfall« gesucht werden. Dadurch kann je nach Art eines Schadens die Standzeit einer Lok wenigstens um die Bestell- und Lieferzeit von Halbfabrikaten und Komponenten abgekürzt werden. Das Risiko von ungewöhnlich langen Standzeiten – auch bei Revisionen – muß dabei grundsätzlich auch weiterhin in aufgenommen werden. Die Standzeiten waren schon bisher bestimmend für die betriebliche Verfügbarkeit der vier Prototyplok, welche – unter dem Einfluß von Messprogrammen und Nacharbeiten zum Auskurieren von Kinderkrankheiten – zeitweise keine 50 % betrug.

Mechanischer Teil

Beim mechanischen Teil sind die Kinderkrankheiten bisher geringfügig ausgefallen: so waren anfänglich Undichtheiten der Dachpartie, ebenso anfänglich Oelverluste an den Antriebskasten der Gummi-Gelenkantriebe, klappernde Bodenvertile der hydraulischen Vertikalstoßdämpfer zur Sekundärfederung, nachlassende Luftförderung der Führerstandventilation im oberen Geschwindigkeitsbereich etc. zu verzeichnen.

Die Achsantriebe haben sich, nach Behebung des oben erwähnten Mangels beim Gummi-Gelenk-Typ, in beiden Varianten bisher bestens bewährt. Erst der Betriebseinsatz über einen Revisionsparcours von 1,5 oder gar 3 Mio. Kilometer dürfte allfällige Unterschiede zeigen. Sowohl lauf- wie spurführungstechnisch lassen sich keine Unterschiede erkennen.

Adhäsionsverhalten

Die systematische Überprüfung des Adhäsionsverhaltens zeigte, daß der Eingriff des Schleuderschutzes vor allem bei Allachsschleudern zu stark war, so daß sich der »nützliche Schlupf« nicht genügend aufzubauen vermochte. Bei Ansprechen der dv/dt-Stufe wurde
– an allen Achsen die Schleuderbremse angelegt und
– die Antriebssteuerung des nachlaufenden Drehgestells abgesteuert.

Die Messungen zeigten jedoch, daß nicht immer die letzte Achse den geringsten Schlupf aufweist. Deshalb wird neu dauernd überwacht, welche Achse momentan die geringste Drehzahl aufweist. Beim Ansprechen der dv/dt-Stufe wird nun
– das Drehgestell mit der Achse mit der geringsten Drehzahl gebremst,
– eine »Aufsperre« auf die Antriebssteuerung desselben Drehgestells ausgeübt.

Zudem wurde die zugkraftabhängige Ankerstromreduktion des vorlaufenden Drehgestells ($\triangle$I-Bildung) auf die Hälfte verringert. Abb. 320 und Tabelle 4 geben die Verhältnisse nach den Änderungen wieder. Die Summe dieser Maßnahmen führte dazu, daß die Anhängelasten gemäß Pflichtenheft (650 t Anhängelast auf 26 % Steigung) auch bei ungünstigem Schienenzustand zuverlässig geführt werden können. Es scheint ferner, daß die von betrieblicher Seite unbedingt verlangte Kompatibilität der Vielfachsteuerung mit den konventionellen Stufenschalterlok Re 4/4 II und Re 6/6 die Regelung der Re 4/4 IV und gewisse Charakteristiken ihres Schleuderschutzes etwas verkompromitiert: ohne Kompatibilität wäre die Regelung der Re 4/4 IV jedenfalls einfacher und besser konzipierbar gewesen, so daß wahrscheinlich noch größere Anhängelasten – mindestens technisch – hätten erreicht werden können.

Leitelektronik

Die gesamte Leitelektronik hat sich – abgesehen von verzeinzelten Frühausfällen von Bauteilen – sehr gut bewährt.

Verschiedentlich mußten im Verlaufe der Erprobung der Lokomotiven Veränderungen – wie im Abschnitt über das Adhäsionsverhalten beschrieben – vorgenommen werden. Hier zeigte sich immer wieder in eindrücklicher Weise die Überlegenheit der noch jungen Mikroprozessortechnik auf Triebfahrzeugen: im Gegensatz zu früher blieb der Lötkolben kalt, lediglich der Programmspeicher (EPROM) wurde jeweils ausgewechselt.

Gemischte Vielfachsteuerung mit der Re 4/4 II und Re 6/6

Die gemischte Vielfachsteuerung mit Stufenschalter-Triebfahrzeugen wird häufig praktiziert. So zum Beispiel bei Überfuhren in östliche Teile der Schweiz, weil neben den Lokführern der Westschweiz nur eine kleine Anzahl anderer Lokführer die Lok kennen. Die Überfuhren stehen vielfach im Zusammenhang mit Publikumsveranstaltungen, wo meistens auch eine Re 4/4 IV ausgestellt wird. Die Steuerung erlaubt, die Re 4/4 IV zum Beispiel von einer Re 4/4 II aus fernzusteuern. Das Schutzkonzept ist so ausgelegt, daß die Re 4/4 IV in ihren Schutzfunktionen völlig autonom ist. Dadurch wurde, ohne Eingriffe an den bestehenden Triebfahrzeugen, das freie Zusammenspiel mit der Re 4/4 IV möglich. Zu diesem Zweck mußte auch das Auf- und Absteuerverhalten der Re 4/4 IV an dasjenige der Stufenschalterlok angepaßt werden, wodurch die Regelkette der Re 4/4 IV etwas träge wurde. Gezielte Stromänderungen anhand des Istwert-Ampèremeters einzustellen, war für den Lokführer wegen den nun wirksamen Zeitkonstanten recht schwierig. Die Lösung bestand im Einbau eines Sollwert-Ampèremeters. Dieses Instrument zeigt dem Lokführer augenblicklich, welchen Stromwert er der Antriebssteuerung vorgibt.

Abb. 336 und 337: Re 4/4^{IV} 10101 mit Meßwagen bei Anfahrversuchen ▶ nach UIC-Norm am 9. 7. 1982 im Bahnhof Hüntwangen/Wiel. Auf dem unteren Bild durchfährt am 9. 7. 1982 Re 4/4^{IV} 10103 mit einem Reisezug Flüelen (Fotos: B. Bruhin).

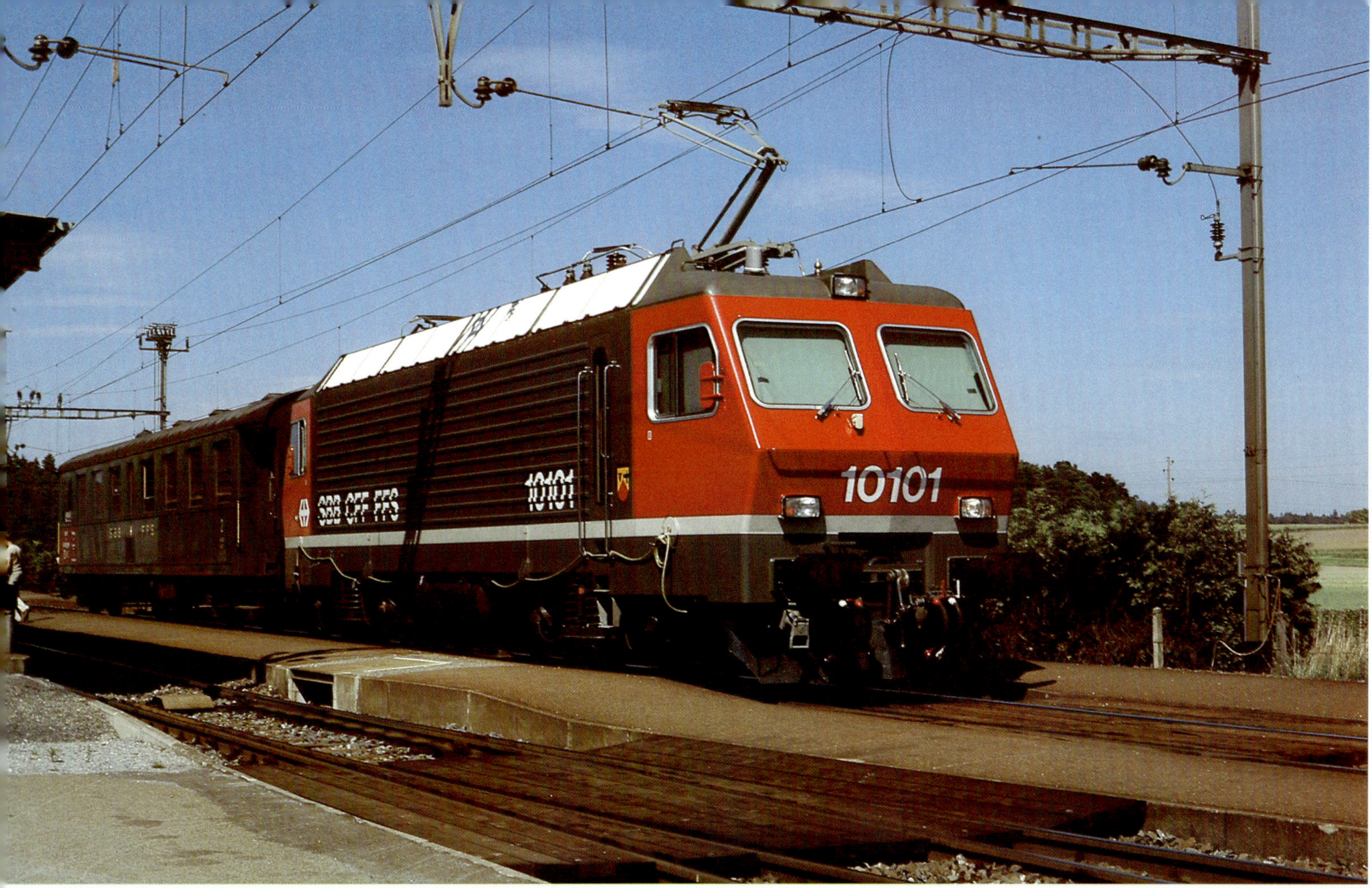
10101
SBB CFF FFS
10101

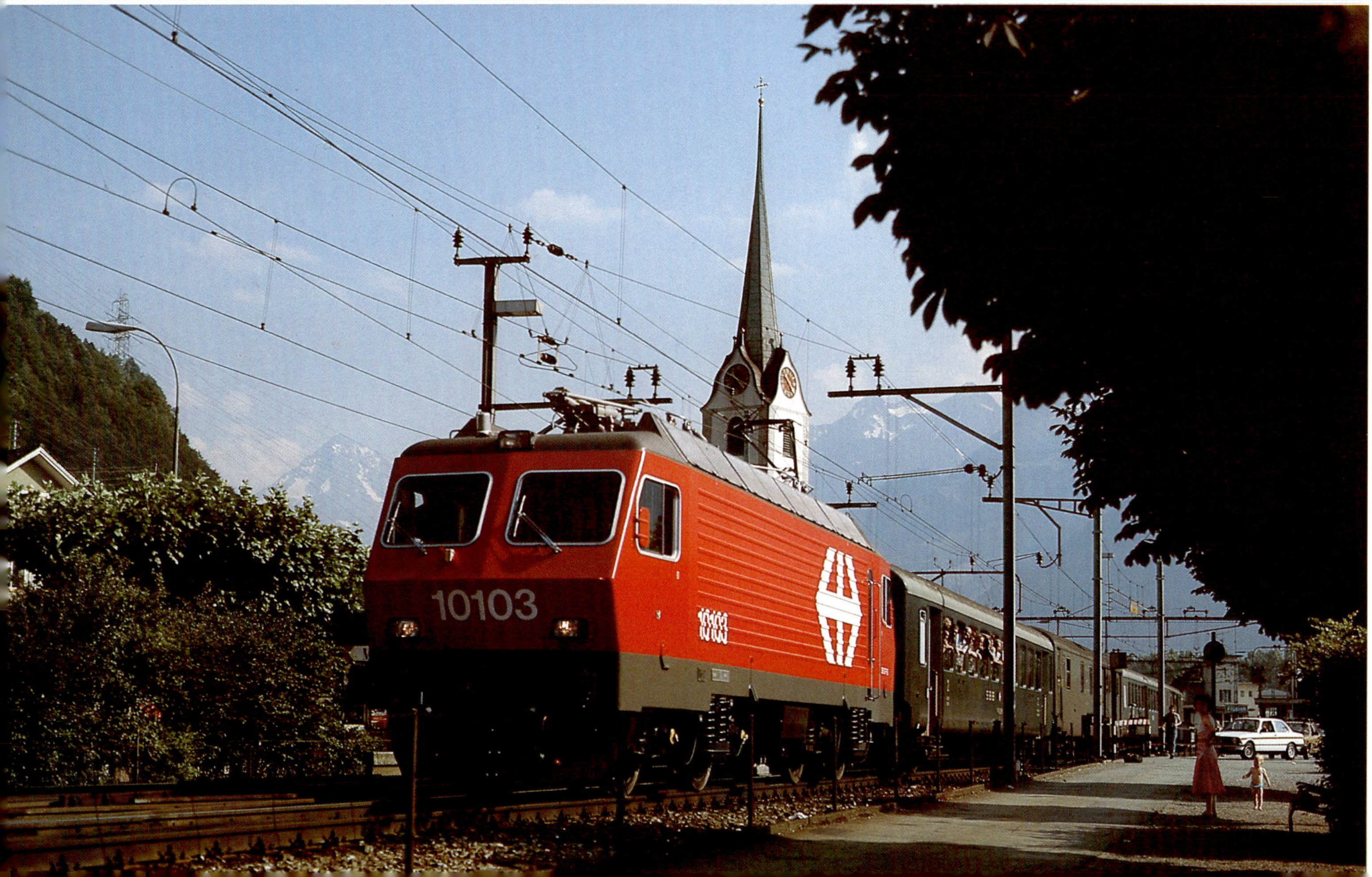
10103

Abb. 338 und 339: Die obere Aufnahme zeigt Re 4/4^{IV} 10102 vor dem Schnellzug Lausanne-Bern am 15. 5. 1982 beim Aufstieg durch die Weinberge, im Hintergrund Lausanne mit dem Genfer See. Unten begegnet uns am 27. 10. 1983 10103 mit dem Schnellzug Lausanne-Vallorbe bei Arnex, die Zuggarnitur besteht reinrassig aus neuen EUROFIMA-Wagen (Fotos: B. Bruhin).

Fahrmotoren

Die Fahrmotoren der vier Lokomotiven wurden im Sinne eines Langzeitversuches sowohl mit zwei Bürstenhaltertypen als auch mit verschiedenen Kohlenbürsten-Qualitäten bestückt. Zur Zeit befinden sich noch zwei Bürstensorten in der Evaluation. Die spezifischen Abnützungen liegen bei 0,17 bis 0,20, beziehungsweise 0,20 bis 0,22 mm/1000 km. Der Kollektorzustand ist insgesamt als gut zu beurteilen, wobei die Bürstensorte mit höherem Abnützungswert diesbezüglich ein günstigeres Bild ergibt. Kupferschieben tritt nicht auf.

Bei den Bürstenhaltern ist ein etwas besseres Verhalten des Rollbandfeder-Typs gegenüber dem bei den SBB üblicherweise verwendeten und auf den Einphasen-Wechselstrommotoren bestens bewährten Zwillingsbürstenhalten Giambonini festzustellen. Es scheint, daß sich beim ersterwähnten Halter die um ca. 7 % geringere spezifische Strombelastung (mit max 19,8 A/cm^2) im Betriebseinsatz der Re 4/4 IV günstig auswirkt.

Kurz aufeinanderfolgend traten 1984 drei Fälle von Rotorbandagenrissen auf. Daraufhin sind bei allen Motoren die Bandagen ersetzt worden (mit spezieller Beachtung der Feuchtigkeits- und Frostresistenz der Kunststoffe in etwas veränderter Zusammensetzung).

Im übrigen erwiesen sich die Fahrmotoren im Betrieb als ausgesprochen »gutmütig«: nach Werkstättenaufenthalten ist es mehrmals vorgekommen, daß die Lok irrtümlicherweise nur mit einem Teil arbeitender Fahrmotoren in den Betrieb gekommen sind. Da abgetrennte Fahrmotoren (oder Stromrichter) ursprünglich auf den Schalttafeln nicht besonders angezeigt werden, merkten die Lokführer den Fehler zum Teil erst nach Tagen, nämlich wenn bei einem ausgelasteten Zug wirklich alle Fahrmotoren nötig gewesen wären...

Stromrichter, Hilfsbetriebeumrichter

Die Traktionsstromrichter verhielten sich von der Inbetriebsetzung an sehr gut. Es sind keine Ausfälle von irgendwelchen Elementen zu verzeichnen, wohl nicht zuletzt als Folge der strengen Komponentenprüfung vor dem Zusammenbau. Damit bestätigt sich, daß die an sich erschwerte Zugänglichkeit der Elemente beim öltauchgekühlten Stromrichter kein Nachteil zu sein braucht.

Weniger brilliant gelang dagegen der Start mit dem für die Speisung der Ventilatormotoren eingesetzten Hilfsbetriebeumrichter. Die für die Entwicklung zur Verfügung stehende Zeitspanne war knapp, die Vorauserprobung ebenfalls. Retouchen am Kühlsystem der öltauchgekühlten Einheit waren notwendig. Einzelne Ausfälle von Bauteilen sind offensichtlich als Frühausfälle – allenfalls mitverursacht durch die anfänglich zu hohen Betriebstemperaturen – einzustufen.

Als typische Kinderkrankheit können mehrere Ausfälle der Sicherung gewertet werden, welche als Kurzschlußschutz dem Hilfsbetriebeumrichter vorgeschaltet ist. Zuerst wurde nach elektrischen Ursachen gesucht. Die defekte Einsätze ließen jedoch Ermüdungsbrüche des Schmelzleiters erkennen, verursacht durch mechanische Beanspruchung im Betrieb (Vibrationen). Eine geänderte Anordnung der Sicherung war schließlich die einfache Lösung!

Ventilatoren

Ein Problem für sich ist die Lärmentwicklung der Ventilation. Da die Abstrahlung nach außen wegen Platzmangel nicht wesentlich verändert werden konnte, wurde die Steuerung der Ventilation geändert nach dem Motto: nur soviel wie nötig oder so wenig wie möglich. Die Ventilation arbeitet nun im Bereich kleiner Fahrmotorströme und kleiner Geschwindigkeiten mit niedriger Drehzahl, so daß ihr Lärm im Rollgeräusch untergeht. Dadurch wurde vor allem im Bereich der großen Bahnhöfe eine merkliche Entspannung erreicht.

Bedingt durch die gedrängte Bauart wurde der Transformator im Luftkanal für die Ölkühlung und Bremswiderstandskühlung aufgestellt. Wegen dem zu erwartenden Wasserniederschlag auf den elektrischen Installationen in diesem Raum wurde um den heikelsten dort montierten Apparat, den Stromrichter-Abtrennschalter, ein Schutzgehäuse gebaut. Dieser Aufwand hat sich gelohnt. Nachträglich erwies sich als angebracht, auch die übrige Installation voll zu isolieren, weil sich Kriechwege ausgebildet hatten, die zu Überschlägen führten.

Spurführungsmessungen

Allen Messungen vorangestellt wurde die Frage, ob die Laufstabilität bis 10 % über die zulässige Höchstgeschwindigkeiten hinaus, also bis ca. 180 km/h gewährleistet sei. Der Nachweis konnte durch Meßfahrten auf Strecken mit mäßig gutem, gutem und sehr gutem Oberbau erbracht werden. Kriterium war die Querbeschleunigung am Drehgestellrahmen über den nachlaufenden Achsen jedes Drehgestells und in beiden Führerständen. Sowohl mit steifer wie mit längselastischer Anlenkung der Achsen (Bild 9) wurden in keinem Fall periodische Schwingungen mit kritisch hohen Amplituden und ungenügender Dämpfung festgestellt.

Die Spurführungsmessungen erbachten ähnliche Resultate wie bei den Re 4/4 II und Re 6/6 (zum Beispiel Yla quasistat. = 57 kN und S_2 = 31 kN bei V = 75 km/h und Gleisbogenradius = 270 m). Der günstige Einfluß der Kombination von Drehgestell-Querkupplung und längselastischer Achsanlenkung auf den Anlaufwinkel der vorlaufenden wie auch der nachlaufenden Achsen konnte auch im 270 m-Gleisbogen nachgewiesen werden. Die gelegentliche Umrüstung aller vier Re 4/4 IV-Prototyplokomotiven auf längselastische Achsanlenkung ist vorgesehen. Die Messungen zeigten außerdem gute Übereinstimmung mit dem Berechnungsmodell.

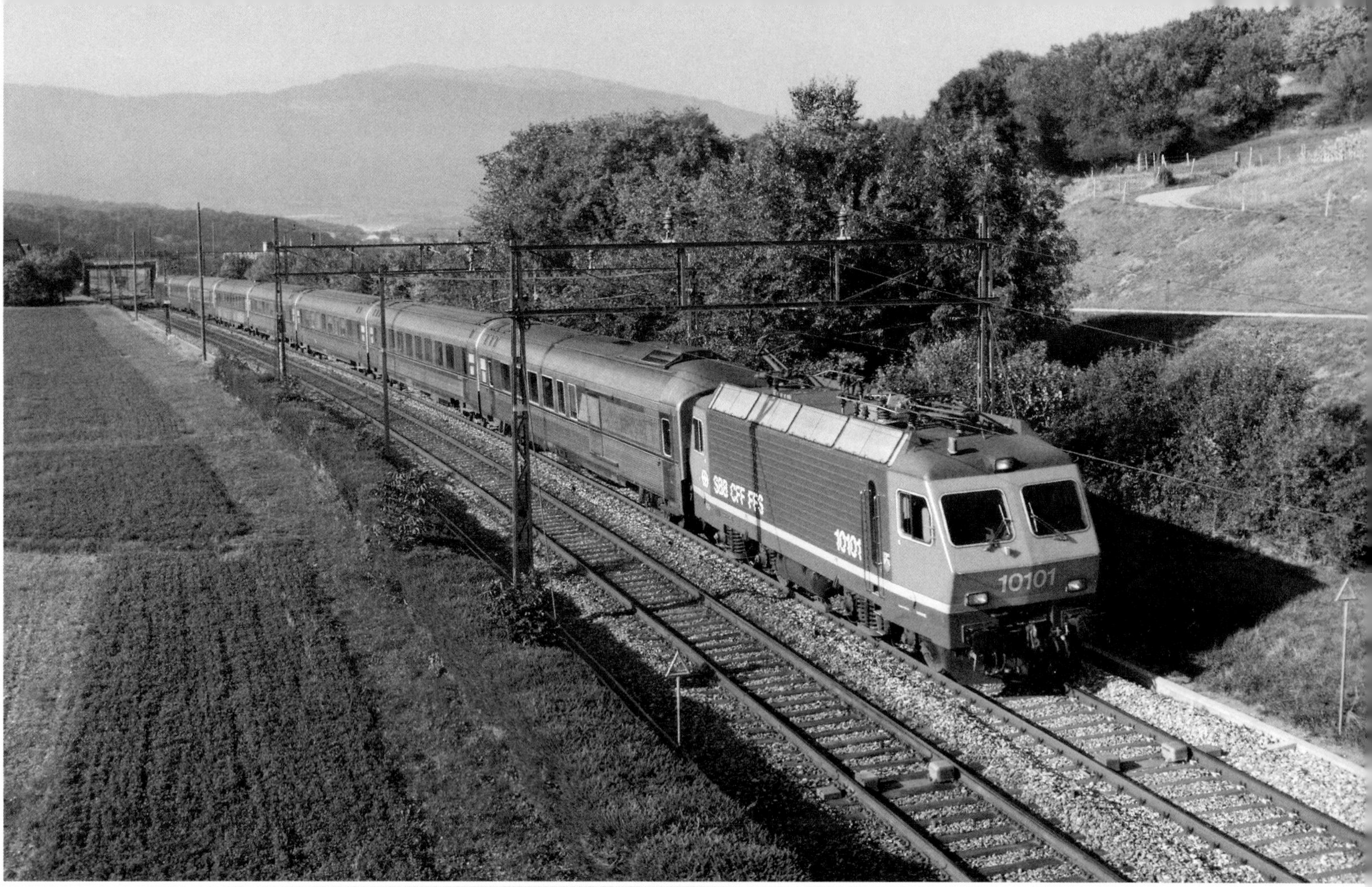
SBB CFF FFS
10101
10101

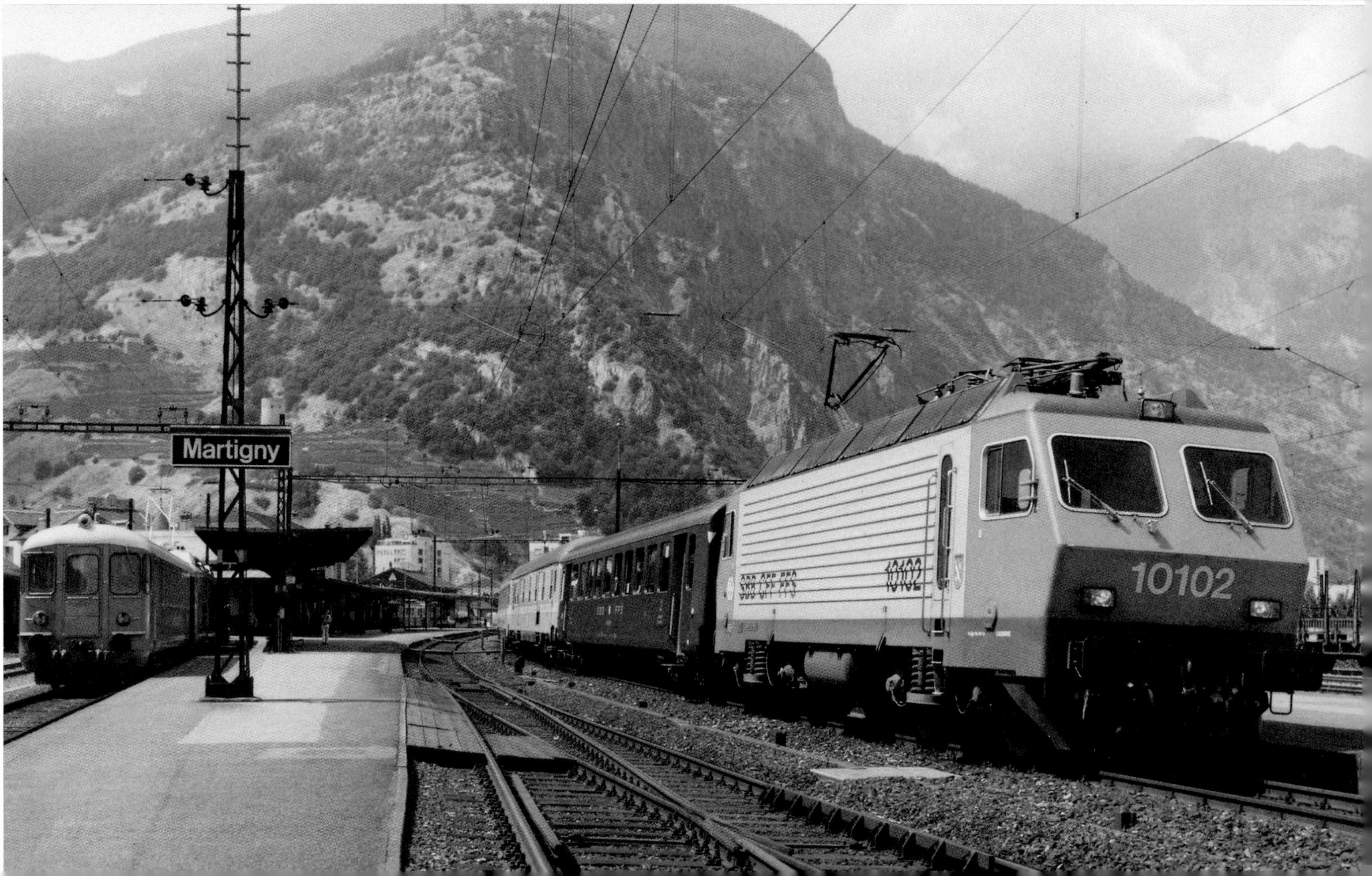
Martigny
SBB CFF FFS
10102
10102

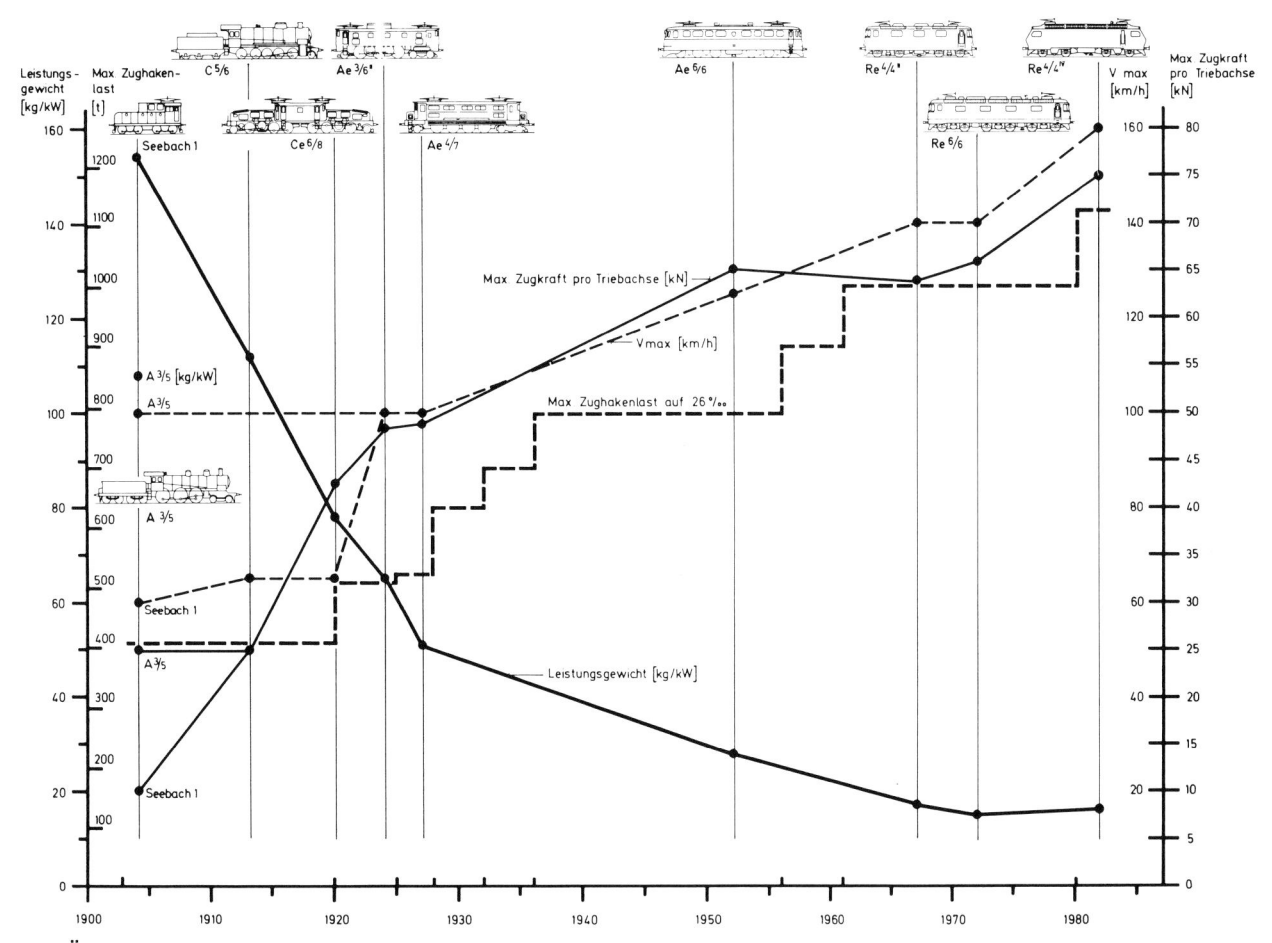

Abb. 342: Übersicht über die Entwicklung der Traktionstechnik in einigen Kenndaten (Grafik: SBB)

Ausblick

Einen Überblick über den mit der Re 4/4 IV nunmehr erreichten Entwicklungsstand bezüglich Leistungsgewicht, Höchstgeschwindigkeit, maximale Zugkraft je Triebachse und Zughakenlast auf 26 ‰ Steigung (Gotthard-Bergstrecke) vermittelt Abb. 342. Aus dieser Darstellung geht deutlich hervor, daß die Entwicklung im gegenwärtigen Zeitabschnitt sehr rasch verläuft, ähnlich wie in den Jahren um 1920. Heute ist der Fortschritt verbunden mit der Einführung der Stromrichtertraktion, um 1920 war er geprägt durch die Umstellung von Dampf auf die elektrische Traktion mit Wechselstrom-Fahrmotoren.

Obschon die traktionstechnischen Eigenschaften der Re 4/4 IV sehr gut sind und ihre Stromrichterschaltung bezüglich Blindleistungsbedarf (und Netzrückwirkungen) optimiert ist, spricht der Phasenanschnitt-Technik grundsätzlich eigene Blindleistungsbelastung des Versorgungsnetzes doch für die in der Einleitung bereits erwähnte Umrichtertechnik mit einem Vierquadrantensteller als Eingangsglied (nur diese Technik ermöglicht einen Leistungsfaktor von 1 in praktisch dem gesamten Betriebsbereich). Auch die bei der Phasenanschnitt-Technik immer noch notwendige Wartung der Kommutator-Fahrmotoren läßt die Umrichtertechnik in umso hellerem Licht erscheinen.

Für die zukünftigen Lokomotivbeschaffungen der SBB ist somit folgendes wahrscheinlich: das Verkehrsaufkommen der nächsten Jahre kann voraussichtlich mit dem vorhandenen Lokomotivpark und noch zu beschaffenden neuen Pendelzügen sowie S-Bahnzügen bewältigt werden. Neue Aufgaben für Streckenlokomotiven gehen aus dem von den SBB aufgestellten Konzept »Bahn 2000« hervor, mit Höchstgeschwindigkeiten bis 200 km/h. Die Vorarbeiten für einen entsprechenden Lokomotivtyp in Umrichtertechnik sind bereits angelaufen. Heute bestätigt sich, was bei der Anlieferung der Re 4/4 IV-Prototypen sich bereits abzuzeichnen begann: der große Bahnverkehrseinbruch der Achtzigerjahre hat dem Bau einer Re 4/4 IV-Serie die Basis entzogen. Die Prototypen bleiben allein.

◄ **Abb. 340 und 341: Mit einer SNCF-Reisezuggarnitur ist im oberen Bild Re 4/4^{IV} 10101 von Lausanne nach Vallorbe unterwegs. Unten verläßt 10102 mit einem Reisezug Martigny (Fotos: C. Zellweger).**

4. Zukünftige Entwicklungen und Tendenzen bei elektrischen Triebfahrzeugen,

von Dipl.-Ing. Dietmar Lübke

4.1. ZUWENDUNG ZU NEUEN LÖSUNGEN

Die Rad/Schiene-Technik ist in den vergangenen Jahrzehnten kontinuierlich mit dem Ziel der Reisezeitverkürzung, der Fahrkomfortsteigerung und der Produktivitätserhöhung weiterentwickelt worden. In den letzten Jahren waren die Modernisierung des Fahrzeugparks, der Betriebsorganisation und der Produktionsmethoden sowie der Ausbau der Fahrwege einschließlich der Knotenpunkte und Verbindungsbereiche wesentliche Entwicklungsschwerpunkte. Durch fahrplan- und zuglauftechnische Entlastungsmaßnahmen sowie durch bauliche und signaltechnische Verbesserungen wurde versucht, den Betrieb flüssiger zu gestalten.

Eine Beseitigung einzelner Schwachstellen und Engpässe allein reicht aber nicht mehr aus, um einem weiteren Absinken der Transportqualität und damit einem Abwandern der Bahnkunden auf konkurrierende Verkehrsmittel nachhaltig begegnen zu können.

Die Bahn der Zukunft muß sich daher verstärkt neuen und unkonventionellen Lösungen zuwenden, um zum einen den Ansprüchen eines wirtschaftlichen, energiesparenden, umweltfreundlichen und sicheren Transportmittels voll gerecht werden zu können und zum anderen Produktivität und das Leistungsangebot zu verbessern, die Attraktivität zu steigern und die Wettbewerbskraft zu erhöhen.

4.2. ANGEBOTSSTRUKTUREN DER KÜNFTIGEN BAHN

4.2.1 Güterverkehr

Für die Entwicklung künftiger Triebfahrzeuge für den Güterverkehr ist wichtig, daß die Deutsche Bundesbahn künftig im Schienengüterverkehr alle Planungen auf eine wesentliche Steigerung der Schnelligkeit, der Pünktlichkeit und der Zuverlässigkeit ausrichtet. Für die Erhöhung der Schnelligkeit ist dabei neben der Höchstgeschwindigkeit der Güterzüge vor allem die Steigerung der Systemgeschwindigkeit des Güterverkehrs durch weniger Rangieren und Umladen, sondern mehr direktes Fahren sowie mehr Haus-Haus-Verkehr maßgeblich.

Im Zusammenhang mit der Realisierung des Neu- und Ausbauprogramms der Deutschen Bundesbahn ist geplant, die Höchstgeschwindigkeit der auf den Neu- und Ausbaustrecken zum Einsatz kommenden Güterzüge auf zunächst 120 km/h und dann weiter zu steigern.

Über 90 Prozent der von der Bahn transportierten Güter werden über mindestens einen privaten Gleisanschluß abgewickelt. Die Bahn wird daher den Ausbau von Gleisanschlüssen auch in Zukunft weiter fördern und forcieren und dabei »schlüsselfertige« Gleisanschlüsse liefern, die logistische Integration der Gleisanschlüsse beschleunigen und damit die Gleisanschlußbedienung deutlich verbessern.

Einen wesentlichen Teilbereich des künftigen Gütertransports sieht die Deutsche Bundesbahn in der fortentwickelten Form des kombinierten Ladungsverkehrs. Die Bahn wird sich daher konzentriert um seinen Ausbau bemühen und eine Verzahnung der verschiedenen, heute teilweise noch konkurrierenden Verkehrsträgersysteme zu einem Leistungssystem anzustreben. Dazu zählen der Ausbau von Terminals, die Vereinigung von Terminals und Güterabfertigungen zu Güterverteilzentralen und Überlegungen, Güterzüge in Gemischtform mit Wagenladungen, Containern und Stückgut zu fahren.

Zur Verbesserung eines Teilbereichs des Wagenladungsverkehrs trägt insbesondere die Einführung des Inter-Cargo-Systems mit Nachtsprung zwischen den Wirtschaftszentren unter Einschluß aller Leistungsformen, d.h. Gütertransport mit IC-Qualität bei.

Damit ragt das Inter-Cargo-System sowohl von seiner produktionstechnischen Qualität als auch von seiner kommerziellen Bedeutung her aus der Palette der Angebote der Bahn im künftigen Güterverkehr deutlich heraus. Das neue Angebot ist als Antwort der Bahn auf die Entwicklung der Anforderungen des Marktes zu sehen. (Entscheidend für die Einführung ist die Tatsache, daß die DB künftig mit 290 Knotenbahnhöfen auskommen wird, von denen 28 zugleich Rangierbahnhöfe sein werden.)

Derzeit verbinden Inter-Cargo-Güterzüge, sogenannte »ICG«, mit einer Höchstgeschwindigkeit von zunächst 100 km/h die Wirtschaftszentren Hamburg, Bremen, Hannover, östliche Ruhr,

Abb. 343 und 344: Das ober Bild zeigt den Versuchsträger UM-AN 202 ▶ 003 auf der Basis der dieselelektrischen Versuchslokomotive DE 2500, mit dem wertvolle Erkenntnisse bei der Komponentenerprobung für den ICE gewonnen werden konnten. Die unter Aufnahme stellt den Werbeslogan für den ICE »Halb so schnell wie das Flugzeug, zweimal so schnell wie das Auto« vielleicht doch etwas in Frage, weil auch das Automobil in seiner Technologie stets weitergeführt wird. Bei dieser Wahlmöglichkeit wird es wohl auch mehr eine psychologische Frage bleiben, ob nun vom edlen Renner aus Zuffenhausen oder vom eleganten ICE mehr Faszination ausgeht! (Fotos: JMM)

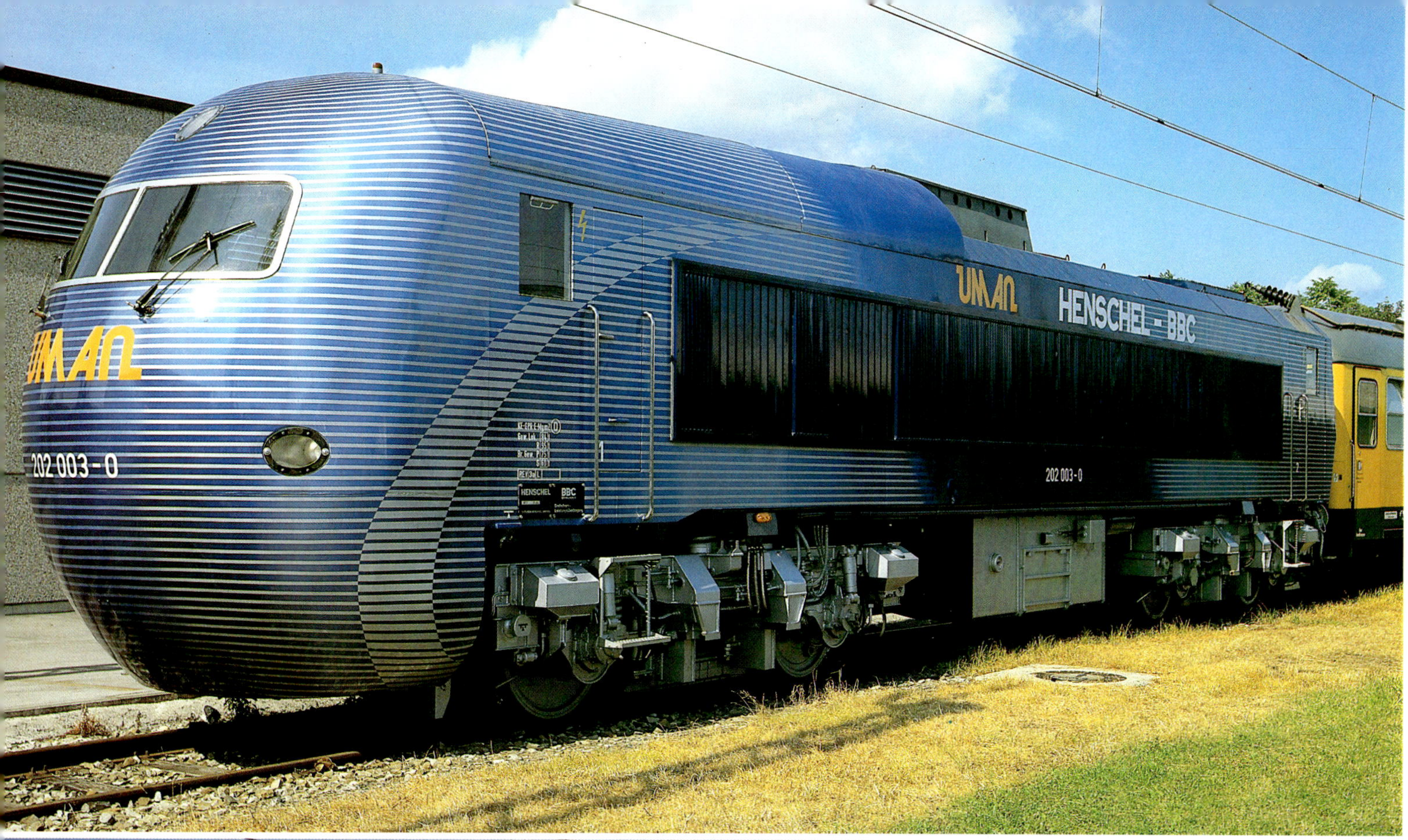
UMAN
202 003-0
UMAN
HENSCHEL - BBC
202 003-0

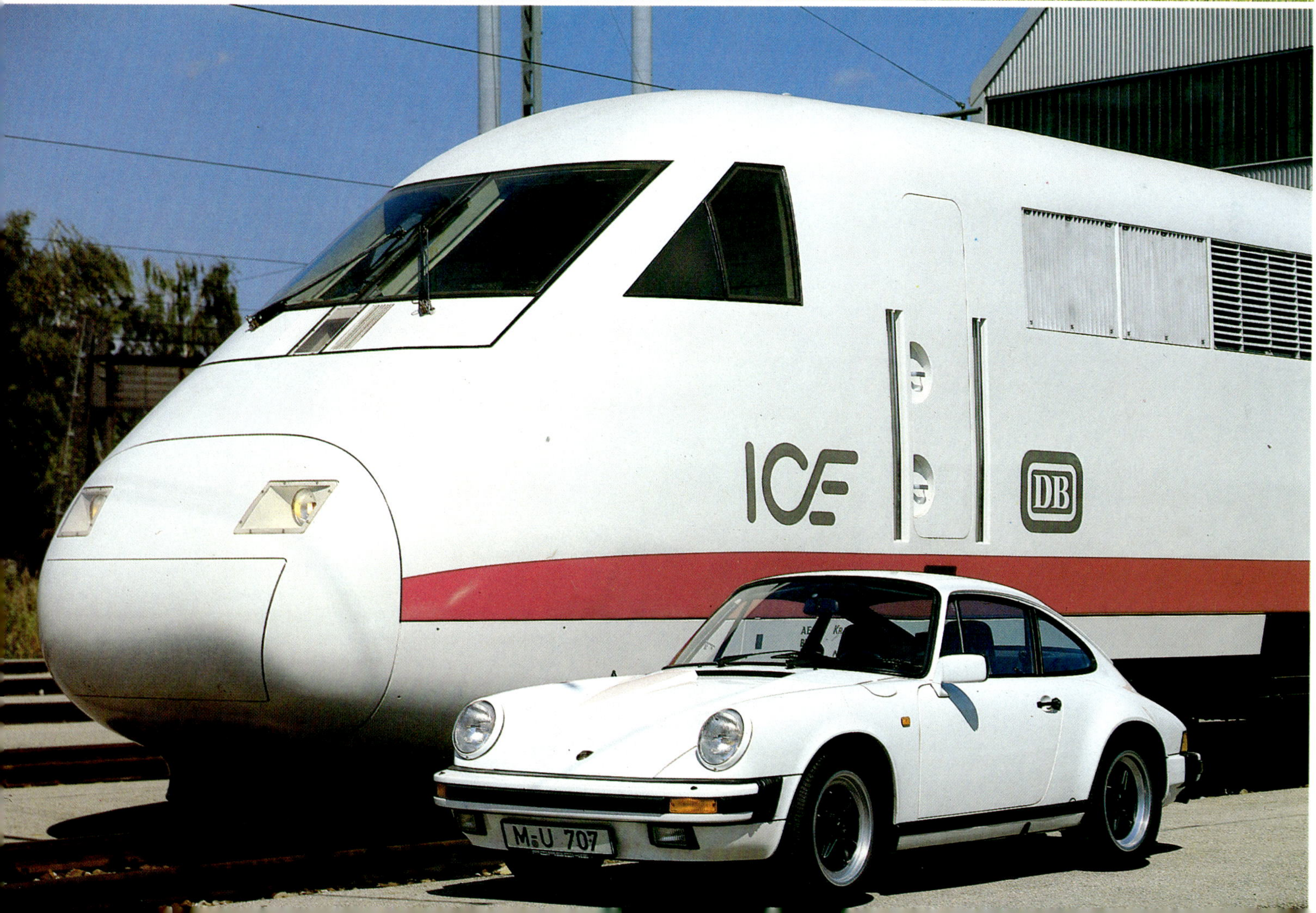
ICE
DB
M-U 707

westliche Ruhr, Rhein, Rhein-Main, Rhein-Neckar-Saar, Stuttgart, München und Nürnberg mit 1200 Bahnhöfen in einem ersten Schritt im Entfernungsbereich von mehr als 200 km über Nacht. Inter-Cargo-Anschlußzüge bedienen benachbarte Versand- und Empfangsstellen der Zugabgangs- und Zugendbahnhöfe. Was der Bahn zwischen 16.00 und 18.00 Uhr angeliefert wird, kann am nächsten Morgen dem Empfänger zwischen 6.00 und 9.00 Uhr bereitgestellt werden.

Mit den IC-Güterzügen werden alle beladenen s-fähigen Einzelwagen und Wagengruppen, Großcontainer- und Huckepacktransporte sowie Stückgutwagen befördert. Bei voller Auslastung sind die Züge 600 m lang und 1500 t schwer. Zwischen 21.00 und 5.00 Uhr haben alle ICG Vorrang vor anderen Zügen, ausgenommen dringliche Hilfszüge. Die ICG werden wie die IC-Züge des Personenverkehrs laufüberwacht.

Wie im gesamten Güterverkehr erfolgt auch die Disposition der Wagen und Züge des ICG-Systems mittels Computer. Das neue elektronische Fahrzeug-Informations- und Vormeldesystem der DB, kurz FIV, bildet hierfür die Voraussetzung.

Inter-Cargo ist damit als Markenzeichen der Ausdruck der künftigen wettbewerblichen Marktstrategie der Bahn und damit zugleich auch Ausdruck des Zukunftsanspruches der Bahn.

Mit der Einführung des Inter-Cargo-Systems kann die Bahn auch im Stückgutbereich ein neues Angebot an den Markt bringen, das bisher in dieser Form nicht möglich war. Zwischen zunächst 26 Partiefrachtbahnhöfen in den 11 Wirtschaftszentren der Bundesrepublik Deutschland wird die DB das neue Leistungsangebot »Partiefracht« anbieten. Sendungen ab 1000 kg werden auf der Straße gesammelt, auf dem Versand-Partiefrachtbahnhof zu kompletten Wagen zusammengefaßt, im ICG-System direkt zum Empfangs-Partiefrachtbahnhof befördert und von dort auf der Straße wieder verteilt. Die Einzugsbereiche der Partiefrachtbahnhöfe werden dabei so gestaltet, daß sie die 11 o.g. Wirtschaftszentren abdecken. Die DB wird damit Partiefrachten längstens in 24 Stunden von Haus zu Haus befördern können.

Die Bahn wird aus unternehmerischem Interesse auch vorhandene Marktpotentiale in der Fläche weiter ausschöpfen. Soweit der Schienengüterverkehr mangels Nachfrage eingeschränkt werden muß, sollen kundenbezogene alternative Bedienungsformen, ggf. in Zusammenarbeit mit anderen Verkehrsträgern, angeboten werden. Als alternative Bedienungsform bietet sich insbesondere der Gütertransport in kombinierter Form als durchgehende Transportkette Schiene-Straße an. Bei schwachem Verkehrsaufkommen kann auch die reine Straßenbedienung die optimale Angebotsform sein.

4.2.2 Personenverkehr

4.2.2.1 Schienenpersonenfernverkehr

Die Gestaltung und Durchführung des Schienenpersonenfernverkehrs betrachtet die DB als eigenwirtschaftliche Aufgabe. Im Mittelpunkt der zukünftigen Angebotspolitik stehen hier kurz- bis mittelfristig
- die Verbesserung und Anpassung der Leistungen im IC-Verkehr
- die vollständige Realisierung des Produktes »Fern-Expreß«
- eine zielgruppen- und auslastungsorientierte Veränderung der Angebots- und Tarifstrukturen.

Im Personenfernverkehr wird die Bahn in Zukunft »Markenartikel« produzieren. Diese müssen unverwechselbar sein und einer stetigen Modellpflege unterzogen werden.

Weitere Markenartikel werden folgen: die Bahn wird den TEE »Rheingold« als Flaggschiff weiter ausbauen. Beabsichtigt sind Fahrgastwagen mit viersitzigen Abteilen und audiovisuellen Kommunikationssystemen.

Die Autoreisezüge werden künftig ganzjährig angeboten werden. Voraussichtlich werden nicht mehr einzelne Sitzplätze sondern nur noch ganze Abteile, als »Verkauf eines Abteils mit Parkplatz« angeboten.

Auch im Liege- und Schlafwagenverkehr ist eine Neugestaltung der Angebote notwendig. Hier ist daran zu denken, »Hotelzimmer auf Rädern« zu schaffen.

Zur Angebotspolitik der 90er Jahre im Schienenpersonenfernverkehr hat auch die Vorstellung des neuen Hochgeschwindigkeitstriebzuges »Intercity-Experimental« (Kap. 4.4.) im Herbst des Jahres 1985 beigetragen. Wenn die daraus abgeleiteten Serientriebzüge Intercity-Expreß ab 1990/91 auf den bis dahin fertiggestellten Neu- und Ausbaustrecken planmäßig mit v = 250 km/h verkehren, wird die Bahn ihrem künftigen Systemgeschwindigkeitsanspruch, nämlich doppelt so schnell wie der Pkw und halb so schnell wie das Flugzeug zu sein, einen wesentlichen Schritt näher gekommen sein. Ergänzt um die spezifischen Vorteile, wie z.B. Raum, Komfort, Reisequalität oder Kommunikation wird das Bahnangebot dann Wettbewerbsvorteile aufweisen, die dem schnellen Schienenpersonenfernverkehr mit Reisegeschwindigkeiten von 180 km/h einen eigenen Markt sichern werden. Punkt-Punkt-Verbindungen werden dieses Angebot ergänzen.

Abb. 345 und 346: Die ersten Versuchsfahrten des neuen ICE fanden ▶ noch in München statt. Im oberen Bild begegnen wir dem ICE am 26. 9. 1985 bei einem Halt in München-Ludwigsfeld. Die links daneben stehenden Altbau-Ellok 194 151 verdeutlicht den immensen Entwicklungssprung des ICE! Unten treffen wir den ICE am Abend des gleichen Tages auf dem Münchner Nordring (Fotos: A. Ritz).

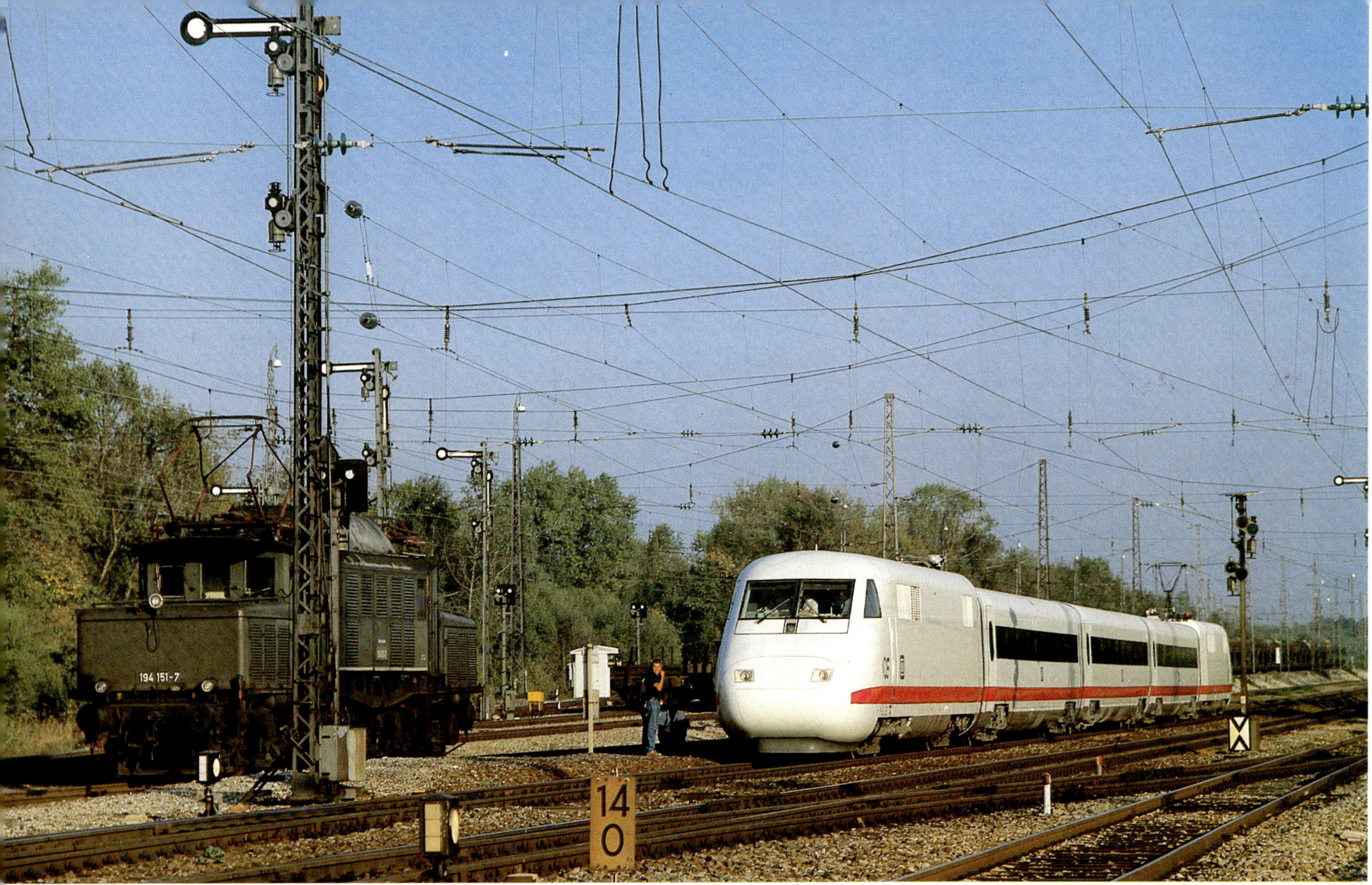
194 151-7
14
0

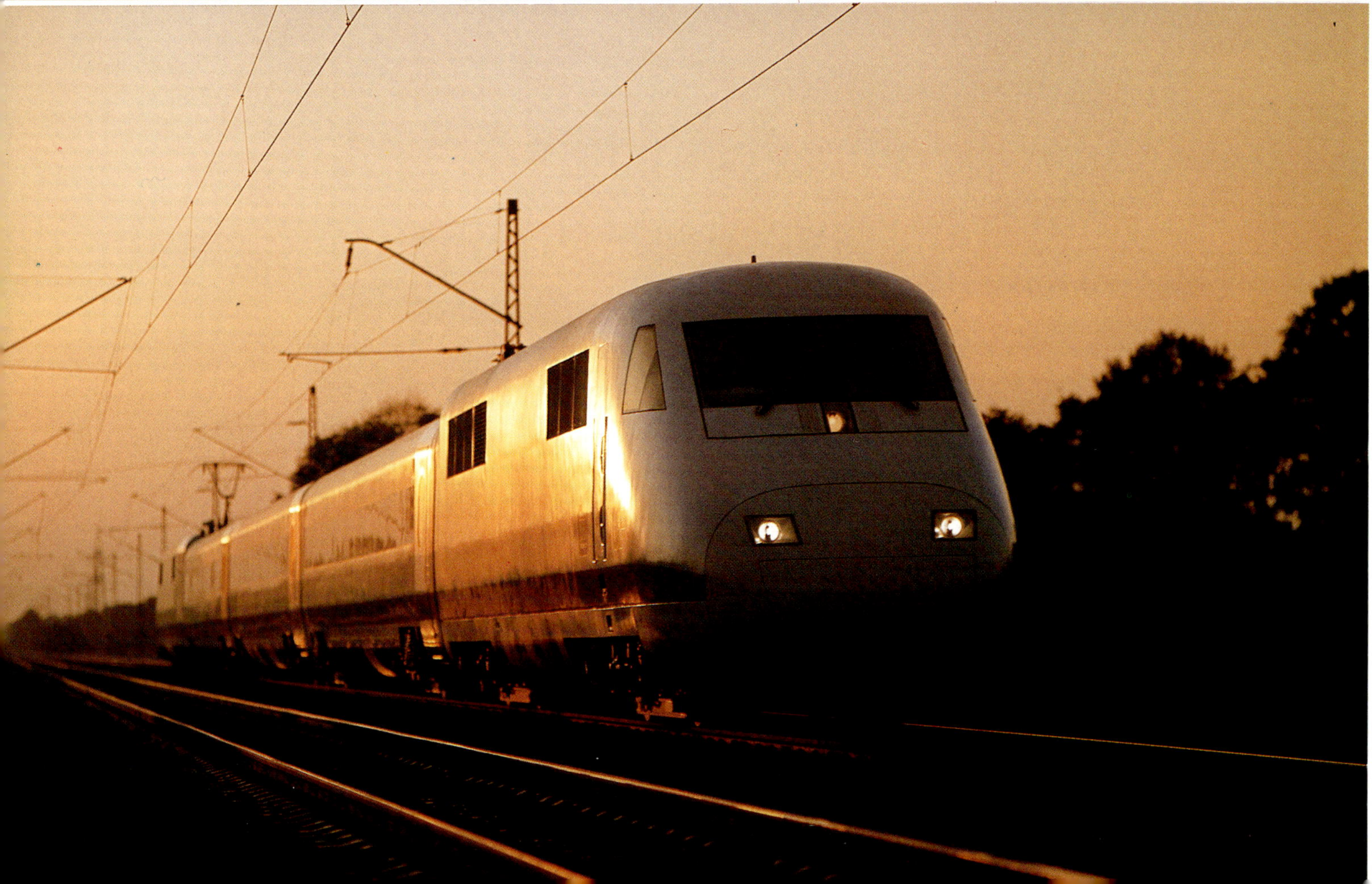

4.2.2.2 Schienenpersonennahverkehr

Im Bereich des Schienenpersonennahverkehrs werden nach der Neukonzipierung des Nahverkehrsangebots der DB noch genauere Bedingungen für ein einheitliches Erscheinungsbild im Fahrzeugbereich festzulegen sein. Erste Vorstellungen hierzu enthält die »City-Bahn« (Abb. 347) in Form neugestalteter Nahverkehrswagen (»Silberlinge«), die seit Ende 1984 planmäßig zwischen

Abb. 347: City-Bahn (Foto: DB)

Köln und Gummersbach im Einsatz sind. Der »City-Bahn«-Großversuch dient der Entwicklung eines neuen Nahverkehrsmarkenartikels mit S-Bahn-Kriterien.

Die S-Bahn hat heute ihren definierten Markt in den Ballungsräumen Hamburg, München, Rhein-Main und Stuttgart, längerfristig sicherlich auch Rhein-Sieg. Hinzu kommen weitere verkehrsstarke Achsen in den Ballungsräumen Rhein-Ruhr u. Nürnberg.

Die für den übrigen Schienenpersonennahverkehr verbleibenden Märkte lassen sich wesentlich schwieriger definieren. Ein neuer Markenartikel könnte sich hier auf Bereiche mit mehreren zusammenhängenden Strecken konzentrieren, von denen der größte Teil ein Reisendenaufkommen von mindestens 3000 Reisendenkilometer pro Kilometer Betriebslänge aufweisen müßte.

Sind diese Kriterien erfüllt, so könnte die Bahn mit gebündelten Leistungspaketen an diese Märkte herantreten. Marktuntersuchungen haben gezeigt, daß auch im Nahverkehr die wichtigsten Kriterien für die Benutzung Reisezeit, Taktverkehr und ein ausreichend dichtes Zugangebot sind.

4.3. KONSEQUENZEN FÜR ZUKÜNFTIGE TRIEBFAHRZEUGENTWICKLUNGEN

4.3.1 Geschwindigkeitsbereich bis $v \leq 200$ km/h

Die Fahrzeug-Technik bei der Deutschen Bundesbahn wurde über fast drei Jahrzehnte durch den standardisierten Einsatz bereits vor dem Krieg entwickelter und erprobter Komponenten geprägt. Bei elektrischen Triebfahrzeugen war dies der Einphasen-Wechselstromreihenschlußmotor, der bisher den klassischen Bahnmotor im Typenprogramm der Standardlokomotiven der DB darstellte.

Künftige Eisenbahnfahrzeuge müssen zum einen den Belangen einer immer häufiger wechselnden Nachfragestruktur im Transportbereich gerecht werden, zum anderen zeichnen sie sich durch eine sehr hohe Lebens- und Nutzungsdauer aus. Diesen Randbedingungen muß bei der Definition der Anforderungen an Schienenfahrzeuge, und hier besonders an die Triebfahrzeuge, technisch vorausschauend und auf wirtschaftliche Weise Rechnung getragen werden. Das bedeutet, daß künftig Triebfahrzeuge entwickelt und beschafft werden müssen, die universell einsetzbar, d.h. sowohl zur Beförderung schneller Reisezüge mit Geschwindigkeiten von 200 km/h als auch schwerer Güterzüge mit Geschwindigkeiten bis zu 120 km/h und mehr geeignet sind. Die Vorteile derartiger Universaltriebfahrzeuge liegen in erster Linie in einer wirtschaftlichen Fahrzeugdisposition, einem geringeren Lokomotivbedarf sowie einer kostengünstigeren Ersatzteilvorhaltung und Instandhaltung.

Abb. 348: Größenvergleich 16 2/3-Reihenschlußkommutatormotor (Foto: BBC)

Mit den in den letzten Jahren in der Halbleitertechnik erzielten Fortschritten ist es gelungen, den Drehstromasynchronmotor als Antrieb für Triebfahrzeuge zu verwenden und damit universell einsetzbare Lokomotiven zu verwirklichen. Ausschlaggebend war dabei die Bereitstellung einer nicht pulsierenden Drehstromenergie mit kontinuierlich veränderbarer Frequenz und Spannung.

Der Drehstromasynchronmotor als Wandler von elektrischer in mechanische Energie ist einfach im Aufbau, betriebssicher und wegen der hohen Drehzahl auch wesentlich leichter und kleiner als vergleichbare 16 2/3 Hz-Reihenschlußkommutatorfahrmotoren oder Mischstromfahrmotoren (Abb. 348). Dank seiner Drehmoment/Drehzahl-Charakteristik können große Zugkräfte mit guter Reibwertausnutzung im Stillstand oder bei Anfahrten dauernd und ohne thermische Einschränkung aufgebracht werden.

Die Leistungselektronik ermöglicht es außerdem, bis zum Stillstand des Fahrzeuges mit hoher elektrischer Bremskraft zu bremsen und die Bremsenergie nutzbringend wieder in das Oberleitungsnetz zurückzuspeisen.

Versuche haben gezeigt, daß sich der sogenannte Vierquadrantensteller als geeignetes Wandlersystem bei 16 2/3 Hz-Wechselstrombahnen anbietet.

Abb. 349: Lokomotive BR 120 (Foto: DB)

Die neue Antriebstechnik ist in der Lokomotivbaureihe E 120 realisiert, von der inzwischen 60 Lokomotiven bestellt wurden. Sie können das Betriebsprogramm der schweren sechsachsigen Güterzuglokomotive der Baureihe 151 ebenso erfüllen wie das der IC-Lokomotive der Baureihe 103.

Besonders positiv tritt das Verhalten der Lokomotive E 120 am elektrischen Netz hervor. Rund 12 Prozent der aufgenommenen Energie können beim Bremsen in das Oberleitungsnetz zurückgespeist werden. Messungen in der Schweiz bei der Bern-Lötschberg-Simplon-Bahn (Abb. 349) ergaben auf Rampenfahrten von 27 Promille sogar einen Energierückgewinn von rund 40 Prozent.

Darüber hinaus ist der günstigste Leistungsfaktor von $\lambda = 1$ über den gesamten Leistungsbereich hervorzuheben. Dadurch wird eine Reduzierung der Energieübertragungsverluste von etwa 20 Prozent erreicht. Die Lokomotive BR 120 wird die Elektrolokomotive der Zukunft für den Geschwindigkeitsbereich bis 200 km/h bei der DB sein.

Auf mittlere Sicht werden im Triebfahrzeugbau neue Halbleiterbauelemente, sogenannte Abschaltthyristoren ihren Einzug halten. Bei diesen als GTO (= »Gate turn off«) bezeichneten Elementen handelt es sich um Thyristoren, die über die Steuerleitung nicht nur zugeschaltet, sondern auch mit einem Steuerimpuls entgegengesetzter Polarität abgeschaltet werden können. Dies bedeutet, daß ein äußerer Lastkreis zur Übernahme des Hauptstromes, also ein Kommutierungskreis nicht mehr erforderlich ist. Dadurch kann eine wesentliche Einsparung im Schaltungsaufwand erreicht werden.

4.3.2 Hochgeschwindigkeitsverkehr mit v = 250 km/h

Im Wettbewerb der Verkehrsträger hat die Schnelligkeit einen besonderen Stellenwert. Alle Ergebnisse der Marktforschung zeigen übereinstimmend, daß die Anforderungsmerkmale »Kurze Reisezeiten«, »Häufigkeit der Verkehrsbedienung«, »Pünktlichkeit« und »Komfort« an erster Stelle der Kundenwünsche stehen. Das gilt gleichermaßen für Geschäfts-, Privat- und Urlaubsreisen, im Grunde auch für den Güterverkehr.

Im Vergleich zu Auto und Flugzeug schneiden spurgeführte Bahnsysteme bei den Haus-Haus-Reisezeiten des Fernverkehrs heute nicht immer günstig ab. Deshalb ist die spürbare Verkürzung der Reisezeiten eine der wichtigsten Maßnahmen zur Attraktivitätssteigerung, zur Stabilisierung des Verkehrsaufkommens, aber auch zur Gewinnung von Neuverkehr.

Spurgeführte Schnellbahnsysteme müssen daher künftig dem Systemgeschwindigkeitsanspruch »doppelt so schnell wie das Auto, halb so schnell wie das Flugzeug« genügen. Dem Wunsch des Kunden, sein Ziel nicht nur möglichst schnell, sondern auch möglichst ohne Umsteigen zu erreichen, ist durch schnelle Punkt-Punkt-Verbindungen und zielreines Fahren Rechnung zu tragen.

Der genannte Systemgeschwindigkeitsanspruch bedeutet für das Rad/Schiene-System, daß der Neu- und Ausbau der Streckennetze Priorität gewinnen muß (Abb. 350).

Untersuchungen der DB haben gezeigt, daß für deutsche Verhältnisse für die nächste Zukunft Geschwindigkeiten von 250 km/h für den Personenfernverkehr und 120 km/h für den Güterverkehr optimal sind. Diese Anforderungen liegen auch den Planungen für den Ausbau vorhandener Strecken und für die Neubaustrecken der DB zugrunde, mit denen derzeit ein Schnellfahrnetz zwischen den Großstädten der Bundesrepublik Deutsch-

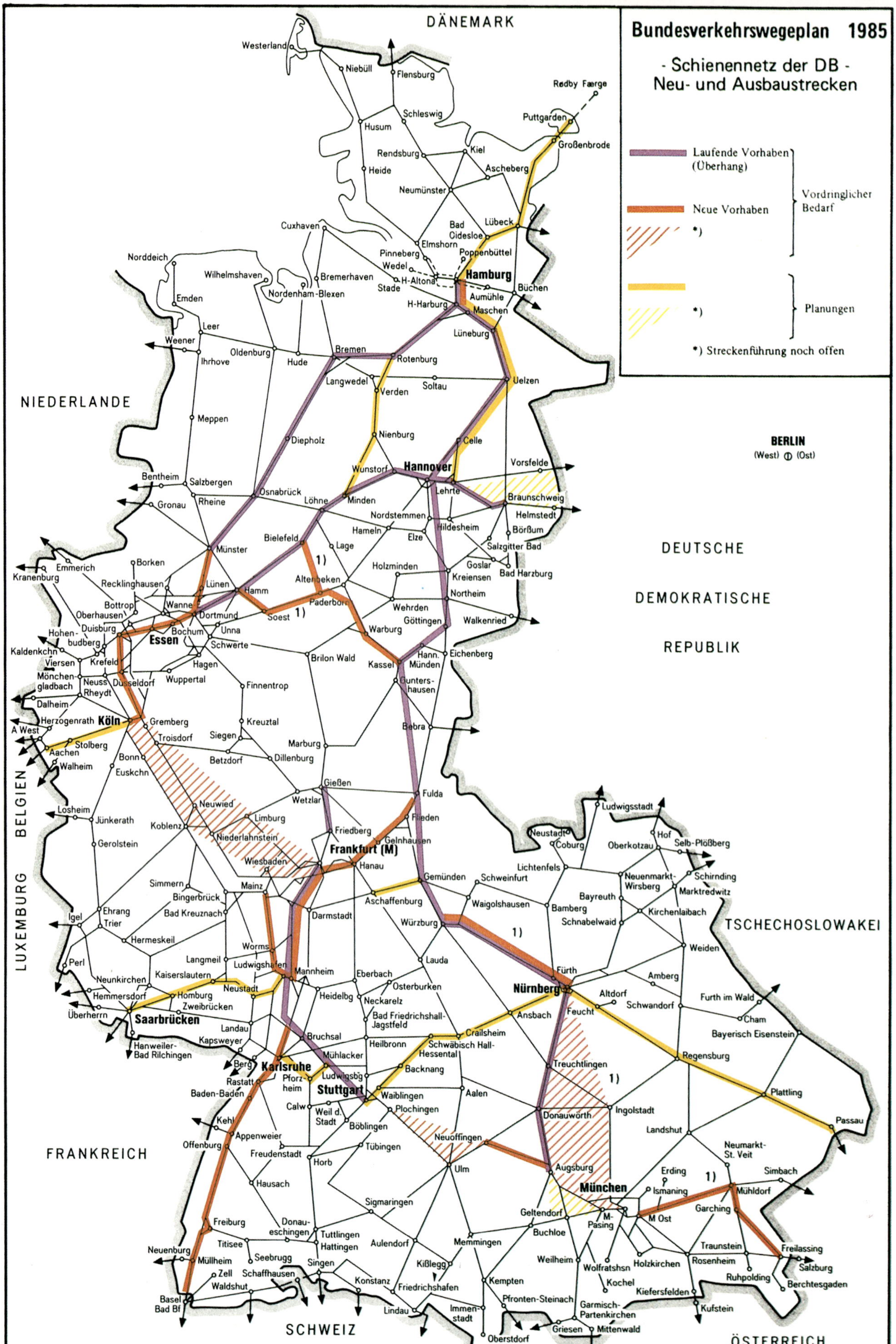

1) Vorbehaltlich eines ausreichenden Wirtschaftlichkeitsnachweises unter Berücksichtigung der Netzwirkungen.

Nebenstrecken sind in der Karte nur teilweise dargestellt

land aufgebaut wird. Damit ist die DB künftig in der Lage, wesentlich kürzere Reisezeiten anzubieten. Dies bedeutet z.B. in den Relationen
– Hamburg – Würzburg ca. 2 Std. 45 Min. statt heute 5 Std. 18 Min.
– Hamburg – Frankfurt/M ca. 3 Std. 25 Min. statt heute 4 Std. 46 Min. oder
– Frankfurt – Stuttgart ca. 1 Std. 15 Min. statt heute 2 Std. 14 Min.

Die derzeit im Bau befindlichen Neubau- und Ausbaustrecken der DB (Abb. 350) wurden als Netzverbesserungen im Sinne eines mehrgleisigen Ausbaues in Engpaßbereichen konzipiert und erst in zweiter Linie als Verbesserungen einzelner Magistralen, wie es beispielsweise bei einigen europäischen Bahnen infolge anderer Randbedingungen der Fall war. Die Neubaustrecken Hannover – Würzburg und Mannheim – Stuttgart der DB dienen damit nicht nur der Transportbeschleunigung allein, sondern auch der Entlastung des bestehenden Netzes.

4.4. HOCHGESCHWINDIGKEITSTRIEBZUG BR 410/810 INTERCITYEXPERIMENTAL ICE

Wenn auf neuen Strecken noch immer Fahrzeuge mit dem technischen Stand und Komfort der 60er und 70er Jahre eingesetzt werden müssen, geht die innovative Wirkung dieser Strecken verloren, zumal die konkurrierenden Verkehrsträger bereits die Entwicklung von Transportgefäßen der übernächsten Generation vorbereiten. Die künftige Generation von Hochgeschwindigkeitszügen muß daher so gestaltet werden, daß sie als innovative Komponente eines Angebotspaketes »Neue Züge auf neuen Strecken« flexibel jederzeit den Komfort- und Image-Erfordernissen des Marktes angepaßt werden kann.

Die bisherigen Arbeiten, die in der Bundesrepublik Deutschland mit maßgeblicher finanzieller Unterstützung des Bundesministers für Forschung und Technologie im Rahmen des Forschungsprogrammes »Bahntechnik« laufen, haben gezeigt, daß hier neue Lösungen realisierbar sind, die den Ansprüchen künftiger spurgeführter Schnellbahnsysteme hinsichtlich Sicherheit, Zuverlässigkeit, Wirtschaftlichkeit, Flexibilität, Umweltfreundlichkeit, Erscheinungsbild, Komfort, Individualität und soweit es die Rad/Schiene-Technik betrifft, auch Kompatibilität mit dem bestehenden System, voll genügen können.

So wurde im Rad/Schiene-Bereich inzwischen der Hochgeschwindigkeitszug Intercity-Experimental (ICE) realisiert (Abb. 351), der als konzeptioneller Vorläufer einer neuen Fahrzeuggeneration im Hochgeschwindigkeitseinsatz auf besonderen Versuchsstrecken Geschwindigkeiten bis zu 350 km/h erreichen kann. Besonderes Augenmerk wird dabei auf die weitere Senkung des Energieverbrauches, des Verschleißes, der Oberbaubeanspruchung und auf die Steigerung der Umweltfreundlichkeit gelegt. Der Intercity-Experimental konnte am 26.11.1985 der Öffentlichkeit mit einem neuen Weltrekord für Drehstromschienenfahrzeugen von 317 km/h vorgestellt werden.

Abb. 351: Hochgeschwindigkeitszug Intercity Experimental ICE bei der Ausfahrt in München (Foto: DB)

4.3.1 Gesamtkonzeption

Die genannten Anforderungen und ihre daraus abgeleiteten Einsatzforderungen an den ICE, nämlich
– Versuchsbetrieb mit Geschwindigkeiten bis zu 350 km/h und
– Demonstrationseinsatz mit Geschwindigkeiten bis zu 300 km/h
bei größtmöglicher Flexibilität der Zuggröße und -gestaltung
führten im Zuge einer Konzeptions- und Definitionsphase zur Wahl eines symmetrischen Triebkopfzuges mit zwei gleichen Triebköpfen (TK), einem Meßwagen für den Versuchseinsatz (M) sowie weiteren 5 Mittelwagen (D) unterschiedlicher Zweckbestimmung und Innenausstattung.

◀ **Abb. 350: Neu- und Ausbauprogramm der DB (Grafik: DB)**

Abb. 352: Hochgeschwindigkeitstriebzug, Seitenansicht (Foto: DB)

Die erste Ausbaustufe des Zuges sieht neben den beiden Triebköpfen und dem Meßwagen vorerst nur drei Mittelwagen vor (Abb. 352). Alle Fahrzeuge laufen auf Einzeldrehgestellen.

Die Hauptabmessungen des ICE können Abb. 353 entnommen werden.

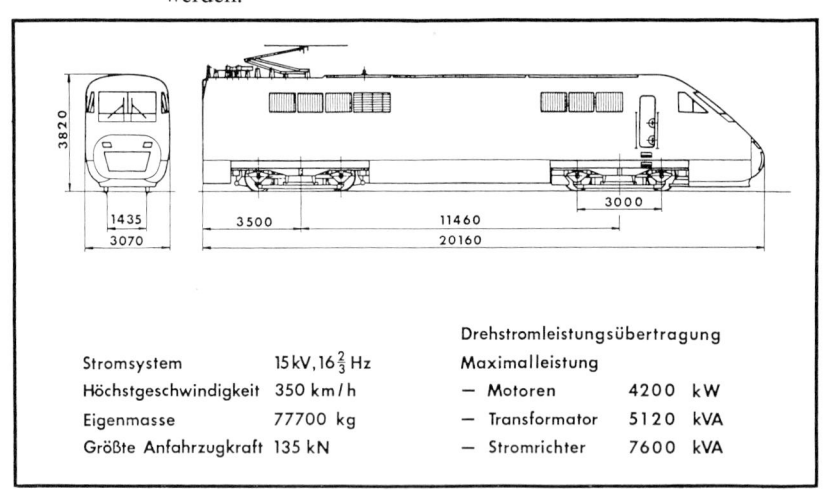

Stromsystem	15 kV, $16\frac{2}{3}$ Hz	Drehstromleistungsübertragung Maximalleistung	
Höchstgeschwindigkeit	350 km/h	– Motoren	4200 kW
Eigenmasse	77700 kg	– Transformator	5120 kVA
Größte Anfahrzugkraft	135 kN	– Stromrichter	7600 kVA

Abb. 353: Hauptabmessungen des ICE (Grafik: DB)

4.4.2 Technische Ausführung des ICE

Die für eine statische Längskraft von 1500 kN in Pufferebene und eine vertikale Biegeeigenfrequenz von 10 Hz dimensionierten Fahrzeugzellen sind in Stahlbauweise für die Triebköpfe und in Aluminiumbauweise für die Mittelwagen ausgeführt.

Bei den Triebköpfen kommt die von der Lokomotive der Baureihe 120 her bekannte Höckerplatte als tragende Seitenwandstruktur zur Anwendung. Übliche Zug- und Stoßvorrichtungen, wie bei Lokomotiven, sind aus aerodynamischen Gründen an den Triebkopfstirnseiten nicht vorhanden. Für den Schleppbetrieb ist ein verdeckter Abschlepphaken eingebaut. Hinter der deformierbaren Bugverkleidung liegen ausreichend bemessene Querschnitte zur Aufnahme der Stoßkräfte (Abb. 354).

Für die Mittelwagen wird die Aluminium-Vollintegralbauweise angewandt (Abb. 355).

Die kurzgekuppelten Teilfahrzeuge sind durch schall- und druckdichte Übergangseinrichtungen miteinander verbunden. Der äußere Fahrzeugspalt wird durch eine bei höheren Fahrgeschwindigkeiten – gleichbedeutend mit großen Bogenradien – außenhautbündig abschließende Abdeckung überbrückt. Beim Befahren enger Bahnhofs- und Werkstattgleise kann sich die äußere Übergangsabdeckung öffnen. Zur Dämpfung der Nick- und Schlingerbewegungen sind wartungsfreie hydraulische Koppelemente vorgesehen. Ebenso wie der äußere und innere Übergangsschutz sind auch die Koppelemente trennbar ausgeführt (Abb. 356).

Abb. 354: Bugteil des ICE (Foto: DB)

Die in der jüngen Zeit zunehmenden Bemühungen um eine Intensivierung der westeuropäischen Zusammenarbeit auf dem Gebiet des spurgeführten Schnellverkehrs führten beim ICE zur Anwendung der UIC-Fahrzeugbegrenzung. Als Beitrag zur Verringerung des aerodynamischen Widerstandes ist die Fahrzeughöhe für die Mittelwagen mit nur 3650 mm über SO festgelegt. Bei 1150 mm Fußbodenhöhe über SO und einer lichten Fahrgastraumhöhe von 2200 mm stellt diese Höhe unter Berücksichtigung der erforderlichen Konstruktionshöhen – auch für die Schall- und Wärmeisolierung – die unterste vertretbare Grenze für Wagen mit Einzeldrehgestellen dar.

Abb. 355: Rohbaukasten des ICE-Mittelwagens (Foto: MBB)

Der Triebkopf erfordert für die Unterbringung der vorgesehenen elektrischen Ausrüstung im Bereich zwischen den Laufwerken eine Höhe von 3820 mm. Am wagenseitigen Ende wird die Triebkopfhöhe auf 3650 mm abgesenkt, um den Anschluß an die Wagenkontur zu erreichen. Die Absenkung erlaubt es, den Stromabnehmer und die elektrische Dachausrüstung teilweise im Windschatten der Triebkopfstirn anzuordnen. Versuchsweise kann in diesem Bereich eine Blende aus Faserverbundwerkstoff aufgesetzt werden, um eine noch bessere Abdeckung und geringere aerodynamische Verluste zu erreichen.

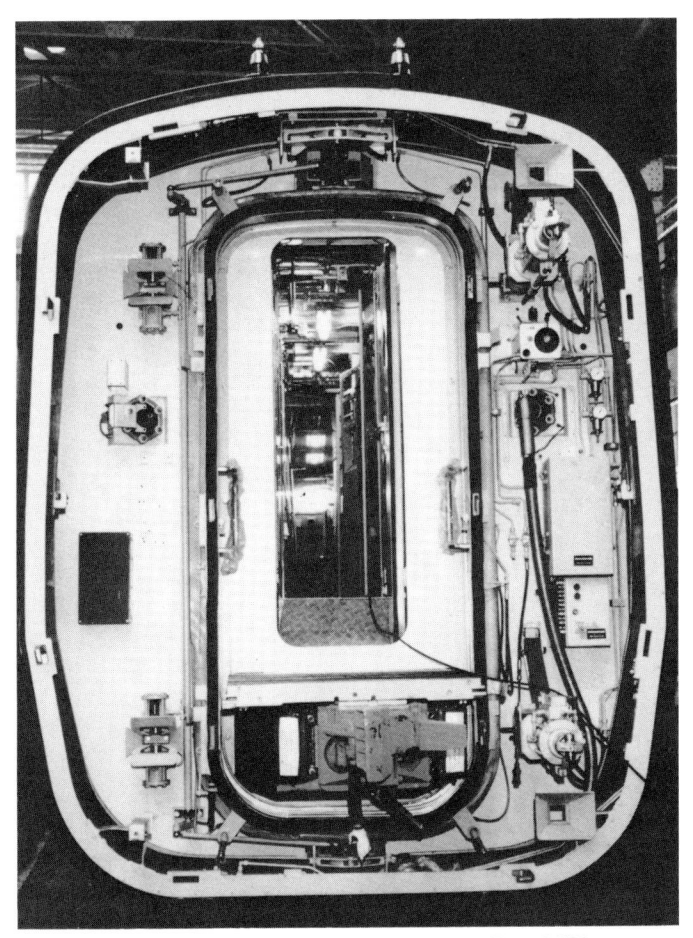

Abb. 356: Wagenübergang mit Koppelelementen (Foto: LHB)

4.4.3 Aerodynamik des Gesamtzuges

Die technische Gestaltung des ICE und sein äußeres Erscheinungsbild werden neben dem bereits dargestellten Grundkonzept des symmetrischen Triebkopfzuges maßgeblich durch die aerodynamischen und aeroakustischen Forderungen bestimmt.

Eine nennenswerte Verminderung des Bug- und Heckwiderstandes sowie der Oberflächenreibung ist bei modernen Fahrzeugen mit kleinem Fahrzeugquerschnitt, glatter Oberfläche und schon weitgehend optimierter Kopfform nur noch in geringen Grenzen möglich. Die Bemühungen zur Verringerung des Luftwiderstands konzentrieren sich daher beim ICE auf den Unterflur- und Drehgestellbereich, die Gestaltung des Daches und der Dachaufbauten sowie der Wagenübergänge und auf die Minimierung der Seitenwindreaktionen, die bei höheren Geschwindigkeiten zu unerwünschten Drehungen des Fahrzeugs um seine Längsachse führen können.

Die diesbezüglich durchgeführten Untersuchungen wurden im einzelnen umgesetzt in

- Vorschläge für die Kopfform, die sowohl die Forderung nach großem Schlankheitsgrad und stetigem Krümmungsverlauf sowie nach wirtschaftlich sinnvoller Fertigung und ausreichenden Raum- und Sichtverhältnissen für das Personal erfüllen muß.
- Vorschläge für die Anordnung von Dachaufbauten; aus aerodynamischen und aeroakustischen Gründen wird der Dachbereich im vorderen Drittel des Triebkopfes von Aufbauten und Abrißkanten möglichst frei gehalten.
- Vorschläge für die Lage der Zu- und Abluftöffnungen des Triebkopfes im Seitenwandbereich, um die vorgesehene Direktbelüftung sicherzustellen.
- Vorschläge für die Laufwerksverkleidung, so daß ähnlich günstige Widerstandswerte wie bei Jacobs-Drehgestellen erreicht werden.
- Vorschläge für die Stromabnehmergestaltung und -anordnung.
- Vorschläge für eine geschlossene Bodenwanne mit seitlichen Wartungsklappen, die neben der Widerstandsverminderung auch die aerodynamischen Rückwirkungen auf den Oberbau minimiert.

4.4.4 Laufwerke

Niedrige Gleisbeanspruchung und hoher Fahrkomfort sind die wesentlichen Kriterien für die Laufwerksentwicklung. Der ICE bietet die Möglichkeit, die im Forschungsprogramm des BMFT erarbeiteten Grundlagen zum Fahrzeuglauf im Gleis sowie die daraus abgeleiteten Auslegungsprogramme in konstruktive Lösungen umzusetzen und zu erproben. Folgende Entwicklungslinien werden eingesetzt und erprobt:

Bedeutsam für niedrige Oberbaubeanspruchung und hoher Laufgüte ist die Verringerung der Laufwerksmasse: Für jeden Triebkopf des ICE ergibt sich durch Ankopplung von etwa zwei Dritteln der Fahrmotor/Getriebe-Masse an den Fahrzeugkasten ein Wert von nur 11 700 kg. Bei der klassischen Lokomotivanordnung mit im Drehgestell gelagerten Fahrmotoren würden hingegen etwa 21 500 kg, also fast der doppelte Wert erreicht werden.

4.4.4.1 Triebdrehgestell

Das im ICE zur Anwendung kommende Triebdrehgestell (Abb. 357) baut auf dem in der Diesellokomotive V 202 003 und auf dem Rollprüfstand in München Freimann vorerprobten »Um-An«-Konzept auf, bei dem die Antriebsmasse geschwindigkeitsabhängig über spezielle, aktiv wirkende Koppelglieder an den Wagenkasten oder an den Drehgestellrahmen angekoppelt werden können. Dadurch soll die unabgefederte Antriebsmasse bei hohen Fahrgeschwindigkeiten möglichst klein gehalten werden, um die Laufeigenschaften und die Oberbaubeanspruchung günstig zu gestalten. Die Versuche haben gezeigt, daß auf die ursprünglich vorgesehene aktive Umkopplung der Antriebsmasse zwischen Drehgestell und Wagenkasten zugunsten einer passiven Dämpferankopplung an den Wagenkasten verzichtet werden kann, ohne daß beim Befahren kleiner Bogenhalbmesser unzulässig hohe Zusatzkräfte auftreten.

Abb. 358: Drehgestell MD 52-350 (Foto: MD)

Beide Varianten sind untereinander tauschbar.

Das wesentliche Merkmal der als MD 52-350 bezeichneten Drehgestell-Bauart mit Stahlfederung ist die Einhaltung der Parallelität der Radsätze zueinander durch die verschleißfreie Führung der Radsätze im Drehgestell-Rahmen über Federblatt-Radsatzlenker.

Abb. 357: ICE-Triebdrehgestell (Foto: Krupp)

4.4.2 Laufdrehgestelle

Bei den Laufdrehgestellen werden zunächst zwei Varianten getestet. Der Meßwagen und der Demonstrationswagen Nr. 2 erhalten
- weiterentwickelte klassische stahlgefederte Drehgestelle der Bauart 52 mit auf 2800 mm verlängertem Radstand und mit passiver Drehhemmung (Bauartbezeichnung MD 52-350). (Abb. 358).

Der Demonstrationswagen Nr. 1 erhält:
- ein neuartiges luftgefedertes Drehgestell mit ebenfalls 2800 mm Radstand ohne Drehhemmung und mit definiert elastischem Koppelrahmen zur Radsatzführung (Abb. 359).

Abb. 359: Koppelrahmendrehgestell (Foto: MAN)

Durch die Anwendung der mechanischen Drehhemmung über das Reibmoment der seitlichen Gleitstücke können mit dem Radreifenprofil ORE S 1002 Geschwindigkeiten von 350 km/h problemlos laufstabil gefahren werden.

Die Abbremsung des Drehgestells erfolgt durch eine in Hochlage eingebaute lineare Wirbelstrombremse (LWSB). Die beiden Magnete der LWSB sind über vier Betätigungszylinder im Drehgestell-Rahmen aufgehängt.

Die Radscheiben der Radsätze sind mit Absorbern zur Schalldämmung versehen.

Beim Koppelrahmen-Drehgestell stützt sich der Wagenkasten ohne Zwischenschaltung einer Wiege über zwei Luftfederbälge direkt auf den Drehgestellrahmen ab. Die Längsmitnahme des Drehgestells geschieht über einen Drehzapfen mit tiefliegendem Längslenker. Das Querspiel des Wagenkastens wird durch die Ausdrehung des Hauptrahmens gesteuert und ist somit vom Gleisbogenhalbmesser abhängig. Weitere Koppelungen in der Sekundärebene sind durch ein Vertikal- und Querdämpferpaar sowie durch eine Wankstütze gegeben. Zur Gewährleistung einer einfachen Tauschbarkeit der Laufwerke sind mit Ausnahme der Drehzapfenanlenkung sämtliche sekundären Aufhängungselemente an den oberen Montageplatten der Luftfederbälge befestigt.

Die primärseitige Radsatzführung erfolgt über einseitig angeordnete Federblattlenker.

Diese sind am Drehgestellhauptrahmen starr befestigt. Am Achslagergehäuse erfolgt die Verbindung über elastische Zwischenlagen mit definierten Längs- und Quersteifigkeiten. Den vertikalen Achsfedern aus Stahl sind Hydraulikdämpfer parallelgeschaltet.

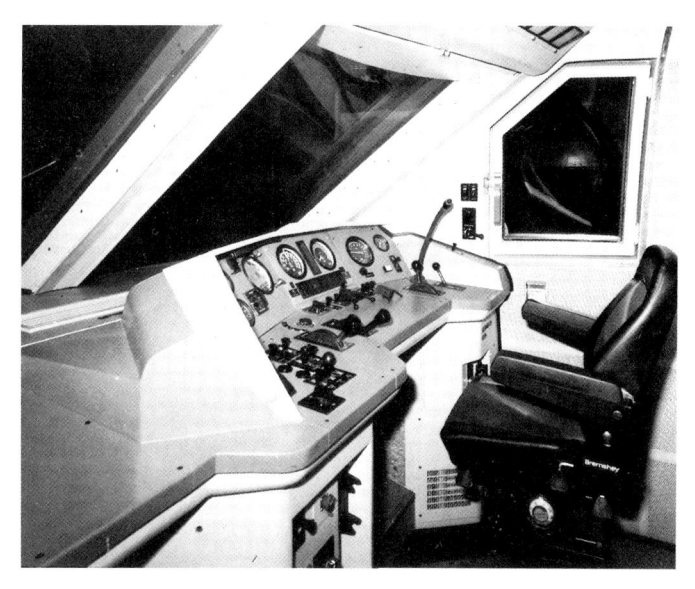

Abb. 360: Blick auf den Führerstand des ICE (Foto: DB)

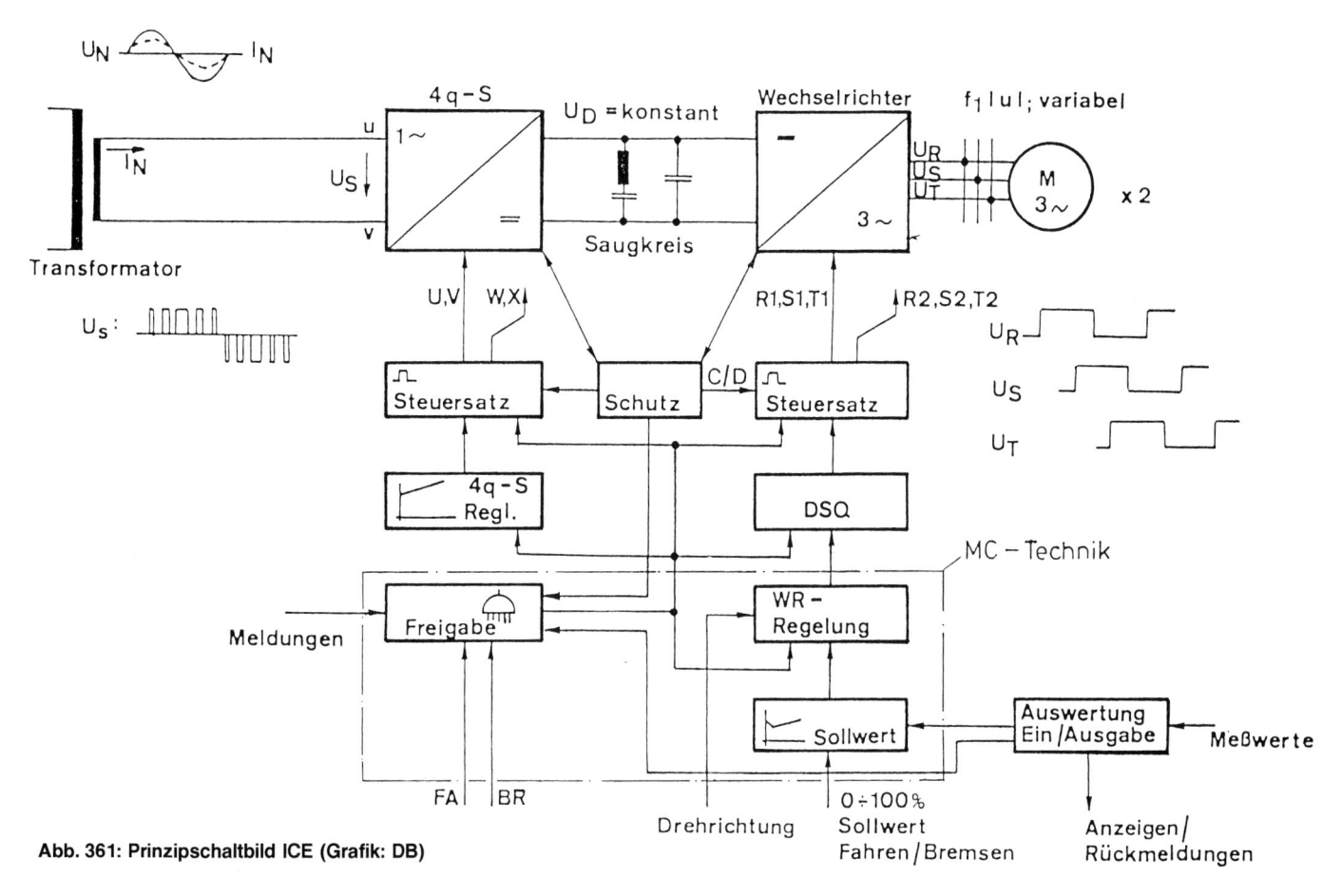

Abb. 361: Prinzipschaltbild ICE (Grafik: DB)

Kennzeichnendes Merkmal des Koppelrahmen-Drehgestells ist der elastische Koppelrahmen, der über die Achslager die beiden Radsätze des Drehgestells direkt miteinander verbindet. Mit dieser direkten Kopplung können definierte Elastizitäten hinsichtlich
– einer gegenseitigen Querverschiebung sowie
– einer gegenseitigen Drehbewegung um die Hochachse
der beiden Radsätze realisiert werden. Durch eine konstruktiv mögliche große Variationsbreite der Elastizitäten lassen sich sowohl
– ein stabiler Lauf in der Geraden als auch
– eine gute Einstellfähigkeit beim Bogenlauf
erreichen.

Der Koppelrahmen ist an seinen vier Enden starr mit den Oberschalen der Achslagergehäuse verschraubt. Weiterhin dient der Koppelrahmen zur Abstützung der Wirbelstrombremse in Bremsstellung.

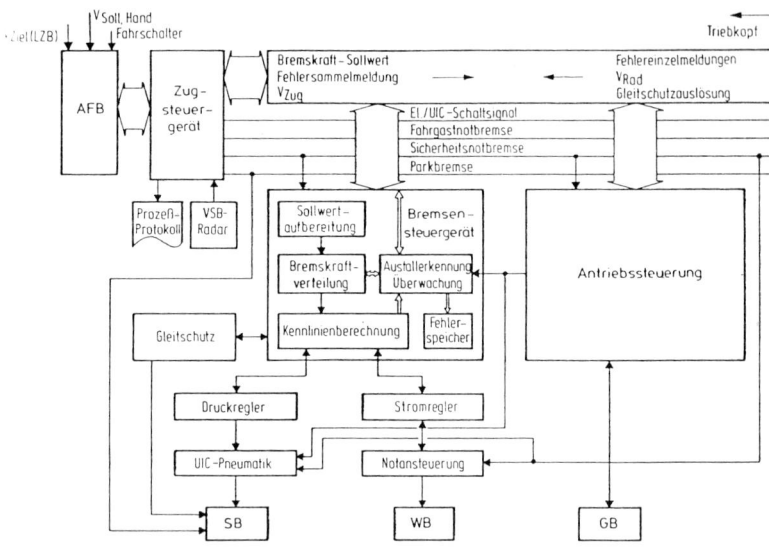

Abb. 362: ICE-Bremssteuerung (Grafik: DB)

4.4.5 Antriebs- und Bremskonzept

Die beiden Triebköpfe des ICE sind mit einer Drehstromleistungsübertragung ausgerüstet worden, wie sie vom Prinzip her von der Lokomotive 120 bekannt ist (Abb. 361).

Die Fahrzeugsteuerung ist für Ein-Mann-Bedienung konzipiert. Das »Cockpit« folgt dem bewährten Konzept des bei der DB eingeführten integrierten Führerraumes.

Sowohl in der automatischen Fahrsteuerung als auch in der Bremssteuerung werden Mikroprozessoren eingesetzt. Die Bremssteuerung arbeitet mit Lichtwellenleitertechnik als Datenübertragungsstrecke. Die elektrisch gesteuerte Bremse wurde durch Zusatzeinrichtungen UIC-kompatibel gemacht.

Die hohen Anforderungen an das Bremssystem des ICE erfordern eine Bremskombination aus Scheibenbremsen, generatorischer Bremse und linearer Wirbelstrombremse, deren aufeinander abgestimmtes Zusammenwirken die bereits erwähnte elektronische Bremssteuerung mit Zug- und Wagen- bzw. Drehgestellsteuerrechner sowie dem Lichtleiter-Datenbus als Übertragungsstrecke für Bremsbefehle und Fehlermeldungen sicherstellt (Abb. 362).

4.4.6 Stromabnehmer

Jeder Triebkopf ist mit einem Betriebsstromabnehmer ausgerüstet (Abb. 363). Die Stromabnehmer beider Triebköpfe sind durch eine innerhalb der Fahrzeuge angeordnete Hochspannungsleitung verbunden. Gefahren wird mit jeweils einem am Fahrdraht anliegenden Stromabnehmer. Sollten die Versuche zeigen, daß – ggf. nach Anpaßarbeiten an Oberleitung und Stromabnehmer – auch mit 2 Stromabnehmern gefahren werden kann, ließe sich die Hochspannungsleitung zwischen den Triebköpfen bei den Serienzügen vermeiden.

Der jeweils nicht benutzte Stromabnehmer ist auf dem Fahrzeug so angeordnet, daß seine Störwirkung möglichst gering ist. Hierzu wurde die Aufstandsfläche des Stromabnehmers um 70 mm abgesenkt und dieser im abgesenkten Zustand durch keilförmige Enden abgeschirmt.

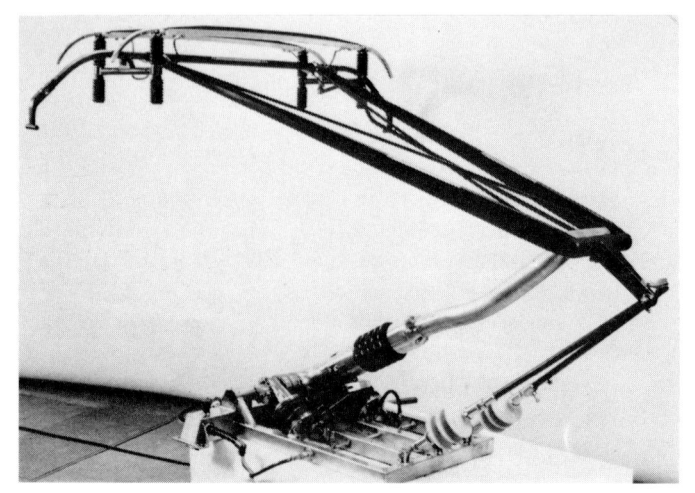

Abb. 363: ICE-Stromabnehmer (Foto: Dornier)

4.4.7 Signaltechnische Ausstattung

Für den Demonstrationseinsatz des ICE auf ausgewählten Strecken der DB sind die dort eingeführten Sicherheits- und Kommunikationseinrichtungen vorzusehen. Demgemäß kamen im ICE zum Einbau:
- Linienzugbeeinflussung mit Bremswegüberwacher der Bauform 80 (LZB/BWÜ 80)
- Sicherheitsfahrschaltung und
- Zugbahnfunk.

Zusätzlich bietet der ICE die Möglichkeit, neu entwickelte Versuchssysteme im Zusammenwirken mit entsprechenden Streckenausrüstungen zu erproben. Diese Versuchssysteme übernehmen jedoch bis zum Vorliegen von Sicherheitsnachweisen noch keinerlei Sicherheitsverantwortung.

4.4.8 Fahrgastraumgestaltung

Neben dem äußeren Erscheinungsbild wird der Demonstrationseffekt des ICE wesentlich durch das Design der Fahrgasträume getragen, dem von Beginn an besondere Aufmerksamkeit geschenkt wurde. Für das Projekt ICE wurde dabei berücksichtigt, daß der Rhythmus der Nachfrageänderungen im Personenfernverkehr künftig kürzer sein wird als die übliche Nutzungsdauer der Schienenfahrzeuge. Zur verbesserten Anpassung an sich wandelnde Markterfordernisse und Kundenwünsche sind die Fahrgastwagen des Triebzugs daher charakterisiert durch
- ein innovatives, über den heutigen Standard hinausgehendes Design (Abb. 364)
- Einheitswagenkasten mit gleicher Fenster- und Türanordnung für alle Wagenklassen (»Multiklassenzelle«)
- variabel angeordnete Innenausstattungsteile in vorgefertigter Modulbauform, die in ihren Einzelelementen weitgehend baugleich auch für unterschiedliche Komfortstufen und Ausstattungsdetails sind
- schnelle Umrüstbarkeit und somit
- leichte Anpassung an geänderte Anforderungen und Gestaltungswünsche
- verstellbarer Reise- und Ruhesitz in Hinterschäumtechnik auf der Grundlage neuentwickelter Materialien
- 1800 mm breite und 650 mm hohe Fenster mit nur 500 mm breitem Zwischensteg, um trotz variabler Sitzanordnung von allen Sitzen möglichst gleich gute Sichtverhältnisse bieten zu können,
- dreifach verglaste Fenster mit einem Schalldämmaß von 40 – 45 dB (A), um einen Innenraumschallpegel auch bei Tunnelfahrten von 65 – 70 dB (A) erreichen zu können,
- absolut bündig eingesetzte Außenscheiben; der äußere Fenstersteg ist ebenfalls durch aufgeklebte Scheiben überdeckt, so daß zwischen den Einstiegtüren ein durchlaufendes Fensterband als typisches ICE-Merkmal entsteht,

Abb. 364: Innendesign ICE-Mittelwagen (Foto: DB)

- Vollklimaanlage mit Ausblasung oberhalb der Gepäckablage
- indirekte Beleuchtung durch doppeltes Lichtband, das gleichzeitig Beleuchtung für die Gepäckablage ist,
- geschlossene Gepäckablage für Handgepäck.

Abb. 365: Fahrgastinformationssystem, in die Gepäckablage integrierte Wagenanzeigen (Foto: DB)

4.4.9 Fahrgastinformationssystem

Der Triebzug ICE bietet dem Fahrgast über den heutigen Standard hinaus erweiterte Informationsmöglichkeiten an. Die hiermit im Demonstrationseinsatz gewonnenen Erkenntnisse werden den Anwender in die Lage versetzen, über den kommerziellen Einsatz der im ICE angebotenen Teilsysteme zur Fahrgastinformation zu entscheiden.

Kernstück der Anlage ist ein Rechner in der Zugzentrale. Der Zentralrechner ist über ein durchgehendes Breitband-Koaxialkabel, das auch über die selbsttätige Scharfenbergkupplung geführt wird, mit den einzelnen Informationseinrichtungen des Zuges verbunden.

Die Informationen werden durch das Zugbegleitpersonal an einem zentralen Terminal oder durch vorab erstellte Datenträger (Disketten) über ein Diskettenlaufwerk eingegeben. Zur fahrzeit- und fahrwegsynchronen Steuerung der gespeicherten Informationen wird ein Geschwindigkeitssignal extern aufgenommen und im Rechner verarbeitet.

Im Triebzug ICE sind folgende Informationsausgabestellen vorgesehen:

1. Wagenlaufschilder
   Alle Mittelwagen haben äußere, die beiden Demonstrationswagen 1 und 2 zusätzlich noch innere Wagenlaufschilder. Angezeigt werden:
– Kennzeichnung reservierter Plätze
– Name des nächsten Haltebahnhofs
– Soll- und Ist-Ankunftszeiten
– Hinweise auf Anschlußverkehr, insbesondere Züge und Busse sowie während der Reise wechselnd
– Informationen über Service-Leistungen (Gastronomie)
– Fahrgeschwindigkeit
– DB-Angebot und Werbung
– Fremdwerbung

Akustische Informationen
Die akustischen Informationen werden eingegeben über
– Sprechzellen für das Zugbegleitpersonal
– unmittelbar über Zugbahnfunk, der auf das Breitbandübertragungssystem aufgeschaltet werden kann
– Informationskonserven aus Audiorekordern
– Hörfunkempfang mit Verstärker und Antenne

Der Fahrgast erhält akustische Informationen individuell an seinem Sitzplatz, der mit einem Standrad-Platzmodul in seiner Armlehne ausgerüstet ist. Angeboten werden können jeweils über ansteckbare Kopfhörer:
– Hörfunkprogramme, max. 5 Kanäle
– Touristische Informationen
– Fremd- und Eigenwerbung

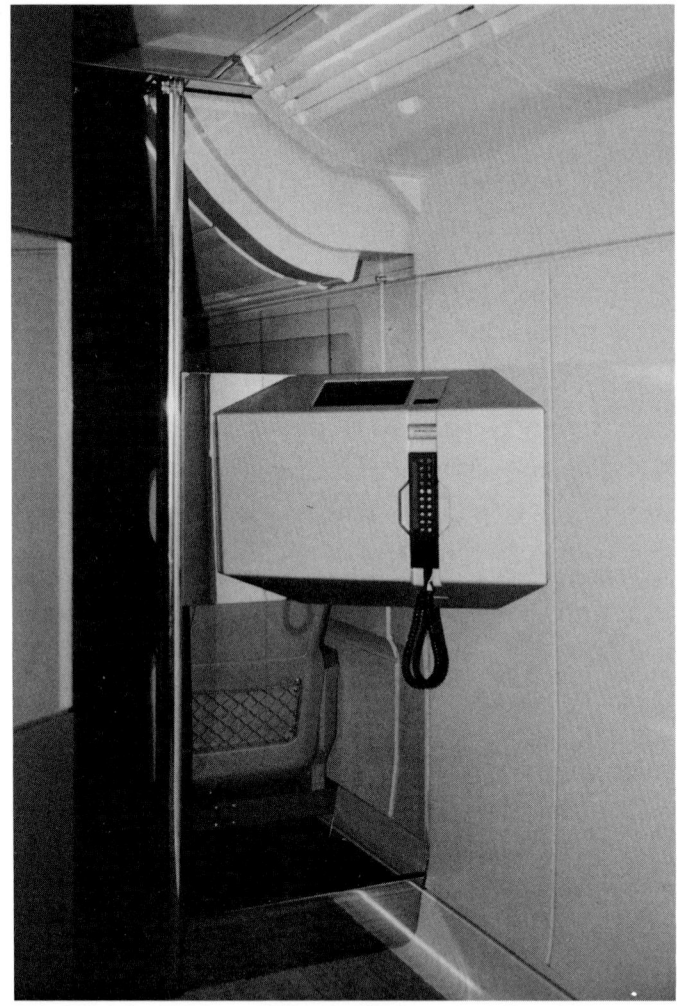

Abb. 366: Informations- und Kommunikationsmittel (Foto: DB)

Für allgemeine Informationen und Durchsagen ist die bei der DB eingeführte Wagenlautsprecheranlage an das Informationssystem angeschlossen. Eine digitale Sprachausgabe ist vorbereitet.

Kommunikation und Service
Dem Fahrgast des ICE werden bei Demonstrationsfahrten folgende weiteren Informationsangebote aus dem Bereich Kommunikation und Service zur Verfügung stehen:
Schaffner-Rufsystem. Der Schaffner kann von jedem Wagen aus gerufen werden und den Ruf lokalisieren.
– Zuginternes Kabeltextsystem (»inhouse-Btx«) mit Dialogsystem; zugriffsfähig sowohl über eine sog. Info-Box im Vorraum des Demonstrationswagens 1 wie auch an einigen ausgewählten Sitzplätzen der 1. Wagenklasse, die entsprechend ausgerüstet werden (Abb. 366).

– Bordtelefon; vorgesehen ist ein Funktelefon mit öbL-Empfang und Teilnehmerumschaltung, das sowohl auf die Infobox als auch auf die ausgewählten Sitze der 1. Wagenklasse geschaltet werden kann. Die Telefone sind mit Wertkartenleser ausgerüstet (Abb. 366).

Neben den schon genannten Möglichkeiten des Hörfunkempfangs, der Musikdarbietung aus Audiorekordern und der touristischen Informationen wird auch die Tonbildunterhaltung als Videoempfang in einem angegrenzten Bereich des Demonstrationswagens 1 möglich sein (Abb. 367). Zusätzlich kann die auf dem vorauslaufenden Triebkopf installierte Videokamera beispielsweise bei Demonstrationsfahrten auf den Fernseh-Monitor oder ggf. auch auf einen vorübergehend aufzustellenden Großbildschirm geschaltet werden.

4.5. HOCHGESCHWINDIGKEITSTRIEBZUG »IC-EXPRESS«

Ab 1990/91 wird mit Fertigstellung der beiden ersten Neubaustrecken der DB zwischen Würzburg und Hannover und Mannheim – Stuttgart in den Relationen
- Hamburg – Hannover – Kassel – Fulda – Würzburg – Nürnberg – München
- Hamburg – Hannover – Kassel – Fulda – Frankfurt Hbf – Mannheim – Karlsruhe – Basel und
- (Hannover –) Kassel – Fulda – Frankfurt Flughafen – Mannheim – Stuttgart (– München)

ein erster Hochgeschwindigkeitsverkehr in Deutschland mit einer planmäßig zu fahrenden Höchstgeschwindigkeit von 250 km/h eingerichtet. Hierzu werden 45 Serienzuggarnituren »IC-Expreß« benötigt, die aus dem Vorläuferzug »IC-Experimental« abgeleitet werden.

Die IC-Express-Serienzüge werden
- aus zwei Triebköpfen mit bis zu maximal 14 nicht angetriebenen Zwischenwagen bestehen
- eine maximale Sitzplatzkapazität von 720 bis 770 Sitzplätzen, je nach Zugzusammensetzung, aufweisen
- wie der IC-Experimental aerodynamisch optimal gestaltet und ein einheitliches Erscheinungsbild erhalten und
- leistungsmäßig für v = 250 km/h, lauf- und bremstechnisch sowie bezüglich der Druckfestigkeit der Wagenzellen für v = 280 km/h ausgelegt.

Bei der elektrischen Antriebsanlage der Triebköpfe wird einschließlich deren Steuerung und Regelung auf die Lösung des IC-Experimental zurückgegriffen. Das gleiche gilt für den mechanischen Antrieb. Jeder Triebkopf erhält 2 zweiachsige Triebdreh-

Abb. 367: Gesellschaftsraum mit Videogerät (Foto: DB)

gestelle nach dem Wirkprinzip des IC-Experimental. Die Zug- und Bremskräfte werden über eine am Drehgestellkopfträger angelenkte Zug-/Druckstange zur Triebkopfmitte übertragen.

Gegenüber dem Triebzug IC-Experimental werden
- die Fahrmotorleistung auf mindestens 1250 kW erhöht
- statt der Wirbelstrombremse zwei Magnetschienenbremsen je Drehgestell eingebaut
- der Führerraum vergrößert und
- das Zugsteuersystem den Einsatzbedingungen angepaßt.

Für das Gesamtgewicht des Triebkopfes kann ein Wert von 76 Tonnen, d.h., eine statische Radsatzlast von 19 Tonnen zugelassen werden, nachdem mit der beim IC-Experimental realisierten Laufwerkskonstruktion die maximale dynamische Radkraft auf den für die Oberbaubeanspruchung völlig unkritischen Wert von 170 kN begrenzt werden kann.

Bei den Serienmittelwagen werden folgende Sitzwagenbauarten projektiert:

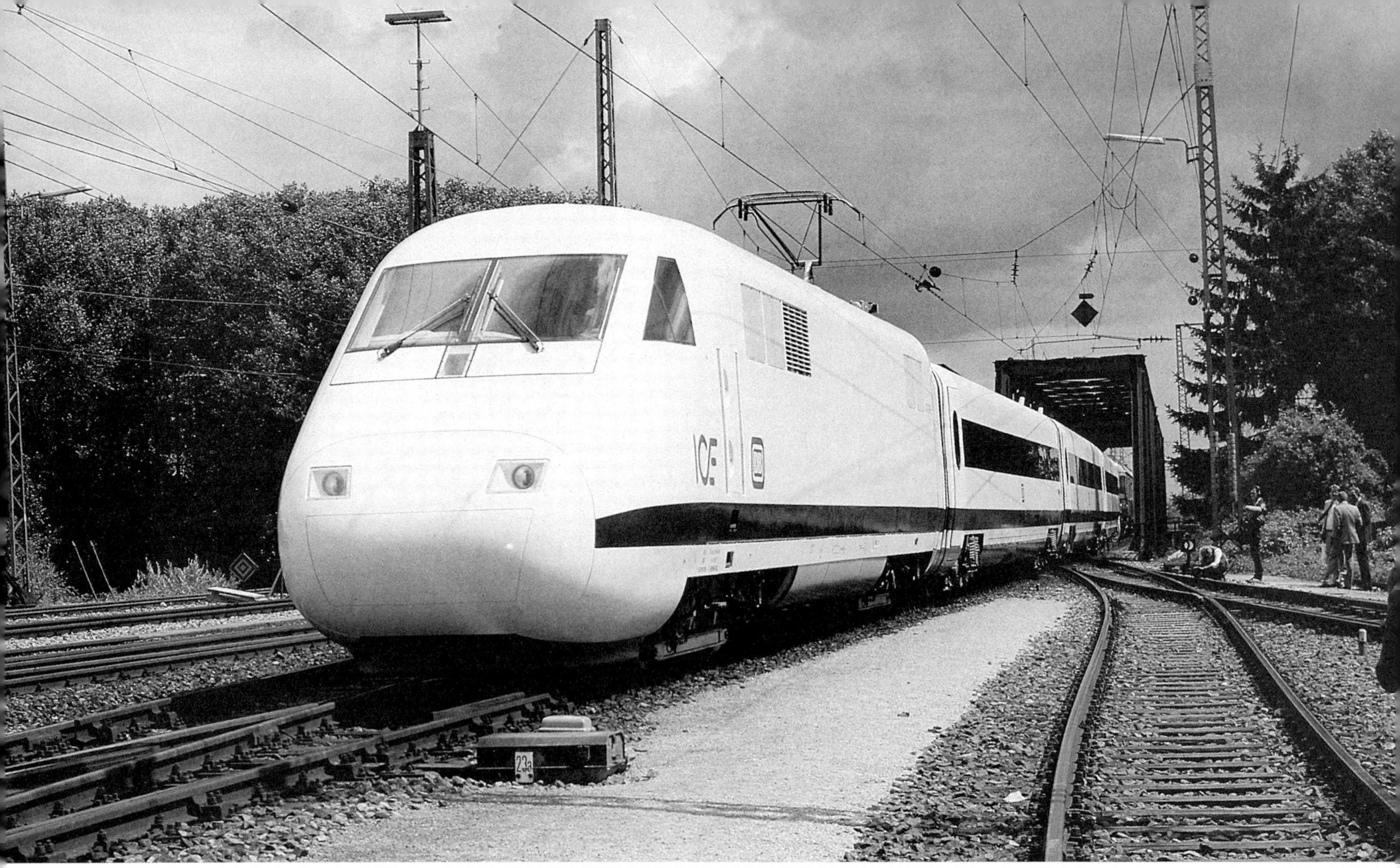
ICE
23a

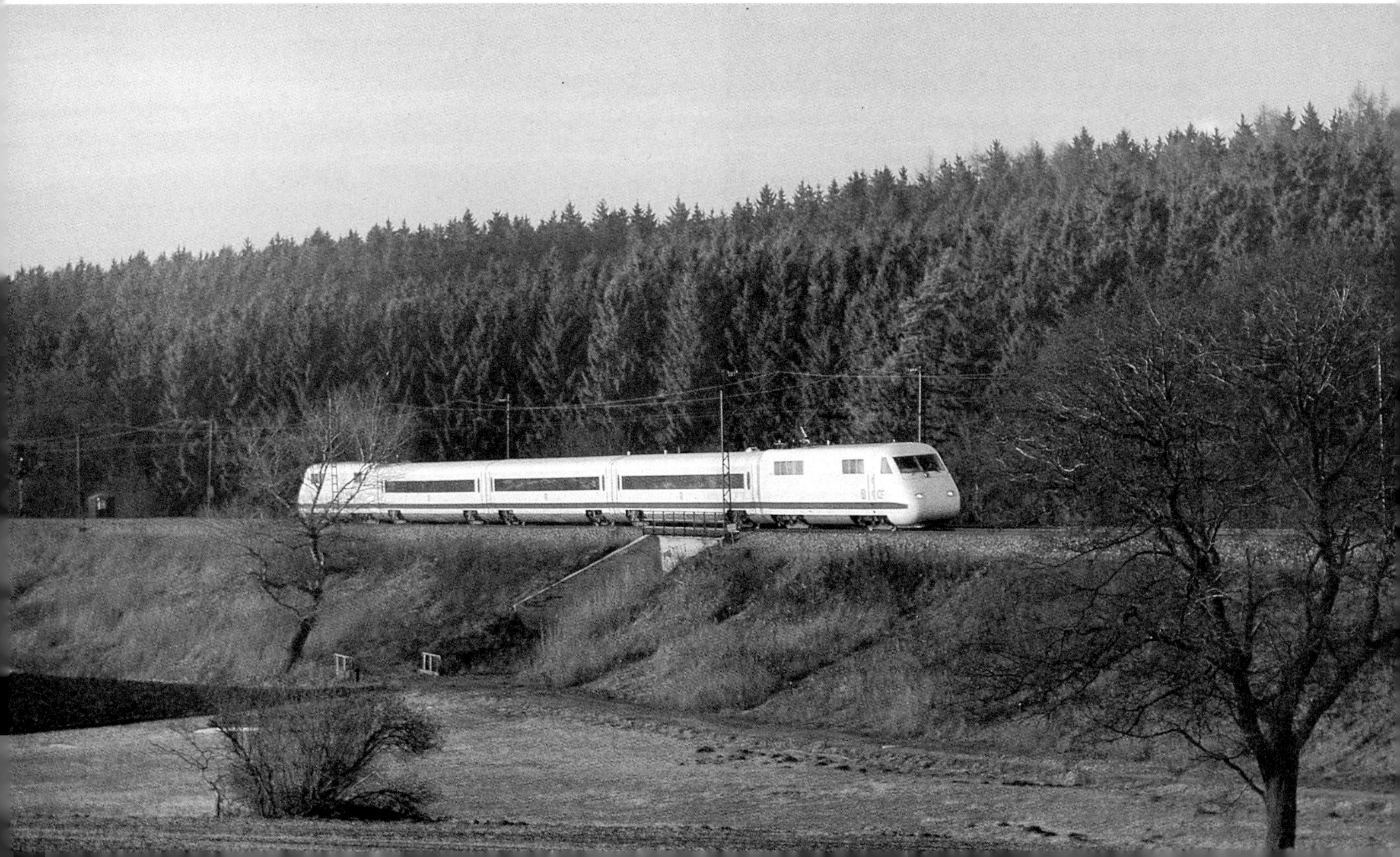

- 1. Klasse-Großraumwagen der Bauart Ap
- 1. Klasse-Abteilwagen der Bauart Av
- 2. Klasse-Großraumwagen der Bauart Bp
- 2. Klasse Großraumwagen mit Abteilcharakter der Bauart Bvp und
- Großraumwagen mit Restaurant der Bauart AR.

Für alle Sitzwagen ist eine gleiche Grundkonstruktion auf der Basis der Modulbauweise vorgesehen, so daß im Falle sich ändernder Kundenwünsche
- eine vollständige Tauschbarkeit der Inneneinrichtungen
- eine Umrüstbarkeit von Großraum- in Abteilwagen und umgekehrt sowie von Großraumwagen 1. Klasse in solche 2. Klasse und umgekehrt und
- eine Veränderung des Sitzteilers im Großraumwagen möglich sind.

Mit Rücksicht auf einen angemessenen Komfort in der 2. Wagenklasse wird eine Wagenbreite von 3,02 Meter angestrebt.

Erstmals werden beim IC-Express sogenannte Servicewagen projektiert. Dieser Wagentyp wird über einen Wirtschaftsraum, ein Bistro mit 23 Plätzen, ein Abteil für Zugbegleiter und IC-Kurierdienst, eine Telefonzelle, ein Sonderabteil »Frau und Kind« mit 6 Sitzplätzen und über eine Personaltoilette verfügen.

4.6. SCHNELLFRACHTSYSTEM

In die Überlegungen zu einem künftigen ICE-System werden auch die Möglichkeiten eines relationsbegzogenen Schnellfrachtsystems einbezogen, dessen Zugsystem Antriebsmodule des ICE, zum Beispiel die Triebköpfe nutzt. Der Vorteil einer solchen Lösung besteht in vergleichsweise niedrigen zusätzlichen Investitionen im Fahrweg- und Fahrzeugbereich. Der mit einem derartigen Spitzenangebot des Güterverkehrs dennoch verbundene technische und finanzielle Aufwand erfordert jedoch noch eine Reihe von Voruntersuchungen und Marktanalysen zur Gewährleistung des wirtschaftlichen Erfolgs. Im Vordergrund stehen dabei die marktrelevanten Gütergruppen, Be- und Entladetechniken, Zugbildung, Fahrzeugtechniken, Transportrelationen und Beförderungszeiten.

4.7. SCHLUSSBEMERKUNGEN

Schnellfahrstrecken und die innovativen Hochgeschwindigkeitstriebzüge »Intercity-Expreß« werden das Spitzenangebot der Deutschen Bundesbahn im Schienenpersonenfernverkehr sein. Sie sind aber nur ein Teil dessen, was die »neue Bahn« in der Bundesrepublik Deutschland ausmachen wird. Neue Technologien auf allen Ebenen, neue Produkte, verbesserte Infrastrukturen und ein marktgerechter Absatz der Transportleistungen werden die Innovationsfähigkeit und den Innovationswillen der Bahn dokumentieren, wo immer sie sich dem Wettbewerb stellt. Das wird überall dort sein, wo die Bahn ihre systemspezifischen Vorteile gegenüber ihren Konkurrenten in die Waagschale werfen kann. Dafür stellt die »neue Bahn« zur Zeit ihre Weichen. Die Bahn kann dabei in der beruhigenden Gewißheit in das nächste Jahrtausend gehen, daß ihre technologischen Grenzen und Möglichkeiten dann immer noch nicht ausgeschöpft sein werden.

◄ **Abb. 368 und 369: Auf dem oberen Bild sehen wir den ersten »Roll-Out« des ICE in Donauwörth am 31. 7. 1985 (Foto: JMM). Unten begegnen wir dem ICE auf der Strecke München-Augsburg, aufgenommen am 9. 12. 1985 bei Mering (Foto: A. Ritz).**

5. Vorgaben zur Beurteilung von schnellen Rad/Schiene-Systemen,

von Dr.-Ing. Peter Meinke

5.1. EINLEITUNG

Eines der Grundbedürnisse des Menschen ist die Fortbewegung über kürzere und weitere Entfernungen. Seit jeher hat er es verstanden, sich hierbei technischer Hilfsmittel zu bedienen. In der heutigen Industriegesellschaft besteht vielfacher Bedarf an der Überwindung von Entfernungen im Bereich bis zu etlichen tausend Kilometern.

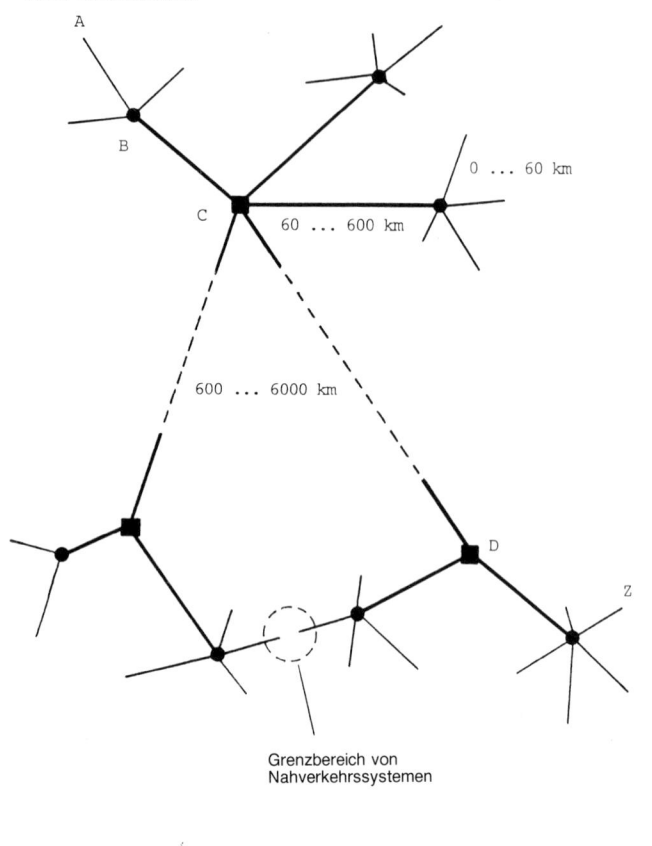

Als Fahrgast hat man heute die Wahl zwischen unterschiedlichen Verkehrssystemen. Für große Entfernungen, zum Beispiel im Bereich von 600 km aufwärts, ist es nur mit dem Flugzeug möglich, akzeptable Reisezeiten einzuhalten. Der nach unten daran anschließende Entfernungsbereich, etwa von 60...600 km, repräsentiert charakteristische Reisewege innerhalb Westeuropas oder auch national. Dieser Bereich ist vorzugsweise von einem Hochgeschwindigkeits-Rad/Schiene-System abzudecken.

Für den unteren Entfernungsbereich (bis 60 km) werden, je nach Randbedingungen, verschiedene (Nah-) Verkehrsmittel entweder alternativ oder sequentiell benutzt (S-Bahn, U-Bahn, Bus, Taxi, Privatwagen).

Abb. 370 veranschaulicht die eben erläuterte Netzstruktur.

Um vom Startpunkt A zum Ziel Z zu gelangen, wird ein Fahrgast mit einem Nahverkehrsmittel (z.B. Bus oder S-Bahn) zu Punkt B reisen, dort in den Hochgeschwindigkeitszug umsteigen; eine Entfernung C – D von mehr als 600 km wird er unter Umständen mit dem Flugzeug zurücklegen und dann wieder mittels Bahn und Nahverkehrsmittel das Ziel erreichen. Liegen Start- oder Zielpunkt im Grenzbereich zweier Nahverkehrsbereiche, so hat der Reisende zusätzlich die Möglichkeit, über den einen oder über den anderen Nahverkehrsknotenpunkt zu fahren.

Abb. 370: Netzstruktur im Verkehrsverbund (Grafik: MAN)

5.2. FAHRZEUGGESCHWINDIGKEIT

Vor einer weiteren Diskussion des Themas Hochgeschwindigkeitszug, der hier als ein über den heutigen Stand der Technik mit Geschwindigkeiten von über 200 km/h hinausgehender Verkehr verstanden wird, ist es notwendig, abzuschätzen, welche Reisezeitgewinne mit einer Erhöhung der Fahrgeschwindigkeit zu erreichen sind.

Die Antwort auf die Fragestellung ist vor allem von der jeweiligen Netzkonfiguration und damit letztlich von der Bevölkerungsstruktur in dem zugrundezulegenden Bereich abhängig. So ist in Japan, Frankreich und Italien vorwiegend Linienverkehr über größere Entfernungen zu betrachten, während es sich im Bereich der Bundesrepublik Deutschland, wie an den IC-Strecken (vgl. Abb. 371) deutlich wird, um einen Linienverkehr in einem vermaschten Netz mit relativ geringen Halteabständen handelt.

Abb. 372 verdeutlicht die Häufigkeitsverteilung der Haltestellenabstände im deutschen IC-Netz. Der typische Abstand zwischen den Haltepunkten beträgt ca. 70 km; bei einer Einbeziehung des grenzüberschreitenden, mitteleuropäischen Personenfernverkehrs erhält man Haltestellenabstände von etwa 100 km (vgl. Abb. 373).

Durch eine einfache Überschlagsrechnung lassen sich nun bereits Aussagen gewinnen, wo ein ›vernünftiger‹ Geschwindigkeitsbereich für den Hochgeschwindigkeitsverkehr liegen könnte.

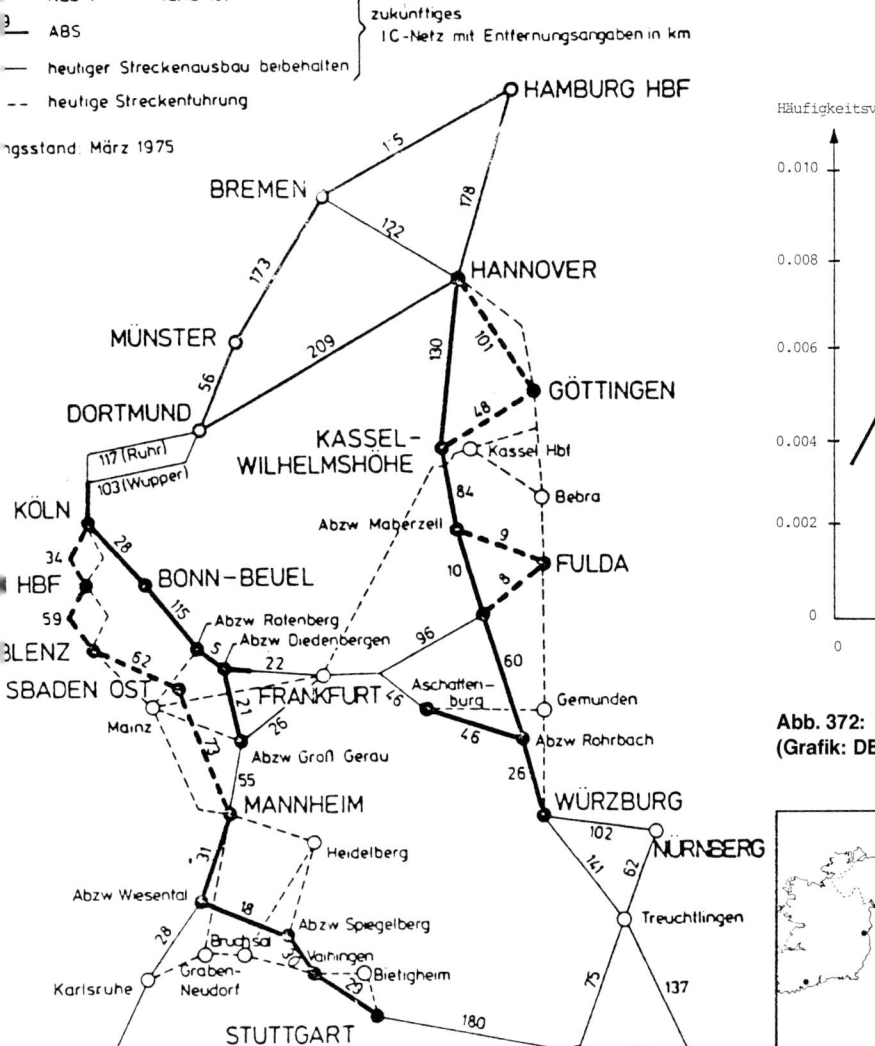

Abb. 371: IC-Streckennetz nach 1985 (Grafik: DB)

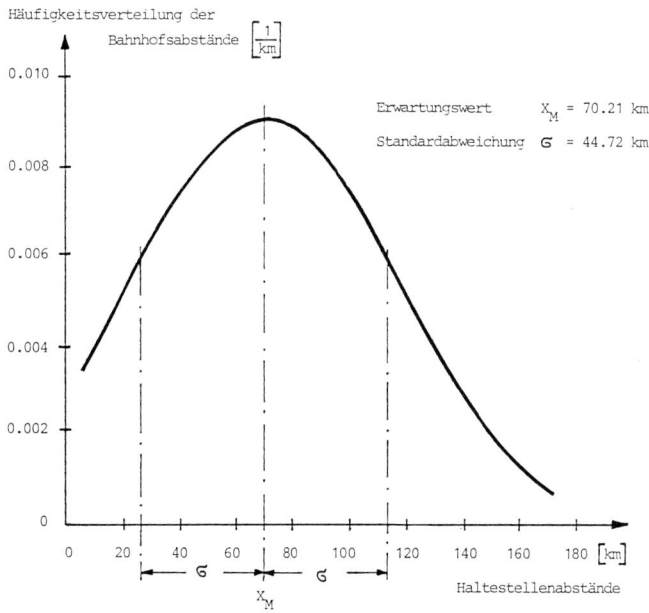

Abb. 372: Verteilung der Haltestellenabstände im deutschen IC-Netz (Grafik: DB)

Ausgehend von den Randbedingungen
– Haltestellenabstand 70 km
– unter Komfortgesichtspunkten akzeptable Beschleunigung bzw. Verzögerung von max. 0,7 m/s²

erhält man das in Abb. 374 dargestelle Diagramm:

Die Anhebung der Maximalgeschwindigkeit von 300 km/h auf 400 km/h verkürzt also die Reisezeit zwischen zwei Haltepunkten nur um ca. 2,9 Minuten (18 %). Diese einfachen Betrachtungen untermauern auch die Ergebnisse detaillierter Untersuchungen, bei denen unter Beachtung des realen Streckennetzes Geschwindigkeiten zwischen 250 km/h und 270 km/h als maximale Reisegeschwindigkeit empfohlen werden. Genau in diesem Bereich liegt auch der im Herbst 1981 in Betrieb genommene Verkehr mit dem TGV in Frankreich.

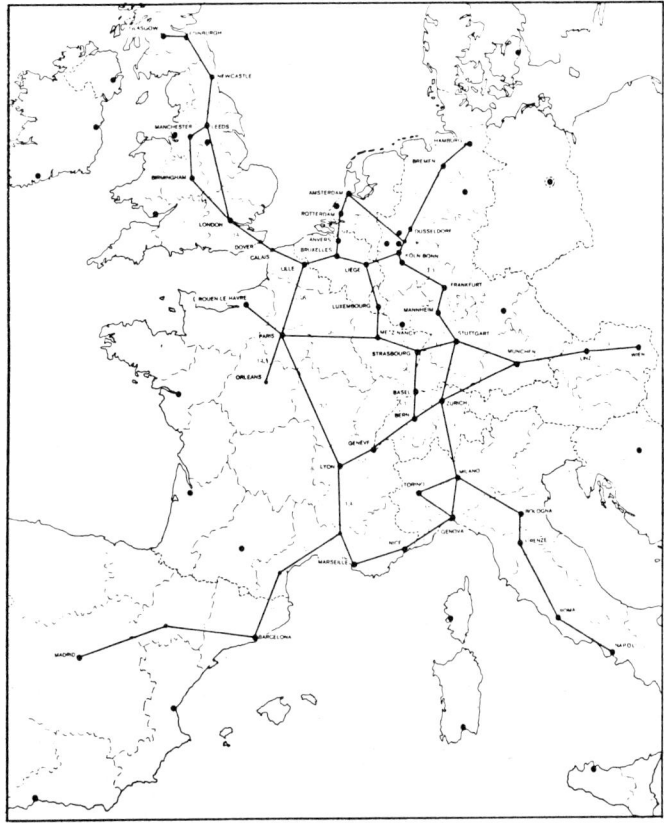

Abb. 373: Vorschlag zum Netz eines Hochgeschwindigkeits-Zugsystems in Europa (OECD, Paris 1977)

305

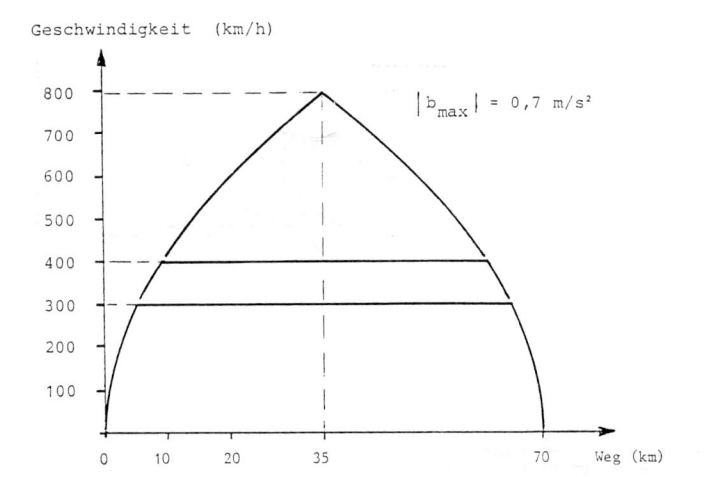

Abb. 374: Geschwindigkeits/Weg-Diagramm für unterschiedliche Maximalgeschwindigkeiten (Grafik: MAN)

5.3. TAKTZEIT UND ZUGGRÖSSE

Nach der Untersuchung der anzustrebenden Geschwindigkeit schließt sich die Frage nach der Zugkonfiguration an. Auszugehen ist dabei von einer Analyse des erwarteten Verkehrsaufkommens in dem zukünftigen System. Mit den beiden festgelegten Eingangsgrößen
– maximale Fahrgeschwindigkeit
  (bzw. einer daraus in Verbindung mit der realen Netzstruktur ermittelten durchschnittlichen Reisegeschwindigkeit)
– Verkehrsaufkommen
erhält man einen eingeschränkten Variantenbereich von Fahrzeugkonfigurationen, charakterisiert durch die Größen
– Taktzeit
– Zuggröße (Sitzplätze).

Der hierbei noch freie Parameter ›Taktzeit‹ läßt sich nicht beliebig variieren; die Taktzeit wird eingeschränkt durch zwei Merkmale:
– Eine Taktzeit, die länger als beim heutigen IC-Verkehr ist, vermindert die Attraktivität und die Akzeptanz für die Reisenden; vielmehr sollte eine weitere Verbesserung (=Verringerung der Taktzeit) angestrebt werden.
– Zu kurze Taktzeiten führen einerseits zu Schwierigkeiten im Betriebsablauf (insbesondere bei einem stark vermaschten Netz), andererseits werden damit oft auch die Zuggrößen zu klein und damit unrentabel.

Hierzu durchgeführte Studien haben nun gezeigt, daß die typischen Taktzeiten im Bereich zwischen 20 bis 40 Minuten anzusetzen sind. Daraus abgeleitet erhält man eine Zugkapazität für etwa 400 Fahrgäste.

ZUGKONFIGURATION

Bei der Festlegung eines Konzepts für ein schnelles Rad/Schiene-system steht man nun vor dem Problem, aus der Vielzahl von möglichen Zugvarianten die für die gegebenen Bedingungen am besten geeignete Konfiguration herauszufinden. Eine mögliche Vorgehensweise ist im folgenden am Beispiel von Untersuchungen in der Bundesrepublik Deutschland beschrieben.

Die heutigen Arbeiten an einem deutschen Hochgeschwindigkeits-Rad/Schiene-System basieren auf einer Studie, die in den Jahren 1974 – 1976 vom Gemeinschaftsbüro ›Hochgeschwindigkeits-Triebfahrzeuge‹ erarbeitet wurde. Mitglieder dieses Teams waren Vertreter der Deutschen Bundesbahn und der deutschen Industrie.

Diese Studie geht von den Grundeinheiten, wie sie in Abb. 375 und 376 angegeben sind, aus und erfaßt, durch unterschiedliche Kombinationen dieser Grundeinheiten, eine Vielzahl von möglichen Zugkonfigurationen (vgl. Abb. 377a und 377b).

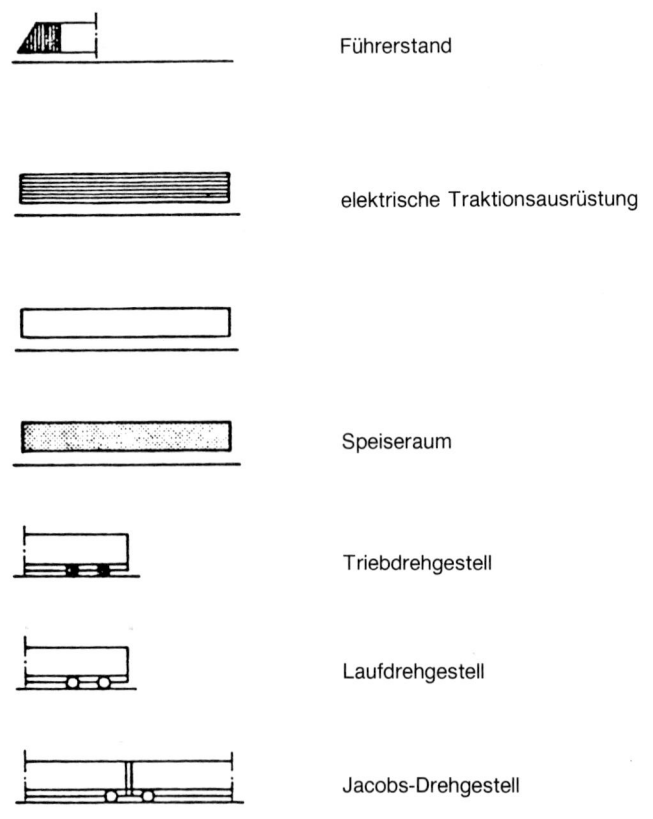

Führerstand

elektrische Traktionsausrüstung

Speiseraum

Triebdrehgestell

Laufdrehgestell

Jacobs-Drehgestell

Abb. 375: Symbole für die Grundeinheiten (Grafik: DB)

Eine erste Auswahl, unter technischen und wirtschaftlichen Gesichtspunkten sowie unter Berücksichtigung von Randbedingungen im europäischen Personen-Fernverkehr, führt zu den zehn

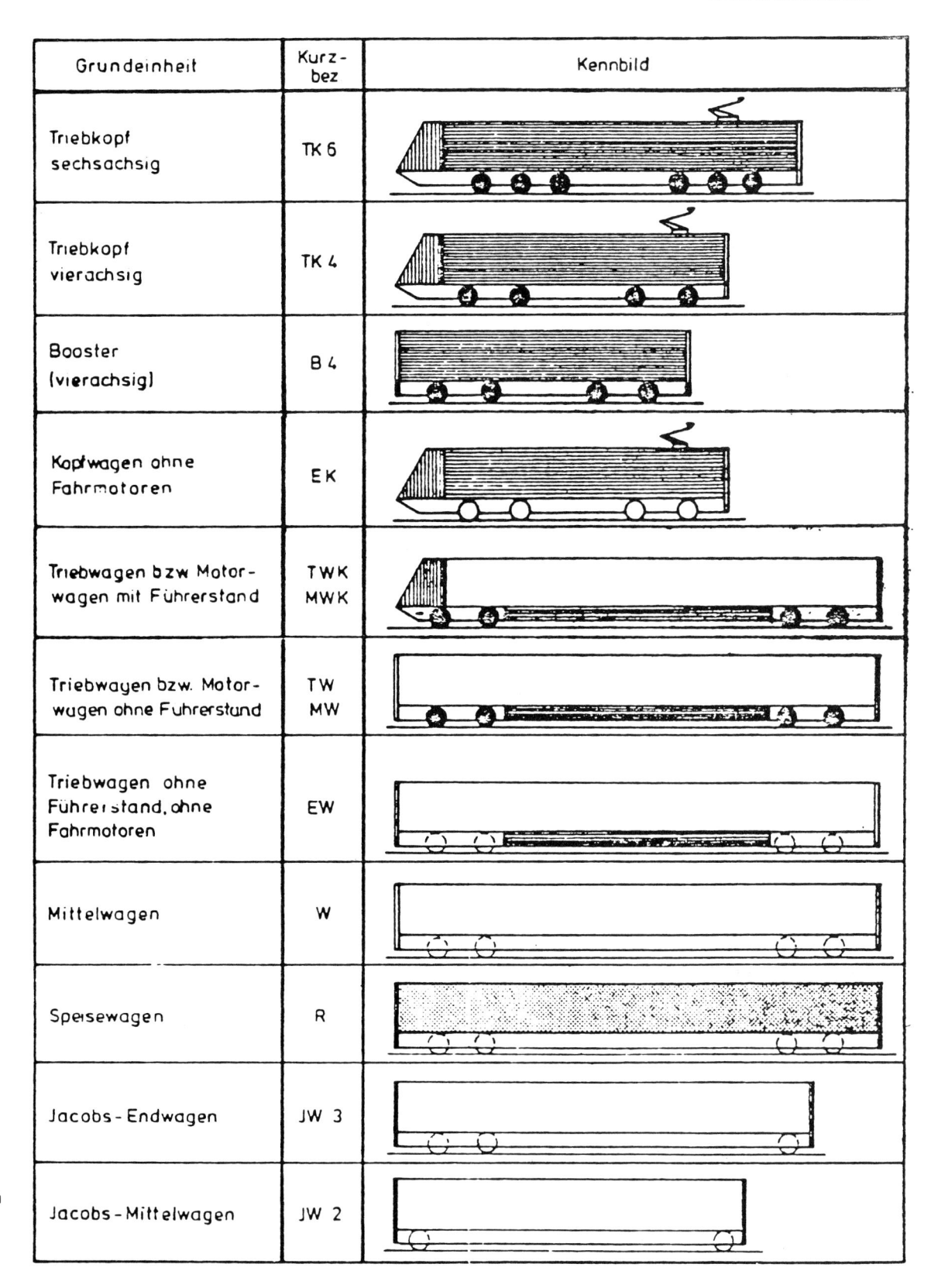

Grundeinheit	Kurz-bez	Kennbild
Triebkopf sechsachsig	TK 6	
Triebkopf vierachsig	TK 4	
Booster (vierachsig)	B 4	
Kopfwagen ohne Fahrmotoren	EK	
Triebwagen bzw. Motorwagen mit Führerstand	TWK MWK	
Triebwagen bzw. Motorwagen ohne Führerstand	TW MW	
Triebwagen ohne Führerstand, ohne Fahrmotoren	EW	
Mittelwagen	W	
Speisewagen	R	
Jacobs-Endwagen	JW 3	
Jacobs-Mittelwagen	JW 2	

Abb. 376:
Kurzbezeichnungen und Kennbilder der Grundeinheiten (Grafik: DB)

Zug-kurz-bez.	Zugzusammensetzung	Länge [m]	Gesamt-masse besetzt [t]	Sitz-plätze	P_{erf} [MW]	$P_{üb}$ [MW]
1	2	3	4	5	6	7
T 2	TK4 + 8 W + R + TK4	273	552	432	10,32	8,83
T 4	TK6 + 8 W + R + TK6	281	624	432	10,92	13,24
T 6	TK8 + 8 W + R + TK8	305	696	432	11,87	17,66
T 8	TK4 + B4 + 8 W + R + TK4	289	624	432	11,10	13,24
T 9	TK4 + B4 + 8 W + R + B4 + TK4	305	696	432	11,87	17,66
T 11	TK6 + B4 + 8 W + R + TK6	297	696	432	11,70	17,66
T 12	TK6 + B4 + 8 W + R + B4 + TK6	313	768	432	12,47	22,07
T 14	TK6 + B6 + 8 W + R + TK6	301	732	432	12,00	19,86
T 15	TK6 + B6 + 8 W + R + B6 + TK6	321	840	432	13,07	26,49
W 1	TWK + 6 W + R + TWK	237	446	414	8,91	7,85
W 2	TWK + TW + 5 W + R + TWK	237	465	414	9,02	11,77
W 3	TWK + TW + 4 W + R + TW + TWK	237	484	414	9,14	15,69
W 4	TWK + 2 TW + 2 W + R + 2 TW + TWK	237	522	414	9,36	23,54
W 5	TWK + 3 TW + R + 3 TW + TWK	237	560	414	9,59	31,39
W 7	MWK — EW + 2 (MW — EW) + R + EW — MWK	237	560	414	9,59	15,69
W 8	MWK — EW — MW + MW — EW — MW + R + MW — EW — MWK	264	624	468	10,56	23,54
W 9	MWK — EW — MW + MW — EW + R + MW — EW — MWK	237	560	414	9,59	19,62
M 1	TK4 — MW + 6 W + R + MW — TK4	273	590	432	10,55	16,68
M 2	TK4 — 2 MW + 4 W + R + 2 MW — TK4	273	628	432	10,77	24,52
M 3	TK4 — 3 MW + 2 W + R + 3 MW — TK4	273	666	432	11,00	32,36
M 4	TK4 — 4 MW + R + 4 MW — TK 4	273	704	432	11,23	40,22
M 6	TK6 — MW + 6 W + R + MW — TK 6	281	662	432	11,15	21,09
M 7	TK6 — 2 MW + 4 W + R + 2 MW — TK6	281	700	432	11,38	28,94
M 8	TK6 — 3 MW + 2 W + R + 3 MW — TK6	281	738	432	11,60	36,78
M 9	TK6 — 4 MW + R + 4 MW — TK 6	281	776	432	11,83	44,63
M 11	EK4 — MW + 6 W + R + MW — EK4	273	574	432	10,45	7,85
M 12	EK4 — 2 MW + 4 W + R + 2 MW — EK4	273	612	432	10,68	15,69
M 13	EK4 — 3 MW + 2 W + R + 3 MW — EK4	273	650	432	10,91	23,54
M 14	EK4 — 4 MW + R + 3 MW — EK4	273	688	432	11,13	31,39
M 16	EK6 — MW + 6 W + R + MW — EK6	281	638	432	11,01	7,85
M 17	EK6 — 2 MW + 4 W + R + 2 MW — EK6	281	676	432	11,23	15,69
M 18	EK6 — 3 MW + 2 W + R + 3 MW — EK6	281	714	432	11,46	23,54
M 19	EK6 — 4 MW + R + 4 MW — EK6	281	752	432	11,69	31,39

Abb. 377a:
Kurzbezeichnung und Hauptdaten der Konfigurationen (Grafik: DB)

Zug-kurz-bez.	Zugzusammensetzung	Länge [m]	Gesamt-masse besetzt [t]	Sitz-plätze	P_{erf} [MW]	$P_{üb}$ [MW]
1	2	3	4	5	6	7
M 21	TK4 + 2 (MW − EW) + R + 2 (EW − MW) + TK4	273	704	432	11,23	40,22
M 22	TK4 + 2 TW + 5 W + R + TW + TK4	273	633	432	10,76	22,05
M 23	TK6 + TW + 6 W + R + TW + TK6	281	678	432	11,21	22,05
M 24	TK4 + MW − EW + 4 W + R + EW − MW + TK4	273	668	432	10,97	24,5
M 25	TK4 − 4 MW + R + 4 MW − TK4	273	704	432	11,23	40,22
J 1	TK4 + B4 + [10 JW] + R + TK4	276	588	362	10,60	13,24
J 2	TK4 + B4 + 2 [5 JW] + R + TK4	283	602	384	10,84	13,24
J 4	TK4 + B4 + 3 [3 JW] + R + TK4	272	585	360	10,32	13,24
J 5	TK4 + B4 + 5 [2 JW] + R + TK4	305	644	420	11,56	13,24
J 6	TK4 + B4 + [10 JW] + R + B4 + TK4	292	660	362	11,37	17,66
J 7	TK4 + B4 + 2 [5 JW] + R + B4 + TK4	300	674	384	11,63	17,66
J 9	TK4 + B4 + 3 [3 JW] + R + B4 + TK4	288	657	360	11,09	17,66
J 10	TK4 + B4 + 5 [2 JW] + R + B4 + TK4	321	716	420	12,33	17,66
J 11	TK6 + [10 JW] + R + TK6	262	588	362	10,43	13,24
J 12	TK6 + 2 [5 JW] + R + TK6	275	602	384	10,67	13,24
J 14	TK6 + 3 [3 JW] + R + TK 6	264	585	360	10,14	13,24
J 15	TK6 + 5 [2 JW] + R + TK6	297	644	420	11,39	13,24
J 16	TWK + 2 [4 TJW] + R + TWK	246	552	312	9,74	30,90
J 17	[TJWK − 2 TJW] + [3 TJW] + R + [2 TJW − TJWK]	220	480	342	8,46	23,54
J 18	[MJWK − EJW − MJW] + [MJW − EJW − MJW] + R + [MJW − EJW − MJWK]	220	432	342	8,46	11,77
J 19	TK4 + 3 [3 MJW] + R + TK4	254	606	360	10,05	32,37
J 20	TK6 + 3 [3 MJW] + R + TK6	262	648	360	10,66	36,78
J 21	EK4 + 3 [3 MJW] + R + EK4	254	560	360	9,96	23,54

Abb. 377b: Kurzbezeichnung und Hauptdaten der Konfigurationen (Grafik: DB)

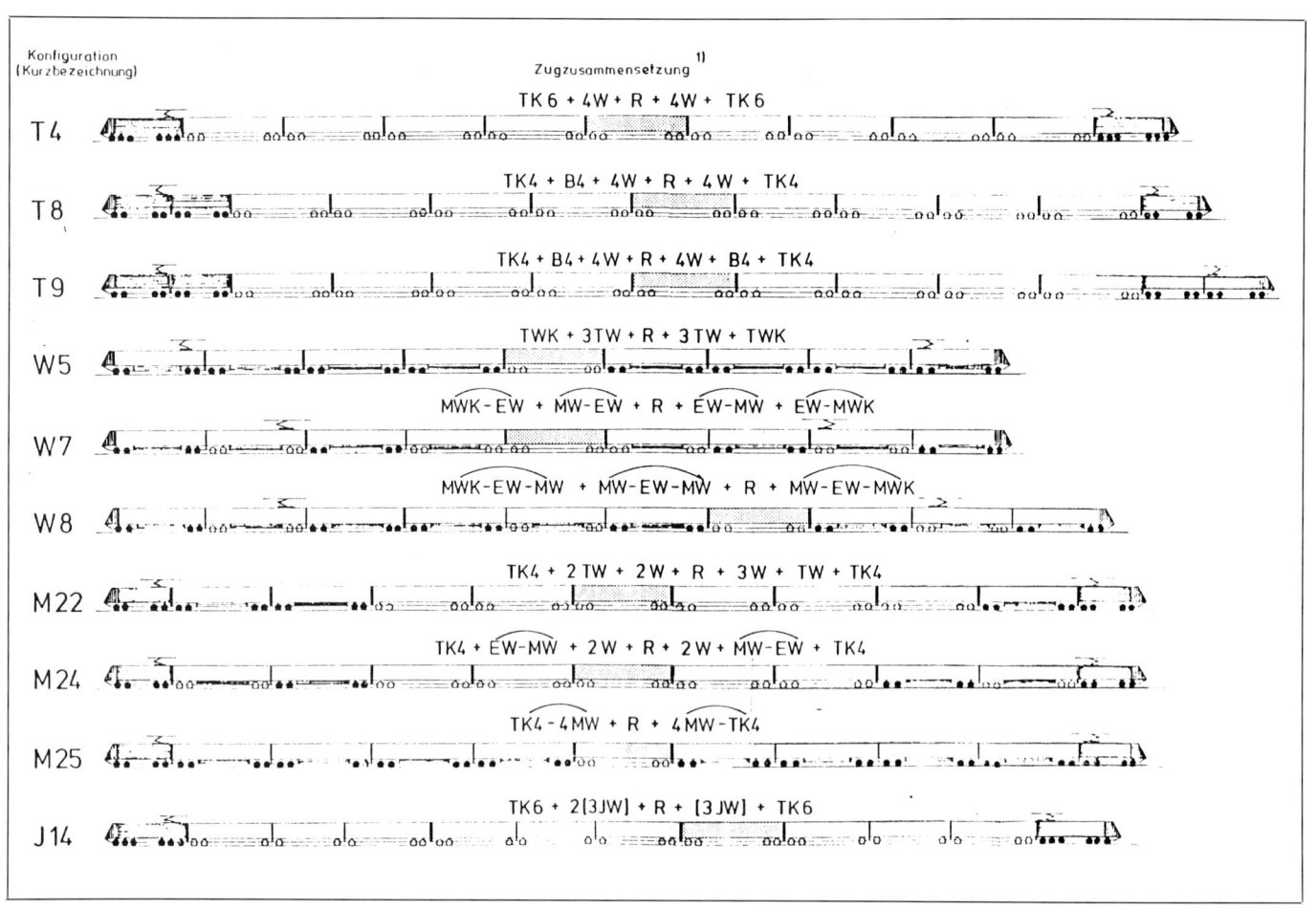

Abb. 378: Für Nutzwertanalyse verbliebene Konfigurationen (Grafik: DB)

Zugkonfigurationen, wie sie in Abb. 378 angegeben sind. Für eine weitgehende Auswahl einer Variante kann man zum Beispiel diese zehn Konfigurationen einer Nutzwertanalyse unterziehen. So hat man, auf der Basis eines solchen Auswahlverfahrens, in der Bundesrepublik Deutschland drei Konfigurationen für ein schnelles Rad/Schiene-Personenfernverkehrssystem ausgewählt, um sie weiteren Untersuchungen zuzuführen (vgl. Abb. 379):

T4: zwei 6-achsige Triebköpfe und Mittelwagen
T8: zwei 4-achsige Triebköpfe und Mittelwagen + Booster (bei Bedarf)
W7: Triebwagenzug in Zweiereinheiten

Die sich nun daran anschließenden Entwicklungsschritte zur endgültigen Auswahl einer Zugkonfiguration seien am Beispiel der in der Bundesrepublik Deutschland gegebenen Situation verdeutlicht; hier stehen drei wesentliche Aufgabenstellungen im Vordergrund, die von dem zukünftigen System erfüllt werden müssen:

– Systemerprobung im Zusammenspiel aller Teilsysteme für die Geschwindigkeit 350 km/h
– Demonstration der Gestaltungsmöglichkeiten und Attraktivitätsmerkmale eines zukünftigen Personenverkehrskonzeptes mit Geschwindigkeiten bis zu 300 km/h auf ausgewählten Strecken der DB.
– Versuchsbetrieb zur Verifizierung der theoretischen Ergebnisse der Grundlagenforschung und zur Komponentenerprobung auf einer Versuchsstrecke mit 350 km/h.

Auf Grundlage der eben dargestellten kombinierten Aufgabenstellung werden die drei vorausgewählten Zugvarianten (T4, T8, W7) einer weiteren Nutzwertanalyse zugeführt, die die nun genauer definierten Anforderungen an das System berücksichtigt.

Als Konzept mit der höchsten Punktezahl erweist sich hierbei die Variante T8 (2 Triebköpfe und nicht angetriebene Mittelwagen), wobei die Zugzusammenstellung den oben angeführten, unterschiedlichen Aufgabenstellungen angepaßt wird (vgl. Abb. 380).

	Triebkopfzug	P_{dd} = 10,8 MW	432 Plätze	553,8 t Besetzmasse	275,6 m Länge

T4: TK6 | W | W | W | W | W | R | W | W | W | W | W | TK6

	Triebkopfzug m. Booster	P_{dd} = 10,8 MW	432 Plätze	570,0 t Besetzmasse	288,6 m Länge

T8: TK4 | B4 | W | W | W | W | W | R | W | W | W | W | TK4

	Triebwagenzug in Zweiereinh.	P_{dd} = 10,4 MW	414 Plätze	498,2 t Besetzmasse	237,6 m Länge

W7: MWK | EW | MW | EW | R | EW | MW | EW | MWK (jeweils 2,6 MW)

Techn. Daten der Grundeinheiten (Stahlbauweise, Drehstromtechnik)

Bezeichnung d. Grundeinheit	LüP [m]	Achsstand im Drehgestell [m]	Radsatzkraft [kN]	Drehgestell-masse [t]	Gesamtmasse [t]
TK 6	19,0	1,8 / 2,3	155,0	18,9	93,0
TK 4	17,5	2,6	168,5	13,0	67,4
B 4	16,0	2,6	168,5	13,0	67,4
MWK	26,4	2,65	140,7	10,25	56,28
EW	26,4	2,5	140,3	5,7	55,51
MW	26,4	2,65	143,3	10,25	57,31
W	26,4	2,5	100,8	5,4	40,34
R	26,4	2,5	112,7	5,4	45,1

DB — Zusammenstellung der wichtigsten techn. Daten der Konfigurationen T4, T8 u. W7 der Studie "Projektdefinition Hochgeschwindigkeitstriebfahrzeug des Gemeinschaftsbüros"

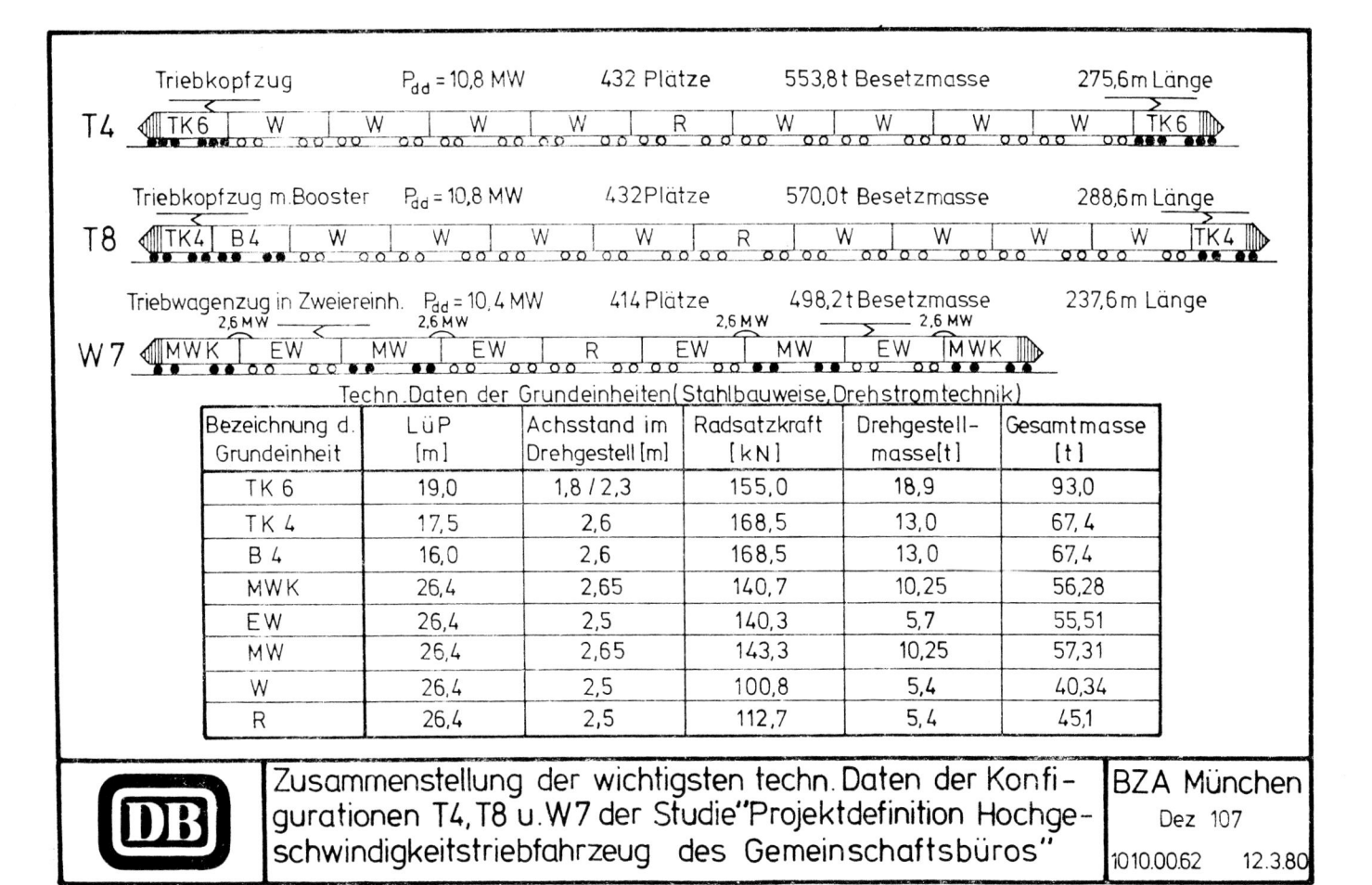

BZA München
Dez 107
10 10.00.62   12.3.80

Abb. 379: Zusammenstellung der wichtigsten technischen Daten der Konfigurationen T4, T8 und W7 der Studie »Projektdefinition Hochgeschwindigkeitstriebfahrzeug des Gemeinschaftsbüros« (Grafik: DB)

Abb. 380: Konfiguration des R/S-VD und abgeleitete Konzepte (Grafik: DB)

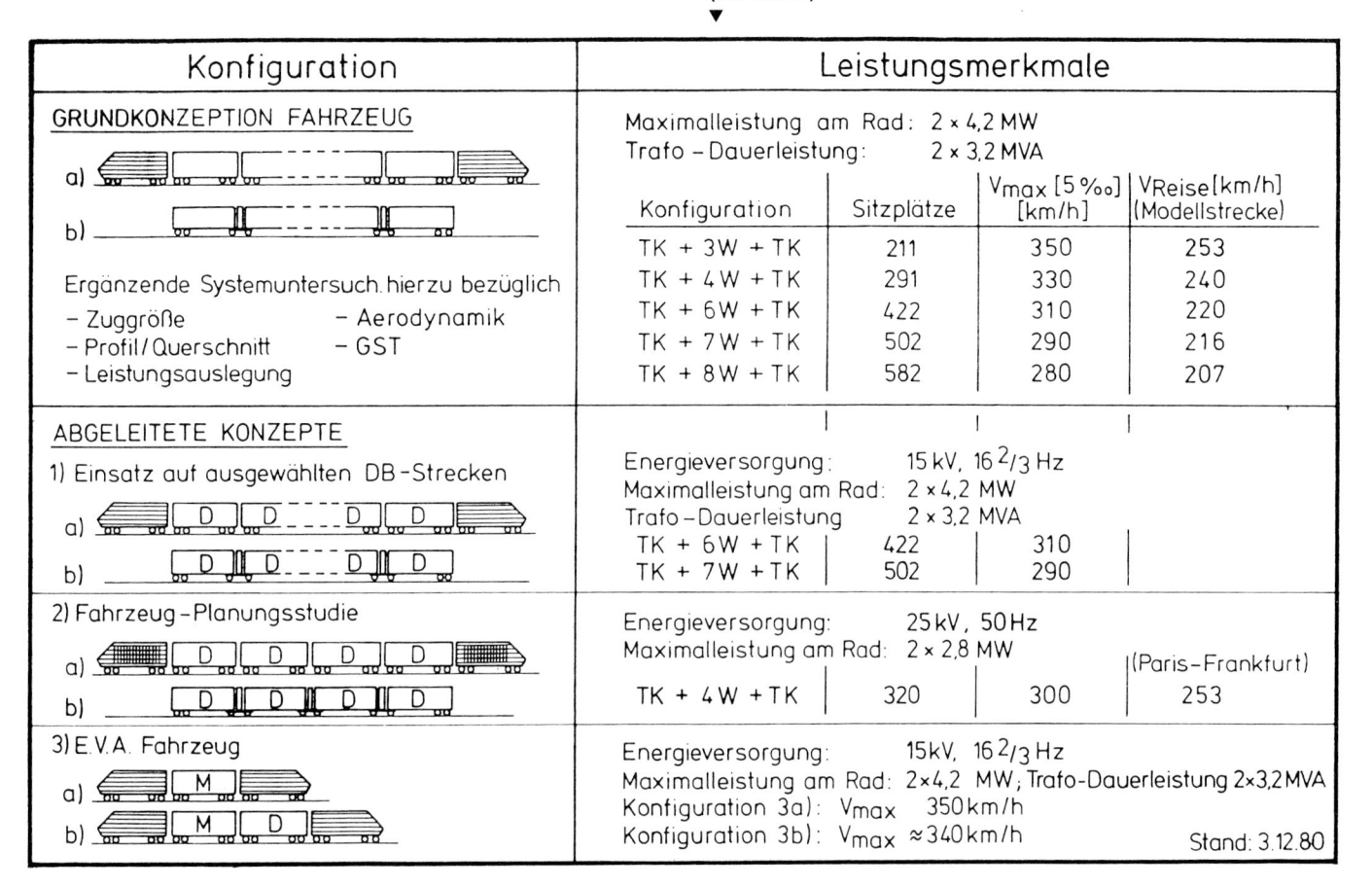

Konfiguration — Leistungsmerkmale

GRUNDKONZEPTION FAHRZEUG

a) / b)

Maximalleistung am Rad: 2 × 4,2 MW
Trafo-Dauerleistung: 2 × 3,2 MVA

Konfiguration	Sitzplätze	V_{max} [5‰] [km/h]	V_{Reise} [km/h] (Modellstrecke)
TK + 3W + TK	211	350	253
TK + 4W + TK	291	330	240
TK + 6W + TK	422	310	220
TK + 7W + TK	502	290	216
TK + 8W + TK	582	280	207

Ergänzende Systemunters. hierzu bezüglich
- Zuggröße
- Profil/Querschnitt
- Leistungsauslegung
- Aerodynamik
- GST

ABGELEITETE KONZEPTE

1) Einsatz auf ausgewählten DB-Strecken

a) / b)

Energieversorgung: 15 kV, 16 2/3 Hz
Maximalleistung am Rad: 2 × 4,2 MW
Trafo-Dauerleistung: 2 × 3,2 MVA

TK + 6W + TK	422	310
TK + 7W + TK	502	290

2) Fahrzeug-Planungsstudie

a) / b)

Energieversorgung: 25 kV, 50 Hz
Maximalleistung am Rad: 2 × 2,8 MW

			(Paris-Frankfurt)
TK + 4W + TK	320	300	253

3) E.V.A. Fahrzeug

a) / b)

Energieversorgung: 15 kV, 16 2/3 Hz
Maximalleistung am Rad: 2 × 4,2 MW; Trafo-Dauerleistung 2 × 3,2 MVA
Konfiguration 3a): V_{max} 350 km/h
Konfiguration 3b): V_{max} ≈ 340 km/h

Stand: 3.12.80

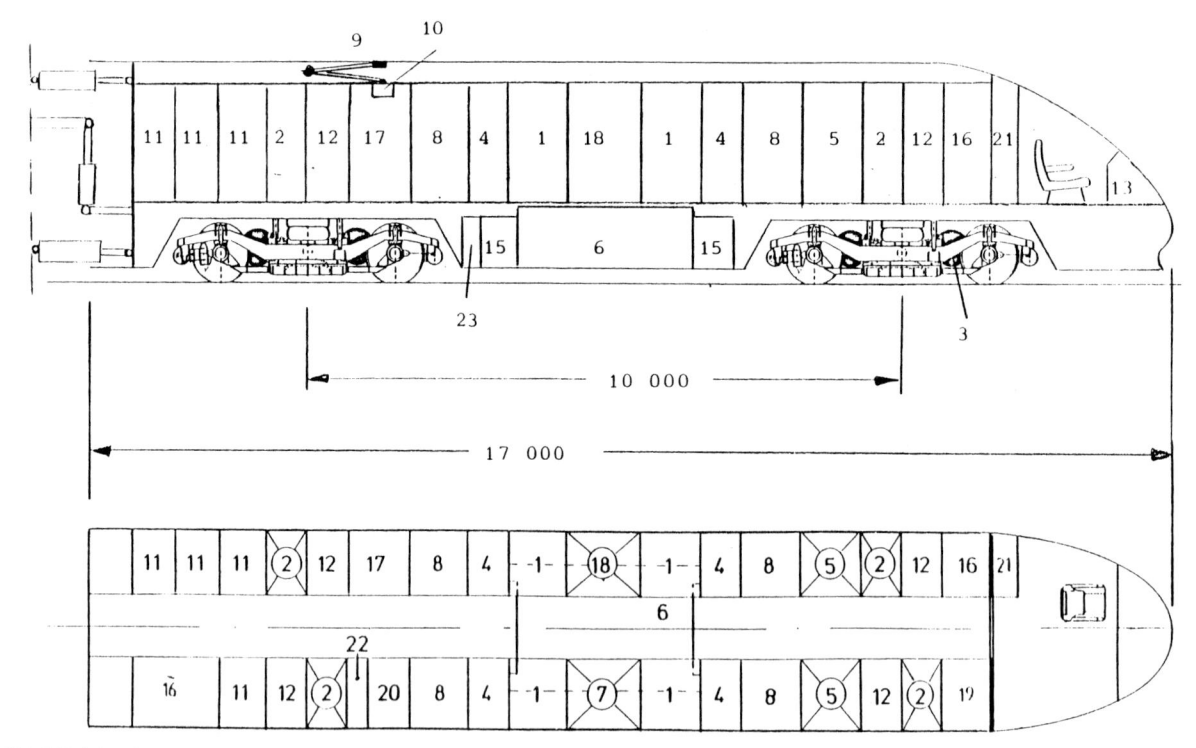

Abb. 381: Triebkopf mit kompletter Antriebsausrüstung (Grafik: MAN)

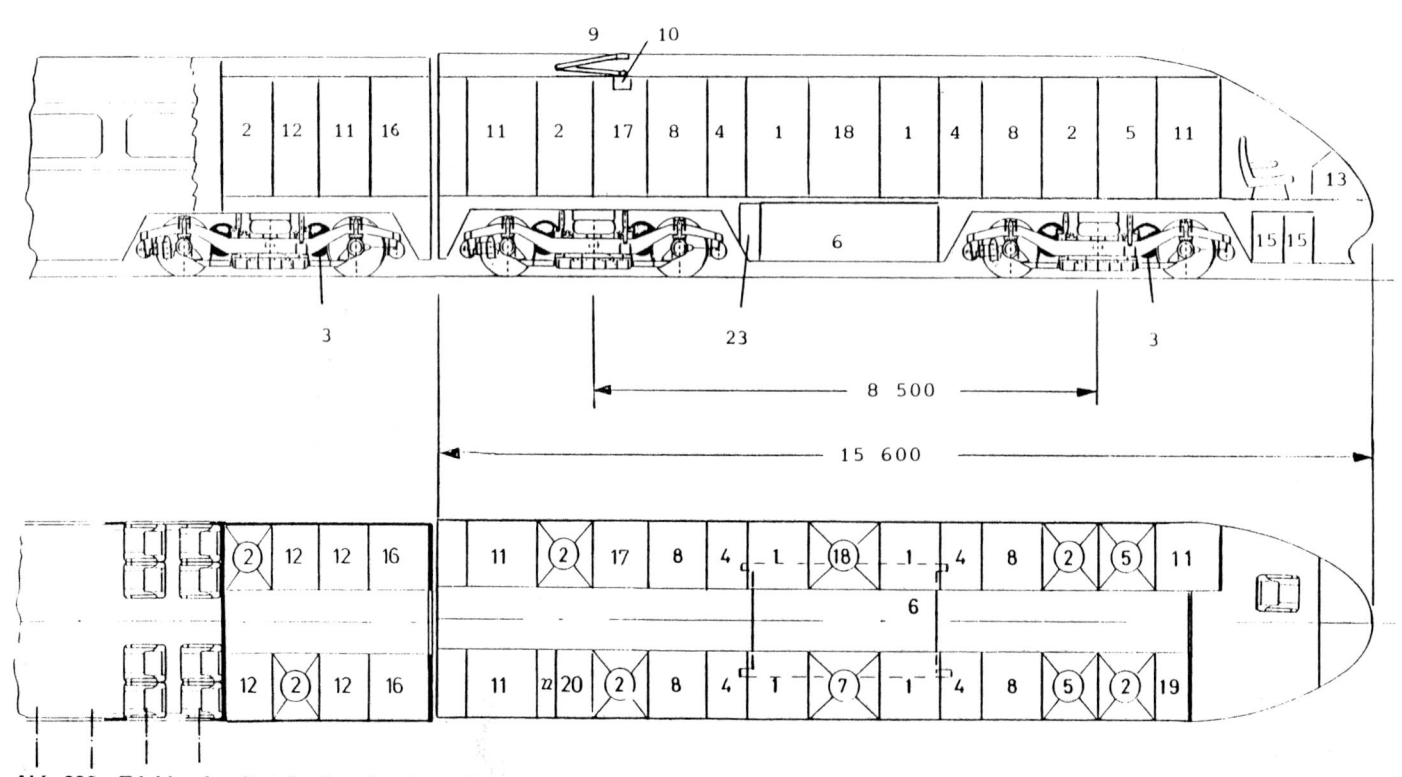

Abb. 382: Triebkopf mit teilweise in den nächsten Mittelwagen ausgelagerter Antriebsausrüstung (Grafik: MAN)

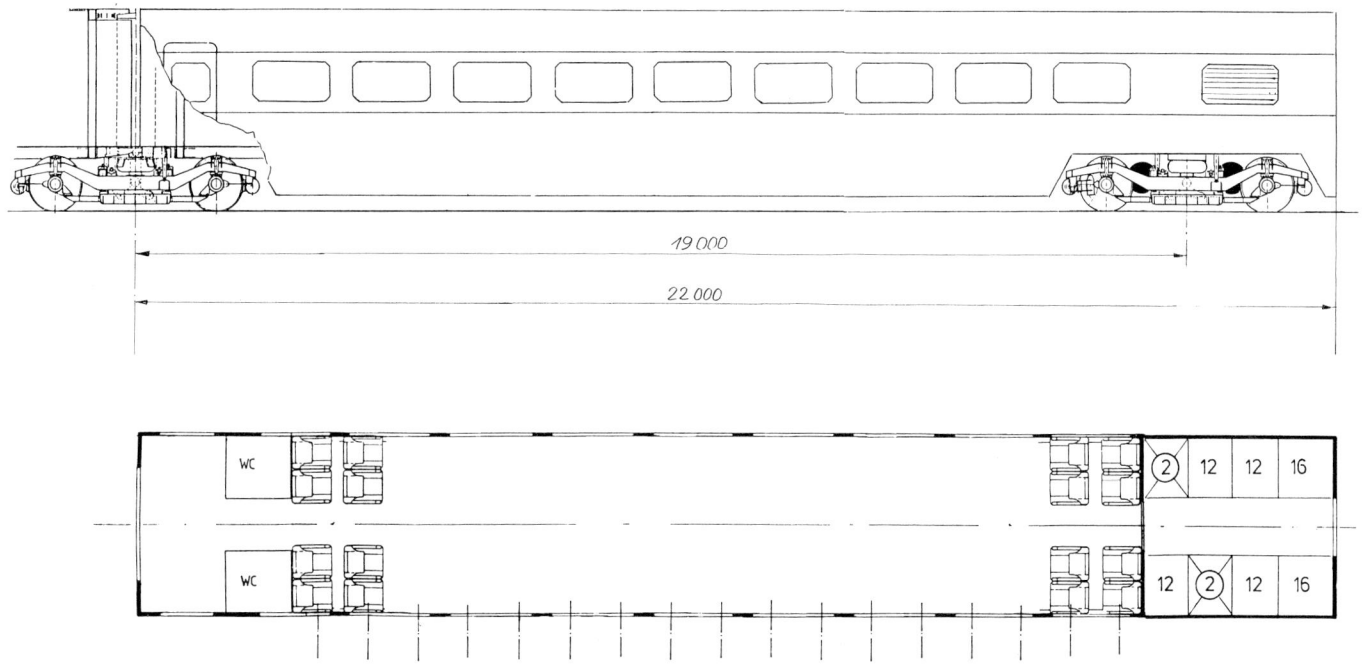

Abb. 383: Mittelwagen mit Jakobslaufwerk/konventionellem, angetriebenem Laufwerk, Wagen mit Teilen der Antriebsausrüstung ausgestattet (Bedeutung der Zahlen siehe Abb. 381) (Grafik: MAN)

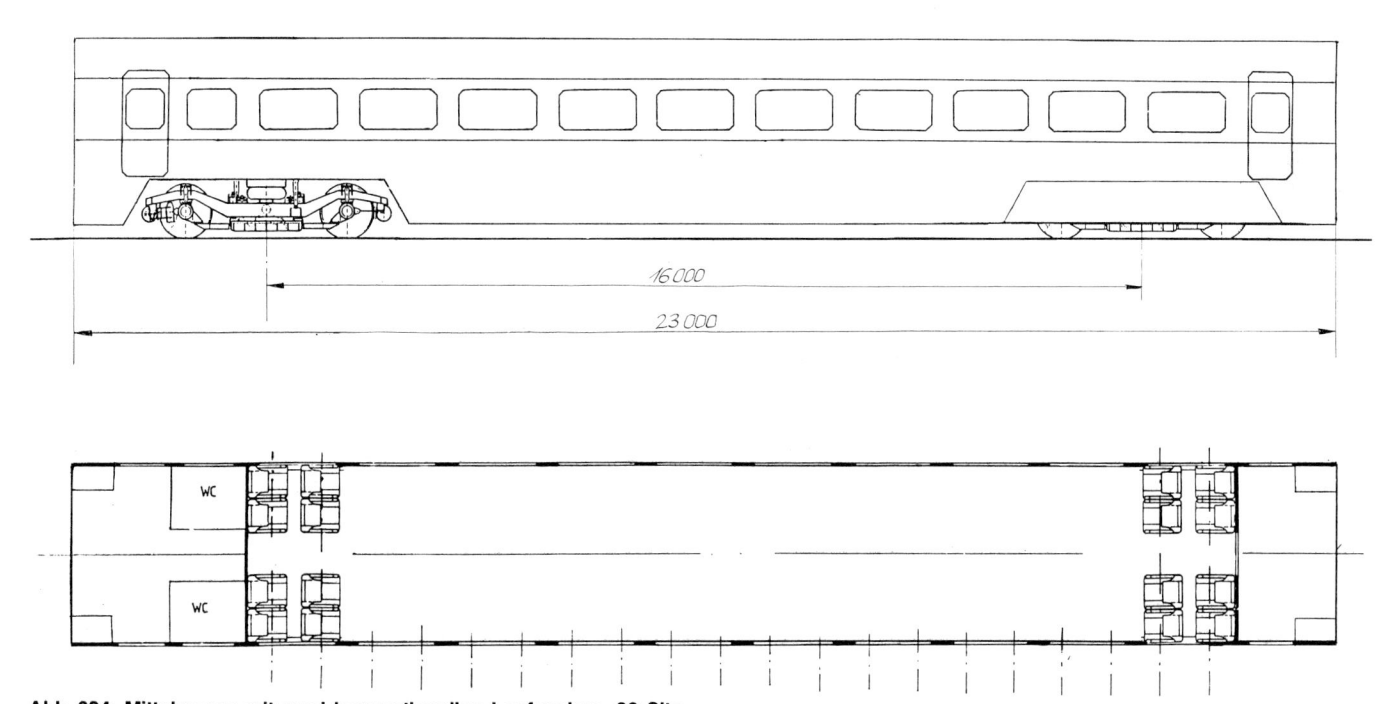

Abb. 384: Mittelwagen mit zwei konventionellen Laufwerken, 80 Sitzplätze (Grafik: MAN)

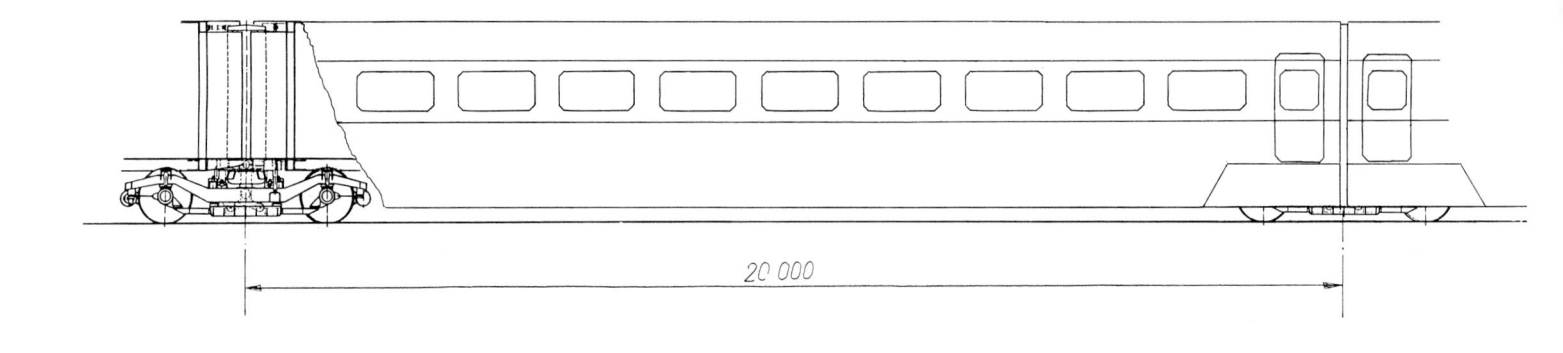

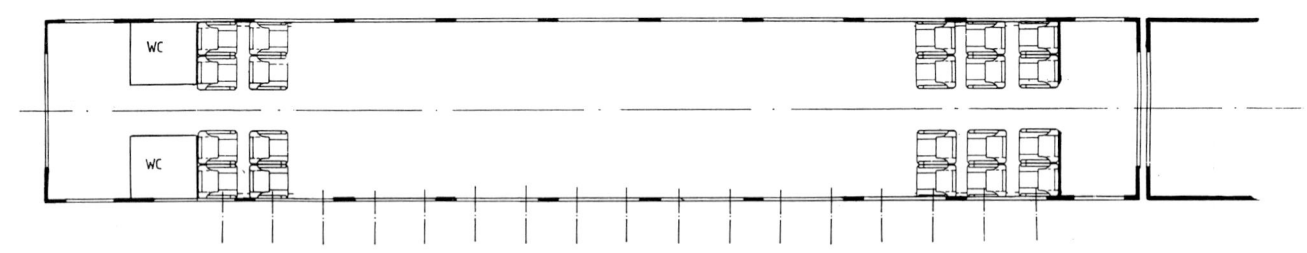

Abb. 385: Mittelwagen mit zwei Jakobslaufwerken, 64 Sitzplätze
(Grafik: MAN)

Lastenzug 1: Zugkonfiguration mit Einzeldrehgestellen,
320 Sitzplätze, Masse 288 t

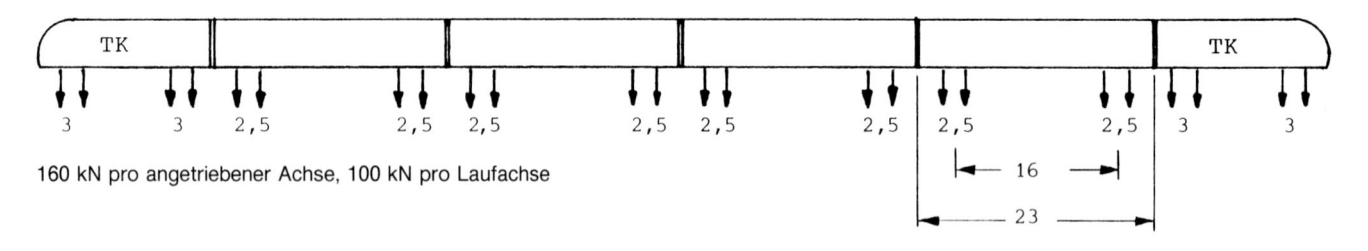

160 kN pro angetriebener Achse, 100 kN pro Laufachse

Lastenzug 2: Zugkonfiguration mit Jakobsdrehgestellen,
320 Sitzplätze, Masse 288 t

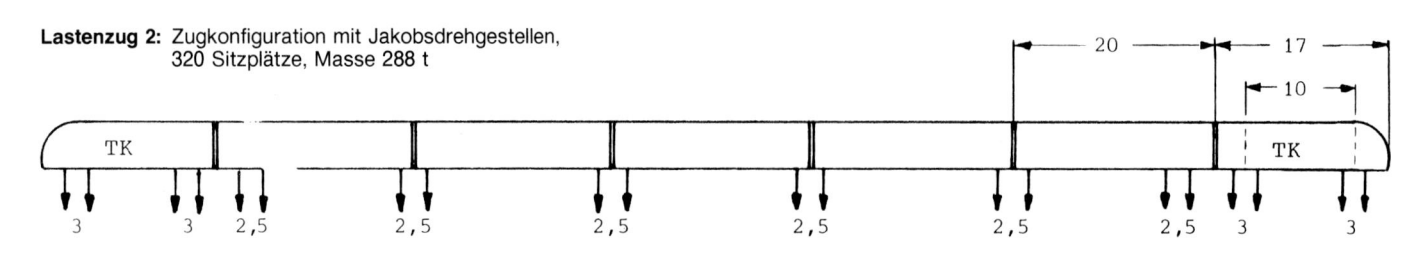

160 kN pro Achse, 80 kN pro Achse bei Enddrehgestell der Mittelwagen

Abb. 386: Lastenzüge für Konfigurationen mit Einzellaufwerken und Jakobslaufwerken (Maßangaben in m) (Grafik: MAN)

5.5. EINZELLAUFWERKE, JAKOBSLÖSUNG

Nachdem in den bisherigen Ausführungen ein Weg aufgezeigt wird, eine Entscheidung über die globale Zugkonfiguration für ein schnelles Rad/Schiene-Fernverkehrssystem herbeizuführen, werden im folgenden unterschiedliche Gesichtspunkte und Lösungsvarianten bei der Auslegung der Fahrzeuge dargelegt.

Als erstes sei hier der Problemkreis der Unterbringung und Anordnung der Antriebselektrik angesprochen. Bei weitgehend festgeschriebenen Abmessungen sowie bei den erforderlichen großen Antriebsleistungen des Triebkopfs ist die Antriebsausrüstung meist schon volumenmäßig schwer unterzubringen (vgl. Abb. 381); darüber hinaus wird außerdem das Ziel, die Achslast klein zu halten (z.B. unter 160 kN), nur schwer erreichbar sein. Eine Lösung dieses Problems ist durch die Verlagerung von Teilen der Antriebsausrüstung in das Wagenende des dem Triebkopf nächstliegenden Mittelwagens sowie einer Ausrüstung des ersten Drehgestells als Triebgestell (Abb. 382, 383) erreichbar. Dieses Konzept ist der Konfiguration des TGV sehr ähnlich.

Geht man nun einen Schritt weiter und akzeptiert auch bei den Laufdrehgestellen der Mittelwagen ähnliche Achslasten wie bei den Triebdrehgestellen, kommt man zwangsläufig zu der Fragestellung ›Einzellaufwerke oder Jakobslaufwerke?‹.

Bei Ausrüstung des Zuges mit Jakobslaufwerken ist jedoch zu beachten, daß auf Grund von
- Forderungen an die Einhaltung der Kinematischen Fahrzeug-Begrenzungslinie (unter Beachtung eines gegebenen Wagenquerschnittes); und
- Begrenzung der Achslast

die Wagenlänge und damit auch das Gewicht der Mittelwagen reduziert werden muß (vgl. Abb. 384, 385).

Die in den Abb. 384 und 385 angegebenen Fahrzeug-Hauptabmessungen basieren auf einen ersten Fahrzeugentwurf mit einer Wagenkastenbreite von 3,20 m.

Abb. 386 zeigt die Lastenzüge für diese zwei Konzepte; die Lastenzüge sind Grundlage für die Auslegung des Fahrweges (Dimensionierung von Brücken, Aufständerungen, usw.).

Wenn auch die Diskussionen hierzu noch nicht abgeschlossen sind, kann man jedoch bereits heute den folgenden Ergebnistrend festhalten:

- Jakobslaufwerke bringen keine Vorteile hinsichtlich der Zuglänge und der Zugmasse
- Jakobslaufwerke bringen Vorteile hinsichtlich
  * des aerodynamischen Widerstandes infolge verminderter Zahl der Drehgestelle
  * des Laufverhaltens durch gemeinsame Abstützung von zwei Zellen auf einen Laufwerksrahmen
  * der Gestaltung der Fahrzeugübergänge durch den deutlich geringeren Seitenversatz bei Bogenfahrt.

Erste Bewertung der Einzelwagen- bzw. Jakobsvariante mit Hilfe einer Nutzwertanalyse lassen jedoch noch keine eindeutige Aussage zu, da die Nutzwerte nahe beieinander liegen und sich bei geringen Änderungen an Gewichtungs- oder Wertungsschlüssel die Rangreihen der Varianten umdreht. Es bedarf daher weiterer Untersuchungen und ergänzender Entscheidungskriterien, bevor eine endgültige Aussage getroffen werden kann. Eine wichtige Rolle spielen hierbei betriebliche Gesichtspunkte, wie etwa das Ein- und Ausstellen von Mittelwagen zur Anpassung an das Verkehrsaufkommen.

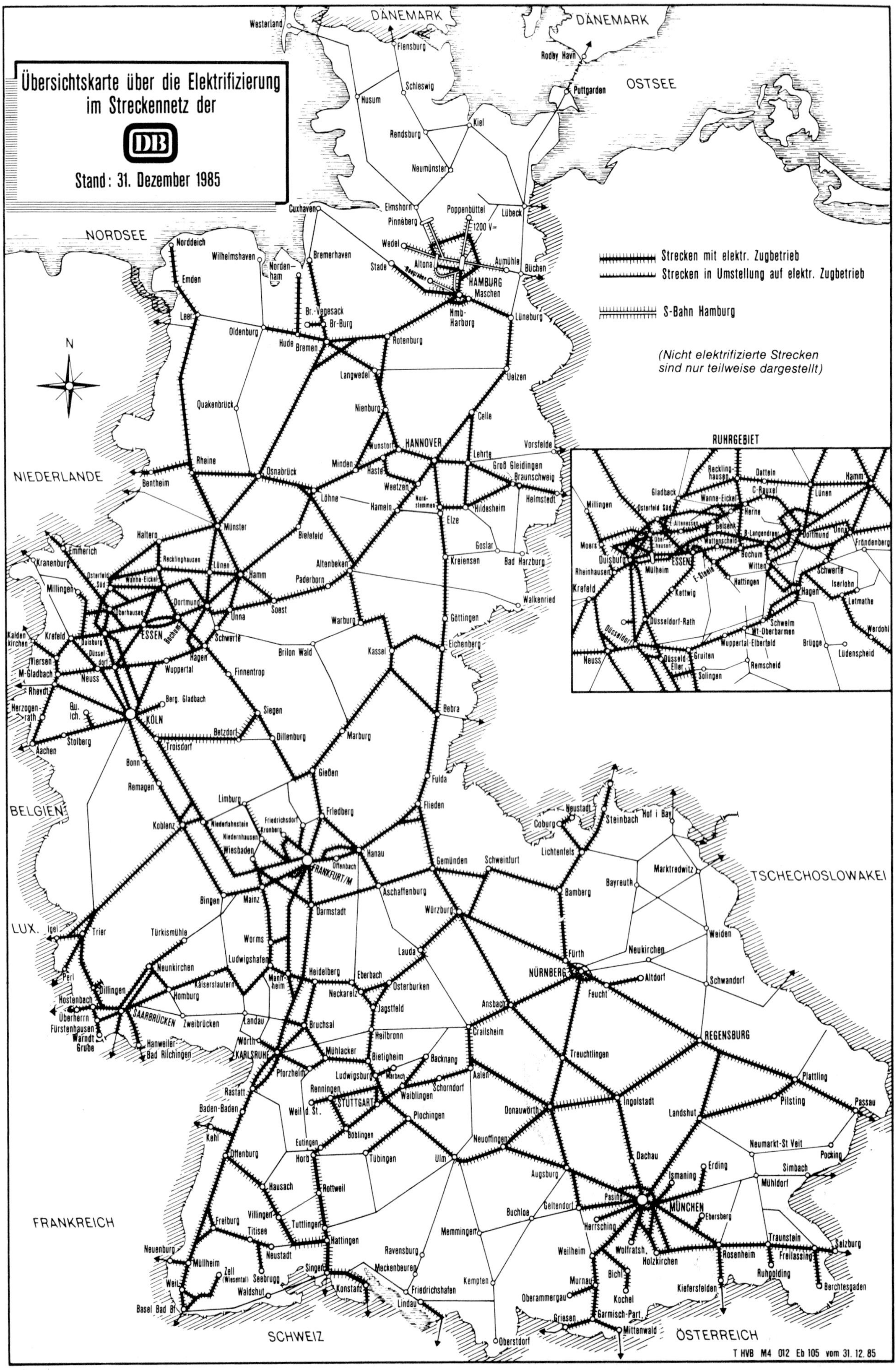
Übersichtskarte über die Elektrifizierung
im Streckennetz der
DB
Stand: 31. Dezember 1985
Strecken mit elektr. Zugbetrieb
Strecken in Umstellung auf elektr. Zugbetrieb
S-Bahn Hamburg
(Nicht elektrifizierte Strecken
sind nur teilweise dargestellt)
RUHRGEBIET
DÄNEMARK
DÄNEMARK
OSTSEE
NORDSEE
NIEDERLANDE
BELGIEN
LUX.
FRANKREICH
SCHWEIZ
ÖSTERREICH
TSCHECHOSLOWAKEI
N
HAMBURG
HANNOVER
ESSEN
KÖLN
FRANKFURT/M
NÜRNBERG
REGENSBURG
STUTTGART
KARLSRUHE
SAARBRÜCKEN
MÜNCHEN
1200 V=
T HVB M4 012 Eb 105 vom 31. 12. 85

6. Stromversorgung und Energieverbrauch elektrischer Triebfahrzeuge,

von Dipl.-Ing. Bernd R. Rockenfelt

6.1. EINLEITUNG

Das elektrifizierte Streckennetz der Deutschen Bundesbahn (DB) umfaßte Ende 1985 rund 11 369 km, dies sind 40,2% des gesamten Streckennetzes [1]. Bild 1 zeigt die Übersichtskarte über die Elektrifizierung im Streckennetz der DB. Die Fernverbindungen – Hauptabfuhrstrecken und der größte Teil der Nebenfernstrecken – die Nahverkehrsnetze in den Ballungsräumen und die wichtigsten Umleitungsstrecken sind elektrifiziert. Weitere Strecken befinden sich in Umstellung auf elektrischen Zugbetrieb. Auch der Ausbau der elektrischen S-Bahn-Netze wird fortgeführt.

Die Betriebsleistungen betrugen im Jahr 1985 rund 262 Milliarden Bruttotonnenkilometer (Mrd. Btkm.). Davon förderte die elektrische Traktion rund 86%.

Die elektrischen Triebfahrzeuge bieten eine Reihe von Vorteilen die ihren Einsatz rechtfertigen:
Sie sind
– leistungsstark,
– kurzzeitig überlastbar,
– verschleißarm und instandhaltungsfreundlich,
– wirtschaftlich und
– umweltfreundlich.

Der Strom für die elektrischen Triebfahrzeuge wird überwiegend unter Nutzung heimischer Energiequellen wie Kohle und Wasserkraft erzeugt. Außerdem werden weitere Energieträger wie Gichtgas, Erdgas und Kernkraft eingesetzt. Der Mineralölanteil liegt unter 4%. Die DB ist damit weitgehend unabhängig von Öl und nutzt die jeweils konstengünstigsten Energien.

6.2. BAHNSTROMVERSORGUNG

Die Bahnstromversorgung hat die Aufgabe, die zuverlässige und wirtschaftliche Erzeugung des Bahnstroms und seine Verteilung und Zuführung zu den elektrischen Triebfahrzeugen sicherzustellen. Im folgenden soll dargestellt werden, wie diese Aufgabe bewältigt wird [2].

◂ Abb. 387: Übersichtskarte über die Elektrifizierung im Streckennetz der DB, Stand vom 31. 12. 1985 (Grafik: DB)

6.2.1. System der Bahnstromversorgung

Die elektrischen Triebfahrzeuge entnehmen mit Hilfe der Stromabnehmer aus der Oberleitung den Strom bei einer Nennspannung von 15 000 Volt (15 kV). Die Oberleitung wird über Unterwerke (Umspannwerke) und ein eigenes Bahnstromleitungsnetz (Hochspannungsnetz mit 110 kV) von den Kraftwerken mit Energie versorgt. Abb. 388 zeigt die prinzipielle Darstellung der Bahnstromerzeugung und -verteilung, den Stromverlauf vom Kraftwerk bis zum Triebfahrzeug.

Das Bahnstromsystem der DB ist ein Einphasenwechselstromsystem mit einer Frequenz von $16\frac{2}{3}$-Hz. Das öffentliche Netz ist dagegen ein 3phasiges Drehstromnetz mit einer Frequenz von 50 Hz. Das Einphasensystem ermöglicht eine einfache Zuführung der Energie zum Triebfahrzeug und wegen identischer Phasenlage im ganzen Netz die Durchschaltung der Oberleitung ohne Trennstellen. Die niedrige Frequenz ist historisch begründet [3]. Sie wurde 1912 gewählt, weil der Bau von 50-Hz-Bahnmotoren wegen der Stromwendung am Kollektor auf erhebliche Schwierigkeiten stieß. Bei $16\frac{2}{3}$ Hz war es noch möglich, die Triebfahrzeuge mit Stelltransformatoren auszurüsten. Dadurch konnte man eine wirtschaftlich hohe Fahrdrahtspannung anwenden und die Betriebsspannung der Fahrmotoren verlustlos regeln. Infolge der niedrigen Frequenz ergeben sich auch geringere Übertragungsverluste im Netz.

Das $16\frac{2}{3}$ Hz-Einphasenwechselstromsystem wird auch bei den Eisenbahnen in Österreich, der Schweiz, Norwegen und Schweden verwendet.

6.2.2. Energieerzeugung

Zur Abdeckung des gesamten Leistungsbedarfs waren bei der DB Ende 1985 einschließlich der notwendigen Leistungsreserve rund 1761 MW Kraftwerksleistung installiert. Diese Leistung verteilt sich zu 58,2% auf Wärmekraftwerke, zu 23,8% auf Umformerwerke und zu 18,0% auf Wasserkraftwerke [1]. Erstmalig seit 1976 wurde 1984 die installierte Leistung im Bahnstromnetz durch einen Kraftwerksneubau erhöht. Im vorhandenen Kohlekraftwerk Lünen der STEAG wurde ein 110-MW-Bahnstromturbosatz installiert. Diese Anlage stand der Bahnstromversorgung aus energiewirtschaftlichen Gründen ab 1.10.1984 zunächst mit einer Teilleistung von 50 MW und ein Jahr später mit der gesamten Leistung zur Verfügung. Im Sommer 1985 ging der erste Netzkupplungsumformer einer neuen Umformergeneration der DB ans Netz. Es handelt sich dabei um einen Umformersatz in Lehrte, der mit einer Nennleistung von 35 MW die bisher größte bei der DB eingesetzte Anlage dieser Art darstellt. Im Jahr 1985 erfolgte die Stillegung von drei kleineren Maschinensätzen in den Kraftwerken Mannheim und Düsseldorf mit insgesamt 58 MW [1].

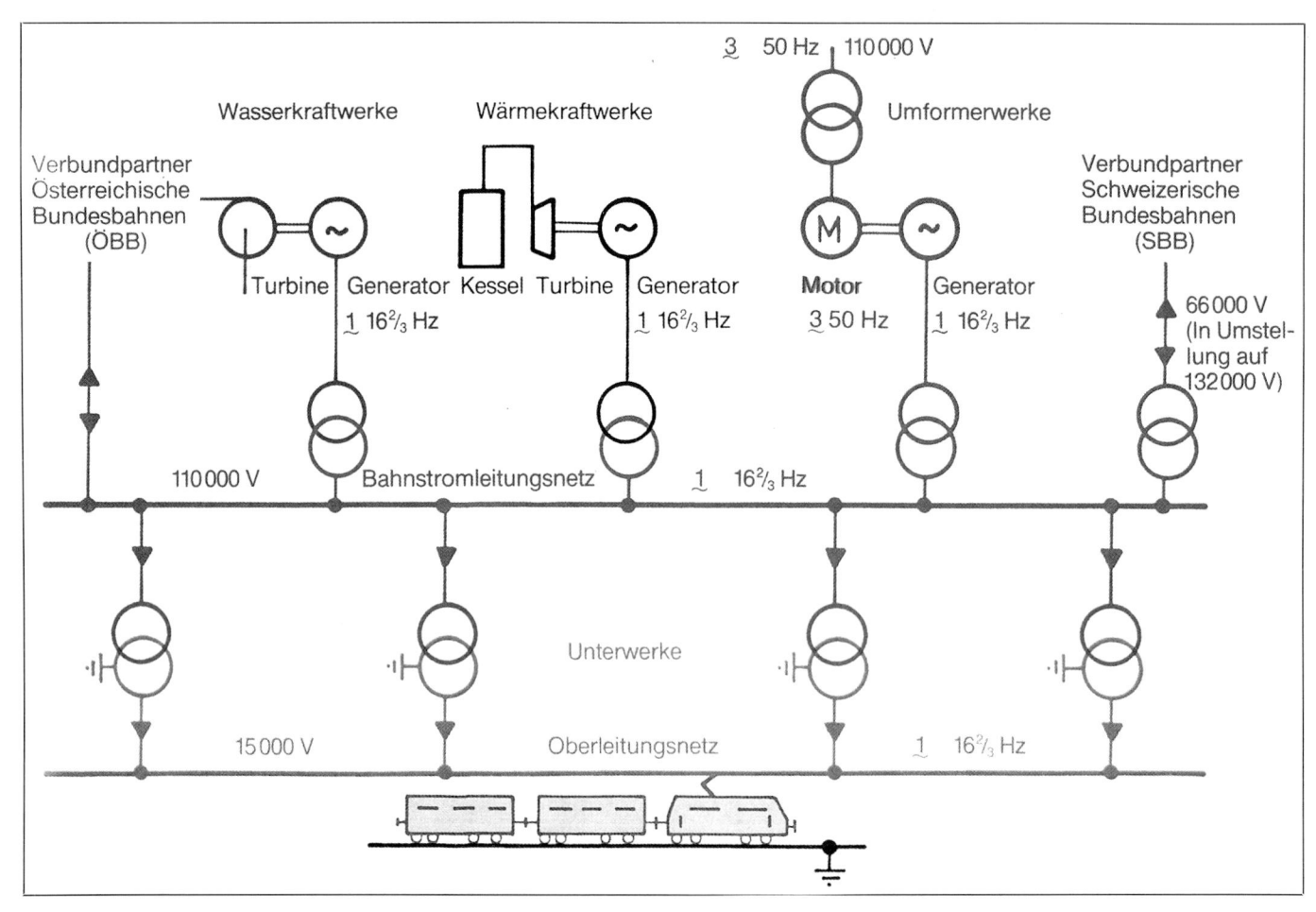

**Abb. 388: Prinzipdarstellung der Bahnstromerzeugung und -verteilung
(Grafik: DB)**

Die Energie dient zur Versorgung der 2616 (Stand: Ende 1985) zum Einsatzbestand zählenden elektrischen Lokomotiven und der 386 Triebzüge mit Traktionsenergie. Darüber hinaus werden zahlreiche Nebenverbraucher aus dem Bahnstromnetz versorgt. In der kalten Jahreszeit werden die meisten Reisezüge elektrisch geheizt. Während des ganzen Jahres werden ferner die Klima- und Beleuchtungsanlagen der modernen Reisezugwagen aus der Zugsammelmaschine gespeist. An kalten Tagen verbrauchen elektrische Weichenheizungen und Zugvorheizanlagen zusätzlich elektrische Energie.

Ende 1985 waren insgesamt 41665 Weicheneinheiten mit elektrischer Heizung ausgerüstet, die aus dem 16⅔-Hz-Oberleitungsnetz gespeist werden. Ihre Anschlußleistung beträgt 217,1 MVA. 550 Weicheneinheiten verfügen über eine Heizung, die aus dem 50-Hz-Netz versorgt wird, ihre Anschlußleistung beträgt 2,6 MVA. Daneben gibt es elektrische Zugvorheizungen. 371 Anlagen mit einer Anschlußleistung von insgesamt 392,6 MVA werden aus dem 16⅔-Hz-Netz versorgt. Die restlichen 42 Anlagen mit einer Anschlußleistung von 38,6 MVA werden aus dem 50-Hz-Netz gespeist [1].

Im Jahr 1985 wurden insgesamt 7400 GWh elektrische Energie für die Zugförderung benötigt. Die höchsten Belastungen traten im Jahr 1985 an verschiedenen Tagen auf. Der größte Stundenmittelwert der Leistung wurde am 15. Januar und am 13. Februar in der Stunde 8 erreicht und betrug 1482 MW. Der größte Tagesverbrauch am 15. Januar betrug 30 546 MWh.

Die bisher stärkste Belastung im Netz der Bahnstromversorgung wurde am 15.01.1985 morgens um 7.05 Uhr registriert. Bei Durchschnittstemperaturen um minus 15 Grad Celsius in Hannover, Köln, Frankfurt und München lag der momentane Spitzenwert bei 1610 MW. Von den verfügbaren rund 1730 MW standen wegen der witterungsbedingt geringen Wasserdarbietung der Was-

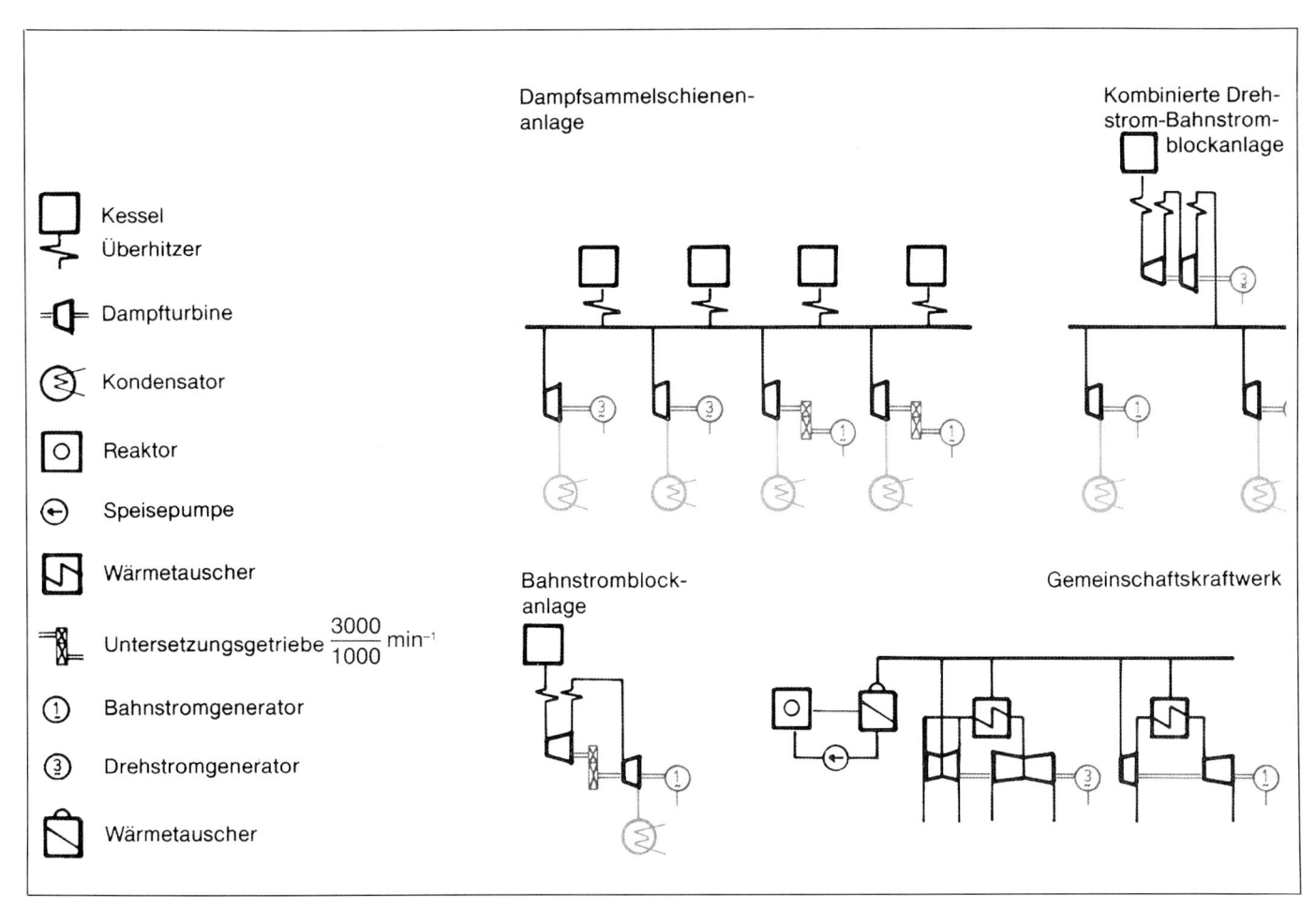

Abb. 389: Wärmeschaltpläne von Bahnstromerzeugungsanlagen
(Grafik: DB)

serkraftwerke insgesamt nur 1579 MW zur Verfügung. Die Differenz konnte jedoch durch Bahnstromlieferungen der Verbundpartner Österreich und Schweiz gedeckt werden. Die elektrischen Triebfahrzeuge und die aus dem Oberleitungsnetz versorgten Nebenverbraucher – Zugheizungen, Vorheizanlagen und Weichenheizungen – verbrauchten an diesem Tag rund 30,5 Mio. kWh, das waren 34,5% mehr als am gleichen Tag des Vorjahres, an dem die Vergleichstemperatur bei plus 8 Grad Celsius gelegen hatte.

Die Jahresarbeit 1985 verteilte sich auf die Stromerzeugungsanlagen etwa wie folgt:
- Wärmekraftwerke   71,8% (Primärerzeugung)
- Wasserkraftwerke   12,2% (Primärerzeugung)
- Umformerwerke   16,0% (Sekundärerzeugung).

Insgesamt speisen in das Bahnstromleitungsnetz der DB zur Zeit 31 Kraftwerke mit rund 70 Bahnstrommaschinen ein.

6.2.2.1. Wäremekraftwerke

Der größte Teil der Bahnstromenergie wird als Grundlast von Wärmekraftwerken erzeugt. Die Feuerung der Dampfkessel erfolgt überwiegend mit Kohle oder Gichtgas. Schweres Heizöl und Erdgas werden nur noch in sehr geringem Umfang als Stützfeuerung verwendet. Im Kernkraftwerk wird die für die Dampferzeugung erforderliche Wärme im Reaktor gewonnen. Um an den hohen Wirkungsgraden und den Möglichkeiten einer wirtschaftlichen Betriebsweise großer Kraftwerkseinheiten zu partizipieren, arbeitet die DB mit einer Reihe von öffentlichen Energieerzeugungsunternehmen (EVU) und Großkraftwerken zusammen. Dies führte zum Bau und Betrieb von Gemeinschaftskraftwerken. Dort sind Generatoren der DB (16⅔ Hz) und der EVU (50 Hz) gemeinsam aufgestellt. In einem der Gemeinschaftskraftwerke steht mit 158 MW der größte Einphasen-Generator der Erde. Abb. 389 zeigt die Wärmeschaltpläne von vorhandenen Bahnstromerzeugungsanlagen [3].

Die erste Teilerrichtungsgenehmigung für den zweiten Bauabschnitt des Gemeinschaftskernkraftwerkes Neckar in Neckarwestheim (GKN II) erfolgte im Frühjahr 1983. Die DB hat sich verpflichtet, 200 MW der gesamten installierten elektrischen Nettoleistung von rund 1200 MW abzunehmen und zu finanzieren. Der Bau der Anlage verläuft planmäßig, die Inbetriebnahme ist für 1989 vorgesehen [1].

6.2.2.2. *Wasserkraftwerke*

Bei der DB gibt es verschiedene Bauarten von Wasserkraftwerken. Laufwasserkraftwerke arbeiten als Grundlastwerke, sie haben keine oder nur geringe Speichermöglichkeit. Das Wasser wird direkt aus dem Fluß entnommen.

Die Donau-Wasserkraft AG (DWk), eine Tochtergesellschaft der Rhein-Mai-Donau AG und der DB, betreibt für die DB eine Gruppe von Laufwasserkraftwerken. Es handelt sich um die 4 Standorte Bertoldsheim, Bittenbrunn, Bergheim und Ingolstadt. Alle 4 Stufen sind baulich gleich gestaltet und haben nahezu gleiche Fallhöhen. Pro Stufe sind 3 Kaplanturbinen eingesetzt. Die installierte Leistung beträgt insgesamt 82 MW. Die tatsächliche Leistung hängt jedoch von der Wasserführung der Donau ab. Die Kraftwerksgruppe ist jedoch auch schwellfähig, so daß auch bei geringer Wasserführung während der Spitzenzeit fast die volle Leistung abgegeben werden kann.

Bei Speicherkraftwerken wird das Wasser in einem hochliegenden See gestaut und in Spitzenlastzeiten zur Energieerzeugung eingesetzt. Das Kraftwerk Kochel, auch Walchenseekraftwerk genannt, ist ein solches Spitzenlastkraftwerk, in dem auch Bahnstrom erzeugt wird. Die installierte Bahnstromleistung beträgt 42,5 MW. Die DB betreibt wie andere EVU aus wirtschaftlichen Gründen die Grundlastwerke mit möglichst vielen Betriebsstunden bei Vollast. Um dies zu ermöglichen, wird in den Schwachlastzeiten die Energie gespeichert. Dies erfolgt im Pumpspeicherwerk Langenprozelten bei Gemünden am Main durch Hochpumpen des Wassers vom Unterbecken in das Oberbecken (Pumpbetrieb). Das Wasser wird in der Starklastzeit zur Erzeugung von Spitzenenergie benutzt. Beim Pumpspeicherwerk Langenprozelten, das ebenfalls von der DWK betrieben wird, beträgt der Höhenunterschied zwischen Ober- und Unterbecken 300 m. Im Kraftwerk sind 2 Maschinensätze mit vertikaler Welle installiert. Sie bestehen jeweils aus der Pumpenturbine, Francis-Anfahrturbine, Einphasen-Synchronmaschine mit einer installierten Leistung von 75 MW und Drehstrom-Hilfsgenerator. Die 3 möglichen Betriebszustände des Werkes, Turbinen-, Pump- und Phasenschieberbetrieb, können vollautomatisch von der »Lastverteilung und Netzleitstelle« der Bahnstromversorgung in Frankfurt (Main) angefahren werden.

1984 wurden die vorbereitenden Arbeiten zur Planfeststellung für die Errichtung zweier zusätzlicher Wasserkraftwerke an der Donau weitergeführt. Der im Jahr 1982 abgeschlossene Vertrag sieht den Bau von Kraftwerken bei Vohburg und Neustadt mit einer Ausbauleistung von je 45 MW vor [1].

6.2.2.3 *Umformerwerke*

Zur Abdeckung der kurzzeitigen Lastspitzen im Bahnstromnetz dienen die DB-eigenen Umformerwerke. Sie formen 50-Hz-Drehstrom der EVU in 16⅔-Hz-Einphasenstrom u. Das geschieht mit einem 50-Hz-Asynchronmotor und einem 16⅔-Hz-Synchron-Generator, die auf einer gemeinsamen Welle angeordnet sind. Die Einheitsleistung der Umformer beträgt 25 MW. Die von einem Umformer gelieferte Leistung kann unabhängig von den Schwankungen beider Netzfrequenzen geregelt werden. Mit Hilfe der Umformer ist es ferner möglich, Überschußenergie aus dem Bahnstromnetz in das öffentliche 50 Hz-Versorgungsnetz zurückzuspeisen.

Der Vorteil der Umformer liegt in hoher Betriebssicherheit, schneller Betriebsbereitschaft, schnellem Anfahrvermögen, hoher Regelfähigkeit und Überlastbarkeit. Um eine ausgewogene Struktur der Bahnstromerzeugungsanlagen zu erhalten, ist die Aufstellung von weiteren 50-Hz-/16⅔-.Hz-Netzkupplungsumformern zweckmäßig. Neben dem bereits erwähnten Umformersatz in Lehrte ist deshalb im Frühjahr 1986 die Inbetriebnahme des sich derzeitig im Bau befindlichen Umformerwerkes Hamburg-Harburg vorgesehen. Dieses hat ebenfalls eine Nennleistung von 35 MW [1].

6.2.3. Bahnstromleitungsnetz

Häufig wird die erzeugte Energie an den Standorten der Kraftwerke nicht vollständig verbraucht. Außerdem wechselt der Einsatz der Kraftwerke. Daher ist es erforderlich, die Erzeuger durch Leitungen mit den Verbrauchern (Unterwerken) zu verbinden (vgl. Abb. 388). Das Bahnstromleitungsnetz dient vornehmlich zur Energieverteilung. Es besitzt nur eine Spannungsebene von 110 000 Volt (110 kV). Jede Bahnstromleistung hat im allgemeinen 2 Stromkreise mit je 2 Leiterseilen, dazu ein Erdseil. Die maximal übertragbare Leistung einer Bahnstromleitung mit 2 Stromkreisen aus Einfachseilen beträgt rd. 120 MW. Das Bahnstromleitungsnetz der DB wird induktiv gelöscht betrieben. Dadurch erlischt beim Auftreten eines Überschlages mit einphasigem Erdschluß an einer Leitung der Lichtbogen von selbst. Somit werden größere Schäden und Auswirkungen auf den elektrischen Zugbetrieb vermieden.

Die Bahnstromleitungen sind als Ringleitungen ausgeführt. Randgebiete der Elektrifizierung sind mit Stichleitungen angeschlossen. Die Kraftwerke sind, soweit möglich, zweisystemig eingeschleift, um den Energietransport auch bei Ausfall einer Trasse zu sichern. Die gesamte Trassenlänge des Bahnstromleitungsnetzes betrug Ende 1985 rund 5400 km. Es ist mit dem Bahnstromleitungsnetz der Österreichischen Bundesbahnen direkt und mit dem der Schweizerischen Bundesbahnen über Transformatoren verbunden.

6.2.4. Netzbetriebsführung

Der Bezug der elektrischen Energie erfolgt nach wirtschaftlichen Gesichtspunkten entsprechend den Stromlieferverträgen. Dabei müssen technische Möglichkeiten wie Minimal - und Maximalbelastung der Turbinen und Generatoren sowie die Revisionszeiten berücksichtigt werden. Die Energie soll mit möglichst geringen Verlusten im Bahnstromleitungsnetz verteilt werden. Der Lastfluß im Netz muß so gesteuert werden, daß einzelne Leitungen nicht überlastet werden. Die Abschaltungen für Instandhaltungsarbeiten an einzelnen Stromkreisen sind so zu planen und durchzuführen, daß die Energieversorgung nicht unterbrochen wird. Der zuverlässige Transport der Energie vom Erzeuger zum Verbraucher muß auch bei schnellen Belastungsänderungen jederzeit gewährleistet sein. Diese Forderungen bilden die Grundlage der Arbeit der »Lastverteilung und Netzleitstelle« (N.u.L.) der Bahnstromversorgung in Frankfurt (M). Die Bahnstromversorgung ist ein Bereich der Zentralstelle Technik (ZT) der Deutschen Bundesbahn. Die L.u.N. überwacht und steuert zentral von Frankfurt (M) aus den Einsatz aller Kraftwerke, die Energieverteilung im 110 kV-Netz und den Energieaustausch mit den Verbundpartnern in Österreich und in der Schweiz. Die Optimierung der Lastverteilung und Netzbetriebsführung wird von einem Prozeßrechnersystem unterstützt. Der zentralen L.u.N. sind die drei regionalen Schaltbefehlstellen in Lehrte bei Hannover, in Gremberghoven bei Köln und in München unterstellt. Sie überwachen und disponieren für ihren Bereich die Schaltmaßnahmen in den 107 Unterwerken und den z.Z. 31 Kraft- und Umformerwerken. Die Schaltdienstleiter der Zentralschaltstellen sowie die Schaltwärter der Kraft- und Umformerwerke führen die von den Schaltbefehlstellen angeordneten Schaltungen aus. Die Zentralschaltstellen sind darüber hinaus für alle Schaltmaßnahmen im Oberleitungsnetz mit 15 kV zuständig [3].

6.2.5. Oberleitungsanlagen

Wie in Bild 2 dargestellt, wird in den Unterwerken die Bahnstromenergie von 110 kV auf 15 kV umgespannt. Daher bezeichnet man solche Unterwerke im Gegensatz zu Umformer- und Gleichrichterwerken auch als Umspannwerke. Zur Oberleitung (Begriffe siehe VDE-Bestimmung VDE 0115) gehören die Fahrdrähte mit den Tragseilen, Hänger und Klemmen, die Masten mit den Auslegern, die Quertragwerke, die Gründungen, die Schutzerden, die Mastschalter und die am Oberleitungsgestänge befestigten Speiseleitungen. Die Oberleitungen werden in der Regel über möglichst kurze Speiseleitungen mit Einführungskabeln an die 15-kV-Sammelschinen der Unterwerke angeschlossen. Auf Einzelheiten kann hier nicht näher eingegangen werden, sie sind in [2] ausführlich dargestellt.

Der Ausbau des elektrischen Streckennetzes der Deutschen Bundesbahn, insbesondere unter wirtschaftlichen Gesichtspunkten, ist im wesentlichen abgeschlossen. Auf vier weiteren Strecken wurden im Jahre 1985 die Elektrifizierungsarbeiten abgeschlossen. Bereits im Frühjahr fertiggestellt waren die 77 km lange Strecke von Ansbach über Crailsheim nach Goldshöfe, die den durchgehenden elektrischen Zugbetrieb von Nürnberg nach Stuttgart ermöglicht, sowie das Teilstück Chorweiler-Nord – Worringen mit einer Länge von 6 km der S-Bahn Köln. Auf beiden Strecken wurde zum Sommerfahrplan 1985 der elektrische Zugbetrieb aufgenommen. Zum Jahresfahrplanwechsel 1985/86 konnten die Tunnel-Ausführung der S-Bahn Stuttgart vom seitherigen S-Bahn-Endpunkt Stuttgart-Schwabstraße bis Vaihingen mit einer Länge von 8 km und damit das gesamte Teilstück bis Böblingen (vgl. Bild 1) sowie die 41 km lange Strecke Rothenburg/Wümme – Buchholz/ Nordheide der Ausbaustrecke (ABS) Bremen – Hamburg dem elektrischen Betrieb übergeben werden.

Die laufenden Aktivitäten zur Umstellung des bestehenden Streckennetzes der DB auf elektrischen Zugbetrieb beschränken sich auf die Abwicklung eines Elektrifizierungsvorhabens aus den vergangenen Jahren. Die Elektrifizierungsarbeiten für die 38 km lange Strecke Niedernhausen – Limburg gehen planmäßig voran. Die Aufnahme des elektrischen Zugbetriebes ist für den 20. 09. 1986 vorgesehen /1/. Im Zuge der Planungen für die Neu- (NBS) und Ausbaustrecken (ABS) sowie für die S-Bahnen in den Ballungsgebieten sind eine Reihe von weiteren Strecken für die Elektrifizierung vorgesehen [1].

6.3. Energieverbrauch

Wie im Kapitel 6.2.4 ausgeführt, ist die Netzbetriebsführung für die optimale Erzeugung und Verteilung der elektrischen Energie verantwortlich. Die Erzeugerschwerpunkte wechseln örtlich und zeitlich entsprechend den technischen Möglichkeiten, z.B. aufgrund der Wasserdarbietung, und entsprechend den wirtschaftlichen Gegebenheiten wie Stromlieferverträgen. Dazu kommt ferner, daß sich die Verbrauchsschwerpunkte durch die fahrenden Triebfahrzeuge linienförmig entlang der Strecke bewegen. Auch der Energieverbrauchswert der DB selbst unterliegt dauernd zeitlichen Schwankungen. Zum Beispiel verursachen anfahrende Züge kurzzeitig hohe Leistungsspitzen. Der Leistungsbedarf ist aber auch abhängig von der Jahreszeit, wie Sommer und Winter (Heizung). An Werktagen mit den zwei Berufsverkehrsspitzen und am Wochenende, sowie an Werktagen, die durch einen geringen Güterverkehr charakterisiert sind, verhält er sich entsprechend Fahrplan und Verkehrsaufkommen. Daher ergibt sich ein von Tag zu Tag veränderlicher Grundlastbedarf, der von Mittel- und Spitzenlastanforderungen überlagert wird [1]. Abb. 390 zeigt das typische Belastungsdiagramm der Bahnstromversorgung unterteilt in Grund-, Mittel- und Spitzenlast [3].

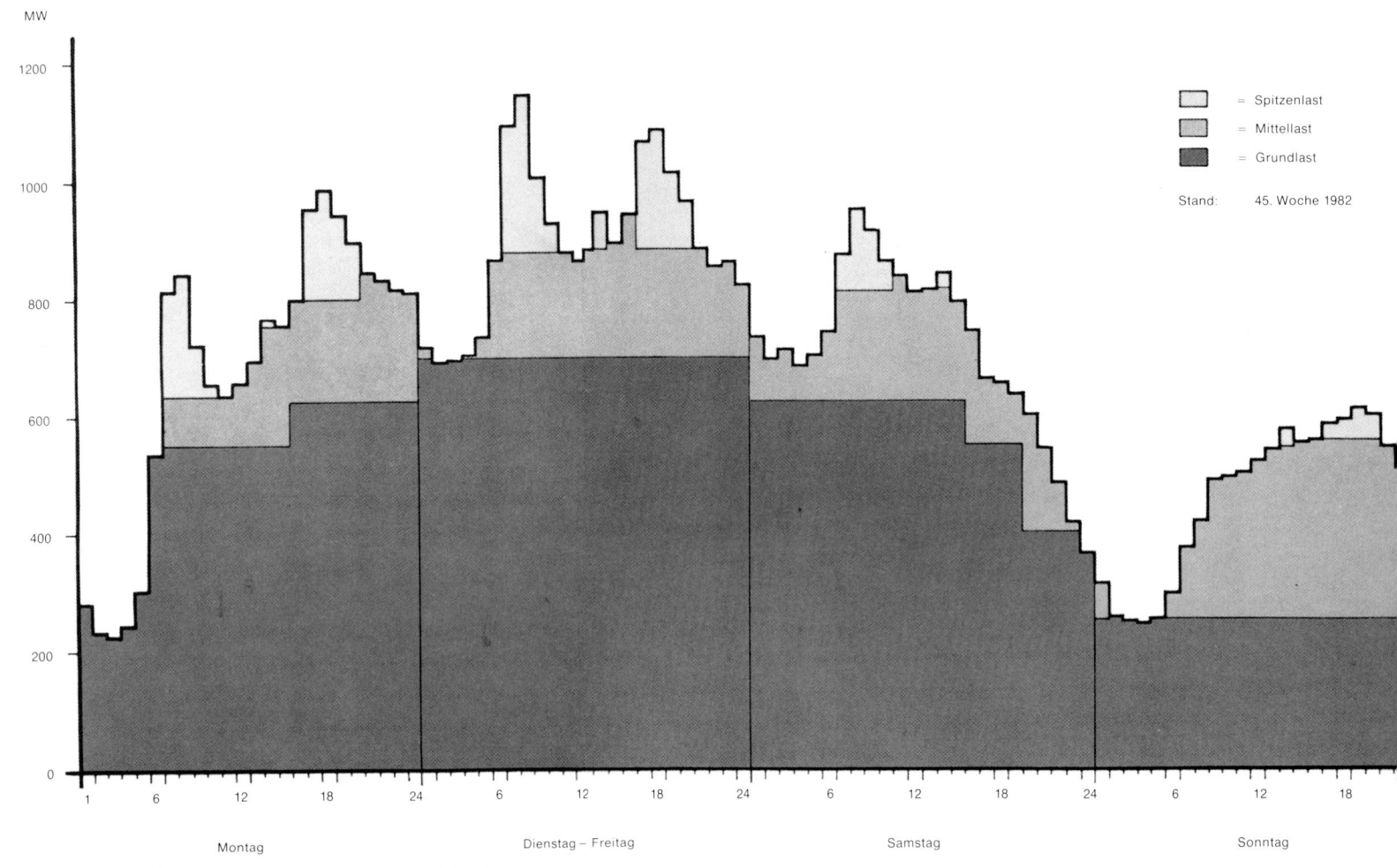

**Abb. 390: Belastungsdiagramm der Bahnstromversorgung
(Grafik: DB)**

Die höchste Last im Bahnstromnetz innerhalb eines Jahres tritt allgemein kurz vor Weihnachten auf. Sie ist bedingt durch die kalte Jahreszeit und den Festverkehr. Die niedrigste Last ist im allgemeinen in der Nacht zum Montag des Oster- oder Pfingstfestes zu beobachten.

Der Energieverbrauch der Triebfahrzeuge (Tfz) soll im folgenden näher erläutert werden.

6.3.1. Energieverbrauch von Triebfahrzeugen

In Abb. 391 ist der Hauptstromkreis einer elektrischen Lokomotive der Baureihe (BR) 111 dargestellt. Der Strom fließt von der Oberleitung über den Stromabnehmer und die Dachleitung zum Hauptschalter, einem Druckluftschnellschalter. Im eingeschalteten Zustand verbindet dieser die Dachleitung mit der Stufenwicklung des Haupttransformators. Der Durchführungsisolator ist als Oberstromwandler ausgebildet. Der Oberspannungswandler speist über eine 4 A-Sicherung die Fahrdrahtspannungsmesser und über die Stufenüberwachung das Unterspannungsrelais. Der Haupttransformator ist über die Raderdenkontakte mit der Schiene verbunden.

Der Eisenkern des Haupttransformators hat bei Triebfahrzeugen der BR 111 3 Schenkel. Auf einem Außenschenkel ist die an 15 kV liegende Stufenwicklung mit den 29 Anzapfungen für den Fahrmotorenstrom und die Hilfsbetriebewicklung für die Zugheizung und die Hilfsbetriebe angeordnet. Der andere Außenschenkel dient dem magnetischen Rückschluß. Auf dem Mittelschenkel sitzen die Oberspannungs- und die Unterspannungswicklung. Über das angebaute Hochspannungsschaltwerk kann die Oberspannungswicklung an 29 verschiedene Spannungen der Stufenwicklung gelegt werden.

Mit Einphasen-Wechselspannung (16⅔ Hz) werden versorgt:

Aus der Unterspannungswicklung die Fahrmotoren mit 0–542 V. Aus der Hilfsbetriebswicklung werden gespeist:

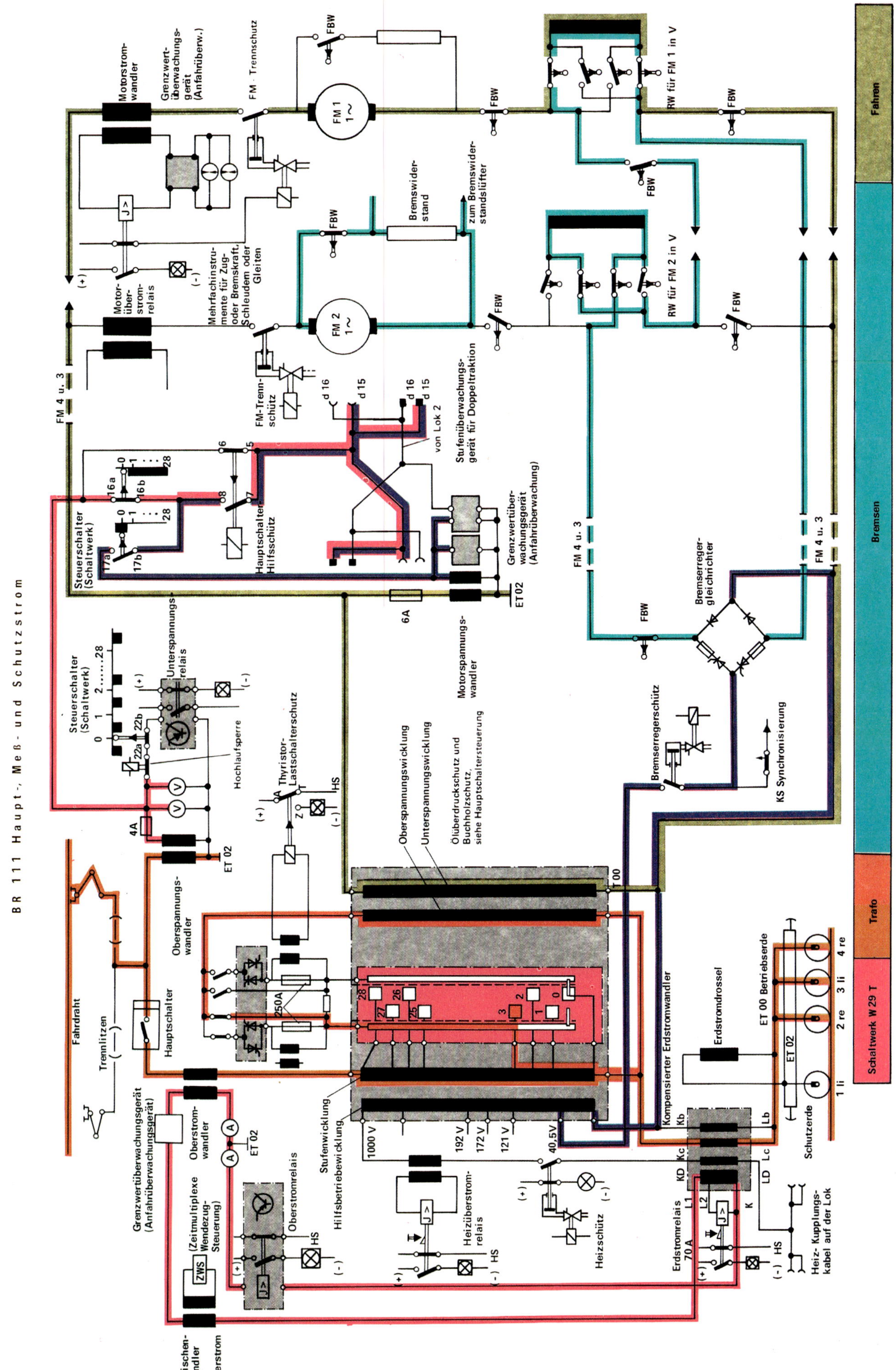

Abb. 391: Plan des Haupt-, Meß- und Schutzstromes der BR 111 (Grafik: DB)

Die Gleichstromversorgung, die Führerraumheizung und der Ölkühlerlüfter in Stellung »stark«, die Ölpumpe, das Steuerrelais und der Hauptluftpresser mit 192 V.

Die Motoren der Fahrmotor- und Ölkühlerlüftung in Stellung »schwach« mit 121 V und die der Fahrmotorenlüfter in Stellung »stark« mit 172 V, die Zugheizung mit 1000 V und die elektrische Bremse mit 40,5 V.

Die Fahrmotoren benötigen während der Zugfahrt Energie, deren Höhe im wesentlichen von der benötigten Zugkraft und der Geschwindigkeit abhängt. Die Transformatorverluste und die Hilfsbetriebe verursachen zusätzlich einen bestimmten Energieverbrauch.

Für die Darstellung des Energieverbrauchs von Triebfahrzeugen sind bei der DB zwei verschiedene Diagramme üblich. Bei den »Triebfahrzeug-Leistungs- und Verbrauchstafeln« (TLV-Tafeln) ist die Zugkraft Z über der Leistung ß (bei der elektrischen Traktion in kW, bei der Dieseltraktion in g/s) aufgetragen und die Geschwindigkeit V als Parameter angegeben. Hat man im Z/V-Diagramm für eine bestimmte Geschwindigkeit und Fahrstufe die erforderliche Zugkraft Z abgelesen, so kann man mit dieser Zugkraft in der entsprechenden TLV-Tafel die zugehörige Leistung $ß_1$ ermitteln. Heute verwendet man mehr die aus den TLV-Tafeln abgeleiteten »Leistungs-Geschwindigkeits-Tafeln« (ß/V-Tafeln), mit der Fahrstufe als gemeinsamen Parameter. In den ß/V-Tafeln ist der Energieverbrauch für die Transformatorverluste und die Hilfsbetriebe berücksichtigt und für die Fahrstufe 0 besonders ausgewiesen. (vgl. Abb. 393a und 395) [5].

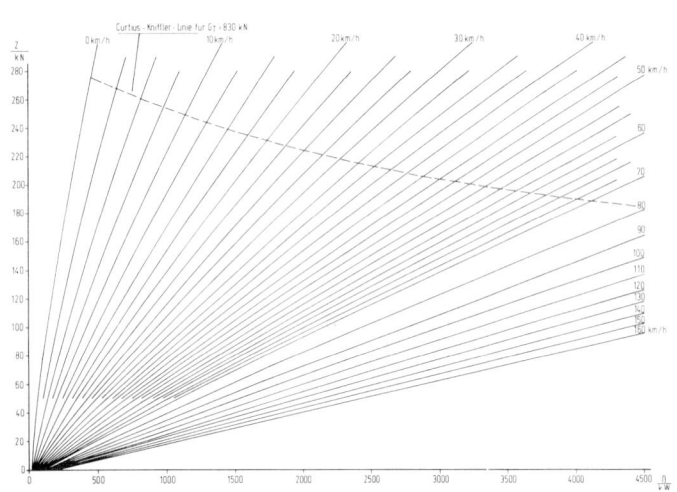

Abb. 393a: ß/V-Diagramm der BR 111 (Grafik: DB)

6.3.2. Ermittlung des Energieverbrauchs

Prinzipiell kann man Energieverbrauchswerte durch Messungen oder durch Berechnungen ermitteln. Ein grundlegender Vergleich beider Methoden ist jedoch immer erforderlich. Aus wirtschaftlichen Gründen ist bei umfassenden Untersuchungen – z.B. bei der Variation von vielen Parametern – die rechnerische Methode vorzuziehen.

6.3.2.1. Messung des Energieverbrauchs

Will man die Energie, die ein elektrisches Triebfahrzeug für eine bestimmte Zugfahrt verbraucht, meßtechnisch erfassen, so bieten sich zwei Möglichkeiten an:
– Einsatz eines Meßwagens oder
– Messung auf dem Triebfahrzeug selbst mit einem geeigneten Meßgerät.

Der Einsatz eines Meßwagens erfordert besondere Aufwendungen. Für die Sonderfahrten sind ein spezieller Versuchszug und ein besonderer Fahrplan erforderlich. Da Messungen in der Regel mehrere Wochen dauern, empfiehlt sich diese Möglichkeit aus Kostengründen manchmal nicht.

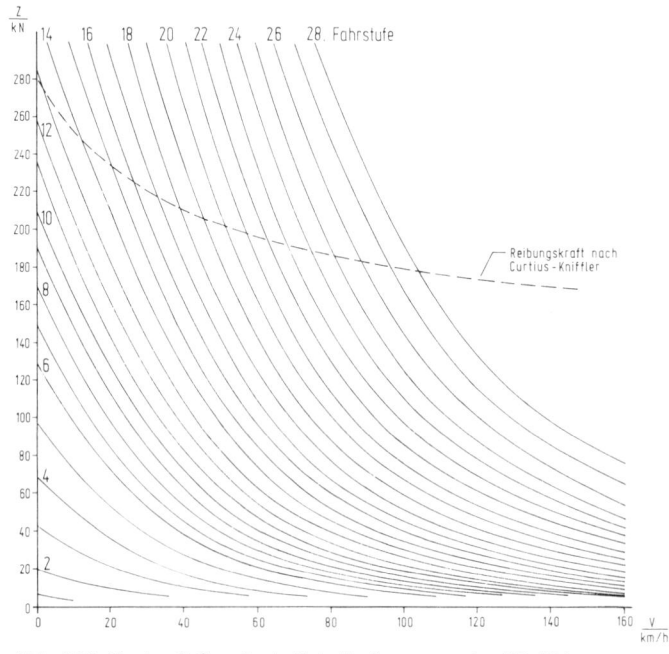

Abb. 392: Zugkraft-Geschwindigkeitsdiagramm der BR 111 (Grafik: DB)

Erfolgt die Messung des Energieverbrauchs auf dem Triebfahrzeug selbst mit Hilfe geeigneter Meßgeräte bei planmäßigen Zügen, so ergeben sich keine besonderen Anforderungen an den Betrieb. Auch die Kosten bleiben in vertretbaren Grenzen. Darüberhinaus erhält man eine Vielzahl von Meßwerten, aus denen sich repräsentative Durchschnittswerte ermitteln lassen [4].

6.3.2.2. Berechnung des Energieverbrauchs

Bei der Deutschen Bundesbahn gibt es eine synthetische und eine analytische Methode zur Berechnung des Energieverbrauchs. Die synthetische Methode ist ein Verfahren auf physikalisch-technischer Grundlage. Die theoretischen Grundlagen sind in der Dienstvorschrift DS 454 (Zuko) niedergelegt. Für die fahrdynamische Untersuchungen mit Hilfe der EDV wurde bei der DB seit 1966 der Programmkomplex »Zugfahrtrechnung« aufgebaut.

Der Rechenmethode liegt folgendes Prinzip zugrunde: Die gesamte Zugmasse denkt man sich als Massenpunkt in der Zugspitze vereint. Für diesen Massenpunkt werden mit Hilfe der allgemeinen Dynamik die zu überwindenen Widerstände W errechnet. Um diese Widerstände überwinden zu können, wird eine Zugkraft Z benötigt (Z = W). Die Zugkraft ist im sogenannten Zugkraft-Geschwindigkeits-Diagramm (Z/V-Diagramm) als Zugkrafthyperbel (Z × V = konstant) dargestellt und kann dort für jede Fahrstufe FST und Geschwindigkeit V abgegriffen werden. In einem weiteren Diagramm, der Triebfahrzeug-Leistungs- und Verbrauchstafel (TLV-Tafel), ist die Zugkraft über der elektrischen Leistung aufgetragen. Als gemeinsamer Parameter fungiert die Geschwindigkeit. Beide Diagramme sind in den Abb. 392 und 393b für die Baureihe BR 111 und in den Abb. 394 und 395 für die BR 103 dargestellt. Liegen bestimmte Werte von Z und V fest, kann die zugehörige Leistung abgegriffen werden. Durch die fahrdynamische Berechnung im Programm »Zugfahrtrechnung« wird dann die Zeit Δt pro ΔV-Schritt errechnet, mit der aus der TLV-Tafel abgegriffenen Leistung P mulipliziert und so der elektrischen Energieverbrauch W berechnet:

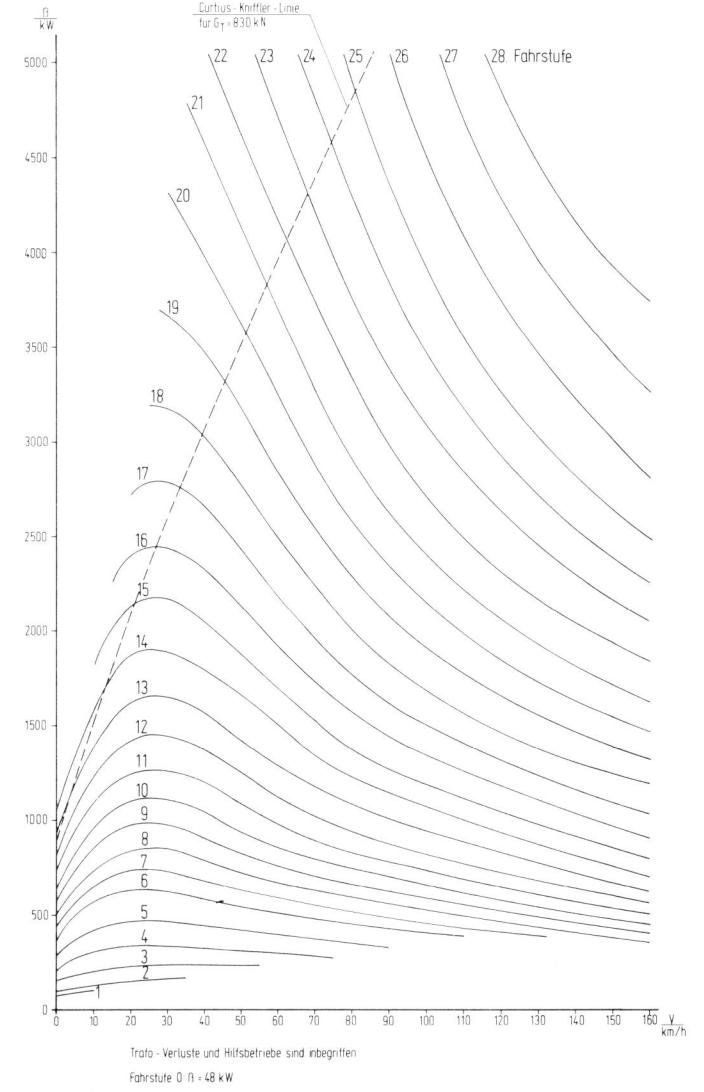

$$W = P \cdot \Delta t$$

Abb. 393b: Triebfahrzeug-Leistungs- und Verbrauchstafel (TLV) der BR 111 (Grafik: DB)

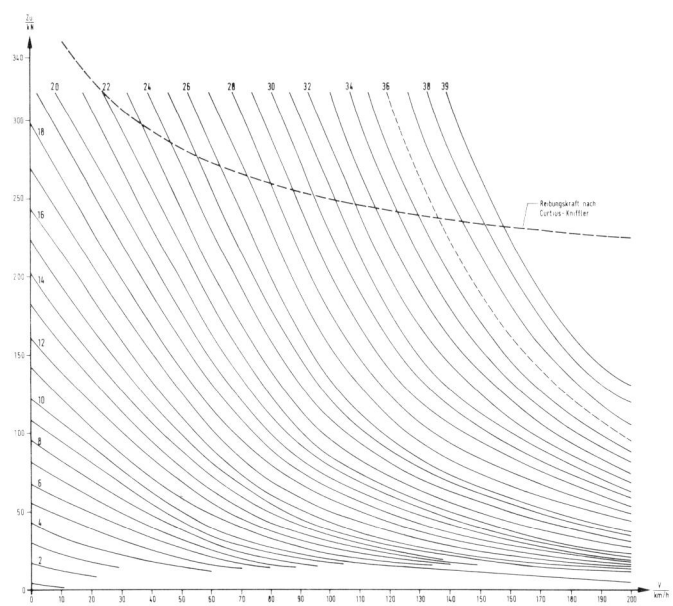

Abb. 394: Z/V-Diagramm der BR 103 (Grafik: DB)

Abb. 395 zeigt die Ergebnisliste einer mit Hilfe des EDV durchgeführten Verbrauchswerteberechnung [5].

Die rechnerisch ermittelten Werte werden stichprobenweise mit den Ergebnissen von Meßfahrten verglichen. Derartige Untersuchungen bei der Deutschen Bundesbahn haben ergeben, daß die Energieverbrauchswerte in Theorie und Praxis gut übereinstimmen.

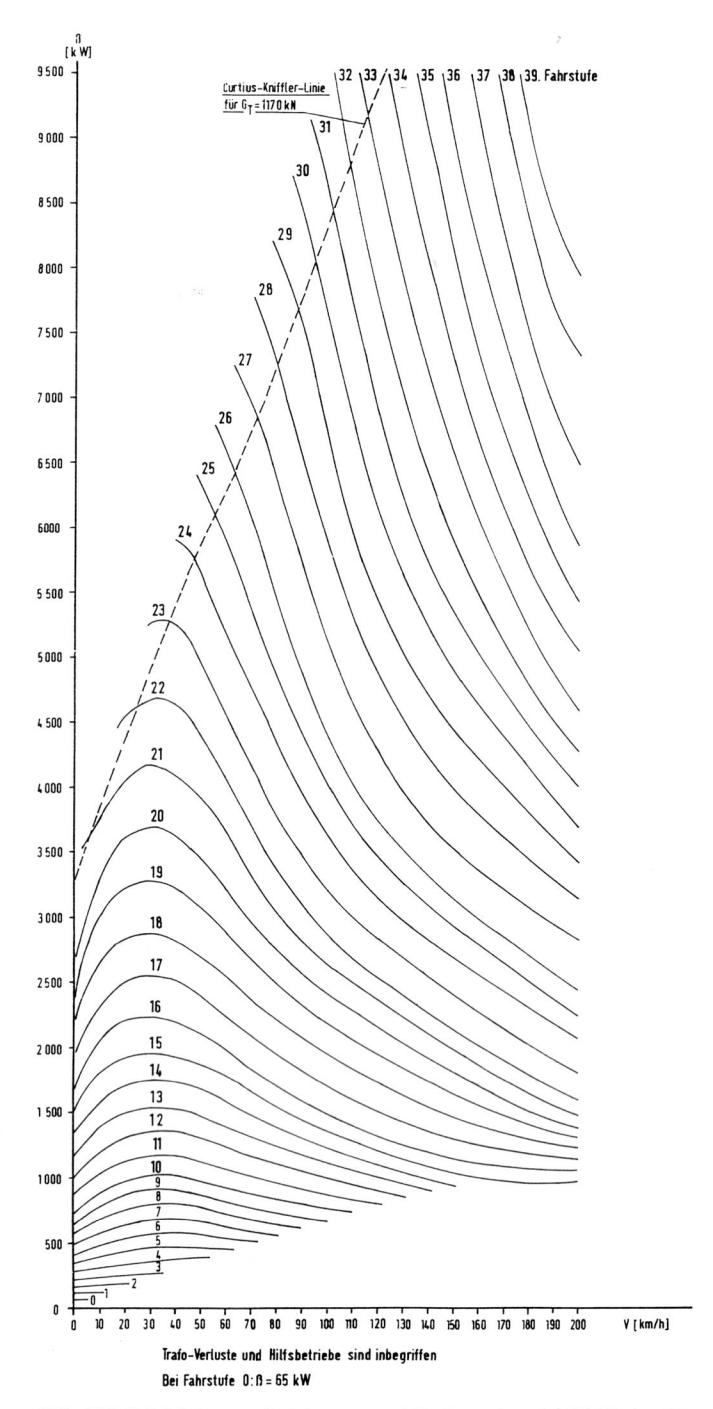

Abb. 395: Triebfahrzeug-Leistungs- und Verbrauchstafel (TLV) der BR 103 (Grafik: DB)

```
ERGEBNISSE
==========

FAHRWEG                        39.614 KM
REINE   FAHRZEIT               25.683 MIN
PLANMAESSIGE FAHRZEIT          26.592 MIN
PLANMAESSIGER AUFENTHALT        0.000 MIN
ERREICHTE GESCHWINDIGKEIT     160.000 KM/H
REISEGESCHWINDIGKEIT           89.383 KM/H
(OHNE SONDERZUSCHLAEGE)

WIRKARBEIT                   1050.766 KWH
SCHEINARBEIT                 1160.572 KVAH
BLINDARBEIT                   460.935 KVARH
ELEKTR. ENERGIEVERBRAUCH     1050.874 KWH
TRIEBFAHRZEUGARBEIT          2952.155 MJ
BREMSARBEIT                  1325.802 MJ
```

Abb. 396: Ergebnisliste der Zugfahrtrechnung BR 103, 500 t, Strecke Frankfurt-Mainz (Grafik: DB)

6.3.3. Einflußparameter und deren Auswirkungen

Der Energieverbrauch bei Schienenfahrzeugen wird bekanntlich durch eine Reihe von Parametern beeinflußt [6]. Es sind dies u.a.:

– Fahrwiderstand mit Roll- und Luftwiderstand; Streckenwiderstand.
– Gewicht der Wagen,
– Auslastung, d.h. das Verhältnis von besetzten zu vorhandenen Plätzen oder von Ladung zu möglicher Nutzlast,
– Eigenverbrauch der Reisezugwagen durch Klimatisierung usw.,
– Fahrweise des Triebfahrzeugführers: Art und Weise des Beschleunigens und Bremsens, Länge des stromlosen Auslaufes,
– Betriebsführung und Flüssigkeit des Betriebes charakterisiert durch Geschwindigkeitswechsel, Haltabstände, Anzahl der Anfahrten Langsamfahr-Stellen (La-Stellen), Stutzen.

Untersuchungen der Deutschen Bundenbahn [7] haben gezeigt, daß die Parameter den Energieverbrauch unterschiedlich stark beeinflussen. Nennenswerte Energieeinsparungen bei den elektrischen Traktionen sind nur durch Änderungen bestimmter Parameter zu erzielen. Hierbei ist zu unterscheiden zwischen Parametern, die sofort verändert werden können, wie:

– Geschwindigkeit (optimale Geschwindigkeit),
– wirtschaftliche Fahrweise,
– große Haltestellenabstände (flüssige Betriebsführung, Entfall von Stutzen, Kreuzungen, Überholungen),

und Parametern, die nur langfristig beeinflußt werden können, wie:

– Streckenneigung (Neu- und Ausbau von Strecken),
– Reduzierung des Eigengewichts und damit der Anhängelast (z.B. durch Leichtbauweise) und
– Wagenart (Form der Wagen, Oberflächen, Kanten, Ecken).

6.3.4. Einsparung von Traktionsenergie durch wirtschaftliche Fahrweise

Bei den fahrdynamischen Untersuchungen der Deutschen Bundesbahn wurde schon seit längerer Zeit nach Möglichkeiten zur rationellen Nutzung der Traktionsenergie gesucht.

Sollen im bestehenden Fahrplan keine Verschlechterungen eintreten, d.h. die planmäßigen Fahrzeiten sind einzuhalten, dann kann eine Energieeinsparung nur durch eine Verbesserung der Fahrweise erreicht werden.

Betriebsformen mit hohem Energieverbrauch bieten mehr Möglichkeiten zu höherer Einsparung. Auf S-Bahn-Strecken mit zahlreichen, kurzen Halteabständen ist die Zugförderung besonders energieintensiv. Bei den derzeitigen Energiepreisen betragen z.B. im Münchner S-Bahn-Bereich die Energiekosten ca. 25% der Betriebsführungskosten. Daher konzentrieren sich die Untersuchungen der DB zunächst auf die S-Bahn [8,9].

Prinzipiell sind 2 energiesparende Fahrweisen möglich:
– Fahren mit Auslauf und
– Fahren mit reduzierter Höchstgeschwindigkeit.

Für den praktischen Betrieb ist es notwendig, die Erkenntnisse aus den Berechnungen in Vorgaben für den Triebfahrzeugführer (Tf) umzusetzen, dem Fahrschaulinien – das ist der Verlauf der Geschwindigkeit, über den Weg aufgetragen, – nicht vorliegen. Da der Buchfahrplan derzeit die einzige verbindliche Unterlage des Tf zur Durchführung der Zugfahrt darstellt, wurden die Anweisungen für die energiesparende Fahrweise dort mit eingearbeitet – Spalte 2a ≦ Richtgeschwindigkeiten und Abschaltpunkte –. Außerdem wurden die Zeitangaben in den Spalten 4/5 des Buchfahrplans um die Zehntelminute ergänzt (Abb. 397).

Zur Kontrolle der mit der Zugfahrtrechnung rechnerisch ermittelten Werte und zur Abschätzung der real zu erwartenden Energieeinsparung wurden im Frühjahr 1983 von der Versuchsanstalt (VersA) München Meßfahrten durchgeführt. Bei der Hochrechnung wurden nur 60% des bei den Meßfahrten nachgewiesenen Wirkenergieeinsparungspotentials in Ansatz gebracht. Bei einem Strompreis von 70 DM/MWh sind für den gesamten S-Bahn-Bereich der DB München Einsparungen von rd. 1,9 Mio. DM/Jahr zu erwarten.

In einem mehrmonatigen Probebetrieb auf der Linie S 6 wurde ab Herbst 1984 die Brauchbarkeit der vorgeschlagenen Fahrweise mit der Vorgabe von Richtgeschwindigkeiten und Abschaltpunkten getestet. Eine erste Auswertung der im März 1985 vorgelegten Ergebnisse des Probebetriebes hat folgendes ergeben:
1. Die energiesparende Fahrweise konnte in etwa 70% der Fahrspiele angewandt werden.
2. Die Tf sind bereit, die neuen Vorgaben in den praktischen Fahrbetrieb umzusetzen.
3. Geringfügige Änderung der Darstellungsweise ist notwendig.

Bei dieser Akzeptanz des Verfahrens und den positiven Ergebnissen ist mit einer generellen Einführung des Verfahrens bei allen S-Bahnen der DB zu rechnen.

Abb. 397: Muster einer Buchfahrplanseite für energiesparende Fahrweise einschließlich der Erläuterungen (Grafik: DB)

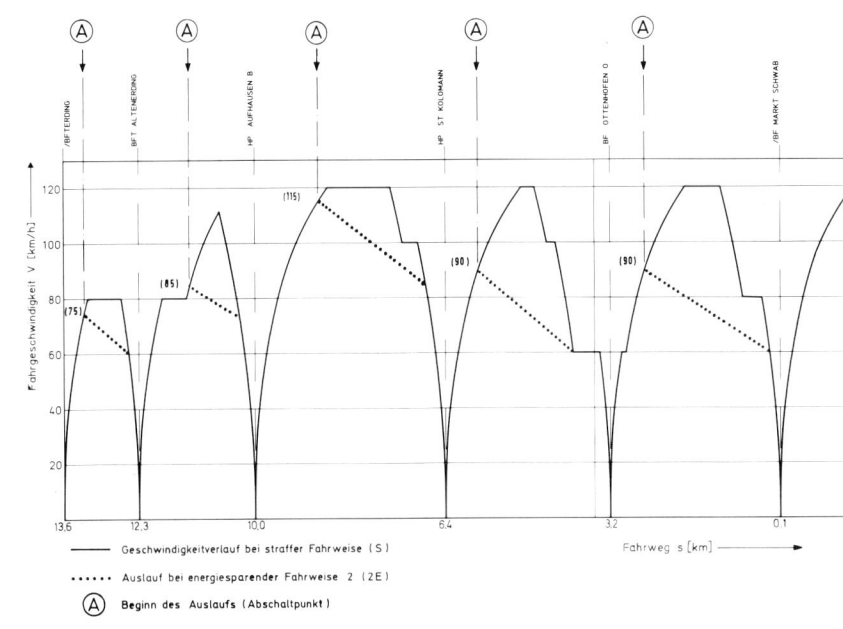

Abb. 398: Fahrschaulinien für unterschiedliche Fahrweisen; Streckenabschnitt Erding-Markt Schwaben. (Grafik: DB)

Abb. 399: Fahrbares Unterwerk mit 15.000 kW Transformatorleistung (Foto: JMM)

6.3.5. Ausblick

Um nun die Ergebnisse der Untersuchung richtig einordnen zu können, ist es erforderlich zu wissen, welche Größenordnung der Anteil des Energieverbrauchs an den Kosten einer Zugfahrt hat.

Eine Ermittlung der Kosten einer Zugfahrt bei der elektrischen Traktion der Deutschen Bundesbahn – einschließlich Fahrwegkosten – hat ergeben, daß bei Reisezügen ca. 8% der Gesamtkosten für die Energie aufgebracht werden müssen. Bei Güterzügen sind es rund 6,4%.

Bedenkt man ferner, daß 1% der elektrischen Energie für Traktionszwecke bei der Deutschen Bundesbahn rd. 3 Mio. DM ausmachen, so erkennt man, daß es sich lohnt, Möglichkeiten zur Einsparung von Energie aufzuzeigen und zu realisieren [9].

Gleiches gilt für die Strecken außerhalb der Ballungszentren mit ihren S-Bahnen. Schöpft man die heute gegebenen Möglichkeiten aus, so kann man auf den vorhandenen Strecken sogar schneller fahren [10].

Bei der Beseitigung von Langsamfahrstellen als auch bei der Erhöhung der zulässigen Geschwindigkeit in einer verbleibenden Langsamfahrstellen ist die Energieersparnis von entscheidender Bedeutung. Es zeigt sich, daß bei Eisenbahnstrecken eine möglichst gleichbleibende hohe Geschwindigkeit energiewirtschaftlich oberstes Ziel sein muß.

7.1. Technische Daten der aufgeführten elektrischen Lokomotiven

Lfd. Nr.	Baureihe	Ein-heit	103	111	120	151	181	Re 4/4 IV	1044	1044
1	Fahrzeugnummer		103 101-245	111 101-227	120 001-005	151 001-22	181 201-225	10 101-104	1044.01¹⁾-02²⁾	1044.03-126
2	Gattungszeichen									
3	Radsatzanordnung		Co'Co'	Bo'Bo'	Bo'Bo'	Co'Co'	Bo'Bo'	Bo'Bo'	Bo'Bo'	Bo'Bo'
4	Indienststellung		1971-1974	1975-84	1979	1973-	1974-75	1982	1974/1975	1978 - 1987
5	Lieferer des mech. Teils		FK, HW, KM	FK, HW, KM	FK, HW, KM	FK, HW, KM	FK	SLM	SGP	SGP
6	Lieferer des elektr. Teils		AEG, BBC, SSW	AEG, BBC, SSW	BBC	AEG, BBC, SSW	AEG	BBC	ÖBBW/Elin/ÖSW	ÖBBW/Elin/ÖSW
7	Zulässige Geschwindigkeit	km/h	200²⁾	150	200	120	160	160	160	160
8	Größte Anfahrzugkraft	kN	318	280	340	390	280	300	320	327
9	Nennleistung (Dauerbelastung) n. UIC 614	kW	7 080	3 620	5 600	6 000	3 200	4 775	5 280	5 000
	bei Geschwindigkeit	km/h	182	123	–	95	92	86	88	88
10	Dienstgewicht	t	116	83	84	118	83	80	84	84
11	Reibungsgewicht	t	116	83	84	118	83	80	84	84
12	Besetztgewicht	t								
13	Mittlere Radsatzlast Treibradsatz	t	19,3	20,75		19,7	20,75	20	21	21
14	Mittlere Radsatzlast Laufradsatz	t								
15	Länge über Puffer	mm	19 500³⁾	16 750	19 200	19 490	17 940	15 800	16 060	16 060
16	Gesamtradsatzstand	mm	14 100	11 300	13 000	13 660	12 000	10 800	10 900	10 900
17	Drehgestellradsatzstand	mm	4 500	3 400	2 800	4 450	3 000	2 900	2 900	2 900
18	Laufkreisdurchmesser Treibrad neu	mm	1 250	1 250	1 250	1 250	1 250	1 260	1 300	1 300
19	Laufkreisdurchmesser Laufrad neu	mm								
20	Antrieb: Art		GK	SSW-GR	BBC-Lenker	SSW-GR	GK	BBC(SLM¹⁾)	BBC-Federtopf	BBC-Federtopf
21	Übersetzung		65 : 113	36 : 76	22 : 106	43 : 113	32 : 101	38:105/35:97	35 : 107	35:107
22	Federung		Gummiring	Gummisegment	keine	Gummisegment	Gummiring	Gummikupplung	Gummiblock	Gummiblock
23	Radsatzlager-Bauart		Zylinderrollen	Zylinderrollen	Zylinderrollen	Zylinderrollen	Zylinderrollen	Zylinderrollen	Zylinderrollen	Zylinderrollen
24	Kupplung		Schr	Schr	Schr	Schr	Schr	Schr	Schr	Schr
25	Fahrzeugbegrenzung nach EBO Anlage		9 u. 10	9 u. 10	9 u. 10	9 u. 10	9 u. 10		ÖBB UIC	ÖBB UIC
26	Kleinster befahrbarer Krümmungshalbmesser	m	140	100	100	140	100	80	120	120
27	Kleinster Scheitelhalbmesser für Ablaufberge	m	200	200	200	200	200	300	250 300	250 300
28	Bremse: Kurzbezeichnung		KE-GPR-EmZ	KE-GPR-EmZ	KE-GPR-EmZ	KE-GPR-EmZ	KE-GPR-EmZ	O-GPR	On-GPR + Z + E	On-GPR + Z + E
29	Bremskraftübertragung		Kl	Kl	Kl	Kl	Kl	IC1	Kl	Kl
30	Handbremse		Sp	Sp	Federspeicher	Sp	Sp	Sp	Sp	Sp
31	Elektrische Bremse		GW	FGW	Nb	FGW²⁾	FGW	FW²⁾	GW + 2 Steu. g.	GW + V.-Regel.
32	Magnetschienenbremse									
33	Bremsgewicht: R + E 160	t	250		175		173		175	175
34	R + E	t	235	160	165		150		135	135
35	R	t	150	120	115	120	120	100	120	120
36	P + Mg	t								
37	P + E	t	190	140	150	130	140		120	120
38	P2	t								
39	P	t	100	83	80	105	80	(72)	70	70
40	G	t	85	56	58	90	70	72	54	54
41	Handbremse	t	17	10		25	10			
42	Luftpresser: Anzahl (nur ET) u. Bauart							2 × 14	1 × 17	1 × 17
43	Fördermenge	m³/h	VV 450/150-10	VV 450/150-10	VV 450/150-10	VV 450/150-10	VV 450/150-10	GAR 59 A 300³⁾	Br K 15	Br K 15
			140	140	140	140	140	160	133	133

2) 103 118, 250 km/h
3) ab 103 216, 20 200 mm

1) 151 090-095 AK
2) E-Bremse nicht angerechnet

1) BBC-Gummigelenk SLM-Wellenscheiben
2) Fremderregte Widerstandsbremse
3) Schraubenkompressor Atlas

1) wird umgebaut für Schnellfahrversuche 1044.501
2) wird nicht erhalten

7.1. Technische Daten der aufgeführten elektrischen Lokomotiven

Lfd. Nr.	Baureihe	Einheit	103	111	120	151	181	Re 4/4 IV	1044 1044.01–02	1044 1044.03–126
44	Sitzplätze 1. Kl.									
45	Sitzplätze 2. Kl. (Klappsitze)									
46	Sitzplätze insgesamt									
47	Anzahl und Type der Stromabnehmer		2 × DBS 54[4])	2 × DBS 54[1])	2 × SBS 80	2 × DBS 54	2 × SBS 67[1])	2 × ESaD 22-2500	2 × ÖBB II	2 × ÖBB II
48	Hauptschalterbauart		DS	DS	DS	DS	DS	DS	DS	DS
49	Hauptschaltertype		DBFT 20 i 200	DBFT 20 i 200	DBFT 20 i 200	DBTF 20 i 200	DBTF 30 i 250	DBTF 20 i 200	DBTF 20 i 200	DBTF 20 i 200
50	Transformator: Anzahl (nur ET) u. Type		WFUR 1563 v/15	EFPT 6 842/111	TLF 6301	EFPT 7 042.151[4])	EFZT 7 145	LOT 6 000	RT 5 200	RT 5200
51	Gewicht betriebsfertig	kg	18 240	11 750	11 168	15 350	9 300	13 000 incl. Drossel	10 600	10 600
52	Ölfüllung	kg	2 600	1 520		2 250	1 700	1 210	1 300	1 300
53	Kühlung		FU	FU		FU	FU	FU	FU	FU
54	Nennleistung	kVA	6 250	4 040	5 525	6 325	3 700	5 930	5 200	5 200
55	Zugheizung: Leistung	kW	720	700	900	700	900	600 dd/850 max	900	900
56	Spannung	V	1 001	1 003		1 001	955/1 587[2])	1 009	1 000	1 000
57	Hilfsbetriebe: Leistung	kVA	120	100		100/150	60 /100	37,2/18,5/120	100	100
58	Spannung	V	120/195/278	121/172/192		132/198	66, 132, 198/110, 220, 331[2])	152/228/990	3 × 440 V, 100 Hz.	3 × 440 V, 100Hz.
59	Fahrmotoren: Anzahl und Type		6 × WBb 368/17 F[2])	4 × WBc 372-22f	4 × BQg 4843	6 × WB 372-22f	4 × UZ 11 664 K1	4 × 8 FHK 6652	4 × WM 1300	4 × WM 1301
60	Schaltung untereinander		parallel	parallel		parallel		parallel	2 × 2 parallel	2 × 2 parallel
61	Größtspannung	V	612	585		585	1 050	1 120	1 070	1 070
62	Höchstdrehzahl	1/min	1 565	1 525	4 235	1 385	2 220	1 910	2 050	2 050
63	Gewicht eines Motors	kg	3 555[2])	3 940	2 380	3 940	3 120	3 285	3 750	3 850
64	Kühlung		F	F	F	F	F	F	F	F
65	Steuerung: Art		Ho, Nachl, Gesch.-Reg. +/-, FR[3])	Ho, Nachl., FR	Frequenz-Spannung	Ho, Nachl., FR	Thy	Stromrichter Anschnittsteuerung	Thyristor ~/=	Thyristor ~/=
66	Antrieb des Schaltwerks		EM	EM		EM				
67	Zahl der Fahrstufen		39	28		28	stufenlos	Stufenlos + Feldschwächung	V-Regelung, F	V-Regelung, F+B
68	Wendezugsteuerung			ja	ja	ja	ja	ja	ja	keine
69	Steuerung für Doppeltraktion			ja	ja	ja	ja	ja		
70	Steuerstromkupplung		Std	Std		Std	Std	STK 42	2	
71	Beleuchtung: Spannung u. Stromart	V	110 =	110 =	110 =	110 =	110 =	36 =	24 =	24 =
72	Stromerzeuger und Leistung	kW	GL 7,2	StN 3,5		StN 3,5	StN 18,0	GL 2,5	TTL 65	TTL 65
73	Batterien Anzahl (nur ET) und Type		2 PzS 70	2 PzS 40	2 PzS 40	2 PzS 70	2 PzS 70	2 × 9 RZ 150	2×KA121/8/=240 Ah	2×KA121/8/=240 Ah
74	Lampenart (nur ET)									
75	Fahrgastraumheizung: Art u. Regelung									
76	Eingeb. Leistung	kW								
77	Führerraumheizung: Spannung	V	195	42[2]), 192	200	198	198/220[2])	228	200	200
78	Strahlungsheizung	kW	3,27[4])			2 × 0,15	0,3	7,2	1,5	1,5
79	Konvektionsheizung	kW								
80	Luftheizung	kW	5,0	5,0	5,0	5,0	5,0	2,0	4	4
81	Fußbodenheizung	kW	2,05[5])	0,8	1,44 + 1,09[8])	0,5[5])				
82	Klimaanlage	kW	[6])		5,0					
83	Sifa		ja	ja	ja	ja	ja[3])	ja	ja	ja
84	Indusi		ja	ja	ja	ja	ja	ja System SBB	ja	ja
85	Zugbahnfunk		ja	ja	ja	ja	ja		ja	ja
86	Spurkranzschmierung		ja	ja	ja	ja	ja		ja	ja
87	Sonstige Einrichtungen		LZB, AFB	AFB[7])	LZB, AFB	Systemwahl		ja für SNCF-Strecken		

[1]) oder 2 × SBS 65
[2]) oder WBl 368/17 f mit 3480 kg "Automatik"
[3]) FR in Steuerungsart
[4]) nur bis 103 215
[5]) ab 103 216
[6]) vorgesehen

[1]) T, 2 × SBS 65
[5]) für Fußbodenheizung
[7]) nur 111 001–005
[8]) Fußsichenleitung

[4]) ab 151 076,
EFPT 7 042, 151 a
mit geänderter
Fahrstufenspannung
[5]) 151 020÷024 und
ab 151 030

[1]) je ein Stromabnehmer mit Wippe für SNCF-Strecken
[2]) erster Wert gilt für 15 kV 16 2/3 Hz, zweiter Wert für 25 kV 50 Hz
[3]) auch für SNCF-Strecken

7.2. VORSTELLUNG DER AUTOREN

Hofrat Dipl.-Ing. Walter Breyer

Bis zu seiner Pensionierung im Jahre 1982 leitete der gebürtige Wiener, Jahrgang 1917, die Abteilung für Fahrbetriebsmittel in der Generaldirektion der Österreichischen Bundesbahnen und zeichnete somit für den Bau sämtlicher Schienenfahrzeuge und auch Schiffe der ÖBB verantwortlich. Der Absolvent der TH Wien, Fachbereich Elektrotechnik, diente ab 1940 bis zum Kriegsende als Flugzeugführer bei der Deutschen Luftwaffe und begann danach seine berufliche Laufbahn bei der Bahnabteilung der Elin. 1947 wechselte er zu den Österreichischen Bundesbahnen über und wirkte ohne Unterbrechung im Referat für den Neubau von elektrischen Triebfahrzeugen, dessen Leitung er dann 1974 übernahm. Auch nach seiner Pensionierung ist Walter Breyer der Eisenbahntechnik immer noch eng verbunden und freut sich, einige grundlegende Erkenntnisse aus dem Lokbau überliefern zu können.

Dipl.-Ing. Rolf Gammert

1940 in Göppingen geboren, studierte er Elektrotechnik an der TH Stuttgart. 1967 startete er seinen beruflichen Werdegang bei Brown, Boveri & Cie AG, Mannheim, Geschäftsbereich Verkehr, und zählt heute zu den kompetentesten Fachleuten in der Abteilung Elektrische Lokomotiven und Triebwagen.

Dipl.-Ing. Martin Gerber

Als Chef der Unterabteilung Triebfahrzeugbau bei der Abteilung Zugförderung und Werkstätten in der Generaldirektion der SBB in Bern zeichnet er sich direkt für die Entwicklung neuer Lokomotiven verantwortlich. So ist der Absolvent der ETH Zürich, geboren 1936, z.B. maßgeblich am Konzept der »Lokomotive 2000« beteiligt.

Dipl.-Ing. Heinz Güthlein

1971-1985 Dezernent für Entwicklung und Konstruktion elektrischer Lokomotiven beim Bundesbahnzentralamt in München. Mitgestaltung aller Neuentwicklungen der zweiten Lokomotivgeneration der Deutschen Bundesbahn. Jahrgang 1926, Studium der Elektrotechnik an der TH München, anschließend Berechnungsingenieur bei der Brown, Boveri & Cie AG in Mannheim. 1954 und 1955 Assistent am Lehrstuhl für elektrische Maschinen an der TH München. U.a. ist seiner Kreativität und Weitsichtigkeit das Zustandekommen des Drehstromlokprojekts BR 120 zu verdanken. Seit 1986 Beschaffungsdezernent für Straßen- und Schienenfahrzeuge beim BZA München.

Dr.-Ing. Klaus Huber

Jahrgang 1938, trat er nach dem Absolvieren eines Elektrotechnikstudiums an der TH München bei der Deutschen Bundesbahn ein. Nach Versuchsdienst mit elektrischen Lokomotiven und Anlagen war er als Hilfsdezernent für Bauart und Beschaffung elektrischer Triebfahrzeuge im BZA München tätig. Ebenfalls an der TU München absolvierte er ein arbeits- und wirtschaftswissenschaftliches Aufbaustudium. Aufgrund seiner Tätigkeit als Dezernent 21 A bei den Direktionen Nürnberg und München verfügt er über ein umfassendes Wissen über den Gebrauchswert von elektrischen Triebfahrzeugen. U.a. stand er fünf Jahre als Direktor dem Verkehrsmuseum vor. Er läßt es sich auch heute noch nicht nehmen, möglichst oft auf Lokomotiven mitzufahren bzw. sie selbst zu führen, um die Triebfahrzeugführer zu motivieren und den Betriebszustand der Fahrzeuge zu kennen. Seine Dissertation befaßt sich mit Arbeitsplatzproblemen der Lokführer.

Dipl.-Ing. Joachim Körber

Seit 1985 leitet er den Funktionsbereich Technik bei Brown, Boveri & Cie AG, Mannheim. Jahrgang 1940, absolvierte er zunächst ein Studium der Elektrotechnik an der TH Aachen und trat 1965 der Brown, Boveri & Cie AG in Mannheim bei. Seinem zielstrebigen, ideenreichen Schaffen und der fruchtbaren Zusammenarbeit mit den eigenen Kollegen, der HBV und dem BZA München ist es zu verdanken, daß aufgrund der überzeugenden Vorarbeiten die neue Drehstromlok BR 120 überhaupt entstehen konnte.

Dipl.-Ing. Dietmar Lübke

Seit 1980 leitet er die Abteilung Entwicklungsplanung des Bundesbahnzentralamts in München. Jahrgang 1938, studierte er allgemeinen Maschinenbau in München und trat mit 28 Jahren bei der Deutschen Bundesbahn ein. Nach verschiedenen Tätigkeiten. u.a. auch als wissenschaftlicher Mitarbeiter beim BZA München und als Hilfsreferent im Bundesministerium für Verkehr, übernahm er 1974 die Dezernate 102 und 107 in jener Abteilung, der er heute als Abteilungspräsident vorsteht. Dietmar Lübke gilt nicht als typischer Beamter, sondern mehr als professioneller Manager, der nach den Erfolgsregeln der Industrie arbeitet und damit auch entsprechende Ergebnisse vorzuweisen hat.

Dr.-Ing. Peter Meinke

Jahrgang 1940, leitet er die Abteilung Entwicklung dynamischer Systeme bei M.A.N. Neue Technologie in München. Er studierte und promovierte an der TU München im Fachbereich Maschinenbau. Er befaßt sich mit seinen verschiedenen Unterabteilungen bereits seit Jahren intensiv mit der Verkehrstechnik Rad/Schiene und der Fahrzeug- und Maschinendynamik. Meinke gilt nicht nur als gefürchteter Kritiker, sondern auch als besonders kreativer Ingenieur.

Dipl.-Ing. Manfred Nießen

1983 übernahm er das Dezernat für die Betriebserprobung und Weiterentwicklung der elektrischen Lokomotiven in Drehstromtechnik (BR 120) im Bundesbahn-Zentralamt München. Jahrgang 1941, absolvierte er ein Elektrotechnikstudium an der Universität Erlangen-Nürnberg und war im Anschluß in verschiedenen Referaten tätig. Er hat einen erheblichen Anteil daran, daß die Drehstromlokomotive BR 120 in relativ kurzer Zeit Serienreife erlangen konnte.

Dipl.-Ing. Klaus-Dieter Pohl

Als Vertreter des Vorstands des Maschinenamts Saarbrücken hat er die Betreuung der Zweisystemlokomotiven BR 181.2, übernommen, die er während seiner Tätigkeit als wissenschaftlicher Mitarbeiter im Bundesbahn-Zentralamt München mitentwickelt hat. Er gilt als kompetenter Lokomotivenkenner und befaßt sich weit über das übliche Maß hinaus mit seinen beruflichen Aufgaben. Jahrgang 1944, studierte er an der TU München Elektrotechnik und begann gleich nach dem Diplom 1969 die Referendarausbildung bei der Deutschen Bundesbahn.

Dipl.-Ing. Bernd R. Rockenfelt

Er arbeitet heute im Sekretariat des Vorstandes der Deutschen Bundesbahn und ist persönlicher Assistent beim Ressortvorstand Produktion. Von 1977 bis 1983 war er als Dezernent für mathematische Modelle Technik zuständig für Fahrzeitenrechnung und Verbrauchswerteermittlung mit Hilfe der EDV in der Zentralstelle für Betriebswirtschaft und Datenverarbeitung (ZfB) der Deutschen Bundesbahn in Frankfurt. Anschließend leitete er 2 Jahre das Sachgebiet »EDV der Produktion« bei der Zentralstelle Datenverarbeitung der DB. Jahrgang 1941, studierte er Elektrotechnik an der TH Darmstadt und wurde im Anschluß bei verschiedenen Dienststellen bei der Deutschen Bundesbahn eingesetzt. Aufgrund seiner vielen durchlaufenen beruflichen Stationen verfügt er über ein umfassendes Wissen und zählt zu den engagierten Mitarbeitern bei der Deutschen Bundesbahn.

Dipl.-Ing. Werner Schott

Er leitet heute das Dezernat 22 in der Bundesbahndirektion München und war bis vor wenigen Jahren als Dezernent 21 A für Unterhaltung und Betrieb aller elektrischer Triebfahrzeuge im Direktionsbereich verantwortlich. Jahrgang 1936, studierte er in München Maschinenbau und trat mit 26 Jahren bei der Deutschen Bundesbahn ein. Sein dienstlicher Werdegang führte ihn über Nürnberg, Kassel, Minden, Bremen, Frankfurt/M. und Rosenheim, wo er mit verschiedenen Aufgaben betraut war. Im Jahre 1973 übernahm er dann das Dezernat 21 A, das er bis 1984 innehatte.

Dipl.-Ing. Christian Tietze

Er zeichnet als Fachgebietsleiter im Fachbereich Triebfahrzeuge des AEG-Geschäftsbereichs »Bahntechnik« verantwortlich. 1929 geboren, studierte er Elektrotechnik an der TH Hannover, trat 1955 als Projektingenieur bei der AEG ein und befaßte sich dort mit Entwicklung, Konstruktion und Vertrieb elektrischer Ausrüstungen für Lokomotiven und Triebwagen. Zum Gelingen der Zweisystemlokomotive 181.2 hat er einen wesentlichen Teil beigetragen.

7.3 Literaturhinweis

7.3.1. Zum Kapitel 2.2.1.,
Die Entwicklung der Schnellzuglokomotive BR 111

Kilb, E.:
Die elektrische Bo' Bo'-Schnellzuglokomotive Baureihe E 10^1 und Güterzuglokomotive Baureihe E 40 der Deutschen Bundesbahn. Elektrische Bahnen 1957, Heft 4, S. 73–76

Schaaf, H.:
Die elektrische Ausrüstung der Lokomotiven Baureihe E 10^1 und Baureihe 40 der Deutschen Bundesbahn. Elektrische Bahnen 1957, Heft 5 und 6, S. 97–110 und 134–140.

Töfflinger, K. und Kuhlow, J.:
Der Fahrmotor WB 372-22 der E 10^1 und E 40-Lokomotiven der Deutschen Bundesbahn. Elektrische Bahnen 1957, Heft 5, S.

Kloss, G.:
Der Siemens-Gummiringfederantrieb der neuen elektrischen Serienlokomotiven der Deutschen Bundesbahn, Elektrische Bahnen 1957, Heft 8, S.

Czerny und Loos:
Hochbelastbare Bremswiderstandsgeräte für die elektrische Lokomotiven E 10 und E 03, Siemens-Zeitschrift 1965, Heft 6, S.

Lichtenstein, L.:
Die automatische Fahr- und Bremssteuerung für den Intercity-Triebzug ET 403. Elektrische Bahnen 1972, Heft 7, S. 167–170.

7.3.2. Zum Kapitel 2.2.2.,
Betriebserfahrung mit den Lokomotiven BR 111

Kilb, E.:
Die elektrische Bo'Bo'-Schnellzuglokomotive Baureihe E 10^1 und Güterzuglokomotive Baureihe E 40 der Deutschen Bundesbahn. Elektrische Bahnen 1957, Heft 4, S. 73–76

Schaaf, H.:
Die elektrische Ausrüstung der Lokomotiven Baureihe E 10^1 und Baureihe E 40 der Deutschen Bundesbahn. Elektrische Bahnen 1957, Heft 5 und 6, S. 97–110 und 134–140.

Töfflinger, K. und Kuhlow, J.:
Der Fahrmotor WB 372-22 der E 10^1 und E 40-Lokomotiven der Deutschen Bundesbahn. Elektrische Bahnen 1957, Heft 5

Kloss, G.:
Der Siemens-Gummiringfederantrieb der neuen elektrischen Serienlokomotiven der Deutschen Bundesbahn, Elektrische Bahnen 1957, Heft 8

Czerny und Loos:
Hochbelastbare Bremswiderstandsgeräte für die elektrische Lokomotiven E 10 und E 03, Siemens-Zeitschrift 1965, Heft 6

Lichtenstein, L.:
Die automatische Fahr- und Bremssteuerung für den Intercity-Triebzug ET 403. Elektrische Bahnen 1972, Heft 7, S. 167–170

Güthlein, H.:
Die elektrische Lokomotive BR 111, in Elektrische Bahnen, 1976 Heft 8/9

Strecker, H.:
Planung, Entwicklung und Bau neuer Führerräume der DB, in: ETR 1977, Heft 3

7.3.3. Zum Kapitel 2.3.1.,
Einführung in die Drehstromtechnik

Güthlein, H.:
Die neue elektrische Lokomotive 120 der Deutschen Bundesbahn in Drehstrom-Antriebstechnik. Elektrische Bahnen 50 (1979) Heft 9

Körper, J.:
Grundlegende Gesichtspunkte für die Auslegung elektrischer Triebfahrzeuge mit asynchronen Fahrmotoren. Elektrische Bahnen 45 (1974) Heft 3

Teich, W.:
Drehstromantriebstechnik in Schienenfahrzeugen – Versuchseinheiten, Prototypen, Serien – ZEV - „Glasers Annalen" Jahrgang 101 (1977) Heft 8–9

Gammert, R.:
Die elektrische Ausrüstung der Drehstromlokomotive BR 120 der Deutschen Bundesbahn. Elektrische Bahnen 50 (1979) Heft 9

Harprecht, W.:
Anfahrverhalten, Leistung und Zuverlässigkeit der Lokomotiven BR 120 der Deutschen Bundesbahn. Elektrische Bahnen (1984) Heft 2

Bondesen, A., Becker E., Körber, J.:
EA 3000 – Entwicklung und Bau elektrischer Lokomotiven für die Dänischen Staatsbahnen. Elektrische Bahnen (1985) Heft 4

Teich, W.:
Dieselelektrische Triebfahrzeuge mit schleifringlosen Asynchronfahrmotoren. Elektrische Bahnen 43 (1972) Heft 4

Reichelt, E.:
Leichte Universallokomotiven EL 17 der Norwegischen Staatsbahn mit Drehstromantriebstechnik. Elektrische Bahnen (1982) Heft 7/8

Gathmann, H.:
Stand der Technik und Ausblick auf dem Gebiet der Traktion mit kollektorlosen Fahrmotoren. 2. Konferenz der Leistungselektronik, Budapest 1973

Strecker, H., Teich, W.:
Drehstromantriebstechnik für Schienenfahrzeuge. Elsners Taschenbuch der Eisenbahntechnik 1975, 76, 77

Köck, F.:
Das Konzept der Leittechnik für die elektrische Lokomotive Baureihe 120 der Deutschen Bundesbahn. Elektrische Bahnen (1984) Heft 2

Appun, P., Lienau, W.:
Der Vierquadrantensteller bei induktivem und kapazitivem Betrieb. ETZ-Archiv, Band 6, Heft 1

Güthlein, H., Körber, J.:
Von der Idee der Drehstromantriebstechnik. 120 – Beispiel einer langjährigen Zusammenarbeit zwischen DB und Industrie. Elektrische Bahnen 80 (1982) Heft 4

Spöhrer, W.:
Die Drehstromantriebstechnik – Ein Weg zur universell einsetzbaren elektrischen Lokomotive. Jahrbuch des Eisenbahnwesens 1982

Nießen, M., Körber, J.:
Entwicklung und Bewährung neuer elektrischer Komponenten am Beispiel der Lokomotive BR 120 der DB. Elsners Taschenbuch der Eisenbahntechnik 1985

Becker, E., Gammert, R.:
Drehstromversuchsfahrzeug – DE 2500 mit Steuerwagen – Systemerprobung eines Drehstromantriebes an 15 kV, 16 2/3 Hz. Elektrische Bahnen 47 (1976) Heft 1

Teich, H.:
Erfahrungen und Erprobungen mit der Drehstrom-Antriebstechnik in verschiedenen Eisatzfällen. ETR (1985) Heft 4

Gathmann, H.:
Drehstromantriebstechnik im Nahverkehr, Nahverkehrspraxis (1979) Nr. 2

Appun, P., Futterlieb, E., Kommisari, K., Marx, W.:
Die elektrische Auslegung der Stromrichterausrüstung der Lokomotive E 120 der Deutschen Bundesbahn. Elektrische Bahnen 80 (1982) Heft 10 und 11

Böhm, H., Krüger, G.:
Drehstrom-Hilfsbetriebeumrichter für Triebfahrzeuge am Beispiel der Lokomotive BR 120 der DB, Elektrische Bahnen 77 (1979) Heft 11

Kunnes, W., Müller-Hellmann, A.:
Fahrdrahtgespeiste Treibfahrzeuge in Drehstromtechnik mit Asynchron- oder Synchronfahrmotoren. ETR (1984) Heft 10

Albrecht, H., Reichel, W.:
Drehstromantriebstechnik bei der Hamburger Hochbahn AG. Druckschrift Nr. D VK 1 200 80 D

7.3.4. Zum Kapitel 2.3.2., Zielsetzung und Entwicklung der elektrischen Lokomotiven Baureihe BR 120 in Drehstromantriebstechnik

Wolters, H.:
Die moderne elektrische Antriebstechnik aus der Sicht des Anwenders. ZEV-Glasers-Annalen 100 (1976), H. 2/3, S. 73–79

Güthlein, H.:
Die moderne elektrische Lokomotive 120 der Deutschen Bundesbahn in Drehstromantriebstechnik. Elektrische Bahnen 77 (1979), Heft 9, S. 248–257

Gammert, R.:
Die elektrische Ausrüstung der Drehstromlokomotive Baureihe 120 der Deutschen Bundesbahn. Eletrische Bahnen 77 (1979), H. 10, S. 272–283

Spöhrer, W.:
Die Drehstromantriebstechnik – ein Weg zur universell einsetzbaren elektrischen Lokomotive. Jahrbuch des Eisenbahnwesens 1982, S. 94–97

Badstieber, J., und Kommisari, K.:
Energierückgewinnung bei Bremsvermögen. etz 103 (1982), Heft 7/8, S. 373–378

Harprecht, W., Spöhrer, W., Klein, W.:
Bericht über die Betriebserprobung der Lokomotiven der Baureihe 120 in den Jahren 1980 bis 1982. Elektrische Bahnen 81 (1983), Heft 4, S. 98–112

Harprecht, W.:
Lokomotive für Einphasen-Wechselstrom der BR 120. ZEV-Glasers Annalen 107 (1983), Heft 8/9, S. 269–279

Körber, J.:
Die Entwicklung der Drehstrom-Antriebstechnik für die Hochleistungslokomotive E 120. BBC-Druckschrift Nr. D VK 123381D

Harprecht, W.:
Anfahrverhalten, Leistung und Zuverlässigkeit der Lokomotiven der Baureihe 120 der Deutschen Bundesbahn. Elektrische Bahnen 82 (1984), Heft 2, S. 30–54

Köck, F.:
Das Konzept der Leittechnik für die elektrische Lokomotive Baureihe 120 der Deutschen Bundesbahn. Elektrische Bahnen 82 (1984), Heft 2, S. 56–65

**7.3.5 Zum Kapitel 2.4.1.,
Entwicklung und Zielsetzung der Baureihe 151**

Kilb, E.:
Die schwere elektrische Güterzuglokomotive E 50. Elektrische Bahnen 28 (1957), Heft 12, S. 265

Töfflinger, K. und Kuhlow, J.:
Der Fahrmotor WB 372 der E 10 und E 40 Lokomotiven der DB. Elektrische Bahnen 28 (1957), Heft 5, S. 110

**7.3.6. Zum Kapitel 2.5.,
Die Zweisystemlokomotive Baureihe 181.2**

Güthlein/Tietze: Elektrische Zweifrequenzlokomotive Baureihe 181.2 der Deutschen Bundesbahn. Elektrische Bahnen 46 (1975), Heft 5 und 6
Tietze: Die Zweisystem-Lokomotive der Baureihe 181.2 der Deutschen Bundesbahn: Beispiel der Anwendung der Leistungselektronik in modernen Triebfahrzeugen, ZEV-Glas. Annalen, Heft 2/3, 1976
Pohl: Baureihe 181.2 – Thyristorlokomotive für 16 2/3-Hz- und 50-Hz-Systeme, Elsners Taschenbuch 1977
Klemm: Einsatz und Bewährung der Zweifrequenzlokomotive Baureihe 181.2 im grenzüberschreitenden Verkehr, Die Bundesbahn 7/1982

**7.3.7. Zum Kapitel 3.1.,
Die elektrische Lokomotive Baureihe 1044 der Österreichischen Bundesbahnen**

Breyer, Walter:
Thyristorlokomotive mit Anschnittsteuerung, Prototypen 1044.01 und 02 der ÖBB, Besonderheiten der Steuerung, Beeinflußung. Elektrische Bahnen 48 (1977) Heft 1

Breyer, Walter:
Das Adhäsionsverhalten von Thyristorlokomotiven, Entwicklungen bei Reihe 1043 der ÖBB. Elektrische Bahnen 47 (1976) Heft 4

**7.3.8. Zum Kapitel 3.2.,
Die Prototyplokomotiven der Serie Re 4/4^{IV} der Schweizerischen Bundesbahnen**

Meyer, K.:
Die Lokomotiven der Serie Re 4/4 II und Re 4/4 III der SBB. Schweizerische Bauzeitung (1970) Heft 14

Meyer, K.:
die Prototyplokomotiven der Serie Re 6/6 der Schweizerischen Bundesbahnen. Schweizerische Bauzeitung (1972) Heft 48

Weber, H.H.:
Untersuchungen und Erkenntnisse über das Adhäsionsverhalten elektrischer Lokomotiven. Schweizerische Bauzeitung (1965) Heft 48

Meyer, K.:
Die Umrichter-Versuchslokomotive Be 4/4 12001 der SBB. SBB-Nachrichtenblatt (1973) Heft 4

Brechbühler, M. und Bohli, W.U.:
Erfahrungen mit der Versuchslokomotive Be 4/4 12001 der Schweiz. Bundesbahnen mit statischen Umrichtern. Brown Boveri-Mitteilungen (1973) Heft 12

Gerber, M., Müller, M. und Winter, P.:
Die dieselelektrische Lokomotiven Am 6/6 der Schweizerischen Bundesbahnen. Schweizerische Bauzeiten (1977) Heft 14 und 15

Roffler, M.:
Die Umrichterlokomotiven Serie Ee 6/6 II der Schweizerischen Bundesbahnen. Brown Boveri-Mitteilungen (1979) Heft 12

Chapuis, D., Gerber, M., Goetschi, H. und Lauber, P.:
Die Triebwagenzüge RABDe 8/16 2001-2004 der SBB. Schweizerische Bauzeiten (1975) Heft 14 und 29/30

Winter, P.:
Einfluß der Glättungs- und Kommuttierungsreaktanzen auf das Netzverhalten von mehrfach-folgegesteuerten Stromrichtern in einphasiger halbsteuerbarer Schaltung. Diss.Nr. 4945 ETHZ, 1973

Vogel, H.:
Neuer Antrieb für die Re 4/4 IV-Prototyp-Lokomotiven. SLM. Technische Mitteilungen, Dezember 1981

Bohli, W.U.:
Die Bo'Bo'-Thyristor-Lokomotiven Serie Ge 4/4 II Nr. 611-620 der Rhätischen Bahn. Brown Boveri-Mitteilungen (1973) Heft 12

7.3.9. Zum Kapitel 5.,
Vorgaben zur Beurteilung von schnellen Rad/Schiene-Systemen

/1/ W. Rappenglück Fahrzeugtechnik für den Hochgeschwindigkeits-Personenverkehr, Eisenbahntechnische Rundschau 7/8 – 1980

/2/ Studie ›Hochgeschwindigkeits-Triebfahrzeuge‹, Gemeinschaftsbüro Hochgeschwindigkeits-Triebfahrzeug, München 1976

/3/ Forschungsgemeischaft Rad/Schiene, Arbeitsgemeinschaft Rheine-Freren, Ergebnisbericht der Konzeptphase Rad/Schiene-Versuchs- und Demonstrationsfahrzeug, 1980

/4/ Deutsche Bundesbahn, Rahmenspezifikation R/S-Schnekkbahnsystem für Personenverkehr (300 km/h), Teilsystemspezifikation, München 1980

/5/ L. Mauer, A. Mielcarek, M. Reichel, H. Örley, R/S-Planungsstudie; Voruntersuchungen und Fahrzeugentwurf von Zugsystemen mit Jakobslaufwerken, M.A.N. – neue Technologie, München 1981

/6/ H. Kurz, R/S-Versuchs- und Demonstrationsfahrzeug: Ausschöpfung des Forschungs- und Entwicklungspotentials für die Bahn der Zukunft, Statusseminar VII, Spurgeführter Fernverkehr – Rad/Schiene-Technik –, Titisee 1982

7.3.10. Zum Kapitel 6.,
Stromversorgung und Energieverbrauch elektrischer Triebfahrzeuge

[1] Harprecht, W. und Klein, W.: Der elektrische Zugbetrieb der Deutschen Bundesbahn im Jahre 1985. Elektrische Bahnen (EB) 84 (1986) Nr. 1, S. 3–16

[2] Schäfer, H.-H.: Elektrotechnische Anlagen für Bahnstrom. Eisenbahn-Fachverlag Heidelberg, Mainz, Band 9/30, 1981.

[3] Die Bahnstromversorgung. Informationsschrift der Deutschen Bundesbahn, Zentrale Transportleitung, Abteilung Bahnstromversorgung, Frankfurt (M), Januar 1984

[4] Rockenfeld, B.: Meßtechnische Ermittlung des Energieverbrauchs für den elektrischen Zugbetrieb bei der Deutschen Bundesbahn (DB). Elektrische Bahnen (EB) 79 (1981) Nr. 6, S. 241–244.

[5] Rockenfeld, B.: Ermittlung der Verbrauchswerte von Zugfahrten mit Hilfe der EDV bei der Deutschen Bundesbahn. Eisenbahntechnische Rundschau (ETR) 30 (1981) Nr. 9, S. 633–637

[6] Rockenfeld, B.: ORE-Kolloquium »Rationelle Nutzung der elektrischen Traktionsenergie« vom 21. bis 22. Oktober 1981 in Wien. Elektrische Bahnen (EB) 80 (1982) Nr. 2, S. 57–59.

[7] Rockenfeld, B.: Auswirkungen von Änderungen der Parameter von Zugfahrten auf den Energieverbrauch. Eisenbahntechnische Rundschau (ETR) 32 (1983) Nr. 3 S. 187–189.

[8] Kraus, G. und Rockenfeld, B.: Energiesparende Fahrweise bei der Deutschen Bundesbahn – Vorschläge zur Realisierung am Beispiel der Linie S 6 der Münchner S-Bahn – Die Bundesbahn 60 (1984) Nr. 1, S. 29–32.

[9] Kraus, G. und Rockenfeld, B.: Einsparung von Traktionsenergie durch energiesparende Fahrweise bei S-Bahnen – Theorie und Ergebnisse von Meßfahrten im Betrieb. Elektrische Bahnen (EB) 82 (1984) Nr. 6, S. 172–178.

[10] Weigend, M., Rockenfeld, B. und Briese, W.: Schneller fahren auf vorhandenen Strecken – Ausschöpfen der heute gegebenen Möglichkeiten. Die Bundesbahn 60 (1984) Nr. 11, S. 851–854.

7.4. Fachbücher

100 Jahre elektrische Eisenbahn, Starnberg, 1979

Gottwaldt, Afred B.:
100 Jahre deutsche Elektro-Lokomotiven, Stuttgart, 1979

Schwach, G.:
Schnellzüge überwinden Gebirge, Wien, 1981

Mehltretter, J. Michael:
Die Lokomotiven der Deutschen Bundesbahn, Stuttgart, 1983

Die Eisenbahntechnik, Entwicklung und Ausblick, Darmstadt, 1983

120, Elektrische Lokomotive in Drehstromantriebstechnik für die Deutsche Bundesbahn, München, 1984

ICE, Zug der Zukunft, Darmstadt, 1985

7.5 Fachzeitschriften

AEG-Mitteilungen	Eisenbahntechnische Rundschau
BBC-Mitteilungen	Elektrische Bahnen
Die Bundesbahn	Glasers Annalen
Eisenbahnkurier	Lok-Magazin
Eisenbahn-Magazin	Lokomotiv-Technik

Die große Zeit der Dampflokomotiven
– Prachtvolle Bildbände mit allen technischen Details –

DAMPFLOKOMOTIVEN – DIE LETZTEN IN DEUTSCHLAND
Von J. Michael Mehltretter

Dampflokomotiven gehören zweifellos zu den ausdrucksvollsten Vertretern der Technik! Beherrschten noch bis vor 30 Jahren diese schwarzen Ungetüme fast unbeschränkt das Bild der Bahn, brachte der fortschreitende Strukturwandel der Traktionsmittel Mitte der 50er Jahre die entscheidende Wende — die Dampflokomotive wurde nach und nach verdrängt.
Eine der erfolgreichsten Dokumentationen über die Dampflok!
236 Seiten, 170 Abbildungen, gebunden, DM 58,–

AM ENDE EINER EPOCHE – DAMPFLOKOMOTIVEN
Von J. Michael Mehltretter

Das Bild der modernen Eisenbahn wird heute von schnellen, leistungsstarken elektrischen und brennkraftbetriebenen Lokomotiven bestimmt. Für die Dampflokomotive bleibt nur noch der historische Rückblick. Die Erinnerung daran soll der Prachtband des bekannten Eisenbahn-Experten J. Michael Mehltretter bewahren.
Mit vielen, außergewöhnlichen, liebevoll gestalteten Bilddokumenten.
252 Seiten, 335 Abbildungen, gebunden, DM 69,–

REKORD-LOKOMOTIVEN
Die Schnellsten der Schiene 1848 bis 1950
Von Wilhelm Reuter

Hochleistungs-Lokomotiven haben Fachleute und Laien seit jeher begeistert. Dieser großformatige Band stellt 26 internationale »Renner der Schiene« in ihrer ganzen technischen Ästhetik in 8 farbigen und 18 schwarz-weißen, doppelseitigen Seitenansichten vor.
Ein Standardwerk für Freunde der außergewöhnlichen Dampflokomotiven!
320 Seiten, 170 Fotos, Typen-Zeichnungen sowie Seitenansichten, dav. 8 Doppelseiten, gebunden, DM 48,–

UNGEWÖHNLICHE DAMPFLOKOMOTIVEN 1803 BIS HEUTE
Von Rolf Ostendorf

Das außergewöhnliche Spiegelbild alljener Sonderkonstruktionen, die von den klassischen Bauarten der Dampflok abweichen. In 170 Jahren Dampflokomotivenbau hat sich eine Vielfalt von Anforderungen an dieses Traktionsmittel ergeben. Auf diese Weise sind Versuchsmaschinen und spezielle Entwicklungen auf die Schiene gestellt worden, die teilweise selbst dem Kundigen bis jetzt fremd geblieben sind — hier sind die Ungewöhnlichsten versammelt.
320 Seiten, 306 Abbildungen, gebunden, DM 56,–

LOKOMOTIVBAU
Rückschau eines Lokomotiv-Konstrukteurs
Von Wolfgang Messerschmidt

In der Rückschau des bekannten Eisenbahn-Konstrukteurs Wolfgang Messerschmidt werden hochinteressante Einzelheiten aus der Technik-Szene lebendig. Schon als Stipendiat der deutschen Lokomotivbau-Vereinigung und als späterer Ingenieur und Lokomotiv-Historiker lernte er zahlreiche »alte Hasen« des Metiers kennen. Ihnen verdankt er viel.
Der lebendige, dabei praxisnahe Bericht über vier Jahrzehnte deutschen Lokomotivbaus.
132 Seiten, 126 Abbildungen, gebunden, DM 36,–

DIE LOKOMOTIVEN DER DEUTSCHEN BUNDESBAHN
Von J. Michael Mehltretter

Dies ist ein attraktiver Katalog aller Lokomotivarten und -Baureihen der Deutschen Bundesbahn. Ein Bildband, der sich an den Eisenbahnfreund und -Modellfan jeden Alters wendet. Eine Zusammenstellung in Fotos und technischen Daten aller Loks, die auf dem Strecken-Netz der Bundesbahn täglich ihren Dienst taten.
Jetzt bereits in 4. Auflage erschienen.
160 Seiten, 152 schwarz-weiß-Fotos, 10 Farbfotos, Tabellenteil, geb., DM 39,–

DAMPFTRIEBWAGEN
Bauarten, Typen und Systeme
Von Rolf Ostendorf

Dieses Buch stellt anhand eines sachkundigen Textes und vieler historischer Fotos die interessantesten Fahrzeuge dieser besonderen Kategorie vor. Hier wird ihre Entwicklung und Verbreitung gezeigt. Studien und Projekte, besondere Erläuterungen sowie Tabellen und alle wichtigen technischen Daten ergänzen diese einmalige Dokumentation von Rolf Ostendorf über die Dampftriebwagen in aller Welt.
Eine Besonderheit auf dem Eisenbahn-Sektor.
240 Seiten, 210 Abb., gebunden, DM 48,–

Motorbuch Verlag
Der Verlag für Eisenbahnbücher
Postfach 13 70, 7000 Stuttgart 1